2019年版

中国科技期刊引证报告（扩刊版）

北京万方数据股份有限公司

科学技术文献出版社
SCIENTIFIC AND TECHNICAL DOCUMENTATION PRESS
·北京·

图书在版编目(CIP)数据

2019年版中国科技期刊引证报告：扩刊版 / 北京万方数据股份有限公司编著. —北京：科学技术文献出版社，2019.11

ISBN 978-7-5189-6186-3

Ⅰ. ①2… Ⅱ. ①北… Ⅲ. ①科技期刊—期刊索引—中国—2019 Ⅳ. ①Z89：N55

中国版本图书馆CIP数据核字（2019）第248196号

2019年版中国科技期刊引证报告（扩刊版）

策划编辑：周国臻　　责任编辑：周国臻　　责任出版：张志平

出 版 者　科学技术文献出版社
地　　址　北京市复兴路15号　邮编　100038
编 务 部　（010）58882938，58882087（传真）
发 行 部　（010）58882868，58882870（传真）
邮 购 部　（010）58882873
网　　址　www.stdp.com.cn
发 行 者　科学技术文献出版社发行　全国各地新华书店经销
印 刷 者　北京时尚印佳彩色印刷有限公司
版　　次　2019年11月第1版　2019年11月第1次印刷
开　　本　787×1092　1/16
字　　数　781千
印　　张　33.5
书　　号　ISBN 978-7-5189-6186-3
定　　价　180.00元

2019年版中国科技期刊引证报告（扩刊版）

2019年版中国科技期刊引证报告（扩刊版）

通信地址：北京市海淀区复兴路15号　100038

北京万方数据股份有限公司

网址：www.wanfangdata.com.cn

电话：010-58882754

传真：010-58882642

电子信箱：qikan@wanfangdata.com.cn

前　言

为了更加科学地建立期刊综合评价指标体系，更加完整地统计期刊的被引用计量指标，更加高效地进行期刊文献计量和评价工作，使期刊统计分析结果具有更大的影响力，使核心期刊遴选具有更强的说服力，推进知识服务系统的发展，中国科学技术信息研究所科学计量与评价研究中心与北京万方数据股份有限公司合作，联合编制出版《中国科技期刊引证报告（扩刊版）》。

《中国科技期刊引证报告（扩刊版）》基本囊括了我国出版的学术技术类科学技术期刊和理论研究性社会科学期刊，是一种专门用于期刊引用分析研究的重要检索评价工具。从中可以清楚地了解期刊引用和被引用的情况，以及引用效率、引用网络、期刊自引等数据的统计分析。同时，还可以方便地定量评价期刊的相互影响和相互作用，正确评估某种期刊在科学交流体系中的作用和地位，确定高被引作者群等。

《中国科技期刊引证报告（扩刊版）》的出版，是我国期刊界和知识界的一件大事，是《中国科技期刊引证报告（核心版）》的扩展和补充。《中国科技期刊引证报告（扩刊版）》将全方位、完整地提供我国期刊的评估数据，为国家择优支持期刊评定，以及为国家期刊管理部门和地方的期刊管理部门提供科学管理依据，有力地填补我国关于期刊评价数据不全的空白，因此是一项非常重要的科学评价基础工程建设。

《2019年版中国科技期刊引证报告（扩刊版）》，还需不断完善和充实，适时进行指标的增补和修订。衷心希望《中国科技期刊引证报告（扩刊版）》能成为广大读者检索查询的友好助手和得力工具，热忱期待《中国科技期刊引证报告（扩刊版）》能成为社会评价期刊发展状况的参考依据。

在整个编写过程中，尽管力求严格规范，细致准确，精益求精，但由于一些实际情况，例如期刊的更名合并、大学学报版本更迭、期刊引用文献著录不规范、期刊缩简写各异或期刊类目复杂等，给我们的编制工作带来很大困难。因此错误和疏漏在所难免，诚望广大读者不吝赐教，批评指正。

北京万方数据股份有限公司

2019年11月

主要计量指标统计（6718种期刊）

指标	平均值	统计数字
总被引频次	1633 次/刊	≥1000 次以上的期刊为 2674 种
影响因子	0.787	≥1 的期刊共 1690 种
即年指标	0.165	222 种期刊为 0.000
基金论文比	0.473	218 种期刊无基金论文
海外论文比	0.034	≥0.2 的期刊共 172 种（英文版 149 种） 2389 种期刊无海外论文
他引率	0.92	
平均作者数	2.8 人/篇	
平均引文数	15.5	
来源文献量	389	
地区分布数	20	
机构分布数	199	

目　录

1 编制说明

《中国科技期刊引证报告（扩刊版）》是依托中国科学技术信息研究所国家工程技术数字图书馆“知识服务”系统，在“万方数据——数字化期刊群”基础上，结合中国科技论文与引文数据库（CSTPCD），以中国正式出版的各学科6718种中英文期刊（其中，社会科学类期刊2391种，自然科学类期刊4327种；英文版期刊254种）为统计源期刊，暂不包括少数民族语种期刊和港、澳、台地区出版的期刊。对全部期刊的引文数据，严格按题名、作者、刊名、年、卷、期、页等进行分项切分后，进行规范化处理和有效链接，经统计分析、编制而成。现将编制过程中的具体处理方法做如下说明。

1.1 总体设计说明

《中国科技期刊引证报告（扩刊版）》按年编卷出版，每版以上一年度在中国出版的中英文版期刊论文引文数据为统计依据。本报告包括：期刊被引用计量指标、来源期刊计量指标，以及期刊名称类目索引。限于篇幅暂未编排各个学科期刊扩展总被引频次和扩展影响因子的分类排序表。为了便于读者多用途、多层次地查询和评价期刊，将在中国科学技术信息研究所国家工程技术数字馆网站（http://www.istic.ac.cn）上采用多种形式的排序格式，包括全部期刊名称字顺排序、学科内期刊名称排序、全部期刊评价指标排序和来源期刊总排序等，以帮助读者综合全面地评价分析期刊，迅速有效地检索出所需要的期刊统计信息。期刊被引用计量指标和来源指标是本报告的主体部分。

《中国科技期刊引证报告（扩刊版）》为《中国科技期刊引证报告（核心版）》提供所有来源期刊的统计基础数据，两者同属一宗，为姊妹篇。所以，两者编制体例和统计原则完全一致。《中国科技期刊引证报告（扩刊版）》包含了《中国科技期刊引证报告（核心版）》所列中国科技核心期刊的期刊来源计量指标、期刊被引计量指标，但由于引文统计样本的差异，两者对应的计量指标会有所不同。

期刊的合并、歧化和新增是社会发展的必然趋势，在对各期刊被引用数据进行统计的过程中，尽量按编者所掌握的情况做出归并。

1.2 期刊评价指标的选择

为了全面、准确、公正、客观地评价和利用期刊，《中国科技期刊引证报告（扩刊版）》在与国际评价体系保持一致的基础上，结合中国期刊的实际情况，选择了18项计量指标，基本涵盖和描述了期刊的各个方面。这些指标包括：

（1）期刊引用计量指标：扩展总被引频次、扩展影响因子、扩展学科扩散指标、扩展学科影响指标、扩展引用刊数、扩展即年指标、扩展他引率、扩展被引半衰期和扩展H指数。

（2）来源期刊计量指标：来源文献量、平均引文数、平均作者数、地区分布数、机构分布数、海外论文比、基金论文比、文献选出率和引用半衰期。

其中，期刊引用计量指标主要显示该期刊被读者使用和重视的程度，以及在科学交流中的地位和作用，是评价期刊质量优劣的重要依据和客观标准。

来源期刊计量指标通过对来源文献方面的统计分析，全面描述了该期刊的学术水平、编辑状况和科学交流程度，也是评价期刊的重要依据。

由于目前国内所有数据库多数都采用镜像包库方式服务和使用，与网上点击率和全文下载量相关的社会使用期刊情况数据难以完全统计，即便列出也是以点带面，所以暂不列相关网络使用的计量指标。

1.3 期刊的学科分类

为了更方便读者使用，《2019版中国科技期刊引证报告（扩刊版）》在期刊分类体系上采用《2019版中国科技期刊引证报告（核心版）》的分类体系，将6718种期刊分别归类到152个学科类别。由于很多期刊的研究内容是跨学科的，同时，新的学科不断涌现，给期刊的分类造成很大困难，有时很难准确反映期刊的学科内容。这里的分类是仅按一种分类编排的，不妥之处敬请读者批评指正，以便我们不断修正完善。

1.4 各类指标的编排

《中国科技期刊引证报告（扩刊版）》分为3部分，其中，期刊被引用计量指标和来源指标是本报告的主体部分。

（1）期刊被引指标（按刊名字顺索引表）——一个主表，包含6718种期刊的各项引用数据。指标包括扩展总被引频次和扩展H指数等9项指标。为保证数据的公正性和客观性，期刊引文数据仅取文献类型为期刊的引文条目进行统计，剔出与刊名相同或部分相同的非期刊引文条目。不包括内部期刊发表论文的引文，更不包括在境外出版的中文期刊或非法出版的期刊发表论文的引文。

（2）期刊来源指标（按刊名字顺索引表）——一个主表，包含6718种期刊来源文献的各项指标数据。指标包括来源文献量、基金论文比、文献选出率和引用半衰期等9项指标。为保证数据的客观性和公正性，来源期刊数据仅取期刊正式刊期中的数据，而增刊、专辑、专刊和特刊等数据未予采用。

（3）期刊名称类目索引包括期刊的名称、学科分类和各项被引用数据、来源文献数据所在页码等信息。

1.5 特殊情况的规范化处理

（1）目前，期刊改名的现象很多，尤其是随着大学的合并与升格，学报更名的现象更为普遍。例如，《东北工学院学报》改为《东北大学学报》等。本报告所刊统计数据一律按新刊名计算引文数据。

（2）对于引文中采用中英文对照格式，即在一条中文引文之后又列出其英文翻译的参考文献者，一律按一条引文处理。对于一篇论文后重复引用一篇文章者，一律按一条引文处理。

（3）计算被引半衰期时，有些新加入统计源的期刊被引用数据太少无法计算，因此会出现个别无数值现象。而对于一些半衰期大于等于10年的期刊，则表示为“≥10”。

（4）在计算影响因子时，由于某些期刊或前两年数据不全，或新创办而不可能有前两年数据，所以无法计算影响因子值。

（5）由于部分期刊被引指标很低，报告出版时，未予统计归入。有需要者，请与北京万方数据股份有限公司联系。

2 使用说明

《中国科技期刊引证报告（扩刊版）》是基于论文引文统计而编制的专用于中国期刊分析与评价的科学计量工具。

作为科学计量工具，本报告可用于定量分析和科学评价期刊的学术特征和学科地位，较为客观地反映期刊发展的趋势和规律，为科研管理和决策提供依据。因此，本报告在期刊分析评价和科学计量学研究与应用等方面具有其他检索评价工具无法取代的独特功能。正确使用和充分开发本报告，可以使其成为科研工作者、期刊编辑部、图书情报人员、科研管理者和科学计量学家的得力助手和有效工具。

现将本报告的主要功能和使用方法进行如下介绍。

2.1 主要功能

《中国科技期刊引证报告（扩刊版）》应用引文分析方法及各种量化指标，可以清楚地表明：

- 在某一学科领域内，哪些期刊学术影响力最大；
- 某一种期刊被引用了多少次；
- 某一种期刊出版后多久被引用；
- 某一种期刊引用其他期刊多少次；
- 某一种期刊在学科中的学术指标所在位置。

根据使用者的工作性质，本报告可以给使用者不同的有益提示。例如：

- 科研人员：帮助您确定相关领域的核心期刊并发表您的论文，提高您论文的知名度，让更多的同行专家了解、引用、评价您的论文；
- 期刊编辑：帮助您与同类刊物相比较并评估本刊的地位，从而确定本刊的编辑和出版策略；
- 科研管理人员：帮助您科学地评价期刊，为您开展期刊评比和择优资助提供决策依据；
- 图书情报人员：帮助您更有效地管理馆藏期刊文献，确定核心期刊，合理运用有限的期刊订购预算；
- 科学计量学家：帮助您开展期刊评价研究和文献老化研究，以及学科的科学评估。

2.2 查阅方法

2.2.1 期刊引用数据的查阅

如果读者需要了解期刊被引用的情况，可查阅期刊被引指标按类刊名字顺索引表，找到待检索的期刊，从中查阅到该期刊的各项被引用指标数据，包括扩展总被引频次、扩展影响因子、扩展学科扩散指标、扩展学科影响指标、扩展即年指标、扩展他引率、扩展引用刊数、扩展被引半衰期和扩展H指数。

如果在字顺索引表中难以检索到需查阅的期刊，可通过期刊名称类目索引，确定该期刊的学科分类，然后再依上述步骤查阅。

2.2.2 来源期刊数据的查阅

如果读者需要了解来源期刊的有关指标数据，可查阅期刊来源指标按类刊名字顺索引表，查阅到该期刊来源文献的多项指标数据，包括来源文献量、平均引文数、平均作者数、地区分布数、机构分布数、海外论文比、基金论文比、文献选出率和引用半衰期。

如果在字顺索引表中难以检索到需查阅的期刊，可通过期刊名称类目索引，确定该期刊的学科分类，然后再依上述步骤查阅。

2.2.3 期刊在学科内学术指标位置的查阅

如果读者希望了解期刊在其学科领域中的地位，可查询期刊被引指标按类刊名字顺索引表，查阅本学科期刊的扩展影响因子或扩展总被引频次值，进行分析对比，自行确定该期刊按这两项指标排序的学科位置。还可以对照各学科平均扩展总被引频次和平均扩展影响因子值，了解由于学科不同所造成的指标差异的整体情况。

2.3 评价方法

利用《中国科技期刊引证报告（扩刊版）》评价期刊有两种方式，即单一指标评价和综合指标评价。具体方法如下：

2.3.1 单一指标评价

单一指标评价主要是指按照扩展影响因子和扩展总被引频次这两个国际通行评价指标，对期刊进行评价。这时可通过对期刊的扩展影响因子和扩展总被引频次进行对比排序，确定该期刊在同类期刊中所处的位置，从而对该期刊的学术影响力和学科地位进行评价和评估。

单一指标评价也可以通过期刊来源指标按类刊名字顺索引表对期刊的编辑状况、交流范围、论文质量和老化速率等情况进行分析、比较、统计和评估。

2.3.2 综合指标评价

由于期刊评价工作是一项非常复杂的工作，涉及领域广，学科差异大，影响因素多，因此单一指标往往难以全面、准确地评价期刊的学术水平和学科地位，这时一般需要通过综合指标评价，以使期刊评价更加客观、全面和准确。

要进行期刊的综合指标评价，首先需要建立期刊综合评价指标体系，利用数学方法确定各指标的权重值，然后求出期刊的综合指标排序值，最终得到期刊综合指标的排序。

这种期刊评价方法已被广泛地推广和使用，中国科学技术信息研究所已经建立期刊综合评价指标体系，可以利用该体系的指标值，通过层次分析法和模糊隶属度转化，确定各学科指标的权重值，最终得出每一个期刊的综合指标排序值，完成对期刊的评价。

3 期刊学科分类表

A01 自然科学综合
A02 自然科学综合大学学报
A03 自然科学师范大学学报
B01 数学
B02 信息科学与系统科学
B03 力学
B04 物理学
B05 化学
B06 天文学
B07 地球科学综合
B08 大气科学
B09 地球物理学
B10 地理学
B11 地质学
B12 海洋科学、水文学
B13 生物学基础学科
B14 生态学
B15 植物学
B16 昆虫学、动物学
B17 微生物学、病毒学
B18 心理学
C01 农业综合
C02 农业大学学报
C03 农艺学
C04 园艺学
C05 土壤学
C06 植物保护学
C07 林学
C08 畜牧、兽医科学
C09 草原学
C10 水产学
D01 医学综合
D02 医药大学学报
D03 基础医学
D05 临床医学综合
D06 临床诊断学
D07 保健医学
D08 内科学综合
D09 呼吸病学、结核病学
D10 消化病学
D11 血液病学、肾脏病学
D12 内分泌病学与代谢病学、风湿病学
D13 感染性疾病学、传染病学
D14 外科学综合
D15 普通外科学、胸外科学、心血管外科学
D16 心血管病学
D17 泌尿外科学
D18 骨外科学
D19 烧伤外科学、整形外科学
D20 妇产科学
D21 儿科学
D22 眼科学
D23 耳鼻咽喉科学
D24 口腔医学
D25 皮肤病学
D26 性医学
D27 神经病学、精神病学
D28 核医学、医学影像学
D29 肿瘤学
D30 护理学
D31 预防医学与公共卫生学综合
D32 流行病学、环境医学
D33 优生学、计划生育学
D34 军事医学与特种医学
D35 卫生管理学、健康教育学
D36 药学
D37 中医学
D38 中医药大学学报
D39 中西医结合医学
D40 中药学
D41 针灸、中医骨伤
E01 工程与技术科学基础学科
E02 工程技术大学学报
E03 信息与系统科学相关工程与技术
E04 生物工程
E05 农业工程
E06 生物医学工程学
E07 测绘科学技术
E08 材料科学综合
E09 金属材料
E10 矿山工程技术
E11 冶金工程技术
E12 机械工程设计
E13 机械制造工艺与设备
E14 动力工程
E15 电气工程
E16 能源科学综合
E17 石油天然气工程
E18 核科学技术
E19 电子技术

E20 光电子学与激光技术
E21 通信技术
E22 计算机科学技术
E23 化学工程综合
E24 高聚物工程
E25 精细化学工程
E26 应用化学工程
E27 仪器仪表技术
E28 兵器科学与技术
E29 纺织科学技术
E30 食品科学技术
E31 建筑科学与技术
E32 土木工程
E33 水利工程
E34 交通运输工程
E35 公路运输
E36 铁路运输
E37 水路运输
E38 航空、航天科学技术
E39 环境科学技术及资源科学技术
E40 安全科学技术
F01 管理学
H01 社会科学综合
H02 社会科学综合大学学报
H03 社会科学师范大学学报
J01 马克思主义
J02 哲学
J03 宗教学
K01 语言学综合
K03 外国语言学
K04 中国文学
K05 外国文学
K06 艺术学
K08 历史学
K10 考古学
L01 经济学综合
L02 经济大学学报
L04 国民经济学、管理经济学、数量经济学
L05 会计学、审计学
L06 生态农业经济学
L08 工商业经济学
L10 财政学、金融学、保险学
M01 政治学综合
M02 政治大学学报
M03 行政学
M04 国际政治学、外交学
M05 法学综合
M07 部门法学、刑事侦查学、司法鉴定学
M08 军事学
N01 社会学综合
N02 人口学、劳动科学
N04 民族学与文化学
N05 新闻学与传播学
N06 图书馆学、文献学
N07 情报学
N08 档案学、博物馆学
P01 教育学综合
P03 学前教育学、普通教育学
P04 高等教育学
P05 成人教育学、职业技术教育学
P07 体育科学
Q07 统计学

4　名词解释

为方便读者查阅和使用，现将《中国科技期刊引证报告（扩刊版）》中所使用的期刊评价指标的理论意义和具体算法简要解释如下：

扩展总被引频次：指该期刊自创刊以来所登载的全部论文在统计当年被引用的总次数。这是一个非常客观实际的评价指标，可以显示该期刊被使用和受重视的程度，以及在科学交流中的地位和作用。

扩展影响因子：这是一个国际上通行的期刊评价指标，是E·加菲尔德于1972年提出的。由于它是一个相对统计量，所以可公平地评价和处理各类期刊。通常，期刊影响因子越大，它的学术影响力和作用也越大。具体算法为：

$$\text{扩刊影响因子} = \frac{\text{该期刊前两年发表论文在统计当年被引用的总次数}}{\text{该期刊前两年发表论文总数}}$$

扩展即年指标：这是一个表征期刊即时反应速率的指标，主要描述期刊当年发表的论文在当年被引用的情况。具体算法为：

$$\text{扩刊即年指标} = \frac{\text{该期刊当年发表论文在统计当年被引用的总次数}}{\text{该期刊当年发表论文总数}}$$

扩展他引率：指该期刊全部被引次数中，被其他刊引用次数所占的比例。具体算法为：

$$\text{扩展他引率} = \frac{\text{被其他刊引用的次数}}{\text{期刊被引用的总次数}}$$

扩展引用刊数：引用被评价期刊的期刊数，反映被评价期刊被使用的范围。

扩展学科扩散指标：指在统计源期刊范围内，引用该刊的期刊数量与其所在学科全部期刊数量之比。

$$\text{扩展学科扩散指标} = \frac{\text{引用刊数}}{\text{所在学科期刊数}}$$

扩展学科影响指标：指期刊所在学科内，引用该刊的期刊数占全部期刊数量的比例。

$$\text{扩展学科影响指标} = \frac{\text{所在学科内引用被评价期刊的数量}}{\text{所在学科期刊数}}$$

扩展被引半衰期：指该期刊在统计当年被引用的全部次数中，较新一半是在多长一段时间内发表的。被引半衰期是测度期刊老化速度的一种指标，通常不是针对个别文献或某一组文献，而是对某一学科或专业领域的文献的总和而言的。

扩展H指数：指该期刊在统计当年被引的论文中，至少有h篇论文的被引频次不低于h次。

来源文献量：指来源期刊在统计当年发表的全部论文数，它们是统计期刊引用数据的来源。

文献选出率：按统计源的选取原则选出的文献数与期刊的发表文献数之比。

参考文献量：指来源期刊论文所引用的全部参考文献数，是衡量该期刊科学交流程度和吸收外部信息能力的一个指标。

平均引文数：指来源期刊每一篇论文平均引用的参考文献数。

平均作者数：指来源期刊每一篇论文平均拥有的作者数，是衡量该期刊科学生产能力的一个指标。

地区分布数：指来源期刊登载论文所涉及的地区数，按全国31个省（自治区、直辖市）计(不包括港澳台)。这是衡量期刊论文覆盖面和全国影响力大小的一个指标。

机构分布数：指来源期刊论文的作者所涉及的机构数。这是衡量期刊科学生产能力的另一个指标。

海外论文比：指来源期刊中，海外作者发表论文占全部论文的比例。这是衡量期刊国际交流程度的一个指标。

基金论文比：指来源期刊中，各类基金资助的论文占全部论文的比例。这是衡量期刊论文学术质量的重要指标。

引用半衰期：指该期刊引用的全部参考文献中，较新一半是在多长一段时间内发表的。通过这个指标可以反映出作者利用文献的新颖度。

5　2018年中国科技期刊被引指标

按类刊名字顺索引

学科代码	期刊名称	扩展总被引频次	扩展影响因子	扩展即年指标	扩展他引率	扩展引用刊数	扩展学科影响指标	扩展学科扩散指标	扩展被引半衰期	扩展H指标
A01	Chinese Science Bulletin	3373	0.567	0.088	0.95	841	0.20	10.10	9.6	9
A01	High Technology Letters	82	0.192	—	0.80	61	0.00	0.70	5.0	3
A01	Journal of Systems Science and Systems Engineering	166	0.394	0.600	0.64	80	0.00	1.00	5.8	4
A01	National Science Review	210	—	0.187	0.95	146	0.10	1.80	2.9	3
A01	Progress in Natural Science Materials International	431	0.179	0.010	0.99	302	0.10	3.60	9.5	5
A01	Research	36	—	—	0.97	32	—	0.40	16.5	1
A01	Science Foundation in China	26	0.714	—	1.00	25	—	0.30	3.6	1
A01	安徽科技	311	0.154	0.053	0.98	191	0.20	2.30	5.6	3
A01	创新科技	683	0.465	0.099	0.96	349	0.30	4.20	3.1	6
A01	大众科技	2182	0.376	0.084	0.98	873	0.30	10.50	5.4	6
A01	大自然	62	0.017	—	1.00	55	0.00	0.70	11.7	2
A01	电大理工	301	0.409	0.093	0.95	145	0.10	1.70	3.2	4
A01	福建分析测试	382	0.510	0.123	0.98	215	0.10	2.60	6.0	4
A01	甘肃科技	3910	0.524	0.097	0.99	1174	0.30	14.10	4.4	8
A01	甘肃科技纵横	1746	1.046	0.227	1.00	483	0.20	5.80	3.0	12
A01	甘肃科学学报	510	0.329	0.073	0.89	335	0.10	4.00	5.6	4
A01	高技术通讯	708	0.531	0.058	0.92	437	0.20	5.30	8.1	5
A01	高科技与产业化	355	0.393	0.078	1.00	254	0.10	3.10	4.3	5
A01	广东科技	3697	0.620	0.200	1.00	592	0.30	7.10	6.0	12
A01	广西科学	529	0.497	0.072	0.83	253	0.00	3.00	5.9	4
A01	广西科学院学报	375	0.670	0.039	0.93	246	0.10	3.00	7.6	5
A01	贵州科学	471	0.379	0.034	0.95	291	0.10	3.50	7.0	3
A01	杭州科技	127	0.383	0.114	1.00	91	0.10	1.10	4.6	3
A01	河北省科学院学报	167	0.246	0.019	0.95	135	0.10	1.60	8.5	2
A01	河南科学	1295	0.384	0.123	0.90	716	0.20	8.60	5.0	5
A01	黑龙江科学	6132	0.795	0.358	0.99	804	0.30	9.70	2.4	15
A01	江苏科技信息	2138	0.509	0.168	0.97	706	0.30	8.50	2.6	7
A01	江西科学	734	0.404	0.180	0.96	467	0.20	5.60	5.5	6
A01	今日科技	174	0.355	0.054	0.99	133	0.20	1.60	6.1	3
A01	科技传播	8214	0.541	0.237	0.98	982	0.40	11.80	4.4	14
A01	科技创新导报	18204	0.612	0.071	0.99	1857	0.50	22.40	4.4	18

学科代码	期刊名称	扩展总被引频次	扩展影响因子	扩展即年指标	扩展他引率	扩展引用刊数	扩展学科影响指标	扩展学科扩散指标	扩展被引半衰期	扩展H指标
A01	科技创新发展战略研究	15	—	0.130	1.00	13	0.00	0.20	—	1
A01	科技创新与品牌	48	0.135	0.023	1.00	38	0.00	0.50	3.4	2
A01	科技创新与生产力	951	0.325	0.071	0.98	445	0.20	5.40	4.0	5
A01	科技促进发展	624	0.574	0.060	0.97	271	0.10	3.30	6.5	5
A01	科技导报	3634	0.962	0.158	0.96	1638	0.40	19.70	5.0	12
A01	科技风	16087	0.531	0.335	0.99	1215	0.30	14.60	2.9	14
A01	科技通报	2308	0.742	0.073	0.94	997	0.30	12.00	3.4	9
A01	科技与创新	8914	0.692	0.324	0.99	1302	0.40	15.70	3.1	14
A01	科技与经济	628	0.598	0.167	0.98	367	0.20	4.40	5.1	5
A01	科技中国	128	0.195	0.200	1.00	89	0.10	1.10	1.4	3
A01	科技资讯	18915	0.563	0.070	0.99	1802	0.40	21.70	4.6	16
A01	科技纵览	26	0.052	—	1.00	23	0.00	0.30	4.0	1
A01	科学(上海)	575	0.276	0.048	0.99	412	0.20	5.00	20.8	5
A01	科学大众(科学教育)	4385	0.467	0.298	0.99	486	0.20	5.90	2.6	9
A01	科学技术创新	32121	0.706	0.257	0.99	1662	0.40	20.00	3.7	21
A01	科学通报	10389	1.279	0.544	0.95	1985	0.50	23.90	9.7	19
A01	内江科技	2137	0.278	0.115	0.98	594	0.20	7.20	5.5	7
A01	内蒙古科技与经济	3474	0.315	0.092	0.97	889	0.30	10.70	3.9	9
A01	前沿科学	156	0.344	0.015	0.99	129	0.00	1.60	6.8	4
A01	青海科技	311	0.280	0.091	0.96	190	0.10	2.30	9.0	4
A01	山东科学	460	0.374	0.018	0.96	340	0.10	4.10	7.5	5
A01	山西科技	854	0.352	0.162	0.98	411	0.20	5.00	4.9	6
A01	石河子科技	317	0.385	0.061	0.99	164	0.10	2.00	4.3	5
A01	实验科学与技术	2472	0.763	0.248	0.91	611	0.20	7.40	4.9	8
A01	实验室科学	2765	0.972	0.072	0.85	574	0.20	6.90	4.5	9
A01	天津科技	680	0.343	0.135	0.96	397	0.30	4.80	3.4	4
A01	通讯世界	12043	0.759	0.266	0.98	675	0.30	8.10	2.2	14
A01	武夷科学	147	0.465	—	0.89	92	0.00	1.10	10.8	3
A01	厦门科技	159	0.250	0.058	0.91	105	0.00	1.30	4.6	3
A01	现代班组	77	0.102	0.030	1.00	54	—	0.70	4.5	2
A01	阴山学刊(自然科学版)	531	0.651	0.420	0.76	232	0.10	2.80	2.3	6
A01	中国发明与专利	614	0.342	0.128	0.85	254	0.30	3.10	3.7	4
A01	中国高校科技	2210	1.145	0.325	0.89	699	0.40	8.40	3.3	8

学科代码	期刊名称	扩展总被引频次	扩展影响因子	扩展即年指标	扩展他引率	扩展引用刊数	扩展学科影响指标	扩展学科扩散指标	扩展被引半衰期	扩展H指标
A01	中国高新科技	276	—	0.132	0.99	112	0.10	1.30	1.2	5
A01	中国基础科学	306	0.330	0.014	0.99	228	0.20	2.70	9.1	5
A01	中国科技论文	1571	0.478	0.062	0.78	775	0.20	9.30	3.7	6
A01	中国科技史杂志	241	0.277	—	0.91	134	0.10	1.60	11.0	4
A01	中国科技术语	256	0.275	0.121	0.77	145	0.00	1.70	5.5	4
A01	中国科技信息	5457	0.322	0.120	1.00	1410	0.40	17.00	7.1	9
A01	中国科学基金	791	0.865	0.262	0.91	417	0.20	5.00	5.8	7
A01	中国科学院院刊	2858	3.231	0.624	0.97	1225	0.40	14.80	3.8	17
A01	中国西部	301	0.049	0.047	0.99	165	0.10	2.00	1.7	3
A01	自然科学史研究	370	0.228	0.026	0.95	183	0.10	2.20	16.6	4
A01	自然杂志	899	0.840	0.016	0.98	607	0.20	7.30	9.0	8
A02	Journal of Zhejiang University Science A: Applied Physics & Engineering	522	0.686	0.236	0.85	298	0.00	2.00	5.5	4
A02	Wuhan University Journal of Natural Sciences	122	0.203	0.014	0.95	98	0.10	0.70	5.0	2
A02	安徽大学学报(自然科学版)	371	0.417	0.089	0.94	272	0.20	1.90	5.8	4
A02	安徽科技学院学报	736	0.703	0.064	0.85	380	0.10	2.60	4.9	4
A02	宝鸡文理学院学报(自然科学版)	176	0.230	0.117	0.96	140	0.10	1.00	5.6	3
A02	北华大学学报(自然科学版)	1185	1.183	0.362	0.94	520	0.20	3.60	3.7	7
A02	北京城市学院学报	366	0.470	0.149	0.99	221	0.00	1.50	4.1	4
A02	北京大学学报(自然科学版)	2368	1.026	0.182	0.97	975	0.30	6.70	8.4	11
A02	北京电子科技学院学报	123	0.276	—	0.96	86	0.00	0.60	6.4	3
A02	北京联合大学学报(自然科学版)	428	0.790	0.121	0.97	312	0.10	2.10	6.0	5
A02	渤海大学学报(自然科学版)	236	0.387	0.070	0.91	163	0.10	1.10	6.6	3
A02	长春大学学报(自然科学版)	706	0.610	0.129	0.99	392	0.20	2.70	4.7	5
A02	长江大学学报(自科版)	1952	0.573	0.087	0.98	851	0.10	5.80	3.7	6
A02	常州大学学报(自然科学版)	281	0.388	0.079	0.90	201	0.10	1.40	5.3	4
A02	成都大学学报(自然科学版)	395	0.384	0.067	0.95	275	0.10	1.90	6.4	4
A02	赤峰学院学报(自然科学版)	7015	0.655	0.292	0.99	1153	0.30	7.90	3.1	19
A02	重庆工商大学学报(自然科学版)	738	0.599	0.099	0.90	456	0.20	3.10	4.9	5
A02	重庆科技学院学报(自然科学版)	728	0.270	0.049	0.99	378	0.10	2.60	6.4	4
A02	重庆理工大学学报(自然科学版)	1626	0.670	0.118	0.93	749	0.30	5.10	4.4	7
A02	德州学院学报	287	0.199	0.038	0.99	209	0.00	1.40	5.8	3
A02	佛山科学技术学院学报(自然科学版)	346	0.410	0.045	0.98	267	0.00	1.80	5.0	4

学科代码	期刊名称	扩展总被引频次	扩展影响因子	扩展即年指标	扩展他引率	扩展引用刊数	扩展学科影响指标	扩展学科扩散指标	扩展被引半衰期	扩展H指标
A02	福州大学学报(自然科学版)	761	0.355	0.137	0.98	509	0.30	3.50	7.6	5
A02	复旦学报(自然科学版)	615	0.512	0.065	0.98	453	0.20	3.10	7.6	6
A02	广西大学学报(自然科学版)	1355	0.642	0.105	0.86	634	0.20	4.30	5.4	8
A02	广西民族大学学报(自然科学版)	325	0.427	0.103	0.99	237	0.00	1.60	7.0	4
A02	广州大学学报(自然科学版)	362	0.319	0.011	0.97	270	0.10	1.80	7.4	4
A02	贵阳学院学报(自然科学版)	228	0.312	0.065	0.94	158	0.10	1.10	4.8	3
A02	贵州大学学报(自然科学版)	569	0.428	0.076	0.93	357	0.20	2.40	5.3	4
A02	哈尔滨商业大学学报(自然科学版)	574	0.353	0.088	0.93	373	0.10	2.60	5.7	4
A02	海南大学学报(自然科学版)	404	0.432	0.113	0.98	272	0.10	1.90	9.9	5
A02	合肥学院学报(综合版)	314	0.225	0.089	0.97	214	0.10	1.50	5.3	5
A02	河北北方学院学报(自然科学版)	656	0.522	0.143	0.98	385	0.10	2.60	4.2	5
A02	河北大学学报(自然科学版)	473	0.458	0.116	0.90	321	0.10	2.20	6.8	5
A02	河北科技大学学报	537	0.770	0.107	0.87	323	0.10	2.20	4.6	5
A02	河南大学学报(自然科学版)	566	0.593	0.092	0.87	362	0.10	2.50	5.9	5
A02	河南教育学院学报(自然科学版)	354	0.375	0.133	0.94	204	0.10	1.40	6.4	4
A02	河南科技大学学报(自然科学版)	689	0.632	0.241	0.83	397	0.20	2.70	5.0	4
A02	河南科技学院学报(自然科学版)	516	0.514	0.267	0.98	289	0.10	2.00	6.5	4
A02	黑龙江大学自然科学学报	399	0.364	0.082	0.93	277	0.20	1.90	6.1	4
A02	湖北大学学报(自然科学版)	371	0.477	0.034	0.95	278	0.10	1.90	6.2	4
A02	湖北科技学院学报	1522	0.424	0.085	0.99	569	0.10	3.90	4.5	8
A02	湖北民族学院学报(自然科学版)	366	0.336	0.069	0.91	246	0.10	1.70	6.9	5
A02	湖北文理学院学报	412	0.298	0.078	0.95	270	0.10	1.80	4.8	3
A02	湖南工程学院学报(自然科学版)	219	0.327	0.076	0.98	172	0.00	1.20	6.0	4
A02	湖南科技学院学报	1766	0.314	0.075	0.98	692	0.10	4.70	5.8	7
A02	湖南文理学院学报(自然科学版)	261	0.378	0.060	0.82	167	0.00	1.10	5.8	3
A02	华北理工大学学报(自然科学版)	368	0.389	0.067	0.97	263	0.00	1.80	8.2	4
A02	华北水利水电大学学报(自然科学版)	934	1.647	0.424	0.86	372	0.00	2.50	4.2	6
A02	华侨大学学报(自然科学版)	574	0.517	0.078	0.79	352	0.10	2.40	5.1	4
A02	怀化学院学报	855	0.279	0.104	0.90	430	0.10	2.90	6.2	4
A02	黄山学院学报	546	0.326	0.073	0.98	340	0.10	2.30	5.8	4
A02	惠州学院学报	373	0.310	0.048	0.94	246	0.00	1.70	5.9	4
A02	吉林大学学报(理学版)	907	0.545	0.090	0.81	422	0.30	2.90	4.4	5
A02	吉首大学学报(自然科学版)	401	0.338	0.104	0.92	279	0.10	1.90	7.8	4

学科代码	期刊名称	扩展总被引频次	扩展影响因子	扩展即年指标	扩展他引率	扩展引用刊数	扩展学科影响指标	扩展学科扩散指标	扩展被引半衰期	扩展H指标
A02	集美大学学报(自然科学版)	295	0.196	0.028	0.96	188	0.10	1.30	8.5	4
A02	济南大学学报(自然科学版)	431	0.470	0.071	0.95	306	0.10	2.10	6.5	5
A02	暨南大学学报(自然科学与医学版)	810	1.091	0.101	0.94	477	0.10	3.30	4.9	7
A02	佳木斯大学学报(自然科学版)	482	0.234	0.045	0.97	354	0.20	2.40	5.1	4
A02	嘉兴学院学报	503	0.502	0.261	0.96	316	0.00	2.20	5.4	5
A02	嘉应学院学报	409	0.237	0.066	0.95	266	0.10	1.80	5.1	4
A02	江汉大学学报(自然科学版)	409	0.607	0.148	0.96	299	0.10	2.00	5.1	5
A02	金陵科技学院学报	317	0.445	0.107	0.93	214	0.00	1.50	7.3	3
A02	井冈山大学学报(自然科学版)	418	0.463	0.058	0.80	267	0.10	1.80	5.2	4
A02	九江学院学报(自然科学版)	336	0.459	0.036	1.00	211	0.00	1.40	3.5	4
A02	昆明理工大学学报(自然科学版)	750	0.574	0.104	0.95	476	0.10	3.30	6.6	5
A02	兰州大学学报(自然科学版)	1410	0.766	0.025	0.86	595	0.20	4.10	7.1	7
A02	丽水学院学报	377	0.297	0.116	0.96	232	0.00	1.60	6.2	3
A02	辽东学院学报(自然科学版)	217	0.397	0.167	0.89	148	0.00	1.00	5.7	3
A02	辽宁大学学报(自然科学版)	344	0.597	0.100	0.96	263	0.10	1.80	5.2	5
A02	辽宁工程技术大学学报(自然科学版)	2168	0.594	0.039	0.93	715	0.20	4.90	7.3	8
A02	辽宁科技学院学报	529	0.475	0.120	0.99	281	0.00	1.90	2.9	4
A02	辽宁师专学报(自然科学版)	464	0.488	0.104	0.91	219	0.00	1.50	5.0	4
A02	聊城大学学报(自然科学版)	258	0.351	0.031	0.80	168	0.10	1.20	5.5	4
A02	鲁东大学学报(自然科学版)	209	0.417	0.088	0.96	157	0.10	1.10	6.1	4
A02	闽江学院学报	324	0.318	0.044	0.98	244	0.10	1.70	5.7	4
A02	内蒙古大学学报(自然科学版)	486	0.328	0.040	0.94	287	0.10	2.00	9.7	5
A02	内蒙古民族大学学报(自然科学版)	690	0.572	0.136	0.94	345	0.10	2.40	5.6	4
A02	内蒙古农业大学学报(自然科学版)	1083	0.466	0.066	0.91	469	0.10	3.20	8.4	5
A02	南昌大学学报(理科版)	483	0.561	0.019	0.79	272	0.10	1.90	5.9	4
A02	南华大学学报(自然科学版)	284	0.350	0.043	0.88	197	0.00	1.30	7.4	4
A02	南京大学学报(自然科学版)	984	0.545	0.032	0.96	522	0.20	3.60	9.8	7
A02	南京体育学院学报	1377	0.949	0.349	0.96	320	0.10	2.20	5.3	7
A02	南开大学学报(自然科学版)	377	0.408	0.085	0.95	272	0.10	1.90	6.8	5
A02	南通大学学报(自然科学版)	201	0.465	0.111	0.90	149	0.10	1.00	5.9	4
A02	宁波大学学报(理工版)	441	0.415	0.024	0.88	297	0.10	2.00	6.5	4
A02	宁夏大学学报(自然科学版)	327	0.322	0.015	0.97	262	0.10	1.80	7.6	5
A02	攀枝花学院学报	426	0.436	0.104	0.96	265	0.00	1.80	4.7	4

学科代码	期刊名称	扩展总被引频次	扩展影响因子	扩展即年指标	扩展他引率	扩展引用刊数	扩展学科影响指标	扩展学科扩散指标	扩展被引半衰期	扩展H指标
A02	萍乡学院学报	292	0.279	0.026	0.93	177	0.00	1.20	4.9	4
A02	莆田学院学报	372	0.377	0.096	0.72	207	0.10	1.40	5.2	3
A02	齐齐哈尔大学学报(自然科学版)	378	0.294	0.140	0.98	288	0.10	2.00	6.1	3
A02	青岛大学学报(自然科学版)	184	0.297	0.039	0.89	147	0.10	1.00	5.3	3
A02	青岛科技大学学报(自然科学版)	488	0.498	0.179	0.79	289	0.10	2.00	4.9	5
A02	青海大学学报(自然科学版)	494	0.332	0.021	0.98	327	0.10	2.20	7.7	4
A02	山东大学学报(理学版)	720	0.360	0.074	0.94	389	0.30	2.70	6.2	6
A02	山西大同大学学报(自然科学版)	407	0.404	0.073	0.97	299	0.10	2.00	4.2	4
A02	山西大学学报(自然科学版)	458	0.369	0.008	0.95	314	0.20	2.20	7.6	6
A02	陕西科技大学学报	801	0.392	0.073	0.94	467	0.10	3.20	5.9	4
A02	汕头大学学报(自然科学版)	110	0.216	0.057	0.96	92	0.00	0.60	8.3	3
A02	上海大学学报(自然科学版)	573	0.601	0.027	0.95	397	0.10	2.70	6.6	6
A02	上海理工大学学报	592	0.438	0.022	0.97	395	0.20	2.70	7.3	4
A02	邵阳学院学报(自然科学版)	200	0.376	0.082	0.92	145	0.00	1.00	4.1	3
A02	沈阳大学学报(自然科学版)	619	0.862	0.088	0.76	335	0.10	2.30	5.8	5
A02	石河子大学学报(自然科学版)	842	0.635	0.040	0.91	428	0.10	2.90	7.4	5
A02	四川大学学报(自然科学版)	1070	0.721	0.144	0.74	471	0.30	3.20	4.7	5
A02	苏州科技大学学报(自然科学版)	176	0.388	0.034	0.85	124	0.10	0.80	4.9	3
A02	宿州学院学报	780	0.209	0.003	0.97	435	0.10	3.00	5.4	5
A02	塔里木大学学报	276	0.342	0.047	0.96	178	0.10	1.20	8.2	3
A02	台州学院学报	270	0.305	0.036	0.94	187	0.00	1.30	5.7	4
A02	泰山学院学报	275	0.209	0.036	0.91	187	0.00	1.30	6.5	3
A02	皖西学院学报	538	0.344	0.064	0.96	355	0.10	2.40	5.5	3
A02	温州大学学报(自然科学版)	149	0.333	0.029	0.93	113	0.00	0.80	10.0	3
A02	五邑大学学报(自然科学版)	125	0.294	0.059	0.94	102	0.00	0.70	6.4	3
A02	武汉大学学报(理学版)	714	0.530	0.101	0.97	478	0.20	3.30	6.8	6
A02	西安文理学院学报(自然科学版)	336	0.309	0.106	0.98	250	0.10	1.70	5.2	4
A02	西北大学学报(自然科学版)	1366	0.548	0.154	0.95	715	0.20	4.90	9.1	7
A02	西北民族大学学报(自然科学版)	299	0.406	—	0.97	207	0.10	1.40	6.8	4
A02	西昌学院学报(自然科学版)	535	0.558	0.215	0.96	312	0.10	2.10	4.5	5
A02	西南大学学报(自然科学版)	2480	0.691	0.128	0.92	883	0.30	6.00	6.6	7
A02	西南民族大学学报(自然科学版)	724	0.589	0.101	0.96	437	0.20	3.00	6.4	5
A02	厦门大学学报(自然科学版)	1193	0.409	0.092	0.98	673	0.20	4.60	10.8	8

学科代码	期刊名称	扩展总被引频次	扩展影响因子	扩展即年指标	扩展他引率	扩展引用刊数	扩展学科影响指标	扩展学科扩散指标	扩展被引半衰期	扩展H指标
A02	湘潭大学自然科学学报	420	0.562	0.326	0.81	259	0.10	1.80	4.2	4
A02	新疆大学学报(自然科学版)	297	0.450	0.150	0.84	214	0.10	1.50	7.0	3
A02	新乡学院学报	285	0.219	0.061	0.98	192	0.10	1.30	3.6	4
A02	烟台大学学报(自然科学与工程版)	206	0.365	0.052	0.90	156	0.10	1.10	6.8	3
A02	延安大学学报(自然科学版)	396	0.438	0.061	0.92	257	0.10	1.80	5.5	4
A02	延边大学学报(自然科学版)	183	0.267	0.041	0.90	135	0.10	0.90	6.1	3
A02	盐城工学院学报(自然科学版)	167	0.377	0.018	0.93	126	0.10	0.90	6.0	4
A02	扬州大学学报(自然科学版)	221	0.252	0.015	0.92	172	0.10	1.20	7.9	3
A02	宜春学院学报	955	0.365	0.044	0.94	517	0.10	3.50	5.0	5
A02	云南大学学报(自然科学版)	1216	0.814	0.059	0.86	604	0.20	4.10	7.3	5
A02	云南民族大学学报(自然科学版)	332	0.377	0.180	0.94	227	0.10	1.60	5.9	5
A02	浙江大学学报(理学版)	797	0.557	0.083	0.96	526	0.20	3.60	7.0	6
A02	浙江科技学院学报	351	0.371	0.151	0.95	218	0.10	1.50	5.9	4
A02	浙江理工大学学报(自然科学版)	578	0.447	0.092	0.95	346	0.10	2.40	5.9	4
A02	浙江万里学院学报	353	0.301	0.123	0.98	249	0.00	1.70	5.8	3
A02	镇江高专学报	311	0.328	0.130	0.97	174	0.00	1.20	4.9	4
A02	郑州大学学报(理学版)	333	0.599	0.095	0.82	207	0.10	1.40	4.5	4
A02	中北大学学报(自然科学版)	466	0.313	0.038	0.97	323	0.10	2.20	7.4	5
A02	中国传媒大学学报(自然科学版)	207	0.660	0.088	0.77	125	0.00	0.90	4.6	4
A02	中国科学技术大学学报	736	0.383	0.048	0.96	497	0.20	3.40	8.2	6
A02	中国科学院大学学报	782	0.708	0.079	0.93	484	0.20	3.30	5.8	7
A02	中国人民公安大学学报(自然科学版)	462	0.423	0.036	0.95	232	0.00	1.60	6.7	4
A02	中南民族大学学报(自然科学版)	627	1.232	0.107	0.85	289	0.10	2.00	3.1	7
A02	中山大学学报(自然科学版)	1534	0.698	0.112	0.92	790	0.30	5.40	10.3	7
A02	中央民族大学学报(自然科学版)	407	0.431	0.197	0.96	303	0.10	2.10	7.9	4
A03	安徽师范大学学报(自然科学版)	562	0.365	0.076	0.96	381	0.20	4.90	7.9	4
A03	安庆师范大学学报(自然科学版)	384	0.361	0.033	0.96	254	0.10	3.30	5.8	5
A03	北京师范大学学报(自然科学版)	1059	0.708	0.097	0.97	572	0.20	7.40	7.4	8
A03	长春师范大学学报(人文社会科学版)	697	0.277	0.191	0.99	358	0.10	4.60	4.4	4
A03	长春师范大学学报(自然科学版)	800	0.427	0.121	0.99	430	0.20	5.60	4.1	5
A03	重庆师范大学学报(社会科学版)	279	0.239	0.077	0.99	202	0.10	2.60	7.6	4
A03	重庆师范大学学报(自然科学版)	727	0.546	0.106	0.90	420	0.20	5.50	5.3	4
A03	东北师大学报(哲学社会科学版)	2330	1.127	0.466	0.98	977	0.30	12.70	5.3	10

学科代码	期刊名称	扩展总被引频次	扩展影响因子	扩展即年指标	扩展他引率	扩展引用刊数	扩展学科影响指标	扩展学科扩散指标	扩展被引半衰期	扩展H指标
A03	东北师大学报(自然科学版)	612	0.452	0.064	0.93	384	0.20	5.00	8.3	5
A03	福建师范大学学报(自然科学版)	618	0.439	0.156	0.98	426	0.20	5.50	7.6	5
A03	阜阳师范学院学报(自然科学版)	256	0.273	0.053	0.95	174	0.10	2.30	5.0	3
A03	广西师范大学学报(哲学社会科学版)	811	0.465	0.080	0.98	483	0.10	6.30	7.8	6
A03	广西师范大学学报(自然科学版)	478	0.562	0.155	0.87	306	0.10	4.00	6.3	4
A03	贵州师范大学学报(社会科学版)	579	0.734	0.303	0.98	377	0.10	4.90	5.4	5
A03	贵州师范大学学报(自然科学版)	696	0.799	0.281	0.85	384	0.20	5.00	5.0	5
A03	哈尔滨师范大学自然科学学报	444	0.235	0.017	0.97	331	0.10	4.30	5.9	5
A03	海南师范大学学报(社会科学版)	412	0.180	0.024	0.99	259	0.10	3.40	6.3	4
A03	海南师范大学学报(自然科学版)	317	0.432	0.087	0.88	216	0.10	2.80	5.5	5
A03	杭州师范大学学报(社会科学版)	483	0.328	0.048	0.98	345	0.10	4.50	7.8	4
A03	杭州师范大学学报(自然科学版)	465	0.441	0.071	0.95	327	0.10	4.20	5.4	5
A03	河北师范大学学报(哲学社会科学版)	539	0.357	0.043	0.98	369	0.10	4.80	7.4	5
A03	河北师范大学学报(自然科学版)	373	0.235	0.062	0.95	288	0.20	3.70	9.0	4
A03	河南师范大学学报(自然科学版)	744	0.686	0.088	0.88	407	0.20	5.30	5.7	4
A03	湖北第二师范学院学报	871	0.329	0.094	0.99	427	0.10	5.50	5.1	5
A03	湖北师范大学学报(自然科学版)	363	0.376	0.132	0.95	225	0.10	2.90	4.9	4
A03	湖南师范大学自然科学学报	403	0.538	0.107	0.95	293	0.10	3.80	6.1	4
A03	华东师范大学学报(自然科学版)	902	0.505	0.019	0.96	539	0.20	7.00	5.0	7
A03	华南师范大学学报(自然科学版)	722	0.652	0.110	0.78	411	0.10	5.30	5.1	4
A03	华中师范大学学报(自然科学版)	924	0.809	0.070	0.97	587	0.30	7.60	5.0	6
A03	淮北师范大学学报(哲学社会科学版)	538	0.265	0.056	0.99	331	0.00	4.30	5.7	4
A03	淮北师范大学学报(自然科学版)	218	0.382	0.132	0.98	157	0.10	2.00	5.2	3
A03	淮阴师范学院学报(自然科学版)	222	0.305	0.059	0.97	156	0.10	2.00	6.0	4
A03	吉林师范大学学报(人文社会科学版)	514	0.454	0.140	0.98	316	0.10	4.10	6.8	4
A03	吉林师范大学学报(自然科学版)	517	0.487	0.089	0.88	318	0.20	4.10	6.1	4
A03	江苏师范大学学报(哲学社会科学版)	640	0.427	0.218	0.98	421	0.10	5.50	6.2	6
A03	江苏师范大学学报(自然科学版)	254	0.624	0.121	0.91	188	0.10	2.40	4.1	5
A03	江西师范大学学报(哲学社会科学版)	775	0.900	0.314	0.97	455	0.10	5.90	4.0	6
A03	江西师范大学学报(自然科学版)	504	0.475	0.091	0.85	318	0.10	4.10	5.9	5
A03	廊坊师范学院学报(自然科学版)	544	0.615	0.189	0.84	290	0.00	3.80	4.2	4
A03	辽宁师范大学学报(社会科学版)	960	0.696	0.629	0.85	450	0.20	5.80	4.8	6
A03	辽宁师范大学学报(自然科学版)	411	0.538	0.073	0.87	260	0.10	3.40	7.1	4

学科代码	期刊名称	扩展总被引频次	扩展影响因子	扩展即年指标	扩展他引率	扩展引用刊数	扩展学科影响指标	扩展学科扩散指标	扩展被引半衰期	扩展H指标
A03	闽南师范大学学报(自然科学版)	254	0.280	0.104	0.97	179	0.10	2.30	7.2	4
A03	牡丹江师范学院学报(自然科学版)	384	0.434	0.098	0.77	196	0.10	2.50	5.8	3
A03	内蒙古师范大学学报(哲学社会科学版)	569	0.245	0.043	1.00	340	0.00	4.40	6.4	4
A03	内蒙古师范大学学报(自然科学汉文版)	435	0.300	0.025	0.94	299	0.20	3.90	5.1	4
A03	南京师大学报(社会科学版)	1338	0.876	0.229	0.97	772	0.20	10.00	9.8	7
A03	南京师大学报(自然科学版)	581	0.569	0.022	0.97	418	0.20	5.40	6.9	6
A03	南京师范大学学报(工程技术版)	245	0.295	0.040	0.96	185	0.10	2.40	6.0	4
A03	宁德师范学院学报(自然科学版)	263	0.320	0.062	0.98	186	0.00	2.40	6.0	3
A03	青海师范大学学报(自然科学版)	334	0.365	0.013	0.99	254	0.10	3.30	6.9	4
A03	曲阜师范大学学报(自然科学版)	324	0.385	0.098	0.95	231	0.10	3.00	4.8	4
A03	山东师范大学学报(人文社会科学版)	670	0.629	0.101	0.96	438	0.10	5.70	9.3	5
A03	山西师大学报(社会科学版)	990	0.303	0.194	0.99	566	0.10	7.40	6.6	6
A03	山西师范大学学报(自然科学版)	427	0.359	0.012	0.96	298	0.20	3.90	6.8	5
A03	陕西师范大学学报(自然科学版)	839	0.576	0.080	0.94	530	0.30	6.90	7.5	7
A03	上海师范大学学报(自然科学版)	344	0.274	0.028	0.95	259	0.10	3.40	7.2	4
A03	沈阳师范大学学报(社会科学版)	937	0.559	0.200	0.95	453	0.10	5.90	5.0	6
A03	沈阳师范大学学报(自然科学版)	559	0.544	0.112	0.93	356	0.20	4.60	5.8	5
A03	首都师范大学学报(社会科学版)	1046	0.664	0.145	0.99	651	0.10	8.50	8.4	6
A03	首都师范大学学报(自然科学版)	715	0.578	0.216	0.97	500	0.20	6.50	7.3	6
A03	四川师范大学学报(社会科学版)	1039	0.881	0.566	0.96	599	0.20	7.80	5.4	8
A03	四川师范大学学报(自然科学版)	483	0.281	0.015	0.87	305	0.20	4.00	6.9	4
A03	太原师范学院学报(自然科学版)	223	0.200	0.056	0.96	182	0.10	2.40	7.6	3
A03	天津师范大学学报(社会科学版)	492	0.620	0.214	0.97	344	0.10	4.50	7.3	5
A03	天津师范大学学报(自然科学版)	331	0.417	0.074	0.90	192	0.10	2.50	5.1	5
A03	西北师大学报(社会科学版)	1171	1.026	0.557	0.99	669	0.20	8.70	7.4	8
A03	西北师范大学学报(自然科学版)	579	0.363	0.094	0.96	408	0.30	5.30	7.2	5
A03	西华师范大学学报(哲学社会科学版)	403	0.266	0.056	0.99	266	0.10	3.50	8.9	4
A03	西华师范大学学报(自然科学版)	319	0.335	0.135	0.92	211	0.10	2.70	9.9	4
A03	西南师范大学学报(自然科学版)	2731	1.009	0.176	0.89	1100	0.50	14.30	4.5	10
A03	新疆师范大学学报(自然科学版)	279	0.336	0.094	1.00	203	0.10	2.60	8.4	5
A03	信阳师范学院学报(自然科学版)	537	0.565	0.137	0.77	298	0.20	3.90	4.8	5
A03	伊犁师范学院学报(自然科学版)	120	0.216	0.014	0.90	92	0.10	1.20	4.9	2
A03	云南师范大学学报(哲学社会科学版)	1218	0.930	0.147	0.97	618	0.20	8.00	6.2	9

学科代码	期刊名称	扩展总被引频次	扩展影响因子	扩展即年指标	扩展他引率	扩展引用刊数	扩展学科影响指标	扩展学科扩散指标	扩展被引半衰期	扩展H指标
A03	云南师范大学学报(自然科学版)	390	0.576	0.111	0.87	247	0.10	3.20	7.1	5
A03	浙江师范大学学报(社会科学版)	559	0.358	0.049	0.98	367	0.10	4.80	8.1	5
A03	浙江师范大学学报(自然科学版)	334	0.517	0.056	0.94	246	0.10	3.20	7.5	4
B01	Acta Mathematica Scientia	348	0.222	0.033	0.71	97	0.50	1.90	6.3	4
B01	Acta Mathematica Sinica	225	0.119	0.008	0.92	97	0.50	1.90	6.6	3
B01	Acta Mathematicae Applicatae Sinica	127	0.103	0.056	0.94	72	0.40	1.40	5.6	3
B01	Analysis in Theory and Applications	25	0.016	—	0.92	20	0.20	0.40	5.7	1
B01	Applied Mathematics A Journal of Chinese Universities, B	90	0.222	0.062	0.93	63	0.30	1.20	5.1	3
B01	Applied Mathematics and Mechanics	328	0.370	0.131	0.71	153	0.20	3.00	4.8	4
B01	Chinese Annals of Mathematics, Series B	118	0.047	—	0.90	64	0.50	1.30	9.4	4
B01	Chinese Quarterly Journal of Mathematics	79	0.056	—	0.66	33	0.10	0.60	6.3	2
B01	Communications in Mathematical Research	55	0.176	0.026	0.96	40	0.20	0.80	8.7	2
B01	Frontiers of Mathematics in China	108	0.166	0.090	0.69	51	0.50	1.00	4.3	3
B01	Journal of Computational Mathematics	187	0.259	0.021	0.90	78	0.40	1.50	11.4	2
B01	Journal of Mathematical Research with Applications	136	0.128	—	0.97	79	0.40	1.50	11.0	3
B01	Journal of Mathematical Study	63	0.098	0.091	0.98	46	0.20	0.90	8.9	2
B01	Journal of Partial Differential Equations	22	0.044	—	0.86	12	0.10	0.20	12.0	2
B01	Journal of Systems Science and Complexity	235	0.263	0.230	0.58	101	0.30	2.00	4.8	3
B01	Numerical Mathematics Theory, Methods and Applications	43	0.153	0.045	0.79	29	0.20	0.60	7.1	2
B01	Science China (Mathematics)	581	0.310	0.206	0.89	181	0.60	3.50	7.8	5
B01	纯粹数学与应用数学	214	0.262	—	0.96	109	0.30	2.10	7.1	3
B01	大学数学	941	0.550	0.088	0.75	312	0.20	6.10	7.4	6
B01	高等数学研究	516	0.340	0.038	0.81	193	0.10	3.80	7.2	5
B01	高等学校计算数学学报	106	0.169	—	0.94	60	0.20	1.20	12.2	2
B01	高校应用数学学报 A 辑	196	0.343	—	0.90	114	0.30	2.20	7.3	3
B01	计算数学	202	0.311	0.065	0.96	99	0.30	1.90	10.2	4
B01	模糊系统与数学	773	0.343	0.052	0.81	296	0.10	5.80	8.4	6
B01	南京大学学报(数学半年刊)	29	0.000	—	1.00	23	0.10	0.50	15.8	2
B01	数理统计与管理	1488	1.348	0.248	0.86	711	0.10	13.90	6.5	8
B01	数学大世界(上旬版)	534	0.210	0.097	0.98	74	0.10	1.50	1.6	5

学科代码	期刊名称	扩展总被引频次	扩展影响因子	扩展即年指标	扩展他引率	扩展引用刊数	扩展学科影响指标	扩展学科扩散指标	扩展被引半衰期	扩展H指标
B01	数学大世界(下旬版)	492	0.186	0.100	0.98	68	0.10	1.30	1.6	4
B01	数学大世界(中旬版)	498	0.190	0.102	0.98	70	0.10	1.40	1.5	4
B01	数学的实践与认识	3562	0.456	0.055	0.89	1288	0.40	25.30	5.4	9
B01	数学教学通讯	1118	0.240	0.084	1.00	138	0.10	2.70	2.4	6
B01	数学教学研究	327	0.196	0.113	0.94	103	0.20	2.00	7.0	3
B01	数学教育学报	2719	2.721	1.051	0.79	334	0.20	6.50	6.0	11
B01	数学进展	264	0.189	0.034	0.97	124	0.50	2.40	8.5	5
B01	数学年刊 A 辑	153	0.208	—	0.93	67	0.30	1.30	10.2	3
B01	数学通报	1236	0.770	0.288	0.89	199	0.20	3.90	5.7	9
B01	数学物理学报	356	0.353	0.047	0.82	151	0.40	3.00	6.8	4
B01	数学学报	422	0.165	0.053	0.94	161	0.40	3.20	11.4	5
B01	数学杂志	319	0.216	0.017	0.75	146	0.40	2.90	5.9	4
B01	应用概率统计	200	0.396	0.020	0.95	119	0.30	2.30	9.6	4
B01	应用数学	289	0.270	0.100	0.88	151	0.30	3.00	6.2	4
B01	应用数学学报	378	0.247	—	0.96	195	0.50	3.80	9.0	5
B01	应用数学与计算数学学报	91	0.144	—	0.90	69	0.20	1.40	6.7	2
B01	运筹学学报	178	0.245	—	0.90	106	0.30	2.10	6.2	3
B01	运筹与管理	1759	0.720	0.088	0.86	555	0.20	10.90	5.0	7
B01	中国科学(数学)	428	0.235	0.024	0.94	237	0.60	4.60	11.1	4
B02	Control Theory and Technology	140	0.463	—	0.93	81	0.50	7.40	6.2	4
B02	复杂系统与复杂性科学	531	0.783	0.064	0.92	243	0.80	22.10	6.5	8
B02	控制理论与应用	2741	1.202	0.111	0.87	661	0.80	60.10	5.8	13
B02	控制与决策	5098	1.669	0.296	0.92	988	1.00	89.80	5.3	14
B02	系统工程	2639	0.745	0.052	0.94	907	0.70	82.50	6.9	9
B02	系统工程理论与实践	6968	1.231	0.178	0.91	1435	0.90	130.50	6.5	17
B02	系统工程学报	1523	1.050	0.117	0.85	497	0.70	45.20	6.1	10
B02	系统管理学报	1551	1.173	0.252	0.85	542	0.50	49.30	5.2	8
B02	系统科学与数学	668	0.340	0.027	0.92	331	0.80	30.10	6.0	6
B02	信息与控制	1337	1.091	0.061	0.88	534	0.60	48.50	9.7	7
B02	中国科学(信息科学)	1355	1.221	0.110	0.97	568	0.40	51.60	3.9	15
B03	Acta Mechanica Sinica	329	0.454	0.103	0.78	151	0.90	8.90	4.8	4
B03	Acta Mechanica Solida Sinica	179	0.270	0.036	0.85	91	0.60	5.40	6.4	3

学科代码	期刊名称	扩展总被引频次	扩展影响因子	扩展即年指标	扩展他引率	扩展引用刊数	扩展学科影响指标	扩展学科扩散指标	扩展被引半衰期	扩展H指标
B03	Journal of Rock Mechanics and Geotechnical Engineering	416	0.679	0.089	0.80	136	0.40	8.00	4.1	5
B03	Theoretical & Applied Mechanics Letters	54	0.202	0.017	0.78	36	0.50	2.10	3.3	2
B03	动力学与控制学报	316	0.503	0.061	0.73	142	0.50	8.40	4.9	4
B03	固体力学学报	720	0.839	0.096	0.94	326	0.80	19.20	7.8	5
B03	计算力学学报	1115	0.595	0.078	0.87	432	0.80	25.40	8.0	6
B03	力学季刊	563	0.535	0.033	0.70	243	0.60	14.30	7.9	4
B03	力学进展	1229	1.481	0.500	0.99	538	0.90	31.60	10.9	11
B03	力学学报	1798	1.721	0.256	0.78	506	0.90	29.80	6.1	8
B03	力学与实践	1155	0.528	0.080	0.86	489	0.70	28.80	8.5	6
B03	气体物理	45	0.533	0.048	0.84	22	0.20	1.30	2.1	2
B03	实验力学	882	0.595	0.035	0.83	377	0.60	22.20	7.4	6
B03	医用生物力学	756	1.027	0.075	0.74	290	0.20	17.10	4.7	6
B03	应用力学学报	1029	0.590	0.037	0.91	457	0.70	26.90	6.6	6
B03	应用数学和力学	838	0.681	0.057	0.81	371	0.80	21.80	5.8	5
B03	振动工程学报	1514	0.864	0.040	0.91	457	0.60	26.90	7.1	8
B04	Chinese Journal of Acoustics	163	0.462	0.029	0.82	27	0.10	0.60	6.1	3
B04	Chinese Physics B	2293	0.337	0.040	0.66	479	0.70	10.60	4.3	4
B04	Chinese Physics C	363	0.287	0.057	0.66	72	0.30	1.60	3.3	3
B04	Chinese Physics Letters	1684	0.404	0.081	0.86	301	0.60	6.70	6.2	3
B04	Communications in Theoretical Physics	443	0.284	0.052	0.67	123	0.40	2.70	6.2	3
B04	Frontiers of Physics	206	0.430	0.191	0.39	49	0.30	1.10	3.0	4
B04	Journal of Thermal Science	293	0.483	0.186	0.67	106	0.00	2.40	5.5	4
B04	Plasma Science and Technology	554	0.477	0.050	0.53	118	0.30	2.60	4.1	3
B04	Science China Physics, Mechanics & Astronomy	592	0.471	0.130	0.90	229	0.50	5.10	4.7	4
B04	波谱学杂志	290	0.672	0.167	0.67	144	0.10	3.20	6.0	4
B04	大学物理	1176	0.559	0.102	0.73	282	0.30	6.30	8.4	5
B04	低温物理学报	136	0.152	—	0.82	60	0.20	1.30	7.8	2
B04	低温与超导	724	0.288	0.059	0.81	265	0.20	5.90	6.0	5
B04	低温与特气	265	0.292	0.057	0.89	132	0.10	2.90	9.1	3
B04	发光学报	1057	0.798	0.095	0.75	268	0.30	6.00	3.9	6
B04	高压物理学报	535	0.530	0.134	0.84	192	0.20	4.30	6.6	4

学科代码	期刊名称	扩展总被引频次	扩展影响因子	扩展即年指标	扩展他引率	扩展引用刊数	扩展学科影响指标	扩展学科扩散指标	扩展被引半衰期	扩展H指标
B04	光散射学报	250	0.333	0.016	0.85	138	0.20	3.10	6.4	4
B04	光学学报	6079	1.986	0.314	0.77	720	0.50	16.00	4.0	11
B04	光子学报	2350	0.811	0.156	0.84	476	0.50	10.60	5.2	7
B04	核聚变与等离子体物理	183	0.283	0.027	0.60	68	0.20	1.50	6.9	3
B04	红外与毫米波学报	871	0.596	0.066	0.88	324	0.20	7.20	7.3	6
B04	计算物理	567	0.782	0.034	0.67	248	0.40	5.50	6.8	4
B04	量子电子学报	472	0.522	0.063	0.74	196	0.30	4.40	5.5	5
B04	量子光学学报	116	0.254	0.048	0.85	50	0.20	1.10	5.3	3
B04	强激光与粒子束	2241	0.436	0.069	0.75	424	0.50	9.40	6.0	6
B04	热科学与技术	394	0.453	0.080	0.83	203	0.10	4.50	7.1	4
B04	声学技术	801	0.475	0.065	0.91	334	0.20	7.40	7.9	6
B04	声学学报	1225	0.672	0.108	0.75	298	0.30	6.60	9.6	6
B04	物理	964	0.289	0.060	0.95	485	0.80	10.80	11.0	7
B04	物理测试	411	0.467	0.093	0.72	164	0.10	3.60	7.9	4
B04	物理教师	1158	0.518	0.125	0.80	166	0.10	3.70	4.0	6
B04	物理教学探讨	726	0.364	0.082	0.88	139	0.10	3.10	4.6	6
B04	物理实验	911	0.865	0.169	0.74	240	0.20	5.30	6.3	6
B04	物理通报	819	0.294	0.080	0.86	231	0.20	5.10	3.9	4
B04	物理学报	8949	0.803	0.113	0.84	1250	0.90	27.80	5.6	11
B04	物理学进展	186	0.323	—	1.00	129	0.30	2.90	9.3	4
B04	物理与工程	773	1.020	0.161	0.82	265	0.20	5.90	4.6	7
B04	现代物理知识	170	0.166	—	1.00	123	0.20	2.70	9.6	3
B04	现代应用物理	75	0.350	0.058	0.80	33	0.00	0.70	2.7	2
B04	应用光学	1111	0.688	0.115	0.81	331	0.30	7.40	6.5	6
B04	应用声学	1255	1.667	0.212	0.93	474	0.40	10.50	7.1	5
B04	原子核物理评论	194	0.145	0.036	0.81	84	0.20	1.90	8.5	3
B04	原子与分子物理学报	681	0.914	0.135	0.41	120	0.30	2.70	3.1	7
B04	真空与低温	272	0.233	0.040	0.88	138	0.20	3.10	7.5	4
B04	中国科学(物理学 力学 天文学)	694	0.385	0.042	0.93	354	0.60	7.90	5.8	6
B05	Chemical Research in Chinese Universities	509	0.656	0.057	0.72	167	0.60	4.20	3.4	3
B05	Chinese Chemical Letters	1693	1.042	0.367	0.57	330	0.90	8.20	2.8	4
B05	Chinese Journal of Chemical Physics	237	0.276	0.043	0.74	117	0.40	2.90	5.9	3
B05	Chinese Journal of Chemistry	726	0.721	0.469	0.73	177	0.80	4.40	2.9	3

学科代码	期刊名称	扩展总被引频次	扩展影响因子	扩展即年指标	扩展他引率	扩展引用刊数	扩展学科影响指标	扩展学科扩散指标	扩展被引半衰期	扩展H指标
B05	Chinese Journal of Polymer Science	499	0.665	0.076	0.69	120	0.50	3.00	3.5	3
B05	Chinese Journal of Structural Chemistry	477	0.379	0.076	0.36	87	0.30	2.20	3.5	3
B05	Frontiers of Chemical Science and Engineering	168	0.504	0.140	0.63	61	0.10	1.50	3.4	3
B05	Science China (Chemistry)	574	0.356	0.032	0.88	244	0.80	6.10	4.7	4
B05	催化学报	2522	1.526	0.237	0.85	430	0.70	10.80	5.5	7
B05	大学化学	1414	1.228	0.373	0.72	301	0.30	7.50	4.2	7
B05	电化学	415	0.523	0.096	0.71	165	0.40	4.10	6.6	5
B05	分析测试学报	3469	1.508	0.170	0.89	732	0.60	18.30	5.8	9
B05	分析化学	4674	1.465	0.139	0.91	958	0.80	24.00	6.7	9
B05	分析科学学报	1338	0.731	0.212	0.88	457	0.60	11.40	5.9	6
B05	分析试验室	2907	1.111	0.223	0.84	656	0.50	16.40	5.6	8
B05	分子催化	676	1.674	0.302	0.63	181	0.40	4.50	5.0	4
B05	分子科学学报	275	0.497	0.108	0.79	156	0.40	3.90	5.1	3
B05	高等学校化学学报	3112	1.045	0.153	0.82	791	1.00	19.80	6.2	6
B05	高分子通报	1897	0.952	0.118	0.94	508	0.60	12.70	7.1	7
B05	高分子学报	1753	1.059	0.256	0.87	410	0.70	10.20	5.7	7
B05	功能高分子学报	505	0.911	0.108	0.81	198	0.40	5.00	8.2	4
B05	光谱学与光谱分析	6706	0.999	0.134	0.94	1351	0.70	33.80	5.7	10
B05	广州化学	262	0.312	0.091	0.95	175	0.20	4.40	5.9	4
B05	合成化学	470	0.262	0.051	0.82	208	0.50	5.20	5.1	3
B05	化学分析计量	1070	0.666	0.067	0.88	391	0.40	9.80	5.6	6
B05	化学进展	2595	1.010	0.092	0.95	850	0.90	21.20	7.9	11
B05	化学试剂	928	0.421	0.068	0.87	355	0.60	8.90	5.3	5
B05	化学通报(印刷版)	1075	0.512	0.106	0.94	521	0.60	13.00	7.2	6
B05	化学学报	2318	1.558	0.158	0.88	659	0.90	16.50	7.1	8
B05	化学研究	507	0.533	0.099	0.84	268	0.60	6.70	5.5	5
B05	化学研究与应用	1559	0.567	0.068	0.78	538	0.60	13.40	5.7	6
B05	色谱	3622	1.640	0.246	0.88	644	0.50	16.10	5.9	11
B05	无机化学学报	1899	0.755	0.203	0.75	446	0.80	11.20	5.8	6
B05	物理化学学报	2496	0.633	0.410	0.94	683	0.80	17.10	6.6	7
B05	应用化学	1244	0.623	0.148	0.94	478	0.70	12.00	7.5	5
B05	影像科学与光化学	192	0.487	0.034	0.92	130	0.30	3.20	4.6	4

学科代码	期刊名称	扩展总被引频次	扩展影响因子	扩展即年指标	扩展他引率	扩展引用刊数	扩展学科影响指标	扩展学科扩散指标	扩展被引半衰期	扩展H指标
B05	有机化学	2191	0.934	0.201	0.70	401	0.80	10.00	5.0	6
B05	质谱学报	916	1.331	0.128	0.91	336	0.40	8.40	6.2	7
B05	中国科学(化学)	1218	0.502	0.062	0.99	575	0.70	14.40	7.7	9
B05	中国无机分析化学	686	1.482	0.490	0.74	194	0.20	4.80	3.4	8
B06	Research in Astronomy and Astrophysics	240	0.166	0.140	0.50	56	0.80	9.30	5.1	2
B06	空间科学学报	491	0.343	0.078	0.81	202	0.70	33.70	7.0	4
B06	时间频率学报	124	0.567	0.043	0.76	58	0.30	9.70	5.5	3
B06	天文学报	267	0.412	0.070	0.79	106	1.00	17.70	8.9	4
B06	天文学进展	140	0.400	—	0.89	66	0.80	11.00	9.4	4
B06	天文研究与技术－国家天文台台刊	156	0.403	0.032	0.37	42	0.50	7.00	3.8	3
B07	Earth and Planetary Physics	34	—	0.471	0.47	6	0.10	0.30	—	3
B07	Frontiers of Earth Science	210	0.500	0.090	0.96	143	0.40	6.80	4.1	3
B07	Journal of Arid Land	333	0.654	0.042	0.89	141	0.30	6.70	3.8	3
B07	Journal of Earth Science	655	0.918	0.292	0.76	166	0.60	7.90	5.1	4
B07	Sciences in Cold and Arid Regions	107	0.309	—	0.65	50	0.10	2.40	4.1	3
B07	成都理工大学学报(自然科学版)	1643	0.796	0.081	0.91	382	0.80	18.20	9.6	10
B07	大地测量与地球动力学	2364	0.676	0.059	0.85	371	0.60	17.70	6.9	8
B07	地球化学	2475	0.968	0.107	0.91	350	0.70	16.70	14.5	13
B07	地球环境学报	253	0.726	0.150	0.89	155	0.20	7.40	3.6	4
B07	地球科学	4912	2.676	0.292	0.71	532	0.90	25.30	7.2	14
B07	地球科学进展	4664	1.542	0.186	0.93	942	1.00	44.90	9.9	16
B07	地球科学与环境学报	1130	1.124	0.127	0.90	373	0.70	17.80	7.8	8
B07	地球信息科学学报	2233	1.686	0.213	0.91	670	0.50	31.90	4.7	9
B07	地球学报	3227	2.063	1.280	0.84	494	0.90	23.50	8.8	14
B07	地球与环境	1504	0.978	0.115	0.94	511	0.60	24.30	8.0	9
B07	地学前缘	7779	2.559	0.372	0.90	623	0.90	29.70	9.0	20
B07	东华理工大学学报(自然科学版)	646	0.661	0.077	0.84	260	0.50	12.40	7.8	6
B07	复杂油气藏	217	0.349	0.043	0.88	95	0.20	4.50	4.9	3
B07	吉林大学学报(地球科学版)	3802	1.538	0.180	0.87	592	0.80	28.20	7.0	12
B07	矿物岩石地球化学通报	1865	1.324	0.112	0.87	376	0.70	17.90	6.5	10
B07	中国科学(地球科学)	6074	1.742	0.290	0.94	757	0.90	36.00	9.6	20
B08	Advances in Atmospheric Sciences	1384	0.757	0.173	0.89	191	0.90	5.50	8.1	8
B08	Advances in Climate Change Research	92	0.403	0.379	0.88	57	0.30	1.60	4.1	3

学科代码	期刊名称	扩展总被引频次	扩展影响因子	扩展即年指标	扩展他引率	扩展引用刊数	扩展学科影响指标	扩展学科扩散指标	扩展被引半衰期	扩展H指标
B08	Atmospheric and Oceanic Science Letters	239	0.421	0.136	0.88	76	0.60	2.20	5.1	5
B08	International Journal of Disaster Risk Science	66	0.387	0.087	0.48	32	0.10	0.90	3.0	2
B08	Journal of Meteorological Research (JMR)	375	0.588	0.089	0.82	105	0.70	3.00	4.7	5
B08	Journal of Tropical Meteorology	56	—	0.023	0.93	30	0.40	0.90	6.0	2
B08	暴雨灾害	952	1.366	0.171	0.76	153	0.90	4.40	5.8	7
B08	大气科学	3823	1.492	0.258	0.90	371	1.00	10.60	10.8	12
B08	大气科学学报	1700	1.116	0.125	0.81	342	1.00	9.80	8.5	7
B08	大气与环境光学学报	285	0.619	0.058	0.93	149	0.40	4.30	5.8	3
B08	干旱气象	1794	1.818	0.215	0.78	337	0.90	9.60	4.7	9
B08	高原气象	4527	2.361	0.280	0.79	410	1.00	11.70	7.8	11
B08	高原山地气象研究	774	1.567	0.083	0.79	178	0.70	5.10	5.9	6
B08	广东气象	1218	0.759	0.167	0.63	206	0.70	5.90	6.7	7
B08	海洋气象学报	350	0.856	0.411	0.71	138	0.70	3.90	5.3	3
B08	黑龙江气象	196	0.187	0.044	0.94	98	0.50	2.80	7.8	3
B08	内蒙古气象	369	0.542	0.014	0.73	138	0.40	3.90	6.6	4
B08	气候变化研究进展	1522	1.710	0.270	0.94	456	0.90	13.00	6.6	12
B08	气候与环境研究	1708	1.194	0.062	0.94	383	1.00	10.90	8.8	11
B08	气象	5738	2.153	0.263	0.84	536	1.00	15.30	7.4	15
B08	气象科技	2858	1.537	0.199	0.77	495	0.90	14.10	6.5	8
B08	气象科技进展	401	0.511	0.106	0.90	162	0.90	4.60	4.4	7
B08	气象科学	1596	0.821	0.065	0.85	320	1.00	9.10	8.2	7
B08	气象学报	3711	2.095	0.338	0.92	434	1.00	12.40	10.6	15
B08	气象研究与应用	1642	1.318	0.233	0.51	254	0.80	7.30	5.8	7
B08	气象与环境科学	1264	2.212	0.260	0.78	289	0.80	8.30	4.5	8
B08	气象与环境学报	1720	1.332	0.250	0.78	391	0.80	11.20	5.8	8
B08	气象与减灾研究	418	0.710	0.061	0.74	162	0.70	4.60	6.7	4
B08	气象灾害防御	168	0.349	—	0.57	63	0.30	1.80	6.1	3
B08	热带气象学报	1686	0.850	0.084	0.84	268	1.00	7.70	8.2	8
B08	沙漠与绿洲气象	818	1.063	0.026	0.78	192	0.70	5.50	5.4	6
B08	陕西气象	389	0.428	0.062	0.77	173	0.60	4.90	6.8	4
B08	应用气象学报	3413	2.430	0.312	0.84	485	1.00	13.90	10.1	12
B08	浙江气象	182	0.280	0.103	0.90	92	0.40	2.60	7.6	3
B08	中低纬山地气象	492	0.540	0.091	0.72	156	0.60	4.50	6.3	4

学科代码	期刊名称	扩展总被引频次	扩展影响因子	扩展即年指标	扩展他引率	扩展引用刊数	扩展学科影响指标	扩展学科扩散指标	扩展被引半衰期	扩展H指标
B09	Applied Geophysics	445	0.817	0.118	0.77	97	0.20	5.70	5.5	5
B09	Journal of Palaeogeography	66	0.864	0.040	0.85	31	0.10	1.80	2.7	4
B09	地球物理学报	12271	1.738	0.308	0.64	709	0.90	41.70	6.9	19
B09	地球物理学进展	5163	0.943	0.114	0.71	584	0.90	34.40	6.5	11
B09	地震	1121	0.797	0.030	0.83	149	0.90	8.80	10.1	7
B09	地震地磁观测与研究	1008	0.407	0.069	0.73	132	0.80	7.80	8.0	6
B09	地震地质	2572	1.441	0.125	0.77	255	1.00	15.00	10.7	11
B09	地震工程学报	1487	1.190	0.235	0.80	298	0.90	17.50	5.0	6
B09	地震工程与工程振动	2392	0.678	0.082	0.92	442	0.90	26.00	9.9	9
B09	地震学报	2143	0.747	0.056	0.87	241	0.90	14.20	12.5	9
B09	地震研究	1035	0.914	0.210	0.82	195	0.90	11.50	7.7	6
B09	华北地震科学	403	0.741	0.104	0.88	109	0.90	6.40	8.1	4
B09	华南地震	603	0.788	0.029	0.83	147	0.80	8.60	9.0	6
B09	内陆地震	291	0.287	0.020	0.72	75	0.70	4.40	10.2	4
B09	世界地震工程	1111	0.528	0.055	0.94	322	0.70	18.90	8.4	7
B09	灾害学	2275	1.631	0.280	0.87	669	0.70	39.40	5.7	9
B09	中国地震	1117	0.906	0.063	0.85	152	0.90	8.90	13.0	7
B10	Advances in Polar Science	79	0.550	0.161	0.86	21	0.10	0.50	3.3	3
B10	Chinese Geographical Science	598	0.755	0.210	0.87	231	0.50	5.50	5.5	5
B10	GEOSCIENCE FRONTIERS	450	0.603	0.562	0.60	93	0.20	2.20	3.7	6
B10	Geospatial Information Science	77	0.213	—	0.97	57	0.10	1.40	9.1	2
B10	International Journal of Sediment Research	265	0.718	0.106	0.70	104	0.20	2.50	5.4	4
B10	Journal of Geographical Sciences	1108	1.357	0.224	0.85	295	0.50	7.00	4.7	8
B10	Journal of Mountain Science	555	0.488	0.088	0.68	191	0.40	4.50	4.0	4
B10	冰川冻土	4176	1.466	0.087	0.81	618	0.50	14.70	7.2	10
B10	测绘地理信息	1203	0.931	0.148	0.75	342	0.40	8.10	4.6	7
B10	地理科学	8500	3.716	0.312	0.92	1329	0.80	31.60	5.8	20
B10	地理科学进展	7348	3.743	0.556	0.95	1328	0.80	31.60	5.7	20
B10	地理信息世界	998	0.947	0.142	0.92	346	0.50	8.20	4.7	8
B10	地理学报	13811	4.720	0.901	0.95	1572	0.80	37.40	7.5	32
B10	地理研究	10049	4.191	0.569	0.93	1465	0.80	34.90	6.2	22
B10	地理与地理信息科学	2728	1.417	0.230	0.93	879	0.80	20.90	7.8	10
B10	地域研究与开发	3483	1.855	0.210	0.81	892	0.70	21.20	5.6	10

学科代码	期刊名称	扩展总被引频次	扩展影响因子	扩展即年指标	扩展他引率	扩展引用刊数	扩展学科影响指标	扩展学科扩散指标	扩展被引半衰期	扩展H指标
B10	干旱区地理	2695	1.387	0.056	0.89	641	0.60	15.30	6.7	10
B10	干旱区研究	2874	1.891	0.272	0.81	566	0.60	13.50	6.3	9
B10	国土与自然资源研究	851	0.457	0.057	0.97	466	0.50	11.10	7.1	5
B10	国土资源	399	0.514	0.230	0.97	201	0.30	4.80	5.2	4
B10	国土资源导刊	362	0.407	0.130	0.95	188	0.30	4.50	7.0	3
B10	国土资源科技管理	673	0.639	0.147	0.97	337	0.50	8.00	6.5	5
B10	国土资源情报	548	0.588	0.179	0.92	260	0.40	6.20	5.4	5
B10	华北国土资源	396	0.284	0.122	0.92	156	0.20	3.70	3.4	5
B10	华东地质	510	1.188	0.026	0.79	165	0.20	3.90	7.8	5
B10	经济地理	12780	3.403	0.396	0.93	1551	0.70	36.90	5.5	21
B10	南方国土资源	297	0.170	0.062	0.97	149	0.20	3.50	7.8	3
B10	热带地理	1822	1.353	0.228	0.94	721	0.70	17.20	6.7	9
B10	山地学报	1927	0.918	0.173	0.94	527	0.60	12.50	9.7	8
B10	山东国土资源	1443	1.157	0.361	0.49	256	0.30	6.10	4.4	7
B10	上海国土资源	973	1.497	0.271	0.68	331	0.40	7.90	4.7	6
B10	湿地科学	1829	1.710	0.237	0.82	444	0.40	10.60	5.0	10
B10	湿地科学与管理	350	0.650	0.150	0.90	169	0.20	4.00	5.9	4
B10	世界地理研究	1084	1.290	0.260	0.93	475	0.40	11.30	5.2	7
B10	西部资源	1943	1.119	0.429	0.52	279	0.30	6.60	2.3	12
B10	云南地理环境研究	642	0.500	0.141	0.93	375	0.40	8.90	8.8	4
B10	浙江国土资源	274	0.217	0.121	0.99	129	0.20	3.10	3.5	4
B10	中国国土资源经济	1209	1.054	0.546	0.80	380	0.40	9.00	4.2	7
B10	中国沙漠	4476	1.536	0.234	0.82	629	0.60	15.00	7.6	9
B10	资源导刊	233	0.049	0.032	0.96	124	0.20	3.00	6.7	2
B10	资源导刊·信息化测绘版	3	0.006	0.004	0.67	3	0.00	0.10	1.5	1
B10	资源环境与工程	793	0.365	0.081	0.91	336	0.30	8.00	6.3	5
B11	Acta Geochimica	210	0.187	0.042	0.90	112	0.40	1.80	7.4	3
B11	Acta Geologica Sinica	1519	1.147	0.142	0.67	187	0.70	3.00	4.6	6
B11	Earthquake Engineering and Engineering Vibration	342	0.529	0.119	0.72	116	0.10	1.80	6.4	5
B11	Earthquake Research in China	27	0.047	—	0.85	15	0.00	0.20	16.6	1
B11	Global Geology	47	0.213	0.034	0.96	26	0.20	0.40	5.2	2
B11	Science China (Earth Sciences)	2464	0.769	0.155	0.91	384	0.70	6.10	8.5	9

学科代码	期刊名称	扩展总被引频次	扩展影响因子	扩展即年指标	扩展他引率	扩展引用刊数	扩展学科影响指标	扩展学科扩散指标	扩展被引半衰期	扩展H指标
B11	安徽地质	471	0.333	0.026	0.88	168	0.40	2.70	8.7	5
B11	沉积学报	4571	1.360	0.270	0.91	371	0.80	5.90	10.7	12
B11	沉积与特提斯地质	893	0.730	0.130	0.85	183	0.60	2.90	10.9	7
B11	城市地质	336	0.576	0.056	0.83	140	0.30	2.20	4.6	5
B11	大地构造与成矿学	2273	1.312	0.150	0.88	232	0.70	3.70	8.8	11
B11	地层学杂志	1236	0.737	0.149	0.86	166	0.70	2.60	12.5	8
B11	地下水	1544	0.366	0.109	0.90	477	0.40	7.60	5.2	7
B11	地质调查与研究	691	0.574	0.277	0.88	168	0.60	2.70	9.6	7
B11	地质科技情报	2646	0.877	0.087	0.84	454	0.90	7.20	7.5	9
B11	地质科学	2182	0.737	0.220	0.91	276	0.90	4.40	14.5	10
B11	地质力学学报	903	0.922	0.213	0.87	271	0.70	4.30	9.7	6
B11	地质论评	5637	2.947	0.440	0.83	455	0.90	7.20	10.2	15
B11	地质通报	6661	1.050	0.226	0.86	523	0.90	8.30	8.7	17
B11	地质学报	9500	2.984	0.519	0.82	457	0.90	7.30	8.3	22
B11	地质学刊	1508	0.823	0.085	0.89	334	0.70	5.30	13.2	6
B11	地质与勘探	3511	2.293	0.294	0.73	378	0.80	6.00	8.3	9
B11	地质与资源	705	0.433	0.131	0.91	187	0.70	3.00	7.0	6
B11	地质灾害与环境保护	653	0.456	0.154	0.95	278	0.40	4.40	10.1	6
B11	地质找矿论丛	934	0.633	0.133	0.91	169	0.60	2.70	10.4	6
B11	地质装备	150	0.258	0.053	0.94	83	0.00	1.30	5.5	3
B11	第四纪研究	3640	2.299	0.132	0.67	491	0.60	7.80	10.3	12
B11	防灾减灾学报	289	0.432	0.043	0.79	107	0.10	1.70	7.6	3
B11	福建地质	245	0.211	0.059	0.78	92	0.30	1.50	10.8	3
B11	高校地质学报	2190	0.953	0.070	0.90	300	0.80	4.80	11.0	13
B11	高原地震	217	0.157	0.059	0.90	78	0.30	1.20	7.7	4
B11	工程地质学报	3801	1.832	0.175	0.73	528	0.50	8.40	7.2	13
B11	古地理学报	2079	1.673	0.338	0.90	270	0.70	4.30	8.2	11
B11	古脊椎动物学报	328	0.182	0.091	0.69	52	0.20	0.80	21.0	3
B11	古生物学报	945	0.685	0.128	0.80	119	0.50	1.90	17.4	4
B11	贵州地质	862	0.823	0.222	0.82	182	0.60	2.90	12.0	7
B11	国际地震动态	491	0.128	0.011	0.90	164	0.20	2.60	9.4	5
B11	化工矿产地质	399	0.378	0.119	0.85	148	0.50	2.30	11.9	5
B11	吉林地质	462	0.196	—	0.88	174	0.50	2.80	10.0	4

学科代码	期刊名称	扩展总被引频次	扩展影响因子	扩展即年指标	扩展他引率	扩展引用刊数	扩展学科影响指标	扩展学科扩散指标	扩展被引半衰期	扩展H指标
B11	矿床地质	4871	1.399	0.280	0.84	231	0.70	3.70	9.4	15
B11	矿物岩石	1518	0.861	0.094	0.89	289	0.80	4.60	12.7	8
B11	山西地震	207	0.372	0.086	0.73	58	0.10	0.90	8.2	4
B11	陕西地质	232	0.276	0.053	0.88	97	0.50	1.50	15.4	3
B11	石油实验地质	2602	2.072	0.367	0.87	240	0.70	3.80	7.2	9
B11	世界地震译丛	36	0.041	0.025	0.94	24	0.00	0.40	14.0	1
B11	世界地质	1074	0.628	0.084	0.78	286	0.70	4.50	7.1	7
B11	四川地震	182	0.241	0.054	0.88	69	0.20	1.10	9.4	2
B11	四川地质学报	732	0.402	0.067	0.90	262	0.70	4.20	7.8	5
B11	微体古生物学报	476	0.447	0.048	0.75	102	0.40	1.60	13.1	4
B11	物探化探计算技术	736	0.280	0.043	0.88	237	0.50	3.80	8.7	5
B11	物探与化探	2555	0.843	0.107	0.83	440	0.70	7.00	7.4	9
B11	西北地质	1441	0.784	0.083	0.88	228	0.70	3.60	8.6	11
B11	现代地质	3054	1.031	0.310	0.86	453	0.90	7.20	8.6	10
B11	新疆地质	1529	0.693	0.059	0.84	215	0.70	3.40	10.4	9
B11	岩矿测试	1925	1.072	0.131	0.88	413	0.60	6.60	7.3	9
B11	岩石矿物学杂志	2203	1.178	0.050	0.86	287	0.70	4.60	8.6	11
B11	岩石学报	15998	2.248	1.053	0.71	348	0.80	5.50	8.3	27
B11	铀矿地质	1208	0.607	0.182	0.86	161	0.60	2.60	11.1	8
B11	云南地质	535	0.149	0.041	0.92	151	0.50	2.40	12.7	4
B11	中国地质	4809	1.869	0.303	0.83	472	0.90	7.50	7.6	16
B11	中国地质调查	303	1.305	0.192	0.58	94	0.40	1.50	2.5	6
B11	中国地质灾害与防治学报	1681	0.995	0.145	0.92	442	0.50	7.00	9.8	8
B11	中国岩溶	1549	1.378	0.191	0.76	347	0.40	5.50	8.5	8
B12	Acta Oceanologica Sinica	617	0.363	0.249	0.79	169	0.70	5.60	4.4	4
B12	China Ocean Engineering	327	0.497	0.040	0.86	144	0.50	4.80	6.1	4
B12	Journal of Ocean University of China	372	0.279	0.174	0.80	158	0.60	5.30	4.6	4
B12	Journal of Oceanology and Limnology	516	0.293	0.188	0.86	165	0.70	5.50	6.0	4
B12	Marine Science Bulletin	56	0.207	0.071	1.00	41	0.40	1.40	10.7	2
B12	海岸工程	1039	1.288	0.405	0.98	241	0.70	8.00	10.4	4
B12	海洋地质前沿	887	0.723	0.052	0.90	264	0.70	8.80	6.4	5
B12	海洋地质与第四纪地质	1976	0.708	0.102	0.86	303	0.80	10.10	10.2	9
B12	海洋工程	920	0.523	0.040	0.89	280	0.70	9.30	9.4	6

学科代码	期刊名称	扩展总被引频次	扩展影响因子	扩展即年指标	扩展他引率	扩展引用刊数	扩展学科影响指标	扩展学科扩散指标	扩展被引半衰期	扩展H指标
B12	海洋工程装备与技术	119	0.455	0.013	0.79	47	0.10	1.60	2.9	3
B12	海洋湖沼通报	877	0.440	0.008	0.94	301	0.90	10.00	9.0	6
B12	海洋技术学报	762	0.480	0.110	0.92	330	0.90	11.00	8.2	5
B12	海洋经济	164	0.549	—	0.90	96	0.20	3.20	4.5	3
B12	海洋开发与管理	1372	0.683	0.122	0.82	439	0.80	14.60	4.9	6
B12	海洋科学	2304	0.576	0.023	0.89	570	0.90	19.00	9.2	6
B12	海洋科学进展	774	0.730	0.138	0.93	273	0.70	9.10	10.3	6
B12	海洋通报	1345	0.915	0.181	0.87	386	0.90	12.90	8.5	6
B12	海洋信息	194	0.291	0.521	0.87	121	0.30	4.00	5.3	4
B12	海洋学报(中文版)	2094	0.717	0.151	0.92	412	0.90	13.70	9.0	7
B12	海洋学研究	471	0.440	0.022	0.95	217	0.80	7.20	8.9	6
B12	海洋与湖沼	2338	0.715	0.121	0.92	408	0.80	13.60	9.7	7
B12	海洋预报	595	0.582	0.031	0.76	161	0.70	5.40	8.0	5
B12	湖泊科学	3101	1.516	0.267	0.88	500	0.60	16.70	7.7	11
B12	极地研究	465	0.610	0.073	0.80	158	0.60	5.30	7.4	4
B12	热带海洋学报	1094	0.676	0.081	0.91	324	0.80	10.80	9.5	7
B12	水文	1533	0.795	0.050	0.94	359	0.40	12.00	8.7	8
B12	水文地质工程地质	2939	1.169	0.197	0.87	570	0.40	19.00	8.9	8
B12	盐湖研究	450	0.351	0.106	0.86	195	0.20	6.50	10.8	5
B12	应用海洋学学报	858	0.734	0.116	0.92	270	0.80	9.00	10.6	5
B12	中国海洋大学学报(自然科学版)	2071	0.484	0.125	0.94	658	0.90	21.90	8.4	7
B13	Acta Biochimica et Biophysica Sinica	683	0.609	0.191	0.91	385	0.30	7.90	4.7	6
B13	Asian Herpetological Research	60	0.294	0.038	0.73	22	0.00	0.40	4.8	2
B13	Bio-Design and Manufacturing	5	—	0.179	0.20	2	0.00	0.00	—	2
B13	Cell Research	2277	1.591	0.452	0.95	662	0.70	13.50	5.2	10
B13	Frontiers in Biology	44	0.033	—	0.93	37	0.10	0.80	5.8	1
B13	Genomics，Proteomics & Bioinformatics	195	0.624	0.360	0.88	124	0.30	2.50	3.5	5
B13	Journal of Genetics and Genomics	999	0.699	0.154	0.97	365	0.40	7.40	12.6	6
B13	Journal of Molecular Cell Biology	370	0.642	0.053	0.93	227	0.40	4.60	6.9	4
B13	Journal of Zhejiang University Science B：Biomedicine & Biotechnology	783	1.094	0.181	0.91	444	0.30	9.10	4.1	6
B13	Protein & Cell	432	0.910	0.324	0.91	252	0.40	5.10	3.0	5
B13	Science China (Life Sciences)	997	0.835	0.230	0.84	452	0.60	9.20	3.8	6

学科代码	期刊名称	扩展总被引频次	扩展影响因子	扩展即年指标	扩展他引率	扩展引用刊数	扩展学科影响指标	扩展学科扩散指标	扩展被引半衰期	扩展H指标
B13	The Journal of Biomedical Research	227	0.446	0.038	0.98	172	0.10	3.50	4.0	5
B13	工业微生物	389	0.759	0.109	0.83	175	0.20	3.60	6.3	5
B13	湖南生态科学学报	206	0.506	0.375	0.90	143	0.00	2.90	6.6	3
B13	化石	53	0.154	0.016	1.00	39	0.00	0.80	19.2	2
B13	基因组学与应用生物学	2394	0.813	0.107	0.94	643	0.40	13.10	3.1	10
B13	激光生物学报	503	0.603	0.060	0.92	311	0.10	6.30	5.8	6
B13	热带生物学报	447	0.558	0.045	0.96	255	0.10	5.20	6.2	5
B13	人类学学报	888	0.933	0.276	0.66	120	0.10	2.40	12.5	5
B13	生理科学进展	928	0.874	0.131	0.98	503	0.30	10.30	6.4	6
B13	生理学报	599	0.773	0.123	0.96	340	0.30	6.90	5.5	5
B13	生命的化学	800	0.585	0.087	0.95	479	0.40	9.80	5.7	5
B13	生命科学	1387	0.851	0.071	0.98	709	0.40	14.50	5.1	8
B13	生命科学研究	473	0.453	0.070	0.95	311	0.30	6.30	6.9	4
B13	生命世界	203	0.046	0.017	1.00	135	0.10	2.80	13.7	2
B13	生物安全学报	329	0.881	0.170	0.85	132	0.10	2.70	4.6	5
B13	生物产业技术	189	0.596	0.140	0.94	132	0.10	2.70	2.9	4
B13	生物多样性	3686	1.927	0.592	0.89	592	0.30	12.10	7.6	14
B13	生物化工	174	0.368	0.112	0.96	106	0.00	2.20	1.8	4
B13	生物化学与生物物理进展	1047	0.549	0.109	0.97	572	0.40	11.70	8.6	7
B13	生物技术	899	0.657	0.133	0.96	401	0.30	8.20	8.9	5
B13	生物技术进展	435	0.859	0.100	0.99	263	0.10	5.40	3.7	6
B13	生物技术通讯	825	0.430	0.058	0.98	475	0.30	9.70	6.6	5
B13	生物物理学报	309	0.130	0.031	0.98	233	0.30	4.80	8.7	4
B13	生物信息学	181	0.390	0.079	0.92	125	0.10	2.60	7.0	3
B13	生物学通报	1620	0.381	0.068	0.94	671	0.30	13.70	9.8	7
B13	生物学杂志	1293	0.803	0.160	0.93	590	0.30	12.00	6.6	7
B13	生物资源	700	0.982	0.148	0.98	363	0.10	7.40	8.9	6
B13	水生生物学报	2462	1.000	0.125	0.89	397	0.40	8.10	8.5	7
B13	现代电生理学杂志	159	0.536	0.114	0.98	105	0.00	2.10	4.4	3
B13	遗传	2459	1.311	0.464	0.93	714	0.50	14.60	7.9	9
B13	中国科学(生命科学)	1156	0.809	0.158	0.96	574	0.50	11.70	4.8	10
B13	中国生物化学与分子生物学报	945	0.713	0.169	0.92	459	0.40	9.40	4.8	6
B13	中国细胞生物学学报	1085	0.524	0.107	0.95	511	0.30	10.40	5.3	8

学科代码	期刊名称	扩展总被引频次	扩展影响因子	扩展即年指标	扩展他引率	扩展引用刊数	扩展学科影响指标	扩展学科扩散指标	扩展被引半衰期	扩展H指标
B13	中国野生植物资源	1516	0.662	0.070	0.98	485	0.20	9.90	9.3	9
B13	中国应用生理学杂志	1029	0.960	0.155	0.79	418	0.20	8.50	4.4	6
B13	中学生物教学	681	0.485	0.101	0.87	133	0.10	2.70	2.7	6
B13	蛛形学报	72	0.182	0.261	0.83	31	0.10	0.60	13.1	3
B14	Journal of Resources and Ecology	306	0.650	0.257	0.89	149	0.70	16.60	4.0	4
B14	生态毒理学报	1455	0.758	0.052	0.82	476	0.80	52.90	4.8	6
B14	生态环境学报	8075	1.938	0.266	0.93	1154	1.00	128.20	6.9	18
B14	生态科学	1505	0.989	0.111	0.93	552	0.90	61.30	5.5	8
B14	生态学报	30124	2.763	0.551	0.89	1688	1.00	187.60	6.8	26
B14	生态学杂志	9306	1.572	0.250	0.92	1070	0.90	118.90	7.0	15
B14	水生态学杂志	1201	1.052	0.109	0.92	348	0.80	38.70	8.3	5
B14	应用生态学报	17264	2.556	0.384	0.92	1214	1.00	134.90	7.7	19
B14	中国微生态学杂志	3510	1.525	0.235	0.92	788	0.40	87.60	3.9	10
B15	Journal of Integrative Plant Biology	1814	0.805	0.552	0.93	434	1.00	33.40	12.4	7
B15	Journal of Systematics and Evolution	887	0.750	1.157	0.82	253	0.80	19.50	13.4	6
B15	Molecular Plant	1568	1.452	0.552	0.86	245	0.80	18.80	3.7	12
B15	Plant Diversity	1381	0.308	0.265	0.97	377	0.90	29.00	15.4	8
B15	广西植物	1668	0.748	0.192	0.93	436	0.80	33.50	7.7	6
B15	热带亚热带植物学报	948	0.635	0.130	0.97	314	0.80	24.20	9.1	5
B15	西北植物学报	5650	1.082	0.101	0.95	684	0.80	52.60	8.5	11
B15	亚热带植物科学	676	0.650	0.114	0.95	277	0.60	21.30	8.5	6
B15	植物科学学报	1402	1.005	0.077	0.93	400	0.80	30.80	9.4	7
B15	植物生理学报	4328	1.312	0.114	0.93	566	0.80	43.50	9.6	12
B15	植物生态学报	6009	2.127	0.353	0.95	596	0.70	45.80	9.5	17
B15	植物学报	2582	1.552	0.233	0.95	566	0.90	43.50	13.5	12
B15	植物研究	1509	0.783	0.123	0.93	376	0.80	28.90	8.7	6
B16	Current Zoology	815	0.088	0.354	0.91	250	0.80	19.20	15.7	5
B16	Entomotaxonomia	213	0.353	0.152	0.72	71	0.50	5.50	12.1	4
B16	Insect Science	356	0.408	0.120	0.90	131	0.40	10.10	5.3	4
B16	Zoological Research	934	0.383	0.143	0.96	308	0.80	23.70	12.3	6
B16	动物分类学报	484	0.194	—	0.97	153	0.70	11.80	11.4	4
B16	动物学杂志	1502	0.503	0.034	0.92	343	0.60	26.40	10.8	6
B16	昆虫学报	2555	0.984	0.161	0.88	386	0.70	29.70	9.0	8

学科代码	期刊名称	扩展总被引频次	扩展影响因子	扩展即年指标	扩展他引率	扩展引用刊数	扩展学科影响指标	扩展学科扩散指标	扩展被引半衰期	扩展H指标
B16	实验动物科学	739	0.571	0.060	0.83	283	0.20	21.80	7.5	5
B16	兽类学报	1091	1.137	0.235	0.68	151	0.50	11.60	11.6	7
B16	四川动物	1333	0.516	0.045	0.90	360	0.80	27.70	8.2	5
B16	野生动物学报	643	0.498	0.112	0.76	166	0.40	12.80	7.2	4
B16	应用昆虫学报	2748	0.947	0.154	0.91	391	0.50	30.10	8.0	11
B16	中国实验动物学报	951	1.021	0.175	0.91	351	0.40	27.00	4.8	6
B17	Virologica Sinica	324	0.425	0.083	0.97	186	0.60	16.90	8.6	5
B17	病毒学报	957	1.034	0.173	0.93	303	0.90	27.50	5.1	7
B17	国际病毒学杂志	757	1.286	0.120	0.96	268	0.50	24.40	3.3	8
B17	菌物学报	2085	1.281	0.369	0.72	361	0.40	32.80	6.4	12
B17	微生物学报	2219	0.923	0.147	0.96	579	0.80	52.60	7.7	7
B17	微生物学免疫学进展	578	0.690	0.090	0.94	290	0.80	26.40	4.8	5
B17	微生物学通报	5067	1.409	0.356	0.94	1064	0.60	96.70	7.4	11
B17	微生物学杂志	1381	1.156	0.134	0.96	574	0.60	52.20	6.4	6
B17	中国病毒病杂志	580	1.419	0.404	0.92	226	0.50	20.50	3.0	9
B17	中国病原生物学杂志	2404	1.577	0.155	0.75	523	0.90	47.50	3.7	8
B17	中华实验和临床病毒学杂志	956	0.832	0.190	0.92	321	0.60	29.20	4.8	7
B18	心理发展与教育	2940	1.994	0.273	0.93	703	1.00	58.60	7.9	13
B18	心理技术与应用	310	0.675	0.266	0.88	177	0.80	14.80	3.0	4
B18	心理科学	5593	1.082	0.113	0.96	1240	1.00	103.30	10.8	15
B18	心理科学进展	5926	1.622	0.409	0.94	1340	1.00	111.70	7.2	17
B18	心理学报	5575	2.071	0.391	0.95	1188	1.00	99.00	9.6	22
B18	心理学探新	973	0.656	0.085	0.95	487	1.00	40.60	8.0	8
B18	心理研究	830	0.690	0.090	0.97	416	1.00	34.70	6.6	9
B18	心理与行为研究	1189	1.146	0.111	0.93	504	1.00	42.00	5.4	9
B18	应用心理学	750	0.816	0.132	0.95	394	1.00	32.80	13.4	9
B18	中国临床心理学杂志	5451	1.885	0.275	0.87	971	1.00	80.90	6.5	17
B18	中国心理卫生杂志	6526	2.182	0.173	0.96	1088	1.00	90.70	8.3	22
B18	中小学心理健康教育	868	0.189	0.091	0.84	246	0.20	20.50	3.9	3
C01	Agricultural Science & Technology	789	0.204	—	1.00	370	0.40	3.60	4.2	5
C01	Frontiers Agricultural Science and Engineering	46	0.268	—	0.98	32	0.10	0.30	2.8	2
C01	Journal of Integrative Agriculture	1512	0.618	0.187	0.92	430	0.50	4.20	4.9	6
C01	安徽农学通报	4955	0.352	0.105	0.96	1006	0.80	9.80	6.1	7

学科代码	期刊名称	扩展总被引频次	扩展影响因子	扩展即年指标	扩展他引率	扩展引用刊数	扩展学科影响指标	扩展学科扩散指标	扩展被引半衰期	扩展H指标
C01	安徽农业科学	22196	0.490	0.135	0.96	2416	0.80	23.50	6.8	12
C01	北方农业学报	1244	0.521	0.122	0.95	379	0.70	3.70	8.1	5
C01	东北农业科学	989	0.648	0.200	0.89	303	0.50	2.90	8.0	5
C01	福建农业科技	916	0.319	0.053	0.90	283	0.50	2.70	5.7	4
C01	福建农业学报	1530	0.680	0.112	0.94	456	0.60	4.40	5.6	6
C01	干旱地区农业研究	3974	0.939	0.092	0.93	532	0.70	5.20	8.0	9
C01	甘肃农业	1132	0.403	0.101	0.98	386	0.40	3.70	4.8	5
C01	甘肃农业科技	1778	0.652	0.190	0.64	308	0.60	3.00	5.0	6
C01	高等农业教育	2263	1.152	0.203	0.90	622	0.30	6.00	5.2	9
C01	古今农业	279	0.261	0.017	0.95	171	0.10	1.70	11.6	4
C01	广东农业科学	5505	0.703	0.181	0.92	1076	0.80	10.40	6.3	9
C01	广西农学报	445	0.293	—	0.98	204	0.40	2.00	6.8	4
C01	贵州农业科学	4017	0.733	0.124	0.93	830	0.70	8.10	6.0	7
C01	河北农业科学	1645	0.586	0.071	0.95	442	0.70	4.30	8.3	6
C01	河南农业	2067	0.347	0.100	0.97	573	0.70	5.60	2.5	7
C01	河南农业科学	3690	1.048	0.156	0.91	629	0.70	6.10	6.1	8
C01	核农学报	3788	1.851	0.415	0.80	531	0.60	5.20	4.2	9
C01	黑龙江农业科学	2073	0.360	0.076	0.96	568	0.70	5.50	6.0	6
C01	湖北农业科学	5970	0.516	0.091	0.96	1241	0.80	12.00	5.1	7
C01	湖南农业	219	0.079	0.043	1.00	119	0.30	1.20	4.4	2
C01	湖南农业科学	2570	0.546	0.140	0.95	667	0.70	6.50	6.1	7
C01	华北农学报	3635	1.116	0.159	0.95	492	0.70	4.80	8.1	8
C01	吉林农业	2532	0.303	0.240	0.98	497	0.60	4.80	2.7	7
C01	江苏农业科学	9410	0.799	0.122	0.90	1453	0.80	14.10	4.1	11
C01	江苏农业学报	2359	1.406	0.200	0.95	503	0.70	4.90	5.8	8
C01	江西农业学报	3178	0.796	0.200	0.95	803	0.80	7.80	6.8	6
C01	辽宁农业科学	975	0.537	0.105	0.93	330	0.60	3.20	7.6	5
C01	南方农业	3852	0.591	0.182	0.94	605	0.70	5.90	2.1	9
C01	南方农业学报	3403	1.270	0.190	0.93	690	0.70	6.70	5.0	9
C01	宁夏农林科技	1200	0.322	0.075	0.92	428	0.60	4.20	6.4	5
C01	农产品质量与安全	993	1.642	0.453	0.85	263	0.50	2.60	3.8	8
C01	农村·农业·农民 B	139	0.412	0.219	1.00	98	0.20	1.00	2.3	3
C01	农村百事通	259	0.083	0.050	1.00	156	0.30	1.50	4.8	3

学科代码	期刊名称	扩展总被引频次	扩展影响因子	扩展即年指标	扩展他引率	扩展引用刊数	扩展学科影响指标	扩展学科扩散指标	扩展被引半衰期	扩展H指标
C01	农村科技	466	0.123	0.039	0.97	171	0.40	1.70	5.3	3
C01	农村实用技术	311	0.219	0.117	0.99	162	0.30	1.60	3.5	4
C01	农电管理	325	0.180	0.175	1.00	87	—	0.80	1.9	4
C01	农家科技(上旬刊)	437	0.099	0.010	0.95	131	0.30	1.30	1.8	3
C01	农家科技(下旬刊)	1246	0.080	0.011	0.95	219	0.30	2.10	2.7	5
C01	农家致富顾问	440	0.112	0.017	0.89	77	0.20	0.70	2.2	3
C01	农学学报	1533	0.843	0.623	0.96	482	0.70	4.70	3.9	8
C01	农业科技管理	1367	1.361	0.379	0.63	304	0.60	3.00	4.2	7
C01	农业科技通讯	2521	0.254	0.089	0.90	401	0.70	3.90	4.7	6
C01	农业科技与信息	3283	0.396	0.189	0.99	537	0.60	5.20	2.4	11
C01	农业科学研究	547	0.444	0.111	0.99	302	0.50	2.90	8.9	5
C01	农业生物技术学报	1511	0.847	0.133	0.88	380	0.50	3.70	5.3	7
C01	农业与技术	7815	0.509	0.214	0.95	834	0.70	8.10	2.7	12
C01	农业灾害研究	458	0.266	0.032	0.96	221	0.40	2.10	4.1	4
C01	农业展望	1055	0.979	0.394	0.85	391	0.60	3.80	3.1	7
C01	农业知识(瓜果菜)	63	0.058	0.010	1.00	44	0.20	0.40	3.9	2
C01	农业知识(科学养殖)	56	0.031	0.023	1.00	31	0.10	0.30	4.1	2
C01	青海农技推广	152	0.191	0.046	0.97	79	0.30	0.80	3.7	3
C01	青海农林科技	385	0.262	0.102	0.94	170	0.40	1.70	6.8	3
C01	热带农业科学	1555	0.690	0.056	0.91	429	0.60	4.20	5.5	7
C01	山地农业生物学报	707	0.507	0.062	0.95	324	0.50	3.10	8.3	5
C01	山东农业科学	3004	0.704	0.159	0.93	586	0.70	5.70	5.9	8
C01	山西农业科学	3282	0.902	0.265	0.76	606	0.70	5.90	5.3	7
C01	陕西农业科学	1987	0.498	0.095	0.94	544	0.70	5.30	6.3	6
C01	上海农业科技	1149	0.254	0.072	0.96	284	0.60	2.80	6.2	4
C01	上海农业学报	1188	0.540	0.110	0.95	440	0.60	4.30	7.7	6
C01	世界农业	3084	1.049	0.296	0.86	792	0.70	7.70	3.8	10
C01	四川农业科技	664	0.316	0.081	0.95	248	0.50	2.40	4.7	4
C01	特产研究	539	0.547	0.155	0.95	243	0.20	2.40	11.1	5
C01	天津农林科技	282	0.294	0.028	0.88	135	0.30	1.30	5.7	3
C01	天津农业科学	1593	0.631	0.208	0.95	536	0.70	5.20	4.3	6
C01	西北农业学报	3496	0.866	0.146	0.94	633	0.70	6.10	7.5	7
C01	西藏农业科技	181	0.236	0.068	0.75	69	0.20	0.70	7.3	4

学科代码	期刊名称	扩展总被引频次	扩展影响因子	扩展即年指标	扩展他引率	扩展引用刊数	扩展学科影响指标	扩展学科扩散指标	扩展被引半衰期	扩展H指标
C01	西南农业学报	4123	0.819	0.150	0.94	665	0.70	6.50	6.0	10
C01	现代农村科技	1563	0.241	0.132	0.99	378	0.60	3.70	2.9	6
C01	现代农业	1162	0.187	0.057	0.99	393	0.60	3.80	4.5	4
C01	现代农业科技	12698	0.352	0.142	0.87	1335	0.80	13.00	5.1	11
C01	现代农业研究	747	0.090	0.100	0.99	200	0.40	1.90	4.5	4
C01	乡村科技	1759	0.360	0.096	0.96	311	0.50	3.00	1.8	5
C01	新疆农业科技	421	0.249	0.032	0.95	161	0.40	1.60	7.3	3
C01	新疆农业科学	2488	0.684	0.087	0.90	487	0.70	4.70	7.0	6
C01	新农村	229	0.087	0.026	0.99	140	0.20	1.40	6.0	3
C01	新农村(黑龙江)	739	0.083	0.008	0.99	183	0.30	1.80	2.3	3
C01	新农业	529	0.171	0.095	1.00	240	0.50	2.30	3.8	4
C01	云南农业	604	0.226	0.072	0.98	195	0.50	1.90	4.0	4
C01	云南农业科技	474	0.175	0.020	0.97	192	0.50	1.90	8.2	4
C01	浙江农业科学	2859	0.558	0.145	0.90	708	0.70	6.90	4.7	8
C01	浙江农业学报	2235	0.882	0.136	0.95	624	0.60	6.10	4.8	8
C01	中国农村科技	308	0.833	0.250	1.00	189	0.40	1.80	4.1	4
C01	中国农技推广	672	0.294	0.115	1.00	212	0.60	2.10	4.7	5
C01	中国农民合作社	288	0.323	0.164	0.99	150	0.30	1.50	2.7	4
C01	中国农史	841	0.503	0.071	0.89	357	0.30	3.50	12.8	6
C01	中国农学通报	16525	0.929	0.146	0.94	1611	0.80	15.60	6.9	15
C01	中国农业科技导报	2225	1.358	0.272	0.97	686	0.70	6.70	5.5	12
C01	中国农业科学	15439	2.613	0.555	0.94	1045	0.80	10.10	7.0	22
C01	中国农业气象	2335	1.678	0.198	0.87	424	0.60	4.10	7.5	9
C01	中国农业信息	2091	0.679	0.159	0.99	441	0.70	4.30	2.9	7
C01	中国农业资源与区划	3870	2.368	0.230	0.76	810	0.70	7.90	2.8	12
C01	中国热带农业	679	0.493	0.060	0.95	203	0.50	2.00	5.5	5
C01	中国生态农业学报(中英文)	5720	2.266	0.418	0.94	787	0.70	7.60	6.7	14
C02	Journal of Northeast Agricultural University	62	0.065	—	0.97	53	0.10	1.50	6.3	2
C02	安徽农业大学学报	1412	0.669	0.047	0.95	518	0.70	14.80	7.1	6
C02	北京农学院学报	739	0.489	0.216	0.96	363	0.50	10.40	8.1	5
C02	北京农业职业学院学报	447	0.702	0.205	0.77	223	0.20	6.40	3.5	5
C02	东北农业大学学报	2277	0.910	0.181	0.93	649	0.80	18.50	7.4	8
C02	福建农林大学学报(自然科学版)	1084	0.734	0.044	0.94	425	0.50	12.10	8.3	6

学科代码	期刊名称	扩展总被引频次	扩展影响因子	扩展即年指标	扩展他引率	扩展引用刊数	扩展学科影响指标	扩展学科扩散指标	扩展被引半衰期	扩展H指标
C02	甘肃农业大学学报	1614	0.703	0.082	0.88	484	0.70	13.80	7.3	7
C02	河北农业大学学报	1624	0.838	0.187	0.92	522	0.80	14.90	10.2	6
C02	河南农业大学学报	1305	0.639	0.072	0.95	478	0.60	13.70	8.8	6
C02	黑龙江八一农垦大学学报	1022	0.852	0.214	0.86	366	0.40	10.50	4.9	5
C02	湖南农业大学学报(自然科学版)	1417	0.611	0.126	0.95	463	0.60	13.20	8.9	7
C02	华南农业大学学报	1383	1.061	0.312	0.98	476	0.70	13.60	8.4	7
C02	华中农业大学学报	1915	1.139	0.183	0.95	580	0.80	16.60	8.7	8
C02	吉林农业大学学报	1762	1.141	0.322	0.80	508	0.60	14.50	8.2	6
C02	吉林农业科技学院学报	410	0.523	0.118	0.99	240	0.20	6.90	3.5	5
C02	江西农业大学学报	2174	0.949	0.140	0.94	576	0.70	16.50	7.8	6
C02	辽宁农业职业技术学院学报	447	0.444	0.152	0.99	261	0.10	7.50	5.3	4
C02	南京农业大学学报	2137	1.218	0.161	0.94	582	0.80	16.60	7.4	9
C02	青岛农业大学学报(自然科学版)	457	0.405	0.118	0.95	240	0.40	6.90	10.1	4
C02	山东农业大学学报(自然科学版)	1220	0.727	0.118	0.98	598	0.70	17.10	7.5	7
C02	山东农业工程学院学报	1376	0.473	0.130	0.99	560	0.10	16.00	2.8	7
C02	山西农业大学学报(自然科学版)	1006	0.921	0.168	0.96	396	0.50	11.30	6.4	6
C02	上海交通大学学报(农业科学版)	870	0.737	0.138	0.95	402	0.50	11.50	8.2	5
C02	沈阳农业大学学报	1697	0.848	0.154	0.94	508	0.70	14.50	10.6	8
C02	四川农业大学学报	929	0.810	0.082	0.98	415	0.50	11.90	8.8	5
C02	天津农学院学报	422	0.601	0.091	0.88	242	0.30	6.90	6.3	4
C02	西北农林科技大学学报(自然科学版)	4978	1.048	0.279	0.98	945	0.90	27.00	7.5	10
C02	新疆农业大学学报	637	0.455	0.014	0.95	280	0.30	8.00	9.0	4
C02	信阳农林学院学报	338	0.213	0.162	0.99	237	0.10	6.80	5.4	4
C02	延边大学农学学报	486	0.811	0.200	0.92	222	0.30	6.30	5.6	5
C02	扬州大学学报(农业与生命科学版)	730	0.850	0.024	0.87	285	0.60	8.10	8.0	6
C02	云南农业大学学报(自然科学)	1734	0.770	0.049	0.96	513	0.60	14.70	7.8	6
C02	浙江大学学报(农业与生命科学版)	1408	0.791	0.093	0.99	514	0.80	14.70	10.1	7
C02	中国农业大学学报	3131	1.357	0.179	0.95	826	0.90	23.60	6.2	10
C02	仲恺农业工程学院学报	264	0.431	0.040	0.97	176	0.20	5.00	8.4	3
C03	Oil Crop Science	2	0.036	—	0.50	2	0.00	0.00	2.0	1
C03	Rice Science	169	0.342	0.026	0.88	86	0.30	2.00	7.4	3
C03	The Crop Journal	134	0.482	0.279	0.86	70	0.30	1.60	2.7	3
C03	北方水稻	512	0.339	0.091	0.92	144	0.30	3.30	7.4	4

学科代码	期刊名称	扩展总被引频次	扩展影响因子	扩展即年指标	扩展他引率	扩展引用刊数	扩展学科影响指标	扩展学科扩散指标	扩展被引半衰期	扩展H指标
C03	茶叶	566	0.650	0.121	0.85	167	0.20	3.90	10.3	5
C03	大豆科技	492	0.409	0.036	0.82	136	0.30	3.20	7.3	4
C03	大豆科学	1847	0.799	0.158	0.83	343	0.70	8.00	7.9	6
C03	大麦与谷类科学	337	0.424	0.175	0.88	115	0.40	2.70	5.9	3
C03	分子植物育种	2591	0.829	0.112	0.76	368	0.60	8.60	3.5	9
C03	福建茶叶	6451	0.725	0.250	0.32	470	0.20	10.90	1.8	10
C03	福建稻麦科技	274	0.315	0.076	0.83	84	0.30	2.00	5.4	3
C03	福建热作科技	310	0.398	0.057	0.93	142	0.30	3.30	7.2	4
C03	甘蔗糖业	443	0.450	0.111	0.77	124	0.30	2.90	7.2	5
C03	耕作与栽培	777	0.303	0.065	0.95	229	0.60	5.30	8.9	4
C03	广西糖业	167	0.254	0.015	0.89	69	0.20	1.60	6.6	3
C03	麦类作物学报	3024	1.084	0.155	0.86	327	0.60	7.60	6.8	10
C03	棉花科学	335	0.627	0.212	0.54	69	0.20	1.60	4.1	4
C03	棉花学报	1271	1.561	0.196	0.88	215	0.40	5.00	8.2	7
C03	农业研究与应用	446	0.360	0.085	0.97	198	0.30	4.60	7.5	4
C03	热带农业科技	350	0.379	0.191	0.91	150	0.20	3.50	9.8	4
C03	热带作物学报	2970	0.916	0.140	0.89	504	0.60	11.70	5.4	7
C03	世界热带农业信息	156	0.489	0.085	0.97	84	0.20	2.00	7.6	3
C03	特种经济动植物	508	0.217	0.065	0.99	218	0.10	5.10	8.4	4
C03	亚热带农业研究	408	0.794	0.058	0.89	192	0.30	4.50	7.7	4
C03	玉米科学	3147	1.288	0.193	0.90	343	0.60	8.00	9.1	10
C03	杂交水稻	1066	0.499	0.087	0.80	174	0.50	4.00	8.3	6
C03	植物遗传资源学报	2596	1.589	0.365	0.86	341	0.70	7.90	5.6	9
C03	中国茶叶	895	0.441	0.239	0.91	216	0.20	5.00	8.3	5
C03	中国稻米	1332	0.879	0.202	0.82	231	0.50	5.40	5.3	7
C03	中国粮食经济	208	0.220	0.110	1.00	109	0.00	2.50	4.1	3
C03	中国麻业科学	505	0.702	0.102	0.76	153	0.30	3.60	7.8	6
C03	中国棉花	1174	0.665	0.188	0.74	182	0.40	4.20	6.0	6
C03	中国水稻科学	1918	1.408	0.169	0.94	289	0.60	6.70	9.0	9
C03	中国糖料	984	0.920	0.292	0.63	152	0.30	3.50	4.6	6
C03	中国油料作物学报	1958	1.202	0.165	0.90	302	0.40	7.00	7.7	8
C03	中国种业	1705	0.543	0.236	0.77	276	0.60	6.40	5.2	5
C03	种业导刊	420	0.524	0.222	0.78	112	0.30	2.60	5.4	3

学科代码	期刊名称	扩展总被引频次	扩展影响因子	扩展即年指标	扩展他引率	扩展引用刊数	扩展学科影响指标	扩展学科扩散指标	扩展被引半衰期	扩展H指标
C03	种子	3047	0.550	0.100	0.84	461	0.70	10.70	7.1	7
C03	种子科技	1349	0.481	0.231	0.96	224	0.40	5.20	1.7	6
C03	作物学报	7178	1.675	0.309	0.94	501	0.80	11.70	8.9	15
C03	作物研究	1394	0.857	0.268	0.92	339	0.70	7.90	5.8	7
C03	作物杂志	2478	1.401	0.311	0.91	366	0.70	8.50	6.0	9
C04	Horticultural Plant Journal	6	—	—	1.00	5	0.00	0.10	2.4	1
C04	Landscape Architecture Frontiers	54	0.467	0.033	0.93	29	0.00	0.70	2.4	3
C04	北方果树	552	0.206	0.034	0.96	173	0.40	3.90	9.0	3
C04	北方园艺	7643	0.640	0.138	0.92	841	0.80	19.10	5.9	8
C04	茶叶科学	1730	1.536	0.386	0.90	349	0.30	7.90	7.6	7
C04	长江蔬菜	1953	0.247	0.096	0.86	310	0.50	7.00	6.2	6
C04	东南园艺	346	0.278	—	0.92	148	0.50	3.40	9.3	3
C04	广东园林	628	0.481	0.126	0.90	202	0.20	4.60	7.8	4
C04	果农之友	404	0.183	0.016	1.00	130	0.40	3.00	6.6	3
C04	果树学报	3857	1.480	0.231	0.91	386	0.60	8.80	7.6	10
C04	河北果树	441	0.160	0.009	0.98	146	0.50	3.30	8.2	3
C04	花卉	759	0.206	0.070	0.87	112	0.10	2.50	1.6	4
C04	花生学报	661	0.953	0.173	0.87	172	0.10	3.90	7.8	6
C04	吉林蔬菜	548	0.254	0.156	0.99	179	0.40	4.10	4.5	5
C04	辣椒杂志	242	0.330	0.022	0.90	98	0.30	2.20	7.8	4
C04	林业与生态科学	621	0.753	0.127	0.89	238	0.40	5.40	9.0	4
C04	落叶果树	719	0.359	0.103	0.94	218	0.50	5.00	7.5	5
C04	南方园艺	450	0.449	0.036	0.90	168	0.60	3.80	6.7	4
C04	人参研究	467	0.560	0.136	0.94	209	0.10	4.80	5.7	6
C04	山西果树	489	0.181	0.047	0.98	159	0.40	3.60	7.4	3
C04	上海蔬菜	593	0.233	0.082	0.96	163	0.40	3.70	5.9	4
C04	食用菌	1196	0.501	0.090	0.88	233	0.30	5.30	7.9	5
C04	食用菌学报	813	0.590	0.143	0.88	190	0.20	4.30	8.2	6
C04	蔬菜	729	0.311	0.180	0.96	227	0.50	5.20	4.5	4
C04	西北园艺(果树)	189	0.165	0.023	1.00	93	0.30	2.10	4.5	3
C04	西北园艺(综合)	372	0.230	0.052	1.00	142	0.60	3.20	8.1	3
C04	现代园艺	9812	0.649	0.307	0.93	613	0.70	13.90	2.6	13
C04	烟草科技	3044	1.361	0.149	0.80	373	0.20	8.50	7.9	9

学科代码	期刊名称	扩展总被引频次	扩展影响因子	扩展即年指标	扩展他引率	扩展引用刊数	扩展学科影响指标	扩展学科扩散指标	扩展被引半衰期	扩展H指标
C04	烟台果树	266	0.173	0.125	0.98	107	0.40	2.40	7.8	3
C04	园艺学报	6388	1.501	0.187	0.89	477	0.80	10.80	8.2	11
C04	园艺与种苗	1064	0.269	0.038	0.97	303	0.50	6.90	7.1	7
C04	浙江柑橘	211	0.288	0.058	0.95	92	0.20	2.10	7.4	3
C04	中国瓜菜	1069	0.690	0.189	0.72	170	0.40	3.90	4.9	5
C04	中国果菜	767	0.458	0.148	0.85	261	0.50	5.90	4.2	4
C04	中国果树	1423	0.878	0.204	0.90	262	0.60	6.00	7.3	6
C04	中国果业信息	246	0.257	0.090	0.94	113	0.30	2.60	5.6	2
C04	中国马铃薯	1191	1.000	0.119	0.86	209	0.30	4.80	8.1	7
C04	中国南方果树	1666	0.610	0.152	0.86	282	0.70	6.40	6.1	6
C04	中国食用菌	1219	0.433	0.092	0.89	288	0.30	6.50	8.7	7
C04	中国蔬菜	3004	0.833	0.285	0.92	382	0.50	8.70	6.5	9
C04	中国烟草科学	2118	1.301	0.338	0.90	250	0.20	5.70	7.7	9
C04	中国烟草学报	1810	1.277	0.236	0.91	316	0.30	7.20	7.3	9
C04	中国园艺文摘	2430	0.311	0.136	0.98	488	0.70	11.10	4.4	9
C05	An International Journal Pedosphere	843	0.742	0.060	0.93	238	0.80	26.40	8.2	6
C05	土壤	3768	1.697	0.234	0.92	632	1.00	70.20	7.1	12
C05	土壤通报	4703	1.113	0.096	0.94	698	0.90	77.60	9.3	11
C05	土壤学报	6377	2.728	0.511	0.94	705	0.80	78.30	9.1	16
C05	土壤与作物	252	1.321	0.148	0.83	128	0.80	14.20	3.2	5
C05	植物医生	376	0.115	0.055	0.99	152	0.10	16.90	6.0	3
C05	植物营养与肥料学报	7212	2.740	0.285	0.92	531	0.90	59.00	7.1	17
C05	中国土地科学	4185	3.357	0.533	0.87	688	0.80	76.40	5.8	13
C05	中国土壤与肥料	2512	1.376	0.182	0.93	431	0.70	47.90	7.3	11
C06	广西植保	206	0.409	0.045	0.94	108	0.70	6.40	8.1	3
C06	湖北植保	297	0.220	0.077	0.96	131	0.50	7.70	5.1	3
C06	环境昆虫学报	1086	0.799	0.083	0.87	253	0.80	14.90	4.7	6
C06	农药	2548	0.868	0.194	0.85	453	0.90	26.60	6.9	7
C06	农药科学与管理	948	0.635	0.060	0.96	299	0.90	17.60	6.6	6
C06	农药学学报	1376	1.310	0.279	0.89	346	0.90	20.40	5.9	7
C06	生物灾害科学	374	0.573	0.058	0.90	162	0.60	9.50	5.6	5
C06	世界农药	476	0.401	0.093	0.97	193	0.80	11.40	7.3	6
C06	现代农药	639	0.693	0.232	0.86	216	0.80	12.70	6.2	7

学科代码	期刊名称	扩展总被引频次	扩展影响因子	扩展即年指标	扩展他引率	扩展引用刊数	扩展学科影响指标	扩展学科扩散指标	扩展被引半衰期	扩展H指标
C06	杂草学报	924	1.489	0.047	0.89	216	0.80	12.70	10.2	5
C06	植物保护	3497	1.150	0.217	0.92	456	0.90	26.80	7.0	11
C06	植物保护学报	2151	1.169	0.108	0.87	338	0.90	19.90	7.4	7
C06	植物病理学报	1618	0.954	0.217	0.94	286	0.90	16.80	10.9	7
C06	植物检疫	871	0.473	0.099	0.83	212	0.60	12.50	8.3	5
C06	中国生物防治学报	1603	1.129	0.168	0.89	309	0.90	18.20	6.1	9
C06	中国植保导刊	1921	0.903	0.166	0.92	318	0.90	18.70	4.9	8
C07	Forest Ecosystems	69	0.113	—	0.88	49	0.20	0.60	8.4	2
C07	Journal of Forestry Research	526	0.346	0.055	0.82	201	0.40	2.50	7.4	3
C07	安徽林业科技	310	0.281	0.083	0.95	122	0.40	1.50	5.3	3
C07	桉树科技	270	0.584	0.059	0.89	95	0.40	1.20	6.3	4
C07	北京林业大学学报	3590	1.429	0.180	0.93	688	0.80	8.70	9.3	9
C07	东北林业大学学报	3491	0.973	0.182	0.93	705	0.80	8.90	7.4	7
C07	防护林科技	1414	0.328	0.073	0.92	328	0.80	4.20	4.6	5
C07	风景园林	1050	1.418	0.261	0.76	244	0.30	3.10	3.7	8
C07	福建林业	77	0.170	0.027	0.92	49	0.30	0.60	3.2	2
C07	福建林业科技	1307	0.486	0.050	0.96	354	0.80	4.50	9.4	6
C07	甘肃林业科技	315	0.254	0.036	0.82	127	0.50	1.60	9.5	3
C07	广西林业	141	0.067	0.007	0.99	89	0.20	1.10	8.0	2
C07	广西林业科学	769	0.673	0.150	0.82	197	0.60	2.50	7.2	5
C07	贵州林业科技	307	0.500	—	0.94	145	0.50	1.80	11.0	3
C07	国际木业	73	0.415	0.079	0.95	45	0.20	0.60	3.9	2
C07	河北林业科技	848	0.316	0.065	0.96	267	0.70	3.40	7.8	4
C07	河南林业科技	346	0.247	0.079	0.96	164	0.50	2.10	9.8	4
C07	黑龙江生态工程职业学院学报	796	0.337	0.195	0.99	373	0.40	4.70	3.9	7
C07	湖北林业科技	616	0.403	0.057	0.92	234	0.60	3.00	5.9	5
C07	湖南林业科技	982	0.548	0.189	0.89	291	0.70	3.70	8.0	5
C07	华东森林经理	287	0.299	0.081	0.94	120	0.50	1.50	7.8	3
C07	吉林林业科技	428	0.416	0.056	0.94	183	0.60	2.30	7.9	3
C07	江苏林业科技	650	0.625	0.089	0.92	219	0.60	2.80	9.4	5
C07	经济林研究	2029	1.511	0.358	0.88	366	0.80	4.60	6.0	8
C07	辽宁林业科技	679	0.328	0.059	0.92	217	0.70	2.70	8.1	4
C07	林产工业	1001	1.129	0.309	0.80	261	0.50	3.30	3.5	7

学科代码	期刊名称	扩展总被引频次	扩展影响因子	扩展即年指标	扩展他引率	扩展引用刊数	扩展学科影响指标	扩展学科扩散指标	扩展被引半衰期	扩展H指标
C07	林区教学	887	0.251	0.103	0.99	286	0.00	3.60	3.4	4
C07	林业调查规划	1102	0.545	0.049	0.92	339	0.70	4.30	7.0	5
C07	林业工程学报	2003	1.577	0.223	0.92	463	0.80	5.90	6.5	9
C07	林业机械与木工设备	829	0.682	0.340	0.80	269	0.40	3.40	5.8	5
C07	林业建设	342	0.560	0.173	0.90	143	0.50	1.80	4.4	4
C07	林业勘查设计	356	0.274	0.056	0.91	137	0.60	1.70	6.2	4
C07	林业勘察设计	300	0.504	0.020	0.93	119	0.50	1.50	7.3	3
C07	林业科技	706	0.558	0.188	0.93	273	0.80	3.50	8.2	4
C07	林业科技情报	836	0.740	0.180	0.89	215	0.40	2.70	4.4	6
C07	林业科技通讯	1316	0.356	0.052	0.96	337	0.80	4.30	8.7	5
C07	林业科学	6295	1.386	0.139	0.95	718	0.80	9.10	8.4	13
C07	林业科学研究	2852	1.095	0.134	0.92	420	0.80	5.30	10.1	9
C07	林业与环境科学	1015	0.929	0.116	0.74	263	0.70	3.30	6.8	5
C07	林业资源管理	1338	0.952	0.106	0.93	368	0.80	4.70	5.5	6
C07	绿色科技	4732	0.506	0.163	0.84	907	0.70	11.50	2.8	9
C07	木材工业	766	1.082	0.194	0.88	185	0.50	2.30	7.1	5
C07	内蒙古林业	290	0.201	0.041	0.99	135	0.30	1.70	6.4	3
C07	内蒙古林业调查设计	632	0.279	0.079	0.95	194	0.60	2.50	5.5	4
C07	内蒙古林业科技	295	0.320	0.020	0.94	156	0.50	2.00	9.3	3
C07	南方林业科学	693	0.600	0.071	0.93	242	0.60	3.10	7.6	5
C07	南京林业大学学报(自然科学版)	2827	1.174	0.296	0.93	661	0.80	8.40	7.4	8
C07	热带林业	256	0.390	0.037	0.89	120	0.30	1.50	6.9	3
C07	森林防火	286	0.296	0.118	0.85	97	0.40	1.20	8.8	4
C07	森林工程	1327	1.658	0.369	0.94	457	0.70	5.80	4.2	8
C07	森林与环境学报	1072	1.113	0.282	0.91	292	0.70	3.70	9.0	6
C07	山东林业科技	1053	0.376	0.040	0.95	369	0.70	4.70	7.9	5
C07	山西林业	272	0.275	0.099	0.97	100	0.40	1.30	4.9	3
C07	山西林业科技	349	0.298	0.019	0.91	157	0.50	2.00	8.5	3
C07	陕西林业科技	765	0.464	0.144	0.85	262	0.70	3.30	6.7	4
C07	世界林业研究	1802	1.067	0.245	0.97	494	0.80	6.30	8.8	11
C07	世界竹藤通讯	377	0.850	0.256	0.69	111	0.40	1.40	5.1	4
C07	水资源开发与管理	355	0.468	0.102	0.93	145	0.10	1.80	2.4	5
C07	四川林业科技	984	0.449	0.088	0.89	317	0.70	4.00	7.5	5

学科代码	期刊名称	扩展总被引频次	扩展影响因子	扩展即年指标	扩展他引率	扩展引用刊数	扩展学科影响指标	扩展学科扩散指标	扩展被引半衰期	扩展H指标
C07	温带林业研究	74	—	0.051	0.97	54	0.10	0.70	9.7	2
C07	西北林学院学报	3880	1.227	0.159	0.81	720	0.80	9.10	6.4	8
C07	西部林业科学	974	0.612	0.099	0.93	297	0.70	3.80	5.6	6
C07	西南林业大学学报	1155	0.861	0.146	0.89	346	0.70	4.40	6.1	6
C07	新疆林业	197	0.190	0.012	1.00	99	0.20	1.30	8.1	3
C07	园林	525	0.401	0.057	0.98	193	0.40	2.40	6.3	5
C07	浙江林业科技	961	0.536	0.043	0.95	269	0.70	3.40	10.0	5
C07	浙江农林大学学报	1927	1.054	0.262	0.95	518	0.80	6.60	7.7	8
C07	中国城市林业	605	1.114	0.258	0.76	215	0.50	2.70	4.8	5
C07	中国林副特产	1061	0.336	0.077	0.95	346	0.50	4.40	7.9	4
C07	中国林业经济	569	0.610	0.206	0.95	190	0.40	2.40	2.8	6
C07	中国森林病虫	817	0.716	0.117	0.94	195	0.60	2.50	9.3	5
C07	中国园林	5253	1.538	0.301	0.88	701	0.70	8.90	7.3	14
C07	中南林业调查规划	398	0.356	0.031	0.94	161	0.50	2.00	8.1	5
C07	中南林业科技大学学报	3691	1.719	0.237	0.88	741	0.80	9.40	5.1	9
C07	竹子学报	590	0.458	0.016	0.87	161	0.50	2.00	14.1	5
C08	Avian Research	75	0.127	0.048	0.79	27	0.00	0.30	6.4	4
C08	Journal of Animal Science and Biotechnology	150	0.446	0.022	0.97	68	0.30	0.70	3.1	2
C08	北方蚕业	212	0.248	0.029	0.79	70	0.20	0.80	7.5	3
C08	北方牧业	441	0.191	0.055	1.00	127	0.60	1.40	4.3	4
C08	蚕桑茶叶通讯	231	0.333	0.076	0.95	92	0.10	1.00	5.7	3
C08	蚕桑通报	193	0.220	0.014	0.90	67	0.10	0.70	8.1	3
C08	蚕学通讯	147	0.183	—	0.96	63	0.10	0.70	6.9	2
C08	蚕业科学	1297	0.666	0.082	0.78	279	0.30	3.10	7.2	6
C08	草食家畜	452	0.422	0.093	0.93	150	0.50	1.60	7.3	4
C08	草学	595	0.365	0.058	0.94	200	0.50	2.20	8.7	4
C08	草原与草业	245	0.394	0.104	0.92	106	0.20	1.20	9.0	3
C08	当代畜禽养殖业	925	0.271	0.133	0.98	150	0.60	1.60	2.8	4
C08	动物医学进展	2777	0.796	0.132	0.94	584	0.70	6.40	5.8	8
C08	动物营养学报	5161	1.510	0.234	0.85	462	0.80	5.10	4.3	13
C08	福建畜牧兽医	476	0.225	0.109	0.92	120	0.60	1.30	6.3	4
C08	甘肃畜牧兽医	1082	0.316	0.077	0.98	188	0.70	2.10	2.6	6
C08	广东蚕业	600	0.336	0.079	0.95	218	0.20	2.40	1.7	5

学科代码	期刊名称	扩展总被引频次	扩展影响因子	扩展即年指标	扩展他引率	扩展引用刊数	扩展学科影响指标	扩展学科扩散指标	扩展被引半衰期	扩展H指标
C08	广东饲料	421	0.311	0.077	0.99	161	0.60	1.80	5.9	4
C08	广东畜牧兽医科技	332	0.383	0.105	0.97	116	0.60	1.30	6.3	4
C08	广西蚕业	228	0.586	0.170	0.64	64	0.10	0.70	4.8	3
C08	广西畜牧兽医	320	0.182	0.040	0.96	97	0.60	1.10	7.0	3
C08	贵州畜牧兽医	394	0.256	0.079	0.96	126	0.60	1.40	6.2	4
C08	国外畜牧学-猪与禽	433	0.206	0.086	0.99	117	0.50	1.30	3.8	4
C08	河南畜牧兽医(市场版)	130	0.056	—	1.00	68	0.40	0.70	9.0	2
C08	河南畜牧兽医(综合版)	275	0.087	0.014	1.00	100	0.50	1.10	7.8	2
C08	湖北畜牧兽医	853	0.322	0.149	0.99	143	0.60	1.60	3.9	5
C08	湖南饲料	175	0.265	0.153	1.00	82	0.40	0.90	5.7	3
C08	湖南畜牧兽医	229	0.227	0.065	0.96	83	0.50	0.90	5.3	4
C08	吉林畜牧兽医	699	0.240	0.054	0.98	172	0.70	1.90	4.6	4
C08	家禽科学	3103	0.786	0.157	0.99	316	0.70	3.50	10.3	5
C08	家畜生态学报	1567	0.732	0.112	0.93	340	0.70	3.70	5.4	6
C08	江苏蚕业	153	0.323	0.042	0.90	51	0.10	0.60	5.6	3
C08	江西农业	1266	0.334	0.142	0.97	249	0.20	2.70	1.7	6
C08	江西饲料	155	0.275	0.140	0.99	89	0.40	1.00	7.8	3
C08	江西畜牧兽医杂志	288	0.184	0.064	0.94	91	0.50	1.00	6.3	3
C08	今日畜牧兽医	789	0.347	0.177	0.96	125	0.60	1.40	1.8	5
C08	今日养猪业	193	0.174	0.079	1.00	69	0.40	0.80	3.5	3
C08	经济动物学报	456	0.912	0.208	0.77	150	0.50	1.60	7.0	5
C08	科技视界	10138	0.328	0.082	0.98	1510	0.10	16.60	3.3	13
C08	蜜蜂杂志	331	0.058	0.016	0.79	140	0.20	1.50	7.2	3
C08	青海草业	245	0.373	0.163	0.94	111	0.20	1.20	6.8	4
C08	青海畜牧兽医杂志	693	0.326	0.127	0.90	167	0.60	1.80	8.3	4
C08	上海畜牧兽医通讯	809	0.296	0.101	0.98	197	0.70	2.20	6.5	4
C08	兽医导刊	1570	0.134	0.032	0.83	151	0.60	1.70	2.4	4
C08	四川蚕业	99	0.163	0.013	0.87	43	0.10	0.50	4.8	2
C08	四川畜牧兽医	628	0.172	0.051	0.99	184	0.70	2.00	7.1	4
C08	饲料博览	966	0.401	0.076	0.93	251	0.70	2.80	5.8	5
C08	饲料工业	2781	0.652	0.115	0.91	413	0.70	4.50	7.0	9
C08	饲料研究	1608	0.529	0.070	0.96	330	0.70	3.60	6.3	6
C08	现代牧业	216	—	0.098	0.96	141	0.30	1.50	6.6	4

学科代码	期刊名称	扩展总被引频次	扩展影响因子	扩展即年指标	扩展他引率	扩展引用刊数	扩展学科影响指标	扩展学科扩散指标	扩展被引半衰期	扩展H指标
C08	现代畜牧科技	2235	0.230	0.118	0.99	285	0.70	3.10	4.0	4
C08	现代畜牧兽医	761	0.641	0.135	0.83	191	0.60	2.10	5.5	5
C08	新疆畜牧业	546	0.342	0.088	0.92	182	0.60	2.00	4.9	4
C08	畜牧兽医科技信息	1965	0.263	0.130	0.96	242	0.70	2.70	3.2	6
C08	畜牧兽医学报	2498	0.945	0.134	0.86	345	0.70	3.80	6.1	9
C08	畜牧兽医杂志	1008	0.359	0.074	0.95	217	0.70	2.40	5.6	5
C08	畜牧与兽医	2365	0.554	0.087	0.95	377	0.70	4.10	5.9	8
C08	畜牧与饲料科学	2164	0.524	0.136	0.92	460	0.70	5.10	5.8	6
C08	畜禽业	1501	0.279	0.136	0.93	213	0.70	2.30	4.1	6
C08	养禽与禽病防治	312	0.130	0.006	0.96	92	0.50	1.00	8.8	3
C08	养殖与饲料	965	0.262	0.135	0.97	185	0.60	2.00	3.3	4
C08	养猪	1106	0.643	0.166	0.86	146	0.70	1.60	4.9	5
C08	云南畜牧兽医	267	0.198	0.008	0.97	96	0.50	1.10	7.4	3
C08	浙江畜牧兽医	285	0.227	0.069	0.99	110	0.60	1.20	6.6	3
C08	中国蚕业	440	0.773	0.185	0.74	98	0.20	1.10	4.8	4
C08	中国草食动物科学	1022	0.656	0.107	0.93	208	0.60	2.30	6.4	5
C08	中国动物保健	962	0.381	0.176	0.99	197	0.70	2.20	3.0	5
C08	中国动物传染病学报	625	0.730	0.152	0.84	142	0.50	1.60	6.9	6
C08	中国动物检疫	1783	0.858	0.356	0.81	256	0.70	2.80	4.0	8
C08	中国蜂业	402	0.142	0.026	0.81	138	0.20	1.50	6.8	3
C08	中国工作犬业	112	0.038	0.006	0.99	52	0.30	0.60	7.4	2
C08	中国家禽	2779	0.749	0.118	0.83	295	0.70	3.20	5.8	7
C08	中国奶牛	1385	0.608	0.089	0.87	226	0.60	2.50	6.3	6
C08	中国牛业科学	715	0.375	0.068	0.84	156	0.50	1.70	6.7	5
C08	中国禽业导刊	240	0.025	0.005	1.00	94	0.40	1.00	11.1	3
C08	中国兽药杂志	1125	0.630	0.241	0.92	298	0.70	3.30	6.5	6
C08	中国兽医科学	1608	0.760	0.254	0.81	266	0.70	2.90	6.2	7
C08	中国兽医学报	2559	1.006	0.187	0.80	347	0.80	3.80	4.5	7
C08	中国兽医杂志	2130	0.407	0.050	0.93	344	0.70	3.80	7.1	6
C08	中国饲料	1838	0.891	0.137	0.90	360	0.70	4.00	7.1	7
C08	中国畜牧兽医	4388	0.944	0.153	0.86	526	0.80	5.80	5.8	8
C08	中国畜牧兽医文摘	3474	0.341	0.223	0.92	274	0.70	3.00	2.5	7
C08	中国畜牧业	692	0.185	0.058	1.00	227	0.60	2.50	4.1	4

学科代码	期刊名称	扩展总被引频次	扩展影响因子	扩展即年指标	扩展他引率	扩展引用刊数	扩展学科影响指标	扩展学科扩散指标	扩展被引半衰期	扩展H指标
C08	中国畜牧杂志	3288	0.837	0.160	0.93	459	0.70	5.00	6.0	7
C08	中国畜禽种业	2230	0.304	0.122	0.95	207	0.70	2.30	2.9	6
C08	中国养兔	250	0.237	0.020	0.71	72	0.30	0.80	6.6	3
C08	中国预防兽医学报	1612	0.782	0.097	0.89	246	0.70	2.70	6.1	9
C08	中国猪业	566	0.458	0.065	0.89	125	0.50	1.40	3.9	5
C08	中兽医学杂志	751	0.246	0.072	0.96	142	0.60	1.60	3.6	5
C08	中兽医医药杂志	704	0.383	0.097	0.95	266	0.60	2.90	6.6	4
C08	猪业科学	1029	0.380	0.069	0.90	189	0.60	2.10	4.7	5
C09	草地学报	2903	1.201	0.187	0.81	408	0.80	68.00	6.2	8
C09	草业科学	5364	1.937	0.216	0.76	628	0.80	104.70	6.1	10
C09	草业学报	5812	1.799	0.117	0.90	578	0.80	96.30	5.8	11
C09	草原与草坪	873	0.644	0.102	0.87	269	0.80	44.80	8.0	6
C09	中国草地学报	2087	1.394	0.223	0.85	351	0.80	58.50	8.0	8
C10	大连海洋大学学报	1201	1.104	0.139	0.82	259	0.70	9.20	6.5	7
C10	淡水渔业	1258	0.710	0.167	0.89	233	0.80	8.30	9.0	6
C10	当代水产	238	0.111	0.050	1.00	104	0.60	3.70	10.8	3
C10	广东海洋大学学报	728	0.596	0.106	0.92	276	0.80	9.90	7.9	6
C10	海洋渔业	860	0.936	0.133	0.88	170	0.80	6.10	7.2	6
C10	海洋与渔业	138	0.230	0.027	0.99	78	0.60	2.80	3.6	3
C10	海洋与渔业·水产前沿	40	0.023	0.010	1.00	29	0.30	1.00	5.0	2
C10	河北渔业	570	0.210	0.041	0.93	229	0.80	8.20	6.2	4
C10	河南水产	133	0.200	0.033	0.79	65	0.40	2.30	4.4	3
C10	黑龙江水产	167	0.169	0.066	0.91	83	0.50	3.00	5.5	2
C10	江西水产科技	161	0.118	0.014	0.96	90	0.60	3.20	7.8	3
C10	科学养鱼	818	0.167	0.039	1.00	182	0.80	6.50	4.8	4
C10	南方水产科学	1322	1.416	0.147	0.84	208	0.80	7.40	5.8	8
C10	上海海洋大学学报	1395	0.913	0.121	0.93	329	0.80	11.80	7.7	6
C10	水产科技情报	567	0.616	0.070	0.93	174	0.80	6.20	9.0	5
C10	水产科学	1973	0.846	0.146	0.89	309	0.80	11.00	8.9	6
C10	水产学报	3315	1.098	0.150	0.91	345	0.80	12.30	7.4	9
C10	水产学杂志	460	0.624	0.081	0.85	133	0.80	4.80	7.2	4
C10	水产养殖	531	0.281	0.064	0.93	153	0.80	5.50	6.4	4
C10	渔业科学进展	1326	0.932	0.056	0.83	243	0.80	8.70	7.5	6

学科代码	期刊名称	扩展总被引频次	扩展影响因子	扩展即年指标	扩展他引率	扩展引用刊数	扩展学科影响指标	扩展学科扩散指标	扩展被引半衰期	扩展H指标
C10	渔业现代化	803	0.930	0.230	0.84	216	0.80	7.70	7.4	6
C10	渔业信息与战略	429	0.625	0.077	0.92	152	0.70	5.40	8.9	4
C10	渔业研究	463	0.572	0.094	0.93	188	0.80	6.70	6.7	4
C10	浙江海洋学院学报(自然科学版)	618	0.348	—	0.90	252	0.80	9.00	8.4	4
C10	中国水产	977	0.465	0.118	1.00	256	0.80	9.10	7.4	5
C10	中国水产科学	2404	0.961	0.116	0.92	292	0.80	10.40	8.5	8
C10	中国渔业经济	752	0.519	0.118	0.89	238	0.80	8.50	6.5	5
C10	中国渔业质量与标准	321	0.771	0.115	0.93	155	0.60	5.50	4.1	5
D01	Chinese Medical Journal	4876	0.945	0.225	0.93	986	0.90	8.60	5.0	10
D01	Chinese Medical Sciences Journal	220	0.622	0.051	1.00	177	0.20	1.50	5.7	4
D01	Frontiers of Medicine	392	1.087	0.635	0.99	264	0.30	2.30	3.3	5
D01	安徽医学	5402	2.130	0.349	0.94	732	0.80	6.40	3.4	14
D01	安徽医药	8080	1.987	0.451	0.95	922	0.80	8.00	3.7	15
D01	白求恩医学杂志	2308	1.256	0.116	0.99	435	0.60	3.80	3.2	9
D01	包头医学	746	1.188	0.221	1.00	187	0.30	1.60	2.8	7
D01	北京医学	2959	1.358	0.129	0.93	656	0.80	5.70	3.4	12
D01	兵团医学	334	0.467	0.050	0.99	148	0.30	1.30	3.3	4
D01	重庆医学	21548	2.315	0.299	0.98	1246	0.90	10.80	3.5	22
D01	大众医学	15	0.003	0.002	1.00	14	—	0.10	9.5	1
D01	当代医学	25702	1.510	0.390	0.90	1008	0.90	8.80	3.1	14
D01	当代医药论丛	13437	0.919	0.133	0.98	601	0.80	5.20	2.8	11
D01	东南国防医药	1529	1.270	0.353	0.87	446	0.70	3.90	3.7	7
D01	甘肃医药	1542	0.785	0.082	0.99	406	0.50	3.50	3.0	7
D01	广东医学	14905	2.357	0.222	0.96	1044	0.90	9.10	3.6	22
D01	广西医学	5033	1.713	0.250	0.98	761	0.80	6.60	3.4	12
D01	贵州医药	4057	2.000	0.230	0.94	603	0.70	5.20	2.5	13
D01	国际医药卫生导报	6288	1.055	0.096	0.88	629	0.70	5.50	3.2	10
D01	哈尔滨医药	1627	1.105	0.152	0.99	368	0.50	3.20	3.4	8
D01	海军医学杂志	1622	1.839	0.129	0.95	444	0.60	3.90	3.0	10
D01	海南医学	12887	1.987	0.265	0.95	905	0.90	7.90	3.1	19
D01	航空航天医学杂志	4397	1.257	0.210	0.99	528	0.70	4.60	3.0	10
D01	河北医学	10174	3.122	0.313	0.99	743	0.90	6.50	3.1	21
D01	河北医药	14375	2.581	0.482	0.98	919	0.80	8.00	3.2	20

学科代码	期刊名称	扩展总被引频次	扩展影响因子	扩展即年指标	扩展他引率	扩展引用刊数	扩展学科影响指标	扩展学科扩散指标	扩展被引半衰期	扩展H指标
D01	黑龙江医学	2972	1.078	0.183	0.97	511	0.60	4.40	3.3	8
D01	黑龙江医药	3923	1.283	0.221	0.90	616	0.60	5.40	3.1	10
D01	黑龙江医药科学	2466	1.048	0.158	0.81	499	0.60	4.30	3.3	7
D01	华南国防医学杂志	1415	0.776	0.134	0.95	453	0.70	3.90	3.9	6
D01	华西医学	3837	1.103	0.258	0.99	791	0.80	6.90	3.9	10
D01	淮海医药	1668	1.119	0.305	1.00	382	0.60	3.30	2.8	8
D01	基础医学与临床	1827	0.830	0.152	0.96	676	0.70	5.90	3.7	8
D01	吉林医学	15958	1.212	0.272	0.98	887	0.90	7.70	4.4	12
D01	继续医学教育	3975	0.989	0.218	0.94	630	0.60	5.50	2.6	11
D01	江苏医药	6249	1.329	0.135	0.95	783	0.80	6.80	3.6	12
D01	交通医学	848	0.597	0.064	0.99	355	0.50	3.10	4.1	5
D01	解放军医学杂志	3015	2.101	0.261	0.93	729	0.80	6.30	3.9	15
D01	解放军医药杂志	3887	2.843	0.294	0.94	628	0.70	5.50	2.8	13
D01	精准医学杂志	14	—	0.099	0.50	7	0.00	0.10	—	1
D01	空军医学杂志	752	1.525	0.157	0.87	259	0.40	2.30	2.8	7
D01	辽宁医学杂志	685	1.399	0.094	0.99	250	0.40	2.20	3.1	6
D01	农垦医学	506	0.568	0.025	0.99	217	0.30	1.90	3.7	4
D01	青岛医药卫生	1001	1.199	0.321	0.96	285	0.40	2.50	3.2	7
D01	青海医药杂志	1068	0.361	0.012	0.98	337	0.50	2.90	4.1	4
D01	人民军医	2473	0.646	0.095	0.83	570	0.70	5.00	4.1	6
D01	山东医药	18578	1.816	0.190	0.97	1075	0.90	9.30	3.6	19
D01	山西医药杂志	8597	1.923	0.273	0.98	779	0.80	6.80	2.7	15
D01	陕西医学杂志	7271	2.339	0.416	0.93	702	0.80	6.10	2.9	16
D01	伤害医学(电子版)	154	0.703	0.044	0.60	66	0.10	0.60	3.1	3
D01	上海医学	1523	0.733	0.028	0.98	531	0.60	4.60	6.2	7
D01	上海医药	2714	1.050	0.204	0.96	656	0.70	5.70	3.3	9
D01	社区医学杂志	3482	0.902	0.156	0.98	581	0.60	5.10	3.3	8
D01	实用医药杂志	2178	0.762	0.111	0.98	601	0.70	5.20	4.2	7
D01	世界复合医学	241	0.680	0.101	1.00	131	0.20	1.10	2.1	4
D01	世界睡眠医学杂志	358	0.863	0.204	0.79	154	0.20	1.30	2.4	5
D01	首都食品与医药	3456	0.724	0.233	0.99	549	0.60	4.80	2.0	9
D01	四川医学	4800	1.605	0.142	0.99	719	0.80	6.30	4.3	12
D01	天津医药	2714	1.363	0.147	0.97	693	0.80	6.00	3.8	11

学科代码	期刊名称	扩展总被引频次	扩展影响因子	扩展即年指标	扩展他引率	扩展引用刊数	扩展学科影响指标	扩展学科扩散指标	扩展被引半衰期	扩展H指标
D01	微创医学	1822	0.972	0.159	0.97	419	0.60	3.60	3.6	7
D01	武警医学	2160	1.078	0.166	0.90	556	0.70	4.80	3.5	9
D01	西北国防医学杂志	1148	0.734	0.206	0.91	392	0.60	3.40	3.4	6
D01	西部医学	6044	2.156	0.271	0.96	743	0.80	6.50	3.7	15
D01	西南国防医药	3962	1.429	0.186	0.98	660	0.80	5.70	3.2	11
D01	西南军医	1510	0.910	0.234	0.98	477	0.70	4.10	4.8	6
D01	系统医学	1878	0.913	0.113	0.98	288	0.50	2.50	1.7	7
D01	现代生物医学进展	13390	1.696	0.100	0.96	1274	0.90	11.10	3.2	18
D01	现代实用医学	4364	0.953	0.144	0.99	706	0.80	6.10	3.4	8
D01	现代医学	2277	1.156	0.138	0.94	540	0.70	4.70	3.0	7
D01	协和医学杂志	611	0.892	0.523	0.96	355	0.50	3.10	4.0	7
D01	新疆医学	2140	0.826	0.140	0.82	487	0.70	4.20	3.6	6
D01	新医学	1718	1.129	0.144	0.89	540	0.60	4.70	5.0	8
D01	医师在线	89	0.035	0.012	0.98	49	0.10	0.40	1.9	2
D01	医学理论与实践	10936	1.264	0.258	0.99	865	0.80	7.50	2.8	11
D01	医学新知杂志	360	0.378	0.034	0.96	198	0.30	1.70	3.2	3
D01	医学信息	17577	0.401	0.128	0.99	1017	0.90	8.80	3.5	7
D01	医学研究生学报	3381	2.083	0.237	0.85	779	0.80	6.80	4.0	12
D01	医学研究杂志	3841	1.073	0.090	0.97	846	0.80	7.40	3.9	10
D01	医学与法学	381	0.579	0.128	0.90	172	0.10	1.50	3.2	4
D01	医学争鸣	436	0.826	0.126	0.74	184	0.20	1.60	3.0	6
D01	医学综述	13681	1.895	0.293	0.99	1148	0.90	10.00	3.7	17
D01	医药论坛杂志	2609	0.475	0.120	0.98	555	0.70	4.80	3.7	5
D01	医药前沿	14513	0.351	0.048	0.97	780	0.80	6.80	2.6	8
D01	英国医学杂志(中文版)	59	0.030	0.008	1.00	49	0.10	0.40	11.2	2
D01	右江医学	1129	0.835	0.053	0.96	333	0.40	2.90	4.4	6
D01	云南医药	632	0.368	0.081	0.97	278	0.40	2.40	3.7	4
D01	浙江实用医学	630	0.610	0.061	0.97	289	0.50	2.50	4.1	5
D01	浙江医学	3893	1.401	0.142	0.95	684	0.80	5.90	2.9	11
D01	中国当代医药	17731	1.652	0.289	0.96	1013	0.90	8.80	3.3	16
D01	中国高等医学教育	6958	1.040	0.171	0.92	759	0.60	6.60	4.5	12
D01	中国急救复苏与灾害医学杂志	1987	1.179	0.058	0.86	399	0.60	3.50	3.1	9
D01	中国继续医学教育	20955	1.275	0.338	0.92	839	0.90	7.30	2.4	12

学科代码	期刊名称	扩展总被引频次	扩展影响因子	扩展即年指标	扩展他引率	扩展引用刊数	扩展学科影响指标	扩展学科扩散指标	扩展被引半衰期	扩展H指标
D01	中国煤炭工业医学杂志	4290	1.844	0.220	0.97	598	0.70	5.20	3.5	15
D01	中国实用医刊	4610	0.750	0.069	0.98	579	0.70	5.00	3.3	8
D01	中国实用医药	34024	1.327	0.397	0.98	1108	0.90	9.60	3.2	15
D01	中国现代医生	15562	1.604	0.270	0.96	963	0.80	8.40	3.6	16
D01	中国现代医学杂志	8988	2.037	0.262	0.97	1060	0.90	9.20	3.5	8
D01	中国乡村医药	3292	0.692	0.124	0.99	510	0.70	4.40	2.8	8
D01	中国研究型医院	158	0.721	0.253	0.92	94	0.10	0.80	2.1	4
D01	中国医疗保险	1073	0.882	0.295	0.84	287	0.20	2.50	2.9	6
D01	中国医疗管理科学	453	1.175	0.410	0.92	189	0.30	1.60	2.8	6
D01	中国医学创新	12769	1.487	0.261	0.95	935	0.90	8.10	3.7	14
D01	中国医学前沿杂志(电子版)	3860	1.890	0.202	0.94	690	0.70	6.00	3.6	19
D01	中国医学人文	124	0.129	0.036	0.93	60	0.10	0.50	2.6	3
D01	中国医药导报	21525	2.412	0.271	0.97	1285	0.90	11.20	3.8	24
D01	中国医药科学	11755	1.662	0.313	0.97	894	0.80	7.80	2.9	15
D01	中国医药指南	45041	1.130	0.243	0.96	1242	0.90	10.80	3.1	14
D01	中华医学信息导报	489	0.308	0.042	1.00	291	0.40	2.50	3.9	4
D01	中华医学杂志	12948	1.877	0.327	0.96	1143	0.90	9.90	4.5	23
D01	中华重症医学电子杂志(网络版)	171	1.000	0.311	0.92	109	0.20	0.90	1.8	5
D01	中南医学科学杂志	1519	2.144	0.147	0.94	469	0.60	4.10	2.9	8
D01	中日友好医院学报	972	1.205	0.115	0.99	406	0.50	3.50	3.7	7
D01	中外医学研究	20424	1.546	0.367	0.96	883	0.80	7.70	2.8	13
D01	中医药管理杂志	7021	0.910	0.244	0.91	683	0.70	5.90	2.7	9
D01	转化医学杂志	368	0.816	0.240	0.93	219	0.30	1.90	3.0	5
D02	安徽卫生职业技术学院学报	1562	0.865	0.134	0.93	343	0.20	4.00	2.7	7
D02	安徽医科大学学报	3120	1.255	0.137	0.95	768	0.60	9.00	3.7	12
D02	蚌埠医学院学报	4769	1.793	0.143	0.98	659	0.70	7.80	3.3	14
D02	包头医学院学报	3168	0.921	0.145	0.99	548	0.40	6.40	2.8	9
D02	北京大学学报(医学版)	2899	1.920	0.126	0.98	831	0.70	9.80	4.7	12
D02	滨州医学院学报	616	0.571	0.058	0.99	314	0.20	3.70	4.5	5
D02	长治医学院学报	640	0.659	0.069	0.98	264	0.20	3.10	4.0	5
D02	成都医学院学报	1575	1.761	0.219	0.99	489	0.40	5.80	3.4	9
D02	承德医学院学报	1172	0.928	0.349	0.99	417	0.40	4.90	3.0	7
D02	重庆医科大学学报	2318	0.952	0.176	0.98	740	0.60	8.70	4.5	8

学科代码	期刊名称	扩展总被引频次	扩展影响因子	扩展即年指标	扩展他引率	扩展引用刊数	扩展学科影响指标	扩展学科扩散指标	扩展被引半衰期	扩展H指标
D02	川北医学院学报	1851	1.936	0.274	0.98	513	0.50	6.00	2.7	11
D02	大连医科大学学报	1004	1.092	0.062	0.99	473	0.40	5.60	3.9	9
D02	第二军医大学学报	2431	1.209	0.294	0.97	834	0.80	9.80	4.9	10
D02	第三军医大学学报	4628	1.469	0.213	0.96	999	0.80	11.80	4.5	12
D02	东南大学学报(医学版)	1926	1.906	0.212	0.95	585	0.60	6.90	3.1	9
D02	福建医科大学学报	662	1.169	0.032	0.98	343	0.30	4.00	4.5	6
D02	复旦学报(医学版)	1398	1.244	0.134	0.99	616	0.60	7.20	4.7	10
D02	赣南医学院学报	1445	0.712	0.143	0.95	462	0.30	5.40	3.9	6
D02	广东药科大学学报	1335	0.915	0.117	0.96	514	0.30	6.00	5.2	8
D02	广西医科大学学报	3860	2.193	0.232	0.96	670	0.60	7.90	2.9	12
D02	广州医科大学学报	1051	1.123	0.016	0.99	368	0.30	4.30	3.5	7
D02	贵州医科大学学报	2134	1.238	0.196	0.93	570	0.60	6.70	3.3	9
D02	哈尔滨医科大学学报	1118	1.010	0.047	0.99	462	0.40	5.40	4.6	8
D02	海南医学院学报	8927	2.951	0.301	0.98	710	0.70	8.40	2.6	18
D02	河北医科大学学报	3956	2.029	0.419	0.87	638	0.60	7.50	3.3	13
D02	河南大学学报(医学版)	439	0.825	0.100	1.00	255	0.10	3.00	4.8	5
D02	河南科技大学学报(医学版)	549	0.817	0.101	0.98	278	0.20	3.30	4.5	5
D02	河南医学高等专科学校学报	1038	0.687	0.173	0.99	293	0.20	3.40	3.5	5
D02	菏泽医学专科学校学报	487	0.782	0.098	0.98	216	0.10	2.50	3.4	5
D02	湖南师范大学学报(医学版)	2967	2.388	0.274	0.91	489	0.40	5.80	2.8	11
D02	华北理工大学学报(医学版)	996	0.652	0.170	0.99	421	0.30	5.00	6.1	5
D02	华中科技大学学报(医学版)	1394	1.175	0.146	0.97	565	0.50	6.60	4.4	9
D02	吉林大学学报(医学版)	2019	1.273	0.262	0.97	677	0.60	8.00	4.1	9
D02	吉林医药学院学报	790	0.737	0.215	0.98	414	0.30	4.90	3.5	5
D02	济宁医学院学报	543	0.697	0.216	0.94	320	0.20	3.80	4.1	6
D02	江苏大学学报(医学版)	893	1.652	0.172	0.97	356	0.30	4.20	3.1	7
D02	解放军医学院学报	2322	1.287	0.189	0.91	672	0.60	7.90	3.6	8
D02	锦州医科大学学报	1099	0.926	0.156	0.99	382	0.20	4.50	3.5	7
D02	昆明医科大学学报	3534	1.511	0.129	0.95	761	0.60	9.00	3.6	12
D02	兰州大学学报(医学版)	612	1.247	0.176	0.90	307	0.20	3.60	3.7	6
D02	牡丹江医学院学报	1655	0.959	0.162	0.99	491	0.30	5.80	3.4	7
D02	内蒙古医科大学学报	1333	1.697	0.144	0.91	458	0.40	5.40	3.6	8
D02	南昌大学学报(医学版)	1524	0.776	0.124	0.98	539	0.40	6.30	5.2	9

学科代码	期刊名称	扩展总被引频次	扩展影响因子	扩展即年指标	扩展他引率	扩展引用刊数	扩展学科影响指标	扩展学科扩散指标	扩展被引半衰期	扩展H指标
D02	南方医科大学学报	4291	1.756	0.177	0.97	992	0.90	11.70	4.8	12
D02	南京医科大学学报(自然科学版)	1764	0.652	0.080	0.94	646	0.60	7.60	4.4	7
D02	南通大学学报(医学版)	761	0.662	0.060	0.99	350	0.30	4.10	4.0	5
D02	宁夏医科大学学报	2934	1.270	0.046	0.98	685	0.50	8.10	3.6	10
D02	齐齐哈尔医学院学报	12694	1.319	0.069	0.99	906	0.70	10.70	3.4	14
D02	黔南民族医专学报	286	0.403	0.086	0.96	161	0.10	1.90	4.0	3
D02	青岛大学学报(医学版)	918	0.584	0.041	0.97	428	0.30	5.00	4.6	5
D02	山东大学学报(医学版)	1829	1.186	0.183	0.98	672	0.60	7.90	4.3	4
D02	山东医学高等专科学校学报	657	0.926	0.075	0.97	258	0.10	3.00	3.1	5
D02	山西医科大学学报	1955	0.948	0.103	0.95	650	0.50	7.60	4.0	8
D02	山西职工医学院学报	841	0.808	0.169	0.98	273	0.30	3.20	2.9	6
D02	汕头大学医学院学报	234	0.418	0.050	0.97	161	0.20	1.90	4.8	3
D02	上海交通大学学报(医学版)	2811	1.294	0.072	0.99	870	0.80	10.20	4.7	10
D02	沈阳药科大学学报	1553	0.593	0.119	0.96	474	0.30	5.60	8.2	7
D02	沈阳医学院学报	622	0.978	0.171	0.97	294	0.20	3.50	2.8	6
D02	首都医科大学学报	2249	1.906	0.277	0.96	693	0.60	8.20	4.0	12
D02	四川大学学报(医学版)	1806	1.039	0.178	0.98	715	0.50	8.40	4.9	8
D02	泰山医学院学报	2703	1.135	0.272	0.98	534	0.40	6.30	2.7	9
D02	天津医科大学学报	944	0.861	0.132	1.00	446	0.30	5.20	4.8	6
D02	同济大学学报(医学版)	1002	1.015	0.121	0.86	451	0.30	5.30	4.6	6
D02	皖南医学院学报	1072	1.240	0.095	0.98	404	0.40	4.80	3.2	7
D02	温州医科大学学报	1208	0.884	0.165	0.90	504	0.50	5.90	3.8	7
D02	武汉大学学报(医学版)	1503	0.927	0.174	0.98	571	0.40	6.70	4.3	8
D02	武警后勤学院学报(医学版)	1035	0.459	0.047	0.97	419	0.40	4.90	5.1	5
D02	西安交通大学学报(医学版)	1679	1.448	0.314	0.97	613	0.60	7.20	3.9	10
D02	西南医科大学学报	729	0.773	0.140	0.91	339	0.20	4.00	4.4	5
D02	湘南学院学报(医学版)	341	0.566	0.082	0.97	204	0.10	2.40	3.9	4
D02	新疆医科大学学报	2785	1.405	0.196	0.95	728	0.50	8.60	3.5	11
D02	新乡医学院学报	2496	1.922	0.323	0.93	559	0.50	6.60	3.0	12
D02	徐州医科大学学报	1014	0.803	0.020	0.97	371	0.30	4.40	3.9	7
D02	延安大学学报(医学科学版)	565	0.944	0.053	0.99	246	0.30	2.90	3.5	6
D02	延边大学医学学报	330	0.326	0.009	0.98	205	0.10	2.40	6.7	4
D02	右江民族医学院学报	1682	0.836	0.082	0.92	478	0.30	5.60	4.5	6

学科代码	期刊名称	扩展总被引频次	扩展影响因子	扩展即年指标	扩展他引率	扩展引用刊数	扩展学科影响指标	扩展学科扩散指标	扩展被引半衰期	扩展H指标
D02	浙江大学学报(医学版)	706	0.729	0.010	0.99	416	0.30	4.90	5.0	7
D02	郑州大学学报(医学版)	1816	1.286	0.186	0.95	646	0.50	7.60	4.2	7
D02	中国高原医学与生物学杂志	208	0.324	0.105	0.99	141	0.10	1.70	7.1	4
D02	中国药科大学学报	1201	0.881	0.105	0.94	486	0.20	5.70	8.8	7
D02	中国医科大学学报	3122	2.051	0.236	0.99	740	0.70	8.70	3.6	14
D02	中国医学科学院学报	1963	1.577	0.181	0.99	714	0.60	8.40	4.9	11
D02	中南大学学报(医学版)	2470	1.451	0.173	0.98	788	0.70	9.30	4.4	12
D02	中山大学学报(医学科学版)	1655	1.277	0.127	0.98	595	0.60	7.00	4.7	10
D02	遵义医学院学报	746	0.770	0.110	0.81	346	0.20	4.10	4.7	5
D03	Biomedical and Environmental Sciences	784	0.768	0.134	0.93	399	0.30	9.50	5.3	5
D03	Chinese Journal of Biomedical Engineering	12	0.077	—	1.00	11	—	0.30	4.0	1
D03	分子诊断与治疗杂志	382	0.753	0.182	0.96	234	0.10	5.60	4.0	4
D03	国际免疫学杂志	611	0.752	0.126	0.85	282	0.20	6.70	3.9	5
D03	国际生物制品学杂志	102	0.173	0.028	0.92	70	0.00	1.70	6.1	3
D03	国际遗传学杂志	203	0.276	—	0.94	132	0.10	3.10	9.2	4
D03	寄生虫病与感染性疾病	312	0.538	—	0.97	114	0.10	2.70	6.1	4
D03	寄生虫与医学昆虫学报	155	0.321	0.093	0.92	67	0.10	1.60	8.4	3
D03	解剖科学进展	595	0.422	0.135	0.89	307	0.40	7.30	4.8	4
D03	解剖学报	732	0.678	0.049	0.80	319	0.30	7.60	5.4	4
D03	解剖学研究	612	0.632	0.058	0.89	279	0.30	6.60	4.5	5
D03	解剖学杂志	968	0.514	0.082	0.84	373	0.50	8.90	5.0	5
D03	临床心身疾病杂志	2729	1.664	0.211	0.72	368	0.10	8.80	3.1	6
D03	免疫学杂志	1295	0.951	0.269	0.83	493	0.40	11.70	4.3	7
D03	神经解剖学杂志	499	0.609	0.073	0.89	256	0.40	6.10	3.9	4
D03	生物医学工程学进展	342	1.175	0.027	0.99	192	0.10	4.60	4.0	4
D03	实验动物与比较医学	322	0.263	0.112	0.83	144	0.10	3.40	7.5	3
D03	数理医药学杂志	4338	1.314	0.348	0.95	653	0.30	15.50	2.5	10
D03	四川解剖学杂志	417	0.485	0.138	0.90	207	0.20	4.90	5.3	4
D03	微循环学杂志	599	1.028	0.134	0.98	307	0.20	7.30	4.8	5
D03	细胞与分子免疫学杂志	2017	0.899	0.075	0.92	654	0.60	15.60	4.0	8
D03	现代免疫学	486	0.796	0.141	0.86	263	0.40	6.30	4.6	5
D03	医学分子生物学杂志	256	0.392	0.059	0.98	185	0.20	4.40	7.6	4
D03	医院管理论坛	1863	1.087	0.304	0.84	375	0.10	8.90	3.7	8

学科代码	期刊名称	扩展总被引频次	扩展影响因子	扩展即年指标	扩展他引率	扩展引用刊数	扩展学科影响指标	扩展学科扩散指标	扩展被引半衰期	扩展H指标
D03	中国比较医学杂志	1492	0.852	0.145	0.80	485	0.40	11.50	5.5	7
D03	中国病理生理杂志	3339	1.084	0.165	0.84	743	0.60	17.70	4.7	8
D03	中国寄生虫学与寄生虫病杂志	1651	1.767	0.493	0.73	259	0.20	6.20	4.7	11
D03	中国健康心理学杂志	7684	1.899	0.442	0.80	1072	0.10	25.50	4.8	12
D03	中国临床解剖学杂志	1657	1.056	0.041	0.90	436	0.30	10.40	6.7	7
D03	中国免疫学杂志	2821	1.366	0.213	0.88	712	0.60	17.00	3.4	12
D03	中国血液流变学杂志	669	0.548	0.007	0.99	302	0.20	7.20	4.9	5
D03	中国医学工程	3755	0.895	0.227	0.99	603	0.30	14.40	3.6	7
D03	中国医学物理学杂志	1207	0.910	0.069	0.92	429	0.20	10.20	3.7	7
D03	中国组织化学与细胞化学杂志	566	0.954	0.098	0.93	321	0.30	7.60	4.1	5
D03	中华病理学杂志	2190	1.121	0.202	0.91	550	0.50	13.10	4.7	11
D03	中华解剖与临床杂志	607	0.836	0.055	0.94	271	0.20	6.50	3.6	5
D03	中华临床实验室管理电子杂志	169	0.738	0.071	0.96	102	0.00	2.40	3.0	4
D03	中华微生物学和免疫学杂志	976	0.814	0.124	0.90	382	0.50	9.10	4.7	6
D03	中华细胞与干细胞杂志(电子版)	137	0.485	0.092	0.85	82	0.10	2.00	2.9	3
D03	中华医学遗传学杂志	1427	0.595	0.061	0.84	385	0.30	9.20	4.7	7
D03	中华诊断学电子杂志	315	1.027	0.169	0.82	158	0.10	3.80	2.9	5
D03	转化医学电子杂志	1636	1.158	0.128	0.94	344	0.20	8.20	2.8	8
D05	World Journal of Emergency Medicine	302	0.891	0.180	0.86	137	0.40	2.50	4.0	4
D05	创伤与急危重病医学	592	1.493	0.413	0.91	210	0.40	3.80	2.5	6
D05	创伤与急诊电子杂志	139	0.589	0.065	0.97	95	0.20	1.70	3.1	3
D05	江西医药	3312	0.995	0.190	0.70	548	0.70	10.00	3.8	8
D05	临床和实验医学杂志	9507	2.328	0.316	0.93	870	0.90	15.80	3.4	17
D05	临床荟萃	2978	1.246	0.187	0.97	671	0.70	12.20	4.9	10
D05	临床急诊杂志	1486	1.317	0.211	0.89	413	0.70	7.50	3.0	7
D05	临床军医杂志	3965	1.957	0.314	0.96	649	0.80	11.80	3.3	11
D05	临床输血与检验	1402	1.376	0.121	0.89	289	0.50	5.30	3.4	8
D05	临床误诊误治	3247	1.440	0.205	0.91	618	0.80	11.20	3.6	8
D05	临床医学	4032	1.153	0.167	0.99	624	0.70	11.30	3.3	8
D05	临床医学研究与实践	10818	1.510	0.268	0.96	625	0.80	11.40	1.9	13
D05	临床与病理杂志	2301	1.412	0.072	0.98	645	0.60	11.70	2.9	13
D05	岭南急诊医学杂志	995	0.848	0.134	0.96	299	0.60	5.40	3.1	5
D05	全科医学临床与教育	1404	1.111	0.196	0.96	425	0.60	7.70	3.6	2

学科代码	期刊名称	扩展总被引频次	扩展影响因子	扩展即年指标	扩展他引率	扩展引用刊数	扩展学科影响指标	扩展学科扩散指标	扩展被引半衰期	扩展H指标
D05	蛇志	939	0.695	0.099	0.95	279	0.40	5.10	3.6	5
D05	实用临床医药杂志	27774	4.021	0.511	0.97	865	0.80	15.70	2.8	28
D05	实用疼痛学杂志	400	0.481	0.084	0.94	202	0.30	3.70	5.5	5
D05	实用医技杂志	3609	0.823	0.178	0.99	640	0.70	11.60	3.8	8
D05	实用医学杂志	16940	2.310	0.274	0.94	1075	0.90	19.50	3.8	21
D05	实用医院临床杂志	4105	1.921	0.424	0.93	717	0.90	13.00	3.4	11
D05	现代临床医学	1164	1.571	0.143	0.99	369	0.60	6.70	3.2	7
D05	现代医药卫生	9180	1.028	0.256	0.97	1063	0.90	19.30	3.6	11
D05	医学临床研究	5663	1.383	0.128	0.92	664	0.90	12.10	3.2	10
D05	医学研究与教育	684	0.708	0.176	0.94	312	0.30	5.70	4.8	6
D05	疑难病杂志	4133	2.565	0.537	0.93	600	0.80	10.90	3.2	13
D05	浙江临床医学	4477	1.022	0.140	0.99	619	0.90	11.30	2.9	9
D05	中国激光医学杂志	499	1.353	0.338	0.88	193	0.30	3.50	3.8	5
D05	中国急救医学	4947	4.145	0.192	0.97	631	0.80	11.50	3.3	14
D05	中国临床实用医学	865	0.990	0.161	0.88	289	0.50	5.30	3.0	6
D05	中国临床新医学	2208	1.213	0.251	0.91	501	0.60	9.10	3.2	10
D05	中国临床研究	4760	1.999	0.264	0.98	685	0.80	12.50	3.1	13
D05	中国临床医生杂志	5641	2.648	0.350	0.93	728	0.90	13.20	2.9	17
D05	中国临床医学	1953	1.328	0.260	0.96	576	0.80	10.50	4.6	9
D05	中国美容整形外科杂志	1621	1.221	0.383	0.86	277	0.50	5.00	3.4	7
D05	中国全科医学	19907	3.442	0.543	0.95	1279	0.90	23.30	3.9	23
D05	中国社区医师	13359	0.996	0.276	0.98	807	0.70	14.70	2.4	11
D05	中国输血杂志	4361	1.283	0.091	0.80	459	0.60	8.30	4.5	8
D05	中国疼痛医学杂志	3391	2.381	0.302	0.88	570	0.70	10.40	4.1	15
D05	中国医刊	3915	1.995	0.339	0.95	682	0.80	12.40	3.4	12
D05	中国医疗美容	1904	1.209	0.252	0.90	264	0.50	4.80	2.7	7
D05	中国医师进修杂志	3313	1.242	0.126	0.91	570	0.80	10.40	4.6	9
D05	中国医师杂志	3710	1.245	0.099	0.91	636	0.80	11.60	3.4	10
D05	中国医药	4169	1.909	0.320	0.92	575	0.70	10.50	3.2	10
D05	中国真菌学杂志	585	0.804	0.124	0.87	231	0.20	4.20	5.0	6
D05	中国综合临床	2436	1.301	0.263	0.96	511	0.60	9.30	3.9	8
D05	中华急诊医学杂志	4289	1.898	0.252	0.88	648	0.80	11.80	4.1	14
D05	中华全科医师杂志	1930	1.112	0.118	0.93	545	0.70	9.90	4.0	10

学科代码	期刊名称	扩展总被引频次	扩展影响因子	扩展即年指标	扩展他引率	扩展引用刊数	扩展学科影响指标	扩展学科扩散指标	扩展被引半衰期	扩展H指标
D05	中华全科医学	12012	3.409	0.393	0.98	965	0.90	17.50	3.4	21
D05	中华危重病急救医学	5033	3.050	0.407	0.89	645	0.80	11.70	4.2	17
D05	中华危重症医学杂志(电子版)	800	1.619	0.103	0.84	311	0.60	5.70	3.5	8
D05	中华医学美学美容杂志	986	1.048	0.080	0.77	214	0.40	3.90	4.6	6
D05	中华灾害救援医学	764	0.982	0.263	0.89	294	0.40	5.30	2.7	7
D06	磁共振成像	1135	1.385	0.136	0.89	318	0.40	15.90	3.1	7
D06	国际检验医学杂志	9957	1.244	0.270	0.95	939	0.80	47.00	3.5	12
D06	罕少疾病杂志	706	1.194	0.129	0.93	229	0.40	11.40	2.7	5
D06	检验医学	3536	2.336	0.317	0.94	659	0.80	33.00	3.7	12
D06	检验医学与临床	15868	2.852	0.348	0.98	942	0.80	47.10	2.7	20
D06	临床检验杂志	1763	1.047	0.194	0.87	504	0.80	25.20	4.0	7
D06	临床检验杂志(电子版)	1094	1.428	0.242	0.97	195	0.40	9.80	1.5	8
D06	临床与实验病理学杂志	2856	1.005	0.124	0.82	555	0.80	27.80	4.2	8
D06	实验与检验医学	2266	1.296	0.169	0.76	474	0.80	23.70	3.6	8
D06	实用检验医师杂志	486	1.277	0.156	0.81	147	0.50	7.40	3.3	6
D06	现代检验医学杂志	1650	1.166	0.161	0.82	416	0.80	20.80	3.5	8
D06	现代诊断与治疗	13325	1.077	0.122	0.97	739	0.70	37.00	3.0	10
D06	循证医学	655	0.703	0.102	1.00	347	0.20	17.40	6.2	7
D06	医学检验与临床	560	0.412	0.033	0.97	227	0.60	11.40	3.6	4
D06	诊断病理学杂志	1427	0.750	0.105	0.91	395	0.70	19.80	4.1	7
D06	诊断学理论与实践	731	0.632	0.108	0.98	376	0.80	18.80	6.0	6
D06	中国实验诊断学	6280	1.435	0.170	0.98	842	1.00	42.10	3.5	13
D06	中国循证医学杂志	3792	1.762	0.476	0.94	783	0.80	39.20	5.4	15
D06	中华检验医学杂志	3118	1.845	0.172	0.93	613	0.80	30.60	4.9	11
D06	中华实用诊断与治疗杂志	5132	1.995	0.365	0.85	741	0.80	37.00	3.9	14
D07	保健文汇	909	0.146	0.033	0.99	142	0.20	2.40	1.6	4
D07	保健医学研究与实践	1290	1.735	0.236	0.98	369	0.30	6.40	2.8	8
D07	保健与生活	13	0.014	—	1.00	12	—	0.20	3.1	1
D07	大众健康	32	0.004	—	1.00	22	0.10	0.40	6.1	2
D07	国际老年医学杂志	560	1.465	0.141	0.89	252	0.30	4.30	3.4	7
D07	家庭健康	12	0.007	—	1.00	11	0.00	0.20	4.0	1
D07	家庭医学	120	0.019	0.013	1.00	96	0.10	1.70	7.7	2
D07	家庭医学(下)	95	0.033	0.014	1.00	69	0.10	1.20	6.3	2

学科代码	期刊名称	扩展总被引频次	扩展影响因子	扩展即年指标	扩展他引率	扩展引用刊数	扩展学科影响指标	扩展学科扩散指标	扩展被引半衰期	扩展H指标
D07	家庭医药	649	0.138	0.010	0.98	145	0.20	2.50	1.7	3
D07	家庭医药·快乐养生	19	0.013	0.004	1.00	16	0.00	0.30	3.4	1
D07	健康必读	51	—	0.002	0.78	23	0.10	0.40	—	1
D07	健康博览	47	0.017	—	1.00	36	0.10	0.60	4.5	2
D07	健康大视野	253	—	0.004	0.97	81	0.20	1.40	5.5	2
D07	健康前沿	1158	0.202	0.014	0.99	178	0.20	3.10	1.9	4
D07	健康人生	15	0.035	0.015	1.00	13	0.00	0.20	1.9	1
D07	健康世界	44	0.056	0.011	1.00	27	0.10	0.50	3.1	2
D07	健康向导	32	0.059	0.018	1.00	28	0.10	0.50	3.8	1
D07	健康研究	1636	1.315	0.195	0.97	385	0.30	6.60	3.2	8
D07	健康指南	28	0.034	—	1.00	22	0.10	0.40	4.8	2
D07	康复(健康家庭)	26	0.015	0.019	1.00	23	0.10	0.40	3.7	1
D07	康复学报	1002	1.493	0.274	0.90	328	0.80	15.60	6.4	5
D07	老年医学与保健	954	1.458	0.160	0.91	312	0.40	5.40	2.8	8
D07	实用老年医学	2047	1.230	0.209	0.96	508	0.50	8.80	3.2	8
D07	双足与保健	1782	0.543	0.156	0.87	192	0.30	3.30	1.4	5
D07	现代养生(上半月版)	216	1.857	0.167	0.99	98	0.10	1.70	2.8	2
D07	现代养生(下半月版)	1937	0.194	0.052	0.99	258	0.30	4.40	2.6	5
D07	饮食保健	5083	0.224	0.030	0.93	350	0.20	6.00	1.8	6
D07	中国保健营养	13400	0.264	0.027	0.95	586	0.30	10.10	2.1	8
D07	中国初级卫生保健	3183	0.984	0.169	0.97	578	0.30	10.00	4.0	9
D07	中国康复	2474	2.192	0.283	0.95	488	0.40	8.40	4.3	10
D07	中国康复理论与实践	5412	2.338	0.312	0.92	807	0.50	13.90	4.8	14
D07	中国康复医学杂志	7569	2.877	0.318	0.94	795	0.50	13.70	4.7	19
D07	中国老年保健医学	1992	1.144	0.230	0.99	439	0.40	7.60	3.1	7
D07	中国老年学杂志	31903	1.925	0.275	0.96	1430	0.50	24.70	3.7	23
D07	中国疗养医学	3203	1.002	0.337	0.95	550	0.40	9.50	3.3	9
D07	中国临床保健杂志	2259	1.966	0.361	0.89	508	0.40	8.80	3.5	10
D07	中国听力语言康复科学杂志	524	0.781	0.139	0.77	179	0.20	3.10	4.1	7
D07	中华保健医学杂志	1642	1.681	0.241	0.97	469	0.40	8.10	3.5	8
D07	中华老年病研究电子杂志	121	0.857	0.132	0.95	94	0.20	1.60	2.6	4
D07	中华老年多器官疾病杂志	1539	1.384	0.392	0.92	462	0.40	8.00	3.2	8
D07	中华老年骨科与康复电子杂志	346	2.223	0.278	0.90	142	0.20	2.40	2.2	8

学科代码	期刊名称	扩展总被引频次	扩展影响因子	扩展即年指标	扩展他引率	扩展引用刊数	扩展学科影响指标	扩展学科扩散指标	扩展被引半衰期	扩展H指标
D07	中华老年医学杂志	3864	2.000	0.153	0.94	676	0.50	11.70	3.8	15
D07	中华物理医学与康复杂志	4611	2.209	0.182	0.91	596	0.50	10.30	4.7	13
D07	中老年保健	37	0.034	0.007	1.00	29	0.00	0.50	5.1	1
D07	祝您健康	26	0.024	—	1.00	23	0.10	0.40	5.0	2
D07	自我保健	13	0.017	—	1.00	12	—	0.20	3.2	1
D08	临床内科杂志	2042	1.170	0.115	0.91	526	0.70	37.60	3.7	9
D08	内科	2291	1.437	0.280	0.92	421	0.40	30.10	3.2	9
D08	内科急危重症杂志	1457	1.823	0.198	0.86	442	0.50	31.60	3.4	9
D08	内科理论与实践	448	0.529	0.048	0.98	271	0.40	19.40	5.5	5
D08	实用糖尿病杂志	764	0.519	0.180	0.97	245	0.40	17.50	3.3	5
D08	糖尿病天地	57	0.015	0.015	0.91	30	0.10	2.10	—	2
D08	糖尿病新世界	7739	1.088	0.157	0.77	411	0.40	29.40	2.5	12
D08	糖尿病之友	10	0.005	—	1.00	7	—	0.50	4.0	1
D08	中国肛肠病杂志	749	0.326	0.089	0.78	189	0.10	13.50	3.1	4
D08	中国实用内科杂志	4306	1.472	0.396	0.95	799	0.80	57.10	5.0	15
D08	中华内科杂志	6618	2.528	0.514	0.97	864	0.80	61.70	6.0	29
D08	中华炎性肠病杂志(中英文)	42	—	0.055	0.62	16	0.20	1.10	1.4	4
D09	国际呼吸杂志	2574	1.052	0.089	0.94	536	1.00	76.60	4.0	11
D09	结核病与肺部健康杂志	330	1.212	0.137	0.87	125	0.70	17.90	2.6	4
D09	临床肺科杂志	8429	2.181	0.348	0.95	711	1.00	101.60	3.7	15
D09	中国防痨杂志	3487	1.780	0.317	0.80	416	1.00	59.40	4.7	11
D09	中国呼吸与危重监护杂志	1612	1.277	0.144	0.96	468	1.00	66.90	5.2	11
D09	中华肺部疾病杂志(电子版)	1592	1.431	0.131	0.88	445	0.90	63.60	3.3	9
D09	中华结核和呼吸杂志	7702	3.055	0.332	0.96	773	1.00	110.40	5.8	27
D10	肝脏	1742	0.965	0.141	0.92	492	0.90	28.90	3.2	9
D10	国际消化病杂志	984	1.665	0.250	0.93	384	1.00	22.60	3.8	8
D10	临床肝胆病杂志	5368	2.255	0.392	0.86	676	0.90	39.80	3.0	19
D10	临床消化病杂志	1174	1.755	0.108	0.98	367	0.60	21.60	3.9	8
D10	实用肝脏病杂志	2485	2.239	0.457	0.82	486	0.80	28.60	3.1	11
D10	世界华人消化杂志	5267	0.957	0.067	0.97	817	1.00	48.10	5.0	11
D10	胃肠病学	2612	1.573	0.222	0.97	557	0.90	32.80	5.4	16
D10	胃肠病学和肝病学杂志	3507	1.530	0.218	0.91	629	1.00	37.00	3.7	13
D10	现代消化及介入诊疗	3853	3.459	0.114	0.96	462	0.80	27.20	2.7	17

学科代码	期刊名称	扩展总被引频次	扩展影响因子	扩展即年指标	扩展他引率	扩展引用刊数	扩展学科影响指标	扩展学科扩散指标	扩展被引半衰期	扩展H指标
D10	中国肝脏病杂志(电子版)	715	0.989	0.028	0.91	290	0.60	17.10	3.6	8
D10	中华肝脏病杂志	3710	1.713	0.324	0.93	637	0.90	37.50	5.3	19
D10	中华肝脏外科手术学电子杂志	543	1.258	0.058	0.89	197	0.70	11.60	3.0	6
D10	中华结直肠疾病电子杂志	647	1.190	0.377	0.89	252	0.50	14.80	2.9	7
D10	中华消化病与影像杂志(电子版)	290	0.816	0.123	0.97	175	0.80	10.30	3.5	5
D10	中华消化内镜杂志	3178	1.624	0.142	0.89	468	1.00	27.50	4.7	14
D10	中华消化杂志	3790	1.803	0.177	0.96	609	1.00	35.80	5.4	20
D10	中华胰腺病杂志	618	0.667	0.062	0.91	255	0.70	15.00	4.6	7
D11	国际输血及血液学杂志	408	0.664	0.103	0.92	194	0.60	24.20	3.8	5
D11	临床肾脏病杂志	961	1.349	0.159	0.95	306	0.60	38.20	3.0	7
D11	临床血液学杂志	941	0.923	0.154	0.79	324	0.80	40.50	3.2	6
D11	血栓与止血学	2089	2.326	0.183	0.90	396	0.50	49.50	2.3	12
D11	中国实验血液学杂志	2426	1.316	0.134	0.87	540	0.60	67.50	3.6	9
D11	中国血液净化	2882	2.012	0.154	0.94	468	0.80	58.50	4.4	12
D11	中华肾脏病杂志	2122	1.265	0.094	0.94	479	0.40	59.90	5.4	11
D11	中华血液学杂志	2614	1.775	0.161	0.89	524	0.90	65.50	4.5	14
D12	国际内分泌代谢杂志	851	0.731	0.065	0.99	379	0.80	47.40	6.0	6
D12	中国骨质疏松杂志	4696	2.312	0.361	0.88	656	0.80	82.00	3.8	16
D12	中国糖尿病杂志	4745	2.706	0.272	0.97	712	0.60	89.00	4.4	18
D12	中华风湿病学杂志	2582	0.934	0.075	0.95	564	0.50	70.50	8.0	14
D12	中华骨质疏松和骨矿盐疾病杂志	1129	2.559	0.380	0.94	395	0.90	49.40	3.9	10
D12	中华临床免疫和变态反应杂志	452	0.832	0.009	0.96	270	0.20	33.80	4.9	5
D12	中华内分泌代谢杂志	3952	1.676	0.145	0.97	722	0.90	90.20	4.9	17
D12	中华糖尿病杂志	2771	1.756	1.805	0.92	554	0.80	69.20	4.2	14
D13	传染病信息	1013	1.611	0.246	0.88	401	0.80	33.40	4.1	9
D13	感染、炎症、修复	347	0.691	0.056	0.87	183	0.40	15.20	4.3	4
D13	国际感染病学(电子版)	25	0.321	—	1.00	17	0.10	1.40	2.6	2
D13	国际流行病学传染病学杂志	456	0.697	0.028	0.97	246	0.70	20.50	4.2	5
D13	微生物与感染	308	0.762	0.170	0.97	185	0.80	15.40	4.5	5
D13	新发传染病电子杂志	59	0.414	0.355	0.75	32	0.30	2.70	1.2	3
D13	中国感染控制杂志	3359	2.908	0.460	0.94	535	0.80	44.60	3.0	13
D13	中国感染与化疗杂志	2798	3.494	0.362	0.95	502	0.90	41.80	3.4	15
D13	中华传染病杂志	1536	0.927	0.062	0.93	432	1.00	36.00	4.7	10

学科代码	期刊名称	扩展总被引频次	扩展影响因子	扩展即年指标	扩展他引率	扩展引用刊数	扩展学科影响指标	扩展学科扩散指标	扩展被引半衰期	扩展H指标
D13	中华临床感染病杂志	917	1.530	0.143	0.96	328	0.80	27.30	3.7	12
D13	中华实验和临床感染病杂志(电子版)	1388	1.544	0.067	0.95	412	0.90	34.30	3.6	8
D13	中华医院感染学杂志	27921	3.089	0.541	0.92	982	1.00	81.80	3.6	22
D14	Bone Research	107	0.962	0.135	0.93	71	0.10	2.40	2.9	2
D14	Hepatobiliary & Pancreatic Diseases International	591	0.931	0.184	0.93	262	0.60	9.00	5.0	5
D14	肠外与肠内营养	2036	3.107	0.267	0.94	476	0.50	16.40	4.1	12
D14	国际麻醉学与复苏杂志	1620	1.032	0.112	0.87	391	0.40	13.50	3.9	7
D14	国际外科学杂志	2531	2.109	0.444	0.96	612	0.90	21.10	3.3	6
D14	国际移植与血液净化杂志	195	0.333	0.013	0.98	110	0.20	3.80	4.2	3
D14	河南外科学杂志	3213	1.020	0.217	0.96	384	0.30	13.20	2.8	7
D14	局解手术学杂志	1956	1.340	0.171	0.94	492	0.40	17.00	3.8	8
D14	临床麻醉学杂志	6862	2.878	0.255	0.95	616	0.70	21.20	4.2	19
D14	临床普外科电子杂志	140	0.468	—	0.94	95	0.10	3.30	3.1	4
D14	临床外科杂志	2473	1.519	0.191	0.90	543	0.80	18.70	3.3	9
D14	岭南现代临床外科	788	0.752	0.093	0.95	287	0.30	9.90	3.5	6
D14	器官移植	392	1.134	0.236	0.84	156	0.20	5.40	2.6	4
D14	实用器官移植电子杂志	352	0.885	0.066	0.83	108	0.30	3.70	2.9	5
D14	外科理论与实践	806	0.779	0.039	0.95	325	0.70	11.20	6.7	6
D14	浙江创伤外科	3016	1.275	0.136	0.90	457	0.50	15.80	2.9	9
D14	中国内镜杂志	5553	3.609	0.449	0.91	592	0.70	20.40	3.4	17
D14	中国伤残医学	7732	0.773	0.062	0.96	600	0.40	20.70	3.4	9
D14	中国实用外科杂志	6873	2.622	0.586	0.91	703	0.80	24.20	4.0	20
D14	中国体外循环杂志	394	0.984	0.090	0.88	160	0.40	5.50	4.2	7
D14	中国微创外科杂志	6330	4.025	0.356	0.93	621	0.80	21.40	3.6	19
D14	中国现代手术学杂志	834	1.333	0.164	0.96	290	0.40	10.00	3.7	8
D14	中华麻醉学杂志	3492	1.180	0.117	0.92	544	0.70	18.80	4.7	13
D14	中华内分泌外科杂志	766	1.107	0.053	0.90	300	0.40	10.30	3.4	7
D14	中华器官移植杂志	730	0.499	0.057	0.84	261	0.50	9.00	5.1	5
D14	中华实验外科杂志	3398	0.632	0.052	0.87	670	0.80	23.10	3.7	9
D14	中华外科杂志	5281	2.917	0.424	0.97	747	0.90	25.80	5.9	19
D14	中华显微外科杂志	2928	2.254	0.310	0.63	317	0.40	10.90	4.3	11
D14	中华移植杂志(电子版)	217	0.726	0.073	0.92	126	0.30	4.30	4.5	5

学科代码	期刊名称	扩展总被引频次	扩展影响因子	扩展即年指标	扩展他引率	扩展引用刊数	扩展学科影响指标	扩展学科扩散指标	扩展被引半衰期	扩展H指标
D15	腹部外科	618	0.981	0.212	0.94	229	0.50	7.20	3.3	5
D15	腹腔镜外科杂志	2882	2.330	0.202	0.90	388	0.60	12.10	3.2	11
D15	肝癌电子杂志	58	0.302	—	1.00	47	0.10	1.50	3.2	3
D15	肝博士	48	0.076	0.033	1.00	39	—	1.20	3.7	2
D15	肝胆外科杂志	1449	1.768	0.087	0.96	347	0.50	10.80	3.6	11
D15	肝胆胰外科杂志	1608	2.044	0.302	0.92	342	0.50	10.70	3.6	10
D15	结直肠肛门外科	1823	1.956	0.319	0.91	341	0.40	10.70	3.2	7
D15	临床心电学杂志	601	0.536	0.010	0.94	217	0.20	6.80	5.7	6
D15	实用心电学杂志	573	1.057	0.223	0.87	183	0.20	5.70	3.4	6
D15	心电图杂志(电子版)	205	0.203	0.116	0.81	63	0.20	2.00	2.0	4
D15	心电与循环	261	0.458	0.051	0.92	128	0.20	4.00	3.4	3
D15	心血管外科杂志(电子版)	103	0.126	0.012	0.98	66	0.10	2.10	2.7	3
D15	血管与腔内血管外科杂志	323	0.986	0.092	0.93	149	0.30	4.70	2.3	7
D15	中国普通外科杂志	4866	2.857	0.390	0.89	598	0.80	18.70	3.7	15
D15	中国普外基础与临床杂志	2756	1.191	0.191	0.90	536	0.70	16.80	4.3	9
D15	中国现代普通外科进展	2762	1.847	0.142	0.93	453	0.70	14.20	3.2	12
D15	中国心脏起搏与心电生理杂志	797	0.619	0.127	0.85	261	0.20	8.20	5.4	5
D15	中国胸心血管外科临床杂志	1639	1.110	0.247	0.91	417	0.40	13.00	4.0	10
D15	中国血管外科杂志(电子版)	474	1.000	0.110	0.91	205	0.20	6.40	3.7	6
D15	中华肝胆外科杂志	2308	1.591	0.095	0.88	431	0.50	13.50	3.9	11
D15	中华普通外科学文献(电子版)	868	1.424	0.252	0.90	325	0.60	10.20	3.5	7
D15	中华普通外科杂志	3284	1.395	0.134	0.88	531	0.70	16.60	3.9	13
D15	中华普外科手术学杂志(电子版)	1297	1.803	0.345	0.81	281	0.60	8.80	2.7	9
D15	中华腔镜外科杂志(电子版)	943	1.611	0.245	0.85	265	0.50	8.30	3.7	7
D15	中华乳腺病杂志(电子版)	760	1.352	0.096	0.90	295	0.30	9.20	4.2	8
D15	中华疝和腹壁外科杂志(电子版)	1366	1.858	0.356	0.81	219	0.40	6.80	3.4	9
D15	中华胃肠外科杂志	5373	2.342	0.299	0.91	588	0.60	18.40	4.0	15
D15	中华消化外科杂志	3784	3.582	0.351	0.93	509	0.70	15.90	3.1	20
D15	中华心力衰竭和心肌病杂志(中英文)	9	—	0.075	0.56	6	0.00	0.20	1.1	2
D15	中华胸心血管外科杂志	1643	0.796	0.082	0.93	392	0.40	12.20	4.7	8
D15	中华血管外科杂志	73	0.645	0.014	0.79	51	0.20	1.60	1.9	4
D15	足踝外科电子杂志	118	0.466	0.016	0.48	42	0.00	1.30	3.1	3
D16	Journal of practical shock	13	—	—	0.08	1	0.00	0.00	—	3

学科代码	期刊名称	扩展总被引频次	扩展影响因子	扩展即年指标	扩展他引率	扩展引用刊数	扩展学科影响指标	扩展学科扩散指标	扩展被引半衰期	扩展H指标
D16	国际心血管病杂志	947	2.055	0.099	0.99	332	0.80	15.80	3.1	7
D16	临床心血管病杂志	2355	1.506	0.295	0.80	490	1.00	23.30	3.4	9
D16	岭南心血管病杂志	1257	0.995	0.118	0.97	371	0.80	17.70	3.7	8
D16	实用心脑肺血管病杂志	7424	4.111	0.319	0.97	653	0.90	31.10	3.3	15
D16	心肺血管病杂志	1867	1.340	0.206	0.84	465	0.90	22.10	3.6	9
D16	心脑血管病防治	1429	1.852	0.144	0.97	401	0.90	19.10	3.3	9
D16	心血管病学进展	1634	1.003	0.224	0.97	511	0.90	24.30	5.2	8
D16	心血管康复医学杂志	1864	2.124	0.153	0.95	401	0.70	19.10	3.4	10
D16	心脏杂志	790	0.662	0.136	0.95	361	0.90	17.20	4.0	4
D16	中国动脉硬化杂志	2417	1.624	0.327	0.89	533	0.90	25.40	3.8	10
D16	中国分子心脏病学杂志	356	0.360	0.065	0.98	210	0.70	10.00	5.0	4
D16	中国介入心脏病学杂志	1540	1.856	0.135	0.91	369	1.00	17.60	3.4	12
D16	中国心血管病研究	1769	1.146	0.181	0.90	418	1.00	19.90	3.5	9
D16	中国心血管杂志	1138	1.946	0.325	0.92	397	0.80	18.90	3.6	9
D16	中国循环杂志	5948	4.090	0.925	0.93	790	1.00	37.60	3.0	17
D16	中国循证心血管医学杂志	3759	2.344	0.208	0.93	530	1.00	25.20	2.7	16
D16	中华高血压杂志	4070	1.510	0.157	0.90	648	0.90	30.90	5.6	17
D16	中华老年心脑血管病杂志	5106	2.308	0.399	0.97	644	1.00	30.70	3.7	17
D16	中华心律失常学杂志	762	0.805	0.330	0.81	224	0.90	10.70	3.8	8
D16	中华心血管病杂志	8696	2.856	0.464	0.97	792	1.00	37.70	6.4	26
D17	国际泌尿系统杂志	1185	0.924	0.047	0.96	334	0.90	37.10	3.3	7
D17	临床泌尿外科杂志	2413	1.336	0.221	0.84	420	0.80	46.70	4.4	8
D17	泌尿外科杂志(电子版)	202	0.406	—	0.96	134	0.80	14.90	4.3	4
D17	肾脏病与透析肾移植杂志	1414	1.306	0.142	0.97	406	0.60	45.10	5.5	9
D17	微创泌尿外科杂志	643	1.618	0.165	0.93	209	0.80	23.20	3.0	7
D17	现代泌尿外科杂志	2077	1.273	0.149	0.95	385	0.80	42.80	3.7	10
D17	中华泌尿外科杂志	3865	1.900	0.219	0.83	517	1.00	57.40	4.7	14
D17	中华腔镜泌尿外科杂志(电子版)	1108	1.716	0.139	0.81	255	0.80	28.30	4.1	8
D17	中华肾病研究电子杂志	327	0.630	0.061	0.97	193	0.30	21.40	3.9	6
D18	骨科	625	1.526	0.255	0.96	238	0.90	12.50	2.6	7
D18	骨科临床与研究杂志	81	0.830	0.103	0.90	56	0.40	2.90	1.6	3
D18	国际骨科学杂志	1098	1.358	0.250	0.99	376	1.00	19.80	5.5	8
D18	脊柱外科杂志	852	1.567	0.280	0.86	242	0.80	12.70	4.0	8

学科代码	期刊名称	扩展总被引频次	扩展影响因子	扩展即年指标	扩展他引率	扩展引用刊数	扩展学科影响指标	扩展学科扩散指标	扩展被引半衰期	扩展H指标
D18	颈腰痛杂志	1697	1.672	0.151	0.90	370	0.70	19.50	3.9	9
D18	临床骨科杂志	2641	1.667	0.204	0.88	399	1.00	21.00	3.4	9
D18	生物骨科材料与临床研究	1016	1.669	0.190	0.85	285	0.80	15.00	3.2	8
D18	实用骨科杂志	2869	1.696	0.196	0.93	433	1.00	22.80	3.5	11
D18	实用手外科杂志	797	0.821	0.056	0.67	183	0.60	9.60	3.5	5
D18	中国骨科临床与基础研究杂志	327	1.127	0.071	0.96	169	0.70	8.90	3.7	5
D18	中国骨与关节损伤杂志	6607	2.315	0.220	0.88	479	1.00	25.20	3.6	15
D18	中国骨与关节杂志	1435	1.565	0.167	0.96	401	1.00	21.10	3.2	9
D18	中国脊柱脊髓杂志	3642	2.213	0.177	0.94	484	0.90	25.50	5.2	14
D18	中华创伤骨科杂志	3591	2.488	0.234	0.93	442	1.00	23.30	4.3	12
D18	中华骨科杂志	4959	2.860	0.388	0.90	569	1.00	29.90	6.1	17
D18	中华骨与关节外科杂志	1327	2.288	0.289	0.92	360	0.90	18.90	3.2	11
D18	中华关节外科杂志(电子版)	1835	1.466	0.107	0.88	400	0.90	21.10	4.4	12
D18	中华肩肘外科电子杂志	311	1.232	0.107	0.82	107	0.60	5.60	2.9	5
D18	中华手外科杂志	2746	1.316	0.066	0.69	299	0.70	15.70	5.9	9
D19	Chinese Journal of Traumatology	418	0.621	0.141	0.98	206	0.50	17.20	4.7	5
D19	创伤外科杂志	2444	2.051	0.299	0.95	457	0.90	38.10	2.9	11
D19	医学美学美容	16	—	0.000	0.94	11	0.10	0.90	3.8	1
D19	中国矫形外科杂志	7321	2.246	0.197	0.94	648	0.80	54.00	4.2	16
D19	中国美容医学	5604	1.315	0.230	0.86	612	0.80	51.00	5.2	8
D19	中国烧伤创疡杂志	428	1.096	0.325	0.69	137	0.40	11.40	3.2	6
D19	中国修复重建外科杂志	3207	1.407	0.296	0.93	554	1.00	46.20	4.6	8
D19	中华创伤杂志	3153	1.851	0.152	0.93	510	0.80	42.50	4.4	10
D19	中华烧伤杂志	1821	1.444	0.305	0.78	354	0.90	29.50	4.1	9
D19	中华损伤与修复杂志(电子版)	1103	1.202	0.350	0.90	341	0.90	28.40	4.2	9
D19	中华整形外科杂志	1277	1.238	0.115	0.83	275	1.00	22.90	5.3	6
D19	组织工程与重建外科杂志	593	1.075	0.102	0.96	242	0.70	20.20	3.6	5
D20	妇产与遗传(电子版)	163	0.551	0.054	0.94	101	0.80	8.40	3.3	4
D20	国际妇产科学杂志	1901	1.926	0.231	0.98	484	1.00	40.30	3.9	12
D20	母婴世界	2327	0.152	0.015	0.95	231	0.20	19.20	2.3	4
D20	实用妇产科杂志	5828	2.384	0.197	0.99	624	1.00	52.00	4.2	20
D20	现代妇产科进展	2972	1.966	0.285	0.98	517	1.00	43.10	3.6	13
D20	中国产前诊断杂志(电子版)	272	0.861	0.015	0.97	131	0.90	10.90	3.8	4

学科代码	期刊名称	扩展总被引频次	扩展影响因子	扩展即年指标	扩展他引率	扩展引用刊数	扩展学科影响指标	扩展学科扩散指标	扩展被引半衰期	扩展H指标
D20	中国妇产科临床杂志	2060	1.687	0.372	0.97	458	0.90	38.20	3.8	10
D20	中国实用妇科与产科杂志	5708	2.865	0.477	0.90	657	1.00	54.80	4.0	17
D20	中华产科急救电子杂志	295	0.754	—	0.96	149	0.80	12.40	3.8	5
D20	中华妇产科杂志	6640	3.773	0.401	0.97	698	1.00	58.20	4.5	27
D20	中华妇幼临床医学杂志(电子版)	1843	1.985	0.154	0.95	445	0.90	37.10	3.9	11
D20	中华围产医学杂志	2384	1.912	0.153	0.93	423	1.00	35.20	3.8	14
D21	Pediatric Investigation	5	—	0.085	0.40	3	0.10	0.20	—	1
D21	发育医学电子杂志	240	1.165	0.528	0.62	78	0.60	4.60	1.9	6
D21	国际儿科学杂志	1146	0.844	0.091	0.88	398	0.80	23.40	3.7	6
D21	临床儿科杂志	3608	1.544	0.189	0.98	652	0.90	38.40	4.9	14
D21	临床小儿外科杂志	1010	1.038	0.130	0.76	316	0.80	18.60	4.0	6
D21	中国当代儿科杂志	3537	2.173	0.275	0.96	632	0.90	37.20	4.0	15
D21	中国儿童保健杂志	4366	1.716	0.241	0.91	682	0.90	40.10	4.1	11
D21	中国实用儿科杂志	3133	1.551	0.141	0.94	644	0.90	37.90	5.5	12
D21	中国小儿急救医学	1606	1.070	0.150	0.87	365	0.90	21.50	3.9	7
D21	中国小儿血液与肿瘤杂志	406	0.627	0.054	0.96	214	0.80	12.60	4.8	4
D21	中国循证儿科杂志	1133	1.773	0.124	0.96	403	0.80	23.70	4.6	10
D21	中国中西医结合儿科学	1825	1.422	0.237	0.87	355	0.60	20.90	3.9	7
D21	中华儿科杂志	6686	2.617	0.294	0.97	762	1.00	44.80	6.0	28
D21	中华实用儿科临床杂志	6088	1.595	0.116	0.94	764	1.00	44.90	4.6	13
D21	中华小儿外科杂志	1927	1.002	0.062	0.85	402	0.90	23.60	5.1	8
D21	中华新生儿科杂志（中英文)	1755	1.750	0.124	0.93	375	0.90	22.10	4.2	11
D21	中医儿科杂志	1025	0.907	0.227	0.91	236	0.20	13.90	4.5	6
D22	国际眼科杂志	5484	1.628	0.309	0.86	559	1.00	55.90	3.6	11
D22	临床眼科杂志	1208	1.123	0.163	0.96	294	1.00	29.40	4.0	8
D22	眼科	758	0.671	0.115	0.90	243	1.00	24.30	6.0	6
D22	眼科新进展	2775	1.656	0.252	0.93	421	1.00	42.10	3.6	6
D22	中国斜视与小儿眼科杂志	547	1.000	0.070	0.92	154	1.00	15.40	5.6	5
D22	中华实验眼科杂志	1721	1.292	0.158	0.87	361	1.00	36.10	3.9	9
D22	中华眼底病杂志	1482	1.100	0.117	0.93	278	1.00	27.80	4.4	10
D22	中华眼科医学杂志(电子版)	294	0.968	0.114	0.97	141	0.90	14.10	3.6	6
D22	中华眼科杂志	3036	1.191	0.198	0.92	496	1.00	49.60	5.6	12
D22	中华眼视光学与视觉科学杂志	981	0.806	0.090	0.87	238	1.00	23.80	4.4	6

学科代码	期刊名称	扩展总被引频次	扩展影响因子	扩展即年指标	扩展他引率	扩展引用刊数	扩展学科影响指标	扩展学科扩散指标	扩展被引半衰期	扩展H指标
D23	Journal of Otology	42	0.278	0.043	0.86	19	0.40	1.40	3.4	2
D23	国际耳鼻咽喉头颈外科杂志	315	0.526	0.068	0.97	155	0.80	11.10	6.1	4
D23	国际眼科纵览	253	0.310	0.022	0.96	119	0.40	8.50	8.4	3
D23	临床耳鼻咽喉头颈外科杂志	4290	1.402	0.255	0.80	570	0.80	40.70	3.7	9
D23	山东大学耳鼻喉眼学报	1069	1.333	0.244	0.94	326	1.00	23.30	3.3	4
D23	听力学及言语疾病杂志	1692	1.340	0.205	0.88	347	0.80	24.80	4.7	10
D23	眼科学报	173	0.256	0.068	0.97	92	0.30	6.60	4.8	3
D23	中国耳鼻咽喉颅底外科杂志	1139	1.213	0.094	0.84	301	0.90	21.50	4.1	7
D23	中国耳鼻咽喉头颈外科	1887	1.300	0.157	0.88	420	0.90	30.00	4.0	9
D23	中国眼耳鼻喉科杂志	808	0.979	0.170	0.95	296	0.90	21.10	3.8	6
D23	中华耳鼻咽喉头颈外科杂志	4289	1.834	0.239	0.92	575	0.90	41.10	5.7	20
D23	中华耳科学杂志	1950	2.215	0.195	0.80	340	0.80	24.30	3.8	11
D23	中华眼外伤职业眼病杂志	1272	0.707	0.067	0.79	228	0.40	16.30	4.6	6
D23	中医眼耳鼻喉杂志	120	0.257	0.072	0.94	67	0.10	4.80	3.2	3
D24	International Journal of Oral Science	160	0.585	0.062	0.95	91	0.90	3.80	4.9	3
D24	北京口腔医学	685	1.083	0.045	0.86	221	0.90	9.20	4.6	6
D24	国际口腔医学杂志	1327	1.325	0.242	0.98	388	1.00	16.20	4.3	8
D24	华西口腔医学杂志	1646	1.469	0.228	0.97	418	1.00	17.40	5.1	9
D24	口腔材料器械杂志	323	1.330	0.075	0.83	128	0.70	5.30	3.5	5
D24	口腔颌面修复学杂志	637	1.163	0.123	0.88	180	0.90	7.50	4.2	6
D24	口腔疾病防治	998	1.204	0.225	0.93	264	0.90	11.00	3.6	6
D24	口腔生物医学	152	0.427	0.137	0.97	88	0.80	3.70	4.1	4
D24	口腔医学	1783	1.185	0.216	0.90	371	1.00	15.50	3.8	8
D24	口腔医学研究	2114	1.168	0.208	0.83	413	0.90	17.20	3.7	8
D24	临床口腔医学杂志	1645	0.854	0.164	0.95	378	1.00	15.80	4.4	7
D24	全科口腔医学杂志(电子版)	783	0.237	0.024	0.87	155	0.40	6.50	2.5	1
D24	上海口腔医学	1208	1.162	0.113	0.94	345	0.90	14.40	4.3	7
D24	实用口腔医学杂志	1943	1.534	0.131	0.87	369	0.90	15.40	4.4	9
D24	现代口腔医学杂志	725	0.796	0.065	0.97	240	0.90	10.00	8.1	5
D24	牙体牙髓牙周病学杂志	1350	1.000	0.185	0.94	336	0.90	14.00	4.5	7
D24	中国口腔颌面外科杂志	734	0.897	0.126	0.93	261	0.80	10.90	4.5	6
D24	中国口腔医学继续教育杂志	26	0.162	0.019	0.92	20	0.20	0.80	2.6	2
D24	中国口腔种植学杂志	405	1.340	0.061	0.93	144	0.80	6.00	4.3	6

学科代码	期刊名称	扩展总被引频次	扩展影响因子	扩展即年指标	扩展他引率	扩展引用刊数	扩展学科影响指标	扩展学科扩散指标	扩展被引半衰期	扩展H指标
D24	中国实用口腔科杂志	1695	1.447	0.250	0.93	343	0.90	14.30	4.2	7
D24	中华口腔医学研究杂志(电子版)	481	0.804	0.043	0.97	202	0.90	8.40	4.7	4
D24	中华口腔医学杂志	2058	1.562	0.163	0.91	388	1.00	16.20	5.8	10
D24	中华口腔正畸学杂志	448	0.833	0.038	0.94	109	0.80	4.50	6.0	5
D24	中华老年口腔医学杂志	752	1.345	0.200	0.88	225	0.80	9.40	3.9	7
D25	International Journal of Dermatology and Venereology	540	0.495	—	0.99	239	1.00	23.90	5.8	4
D25	临床皮肤科杂志	2082	0.489	0.093	0.86	430	1.00	43.00	6.3	8
D25	皮肤病与性病	992	0.625	0.156	0.91	314	0.90	31.40	3.7	6
D25	皮肤科学通报	292	0.672	0.069	0.98	160	0.90	16.00	2.7	4
D25	皮肤性病诊疗学杂志	723	0.843	0.093	0.88	266	0.90	26.60	4.1	6
D25	实用皮肤病学杂志	787	0.942	0.125	0.92	259	0.80	25.90	3.7	7
D25	中国艾滋病性病	3091	1.707	0.387	0.82	355	0.70	35.50	3.6	12
D25	中国麻风皮肤病杂志	1550	0.764	0.115	0.95	397	0.90	39.70	4.5	7
D25	中国皮肤性病学杂志	2946	0.764	0.094	0.90	567	1.00	56.70	5.0	8
D25	中华皮肤科杂志	2718	0.982	0.083	0.92	515	1.00	51.50	5.2	15
D26	Asian Journal of Andrology	881	0.619	0.246	0.90	291	1.00	72.80	4.7	5
D26	中国男科学杂志	1262	1.152	0.156	0.92	341	1.00	85.20	4.3	7
D26	中国性科学	5436	2.444	0.215	0.88	566	0.80	141.50	2.8	16
D26	中华男科学杂志	2838	1.701	0.252	0.84	487	1.00	121.80	4.5	10
D27	Chinese Neurosurgical Journal	4	0.038	—	0.75	4	0.10	0.10	2.5	1
D27	Neural Regeneration Research	1351	0.715	0.130	0.82	448	0.70	12.40	3.3	5
D27	Neuroscience Bulletin	549	1.204	0.269	0.66	236	0.60	6.60	4.1	5
D27	癫痫与神经电生理学杂志	297	0.436	0.046	0.85	139	0.60	3.90	4.7	4
D27	癫痫杂志	60	0.235	0.076	0.73	33	0.10	0.90	1.7	2
D27	国际精神病学杂志	2974	2.357	0.191	0.92	452	0.40	12.60	2.8	14
D27	国际脑血管病杂志	1111	0.825	0.214	0.73	322	0.70	8.90	4.5	6
D27	国际神经病学神经外科学杂志	1215	1.201	0.135	0.91	396	0.80	11.00	4.0	9
D27	精神医学杂志	1524	1.517	0.079	0.94	395	0.30	11.00	4.8	9
D27	立体定向和功能性神经外科杂志	395	0.558	0.022	0.90	170	0.40	4.70	4.3	5
D27	临床精神医学杂志	2868	1.629	0.153	0.97	593	0.70	16.50	6.6	10
D27	临床神经病学杂志	1893	1.578	0.115	0.96	491	0.80	13.60	4.3	11
D27	临床神经外科杂志	854	1.100	0.179	0.88	266	0.60	7.40	3.6	7

学科代码	期刊名称	扩展总被引频次	扩展影响因子	扩展即年指标	扩展他引率	扩展引用刊数	扩展学科影响指标	扩展学科扩散指标	扩展被引半衰期	扩展H指标
D27	脑与神经疾病杂志	1105	1.121	0.223	0.98	398	0.80	11.10	3.3	8
D27	神经病学与神经康复学杂志	271	1.208	0.079	0.96	159	0.20	4.40	5.2	6
D27	神经疾病与精神卫生	947	0.693	0.063	0.92	318	0.70	8.80	4.3	6
D27	神经损伤与功能重建	1599	1.898	0.163	0.90	422	0.80	11.70	2.9	11
D27	四川精神卫生	867	0.963	0.194	0.92	294	0.40	8.20	3.8	6
D27	中风与神经疾病杂志	2044	0.949	0.152	0.96	544	0.90	15.10	4.0	9
D27	中国临床神经科学	915	1.109	0.150	0.92	361	0.70	10.00	4.3	8
D27	中国临床神经外科杂志	1762	0.891	0.141	0.85	392	0.70	10.90	4.2	6
D27	中国脑血管病杂志	1658	2.039	0.344	0.96	454	0.80	12.60	3.8	11
D27	中国神经精神疾病杂志	2431	1.753	0.121	0.94	576	0.90	16.00	5.1	12
D27	中国神经免疫学和神经病学杂志	962	1.502	0.065	0.97	369	0.70	10.20	4.0	7
D27	中国实用神经疾病杂志	13056	1.723	0.351	0.95	760	0.90	21.10	3.2	12
D27	中国微侵袭神经外科杂志	1335	1.123	0.200	0.82	333	0.60	9.20	4.1	8
D27	中国现代神经疾病杂志	1428	1.266	0.304	0.94	480	0.80	13.30	4.2	9
D27	中国卒中杂志	1868	1.431	0.213	0.94	485	0.80	13.50	3.7	11
D27	中华精神科杂志	1680	1.876	0.368	0.94	423	0.60	11.80	7.9	10
D27	中华神经创伤外科电子杂志	331	1.065	0.242	0.90	165	0.40	4.60	2.4	6
D27	中华神经科杂志	7890	2.098	0.365	0.96	741	1.00	20.60	6.5	30
D27	中华神经外科疾病研究杂志	1332	1.371	0.201	0.88	379	0.60	10.50	3.8	7
D27	中华神经外科杂志	3340	1.405	0.142	0.87	522	0.80	14.50	4.7	12
D27	中华神经医学杂志	2417	1.420	0.137	0.90	520	0.90	14.40	4.2	11
D27	中华行为医学与脑科学杂志	3629	1.800	0.329	0.86	753	0.80	20.90	6.0	12
D27	卒中与神经疾病	1189	1.215	0.129	0.99	359	0.60	10.00	3.9	9
D28	标记免疫分析与临床	3035	2.335	0.140	0.89	546	0.50	18.80	2.7	13
D28	放射学实践	3361	1.617	0.145	0.90	530	1.00	18.30	4.4	9
D28	分子影像学杂志	343	0.746	0.162	1.00	204	0.20	7.00	2.4	5
D28	功能与分子医学影像学杂志(电子版)	137	0.491	—	0.80	80	0.40	2.80	3.3	3
D28	国际放射医学核医学杂志	281	0.533	0.073	0.80	149	0.50	5.10	4.6	3
D28	国际医学放射学杂志	1022	1.591	0.331	0.93	323	0.80	11.10	4.0	8
D28	介入放射学杂志	3664	2.102	0.181	0.85	573	0.90	19.80	4.1	13
D28	临床超声医学杂志	2540	1.223	0.212	0.96	454	0.80	15.70	3.7	9
D28	临床放射学杂志	4201	1.182	0.130	0.93	554	1.00	19.10	4.2	9
D28	实用放射学杂志	4639	1.164	0.072	0.79	540	0.90	18.60	4.3	9

学科代码	期刊名称	扩展总被引频次	扩展影响因子	扩展即年指标	扩展他引率	扩展引用刊数	扩展学科影响指标	扩展学科扩散指标	扩展被引半衰期	扩展H指标
D28	实用医学影像杂志	1099	1.064	0.124	0.98	294	0.70	10.10	3.1	7
D28	现代医用影像学	1805	0.957	0.076	0.97	310	0.70	10.70	2.5	7
D28	医学影像学杂志	6620	1.845	0.115	0.91	619	1.00	21.30	3.4	14
D28	影像研究与医学应用	3166	—	0.288	0.92	320	0.40	11.00	1.2	6
D28	影像诊断与介入放射学	715	0.975	0.059	0.96	270	0.90	9.30	3.8	6
D28	中国 CT 和 MRI 杂志	5766	2.938	0.313	0.84	528	1.00	18.20	2.7	15
D28	中国超声医学杂志	4511	1.542	0.147	0.89	549	0.90	18.90	3.9	13
D28	中国介入影像与治疗学	1502	1.447	0.264	0.92	409	0.90	14.10	3.5	8
D28	中国临床医学影像杂志	2660	1.523	0.152	0.97	489	1.00	16.90	4.0	11
D28	中国数字医学	3030	1.497	0.163	0.85	563	0.40	19.40	3.0	12
D28	中国体视学与图像分析	216	0.394	0.109	0.87	153	0.10	5.30	6.7	3
D28	中国医学计算机成像杂志	1232	1.607	0.068	0.94	340	0.90	11.70	4.1	8
D28	中国医学影像技术	5386	1.366	0.219	0.88	678	1.00	23.40	5.3	9
D28	中国医学影像学杂志	2802	1.638	0.040	0.91	521	1.00	18.00	4.2	11
D28	中华超声影像学杂志	2778	1.220	0.063	0.88	485	0.90	16.70	4.7	9
D28	中华放射学杂志	4661	1.831	0.147	0.93	606	0.90	20.90	5.9	12
D28	中华核医学与分子影像杂志	1195	1.164	0.219	0.79	328	0.80	11.30	4.3	8
D28	中华介入放射学电子杂志	293	1.359	0.238	0.87	139	0.40	4.80	2.4	5
D28	中华医学超声杂志(电子版)	2239	1.215	0.065	0.93	439	0.80	15.10	4.8	10
D29	Cancer Biology & Medicine	184	0.732	0.182	0.98	136	0.40	3.50	3.3	5
D29	Chinese Journal of Cancer Research	1034	2.622	1.203	0.92	419	0.90	10.70	3.2	11
D29	Journal of Nutritional Oncology	1	0.029	—	0.00	1	0.00	0.00	—	1
D29	Oncology and Translational Medicine	115	0.181	—	0.85	75	0.20	1.90	7.0	3
D29	癌变·畸变·突变	427	0.591	0.125	0.95	258	0.30	6.60	4.9	5
D29	癌症	1434	1.237	0.070	0.93	519	0.80	13.30	8.7	8
D29	癌症进展	2064	1.605	0.170	0.92	516	0.70	13.20	2.5	10
D29	癌症康复	12	0.016	0.027	1.00	11	—	0.30	8.0	1
D29	白血病·淋巴瘤	676	0.655	0.092	0.66	196	0.40	5.00	3.4	4
D29	国际肿瘤学杂志	818	0.655	0.028	0.95	356	0.60	9.10	3.6	6
D29	临床肿瘤学杂志	2705	1.508	0.110	0.95	650	0.90	16.70	4.7	14
D29	实用癌症杂志	5477	2.288	0.321	0.94	613	0.70	15.70	2.7	14
D29	实用肿瘤学杂志	590	0.895	0.179	0.94	296	0.50	7.60	4.0	5
D29	实用肿瘤杂志	1328	1.602	0.272	0.89	440	0.60	11.30	4.1	8

学科代码	期刊名称	扩展总被引频次	扩展影响因子	扩展即年指标	扩展他引率	扩展引用刊数	扩展学科影响指标	扩展学科扩散指标	扩展被引半衰期	扩展H指标
D29	现代泌尿生殖肿瘤杂志	410	0.775	0.137	0.92	187	0.20	4.80	3.3	4
D29	现代肿瘤医学	6955	1.335	0.257	0.93	835	0.80	21.40	3.2	12
D29	消化肿瘤杂志(电子版)	248	0.756	0.176	0.85	126	0.20	3.20	3.3	5
D29	中国癌症防治杂志	505	0.871	0.124	0.91	254	0.50	6.50	3.6	5
D29	中国癌症杂志	2701	2.368	0.319	0.99	633	0.80	16.20	4.1	12
D29	中国肺癌杂志	2425	3.546	0.266	0.96	544	0.80	13.90	3.7	15
D29	中国肿瘤	3795	3.626	1.302	0.94	739	0.80	18.90	3.7	20
D29	中国肿瘤临床	4203	2.693	0.192	0.99	752	0.90	19.30	3.9	16
D29	中国肿瘤临床与康复	4011	1.951	0.447	0.88	534	0.60	13.70	3.1	14
D29	中国肿瘤生物治疗杂志	1028	1.222	0.298	0.83	357	0.60	9.20	2.9	7
D29	中国肿瘤外科杂志	647	1.017	0.219	0.93	269	0.40	6.90	3.5	6
D29	中华放射肿瘤学杂志	1890	1.120	0.179	0.88	365	0.60	9.40	3.9	10
D29	中华肿瘤防治杂志	4451	2.668	0.134	0.94	730	0.80	18.70	3.5	12
D29	中华肿瘤杂志	3528	2.488	0.624	0.94	658	0.90	16.90	4.2	17
D29	肿瘤	1572	0.927	0.215	0.93	563	0.70	14.40	5.7	8
D29	肿瘤代谢与营养电子杂志	333	0.959	0.078	0.76	132	0.30	3.40	2.9	7
D29	肿瘤防治研究	1761	1.346	0.135	0.96	554	0.70	14.20	3.9	8
D29	肿瘤基础与临床	878	0.777	0.094	0.91	334	0.40	8.60	3.9	4
D29	肿瘤学杂志	1437	1.179	0.174	0.97	468	0.70	12.00	3.5	8
D29	肿瘤研究与临床	1444	1.291	0.171	0.78	378	0.60	9.70	3.4	8
D29	肿瘤药学	736	1.336	0.117	0.87	305	0.50	7.80	3.0	7
D29	肿瘤影像学	478	0.948	0.045	0.95	218	0.30	5.60	5.2	4
D29	肿瘤预防与治疗	621	1.519	0.171	0.86	273	0.50	7.00	3.5	7
D29	肿瘤综合治疗电子杂志	9	—	0.167	0.78	7	0.10	0.20	—	1
D30	Chinese Nursing Frontiers	15	0.105	0.025	1.00	14	0.20	0.50	2.8	1
D30	当代护士(上旬刊)	2937	0.938	0.302	0.89	304	0.90	11.30	1.9	8
D30	当代护士(下旬刊)	6119	0.940	0.337	0.90	405	1.00	15.00	3.4	8
D30	当代护士(中旬刊)	5910	0.903	0.293	0.94	433	1.00	16.00	3.6	9
D30	国际护理学杂志	12236	1.841	0.245	0.97	527	1.00	19.50	3.7	16
D30	护理管理杂志	8434	3.756	0.500	0.91	606	1.00	22.40	4.3	17
D30	护理学报	9738	2.889	0.389	0.91	720	1.00	26.70	4.1	16
D30	护理学杂志	18791	3.125	0.373	0.91	864	1.00	32.00	4.2	22
D30	护理研究	25507	2.690	0.441	0.96	992	1.00	36.70	3.9	22

学科代码	期刊名称	扩展总被引频次	扩展影响因子	扩展即年指标	扩展他引率	扩展引用刊数	扩展学科影响指标	扩展学科扩散指标	扩展被引半衰期	扩展H指标
D30	护理与康复	3904	1.298	0.207	0.94	491	1.00	18.20	4.2	9
D30	护士进修杂志	18612	3.176	0.391	0.97	768	1.00	28.40	4.4	26
D30	解放军护理杂志	9648	2.690	0.239	0.97	696	1.00	25.80	4.5	18
D30	临床护理杂志	3683	2.440	0.430	0.99	511	1.00	18.90	5.0	9
D30	齐鲁护理杂志	18171	2.216	0.562	0.96	682	1.00	25.30	3.6	15
D30	全科护理	12618	1.291	0.252	0.96	688	1.00	25.50	3.4	11
D30	上海护理	2630	2.869	0.192	0.98	391	1.00	14.50	3.6	11
D30	实用临床护理学电子杂志	11280	1.015	0.203	0.94	393	0.90	14.60	1.5	11
D30	天津护理	1995	1.106	0.197	0.91	300	1.00	11.10	3.7	8
D30	现代临床护理	4220	2.473	0.158	0.98	468	1.00	17.30	4.3	13
D30	循证护理	502	1.286	0.192	0.99	173	0.90	6.40	1.8	7
D30	中国护理管理	11143	4.257	0.485	0.96	698	1.00	25.90	4.2	22
D30	中国临床护理	1727	2.065	0.406	0.96	280	0.90	10.40	3.0	9
D30	中国实用护理杂志	16169	2.910	0.217	0.97	700	1.00	25.90	4.7	18
D30	中华护理教育	3445	2.197	0.232	0.94	421	1.00	15.60	3.9	12
D30	中华护理杂志	22969	7.108	0.653	0.97	948	1.00	35.10	5.2	37
D30	中华现代护理杂志	19192	2.525	0.298	0.88	751	1.00	27.80	3.7	19
D30	中西医结合护理(中英文)	2664	1.558	0.208	0.97	298	1.00	11.00	2.2	10
D31	安徽预防医学杂志	572	0.623	0.156	0.92	225	0.60	4.60	4.3	4
D31	毒理学杂志	722	0.512	0.051	0.92	345	0.30	7.00	7.4	4
D31	公共卫生与预防医学	2161	1.826	0.287	0.83	502	0.80	10.20	3.5	9
D31	国外医学(医学地理分册)	598	1.306	0.252	0.83	266	0.40	5.40	3.0	6
D31	海峡预防医学杂志	1181	0.522	0.087	0.88	380	0.70	7.80	4.5	5
D31	河南预防医学杂志	936	0.643	0.221	0.95	332	0.70	6.80	2.7	5
D31	华南预防医学	1089	0.861	0.137	0.94	326	0.70	6.70	5.0	7
D31	基层医学论坛	14895	1.088	0.310	0.98	756	0.80	15.40	2.5	12
D31	疾病预防控制通报	990	0.722	0.198	0.79	265	0.70	5.40	4.8	5
D31	江苏预防医学	1942	1.130	0.179	0.74	381	0.80	7.80	3.8	7
D31	解放军预防医学杂志	2730	1.813	0.234	0.94	589	0.70	12.00	2.6	9
D31	口岸卫生控制	221	0.341	0.066	0.86	104	0.30	2.10	4.0	3
D31	临床医学工程	5331	1.428	0.201	0.99	635	0.50	13.00	3.1	10
D31	上海预防医学	1644	0.937	0.351	0.84	461	0.80	9.40	4.4	7
D31	实用预防医学	6061	2.015	0.278	0.90	893	0.90	18.20	4.1	13

学科代码	期刊名称	扩展总被引频次	扩展影响因子	扩展即年指标	扩展他引率	扩展引用刊数	扩展学科影响指标	扩展学科扩散指标	扩展被引半衰期	扩展H指标
D31	首都公共卫生	613	1.235	0.093	0.93	205	0.60	4.20	3.7	7
D31	微量元素与健康研究	1620	0.723	0.265	0.98	565	0.60	11.50	4.8	9
D31	现代预防医学	13500	1.709	0.280	0.90	1396	0.90	28.50	4.2	15
D31	医用气体工程	49	—	0.161	0.43	13	0.00	0.30	1.5	2
D31	应用预防医学	889	0.936	0.129	0.90	256	0.70	5.20	3.6	6
D31	营养学报	1901	1.229	0.038	0.95	635	0.60	13.00	8.2	10
D31	预防医学	3548	1.814	0.542	0.83	655	0.80	13.40	3.3	10
D31	预防医学论坛	1365	0.671	0.054	0.81	373	0.70	7.60	4.3	5
D31	预防医学情报杂志	1667	1.038	0.186	0.89	432	0.70	8.80	3.6	6
D31	职业卫生与病伤	602	0.864	0.135	0.97	247	0.60	5.00	4.2	5
D31	职业卫生与应急救援	828	0.833	0.299	0.88	237	0.50	4.80	3.4	5
D31	中国城乡企业卫生	1400	0.456	0.163	0.98	387	0.60	7.90	2.3	5
D31	中国辐射卫生	1139	0.663	0.041	0.79	299	0.40	6.10	4.9	6
D31	中国公共卫生	7778	2.009	0.263	0.91	1304	0.90	26.60	5.2	13
D31	中国公共卫生管理	1511	0.826	0.135	0.92	412	0.70	8.40	4.0	6
D31	中国基层医药	7614	1.466	0.165	0.93	630	0.60	12.90	3.5	11
D31	中国慢性病预防与控制	3759	2.285	0.294	0.92	595	0.80	12.10	3.8	13
D31	中国民康医学	6405	1.044	0.174	0.95	635	0.70	13.00	3.5	9
D31	中国实用乡村医生杂志	1139	0.358	0.057	0.99	386	0.60	7.90	4.7	11
D31	中国食品药品监管	198	0.244	0.113	0.99	115	0.10	2.30	2.8	3
D31	中国卫生	392	0.404	0.098	1.00	189	0.20	3.90	2.4	4
D31	中国卫生产业	13470	1.166	0.184	0.93	925	0.80	18.90	2.8	12
D31	中国卫生工程学	1142	0.934	0.243	0.79	352	0.70	7.20	2.7	6
D31	中国卫生事业管理	3936	2.014	0.258	0.85	711	0.70	14.50	4.4	13
D31	中国消毒学杂志	3447	1.345	0.075	0.83	538	0.70	11.00	3.8	9
D31	中国校医	1759	0.731	0.134	0.96	452	0.70	9.20	3.4	6
D31	中国冶金工业医学杂志	1886	0.699	0.211	0.98	350	0.20	7.10	2.6	6
D31	中国应急救援	178	0.375	0.060	0.93	107	0.10	2.20	3.9	3
D31	中国预防医学杂志	2045	1.296	0.313	0.93	574	0.80	11.70	4.3	8
D31	中华疾病控制杂志	5038	2.643	0.403	0.89	771	0.80	15.70	3.8	18
D31	中华临床营养杂志	1008	1.669	0.116	0.95	363	0.30	7.40	5.1	8
D31	中华预防医学杂志	4398	2.476	0.533	0.91	846	0.90	17.30	4.8	19
D32	工业卫生与职业病	814	0.717	0.203	0.95	262	0.50	11.90	5.1	5

学科代码	期刊名称	扩展总被引频次	扩展影响因子	扩展即年指标	扩展他引率	扩展引用刊数	扩展学科影响指标	扩展学科扩散指标	扩展被引半衰期	扩展H指标
D32	环境与健康杂志	3146	0.913	0.116	0.81	796	0.80	36.20	6.4	10
D32	环境与职业医学	1803	1.112	0.212	0.91	517	0.80	23.50	4.6	8
D32	疾病监测	3188	1.902	0.227	0.93	472	0.90	21.50	4.7	15
D32	热带病与寄生虫学	436	0.957	0.038	0.84	147	0.70	6.70	3.8	6
D32	热带医学杂志	2795	1.151	0.149	0.84	595	0.90	27.00	3.6	8
D32	医学动物防制	1705	0.654	0.224	0.90	404	0.90	18.40	3.7	5
D32	职业与健康	5928	0.981	0.184	0.86	942	0.90	42.80	4.0	9
D32	中国地方病防治杂志	2929	0.934	0.131	0.96	553	0.80	25.10	2.8	9
D32	中国工业医学杂志	1139	0.809	0.085	0.90	312	0.50	14.20	5.0	6
D32	中国国境卫生检疫杂志	500	0.406	0.074	0.73	140	0.50	6.40	6.1	5
D32	中国媒介生物学及控制杂志	1768	1.034	0.107	0.71	221	0.70	10.00	5.8	9
D32	中国热带医学	3086	1.532	0.244	0.86	634	0.90	28.80	4.0	8
D32	中国人兽共患病学报	1913	1.019	0.189	0.91	427	0.70	19.40	5.6	7
D32	中国血吸虫病防治杂志	1909	1.361	0.470	0.67	237	0.70	10.80	4.7	9
D32	中国职业医学	1881	1.770	0.250	0.84	402	0.60	18.30	4.3	9
D32	中华地方病学杂志	2004	1.181	0.210	0.69	347	0.90	15.80	4.8	9
D32	中华劳动卫生职业病杂志	2019	0.718	0.094	0.81	432	0.50	19.60	5.3	8
D32	中华流行病学杂志	7817	2.799	0.741	0.94	1003	1.00	45.60	5.6	23
D32	中华卫生杀虫药械	883	0.592	0.075	0.61	146	0.60	6.60	4.8	5
D33	Reproductive and Developmental Medicine	27	0.077	—	1.00	20	0.40	1.70	6.5	2
D33	国际生殖健康/计划生育杂志	957	1.314	0.200	0.96	351	0.80	29.20	4.0	7
D33	生殖医学杂志	2568	1.796	0.220	0.86	482	0.90	40.20	3.8	9
D33	中国妇幼保健	28674	2.706	0.360	0.92	990	0.80	82.50	3.4	23
D33	中国妇幼健康研究	6068	3.550	0.359	0.92	618	0.80	51.50	2.4	12
D33	中国妇幼卫生杂志	731	0.873	0.174	0.97	259	0.60	21.60	3.5	5
D33	中国计划生育和妇产科	2155	2.456	0.311	0.98	423	0.80	35.20	2.7	12
D33	中国计划生育学杂志	3614	2.848	0.198	0.95	508	0.80	42.30	3.4	16
D33	中国生育健康杂志	969	1.135	0.191	0.96	321	0.80	26.80	3.3	8
D33	中国优生与遗传杂志	3093	0.726	0.097	0.85	554	0.80	46.20	4.1	6
D33	中华生殖与避孕杂志	2028	1.900	0.167	0.89	433	0.80	36.10	3.7	12
D34	Military Medical Research	46	0.350	0.103	1.00	42	0.20	5.20	2.8	1
D34	法医学杂志	877	0.466	0.136	0.69	235	0.20	29.40	6.7	4
D34	航天医学与医学工程	596	0.811	0.176	0.71	246	0.50	30.80	7.4	4

学科代码	期刊名称	扩展总被引频次	扩展影响因子	扩展即年指标	扩展他引率	扩展引用刊数	扩展学科影响指标	扩展学科扩散指标	扩展被引半衰期	扩展H指标
D34	军事医学	1022	0.641	0.035	0.94	498	0.50	62.20	4.4	7
D34	中国法医学杂志	1087	0.472	0.113	0.81	278	0.40	34.80	5.4	6
D34	中华放射医学与防护杂志	1307	1.029	0.133	0.88	355	0.20	44.40	4.6	6
D34	中华航海医学与高气压医学杂志	733	0.748	0.181	0.74	246	0.60	30.80	4.2	5
D34	中华航空航天医学杂志	352	0.325	—	0.74	99	0.50	12.40	7.9	4
D35	Global Health Journal	1	—	—	1.00	1	—	0.00	—	1
D35	基础医学教育	3128	1.539	0.530	0.82	409	0.50	8.20	3.8	9
D35	解放军医院管理杂志	3139	1.251	0.188	0.90	508	0.80	10.20	4.2	9
D35	麻醉安全与质控	75	—	0.115	0.68	37	0.10	0.70	1.4	4
D35	青春期健康	68	0.124	0.035	1.00	58	0.00	1.20	4.5	2
D35	人人健康	608	1.156	0.234	1.00	147	0.20	2.90	2.2	3
D35	生活与健康	11	0.000	—	1.00	11	0.00	0.20	10.2	1
D35	卫生软科学	1034	0.879	0.169	0.92	375	0.70	7.50	4.0	7
D35	卫生研究	2369	1.118	0.126	0.95	738	0.40	14.80	6.7	9
D34	现代医院	4932	1.470	0.303	0.86	709	0.70	14.20	3.7	9
D35	现代医院管理	1407	1.342	0.154	0.95	327	0.70	6.50	3.7	9
D35	心理医生	6605	0.287	0.038	0.97	404	0.40	8.10	2.1	7
D35	心理与健康	126	0.057	0.003	1.00	93	0.00	1.90	9.7	2
D35	医疗卫生装备	3789	0.938	0.157	0.86	654	0.60	13.10	4.5	8
D35	医疗装备	9248	0.964	0.260	0.93	686	0.50	13.70	2.2	9
D35	医学教育研究与实践	2966	1.273	0.373	0.92	525	0.60	10.50	4.8	10
D35	医学与哲学	6681	1.530	0.230	0.87	1124	0.80	22.50	4.2	14
D35	浙江医学教育	569	0.923	0.132	0.97	239	0.30	4.80	3.4	5
D35	智慧健康	1077	0.524	0.132	0.97	198	0.30	4.00	1.3	6
D35	中国病案	3925	1.756	0.264	0.81	525	0.70	10.50	3.4	11
D35	中国健康教育	4881	2.733	0.300	0.92	702	0.70	14.00	3.9	17
D35	中国农村卫生	3713	0.635	0.168	0.99	387	0.40	7.70	2.4	7
D35	中国农村卫生事业管理	2972	1.012	0.173	0.93	532	0.80	10.60	3.2	9
D35	中国社会医学杂志	1523	1.408	0.217	0.93	501	0.70	10.00	4.1	9
D35	中国食品卫生杂志	2195	1.469	0.180	0.93	464	0.20	9.30	5.6	11
D35	中国卫生法制	332	0.493	0.209	0.92	150	0.40	3.00	3.8	4
D35	中国卫生监督杂志	644	0.673	0.078	0.90	185	0.40	3.70	4.8	5
D35	中国卫生检验杂志	8763	1.085	0.166	0.83	1119	0.50	22.40	4.3	10

学科代码	期刊名称	扩展总被引频次	扩展影响因子	扩展即年指标	扩展他引率	扩展引用刊数	扩展学科影响指标	扩展学科扩散指标	扩展被引半衰期	扩展H指标
D35	中国卫生经济	4311	1.994	0.310	0.90	631	0.70	12.60	4.3	14
D35	中国卫生人才	483	0.425	0.115	1.00	206	0.60	4.10	3.5	5
D35	中国卫生统计	3862	1.592	0.173	0.89	911	0.80	18.20	4.6	12
D35	中国卫生信息管理杂志	1349	1.885	0.116	0.81	321	0.60	6.40	3.2	11
D35	中国卫生政策研究	2432	2.757	0.406	0.93	566	0.70	11.30	3.9	13
D35	中国卫生质量管理	1881	1.553	0.189	0.88	385	0.70	7.70	3.7	8
D35	中国卫生资源	1284	1.799	0.395	0.95	348	0.70	7.00	3.8	8
D35	中国学校卫生	7138	1.488	0.241	0.83	935	0.60	18.70	4.6	12
D35	中国医疗器械杂志	835	0.698	0.123	0.95	314	0.40	6.30	5.4	6
D35	中国医疗设备	5272	1.648	0.215	0.84	735	0.70	14.70	3.6	9
D35	中国医学教育技术	1875	1.866	0.341	0.93	496	0.60	9.90	3.4	10
D35	中国医学装备	4361	1.832	0.246	0.88	694	0.70	13.90	3.0	12
D35	中国医院	4021	2.102	0.309	0.92	567	0.80	11.30	3.8	13
D35	中国医院管理	7253	3.290	0.602	0.89	715	0.80	14.30	3.9	19
D35	中国医院统计	1061	1.157	0.165	0.68	265	0.50	5.30	3.6	6
D35	中华健康管理学杂志	1059	1.390	0.223	0.86	359	0.50	7.20	3.8	9
D35	中华医学教育探索杂志	2501	0.949	0.082	0.92	437	0.60	8.70	5.5	9
D35	中华医学教育杂志	1643	0.902	0.125	0.90	335	0.50	6.70	5.1	6
D35	中华医学科研管理杂志	587	0.727	0.072	0.73	174	0.50	3.50	4.3	4
D35	中华医院管理杂志	3939	1.993	0.277	0.84	516	0.80	10.30	4.5	12
D35	中外女性健康研究	6994	0.758	0.231	0.98	412	0.30	8.20	2.1	9
D36	Acta Pharmaceutica Sinica B	322	1.265	0.215	0.77	166	0.40	2.40	2.5	5
D36	Acta Pharmacologica Sinica	1843	1.184	0.847	0.90	618	0.70	9.00	5.5	6
D36	Chinese Journal of Natural Medicines	1097	0.670	0.109	0.96	390	0.60	5.70	7.0	7
D36	Journal of Chinese Pharmaceutical Sciences	437	0.486	0.055	0.91	225	0.50	3.30	5.5	5
D36	Journal of Pharmaceutical Analysis	67	0.246	0.054	0.90	50	0.10	0.70	3.2	3
D36	北方药学	7764	1.035	0.300	0.98	645	0.80	9.30	2.6	11
D36	儿科药学杂志	1988	1.348	0.263	0.92	414	0.70	6.00	3.6	9
D36	福建医药杂志	2077	0.742	0.111	0.99	530	0.40	7.70	3.8	6
D36	国际药学研究杂志	1159	1.089	0.021	0.98	498	0.80	7.20	4.4	9
D36	国外医药(抗生素分册)	486	0.511	0.036	0.97	260	0.60	3.80	5.3	5
D36	海峡药学	7622	0.846	0.129	0.97	889	0.90	12.90	3.4	11
D36	华西药学杂志	1586	0.774	0.073	0.89	493	0.70	7.10	6.5	7

学科代码	期刊名称	扩展总被引频次	扩展影响因子	扩展即年指标	扩展他引率	扩展引用刊数	扩展学科影响指标	扩展学科扩散指标	扩展被引半衰期	扩展H指标
D36	家庭用药	10	0.003	—	1.00	10	0.00	0.10	5.0	1
D36	解放军药学学报	1017	0.701	0.074	0.96	382	0.70	5.50	5.6	6
D36	今日药学	1209	0.843	0.170	0.91	375	0.70	5.40	4.4	5
D36	抗感染药学	1614	0.841	0.257	0.86	358	0.60	5.20	2.2	7
D36	临床合理用药杂志	21362	1.324	0.286	0.97	940	0.80	13.60	2.9	13
D36	临床药物治疗杂志	1308	1.596	0.108	0.97	407	0.70	5.90	3.1	9
D36	神经药理学报	289	0.191	0.200	0.96	183	0.30	2.70	7.2	4
D36	实用药物与临床	3821	1.548	0.156	0.98	616	0.70	8.90	3.9	12
D36	世界临床药物	1281	1.173	0.224	0.97	459	0.70	6.70	4.1	9
D36	天津药学	1218	1.168	0.102	0.98	429	0.80	6.20	4.8	7
D36	西北药学杂志	1972	1.590	0.245	0.84	499	0.70	7.20	4.0	9
D36	现代药物与临床	5535	3.086	0.389	0.94	691	0.80	10.00	2.6	16
D36	药品评价	1786	1.279	0.208	0.95	436	0.70	6.30	2.7	9
D36	药物不良反应杂志	1436	0.808	0.106	0.94	399	0.80	5.80	6.6	8
D36	药物分析杂志	4263	1.272	0.154	0.91	685	0.80	9.90	5.9	10
D36	药物流行病学杂志	1399	1.207	0.131	0.94	374	0.70	5.40	3.8	7
D36	药物评价研究	2472	2.353	0.385	0.94	542	0.80	7.90	2.5	13
D36	药物生物技术	683	0.745	0.122	0.88	368	0.40	5.30	4.6	6
D36	药学服务与研究	1030	1.061	0.083	0.95	341	0.70	4.90	4.9	8
D36	药学进展	829	0.729	0.054	0.98	407	0.80	5.90	5.8	6
D36	药学实践杂志	1055	0.780	0.234	0.98	435	0.80	6.30	5.5	8
D36	药学学报	4025	1.458	0.300	0.90	817	0.90	11.80	6.6	11
D36	药学研究	1322	0.788	0.107	0.94	493	0.70	7.10	4.9	7
D36	药学与临床研究	1256	1.078	0.109	0.98	464	0.80	6.70	4.4	7
D36	医药导报	4151	1.501	0.250	0.94	775	0.80	11.20	4.8	11
D36	中国处方药	4814	1.116	0.274	0.98	541	0.70	7.80	2.5	10
D36	中国海洋药物	642	0.420	0.061	0.91	237	0.30	3.40	8.8	5
D36	中国合理用药探索	976	1.119	0.141	0.97	327	0.70	4.70	2.9	7
D36	中国抗生素杂志	1741	1.241	0.212	0.87	510	0.80	7.40	4.7	9
D36	中国临床药理学与治疗学	2520	1.384	0.314	0.93	636	0.80	9.20	4.6	8
D36	中国临床药理学杂志	8754	3.104	0.270	0.95	816	0.90	11.80	2.9	23
D36	中国临床药学杂志	686	0.767	0.093	0.97	266	0.70	3.90	5.0	6
D36	中国现代药物应用	23128	1.464	0.420	0.98	928	0.80	13.40	2.9	15

学科代码	期刊名称	扩展总被引频次	扩展影响因子	扩展即年指标	扩展他引率	扩展引用刊数	扩展学科影响指标	扩展学科扩散指标	扩展被引半衰期	扩展H指标
D36	中国现代应用药学	3215	1.498	0.239	0.89	684	0.90	9.90	3.8	10
D36	中国新药与临床杂志	1774	1.191	0.160	0.92	516	0.90	7.50	5.2	9
D36	中国新药杂志	4926	1.204	0.186	0.93	926	0.90	13.40	5.0	13
D36	中国药房	17007	2.699	0.349	0.94	1175	0.90	17.00	3.0	20
D36	中国药理学通报	5875	2.160	0.444	0.77	910	0.90	13.20	4.7	13
D36	中国药理学与毒理学杂志	1233	0.897	0.040	0.97	478	0.70	6.90	4.4	8
D36	中国药品标准	436	0.394	0.034	0.95	181	0.60	2.60	7.0	4
D36	中国药师	5245	1.305	0.147	0.91	762	0.90	11.00	3.7	14
D36	中国药事	2199	0.980	0.234	0.92	538	0.80	7.80	5.0	8
D36	中国药物化学杂志	475	0.261	0.019	0.96	224	0.40	3.20	8.3	4
D36	中国药物经济学	4958	1.124	0.307	0.99	611	0.60	8.90	3.4	9
D36	中国药物警戒	1962	1.278	0.194	0.86	424	0.80	6.10	4.8	9
D36	中国药物滥用防治杂志	623	0.559	0.119	0.89	246	0.50	3.60	5.2	6
D36	中国药物评价	579	1.064	0.213	0.90	234	0.60	3.40	3.3	7
D36	中国药物依赖性杂志	657	0.470	0.074	0.85	225	0.30	3.30	6.3	5
D36	中国药物应用与监测	1132	1.610	0.250	0.87	312	0.80	4.50	4.2	8
D36	中国药物与临床	6163	1.783	0.202	0.98	783	0.80	11.30	2.9	14
D36	中国药学杂志	5279	1.288	0.142	0.93	903	0.90	13.10	6.3	11
D36	中国药业	9658	1.703	0.271	0.95	919	0.90	13.30	3.9	13
D36	中国医药工业杂志	1805	0.744	0.122	0.91	510	0.80	7.40	5.7	8
D36	中国医院药学杂志	7492	2.065	0.443	0.94	922	0.90	13.40	3.9	15
D36	中国医院用药评价与分析	4510	1.915	0.292	0.93	532	0.70	7.70	2.8	13
D36	中南药学	2214	0.888	0.132	0.87	569	0.80	8.20	4.1	8
D37	Chinese Journal of Integrative Medicine	951	1.000	0.152	0.90	350	0.80	5.40	4.7	4
D37	Journal of Acupuncture and Tuina Science	562	1.506	0.103	0.92	178	0.70	2.70	3.6	5
D37	Journal of Traditional Chinese Medicine	774	0.641	0.028	0.95	309	0.70	4.80	5.1	6
D37	Wordl Journal of Traditional Chinese Medicine	14	0.127	0.261	0.50	7	0.00	0.10	1.3	1
D37	World Journal of Acupuncture-Moxibustion	256	0.586	0.015	0.99	117	0.70	1.80	4.5	4
D37	北京中医药	3380	1.009	0.157	0.94	459	1.00	7.10	6.1	10
D37	福建中医药	1067	0.472	0.063	0.97	308	0.90	4.70	6.4	5
D37	光明中医	7927	0.975	0.221	0.90	567	0.90	8.70	3.3	7
D37	广西中医药	1254	0.822	0.097	0.97	287	0.90	4.40	5.2	5
D37	国际中医中药杂志	1468	0.747	0.097	0.97	406	0.90	6.20	3.9	6

学科代码	期刊名称	扩展总被引频次	扩展影响因子	扩展即年指标	扩展他引率	扩展引用刊数	扩展学科影响指标	扩展学科扩散指标	扩展被引半衰期	扩展H指标
D37	国医论坛	966	0.526	0.112	0.98	233	0.80	3.60	5.7	5
D37	河北中医	5139	1.453	0.205	0.98	523	1.00	8.00	4.3	9
D37	河北中医药学报	849	1.458	0.268	0.96	251	0.80	3.90	4.2	6
D37	河南中医	6405	0.987	0.229	0.97	529	1.00	8.10	4.1	8
D37	黑龙江中医药	1115	0.497	0.121	0.99	288	0.90	4.40	4.6	5
D37	湖北中医杂志	2772	0.780	0.099	0.99	417	0.90	6.40	5.2	6
D37	湖南中医杂志	4466	0.758	0.145	0.95	520	0.90	8.00	3.4	8
D37	环球中医药	3612	1.275	0.111	0.94	503	0.90	7.70	3.6	9
D37	吉林中医药	4643	1.635	0.308	0.91	522	0.90	8.00	4.8	10
D37	家庭中医药	52	0.053	—	1.00	42	0.10	0.60	6.0	1
D37	江苏中医药	3875	1.250	0.195	0.98	466	0.90	7.20	5.0	9
D37	江西中医药	2076	0.623	0.140	0.97	386	0.90	5.90	6.1	6
D37	辽宁中医杂志	9523	1.416	0.181	0.95	695	1.00	10.70	4.6	12
D37	山东中医杂志	2651	0.912	0.118	0.98	405	0.90	6.20	5.4	7
D37	山西中医	1971	0.754	0.096	0.99	348	0.90	5.40	4.8	5
D37	陕西中医	9129	2.275	0.272	0.94	585	0.90	9.00	3.6	11
D37	上海中医药杂志	4233	1.301	0.197	0.94	574	1.00	8.80	6.9	9
D37	时珍国医国药	11250	0.901	0.077	0.96	1162	1.00	17.90	6.2	11
D37	实用中西医结合临床	4155	1.162	0.139	0.99	467	0.90	7.20	2.7	9
D37	实用中医内科杂志	3898	1.016	0.214	0.99	433	0.90	6.70	4.6	6
D37	实用中医药杂志	4317	0.776	0.163	0.97	475	0.90	7.30	3.4	8
D37	世界科学技术-中医药现代化	3200	1.129	0.066	0.94	645	0.90	9.90	4.6	10
D37	世界中医药	8105	3.082	0.287	0.97	673	1.00	10.40	2.7	14
D37	四川中医	7234	1.246	0.168	0.92	527	0.90	8.10	3.7	10
D37	天津中医药	2267	1.287	0.276	0.97	435	0.90	6.70	5.3	8
D37	西部中医药	5164	1.565	0.231	0.91	606	0.90	9.30	3.7	11
D37	现代中医临床	1114	1.538	0.319	0.94	274	0.80	4.20	4.8	7
D37	现代中医药	1386	0.954	0.118	0.86	301	0.80	4.60	5.0	5
D37	新疆中医药	1329	0.657	0.131	0.96	350	0.80	5.40	4.5	5
D37	新中医	6757	0.791	0.127	0.97	567	1.00	8.70	4.8	7
D37	云南中医中药杂志	3120	0.789	0.066	0.97	458	0.90	7.00	4.3	7
D37	浙江中西医结合杂志	2414	0.880	0.139	0.98	518	0.90	8.00	4.3	8
D37	浙江中医杂志	3447	0.819	0.066	0.90	447	0.90	6.90	4.5	7

学科代码	期刊名称	扩展总被引频次	扩展影响因子	扩展即年指标	扩展他引率	扩展引用刊数	扩展学科影响指标	扩展学科扩散指标	扩展被引半衰期	扩展H指标
D37	中国民族医药杂志	1873	0.422	0.047	0.83	343	0.70	5.30	5.4	5
D37	中国中医基础医学杂志	5571	0.920	0.098	0.96	574	1.00	8.80	5.7	8
D37	中国中医急症	9922	2.032	0.240	0.94	637	1.00	9.80	3.9	13
D37	中国中医眼科杂志	893	0.911	0.074	0.87	234	0.80	3.60	5.0	5
D37	中国中医药科技	3455	1.115	0.181	0.97	533	1.00	8.20	4.4	7
D37	中国中医药现代远程教育	8060	0.762	0.166	0.94	747	1.00	11.50	4.0	12
D37	中国中医药信息杂志	5086	1.261	0.290	0.97	743	1.00	11.40	5.6	10
D37	中华中医药学刊	11000	1.798	0.286	0.95	921	1.00	14.20	4.4	13
D37	中华中医药杂志	14660	1.687	0.228	0.86	947	1.00	14.60	3.9	19
D37	中药药理与临床	4211	1.219	0.101	0.96	662	0.90	10.20	5.1	9
D37	中医临床研究	12819	1.138	0.128	0.89	698	1.00	10.70	3.0	13
D37	中医外治杂志	1545	0.862	0.096	0.95	300	0.90	4.60	5.1	6
D37	中医文献杂志	483	0.343	0.056	0.91	154	0.80	2.40	8.3	4
D37	中医学报	6366	1.710	0.221	0.95	642	1.00	9.90	3.9	12
D37	中医研究	2576	0.818	0.147	0.98	406	0.90	6.20	4.9	7
D37	中医药导报	6159	0.989	0.159	0.95	703	1.00	10.80	3.8	9
D37	中医药临床杂志	3469	0.813	0.190	0.95	489	0.90	7.50	4.0	8
D37	中医药通报	711	0.859	0.095	0.95	201	0.80	3.10	4.1	6
D37	中医药文化	276	0.432	0.115	0.86	125	0.60	1.90	6.1	5
D37	中医药信息	3284	2.002	0.472	0.96	546	0.90	8.40	4.5	11
D37	中医药学报	2993	1.611	0.135	0.98	530	0.90	8.20	4.9	9
D37	中医杂志	11631	2.466	0.264	0.96	724	1.00	11.10	5.2	20
D38	安徽中医药大学学报	1677	1.149	0.152	0.97	395	1.00	18.80	5.5	7
D38	北京中医药大学学报	4294	1.696	0.159	0.98	583	1.00	27.80	8.3	13
D38	长春中医药大学学报	4855	1.961	0.305	0.94	614	1.00	29.20	3.9	12
D38	成都中医药大学学报	1437	1.457	0.242	0.96	391	0.80	18.60	4.7	8
D38	甘肃中医药大学学报	1114	0.666	0.177	0.95	361	0.80	17.20	5.2	6
D38	广西中医药大学学报	1519	1.060	0.082	0.99	456	0.90	21.70	4.4	7
D38	广州中医药大学学报	2809	2.095	0.366	0.98	520	1.00	24.80	4.0	10
D38	贵阳中医学院学报	2518	1.009	0.243	0.96	483	0.90	23.00	5.3	9
D38	湖北中医药大学学报	2166	1.780	0.153	0.97	479	1.00	22.80	3.6	10
D38	湖南中医药大学学报	4673	3.776	0.293	0.93	637	0.90	30.30	2.9	9
D38	江西中医药大学学报	1417	0.734	0.167	0.99	398	0.90	19.00	5.7	7

学科代码	期刊名称	扩展总被引频次	扩展影响因子	扩展即年指标	扩展他引率	扩展引用刊数	扩展学科影响指标	扩展学科扩散指标	扩展被引半衰期	扩展H指标
D38	辽宁中医药大学学报	8093	1.433	0.345	0.96	836	1.00	39.80	4.2	11
D38	南京中医药大学学报	2664	2.043	0.264	0.98	491	0.90	23.40	5.2	11
D38	山东中医药大学学报	1751	0.951	0.201	0.98	369	1.00	17.60	6.6	7
D38	山西中医学院学报	848	0.583	0.085	0.99	296	0.70	14.10	4.9	4
D38	陕西中医药大学学报	1613	1.034	0.122	0.86	316	0.90	15.00	4.6	6
D38	上海中医药大学学报	1523	1.234	0.145	0.96	385	1.00	18.30	5.8	6
D38	天津中医药大学学报	991	1.259	0.169	0.97	336	0.80	16.00	4.7	7
D38	云南中医学院学报	1261	1.088	0.050	0.97	343	0.90	16.30	4.9	6
D38	浙江中医药大学学报	3054	1.232	0.143	0.97	580	1.00	27.60	5.3	9
D39	Journal of Integrative Medicine	1398	0.548	0.119	0.98	400	0.60	23.50	8.6	8
D39	World Journal of Integrated Traditional and Western Medicine	3	0.048	0.034	0.33	2	0.10	0.10	2.2	1
D39	深圳中西医结合杂志	8187	1.000	0.104	0.99	577	0.80	33.90	2.7	10
D39	世界中西医结合杂志	4975	1.996	0.219	0.97	573	0.80	33.70	3.7	15
D39	现代中西医结合杂志	23553	2.969	0.428	0.98	962	1.00	56.60	3.6	23
D39	中国中西医结合耳鼻咽喉科杂志	1278	1.624	0.226	0.93	320	0.40	18.80	3.5	9
D39	中国中西医结合急救杂志	2612	2.644	0.141	0.92	444	0.70	26.10	3.7	12
D39	中国中西医结合皮肤性病学杂志	1407	1.260	0.194	0.96	321	0.60	18.90	4.1	7
D39	中国中西医结合肾病杂志	3908	1.281	0.080	0.87	513	0.60	30.20	4.5	10
D39	中国中西医结合外科杂志	1988	1.686	0.193	0.95	479	0.60	28.20	3.7	10
D39	中国中西医结合消化杂志	2873	1.570	0.566	0.92	466	0.70	27.40	4.1	13
D39	中国中西医结合影像学杂志	1458	1.088	0.110	0.92	355	0.50	20.90	3.4	7
D39	中国中西医结合杂志	7964	2.014	0.409	0.96	786	1.00	46.20	6.5	20
D39	中西医结合肝病杂志	1222	1.182	0.165	0.95	328	0.50	19.30	4.6	6
D39	中西医结合心脑血管病杂志	9569	2.110	0.199	0.95	678	0.70	39.90	3.0	17
D39	中西医结合心血管病电子杂志	13034	0.949	0.185	0.97	575	0.60	33.80	2.3	10
D39	中西医结合研究	601	0.962	0.034	0.99	221	0.60	13.00	3.6	5
D40	Chinese Herbal Medicines	232	0.760	0.085	0.96	102	0.80	10.20	3.8	5
D40	天然产物研究与开发	3626	1.029	0.249	0.90	785	1.00	78.50	6.0	8
D40	现代中药研究与实践	1216	0.682	0.157	0.97	452	0.90	45.20	7.2	6
D40	中草药	14134	2.484	0.453	0.85	1188	1.00	118.80	4.9	21
D40	中成药	8200	1.550	0.176	0.93	927	1.00	92.70	5.2	14
D40	中国实验方剂学杂志	16087	2.044	0.682	0.88	1097	1.00	109.70	4.6	15

学科代码	期刊名称	扩展总被引频次	扩展影响因子	扩展即年指标	扩展他引率	扩展引用刊数	扩展学科影响指标	扩展学科扩散指标	扩展被引半衰期	扩展H指标
D40	中国现代中药	2503	1.097	0.239	0.88	566	1.00	56.60	4.3	10
D40	中国中药杂志	17497	2.505	0.620	0.91	1316	1.00	131.60	5.3	22
D40	中药材	8060	1.157	0.123	0.95	1000	1.00	100.00	6.1	13
D40	中药新药与临床药理	2154	1.268	0.182	0.97	515	1.00	51.50	6.6	9
D41	上海针灸杂志	5550	1.902	0.335	0.93	433	1.00	61.90	4.6	10
D41	针刺研究	2750	2.940	0.346	0.83	347	0.70	49.60	5.5	11
D41	针灸临床杂志	5141	2.312	0.177	0.95	412	1.00	58.90	4.8	10
D41	中国骨伤	4224	2.478	0.597	0.88	509	0.90	72.70	4.2	13
D41	中国针灸	8960	2.326	0.328	0.94	533	1.00	76.10	5.8	15
D41	中国中医骨伤科杂志	3032	1.407	0.405	0.88	428	1.00	61.10	4.5	9
D41	中医正骨	3786	2.040	0.246	0.91	447	1.00	63.90	4.0	10
E01	CT 理论与应用研究	606	0.903	0.149	0.90	298	0.10	3.70	4.1	5
E01	Science China Technological Sciences	1511	0.738	0.084	0.88	548	0.10	6.80	5.7	6
E01	包装工程	6933	0.990	0.258	0.73	973	0.30	12.20	4.1	10
E01	包装学报	370	0.815	0.195	0.84	154	0.10	1.90	4.3	5
E01	包装与设计	42	0.236	0.041	1.00	25	0.00	0.30	3.2	2
E01	标准科学	1061	0.565	0.159	0.82	451	0.20	5.60	4.5	5
E01	测试技术学报	433	0.374	0.076	0.93	259	0.20	3.20	7.6	3
E01	成组技术与生产现代化	127	0.313	0.022	0.77	77	0.00	1.00	5.3	3
E01	船舶标准化工程师	121	0.247	0.109	0.91	63	0.10	0.80	3.5	3
E01	船舶标准化与质量	72	0.158	0.048	0.97	46	0.00	0.60	3.2	3
E01	大众标准化	199	0.255	0.046	0.99	123	0.10	1.50	4.3	3
E01	电信工程技术与标准化	798	0.655	0.211	0.91	199	0.10	2.50	3.4	6
E01	福建质量管理	1446	0.112	0.012	1.00	302	0.10	3.80	2.5	9
E01	福建质量技术监督	39	0.020	0.010	0.97	27	0.00	0.30	4.6	2
E01	工程爆破	834	0.727	0.140	0.79	192	0.10	2.40	7.5	7
E01	工程地球物理学报	1610	1.838	0.164	0.77	362	0.20	4.50	5.6	7
E01	工程建设	654	0.920	0.074	0.97	204	0.10	2.60	2.0	8
E01	工程建设与设计	7417	1.266	0.593	0.98	551	0.20	6.90	1.7	16
E01	工程科学学报	2531	0.848	0.122	0.94	688	0.20	8.60	7.4	8
E01	工程科学与技术	2113	1.406	0.086	0.94	801	0.40	5.50	6.2	8
E01	工程力学	6914	1.577	0.149	0.83	863	0.30	10.80	6.7	12
E01	工程数学学报	386	0.255	0.032	0.96	220	0.10	2.80	9.5	4

学科代码	期刊名称	扩展总被引频次	扩展影响因子	扩展即年指标	扩展他引率	扩展引用刊数	扩展学科影响指标	扩展学科扩散指标	扩展被引半衰期	扩展H指标
E01	工程与建设	912	0.366	0.068	0.97	242	0.20	3.00	5.6	6
E01	工程与试验	224	0.158	0.009	0.90	136	0.20	1.70	6.0	3
E01	工程造价管理	121	—	0.093	0.64	43	0.00	0.50	3.4	3
E01	工程质量	1181	0.625	0.106	0.95	243	0.20	3.00	4.6	7
E01	工具技术	1316	0.371	0.039	0.79	357	0.20	4.50	7.2	5
E01	工业工程	728	0.461	0.064	0.96	351	0.10	4.40	6.8	5
E01	工业设计	1470	0.490	0.131	0.95	355	0.20	4.40	2.5	9
E01	航空标准化与质量	279	0.284	0.050	0.94	135	0.20	1.70	7.2	3
E01	航天标准化	134	0.190	0.023	0.85	72	0.10	0.90	7.9	3
E01	河北工业科技	539	0.606	0.429	0.88	328	0.10	4.10	5.3	4
E01	衡器	253	0.207	0.057	0.85	97	0.20	1.20	4.8	3
E01	计量技术	708	0.161	0.004	0.74	246	0.20	3.10	10.2	4
E01	计量学报	1064	0.895	0.174	0.50	276	0.20	3.40	6.0	5
E01	计量与测试技术	1368	0.306	0.074	0.95	455	0.30	5.70	4.8	5
E01	科学技术与工程	8289	0.653	0.129	0.81	1786	0.50	22.30	4.3	8
E01	冷藏技术	67	0.133	0.098	0.85	43	0.00	0.50	8.9	2
E01	宁夏工程技术	250	0.217	0.012	0.96	177	0.00	2.20	7.8	3
E01	墙材革新与建筑节能	434	0.583	0.203	0.92	136	0.10	1.70	4.7	4
E01	热喷涂技术	218	0.532	0.059	0.69	73	0.00	0.90	5.0	4
E01	人类工效学	586	0.454	0.097	0.90	324	0.20	4.00	7.5	4
E01	润滑与密封	2454	0.649	0.088	0.82	549	0.30	6.90	7.9	6
E01	山东工业技术	15618	0.715	0.474	0.98	955	0.30	11.90	2.1	20
E01	上海计量测试	342	0.321	0.043	0.82	169	0.20	2.10	6.1	3
E01	上海质量	112	0.281	0.030	1.00	76	0.00	1.00	3.8	2
E01	设备管理与维修	1629	0.372	0.167	0.96	390	0.10	4.90	1.9	6
E01	设备监理	108	0.212	0.120	0.84	47	0.00	0.60	3.6	3
E01	设计	3841	1.208	0.299	0.46	417	0.20	5.20	2.2	9
E01	声学与电子工程	160	0.116	0.052	0.96	101	0.00	1.30	8.8	3
E01	市政技术	1189	0.526	0.101	0.96	341	0.20	4.30	4.9	6
E01	市政设施管理	39	0.077	0.011	0.92	26	0.00	0.30	4.1	2
E01	室内设计与装修	189	0.098	0.007	0.97	75	0.10	0.90	5.5	4
E01	数字与缩微影像	97	0.308	0.073	0.84	51	0.00	0.60	4.1	3
E01	塑料包装	204	0.267	0.070	0.86	78	0.00	1.00	6.4	4

学科代码	期刊名称	扩展总被引频次	扩展影响因子	扩展即年指标	扩展他引率	扩展引用刊数	扩展学科影响指标	扩展学科扩散指标	扩展被引半衰期	扩展H指标
E01	新技术新工艺	1196	0.289	0.095	0.96	492	0.20	6.20	6.2	6
E01	新媒体研究	7399	0.719	0.282	0.97	1015	0.30	12.70	3.7	14
E01	新型工业化	766	1.282	0.323	0.49	179	0.00	2.20	2.6	6
E01	信息技术与标准化	488	0.422	0.067	0.94	270	0.20	3.40	4.0	5
E01	液晶与显示	828	0.900	0.196	0.79	244	0.10	3.00	4.2	5
E01	液压气动与密封	1134	0.426	0.074	0.78	325	0.20	4.10	5.5	6
E01	仪器仪表标准化与计量	171	0.336	0.058	0.98	107	0.20	1.30	5.0	3
E01	应用基础与工程科学学报	1293	0.788	0.126	0.90	619	0.20	7.70	6.4	7
E01	应用技术学报	265	0.319	0.111	0.93	192	0.00	1.30	6.3	4
E01	真空	1352	1.152	0.373	0.94	402	0.20	5.00	6.3	4
E01	真空科学与技术学报	737	0.358	0.049	0.83	285	0.10	3.60	5.1	5
E01	质量技术监督研究	254	0.341	0.079	0.97	150	0.10	1.90	5.0	4
E01	质量与标准化	230	0.260	0.046	0.99	142	0.10	1.80	4.8	4
E01	质量与可靠性	241	0.287	0.033	0.90	127	0.20	1.60	6.5	4
E01	质量与认证	148	0.278	0.059	0.95	102	0.10	1.30	2.9	3
E01	中国测试	1329	0.592	0.065	0.89	593	0.30	7.40	4.4	6
E01	中国工程科学	2874	1.830	0.248	0.99	1321	0.30	16.50	7.6	12
E01	中国惯性技术学报	1284	1.037	0.142	0.78	274	0.10	3.40	5.0	7
E01	中国科学(技术科学)	1529	0.858	0.169	0.96	694	0.30	8.70	7.1	9
E01	中国新技术新产品	18998	1.161	0.505	0.99	1059	0.40	13.20	3.9	21
E01	中国质量技术监督	248	0.218	0.040	1.00	121	0.10	1.50	4.6	3
E01	中国质量与标准导报	281	0.314	0.119	0.92	162	0.10	2.00	3.4	3
E01	中华手工	61	0.311	—	1.00	44	0.00	0.60	6.1	2
E01	中外鞋业	8	—	—	0.63	6	0.00	0.10	18.5	1
E02	Journal of Beijing Institute of Technology	140	0.127	—	0.89	95	0.10	0.70	7.9	2
E02	Journal of Central South University	1691	0.562	0.113	0.77	585	0.40	4.00	4.5	6
E02	Journal of Chongqing University	15	0.062	—	1.00	15	0.00	0.10	6.5	1
E02	Journal of Donghua University	129	0.069	—	0.84	84	0.00	0.60	6.1	2
E02	Journal of Harbin Institute of Technology	151	0.145	—	0.93	118	0.10	0.80	6.0	3
E02	Journal of Shanghai Jiaotong University(Science)	189	0.231	0.037	0.96	135	0.10	0.90	5.0	3
E02	Journal of Southeast University	315	0.223	0.014	0.97	226	0.20	1.60	7.1	3
E02	Transactions of Tianjin University	158	0.224	0.081	0.89	103	0.10	0.70	6.1	3

学科代码	期刊名称	扩展总被引频次	扩展影响因子	扩展即年指标	扩展他引率	扩展引用刊数	扩展学科影响指标	扩展学科扩散指标	扩展被引半衰期	扩展H指标
E02	Tsinghua Science and Technology	317	0.770	0.046	0.87	200	0.10	1.40	4.8	4
E02	安徽电气工程职业技术学院学报	321	0.338	0.058	0.98	147	0.00	1.00	5.2	3
E02	安徽工程大学学报	289	0.498	0.040	0.98	220	0.10	1.50	4.2	3
E02	安徽工业大学学报(自然科学版)	278	0.271	0.015	0.92	196	0.10	1.40	8.1	3
E02	安阳工学院学报	486	0.337	0.130	0.97	285	0.00	2.00	4.6	4
E02	北方工业大学学报	201	0.183	0.032	0.99	157	0.00	1.10	8.0	3
E02	北京服装学院学报(自然科学版)	182	0.418	0.125	0.96	98	0.10	0.70	5.6	3
E02	北京工业大学学报	1955	0.803	0.211	0.96	860	0.50	5.90	5.2	8
E02	北京交通大学学报	1200	0.688	0.089	0.97	561	0.20	3.90	7.1	7
E02	北京理工大学学报	1912	0.599	0.057	0.95	779	0.40	5.40	7.1	7
E02	北京印刷学院学报	516	0.475	0.156	1.00	288	0.00	2.00	2.3	4
E02	长春工程学院学报(自然科学版)	353	0.322	0.073	0.97	240	0.10	1.70	5.9	3
E02	长春工业大学学报	441	0.325	0.119	0.78	266	0.10	1.80	6.1	3
E02	长春理工大学学报(自然科学版)	1250	0.503	0.059	0.85	572	0.10	3.90	6.6	4
E02	长江工程职业技术学院学报	260	0.476	0.109	0.97	148	0.00	1.00	4.3	4
E02	长沙理工大学学报(自然科学版)	321	0.658	0.035	0.95	202	0.10	1.40	5.5	4
E02	常熟理工学院学报	350	0.213	0.031	0.98	258	0.00	1.80	7.0	3
E02	常州工学院学报	364	0.317	0.028	0.98	232	0.10	1.60	6.0	3
E02	成都信息工程大学学报	392	0.273	0.019	0.92	219	0.10	1.50	7.5	4
E02	重庆大学学报	2222	0.772	0.070	0.95	986	0.50	6.80	9.4	8
E02	重庆电子工程职业学院学报	539	0.315	0.052	0.99	280	0.00	1.90	5.4	4
E02	大连工业大学学报	513	0.486	0.089	0.91	292	0.10	2.00	6.5	4
E02	大连理工大学学报	1280	0.609	0.109	0.97	690	0.40	4.80	10.8	7
E02	东北大学学报(自然科学版)	2526	0.537	0.063	0.97	945	0.40	6.50	7.0	6
E02	东华大学学报(自然科学版)	822	0.416	0.067	0.92	346	0.20	2.40	7.6	5
E02	东南大学学报(自然科学版)	2558	0.907	0.076	0.97	922	0.50	6.40	7.4	8
E02	东莞理工学院学报	331	0.396	0.103	0.96	233	0.10	1.60	4.2	4
E02	福建工程学院学报	349	0.328	0.083	0.98	244	0.10	1.70	6.5	4
E02	广东工业大学学报	480	0.507	0.180	0.78	290	0.10	2.00	5.4	5
E02	广东轻工职业技术学院学报	234	0.518	0.239	0.99	142	0.00	1.00	4.0	4
E02	广西科技大学学报	403	0.745	0.263	0.70	212	0.00	1.50	4.5	4
E02	桂林理工大学学报	945	0.715	0.075	0.86	412	0.10	2.80	6.2	5
E02	国防科技大学学报	1163	0.572	0.043	0.91	432	0.20	3.00	6.3	6

学科代码	期刊名称	扩展总被引频次	扩展影响因子	扩展即年指标	扩展他引率	扩展引用刊数	扩展学科影响指标	扩展学科扩散指标	扩展被引半衰期	扩展H指标
E02	哈尔滨工程大学学报	1829	0.735	0.176	0.90	687	0.40	4.70	5.3	7
E02	哈尔滨工业大学学报	3243	0.873	0.104	0.95	1110	0.60	7.70	7.9	8
E02	哈尔滨理工大学学报	944	0.753	0.081	0.80	438	0.20	3.00	5.0	5
E02	海军工程大学学报	583	0.318	0.024	0.92	284	0.10	2.00	7.6	4
E02	合肥工业大学学报(自然科学版)	1997	0.462	0.066	0.89	884	0.40	6.10	6.9	7
E02	河北工业大学学报	620	0.341	0.026	0.97	412	0.20	2.80	7.7	6
E02	河北软件职业技术学院学报	272	0.710	0.425	0.97	156	0.00	1.10	2.6	5
E02	河南城建学院学报	341	0.302	0.236	0.92	192	0.10	1.30	5.9	5
E02	河南工程学院学报(自然科学版)	191	0.367	0.043	0.93	136	0.10	0.90	4.8	3
E02	河南理工大学学报(自然科学版)	1037	0.670	0.125	0.94	435	0.20	3.00	6.1	6
E02	黑龙江大学工程学报	400	0.492	0.231	0.88	210	0.00	1.40	8.9	3
E02	黑龙江工程学院学报	367	0.465	0.146	0.86	231	0.10	1.60	4.6	4
E02	黑龙江科技大学学报	465	0.372	0.096	0.88	225	0.10	1.60	4.9	4
E02	湖北工程学院学报	393	0.345	0.134	0.92	247	0.10	1.70	4.8	3
E02	湖北工业大学学报	505	0.308	0.083	0.98	360	0.10	2.50	5.8	4
E02	湖北理工学院学报	313	0.533	0.174	0.93	213	0.00	1.50	3.9	4
E02	湖南大学学报(自然科学版)	1926	0.794	0.083	0.83	742	0.40	5.10	5.7	6
E02	湖南工业大学学报	562	0.574	0.221	0.90	354	0.10	2.40	6.6	4
E02	湖南科技大学学报(自然科学版)	604	0.342	0.027	0.97	357	0.10	2.50	8.3	6
E02	湖南理工学院学报(自然科学版)	231	0.338	0.054	0.99	178	0.00	1.20	6.2	4
E02	华北科技学院学报	503	0.430	0.046	0.95	248	0.00	1.70	4.7	5
E02	华东理工大学学报(自然科学版)	765	0.529	0.045	0.90	420	0.10	2.90	9.1	5
E02	华南理工大学学报(自然科学版)	2264	0.594	0.013	0.95	944	0.50	6.50	7.1	8
E02	华中科技大学学报(自然科学版)	2484	0.693	0.119	0.95	960	0.50	6.60	6.3	6
E02	淮海工学院学报(自然科学版)	344	0.477	0.014	0.92	223	0.10	1.50	4.9	3
E02	淮阴工学院学报	287	0.306	0.078	0.96	208	0.00	1.40	5.4	3
E02	黄河科技大学学报	386	0.522	0.086	0.97	245	0.00	1.70	3.9	4
E02	吉林大学学报(工学版)	2457	0.823	0.151	0.92	782	0.50	5.40	6.0	7
E02	江苏大学学报(自然科学版)	1072	0.925	0.223	0.95	561	0.20	3.90	6.3	6
E02	江苏工程职业技术学院学报	229	0.311	0.064	0.96	151	0.00	1.00	4.8	3
E02	江苏科技大学学报(自然科学版)	612	0.631	0.039	0.75	322	0.20	2.20	5.6	5
E02	江苏理工学院学报	495	0.301	0.054	1.00	278	0.00	1.90	6.6	4
E02	江西理工大学学报	712	0.774	0.144	0.91	389	0.10	2.70	5.0	5

学科代码	期刊名称	扩展总被引频次	扩展影响因子	扩展即年指标	扩展他引率	扩展引用刊数	扩展学科影响指标	扩展学科扩散指标	扩展被引半衰期	扩展H指标
E02	空军工程大学学报(自然科学版)	559	0.580	0.248	0.93	260	0.10	1.80	5.5	4
E02	兰州工业学院学报	271	0.271	0.031	0.99	189	0.00	1.30	4.1	3
E02	兰州理工大学学报	1070	0.504	0.063	0.83	508	0.20	3.50	6.8	6
E02	兰州文理学院学报(自然科学版)	644	0.513	0.145	0.97	331	0.10	2.30	5.6	5
E02	辽宁工业大学学报(自然科学版)	303	0.364	0.106	0.93	226	0.10	1.60	6.4	4
E02	辽宁科技大学学报	329	0.232	0.027	0.98	247	0.00	1.70	7.1	4
E02	辽宁石油化工大学学报	471	0.635	0.140	0.90	240	0.10	1.70	5.1	4
E02	洛阳理工学院学报(自然科学版)	220	0.262	0.117	0.96	165	0.00	1.10	6.0	3
E02	内蒙古工业大学学报(自然科学版)	128	0.244	0.028	0.97	109	0.00	0.80	7.2	3
E02	南昌大学学报(工科版)	334	0.358	0.027	0.95	250	0.10	1.70	7.9	5
E02	南昌工程学院学报	348	0.435	0.178	0.88	247	0.10	1.70	4.2	5
E02	南京工程学院学报(自然科学版)	136	0.217	0.051	0.96	114	0.00	0.80	6.7	3
E02	南京工业大学学报(自然科学版)	724	0.373	0.065	0.90	401	0.20	2.80	8.3	6
E02	南京工业职业技术学院学报	276	0.475	0.039	0.97	183	0.00	1.30	4.2	3
E02	南京理工大学学报(自然科学版)	879	0.733	0.072	0.84	433	0.30	3.00	6.4	6
E02	南京信息工程大学学报	319	0.450	0.079	0.98	239	0.00	1.60	4.5	5
E02	宁波工程学院学报	337	0.436	0.074	0.97	203	0.10	1.40	4.4	4
E02	齐鲁工业大学学报	301	0.269	0.137	0.97	203	0.00	1.40	5.8	4
E02	青岛大学学报(工程技术版)	346	0.459	0.079	0.93	243	0.10	1.70	5.0	4
E02	青岛理工大学学报	658	0.445	0.138	0.93	311	0.10	2.10	6.0	5
E02	清华大学学报(自然科学版)	3684	0.778	0.140	0.98	1434	0.60	9.90	9.5	11
E02	山东大学学报(工学版)	859	0.709	0.071	0.91	484	0.30	3.30	6.5	7
E02	山东科技大学学报(自然科学版)	834	1.031	0.284	0.91	376	0.10	2.60	6.0	6
E02	山东理工大学学报(自然科学版)	410	0.403	0.138	0.97	295	0.10	2.00	6.6	4
E02	陕西理工大学学报(自然科学版)	324	0.531	0.137	0.89	228	0.10	1.60	4.6	4
E02	上海第二工业大学学报	175	0.509	0.089	0.95	131	0.00	0.90	4.5	3
E02	上海工程技术大学学报	287	0.370	0.041	0.97	224	0.10	1.50	6.4	4
E02	上海交通大学学报	2949	0.758	0.084	0.97	1082	0.50	7.50	8.3	8
E02	深圳大学学报(理工版)	450	0.508	0.121	0.89	299	0.10	2.10	5.2	5
E02	沈阳工程学院学报(自然科学版)	360	0.690	0.378	0.83	196	0.00	1.40	5.1	5
E02	沈阳工业大学学报	943	0.984	0.184	0.86	452	0.20	3.10	5.4	6
E02	沈阳理工大学学报	326	0.280	0.038	0.93	237	0.10	1.60	6.1	3
E02	四川理工学院学报(自然科学版)	567	0.557	0.122	0.94	382	0.10	2.60	6.0	5

学科代码	期刊名称	扩展总被引频次	扩展影响因子	扩展即年指标	扩展他引率	扩展引用刊数	扩展学科影响指标	扩展学科扩散指标	扩展被引半衰期	扩展H指标
E02	苏州科技大学学报(工程技术版)	183	0.196	0.040	0.97	140	0.00	1.00	9.3	3
E02	太原理工大学学报	1011	0.431	0.104	0.96	538	0.20	3.70	8.1	6
E02	天津大学学报	1687	0.650	0.107	0.93	797	0.30	5.50	7.5	6
E02	天津工业大学学报	581	0.513	0.093	0.91	323	0.10	2.20	7.4	4
E02	天津科技大学学报	410	0.449	0.119	0.94	280	0.10	1.90	6.2	4
E02	天津理工大学学报	340	0.395	0.013	0.97	263	0.10	1.80	7.2	4
E02	同济大学学报(自然科学版)	4132	0.811	0.091	0.97	1117	0.50	7.70	8.4	11
E02	武汉大学学报(工学版)	1658	0.611	0.081	0.97	671	0.40	4.60	8.7	7
E02	武汉纺织大学学报	470	0.254	0.087	0.97	286	0.10	2.00	9.3	4
E02	武汉工程大学学报	850	0.512	0.060	0.90	500	0.10	3.40	7.1	5
E02	武汉工程职业技术学院学报	277	0.498	0.109	0.88	162	0.00	1.10	3.7	4
E02	武汉科技大学学报(自然科学版)	498	0.462	0.091	0.97	318	0.10	2.20	7.7	4
E02	武汉轻工大学学报	466	0.545	0.122	0.91	296	0.10	2.00	6.1	4
E02	武警工程大学学报	50	0.015	—	0.98	41	0.00	0.30	10.5	2
E02	西安工程大学学报	891	1.032	0.353	0.89	322	0.10	2.20	4.0	5
E02	西安工业大学学报	518	0.283	0.047	0.95	333	0.10	2.30	5.7	5
E02	西安交通大学学报	3543	1.563	0.507	0.77	927	0.50	6.40	5.4	8
E02	西安科技大学学报	1304	0.903	0.136	0.90	478	0.10	3.30	6.2	6
E02	西安理工大学学报	536	0.542	0.049	0.96	342	0.10	2.40	7.6	5
E02	西北工业大学学报	1073	0.607	0.071	0.96	471	0.30	3.20	6.6	5
E02	西华大学学报(自然科学版)	596	0.492	0.248	0.95	396	0.10	2.70	6.1	4
E02	西南交通大学学报	2245	1.160	0.222	0.93	709	0.40	4.90	6.6	10
E02	西南科技大学学报	264	0.309	0.042	1.00	214	0.10	1.50	7.5	3
E02	厦门理工学院学报	221	0.231	0.043	0.97	181	0.00	1.20	4.8	3
E02	徐州工程学院学报(自然科学版)	354	0.527	0.044	0.96	236	0.00	1.60	5.6	5
E02	燕山大学学报	530	0.806	0.025	0.85	305	0.10	2.10	5.5	5
E02	浙江大学学报(工学版)	3031	0.759	0.133	0.95	1101	0.50	7.60	6.6	9
E02	浙江纺织服装职业技术学院学报	292	0.457	0.229	0.93	153	0.00	1.10	5.8	3
E02	浙江工业大学学报	1071	0.809	0.116	0.72	533	0.20	3.70	5.4	6
E02	郑州大学学报(工学版)	844	0.708	0.313	0.86	467	0.20	3.20	5.9	5
E02	中国计量大学学报	334	0.389	0.079	0.86	229	0.10	1.60	6.4	4
E02	中南大学学报(自然科学版)	5537	0.827	0.059	0.94	1271	0.60	8.80	5.8	10
E02	中原工学院学报	285	0.266	0.117	0.97	209	0.10	1.40	6.3	4

学科代码	期刊名称	扩展总被引频次	扩展影响因子	扩展即年指标	扩展他引率	扩展引用刊数	扩展学科影响指标	扩展学科扩散指标	扩展被引半衰期	扩展H指标
E03	Engineering	334	1.071	0.242	0.93	237	0.10	3.20	2.4	6
E03	Frontiers of Information Technology & Electronic Engineering	288	0.446	0.200	0.81	158	0.10	2.20	2.8	5
E03	IEEE/CAA Journal of Automatica Sinica	292	1.314	0.256	0.69	91	0.20	1.20	2.1	6
E03	International Journal of Automation & computing	304	0.605	0.145	0.65	130	0.20	1.80	4.1	5
E03	Journal of Electronic Science and Technology of China	44	0.036	0.026	0.89	37	0.00	0.50	6.8	2
E03	Optoelectronics Letters	206	0.352	0.069	0.77	78	0.00	1.10	3.7	3
E03	Science China Information Sciences	898	0.441	0.085	0.87	287	0.30	3.90	4.5	7
E03	The Journal of China Universities of Posts and Telecommunications	188	0.345	0.031	0.97	101	0.10	1.40	5.0	3
E03	ZTE Communications	44	0.242	—	0.91	33	0.10	0.50	4.0	3
E03	磁性材料及器件	380	0.274	0.033	0.84	204	0.10	2.80	7.1	5
E03	当代电视	743	0.232	0.138	0.99	201	0.10	2.80	2.8	4
E03	电脑与电信	600	0.376	0.061	0.99	242	0.20	3.30	3.2	6
E03	电气电子教学学报	1483	0.692	0.095	0.86	333	0.20	4.60	5.9	6
E03	电信技术	702	0.507	0.077	0.94	210	0.30	2.90	3.5	5
E03	电信快报	310	0.446	0.208	0.95	126	0.20	1.70	3.5	4
E03	光纤与电缆及其应用技术	193	0.230	0.037	0.87	104	0.10	1.40	7.5	3
E03	广播电视信息	554	0.318	0.114	0.94	148	0.20	2.00	3.1	4
E03	广播与电视技术	922	0.405	0.193	0.88	148	0.20	2.00	4.1	6
E03	红外	341	0.269	0.083	0.91	197	0.10	2.70	6.8	3
E03	机电产品开发与创新	911	0.237	0.054	0.99	435	0.30	6.00	7.1	5
E03	机电一体化	1209	0.557	0.114	0.98	488	0.40	6.70	6.5	5
E03	机器人	2087	1.959	0.226	0.93	494	0.30	6.80	6.7	10
E03	机器人技术与应用	494	0.905	0.098	0.99	255	0.20	3.50	9.1	6
E03	集成电路应用	358	0.532	0.183	0.60	110	0.10	1.50	1.8	6
E03	计算机测量与控制	4567	0.697	0.119	0.89	969	0.50	13.30	4.3	8
E03	计算技术与自动化	434	0.434	0.024	0.96	268	0.20	3.70	5.4	5
E03	舰船电子对抗	522	0.313	0.063	0.90	166	0.20	2.30	6.0	4
E03	江苏通信	100	0.151	—	0.99	62	0.20	0.80	3.7	2
E03	决策与信息(上旬刊)	302	0.348	0.157	0.98	197	0.00	2.70	2.5	3

学科代码	期刊名称	扩展总被引频次	扩展影响因子	扩展即年指标	扩展他引率	扩展引用刊数	扩展学科影响指标	扩展学科扩散指标	扩展被引半衰期	扩展H指标
E03	决策咨询	282	0.338	0.150	0.98	199	0.00	2.70	3.5	3
E03	科学与信息化	895	0.123	0.023	0.97	210	0.20	2.90	1.5	4
E03	控制工程	2413	0.837	0.051	0.81	673	0.40	9.20	4.9	10
E03	雷达与对抗	220	0.313	0.030	0.94	110	0.20	1.50	6.4	4
E03	模式识别与人工智能	1500	1.302	0.133	0.91	499	0.30	6.80	5.1	10
E03	山西电子技术	396	0.302	0.038	0.98	221	0.20	3.00	4.7	4
E03	深空探测学报	149	0.612	0.095	0.54	45	0.00	0.60	2.5	4
E03	数字传媒研究	306	0.291	0.075	0.99	93	0.10	1.30	2.6	4
E03	数字技术与应用	4102	0.452	0.101	0.98	741	0.50	10.20	3.2	9
E03	数字教育	382	1.328	0.177	0.97	184	0.00	2.50	2.2	7
E03	数字通信世界	2566	0.275	0.239	0.96	374	0.30	5.10	1.6	7
E03	网络空间安全	942	0.713	0.176	0.83	272	0.30	3.70	3.8	6
E03	系统仿真技术	190	0.440	0.032	0.93	138	0.20	1.90	4.8	4
E03	系统仿真学报	4706	0.638	0.089	0.89	1138	0.50	15.60	9.0	10
E03	现代电影技术	248	0.237	0.121	0.77	91	0.10	1.20	4.4	3
E03	现代信息科技	414	—	0.203	0.91	139	0.10	1.90	1.1	5
E03	信息安全与通信保密	740	0.637	0.125	0.98	307	0.30	4.20	4.9	6
E03	信息化研究	384	0.326	0.055	0.99	203	0.20	2.80	8.5	4
E03	信息技术	1830	0.461	0.172	0.97	676	0.40	9.30	4.6	6
E03	信息技术与信息化	1381	0.538	0.147	0.98	483	0.30	6.60	3.4	8
E03	信息通信技术与政策	701	0.689	0.142	0.98	279	0.30	3.80	2.9	7
E03	信息系统工程	2726	0.493	0.133	0.98	602	0.30	8.20	2.8	8
E03	遥测遥控	271	0.343	0.070	0.92	157	0.20	2.20	5.4	3
E03	印制电路信息	562	0.315	0.086	0.49	127	0.10	1.70	5.8	4
E03	应用科技	533	0.533	0.099	0.96	343	0.20	4.70	7.1	5
E03	有线电视技术	536	0.244	0.095	0.92	115	0.20	1.60	3.7	4
E03	制造业自动化	2897	0.441	0.117	0.94	790	0.40	10.80	5.5	7
E03	智能城市	6802	—	0.459	0.99	428	0.20	5.90	1.8	17
E03	智能系统学报	858	1.151	0.346	0.91	385	0.30	5.30	4.0	8
E03	中国电视	722	0.485	0.206	0.89	177	0.10	2.40	3.5	4
E03	中国电子科学研究院学报	708	0.710	0.173	0.92	297	0.40	4.10	5.0	7
E03	中国广播	695	0.409	0.333	0.89	181	0.10	2.50	2.9	5
E03	中国信息安全	534	0.825	0.461	1.00	260	0.20	3.60	2.5	5

学科代码	期刊名称	扩展总被引频次	扩展影响因子	扩展即年指标	扩展他引率	扩展引用刊数	扩展学科影响指标	扩展学科扩散指标	扩展被引半衰期	扩展H指标
E03	中国信息化	542	0.762	0.192	1.00	271	0.20	3.70	3.6	5
E03	中国信息技术教育	2658	0.295	0.082	0.98	500	0.20	6.80	4.5	13
E03	中文信息学报	1725	0.843	0.075	0.84	338	0.30	4.60	6.6	10
E03	自动化博览	626	0.465	0.164	0.98	279	0.20	3.80	5.4	6
E03	自动化技术与应用	1477	0.556	0.092	0.96	563	0.30	7.70	4.7	6
E03	自动化学报	5420	4.291	0.310	0.90	1105	0.60	15.10	4.7	21
E03	自动化应用	1058	0.380	0.132	0.98	334	0.20	4.60	2.5	5
E03	自动化与信息工程	146	0.220	0.083	0.99	110	0.10	1.50	5.6	3
E03	自动化与仪器仪表	3298	0.795	0.212	0.89	736	0.40	10.10	2.7	10
E04	化学与生物工程	1062	0.485	0.105	0.96	532	0.70	88.70	7.4	7
E04	生物工程学报	1341	0.697	0.250	0.93	533	0.80	88.80	7.2	7
E04	生物技术通报	2404	0.768	0.181	0.94	678	0.80	113.00	5.1	8
E04	生物加工过程	348	0.463	0.143	0.96	200	0.80	33.30	5.7	4
E04	中国生物工程杂志	1505	0.794	0.094	0.96	618	0.80	103.00	6.5	8
E05	International Soil and Water Conservation Research	27	—	0.028	1.00	19	0.10	0.30	2.9	1
E05	保鲜与加工	1253	1.197	0.151	0.83	260	0.20	4.70	5.2	7
E05	当代农机	252	0.431	0.176	0.93	97	0.40	1.80	4.0	3
E05	福建农机	92	0.209	0.022	0.91	57	0.10	1.00	5.2	2
E05	灌溉排水学报	2475	1.204	0.281	0.76	395	0.40	7.20	6.1	7
E05	广西农业机械化	119	0.180	0.057	0.98	54	0.30	1.00	3.9	3
E05	河北农机	749	0.302	0.253	0.97	206	0.30	3.70	2.1	6
E05	江苏农机化	141	0.113	0.042	0.99	74	0.30	1.30	5.6	3
E05	节水灌溉	2144	0.884	0.126	0.83	458	0.50	8.30	5.2	8
E05	菌物研究	396	1.064	0.528	0.80	150	0.10	2.70	5.9	5
E05	木材加工机械	409	0.389	0.092	0.77	123	0.10	2.20	6.8	3
E05	南方农机	7332	1.198	0.353	0.80	501	0.40	9.10	1.5	20
E05	农产品加工(上半月)	1913	0.555	0.107	0.97	526	0.30	9.60	6.4	6
E05	农产品加工(下半月)	969	0.468	0.058	0.96	359	0.20	6.50	3.9	5
E05	农村牧区机械化	182	0.232	0.019	0.98	81	0.30	1.50	5.2	4
E05	农机化研究	5917	0.974	0.541	0.79	904	0.80	16.40	5.6	10
E05	农机科技推广	330	0.191	0.026	0.99	126	0.40	2.30	4.6	4
E05	农机使用与维修	762	0.190	0.086	0.94	196	0.40	3.60	3.2	5

学科代码	期刊名称	扩展总被引频次	扩展影响因子	扩展即年指标	扩展他引率	扩展引用刊数	扩展学科影响指标	扩展学科扩散指标	扩展被引半衰期	扩展H指标
E05	农机质量与监督	114	0.141	0.047	1.00	56	0.30	1.00	4.1	2
E05	农业工程	1075	0.587	0.123	0.92	394	0.70	7.20	3.9	7
E05	农业工程技术	807	0.427	0.068	0.93	248	0.30	4.50	1.9	5
E05	农业工程学报	28552	2.616	0.362	0.86	1844	0.90	33.50	5.8	24
E05	农业环境科学学报	7928	1.887	0.223	0.92	966	0.50	17.60	7.0	18
E05	农业机械学报	12583	2.268	0.439	0.82	1256	0.80	22.80	5.1	18
E05	农业开发与装备	2377	0.344	0.144	0.94	447	0.50	8.10	2.2	7
E05	农业科技与装备	1107	0.357	0.028	0.97	418	0.60	7.60	5.1	7
E05	农业现代化研究	2855	2.106	0.605	0.94	799	0.50	14.50	5.3	12
E05	农业装备技术	332	0.235	0.035	0.97	150	0.40	2.70	7.0	5
E05	农业装备与车辆工程	687	0.296	0.020	0.93	287	0.30	5.20	5.5	4
E05	排灌机械工程学报	1541	1.137	0.198	0.88	381	0.40	6.90	4.9	6
E05	热带农业工程	297	0.234	—	0.95	185	0.20	3.40	5.8	4
E05	山西水土保持科技	172	0.235	0.056	0.99	105	0.10	1.90	7.2	3
E05	生态与农村环境学报	2118	1.458	0.153	0.93	632	0.40	11.50	6.0	9
E05	时代农机	2547	0.407	0.095	0.98	523	0.40	9.50	2.4	9
E05	水土保持通报	3682	0.955	0.124	0.93	703	0.40	12.80	6.3	8
E05	水土保持学报	7805	1.630	0.209	0.90	762	0.40	13.90	7.9	13
E05	水土保持研究	5186	1.537	0.289	0.93	842	0.50	15.30	5.8	10
E05	水土保持应用技术	1476	2.161	0.095	0.90	172	0.20	3.10	4.3	19
E05	四川农业与农机	180	0.195	0.110	0.98	90	0.20	1.60	3.4	3
E05	拖拉机与农用运输车	327	0.169	0.080	0.90	150	0.30	2.70	9.1	3
E05	现代化农业	896	0.246	0.079	0.97	367	0.50	6.70	5.7	4
E05	现代农机	139	0.169	0.068	0.91	69	0.30	1.30	3.5	3
E05	现代农业装备	251	0.306	0.116	0.96	122	0.40	2.20	5.2	4
E05	新疆农机化	310	0.312	0.065	0.93	116	0.30	2.10	5.9	4
E05	新疆农垦经济	441	0.398	0.108	0.95	250	0.10	4.50	4.5	4
E05	新疆农垦科技	583	0.217	0.035	0.92	236	0.40	4.30	4.8	4
E05	亚热带水土保持	334	0.517	0.041	0.93	160	0.20	2.90	7.4	4
E05	中国农村水利水电	3460	0.655	0.064	0.90	708	0.40	12.90	6.0	8
E05	中国农机化学报	2306	0.693	0.264	0.89	613	0.70	11.10	4.3	8
E05	中国农垦	172	0.055	0.038	1.00	105	0.10	1.90	4.5	3
E05	中国农业文摘-农业工程	134	0.237	0.270	0.98	79	0.10	1.40	1.4	3

学科代码	期刊名称	扩展总被引频次	扩展影响因子	扩展即年指标	扩展他引率	扩展引用刊数	扩展学科影响指标	扩展学科扩散指标	扩展被引半衰期	扩展H指标
E05	中国水土保持科学	1847	1.430	0.083	0.93	430	0.40	7.80	7.0	9
E05	中国沼气	924	0.835	0.149	0.79	255	0.30	4.60	5.9	7
E06	北京生物医学工程	543	0.640	0.083	0.95	297	0.70	27.00	5.0	5
E06	国际生物医学工程杂志	249	0.370	0.021	0.95	179	0.50	16.30	5.2	4
E06	生物医学工程学杂志	1157	0.653	0.056	0.96	590	0.90	53.60	6.0	6
E06	生物医学工程研究	294	0.705	0.037	0.84	180	0.70	16.40	4.8	3
E06	生物医学工程与临床	633	0.752	0.196	0.97	323	0.60	29.40	3.6	6
E06	中国生物医学工程学报	752	0.899	0.104	0.93	410	0.70	37.30	5.8	6
E06	中国生物制品学杂志	1281	0.552	0.149	0.86	444	0.50	40.40	5.0	7
E06	中国医药生物技术	373	0.582	0.106	0.94	260	0.40	23.60	3.8	4
E06	中国疫苗和免疫	2473	2.248	0.260	0.85	261	0.30	23.70	4.8	14
E06	中国组织工程研究	15778	1.653	0.191	0.94	1486	0.90	135.10	5.0	18
E06	中华生物医学工程杂志	449	0.653	0.011	0.95	251	0.40	22.80	4.3	7
E07	Geodesy and Geodynamics	106	0.353	0.262	0.68	42	0.30	1.70	2.8	3
E07	北京测绘	1576	1.156	0.285	0.62	308	0.70	12.30	3.7	7
E07	测绘	335	0.392	0.015	0.97	153	0.80	6.10	6.3	4
E07	测绘标准化	218	0.594	0.054	0.90	79	0.60	3.20	3.8	4
E07	测绘工程	1643	1.034	0.192	0.91	475	0.90	19.00	4.7	8
E07	测绘技术装备	392	0.455	0.100	0.95	150	0.60	6.00	4.9	5
E07	测绘科学	4280	1.175	0.238	0.92	852	0.90	34.10	5.9	11
E07	测绘科学技术学报	1050	0.700	0.042	0.84	286	0.90	11.40	5.9	6
E07	测绘通报	5773	1.768	0.265	0.89	829	1.00	33.20	4.7	12
E07	测绘学报	4210	1.991	0.120	0.88	598	1.00	23.90	5.4	14
E07	测绘与空间地理信息	4116	0.833	0.173	0.90	745	0.90	29.80	3.9	12
E07	导航定位学报	294	0.489	0.146	0.87	126	0.60	5.00	3.7	5
E07	导航定位与授时	294	1.119	0.229	0.62	84	0.30	3.40	2.0	5
E07	地矿测绘	304	0.484	0.068	0.95	147	0.50	5.90	6.6	5
E07	地理空间信息	1931	0.633	0.119	0.89	536	0.90	21.40	5.0	8
E07	国土资源遥感	1870	1.474	0.229	0.89	530	0.80	21.20	5.8	10
E07	海洋测绘	991	0.694	0.062	0.74	251	0.70	10.00	6.9	7
E07	江西测绘	288	0.444	0.080	0.99	106	0.40	4.20	4.2	5
E07	全球定位系统	607	0.468	0.076	0.86	216	0.80	8.60	5.6	5
E07	武汉大学学报(信息科学版)	5166	1.365	0.165	0.86	856	1.00	34.20	7.0	14

学科代码	期刊名称	扩展总被引频次	扩展影响因子	扩展即年指标	扩展他引率	扩展引用刊数	扩展学科影响指标	扩展学科扩散指标	扩展被引半衰期	扩展H指标
E07	现代测绘	720	0.846	0.118	0.88	226	0.80	9.00	4.7	6
E07	遥感技术与应用	2106	1.025	0.107	0.90	554	0.80	22.20	7.2	9
E07	遥感信息	1324	0.757	0.026	0.95	459	0.90	18.40	7.0	8
E07	遥感学报	3535	2.849	0.228	0.94	668	0.90	26.70	8.5	15
E08	China’s Refractories	22	0.086	—	0.68	13	0.10	0.20	3.7	2
E08	Frontiers of Materials Science	79	0.230	0.073	0.82	45	0.10	0.90	4.2	2
E08	International Journal of Plant Engineering and Management	22	0.109	—	1.00	21	—	0.40	4.5	2
E08	Journal of Materials Science & Technology	658	0.472	0.077	0.97	239	0.40	4.60	4.4	4
E08	Journal of Rare Earths	1398	1.303	0.160	0.63	275	0.50	5.30	4.5	5
E08	Journal of Wuhan University of Technology (Materials Science Edition)	525	0.216	0.013	0.77	223	0.40	4.30	5.6	3
E08	Nano Research	1432	0.872	0.165	0.50	242	0.40	4.70	3.0	4
E08	玻璃	410	0.251	0.101	0.76	137	0.20	2.60	7.2	4
E08	玻璃钢/复合材料	1224	0.594	0.059	0.80	369	0.40	7.10	5.1	6
E08	玻璃纤维	263	0.409	0.021	0.71	111	0.20	2.10	8.0	4
E08	玻璃与搪瓷	265	0.250	0.017	0.88	113	0.20	2.20	10.2	3
E08	材料保护	1685	0.509	0.019	0.84	418	0.40	8.00	8.9	5
E08	材料导报	6864	0.918	0.129	0.93	1195	0.80	23.00	6.3	10
E08	材料工程	2677	1.386	0.199	0.85	571	0.70	11.00	6.5	9
E08	材料开发与应用	630	0.303	0.073	0.91	309	0.50	5.90	8.1	5
E08	材料科学与工程学报	1607	0.620	0.083	0.77	532	0.60	10.20	7.5	7
E08	材料科学与工艺	1447	0.921	0.175	0.98	415	0.50	8.00	9.3	5
E08	材料热处理学报	2673	0.697	0.112	0.88	388	0.50	7.50	5.2	6
E08	材料研究学报	888	0.606	0.105	0.92	359	0.50	6.90	6.9	5
E08	电工材料	275	0.476	0.143	0.92	116	0.20	2.20	6.8	5
E08	腐蚀科学与防护技术	1297	0.749	0.058	0.91	327	0.40	6.30	9.1	7
E08	腐蚀与防护	1769	0.588	0.067	0.88	402	0.40	7.70	6.9	7
E08	腐植酸	423	0.495	0.194	0.65	117	0.00	2.20	6.3	5
E08	复合材料学报	3533	1.166	0.245	0.71	593	0.50	11.40	5.5	10
E08	高分子材料科学与工程	2947	0.724	0.089	0.90	579	0.50	11.10	6.6	7
E08	功能材料	3563	0.576	0.119	0.93	899	0.70	17.30	5.5	6
E08	合成材料老化与应用	475	0.383	0.084	0.92	209	0.30	4.00	4.9	5

学科代码	期刊名称	扩展总被引频次	扩展影响因子	扩展即年指标	扩展他引率	扩展引用刊数	扩展学科影响指标	扩展学科扩散指标	扩展被引半衰期	扩展H指标
E08	合成润滑材料	232	0.381	—	0.90	90	0.10	1.70	8.8	3
E08	化工新型材料	3234	0.464	0.098	0.87	730	0.60	14.00	4.6	6
E08	化学推进剂与高分子材料	551	0.360	0.167	0.86	228	0.20	4.40	7.9	4
E08	绝缘材料	1272	0.873	0.120	0.71	286	0.40	5.50	4.8	7
E08	耐火材料	1081	1.143	0.205	0.48	152	0.30	2.90	6.2	5
E08	耐火与石灰	117	0.059	0.011	0.95	52	0.10	1.00	11.5	2
E08	全面腐蚀控制	824	0.561	0.155	0.90	249	0.20	4.80	3.6	6
E08	人工晶体学报	1642	0.489	0.046	0.80	442	0.50	8.50	4.4	6
E08	人造纤维	48	0.161	0.028	0.98	32	0.00	0.60	7.2	2
E08	润滑油	453	0.359	0.025	0.90	148	0.10	2.80	9.1	5
E08	散装水泥	39	0.054	—	1.00	20	—	0.40	7.1	2
E08	石材	207	0.191	0.058	0.77	88	0.00	1.70	6.7	3
E08	无机材料学报	1656	0.778	0.120	0.90	470	0.60	9.00	6.7	6
E08	稀土	1186	0.726	0.100	0.74	303	0.30	5.80	6.5	8
E08	纤维复合材料	351	0.286	—	0.98	180	0.30	3.50	11.4	5
E08	纤维素科学与技术	312	0.511	0.214	0.95	166	0.20	3.20	10.2	4
E08	新材料产业	764	0.540	0.171	0.98	434	0.40	8.30	5.3	7
E08	新型炭材料	715	0.840	0.056	0.89	267	0.50	5.10	7.2	7
E08	信息记录材料	2921	0.757	0.694	0.99	496	0.20	9.50	1.1	11
E08	中国材料进展	1210	0.690	0.084	0.97	452	0.50	8.70	6.2	11
E08	中国腐蚀与防护学报	1142	1.040	0.076	0.90	269	0.40	5.20	8.8	7
E08	中国稀土学报	1197	1.169	0.163	0.80	354	0.40	6.80	8.9	7
E08	资源再生	170	0.304	0.186	1.00	115	0.00	2.20	5.7	3
E09	Acta Metallurgica Sinica	418	0.360	0.034	0.95	129	0.50	3.00	4.8	4
E09	International Journal of Minerals, Metallurgy and Materials	588	0.338	0.061	0.81	195	0.60	4.50	5.7	4
E09	Journal of Iron and Steel Research, International	973	0.701	0.020	0.78	195	0.50	4.50	5.1	4
E09	Rare Metals	615	0.625	0.042	0.79	185	0.50	4.30	4.8	4
E09	Transactions of Nonferrous Metals Society of China	4426	1.095	0.124	0.81	587	0.80	13.70	5.3	9
E09	材料研究与应用	333	0.402	0.052	0.97	184	0.40	4.30	8.7	4
E09	粉末冶金材料科学与工程	587	0.308	0.023	0.94	224	0.60	5.20	6.7	5

学科代码	期刊名称	扩展总被引频次	扩展影响因子	扩展即年指标	扩展他引率	扩展引用刊数	扩展学科影响指标	扩展学科扩散指标	扩展被引半衰期	扩展H指标
E09	钢结构	1506	0.693	0.161	0.81	316	0.00	7.30	5.9	7
E09	钢铁	3074	1.656	0.301	0.82	385	0.60	9.00	7.6	9
E09	钢铁钒钛	666	0.421	0.040	0.80	169	0.50	3.90	6.2	4
E09	钢铁研究学报	1614	0.845	0.103	0.86	326	0.60	7.60	7.6	6
E09	贵金属	547	0.805	0.167	0.71	153	0.40	3.60	6.3	5
E09	湖南有色金属	598	0.261	0.078	0.95	221	0.50	5.10	8.3	5
E09	黄金	1353	0.592	0.143	0.86	301	0.50	7.00	7.3	6
E09	黄金科学技术	741	0.772	0.189	0.84	181	0.30	4.20	5.4	5
E09	金属功能材料	575	0.827	0.136	0.75	175	0.40	4.10	7.0	6
E09	金属学报	3509	1.058	0.192	0.89	477	0.70	11.10	8.5	9
E09	宽厚板	198	0.268	0.025	0.89	80	0.20	1.90	8.5	3
E09	南方金属	211	0.198	0.021	0.97	140	0.30	3.30	7.8	3
E09	轻金属	1028	0.426	0.053	0.83	258	0.50	6.00	9.4	4
E09	上海金属	529	0.376	0.027	0.82	160	0.40	3.70	9.0	5
E09	世界有色金属	4916	0.737	0.201	0.85	470	0.60	10.90	1.6	12
E09	四川有色金属	259	0.336	0.200	0.89	141	0.30	3.30	6.8	4
E09	钛工业进展	602	0.670	0.125	0.89	178	0.50	4.10	7.5	6
E09	特殊钢	677	0.382	0.056	0.92	168	0.30	3.90	9.6	5
E09	铁合金	249	0.178	0.045	0.70	84	0.30	2.00	8.2	3
E09	五金科技	14	0.083	—	0.93	12	0.00	0.30	13.5	1
E09	稀有金属	1962	1.245	0.102	0.89	415	0.70	9.70	6.5	8
E09	稀有金属材料与工程	4513	0.503	0.046	0.85	611	0.70	14.20	7.2	9
E09	稀有金属与硬质合金	486	0.351	0.052	0.88	187	0.50	4.30	8.2	4
E09	新疆钢铁	114	0.179	—	0.96	63	0.10	1.50	6.4	2
E09	新疆有色金属	727	0.328	0.086	0.96	232	0.30	5.40	5.9	5
E09	硬质合金	458	0.593	0.115	0.66	121	0.30	2.80	8.2	4
E09	有色金属材料与工程	275	0.556	0.048	0.89	142	0.30	3.30	6.8	5
E09	有色金属工程	1074	0.710	0.084	0.94	330	0.70	7.70	8.3	6
E09	有色金属科学与工程	999	0.904	0.221	0.76	264	0.60	6.10	5.1	7
E09	有色金属设计	192	0.359	0.162	0.98	103	0.20	2.40	5.7	3
E09	中国钢铁业	97	0.143	—	1.00	64	0.10	1.50	6.2	2
E09	中国锰业	699	0.618	0.125	0.78	202	0.30	4.70	2.6	6
E09	中国钼业	413	0.361	0.053	0.80	134	0.40	3.10	8.3	4

学科代码	期刊名称	扩展总被引频次	扩展影响因子	扩展即年指标	扩展他引率	扩展引用刊数	扩展学科影响指标	扩展学科扩散指标	扩展被引半衰期	扩展H指标
E09	中国钨业	530	0.714	0.079	0.77	151	0.50	3.50	6.7	5
E09	中国有色金属	255	—	0.099	1.00	144	0.30	3.30	3.5	3
E09	中国有色金属学报	5021	0.955	0.041	0.87	687	0.80	16.00	7.2	10
E10	International Journal of Mining Science and Technology	952	0.748	0.089	0.81	258	0.50	6.40	5.3	5
E10	安徽理工大学学报(自然科学版)	303	0.251	0.011	0.97	198	0.40	5.00	8.2	3
E10	采矿技术	1006	0.527	0.060	0.87	247	0.70	6.20	6.4	5
E10	采矿与安全工程学报	4419	1.777	0.139	0.91	337	0.70	8.40	6.3	15
E10	当代矿工	56	0.015	0.003	1.00	34	—	0.80	7.6	2
E10	非金属矿	1178	0.708	0.073	0.84	338	0.40	8.40	6.9	5
E10	工矿自动化	2307	1.197	0.347	0.85	442	0.60	11.00	4.5	10
E10	金属矿山	4575	0.940	0.183	0.85	622	0.90	15.60	6.4	9
E10	勘察科学技术	599	0.497	0.125	0.96	282	0.30	7.00	8.0	5
E10	矿产保护与利用	882	1.157	0.178	0.77	221	0.50	5.50	5.6	6
E10	矿产勘查	922	0.619	0.043	0.88	281	0.40	7.00	7.6	6
E10	矿产与地质	1236	0.518	0.036	0.87	223	0.40	5.60	10.4	6
E10	矿产综合利用	852	0.767	0.055	0.88	228	0.40	5.70	5.9	6
E10	矿山测量	825	0.650	0.076	0.86	241	0.40	6.00	5.3	5
E10	矿山机械	1930	0.369	0.121	0.92	438	0.60	11.00	7.5	5
E10	矿物学报	2244	1.169	0.131	0.89	381	0.50	9.50	9.2	9
E10	矿业安全与环保	2086	1.263	0.164	0.84	309	0.80	7.70	6.0	8
E10	矿业工程	584	0.343	0.053	0.98	242	0.70	6.00	8.0	4
E10	矿业工程研究	235	0.400	0.018	0.91	118	0.40	3.00	6.1	4
E10	矿业研究与开发	1751	0.860	0.116	0.80	348	0.70	8.70	4.5	6
E10	矿业装备	215	0.444	0.134	1.00	86	0.20	2.20	2.9	4
E10	露天采矿技术	953	0.420	0.070	0.68	235	0.60	5.90	5.0	5
E10	煤矿安全	5113	0.788	0.152	0.82	417	0.60	10.40	5.0	10
E10	煤矿爆破	163	0.359	0.047	0.90	67	0.20	1.70	8.1	2
E10	煤矿机电	834	0.401	0.070	0.90	198	0.40	5.00	6.0	5
E10	煤矿机械	4958	0.420	0.080	0.87	669	0.60	16.70	6.3	7
E10	煤矿开采	1717	0.841	0.142	0.91	216	0.60	5.40	6.4	8
E10	煤矿现代化	983	0.527	0.223	0.98	197	0.50	4.90	3.8	5
E10	煤田地质与勘探	2478	1.178	0.250	0.85	401	0.70	10.00	7.3	10

学科代码	期刊名称	扩展总被引频次	扩展影响因子	扩展即年指标	扩展他引率	扩展引用刊数	扩展学科影响指标	扩展学科扩散指标	扩展被引半衰期	扩展H指标
E10	神华科技	428	0.320	0.038	0.95	169	0.30	4.20	4.2	4
E10	探矿工程-岩土钻掘工程	1969	0.962	0.152	0.65	336	0.40	8.40	5.8	8
E10	西部探矿工程	2768	0.296	0.141	0.95	587	0.70	14.70	8.0	8
E10	现代矿业	1970	0.397	0.055	0.78	371	0.80	9.30	3.4	7
E10	铀矿冶	292	0.375	0.086	0.70	112	0.30	2.80	8.7	4
E10	有色金属(矿山部分)	752	0.572	0.180	0.91	201	0.60	5.00	5.7	5
E10	有色金属(选矿部分)	994	0.905	0.151	0.86	155	0.40	3.90	5.7	5
E10	凿岩机械气动工具	126	0.198	0.023	0.85	80	0.10	2.00	7.9	3
E10	中国非金属矿工业导刊	558	0.352	0.065	0.94	233	0.40	5.80	7.8	5
E10	中国矿业	3951	1.307	0.357	0.87	777	0.90	19.40	4.9	10
E10	中国矿业大学学报	4669	2.403	0.599	0.91	764	0.80	19.10	7.7	14
E11	Baosteel Technical Research	31	0.069	—	0.94	25	0.00	0.50	6.5	1
E11	安徽冶金科技职业学院学报	316	0.449	0.068	0.95	170	0.30	3.50	4.2	4
E11	鞍钢技术	350	0.201	0.031	0.94	148	0.60	3.10	9.3	4
E11	包钢科技	345	0.169	0.025	0.97	190	0.40	4.00	7.8	3
E11	材料与冶金学报	326	0.306	0.080	0.97	184	0.50	3.80	8.8	5
E11	粉末冶金工业	825	1.295	0.260	0.59	176	0.30	3.70	5.0	6
E11	粉末冶金技术	520	0.645	0.053	0.73	163	0.20	3.40	7.3	5
E11	福建冶金	33	0.138	0.018	0.97	21	0.10	0.40	1.6	2
E11	甘肃冶金	496	0.205	0.069	0.96	214	0.50	4.50	6.3	3
E11	河北冶金	681	0.275	0.079	0.65	189	0.60	3.90	6.0	4
E11	河南冶金	236	0.178	0.028	0.98	128	0.50	2.70	7.6	3
E11	江西冶金	182	0.107	0.026	0.98	104	0.50	2.20	9.2	3
E11	金属材料与冶金工程	322	0.228	0.029	0.98	178	0.70	3.70	7.9	4
E11	矿冶	888	0.675	0.102	0.89	275	0.60	5.70	6.8	5
E11	矿冶工程	1772	0.790	0.108	0.83	379	0.60	7.90	6.7	6
E11	昆明冶金高等专科学校学报	426	0.704	0.042	0.96	229	0.10	4.80	3.9	5
E11	理化检验-化学分册	2454	0.759	0.134	0.88	579	0.30	12.10	5.6	7
E11	理化检验-物理分册	1133	0.708	0.097	0.65	332	0.40	6.90	5.2	5
E11	连铸	474	0.935	0.097	0.54	79	0.50	1.60	4.2	4
E11	炼铁	425	0.401	0.089	0.72	75	0.50	1.60	7.2	4
E11	山东冶金	406	0.153	0.030	0.95	193	0.50	4.00	8.3	4
E11	山西冶金	389	0.221	0.065	0.95	186	0.70	3.90	4.4	5

学科代码	期刊名称	扩展总被引频次	扩展影响因子	扩展即年指标	扩展他引率	扩展引用刊数	扩展学科影响指标	扩展学科扩散指标	扩展被引半衰期	扩展H指标
E11	烧结球团	514	0.497	0.099	0.69	103	0.50	2.10	8.0	5
E11	湿法冶金	681	0.661	0.132	0.79	187	0.40	3.90	5.6	4
E11	四川冶金	251	0.140	0.042	0.96	148	0.60	3.10	9.9	3
E11	特钢技术	217	0.200	0.015	0.95	115	0.50	2.40	8.6	3
E11	天津冶金	203	0.131	0.010	0.95	116	0.50	2.40	6.7	3
E11	铜业工程	498	0.353	0.036	0.88	211	0.40	4.40	6.2	4
E11	武汉冶金管理干部学院学报	189	0.349	0.103	1.00	122	—	2.50	3.0	4
E11	现代冶金	237	0.116	0.040	0.97	136	0.50	2.80	8.8	3
E11	冶金分析	1976	1.159	0.164	0.77	364	0.60	7.60	5.5	8
E11	冶金能源	437	0.529	0.042	0.83	190	0.50	4.00	6.9	5
E11	冶金设备	434	0.345	0.112	0.91	177	0.50	3.70	7.4	3
E11	冶金设备管理与维修	58	0.056	—	0.98	38	0.10	0.80	4.0	2
E11	冶金与材料	199	0.118	0.073	0.98	120	0.40	2.50	4.8	3
E11	冶金自动化	615	0.707	0.096	0.70	196	0.50	4.10	5.6	5
E11	有色金属(冶炼部分)	1104	0.569	0.096	0.79	215	0.60	4.50	5.3	6
E11	有色矿冶	539	0.324	0.055	0.94	221	0.40	4.60	9.9	4
E11	有色冶金节能	183	0.327	0.111	0.97	107	0.20	2.20	4.9	3
E11	有色冶金设计与研究	428	0.290	0.054	0.95	192	0.40	4.00	7.1	4
E11	云南冶金	608	0.608	0.051	0.86	234	0.50	4.90	7.8	5
E11	轧钢	1046	1.004	0.167	0.65	169	0.60	3.50	5.7	6
E11	中国金属通报	522	—	0.036	0.95	208	0.30	4.30	2.3	6
E11	中国矿山工程	468	0.302	0.067	0.95	169	0.30	3.50	7.5	5
E11	中国冶金	1444	1.496	0.472	0.76	240	0.70	5.00	3.7	7
E11	中国有色冶金	605	0.449	0.074	0.91	157	0.50	3.30	7.5	5
E12	Journal of Bionic Engineering	335	0.485	0.098	0.64	128	0.30	2.80	5.4	4
E12	Nanotechnology and Precision Engineering	303	0.515	0.029	0.98	194	0.40	4.30	5.2	4
E12	电子机械工程	537	0.422	0.022	0.80	225	0.50	5.00	7.7	4
E12	发电技术	596	0.542	1.132	0.73	217	0.20	4.80	4.4	7
E12	钢管	848	0.746	0.044	0.37	114	0.20	2.50	7.4	5
E12	工程设计学报	710	0.864	0.062	0.95	338	0.60	7.50	5.7	7
E12	国防制造技术	124	0.339	—	0.98	80	0.10	1.80	3.8	3
E12	机电工程	1882	0.792	0.100	0.96	629	0.70	14.00	4.8	9
E12	机电设备	204	0.210	0.024	0.98	141	0.30	3.10	8.3	3

学科代码	期刊名称	扩展总被引频次	扩展影响因子	扩展即年指标	扩展他引率	扩展引用刊数	扩展学科影响指标	扩展学科扩散指标	扩展被引半衰期	扩展H指标
E12	机电元件	233	0.247	0.043	0.91	102	0.20	2.30	8.9	4
E12	机械	943	0.463	0.056	0.87	387	0.60	8.60	7.0	6
E12	机械传动	2024	0.517	0.078	0.80	437	0.60	9.70	4.7	7
E12	机械工程材料	1522	0.463	0.073	0.89	419	0.50	9.30	7.5	5
E12	机械工程师	2191	0.218	0.050	0.92	657	0.80	14.60	5.1	5
E12	机械工程学报	12724	1.570	0.172	0.89	1320	0.80	29.30	6.3	18
E12	机械工程与自动化	1556	0.344	0.079	0.96	577	0.70	12.80	5.3	6
E12	机械工业标准化与质量	242	—	0.155	1.00	150	0.20	3.30	5.6	4
E12	机械管理开发	2658	0.798	0.152	0.95	440	0.50	9.80	2.3	9
E12	机械科学与技术	2458	0.657	0.103	0.93	669	0.80	14.90	6.9	7
E12	机械设计	2425	0.617	0.140	0.84	615	0.70	13.70	5.7	8
E12	机械设计与研究	1456	0.592	0.118	0.82	475	0.60	10.60	5.8	5
E12	机械设计与制造	5862	0.604	0.117	0.82	1003	0.80	22.30	6.1	10
E12	机械设计与制造工程	1146	0.509	0.088	0.96	494	0.60	11.00	4.8	7
E12	机械研究与应用	1124	0.335	0.069	0.95	427	0.60	9.50	5.0	6
E12	机械与电子	809	0.393	0.090	0.95	411	0.60	9.10	6.2	5
E12	机械制造与自动化	1295	0.368	0.063	0.96	523	0.60	11.60	5.5	6
E12	教育与装备研究	519	0.277	0.086	0.87	159	0.00	3.50	4.9	3
E12	精密成形工程	437	0.514	0.157	0.82	149	0.30	3.30	3.7	4
E12	精密制造与自动化	212	0.324	0.071	0.93	115	0.40	2.60	6.6	3
E12	流体机械	2246	1.058	0.107	0.86	551	0.60	12.20	6.6	7
E12	摩擦学学报	1858	1.280	0.247	0.83	418	0.60	9.30	7.5	8
E12	失效分析与预防	392	0.531	0.083	0.81	163	0.30	3.60	5.9	4
E12	图学学报	1266	1.043	0.157	0.88	450	0.50	10.00	4.9	9
E12	现代机械	484	0.293	0.063	0.97	290	0.60	6.40	7.8	5
E12	压缩机技术	450	0.322	0.044	0.91	153	0.40	3.40	8.4	3
E12	液压与气动	1931	0.601	0.155	0.85	455	0.70	10.10	6.0	6
E12	噪声与振动控制	1734	0.500	0.071	0.85	517	0.60	11.50	6.1	6
E12	振动与冲击	8409	0.967	0.095	0.81	997	0.70	22.20	5.2	13
E12	制造技术与机床	1801	0.501	0.116	0.88	433	0.70	9.60	5.8	5
E12	中国机械工程	5753	0.810	0.150	0.92	1027	0.80	22.80	6.7	10
E12	中国设备工程	2924	0.596	0.296	0.97	457	0.40	10.20	1.5	10
E12	重型机械	431	0.275	0.033	0.80	165	0.40	3.70	7.7	3

学科代码	期刊名称	扩展总被引频次	扩展影响因子	扩展即年指标	扩展他引率	扩展引用刊数	扩展学科影响指标	扩展学科扩散指标	扩展被引半衰期	扩展H指标
E12	组合机床与自动化加工技术	2585	0.731	0.071	0.75	530	0.60	11.80	4.4	7
E13	Advances in Mavufacturing	25	0.137	—	0.76	19	0.00	0.30	3.4	2
E13	China Foundry	216	0.450	0.115	0.81	54	0.20	0.80	4.8	3
E13	China Welding	113	0.262	0.086	0.96	31	0.10	0.40	7.4	2
E13	Chinese Journal of Mechanical Engineering	1138	1.011	0.037	0.87	330	0.40	4.60	4.7	6
E13	Frontiers of Mechanical Engineering	81	0.181	0.041	0.83	54	0.10	0.80	5.2	3
E13	Journal of Measurement Science and Instrumentation	89	0.230	0.034	0.90	68	0.00	0.90	4.0	2
E13	大型铸锻件	277	0.216	0.074	0.85	115	0.40	1.60	7.3	3
E13	低温工程	810	0.572	0.055	0.90	260	0.30	3.60	10.0	4
E13	电焊机	1299	0.346	0.070	0.82	323	0.40	4.50	6.0	6
E13	电加工与模具	401	0.368	0.012	0.86	143	0.40	2.00	7.8	4
E13	锻压技术	2102	1.022	0.076	0.64	318	0.60	4.40	3.8	7
E13	锻压装备与制造技术	578	0.220	0.049	0.82	176	0.40	2.40	7.4	5
E13	锻造与冲压	56	0.026	0.007	1.00	32	0.10	0.40	4.8	2
E13	分析测试技术与仪器	327	0.543	0.045	0.95	197	0.00	2.70	8.1	5
E13	风机技术	522	0.686	0.060	0.84	178	0.10	2.50	6.7	5
E13	工程机械	930	0.436	0.048	0.91	294	0.20	4.10	8.7	6
E13	工程机械与维修	410	0.189	0.087	1.00	143	0.10	2.00	5.7	3
E13	管道技术与设备	703	0.412	0.058	0.91	246	0.20	3.40	7.7	4
E13	哈尔滨轴承	115	0.194	0.036	0.89	69	0.20	1.00	6.7	2
E13	焊接	1210	0.713	0.083	0.74	232	0.40	3.20	8.2	6
E13	焊接技术	1092	0.307	0.087	0.86	299	0.40	4.20	6.7	6
E13	焊接学报	3211	0.635	0.077	0.80	402	0.60	5.60	7.5	7
E13	机床与液压	4484	0.450	0.084	0.87	801	0.60	11.10	5.8	8
E13	机电工程技术	1885	0.661	0.110	0.92	583	0.40	8.10	3.8	8
E13	机电技术	627	0.321	0.105	0.93	310	0.30	4.30	4.6	4
E13	机械强度	1541	0.611	0.072	0.79	490	0.50	6.80	7.4	6
E13	机械制造	1631	0.607	0.087	0.68	446	0.50	6.20	5.1	6
E13	机械制造文摘-焊接分册	60	0.185	0.020	0.95	42	0.20	0.60	4.3	2
E13	金刚石与磨料磨具工程	615	0.478	0.030	0.80	147	0.20	2.00	8.6	4
E13	金属加工(冷加工)	624	0.130	0.020	0.96	210	0.40	2.90	5.4	3
E13	金属加工(热加工)	939	0.159	0.023	0.97	259	0.60	3.60	5.6	5

学科代码	期刊名称	扩展总被引频次	扩展影响因子	扩展即年指标	扩展他引率	扩展引用刊数	扩展学科影响指标	扩展学科扩散指标	扩展被引半衰期	扩展H指标
E13	金属热处理	3497	0.714	0.076	0.68	440	0.70	6.10	5.9	6
E13	金属世界	254	0.133	0.052	0.96	165	0.20	2.30	6.9	3
E13	炼钢	734	0.696	0.099	0.87	129	0.20	1.80	8.6	5
E13	铝加工	341	0.299	0.036	0.83	127	0.30	1.80	9.3	4
E13	模具工业	1045	0.668	0.180	0.65	198	0.30	2.80	4.8	5
E13	模具技术	334	0.385	0.091	0.91	131	0.40	1.80	6.9	4
E13	模具制造	499	0.193	0.076	0.81	178	0.40	2.50	4.9	4
E13	起重运输机械	1319	0.370	0.036	0.89	357	0.30	5.00	6.4	5
E13	气象水文海洋仪器	501	0.526	0.057	0.81	184	0.00	2.60	5.9	5
E13	轻工机械	544	0.483	0.058	0.95	270	0.20	3.80	5.6	5
E13	轻合金加工技术	907	0.465	0.040	0.89	214	0.40	3.00	8.0	6
E13	燃气涡轮试验与研究	398	0.181	0.043	0.90	130	0.20	1.80	10.2	4
E13	热处理	356	0.365	0.038	0.93	139	0.30	1.90	7.6	4
E13	热处理技术与装备	466	0.536	0.031	0.74	160	0.40	2.20	6.0	4
E13	热加工工艺	6049	0.445	0.077	0.73	660	0.80	9.20	5.2	8
E13	石油管材与仪器	527	0.296	0.013	0.81	171	0.20	2.40	6.8	3
E13	实验教学与仪器	645	0.261	0.083	0.81	175	0.00	2.40	4.1	4
E13	塑性工程学报	1425	1.127	0.125	0.76	274	0.50	3.80	5.3	7
E13	特种铸造及有色合金	1800	0.574	0.109	0.70	263	0.50	3.70	5.9	5
E13	通用机械	445	0.163	0.027	0.96	211	0.20	2.90	7.1	3
E13	无损检测	1540	0.667	0.135	0.85	413	0.40	5.70	7.3	7
E13	无损探伤	248	0.189	0.049	0.92	117	0.30	1.60	8.9	3
E13	现代制造工程	1667	0.433	0.075	0.94	552	0.50	7.70	6.0	6
E13	现代制造技术与装备	1628	0.496	0.094	0.98	447	0.50	6.20	2.3	8
E13	现代铸铁	647	1.188	1.041	0.46	79	0.30	1.10	2.6	8
E13	压力容器	1603	1.052	0.138	0.78	324	0.50	4.50	6.7	7
E13	一重技术	291	0.176	0.019	0.93	158	0.30	2.20	8.8	3
E13	有色金属加工	327	0.299	0.009	0.94	151	0.30	2.10	7.6	4
E13	有色设备	175	0.180	0.012	0.98	101	0.10	1.40	7.8	3
E13	中国表面工程	1183	1.097	0.233	0.91	299	0.30	4.20	5.7	7
E13	中国工程机械学报	585	0.424	0.056	0.97	288	0.30	4.00	6.0	5
E13	中国重型装备	138	0.167	0.029	0.94	89	0.20	1.20	7.8	3
E13	中国铸造装备与技术	340	0.248	0.049	0.84	113	0.30	1.60	7.5	3

学科代码	期刊名称	扩展总被引频次	扩展影响因子	扩展即年指标	扩展他引率	扩展引用刊数	扩展学科影响指标	扩展学科扩散指标	扩展被引半衰期	扩展H指标
E13	轴承	1072	0.388	0.060	0.78	294	0.40	4.10	7.8	5
E13	铸造	1663	0.471	0.066	0.76	281	0.50	3.90	8.1	6
E13	铸造工程	60	0.097	0.022	0.87	33	0.10	0.50	4.7	2
E13	铸造技术	2346	0.447	0.072	0.67	410	0.70	5.70	4.6	6
E13	铸造设备与工艺	324	0.246	0.033	0.79	111	0.30	1.50	6.5	3
E13	装备环境工程	1083	0.592	0.113	0.81	366	0.50	5.10	5.7	6
E13	装备机械	220	0.529	0.048	0.84	104	0.20	1.40	4.2	4
E13	装备制造技术	2499	0.292	0.049	0.97	695	0.50	9.70	4.8	8
E14	Friction	11	0.159	—	1.00	9	0.00	0.20	2.1	1
E14	柴油机	233	0.225	0.012	0.89	131	0.20	3.30	7.1	3
E14	柴油机设计与制造	137	0.155	0.130	0.93	84	0.20	2.10	7.8	3
E14	车用发动机	561	0.397	0.054	0.87	203	0.30	5.10	6.8	4
E14	城市燃气	359	0.438	0.018	0.90	123	0.20	3.10	5.2	4
E14	电力与能源	579	0.412	0.145	0.95	263	0.20	6.60	4.0	5
E14	东方汽轮机	107	0.274	0.058	0.91	71	0.20	1.80	3.9	2
E14	动力工程学报	2146	1.077	0.117	0.89	484	0.70	12.10	7.2	8
E14	工程热物理学报	3002	0.434	0.053	0.92	689	0.80	17.20	7.8	6
E14	工业锅炉	360	0.458	0.081	0.88	145	0.40	3.60	7.4	5
E14	工业加热	351	0.241	0.028	0.95	187	0.40	4.70	7.7	3
E14	工业炉	289	0.271	0.111	0.85	153	0.20	3.80	6.2	3
E14	锅炉技术	787	0.667	0.222	0.94	252	0.50	6.30	7.4	6
E14	锅炉制造	326	0.289	0.078	0.94	158	0.40	4.00	5.8	4
E14	节能	805	0.330	0.148	0.92	339	0.50	8.50	6.1	4
E14	节能与环保	382	0.706	0.206	0.99	220	0.20	5.50	4.8	4
E14	内燃机	346	0.243	0.207	0.95	150	0.40	3.80	7.3	4
E14	内燃机工程	1084	0.675	0.127	0.90	267	0.40	6.70	6.5	5
E14	内燃机学报	1152	0.968	0.082	0.84	266	0.40	6.60	8.4	6
E14	内燃机与动力装置	235	0.280	0.030	0.84	111	0.30	2.80	5.9	3
E14	内燃机与配件	2925	0.641	0.344	0.93	364	0.40	9.10	1.2	11
E14	能源工程	500	0.315	0.047	0.98	285	0.40	7.10	8.6	4
E14	能源研究与管理	266	0.301	0.066	0.95	170	0.30	4.20	6.2	3
E14	能源与环境	910	0.402	0.126	0.98	405	0.40	10.10	5.0	6
E14	汽轮机技术	947	0.678	0.063	0.85	247	0.40	6.20	7.0	6

学科代码	期刊名称	扩展总被引频次	扩展影响因子	扩展即年指标	扩展他引率	扩展引用刊数	扩展学科影响指标	扩展学科扩散指标	扩展被引半衰期	扩展H指标
E14	区域供热	441	0.356	0.186	0.86	140	0.30	3.50	4.4	4
E14	燃气轮机技术	325	0.384	0.057	0.88	127	0.40	3.20	8.1	3
E14	燃烧科学与技术	761	0.589	0.025	0.89	268	0.60	6.70	7.9	5
E14	热力透平	339	0.406	0.076	0.90	123	0.30	3.10	6.4	4
E14	热能动力工程	1249	0.599	0.045	0.88	399	0.60	10.00	8.0	6
E14	特种设备安全技术	152	0.243	0.054	0.95	72	0.10	1.80	2.8	3
E14	现代车用动力	131	0.264	0.111	0.92	77	0.20	1.90	6.0	3
E14	小型内燃机与车辆技术	329	0.338	0.033	0.91	157	0.30	3.90	5.9	3
E14	冶金动力	463	0.192	0.108	0.92	208	0.20	5.20	5.4	3
E14	应用能源技术	669	0.537	0.174	0.97	299	0.50	7.50	5.2	6
E14	制冷	325	0.295	0.074	0.96	146	0.20	3.60	9.3	3
E14	制冷技术	647	0.952	0.244	0.57	139	0.30	3.50	4.7	6
E14	制冷学报	1262	1.057	0.135	0.77	271	0.40	6.80	5.9	8
E14	制冷与空调	1083	0.440	0.057	0.84	274	0.40	6.80	5.8	6
E14	制冷与空调(四川)	699	0.466	0.016	0.85	230	0.30	5.80	6.0	5
E15	CSEE Journal of Power and Energy Systems	136	—	0.073	0.87	33	0.20	0.30	3.2	2
E15	安徽水利水电职业技术学院学报	271	0.313	0.077	0.99	117	0.00	1.10	5.9	4
E15	安全与电磁兼容	191	0.172	0.048	0.87	105	0.10	0.90	6.6	2
E15	北京信息科技大学学报(自然科学版)	373	0.409	0.072	0.88	244	0.10	2.20	5.1	4
E15	变压器	1799	1.211	0.241	0.71	245	0.60	2.20	6.4	6
E15	成都工业学院学报	271	0.290	0.133	0.97	179	0.00	1.60	4.5	4
E15	重庆电力高等专科学校学报	341	0.413	0.245	0.99	183	0.20	1.60	4.9	4
E15	大电机技术	551	0.543	0.084	0.79	183	0.40	1.60	8.2	3
E15	大众用电	471	0.418	0.139	1.00	155	0.30	1.40	3.0	4
E15	电池	589	0.582	0.037	0.85	203	0.10	1.80	8.0	5
E15	电池工业	244	0.418	0.031	0.91	131	0.10	1.20	9.4	4
E15	电动工具	40	0.123	0.088	0.73	27	0.00	0.20	6.0	2
E15	电工电能新技术	1361	1.438	0.246	0.75	315	0.60	2.80	3.9	8
E15	电工电气	562	0.395	0.076	0.96	213	0.50	1.90	4.3	5
E15	电工技术	1412	0.380	0.127	0.94	334	0.50	3.00	3.1	5
E15	电工技术学报	15101	3.203	0.433	0.76	853	0.80	7.70	4.1	21
E15	电机技术	209	0.133	—	0.90	118	0.20	1.10	8.3	3
E15	电机与控制学报	2338	1.068	0.169	0.85	472	0.60	4.30	5.7	8

学科代码	期刊名称	扩展总被引频次	扩展影响因子	扩展即年指标	扩展他引率	扩展引用刊数	扩展学科影响指标	扩展学科扩散指标	扩展被引半衰期	扩展H指标
E15	电机与控制应用	1015	0.708	0.107	0.82	319	0.40	2.90	4.4	5
E15	电力大数据	887	0.789	0.762	0.59	180	0.30	1.60	1.9	7
E15	电力电子技术	1771	0.461	0.018	0.89	401	0.60	3.60	6.3	7
E15	电力工程技术	1295	1.987	0.446	0.76	232	0.60	2.10	2.9	8
E15	电力建设	3045	1.598	0.280	0.91	557	0.70	5.00	4.8	10
E15	电力勘测设计	479	0.600	0.083	0.95	229	0.40	2.10	5.4	5
E15	电力科学与工程	961	0.663	0.122	0.86	327	0.60	2.90	5.4	6
E15	电力科学与技术学报	687	0.935	0.062	0.81	232	0.50	2.10	5.2	6
E15	电力系统保护与控制	14324	3.909	0.501	0.80	737	0.70	6.60	4.2	21
E15	电力系统及其自动化学报	2729	1.731	0.169	0.81	434	0.60	3.90	4.5	9
E15	电力系统装备	125	0.132	0.034	0.98	58	0.10	0.50	1.2	2
E15	电力系统自动化	20858	3.651	0.604	0.84	822	0.80	7.40	5.3	30
E15	电力信息与通信技术	1843	1.519	0.299	0.84	319	0.50	2.90	3.2	8
E15	电力需求侧管理	799	1.243	0.359	0.92	232	0.50	2.10	4.3	6
E15	电力学报	452	0.376	0.091	0.96	229	0.50	2.10	7.5	4
E15	电力自动化设备	7009	2.475	0.346	0.82	627	0.80	5.60	4.9	15
E15	电气传动	1051	0.575	0.078	0.89	347	0.40	3.10	5.6	5
E15	电气防爆	177	0.386	0.135	0.67	58	0.10	0.50	6.2	3
E15	电气工程学报	450	0.623	0.079	0.97	205	0.40	1.80	3.9	5
E15	电气技术	2122	0.905	0.245	0.71	397	0.70	3.60	3.7	7
E15	电气技术与经济	330	0.483	0.276	0.95	113	0.20	1.00	2.8	5
E15	电气开关	464	0.292	0.131	0.98	193	0.40	1.70	5.6	4
E15	电气时代	582	—	0.158	1.00	233	0.40	2.10	4.6	5
E15	电气应用	1680	0.345	0.099	0.96	434	0.70	3.90	5.2	6
E15	电气自动化	797	0.526	0.129	0.94	330	0.50	3.00	4.2	6
E15	电器工业	234	0.267	0.119	0.98	141	0.30	1.30	4.8	3
E15	电器与能效管理技术	1533	0.626	0.180	0.75	375	0.50	3.40	4.6	5
E15	电世界	340	0.183	0.089	0.98	141	0.20	1.30	4.4	3
E15	电网技术	18515	3.663	0.497	0.87	849	0.80	7.60	5.5	25
E15	电网与清洁能源	2251	1.571	0.193	0.92	420	0.70	3.80	3.7	9
E15	电线电缆	484	0.406	0.083	0.88	165	0.30	1.50	8.3	4
E15	电源技术	2855	0.552	0.087	0.84	678	0.60	6.10	4.6	8
E15	电源学报	578	0.651	0.085	0.72	178	0.40	1.60	3.9	7

学科代码	期刊名称	扩展总被引频次	扩展影响因子	扩展即年指标	扩展他引率	扩展引用刊数	扩展学科影响指标	扩展学科扩散指标	扩展被引半衰期	扩展H指标
E15	电站辅机	162	0.282	0.019	0.94	106	0.10	1.00	7.2	3
E15	电站系统工程	896	0.389	0.182	0.95	288	0.30	2.60	6.9	5
E15	东北电力大学学报	942	1.393	0.236	0.76	342	0.50	3.10	4.1	8
E15	东北电力技术	960	0.488	0.070	0.73	245	0.50	2.20	5.4	4
E15	东方电气评论	234	0.345	0.042	0.95	128	0.20	1.20	5.7	4
E15	发电设备	492	0.422	0.039	0.95	213	0.30	1.90	6.4	5
E15	防爆电机	255	0.204	0.091	0.78	118	0.20	1.10	5.9	3
E15	高电压技术	12477	2.749	0.347	0.80	841	0.80	7.60	5.0	21
E15	高压电器	4598	0.991	0.198	0.74	437	0.70	3.90	5.8	11
E15	供用电	1464	1.468	0.617	0.75	231	0.50	2.10	3.3	8
E15	广东电力	2622	2.275	0.454	0.86	377	0.60	3.40	2.8	8
E15	广东水利电力职业技术学院学报	201	0.500	0.041	1.00	127	0.00	1.10	4.8	4
E15	广西电力	441	0.380	0.092	0.96	172	0.40	1.50	5.9	4
E15	广西电业	359	0.163	0.047	0.99	133	0.20	1.20	5.0	3
E15	国网技术学院学报	278	0.407	0.037	0.98	158	0.20	1.40	4.1	4
E15	黑龙江电力	393	0.321	0.064	0.97	190	0.40	1.70	6.8	3
E15	湖北电力	706	0.692	0.319	0.83	194	0.40	1.70	5.8	6
E15	湖南电力	482	0.504	0.132	0.88	184	0.50	1.70	5.5	4
E15	华北电力大学学报(自然科学版)	986	0.843	0.096	0.95	391	0.60	3.50	7.0	7
E15	机电信息	3634	0.335	0.133	0.98	591	0.50	5.30	5.0	11
E15	吉林电力	342	0.241	0.112	0.97	178	0.40	1.60	6.3	4
E15	家电科技	335	0.156	0.052	0.90	153	0.10	1.40	5.4	3
E15	江西电力	324	0.258	0.099	0.98	155	0.40	1.40	4.5	4
E15	江西电力职业技术学院学报	354	0.463	0.044	0.99	172	0.10	1.50	3.5	5
E15	洁净与空调技术	321	0.272	0.045	0.93	169	0.00	1.50	6.9	4
E15	内蒙古电力技术	795	0.948	0.118	0.86	221	0.40	2.00	4.3	5
E15	内蒙古科技大学学报	262	0.182	0.013	0.98	189	0.00	1.70	8.6	3
E15	南方电网技术	1848	1.682	0.116	0.91	321	0.70	2.90	4.2	10
E15	宁夏电力	310	0.360	0.024	0.97	150	0.30	1.40	6.3	4
E15	农村电工	616	0.170	0.096	1.00	141	0.20	1.30	3.3	3
E15	农村电气化	716	0.373	0.154	0.96	177	0.40	1.60	3.6	5
E15	汽车电器	497	0.230	0.058	0.80	153	0.10	1.40	4.7	4
E15	汽车与新动力	64	0.127	0.027	0.92	28	0.00	0.30	4.2	2

学科代码	期刊名称	扩展总被引频次	扩展影响因子	扩展即年指标	扩展他引率	扩展引用刊数	扩展学科影响指标	扩展学科扩散指标	扩展被引半衰期	扩展H指标
E15	青海电力	269	0.345	0.118	0.97	119	0.30	1.10	6.6	3
E15	热力发电	2932	1.454	0.260	0.83	477	0.50	4.30	5.0	11
E15	日用电器	201	0.204	0.027	0.90	118	0.10	1.10	4.1	3
E15	山东电力技术	661	0.449	0.072	0.95	259	0.50	2.30	4.0	5
E15	山西电力	369	0.352	0.074	0.99	162	0.40	1.50	6.2	3
E15	上海大中型电机	108	0.167	—	0.89	58	0.10	0.50	6.1	3
E15	上海电力学院学报	583	0.579	0.140	0.86	323	0.40	2.90	4.9	4
E15	上海电气技术	249	0.568	0.133	0.79	140	0.20	1.30	4.5	4
E15	四川电力技术	418	0.295	0.094	0.98	170	0.50	1.50	6.5	3
E15	太原科技大学学报	318	0.303	0.058	0.86	210	0.10	1.90	5.9	4
E15	微电机	962	0.350	0.041	0.88	300	0.30	2.70	6.4	5
E15	微特电机	945	0.373	0.055	0.78	285	0.30	2.60	5.1	4
E15	现代电力	895	1.097	0.359	0.94	311	0.60	2.80	5.6	7
E15	现代建筑电气	588	0.517	0.121	0.94	173	0.20	1.60	4.1	7
E15	移动电源与车辆	99	0.263	0.048	0.88	58	0.00	0.50	5.9	2
E15	云南电力技术	833	0.413	0.053	0.65	193	0.50	1.70	4.6	4
E15	浙江电力	1552	1.420	0.273	0.74	264	0.60	2.40	3.6	7
E15	浙江水利水电学院学报	506	1.059	0.189	0.62	164	0.00	1.50	3.0	5
E15	智慧电力	1847	1.971	0.431	0.83	297	0.60	2.70	2.9	8
E15	中国电机工程学报	30452	3.007	0.401	0.87	1267	0.90	11.40	5.4	36
E15	中国电力	4779	1.576	0.226	0.83	689	0.80	6.20	4.7	12
E15	中国电业	35	—	0.012	1.00	23	0.00	0.20	2.8	1
E15	中国核电	212	0.318	0.027	0.94	107	0.10	1.00	5.4	4
E16	Frontiers in Energy	57	0.131	0.019	0.84	41	0.10	0.90	6.1	2
E16	Global Energy Interconnection	29	—	0.397	0.14	4	0.00	0.10	—	3
E16	International Journal of Coal Science & Technology	241	1.457	0.186	0.95	25	0.10	0.50	3.1	5
E16	储能科学与技术	607	1.140	0.253	0.71	209	0.20	4.50	2.8	7
E16	分布式能源	110	1.110	0.133	0.60	53	0.00	1.20	1.7	5
E16	风能	687	0.418	0.113	0.99	279	0.20	6.10	5.8	4
E16	广西节能	44	0.241	0.150	0.95	35	0.00	0.80	4.8	2
E16	建筑科技	365	0.355	0.012	0.98	162	0.20	3.50	7.0	3
E16	江西煤炭科技	418	0.282	0.154	0.96	132	0.40	2.90	4.0	4

学科代码	期刊名称	扩展总被引频次	扩展影响因子	扩展即年指标	扩展他引率	扩展引用刊数	扩展学科影响指标	扩展学科扩散指标	扩展被引半衰期	扩展H指标
E16	节能技术	908	0.744	0.122	0.81	333	0.30	7.20	6.7	7
E16	洁净煤技术	1500	0.925	0.187	0.92	339	0.70	7.40	5.2	9
E16	可再生能源	2376	1.167	0.189	0.71	611	0.40	13.30	4.4	8
E16	煤	1028	0.376	0.132	0.96	210	0.50	4.60	4.9	5
E16	煤气与热力	1517	0.605	0.120	0.84	375	0.50	8.20	7.2	5
E16	煤炭工程	4858	1.281	0.241	0.86	570	0.60	12.40	4.9	11
E16	煤炭技术	6866	0.632	0.100	0.79	775	0.60	16.80	4.5	9
E16	煤炭加工与综合利用	1037	0.564	0.136	0.82	209	0.50	4.50	4.7	5
E16	煤炭科技	585	0.367	0.260	0.92	128	0.50	2.80	4.0	6
E16	煤炭科学技术	8715	2.553	0.345	0.90	577	0.60	12.50	5.0	18
E16	煤炭学报	15424	2.876	0.436	0.88	956	0.70	20.80	6.1	25
E16	煤炭与化工	1473	0.403	0.103	0.91	481	0.60	10.50	4.1	5
E16	煤炭转化	860	0.658	0.145	0.86	222	0.50	4.80	9.5	6
E16	煤质技术	705	0.790	0.073	0.77	176	0.40	3.80	5.5	5
E16	南方能源建设	327	0.830	0.122	0.63	120	0.10	2.60	2.7	4
E16	能源技术与管理	1000	0.398	0.129	0.96	252	0.50	5.50	4.2	5
E16	能源研究与利用	259	0.164	0.148	0.99	182	0.30	4.00	8.8	4
E16	能源与环保	1598	0.485	0.235	0.80	299	0.50	6.50	4.3	6
E16	能源与节能	3135	0.691	0.262	0.96	471	0.70	10.20	2.7	9
E16	全球能源互联网	27	—	0.394	0.41	8	0.00	0.20	—	2
E16	燃料化学学报	2453	1.087	0.212	0.87	415	0.50	9.00	6.2	8
E16	山东煤炭科技	2184	0.400	0.110	0.91	283	0.50	6.20	3.7	6
E16	山西焦煤科技	613	0.378	0.032	0.97	175	0.50	3.80	5.8	5
E16	山西煤炭	474	0.554	0.109	0.96	135	0.50	2.90	6.1	3
E16	陕西煤炭	657	0.401	0.162	0.92	180	0.50	3.90	4.3	4
E16	上海节能	350	0.288	0.122	0.94	194	0.20	4.20	4.4	3
E16	上海煤气	196	0.269	0.041	1.00	90	0.10	2.00	6.4	3
E16	水电能源科学	3389	0.569	0.119	0.90	755	0.40	16.40	5.5	8
E16	太阳能学报	3544	0.520	0.056	0.74	784	0.40	17.00	6.8	9
E16	同煤科技	189	0.329	0.071	0.97	80	0.40	1.70	4.9	2
E16	新能源进展	221	0.569	0.040	0.90	145	0.20	3.20	3.4	5
E16	选煤技术	1022	0.591	0.125	0.65	164	0.50	3.60	7.6	5
E16	中国煤层气	525	0.642	0.045	0.93	133	0.40	2.90	6.9	5

学科代码	期刊名称	扩展总被引频次	扩展影响因子	扩展即年指标	扩展他引率	扩展引用刊数	扩展学科影响指标	扩展学科扩散指标	扩展被引半衰期	扩展H指标
E16	中国煤炭	2486	0.792	0.189	0.85	450	0.70	9.80	5.2	7
E16	中国煤炭地质	1890	0.695	0.143	0.84	346	0.60	7.50	7.6	7
E16	中国能源	1043	1.211	0.485	0.93	464	0.50	10.10	5.0	8
E16	中外能源	1165	0.554	0.198	0.95	432	0.40	9.40	5.8	6
E17	China Oil & Gas	11	0.038	0.033	1.00	11	0.00	0.10	3.8	1
E17	China Petroleum Processing and Petrochemical Technology	159	0.625	0.017	0.67	56	0.10	0.60	3.2	3
E17	Journal of Energy Chemistry	604	0.795	0.098	0.70	161	0.10	1.70	3.6	4
E17	Petroleum Exploration and Development	167	—	0.026	0.53	43	0.10	0.50	5.7	2
E17	Petroleum Science	337	0.735	0.070	0.89	141	0.40	1.50	5.2	3
E17	北京石油化工学院学报	256	0.333	0.016	0.93	192	0.20	2.00	7.5	3
E17	测井技术	1478	0.523	0.038	0.80	225	0.50	2.40	9.5	7
E17	承德石油高等专科学校学报	345	0.387	0.144	0.81	180	0.20	1.90	4.2	4
E17	大庆石油地质与开发	2446	1.528	0.230	0.76	250	0.70	2.70	7.9	8
E17	当代石油石化	480	0.662	0.204	0.95	208	0.50	2.20	5.1	5
E17	东北石油大学学报	1392	1.688	0.203	0.81	343	0.70	3.60	6.8	7
E17	断块油气田	2290	1.240	0.203	0.85	281	0.70	3.00	6.3	7
E17	非常规油气	400	1.049	0.112	0.49	94	0.40	1.00	2.6	6
E17	广东石油化工学院学报	289	0.319	0.032	0.94	214	0.10	2.30	5.1	3
E17	国际石油经济	1071	0.901	0.444	0.90	357	0.60	3.80	3.4	6
E17	海相油气地质	738	0.978	0.116	0.91	159	0.40	1.70	8.7	7
E17	海洋石油	534	0.310	0.026	0.92	180	0.60	1.90	8.2	5
E17	焊管	773	0.361	0.090	0.77	188	0.20	2.00	7.0	6
E17	江汉石油职工大学学报	518	0.388	0.113	0.90	190	0.40	2.00	4.3	5
E17	精细石油化工进展	605	0.383	0.024	0.96	228	0.50	2.40	9.4	5
E17	炼油技术与工程	1137	0.589	0.103	0.91	231	0.40	2.50	7.0	5
E17	炼油与化工	383	0.210	0.038	0.96	177	0.30	1.90	6.8	4
E17	录井工程	481	0.517	0.069	0.61	97	0.30	1.00	7.2	5
E17	内蒙古石油化工	2037	0.193	0.034	0.97	551	0.70	5.90	6.9	6
E17	能源化工	546	0.580	0.029	0.95	255	0.40	2.70	6.4	4
E17	齐鲁石油化工	299	0.271	0.049	0.97	120	0.20	1.30	9.0	3
E17	石化技术	3182	0.373	0.103	0.94	435	0.70	4.60	2.0	9
E17	石油地球物理勘探	4366	2.490	0.282	0.56	305	0.50	3.20	6.6	10

学科代码	期刊名称	扩展总被引频次	扩展影响因子	扩展即年指标	扩展他引率	扩展引用刊数	扩展学科影响指标	扩展学科扩散指标	扩展被引半衰期	扩展H指标
E17	石油地质与工程	1177	0.413	0.032	0.80	211	0.70	2.20	6.7	6
E17	石油工程建设	843	0.500	0.087	0.90	248	0.40	2.60	7.9	5
E17	石油工业技术监督	763	0.440	0.087	0.78	201	0.50	2.10	5.5	5
E17	石油规划设计	548	0.656	0.147	0.99	195	0.50	2.10	7.3	5
E17	石油化工	1854	0.633	0.090	0.90	379	0.50	4.00	7.6	6
E17	石油化工安全环保技术	460	0.372	0.020	0.97	178	0.30	1.90	6.6	4
E17	石油化工腐蚀与防护	553	0.385	0.041	0.93	174	0.40	1.90	8.4	4
E17	石油化工高等学校学报	548	0.595	0.074	0.95	226	0.50	2.40	6.2	4
E17	石油化工技术与经济	354	0.365	0.051	0.96	171	0.30	1.80	6.2	5
E17	石油化工设备	797	0.465	0.072	0.90	266	0.30	2.80	8.7	4
E17	石油化工设备技术	521	0.389	0.116	0.92	201	0.30	2.10	8.2	4
E17	石油化工设计	313	0.296	0.054	0.96	135	0.20	1.40	8.3	4
E17	石油化工应用	1038	0.347	0.063	0.93	303	0.80	3.20	4.6	5
E17	石油机械	2882	0.809	0.108	0.86	414	0.70	4.40	7.1	8
E17	石油勘探与开发	7485	4.363	0.833	0.93	415	0.80	4.40	7.2	22
E17	石油科技论坛	484	1.237	0.154	0.90	181	0.60	1.90	4.6	5
E17	石油科学通报	87	0.842	0.023	0.94	61	0.30	0.60	2.3	3
E17	石油库与加油站	349	0.632	0.096	0.97	116	0.20	1.20	5.2	4
E17	石油矿场机械	1604	0.441	0.090	0.91	279	0.60	3.00	8.2	5
E17	石油沥青	590	0.513	0.108	0.94	144	0.10	1.50	8.0	6
E17	石油炼制与化工	2013	0.890	0.124	0.81	291	0.40	3.10	6.2	7
E17	石油商技	271	0.188	0.114	0.90	102	0.20	1.10	7.5	3
E17	石油石化节能	763	0.395	0.060	0.87	205	0.60	2.20	5.5	4
E17	石油石化绿色低碳	113	0.311	0.102	0.96	69	0.20	0.70	3.0	3
E17	石油物探	2091	1.574	0.206	0.71	220	0.50	2.30	8.0	8
E17	石油学报	8302	4.287	0.304	0.88	522	0.80	5.60	7.1	20
E17	石油学报(石油加工)	1507	0.865	0.095	0.84	318	0.50	3.40	6.3	6
E17	石油与天然气地质	4093	2.121	0.309	0.89	275	0.60	2.90	7.9	13
E17	石油与天然气化工	1421	1.056	0.133	0.82	298	0.70	3.20	6.7	6
E17	石油知识	94	0.493	0.034	1.00	65	0.20	0.70	4.1	2
E17	石油钻采工艺	2991	1.484	0.336	0.87	313	0.70	3.30	7.5	8
E17	石油钻探技术	2403	1.632	0.240	0.85	275	0.70	2.90	6.4	11
E17	特种油气藏	3194	2.283	0.241	0.84	268	0.70	2.90	5.4	9

学科代码	期刊名称	扩展总被引频次	扩展影响因子	扩展即年指标	扩展他引率	扩展引用刊数	扩展学科影响指标	扩展学科扩散指标	扩展被引半衰期	扩展H指标
E17	天然气地球科学	4050	1.783	0.145	0.88	310	0.60	3.30	5.2	13
E17	天然气工业	8180	3.090	0.516	0.89	682	0.80	7.30	7.4	19
E17	天然气技术与经济	443	0.555	0.109	0.84	182	0.50	1.90	4.4	4
E17	天然气勘探与开发	557	0.863	0.074	0.86	149	0.60	1.60	6.2	5
E17	天然气与石油	1169	0.781	0.122	0.81	281	0.70	3.00	6.0	7
E17	物探装备	229	0.168	0.029	0.68	85	0.10	0.90	7.7	3
E17	西安石油大学学报(自然科学版)	1205	0.676	0.061	0.95	329	0.70	3.50	8.3	6
E17	西南石油大学学报(自然科学版)	2310	1.076	0.148	0.92	376	0.70	4.00	8.0	8
E17	新疆石油地质	2283	0.842	0.147	0.90	261	0.60	2.80	8.7	9
E17	新疆石油天然气	382	0.280	0.012	0.96	166	0.60	1.80	8.4	4
E17	岩性油气藏	2124	2.198	0.564	0.77	223	0.60	2.40	5.0	9
E17	乙烯工业	164	0.282	0.068	0.88	59	0.20	0.60	5.8	2
E17	油气藏评价与开发	294	0.326	0.022	0.93	113	0.50	1.20	5.0	4
E17	油气储运	3328	1.333	0.178	0.77	486	0.70	5.20	6.0	10
E17	油气地质与采收率	2728	2.745	0.421	0.86	261	0.70	2.80	6.1	9
E17	油气井测试	965	0.598	0.797	0.66	146	0.60	1.60	7.1	5
E17	油气田地面工程	2392	0.722	0.134	0.82	409	0.70	4.40	6.0	6
E17	油气田环境保护	690	0.675	0.086	0.93	230	0.40	2.40	6.4	4
E17	油田化学	1618	0.949	0.044	0.81	235	0.60	2.50	7.5	8
E17	中国海上油气	1928	1.255	0.240	0.85	281	0.70	3.00	6.2	9
E17	中国海洋平台	576	0.339	0.032	0.92	202	0.20	2.10	8.9	5
E17	中国石化	220	0.233	0.039	1.00	121	0.20	1.30	4.6	3
E17	中国石油大学胜利学院学报	239	0.354	0.022	0.97	169	0.20	1.80	4.7	3
E17	中国石油大学学报(自然科学版)	2977	1.271	0.124	0.88	503	0.80	5.40	8.1	9
E17	中国石油和化工	394	0.773	0.075	1.00	177	0.30	1.90	4.1	4
E17	中国石油和化工标准与质量	5229	0.518	0.150	0.93	545	0.70	5.80	4.7	9
E17	中国石油勘探	1679	3.728	0.688	0.78	208	0.60	2.20	3.9	12
E17	中国石油企业	235	0.140	0.101	1.00	117	0.20	1.20	5.0	4
E17	钻采工艺	2179	0.705	0.097	0.93	268	0.70	2.90	8.2	6
E17	钻井液与完井液	1874	1.145	0.101	0.78	179	0.60	1.90	7.5	8
E18	Nuclear Science and Techniques	273	0.361	0.043	0.63	85	0.60	5.70	3.1	4
E18	辐射防护	519	0.372	0.115	0.87	185	0.80	12.30	9.8	5
E18	辐射防护通讯	264	0.438	0.043	0.94	117	0.80	7.80	9.3	3

学科代码	期刊名称	扩展总被引频次	扩展影响因子	扩展即年指标	扩展他引率	扩展引用刊数	扩展学科影响指标	扩展学科扩散指标	扩展被引半衰期	扩展H指标
E18	辐射研究与辐射工艺学报	278	0.642	0.096	0.82	140	0.30	9.30	5.1	4
E18	核安全	277	0.371	0.066	0.68	106	0.70	7.10	5.8	3
E18	核电子学与探测技术	789	0.157	0.006	0.86	287	0.90	19.10	6.8	5
E18	核动力工程	1273	0.307	0.004	0.90	332	0.70	22.10	8.2	5
E18	核化学与放射化学	258	0.317	0.018	0.81	114	0.60	7.60	7.0	3
E18	核技术	864	0.482	0.058	0.79	341	0.80	22.70	6.6	4
E18	核科学与工程	636	0.344	0.039	0.88	192	0.80	12.80	9.0	5
E18	世界核地质科学	311	0.351	0.057	0.88	105	0.20	7.00	8.5	4
E18	太阳能	2357	1.088	0.321	0.97	632	0.10	42.10	7.4	5
E18	同位素	210	0.424	0.130	0.84	102	0.50	6.80	7.1	4
E18	应用泛函分析学报	65	0.105	0.082	0.80	40	0.10	2.70	5.5	2
E18	原子能科学技术	1585	0.327	0.046	0.81	404	0.80	26.90	5.9	5
E19	Chinese Journal of Electronics	373	0.559	0.050	0.63	130	0.20	2.10	2.8	4
E19	Journal of Semiconductors	583	0.247	0.010	0.90	216	0.50	3.40	6.5	3
E19	Nano-Micro Letters	171	0.924	0.221	0.58	76	0.00	1.20	2.4	3
E19	Photonic Sensors	130	0.455	0.022	0.71	51	0.10	0.80	3.8	3
E19	安徽电子信息职业技术学院学报	510	0.395	0.264	0.99	255	0.10	4.00	4.3	5
E19	半导体光电	709	0.496	0.054	0.86	262	0.40	4.20	4.7	5
E19	半导体技术	645	0.349	0.099	0.89	250	0.60	4.00	7.4	4
E19	常州信息职业技术学院学报	546	0.647	0.215	0.99	252	0.10	4.00	3.4	5
E19	传感技术学报	3260	1.401	0.116	0.81	675	0.50	10.70	4.5	9
E19	传感器与微系统	3371	0.855	0.169	0.74	803	0.70	12.70	4.7	9
E19	灯与照明	233	0.199	0.037	0.94	121	0.10	1.90	7.4	4
E19	电瓷避雷器	1469	0.808	0.067	0.56	196	0.20	3.10	5.4	7
E19	电力电容器与无功补偿	921	0.884	0.091	0.66	174	0.20	2.80	4.7	5
E19	电声技术	500	0.268	0.038	0.86	199	0.30	3.20	6.0	3
E19	电视技术	1542	0.528	0.053	0.91	437	0.50	6.90	4.4	6
E19	电子测量技术	2821	1.019	0.128	0.77	636	0.60	10.10	3.7	8
E19	电子测量与仪器学报	3096	2.036	0.258	0.89	688	0.50	10.90	3.7	13
E19	电子测试	5432	0.766	0.213	0.99	831	0.40	13.20	2.6	14
E19	电子产品可靠性与环境试验	470	0.716	0.192	0.78	189	0.30	3.00	5.9	5
E19	电子工业专用设备	303	0.196	0.010	0.90	170	0.30	2.70	7.4	4
E19	电子工艺技术	564	0.623	0.190	0.78	204	0.40	3.20	6.4	4

学科代码	期刊名称	扩展总被引频次	扩展影响因子	扩展即年指标	扩展他引率	扩展引用刊数	扩展学科影响指标	扩展学科扩散指标	扩展被引半衰期	扩展H指标
E19	电子技术	776	0.343	0.057	0.96	373	0.40	5.90	4.9	5
E19	电子技术应用	2207	0.743	0.105	0.92	574	0.50	9.10	4.1	8
E19	电子科技	2113	0.596	0.113	0.82	555	0.60	8.80	4.0	9
E19	电子科技大学学报	1327	0.912	0.082	0.96	606	0.50	9.60	6.2	10
E19	电子器件	1104	0.651	0.061	0.87	390	0.60	6.20	3.9	6
E19	电子设计工程	5142	0.915	0.156	0.86	982	0.60	15.60	3.2	10
E19	电子世界	6095	0.476	0.184	0.98	901	0.60	14.30	2.7	11
E19	电子显微学报	683	0.679	0.184	0.70	314	0.10	5.00	7.1	5
E19	电子信息对抗技术	380	0.465	0.038	0.88	134	0.30	2.10	5.4	4
E19	电子学报	5453	1.218	0.138	0.87	893	0.70	14.20	6.5	13
E19	电子与封装	357	0.243	0.029	0.85	163	0.40	2.60	6.0	4
E19	电子与信息学报	4183	1.365	0.146	0.87	680	0.60	10.80	4.5	11
E19	电子元件与材料	943	0.435	0.090	0.83	361	0.60	5.70	5.6	5
E19	电子元器件与信息技术	224	—	0.505	0.30	35	0.10	0.60	—	4
E19	电子制作	5696	0.597	0.219	0.98	690	0.30	11.00	3.8	13
E19	电子质量	497	0.223	0.060	0.97	270	0.40	4.30	6.7	4
E19	固体电子学研究与进展	276	0.286	0.054	0.82	114	0.50	1.80	5.5	4
E19	光源与照明	114	0.367	0.100	0.91	55	0.10	0.90	4.9	3
E19	桂林电子科技大学学报	303	0.320	0.050	0.95	211	0.30	3.30	6.7	4
E19	国外电子测量技术	1795	1.135	0.170	0.88	450	0.40	7.10	3.7	8
E19	杭州电子科技大学学报	343	0.216	0.061	0.99	251	0.30	4.00	5.9	4
E19	华电技术	956	0.414	0.072	0.94	354	0.10	5.60	5.4	5
E19	吉林大学学报(信息科学版)	589	0.748	0.162	0.84	298	0.30	4.70	4.8	5
E19	密码学报	176	0.709	0.097	0.87	76	0.10	1.20	3.0	6
E19	上海电机学院学报	208	0.184	0.079	0.92	154	0.10	2.40	6.8	4
E19	太赫兹科学与电子信息学报	532	0.339	0.038	0.68	199	0.40	3.20	4.6	4
E19	微电子学	547	0.280	0.047	0.85	204	0.50	3.20	6.0	4
E19	微电子学与计算机	1749	0.675	0.074	0.89	569	0.60	9.00	4.7	6
E19	微纳电子技术	499	0.455	0.121	0.82	233	0.40	3.70	5.6	5
E19	武汉理工大学学报(信息与管理工程版)	972	0.666	0.086	0.90	514	0.20	8.20	7.1	5
E19	西安电子科技大学学报(自然科学版)	1067	0.805	0.158	0.79	351	0.50	5.60	4.7	6
E19	系统工程与电子技术	4045	0.994	0.136	0.90	765	0.50	12.10	6.0	9
E19	现代电子技术	6058	0.919	0.214	0.92	1151	0.80	18.30	4.3	10

学科代码	期刊名称	扩展总被引频次	扩展影响因子	扩展即年指标	扩展他引率	扩展引用刊数	扩展学科影响指标	扩展学科扩散指标	扩展被引半衰期	扩展H指标
E19	照明工程学报	1012	0.910	0.073	0.74	291	0.30	4.60	4.8	6
E19	真空电子技术	259	0.174	0.022	0.85	126	0.20	2.00	7.2	4
E19	中国无线电	373	0.141	0.071	0.85	128	0.20	2.00	4.2	3
E19	中国有线电视	624	0.290	0.118	0.89	125	0.20	2.00	4.0	3
E19	中国照明电器	295	0.391	0.079	0.78	137	0.20	2.20	3.9	4
E20	Chinese Optics of Letters	913	0.637	0.168	0.59	158	0.80	8.30	3.9	4
E20	Frontiers of Optoelectronics	35	0.099	0.025	0.89	27	0.50	1.40	3.5	2
E20	Light：Science & Applications	27	0.043	0.013	0.85	16	0.30	0.80	2.9	2
E20	光电工程	1367	0.701	0.167	0.89	408	0.80	21.50	7.1	7
E20	光电技术应用	412	0.292	0.237	0.85	193	0.80	10.20	6.2	4
E20	光电子·激光	1775	0.797	0.107	0.82	467	0.80	24.60	5.1	8
E20	光电子技术	202	0.294	—	0.88	120	0.60	6.30	7.0	4
E20	光学技术	1049	0.649	0.100	0.93	388	0.80	20.40	10.4	6
E20	光学与光电技术	421	0.440	0.073	0.83	181	0.80	9.50	5.5	4
E20	红外技术	1063	0.594	0.105	0.86	346	0.80	18.20	5.3	6
E20	红外与激光工程	4280	1.194	0.129	0.74	628	0.90	33.10	4.5	8
E20	激光技术	1307	1.127	0.150	0.69	267	0.80	14.10	4.1	6
E20	激光与光电子学进展	2989	1.409	0.268	0.64	473	0.90	24.90	2.8	9
E20	激光与红外	1796	0.741	0.075	0.83	454	0.80	23.90	5.5	7
E20	激光杂志	1662	0.534	0.048	0.96	650	0.80	34.20	3.9	7
E20	压电与声光	899	0.358	0.089	0.80	317	0.50	16.70	5.5	4
E20	应用激光	785	0.756	0.040	0.83	264	0.70	13.90	4.8	7
E20	中国光学	1096	2.224	0.168	0.88	241	0.80	12.70	4.0	10
E20	中国激光	5237	1.792	0.233	0.82	628	0.90	33.10	4.3	10
E21	China Communications	715	0.742	0.083	0.73	218	0.60	5.30	3.0	5
E21	北京邮电大学学报	738	0.816	0.041	0.92	343	0.80	8.40	4.6	6
E21	重庆邮电大学学报(自然科学版)	848	0.938	0.087	0.94	299	0.50	7.30	4.1	8
E21	电波科学学报	855	0.396	0.039	0.91	259	0.50	6.30	7.6	5
E21	电信科学	2562	1.551	0.358	0.78	500	0.70	12.20	3.7	13
E21	电讯技术	1153	0.572	0.097	0.83	314	0.60	7.70	5.4	5
E21	光通信技术	642	0.397	0.084	0.82	209	0.40	5.10	5.2	4
E21	光通信研究	362	0.438	0.125	0.89	154	0.50	3.80	4.2	5
E21	广东通信技术	434	0.409	0.079	0.95	150	0.40	3.70	3.4	5

学科代码	期刊名称	扩展总被引频次	扩展影响因子	扩展即年指标	扩展他引率	扩展引用刊数	扩展学科影响指标	扩展学科扩散指标	扩展被引半衰期	扩展H指标
E21	广西通信技术	72	0.156	—	0.97	42	0.20	1.00	4.4	3
E21	湖南邮电职业技术学院学报	672	0.985	0.411	0.73	235	0.20	5.70	2.6	7
E21	互联网经济	203	0.629	0.110	1.00	141	—	3.40	2.2	5
E21	江西通信科技	80	0.276	0.167	1.00	49	0.10	1.20	3.2	2
E21	空军预警学院学报	334	0.365	0.137	0.81	152	0.30	3.70	4.8	3
E21	雷达科学与技术	511	0.490	0.035	0.89	170	0.40	4.10	5.4	5
E21	雷达学报	436	1.368	0.192	0.77	135	0.30	3.30	3.1	7
E21	南京邮电大学学报(自然科学版)	569	0.799	0.120	0.98	328	0.40	8.00	4.3	9
E21	山东通信技术	72	0.343	0.019	0.92	36	0.20	0.90	3.0	3
E21	数据采集与处理	1042	1.031	0.041	0.82	400	0.40	9.80	4.1	8
E21	数据通信	181	0.286	0.066	0.98	102	0.30	2.50	5.0	4
E21	通信电源技术	1412	0.445	0.190	0.96	323	0.30	7.90	2.9	7
E21	通信管理与技术	140	0.180	0.021	0.99	88	0.20	2.10	6.0	3
E21	通信技术	1564	0.493	0.103	0.90	477	0.60	11.60	5.0	8
E21	通信学报	3160	1.561	0.178	0.92	595	0.70	14.50	4.6	12
E21	通信与信息技术	206	0.385	0.182	0.98	94	0.20	2.30	3.6	4
E21	微波学报	763	0.690	0.087	0.81	246	0.40	6.00	5.5	4
E21	无线电工程	1099	0.627	0.140	0.74	297	0.50	7.20	4.6	5
E21	无线电通信技术	648	0.727	0.185	0.89	182	0.50	4.40	3.9	5
E21	无线通信技术	105	0.252	—	0.98	76	0.20	1.90	4.5	2
E21	西安邮电大学学报	706	0.483	0.059	0.85	351	0.40	8.60	5.5	6
E21	现代传输	80	0.162	0.032	0.88	39	0.20	1.00	5.0	2
E21	现代雷达	1343	0.493	0.052	0.81	290	0.40	7.10	6.8	6
E21	信号处理	1286	0.804	0.145	0.84	364	0.70	8.90	5.3	5
E21	信息通信	4140	0.478	0.161	0.96	667	0.60	16.30	3.0	11
E21	信息通信技术	419	1.140	0.338	0.96	186	0.30	4.50	3.3	6
E21	移动通信	1642	0.852	0.243	0.91	354	0.70	8.60	3.1	10
E21	应用科学学报	452	0.534	0.049	0.95	318	0.20	7.80	6.7	4
E21	邮电设计技术	898	0.805	0.113	0.82	199	0.60	4.90	3.5	8
E21	中国新通信	6420	0.518	0.266	0.94	618	0.60	15.10	2.1	11
E21	中兴通讯技术	566	1.305	0.534	0.98	241	0.50	5.90	3.6	7
E22	Computional Visual Media	3	0.031	0.032	1.00	3	0.00	0.00	1.5	1
E22	Frontiers of Computer Science	175	0.352	0.079	0.91	94	0.30	1.40	3.7	4

学科代码	期刊名称	扩展总被引频次	扩展影响因子	扩展即年指标	扩展他引率	扩展引用刊数	扩展学科影响指标	扩展学科扩散指标	扩展被引半衰期	扩展H指标
E22	Journal of Computer Science & Technology	335	0.374	0.035	0.89	146	0.50	2.20	6.2	5
E22	办公自动化	262	0.240	0.080	0.98	133	0.20	2.00	2.2	4
E22	传动技术	100	0.278	0.139	0.97	75	0.00	1.10	7.2	3
E22	传感器世界	352	0.449	0.068	0.97	227	0.30	3.40	8.0	5
E22	大数据	405	1.612	0.188	0.93	247	0.40	3.70	2.8	9
E22	单片机与嵌入式系统应用	1074	0.610	0.128	0.93	367	0.50	5.50	4.8	7
E22	电脑编程技巧与维护	1742	0.408	0.218	0.96	438	0.50	6.50	3.0	8
E22	电脑与信息技术	388	0.483	0.255	0.96	224	0.50	3.30	3.6	4
E22	电脑知识与技术	9307	0.509	0.137	0.92	1318	0.60	19.70	2.9	14
E22	电子政务	2029	2.513	0.873	0.92	660	0.30	9.90	3.1	13
E22	福建电脑	1943	0.325	0.160	0.94	529	0.50	7.90	3.1	5
E22	工业控制计算机	1993	0.352	0.106	0.94	674	0.60	10.10	4.3	6
E22	化学传感器	92	0.146	—	0.96	71	0.00	1.10	8.2	3
E22	集成技术	170	0.413	0.071	0.96	135	0.20	2.00	4.0	5
E22	计算机仿真	6216	0.855	0.095	0.83	1183	0.70	17.70	4.3	11
E22	计算机辅助工程	436	0.311	0.027	0.93	268	0.10	4.00	5.9	5
E22	计算机辅助设计与图形学学报	2614	1.097	0.069	0.86	649	0.60	9.70	5.3	10
E22	计算机工程	6506	0.951	0.194	0.87	1189	0.90	17.70	6.7	12
E22	计算机工程与科学	2364	0.861	0.093	0.91	730	0.70	10.90	4.5	9
E22	计算机工程与设计	4539	0.791	0.131	0.93	1020	0.80	15.20	5.7	9
E22	计算机工程与应用	9500	0.966	0.226	0.91	1568	0.80	23.40	6.0	12
E22	计算机集成制造系统	4463	1.547	0.165	0.83	760	0.60	11.30	5.3	13
E22	计算机技术与发展	3639	0.782	0.241	0.90	982	0.70	14.70	5.2	12
E22	计算机教育	4660	1.360	0.369	0.87	607	0.40	9.10	4.3	12
E22	计算机科学	8036	1.464	0.176	0.93	1311	0.90	19.60	4.4	17
E22	计算机科学与探索	912	0.954	0.208	0.88	325	0.60	4.90	3.3	7
E22	计算机时代	1076	0.627	0.254	0.94	407	0.50	6.10	3.1	5
E22	计算机系统应用	2458	0.718	0.134	0.92	802	0.70	12.00	4.0	10
E22	计算机学报	6149	3.743	0.588	0.94	1053	0.80	15.70	5.0	23
E22	计算机研究与发展	5116	2.134	0.345	0.93	975	0.80	14.60	5.2	19
E22	计算机应用	6753	1.534	0.219	0.93	1194	0.80	17.80	4.6	13
E22	计算机应用研究	7627	1.149	0.372	0.91	1341	0.90	20.00	4.8	15
E22	计算机应用与软件	3640	0.594	0.116	0.91	965	0.70	14.40	4.6	9

学科代码	期刊名称	扩展总被引频次	扩展影响因子	扩展即年指标	扩展他引率	扩展引用刊数	扩展学科影响指标	扩展学科扩散指标	扩展被引半衰期	扩展H指标
E22	计算机与数字工程	1638	0.407	0.102	0.95	636	0.60	9.50	4.8	6
E22	计算机与网络	777	1.079	0.416	0.98	330	0.50	4.90	2.9	6
E22	计算机与现代化	1497	0.529	0.188	0.92	570	0.70	8.50	5.4	7
E22	计算机与应用化学	988	0.338	0.059	0.89	478	0.30	7.10	6.6	5
E22	金融科技时代	531	0.604	0.131	0.83	199	0.30	3.00	2.7	5
E22	卷宗	2231	0.078	0.022	0.91	397	0.20	5.90	2.1	5
E22	软件	2670	0.785	0.651	0.50	505	0.60	7.50	3.5	8
E22	软件(教育现代化)(电子版)	1321	0.056	0.009	0.96	155	0.10	2.30	2.6	4
E22	软件导刊	2447	0.468	0.141	0.93	760	0.60	11.30	3.9	10
E22	软件工程	572	0.690	0.226	0.91	253	0.40	3.80	2.7	5
E22	软件和集成电路	79	0.367	0.067	1.00	63	0.10	0.90	1.9	3
E22	软件学报	6488	2.569	0.522	0.91	1049	0.80	15.70	5.6	26
E22	数码设计(上)	33	—	0.004	0.94	18	0.00	0.30	—	2
E22	数码设计(下)	44	—	0.007	0.98	24	0.00	0.40	—	1
E22	数值计算与计算机应用	99	0.077	0.074	0.92	66	0.10	1.00	11.0	2
E22	网络安全技术与应用	3408	0.738	0.456	0.95	516	0.60	7.70	2.7	12
E22	网络新媒体技术	319	0.496	0.121	0.92	191	0.40	2.90	8.0	4
E22	网络与信息安全学报	276	1.163	0.227	0.91	140	0.50	2.10	2.4	6
E22	微处理机	342	0.375	0.050	0.96	183	0.40	2.70	4.4	3
E22	微型电脑应用	821	0.492	0.204	0.91	348	0.50	5.20	3.8	5
E22	物联网技术	1548	0.679	0.196	0.81	506	0.50	7.60	2.9	7
E22	物联网学报	33	—	0.250	0.52	14	0.00	0.20	1.2	3
E22	现代计算机	1295	0.376	0.073	0.95	511	0.60	7.60	3.5	6
E22	小型微型计算机系统	2726	0.868	0.103	0.78	592	0.70	8.80	3.8	9
E22	信息技术与网络安全	1662	0.441	0.102	0.97	577	0.60	8.60	3.7	6
E22	信息网络安全	1697	1.461	0.270	0.76	399	0.70	6.00	3.6	9
E22	智能计算机与应用	668	0.532	0.166	0.94	324	0.60	4.80	3.2	5
E22	智能制造	317	0.247	0.058	1.00	183	0.10	2.70	6.7	3
E22	中国金融电脑	374	0.376	0.114	1.00	161	0.20	2.40	3.2	4
E22	中国图象图形学报	2888	1.472	0.134	0.94	707	0.60	10.60	6.7	11
E22	中国自动识别技术	37	0.228	0.136	1.00	29	0.00	0.40	2.9	2
E23	China Particuology	478	0.308	0.056	0.81	210	0.20	2.20	5.2	5
E23	Chinese Journal of Chemical Engineering	1092	0.554	0.076	0.80	367	0.40	3.90	4.7	5

学科代码	期刊名称	扩展总被引频次	扩展影响因子	扩展即年指标	扩展他引率	扩展引用刊数	扩展学科影响指标	扩展学科扩散指标	扩展被引半衰期	扩展H指标
E23	安徽化工	548	0.285	0.059	0.95	328	0.50	3.50	6.0	4
E23	北京化工大学学报(自然科学版)	770	0.441	0.096	0.96	432	0.50	4.50	8.0	5
E23	纯碱工业	139	0.219	0.021	0.84	65	0.20	0.70	6.6	3
E23	大氮肥	281	0.183	0.068	0.94	117	0.40	1.20	6.8	3
E23	氮肥技术	166	0.108	0.070	0.98	77	0.30	0.80	5.6	3
E23	氮肥与合成气	116	0.114	0.023	0.81	50	0.20	0.50	4.5	3
E23	当代化工	2444	0.470	0.092	0.82	634	0.60	6.70	4.0	7
E23	当代化工研究	1636	0.538	0.156	0.98	448	0.50	4.70	2.0	8
E23	电镀与精饰	670	0.556	0.138	0.85	225	0.30	2.40	6.1	5
E23	发酵科技通讯	277	0.874	0.061	0.63	105	0.10	1.10	5.6	5
E23	佛山陶瓷	352	0.202	0.027	0.83	128	0.20	1.30	6.4	4
E23	高校化学工程学报	1325	0.594	0.048	0.85	447	0.60	4.70	6.9	5
E23	工业催化	785	0.334	0.063	0.87	233	0.50	2.50	6.8	4
E23	广东化工	6272	0.376	0.109	0.92	1389	0.80	14.60	3.8	8
E23	广州化工	5219	0.437	0.107	0.91	1270	0.80	13.40	4.0	7
E23	硅酸盐通报	4086	0.855	0.096	0.84	778	0.60	8.20	4.2	10
E23	硅酸盐学报	3562	1.000	0.170	0.91	732	0.50	7.70	8.3	11
E23	过程工程学报	1442	0.566	0.112	0.92	485	0.50	5.10	8.2	6
E23	杭州化工	139	0.302	0.028	0.99	100	0.20	1.10	7.4	3
E23	合成技术及应用	211	0.196	0.040	0.95	114	0.20	1.20	9.2	3
E23	河南化工	822	0.315	0.064	0.97	380	0.50	4.00	7.5	5
E23	湖南包装	297	0.721	0.228	0.50	72	0.00	0.80	1.9	4
E23	化肥工业	543	0.320	0.031	0.96	181	0.40	1.90	7.2	4
E23	化肥设计	375	0.293	0.078	0.94	140	0.40	1.50	6.7	4
E23	化工管理	13047	0.519	0.241	0.90	952	0.60	10.00	2.3	13
E23	化工机械	745	0.281	0.051	0.85	285	0.40	3.00	7.2	4
E23	化工技术与开发	795	0.286	0.058	0.97	415	0.60	4.40	6.6	6
E23	化工进展	6658	1.480	0.167	0.87	1094	0.90	11.50	5.3	13
E23	化工科技	517	0.346	0.041	0.94	263	0.40	2.80	7.3	4
E23	化工矿物与加工	895	0.493	0.088	0.82	264	0.40	2.80	6.7	4
E23	化工设备与管道	607	0.506	0.040	0.92	233	0.30	2.50	6.7	5
E23	化工设计	348	0.189	0.034	0.98	170	0.40	1.80	8.7	3
E23	化工设计通讯	3004	0.565	0.169	0.95	429	0.40	4.50	1.7	9

学科代码	期刊名称	扩展总被引频次	扩展影响因子	扩展即年指标	扩展他引率	扩展引用刊数	扩展学科影响指标	扩展学科扩散指标	扩展被引半衰期	扩展H指标
E23	化工时刊	945	0.461	0.071	0.98	458	0.50	4.80	7.4	5
E23	化工学报	6586	1.169	0.192	0.81	1073	0.80	11.30	5.1	10
E23	化工装备技术	467	0.333	0.022	0.96	245	0.30	2.60	8.6	4
E23	化工自动化及仪表	1093	0.379	0.054	0.94	428	0.30	4.50	5.7	5
E23	化学反应工程与工艺	407	0.344	—	0.94	186	0.40	2.00	9.1	3
E23	化学工程	1151	0.415	0.039	0.92	442	0.60	4.70	7.9	5
E23	化学工程师	976	0.426	0.072	0.97	481	0.50	5.10	6.8	4
E23	化学工程与装备	2811	0.398	0.098	0.95	684	0.60	7.20	3.7	9
E23	化学工业与工程	609	0.400	0.143	0.94	303	0.50	3.20	8.9	7
E23	化学世界	929	0.387	0.099	0.96	445	0.50	4.70	10.4	5
E23	吉林化工学院学报	1155	0.750	0.294	0.66	430	0.30	4.50	3.5	6
E23	江苏陶瓷	241	0.030	0.040	0.57	75	0.10	0.80	8.9	5
E23	江西化工	949	0.465	0.098	0.98	393	0.30	4.10	3.7	6
E23	景德镇陶瓷	257	0.157	0.062	0.96	79	0.10	0.80	8.3	3
E23	聚氨酯工业	648	0.788	0.132	0.73	168	0.30	1.80	7.3	5
E23	口腔护理用品工业	149	0.150	0.012	0.78	83	0.10	0.90	7.3	3
E23	离子交换与吸附	505	0.650	0.036	0.88	247	0.40	2.60	8.5	5
E23	辽宁化工	1170	0.225	0.070	0.98	529	0.50	5.60	6.0	5
E23	林产化学与工业	1252	0.744	0.104	0.91	437	0.40	4.60	8.0	6
E23	磷肥与复肥	937	0.369	0.083	0.81	263	0.40	2.80	7.7	7
E23	硫磷设计与粉体工程	243	0.174	—	0.91	127	0.30	1.30	8.7	4
E23	硫酸工业	526	0.622	0.098	0.69	144	0.40	1.50	4.2	5
E23	绿色包装	79	0.417	0.136	0.95	44	0.00	0.50	1.9	3
E23	氯碱工业	406	0.239	0.060	0.68	132	0.30	1.40	6.9	4
E23	轮胎工业	614	0.445	0.048	0.73	109	0.20	1.10	6.0	4
E23	膜科学与技术	963	0.606	0.083	0.82	286	0.40	3.00	7.4	7
E23	清洗世界	427	0.294	0.069	0.81	189	0.30	2.00	6.9	4
E23	燃料与化工	391	0.236	0.101	0.88	134	0.20	1.40	6.8	4
E23	热固性树脂	544	0.552	0.049	0.90	175	0.30	1.80	8.6	4
E23	日用化学工业	1070	0.615	0.136	0.86	336	0.40	3.50	7.7	6
E23	山东化工	2552	0.362	0.104	0.93	848	0.70	8.90	2.7	7
E23	山东陶瓷	131	0.105	—	0.97	87	0.30	0.90	9.1	3
E23	山西化工	619	0.413	0.081	0.95	272	0.50	2.90	4.2	5

学科代码	期刊名称	扩展总被引频次	扩展影响因子	扩展即年指标	扩展他引率	扩展引用刊数	扩展学科影响指标	扩展学科扩散指标	扩展被引半衰期	扩展H指标
E23	上海化工	486	0.437	0.150	0.97	283	0.50	3.00	7.7	4
E23	沈阳化工大学学报	167	0.191	0.014	0.92	132	0.20	1.40	6.9	3
E23	生物质化学工程	696	0.677	0.098	0.92	337	0.30	3.50	8.5	7
E23	四川化工	331	0.445	0.051	0.98	201	0.40	2.10	6.4	4
E23	炭素	116	0.164	0.108	0.91	82	0.20	0.90	12.7	2
E23	炭素技术	461	0.381	0.057	0.85	180	0.30	1.90	8.0	5
E23	陶瓷	327	0.305	0.056	0.91	140	0.20	1.50	8.0	4
E23	陶瓷科学与艺术	300	0.091	0.013	1.00	76	0.10	0.80	5.9	6
E23	陶瓷学报	582	0.408	0.066	0.73	204	0.30	2.10	4.8	4
E23	陶瓷研究	129	0.236	0.020	0.74	51	0.10	0.50	8.3	2
E23	天津化工	462	0.261	0.134	0.99	252	0.40	2.70	7.7	5
E23	无机盐工业	1647	0.752	0.221	0.77	410	0.60	4.30	6.1	7
E23	现代化工	2916	0.595	0.133	0.91	771	0.80	8.10	5.1	8
E23	现代技术陶瓷	198	0.838	0.067	0.92	116	0.20	1.20	4.8	3
E23	盐科学与化工	707	0.496	0.112	0.69	239	0.40	2.50	5.3	5
E23	应用化工	2541	0.645	0.100	0.91	788	0.70	8.30	4.7	7
E23	影像技术	684	1.038	0.214	0.99	220	0.10	2.30	2.8	6
E23	有机氟工业	194	0.193	0.020	0.85	97	0.20	1.00	8.8	3
E23	有机硅材料	620	0.704	0.117	0.71	158	0.30	1.70	6.2	5
E23	云南化工	1162	0.790	0.232	0.79	334	0.40	3.50	1.5	7
E23	浙江化工	416	0.260	0.050	0.96	249	0.30	2.60	7.3	4
E23	中氮肥	237	0.245	0.092	0.93	87	0.30	0.90	4.5	3
E23	中国化工装备	109	0.198	0.091	0.96	64	0.10	0.70	5.5	3
E23	中国陶瓷	1005	0.366	0.074	0.85	304	0.30	3.20	6.7	4
E23	中国陶瓷工业	227	0.168	0.093	0.94	115	0.20	1.20	8.1	2
E23	中国洗涤用品工业	231	0.290	0.067	0.82	94	0.20	1.00	5.4	3
E23	中外医疗	14844	1.094	0.154	0.98	904	0.10	9.50	3.5	13
E24	高科技纤维与应用	506	0.511	0.019	0.93	195	0.50	9.30	8.7	5
E24	工程塑料应用	2188	0.869	0.064	0.78	415	0.90	19.80	5.1	7
E24	合成树脂及塑料	794	0.719	0.138	0.87	193	0.80	9.20	5.2	5
E24	合成橡胶工业	714	0.560	0.118	0.87	160	0.70	7.60	8.4	6
E24	胶体与聚合物	190	0.521	0.089	0.94	116	0.50	5.50	7.0	4
E24	聚氯乙烯	420	0.304	0.019	0.71	135	0.70	6.40	7.3	4

学科代码	期刊名称	扩展总被引频次	扩展影响因子	扩展即年指标	扩展他引率	扩展引用刊数	扩展学科影响指标	扩展学科扩散指标	扩展被引半衰期	扩展H指标
E24	聚酯工业	302	0.287	0.045	0.87	112	0.30	5.30	7.4	3
E24	上海塑料	202	0.576	0.024	0.96	116	0.60	5.50	6.4	3
E24	塑料	1156	0.676	0.083	0.85	277	0.70	13.20	5.7	6
E24	塑料工业	2256	0.704	0.104	0.87	450	0.90	21.40	5.1	7
E24	塑料科技	1294	0.743	0.186	0.86	333	0.70	15.90	5.2	5
E24	塑料助剂	336	0.446	0.058	0.92	147	0.70	7.00	6.9	3
E24	弹性体	692	0.458	0.083	0.88	181	0.80	8.60	7.4	5
E24	特种橡胶制品	582	0.279	0.032	0.91	191	0.70	9.10	10.6	5
E24	现代塑料加工应用	537	0.507	0.069	0.95	168	0.60	8.00	6.9	4
E24	橡胶工业	1537	1.296	0.305	0.59	268	0.70	12.80	5.5	7
E24	橡胶科技	365	0.437	0.057	0.88	123	0.40	5.90	4.9	4
E24	橡塑技术与装备	749	0.328	0.055	0.96	241	0.80	11.50	3.3	7
E24	橡塑资源利用	85	0.156	—	0.98	61	0.70	2.90	8.5	2
E24	中国塑料	1564	0.718	0.102	0.85	338	0.80	16.10	6.3	6
E24	中国橡胶	206	0.194	0.062	1.00	103	0.50	4.90	6.8	3
E25	表面工程与再制造	73	0.444	0.020	0.99	58	0.20	2.90	3.4	3
E25	表面技术	2064	0.929	0.160	0.79	473	0.60	23.60	3.5	7
E25	电镀与涂饰	1070	0.489	0.152	0.80	287	0.60	14.40	5.8	5
E25	化学与粘合	583	0.421	0.042	0.95	259	0.60	13.00	7.9	4
E25	精细化工	1781	0.870	0.141	0.83	519	0.80	26.00	6.9	6
E25	精细化工中间体	424	0.267	0.055	0.78	196	0.40	9.80	8.4	3
E25	精细石油化工	537	0.430	0.029	0.93	235	0.50	11.80	8.2	5
E25	精细与专用化学品	768	0.440	0.113	0.96	358	0.80	17.90	7.2	4
E25	上海染料	53	0.096	—	0.94	34	0.20	1.70	4.9	2
E25	上海涂料	551	0.416	0.039	0.95	182	0.60	9.10	7.1	4
E25	涂层与防护	335	0.351	0.007	0.91	134	0.60	6.70	4.5	4
E25	涂料工业	1452	0.722	0.149	0.88	309	0.70	15.40	7.4	6
E25	现代涂料与涂装	733	0.248	0.035	0.85	227	0.60	11.40	6.7	4
E25	香料香精化妆品	626	0.645	0.089	0.91	227	0.20	11.40	6.7	5
E25	印染助剂	1005	0.937	0.153	0.89	232	0.40	11.60	4.9	6
E25	粘接	589	0.478	0.035	0.85	188	0.60	9.40	6.8	4
E25	中国胶粘剂	888	0.490	0.060	0.82	251	0.60	12.60	7.2	5
E25	中国氯碱	419	0.214	0.016	0.90	149	0.00	7.40	7.3	4

学科代码	期刊名称	扩展总被引频次	扩展影响因子	扩展即年指标	扩展他引率	扩展引用刊数	扩展学科影响指标	扩展学科扩散指标	扩展被引半衰期	扩展H指标
E25	中国生漆	134	0.322	0.041	0.78	57	0.10	2.80	7.8	3
E25	中国涂料	667	0.385	0.093	0.89	185	0.80	9.20	6.0	5
E26	Journal of Advanced Ceramics	47	0.188	—	0.79	25	0.00	0.50	3.8	2
E26	宝石和宝石学杂志	387	0.480	0.100	0.84	122	0.10	2.70	8.4	5
E26	超硬材料工程	262	0.372	0.038	0.77	104	0.10	2.30	7.6	3
E26	黑龙江造纸	149	0.139	0.096	0.91	71	0.20	1.50	8.1	3
E26	混凝土与水泥制品	1560	0.629	0.164	0.87	332	0.20	7.20	5.7	8
E26	科技创新与应用	33696	0.897	0.416	0.96	1535	0.20	33.40	3.1	23
E26	粮食储藏	576	0.685	0.054	0.92	131	0.00	2.80	8.5	4
E26	煤化工	717	0.651	0.129	0.93	188	0.10	4.10	6.9	5
E26	木工机床	97	0.341	0.106	0.84	55	0.00	1.20	5.7	3
E26	皮革科学与工程	537	0.520	0.068	0.73	153	0.10	3.30	6.8	4
E26	皮革与化工	242	0.406	0.094	0.90	106	0.10	2.30	7.1	4
E26	日用化学品科学	675	0.379	0.099	0.91	242	0.20	5.30	6.4	5
E26	石化技术与应用	545	0.406	0.077	0.90	192	0.10	4.20	6.9	4
E26	石油和化工设备	722	0.251	0.061	0.96	259	0.20	5.60	5.3	5
E26	石油化工建设	321	0.314	0.023	0.98	130	0.00	2.80	6.1	4
E26	水泥	588	0.188	0.030	0.83	164	0.20	3.60	7.1	4
E26	水泥工程	284	0.129	0.039	0.90	110	0.20	2.40	6.5	4
E26	水泥技术	216	0.165	0.018	0.93	99	0.20	2.20	7.9	3
E26	丝网印刷	117	0.042	0.074	1.00	71	0.00	1.50	6.3	3
E26	四川水泥	16100	1.202	0.607	0.98	428	0.20	9.30	2.1	21
E26	天津造纸	67	0.231	—	0.93	47	0.20	1.00	7.8	2
E26	天然气化工	656	0.504	0.073	0.84	210	0.10	4.60	5.9	5
E26	网印工业	62	0.151	0.162	0.94	37	0.10	0.80	4.0	2
E26	文体用品与科技	1210	0.132	0.031	0.88	192	0.00	4.20	3.4	4
E26	西部皮革	1634	0.216	0.064	0.95	457	0.20	9.90	2.3	6
E26	现代面粉工业	202	0.298	0.084	0.85	66	0.00	1.40	5.8	4
E26	新世纪水泥导报	249	0.321	0.219	0.75	84	0.20	1.80	4.8	3
E26	蓄电池	266	0.385	0.121	0.61	72	0.00	1.60	5.5	3
E26	艺术设计研究	200	0.293	0.042	0.97	111	0.00	2.40	4.6	3
E26	印刷杂志	154	0.137	0.042	1.00	86	0.10	1.90	4.8	3
E26	造纸化学品	122	0.159	—	0.94	51	0.20	1.10	8.8	2

学科代码	期刊名称	扩展总被引频次	扩展影响因子	扩展即年指标	扩展他引率	扩展引用刊数	扩展学科影响指标	扩展学科扩散指标	扩展被引半衰期	扩展H指标
E26	造纸科学与技术	358	0.311	0.073	0.83	145	0.30	3.20	6.7	3
E26	造纸信息	70	0.339	0.029	1.00	38	0.10	0.80	2.2	3
E26	造纸装备及材料	64	0.103	0.034	0.97	40	0.20	0.90	9.0	2
E26	纸和造纸	537	0.364	0.064	0.79	169	0.20	3.70	5.6	4
E26	中国宝玉石	53	0.153	—	0.91	19	0.10	0.40	7.8	2
E26	中国皮革	910	0.387	0.081	0.75	189	0.20	4.10	7.7	4
E26	中国人造板	300	0.352	0.021	0.85	104	0.00	2.30	6.3	4
E26	中国水泥	366	0.167	0.043	0.92	149	0.20	3.20	5.1	4
E26	中国眼镜科技杂志	158	0.189	0.175	0.94	85	0.10	1.80	5.2	2
E26	中国造纸	1095	0.707	0.076	0.62	229	0.20	5.00	6.1	6
E26	中国造纸学报	391	0.659	0.064	0.89	132	0.20	2.90	7.5	4
E26	中国制笔	20	0.059	0.111	0.60	11	0.00	0.20	11.3	2
E26	中华纸业	558	0.210	0.065	0.83	193	0.20	4.20	6.2	3
E27	电测与仪表	3462	1.023	0.135	0.79	532	0.60	29.60	4.0	9
E27	阀门	256	0.135	0.031	0.86	118	0.20	6.60	9.4	3
E27	分析仪器	713	0.517	0.110	0.90	334	0.40	18.60	5.8	6
E27	工业仪表与自动化装置	730	0.514	0.122	0.96	352	0.40	19.60	4.9	4
E27	光学精密工程	5130	1.802	0.204	0.82	697	0.70	38.70	4.7	12
E27	生命科学仪器	346	0.319	0.054	0.97	246	0.20	13.70	7.7	5
E27	水泵技术	359	0.350	0.080	0.87	143	0.10	7.90	10.0	4
E27	现代科学仪器	704	0.121	0.008	0.97	382	0.40	21.20	9.2	5
E27	现代仪器与医疗	2054	1.600	0.129	0.98	633	0.30	35.20	3.1	10
E27	仪表技术	560	0.392	0.079	0.97	272	0.40	15.10	5.6	5
E27	仪表技术与传感器	2391	0.780	0.102	0.88	641	0.70	35.60	5.1	7
E27	仪器仪表学报	7090	2.334	0.293	0.84	1088	0.70	60.40	5.1	15
E27	仪器仪表用户	688	0.351	0.115	0.95	313	0.50	17.40	3.9	4
E27	仪器仪表与分析监测	208	0.278	0.111	0.96	158	0.20	8.80	8.6	3
E27	中国仪器仪表	503	0.330	0.110	0.97	260	0.60	14.40	7.1	4
E27	钟表	7	0.097	—	1.00	5	—	0.30	3.5	1
E27	自动化仪表	1875	0.791	0.153	0.83	614	0.60	34.10	4.9	8
E27	自动化与仪表	908	0.620	0.128	0.94	367	0.50	20.40	4.3	7
E28	Defence Technology	125	0.322	0.056	0.79	60	0.40	1.90	3.8	3
E28	爆破	1671	1.594	0.212	0.61	237	0.40	7.60	5.9	7

学科代码	期刊名称	扩展总被引频次	扩展影响因子	扩展即年指标	扩展他引率	扩展引用刊数	扩展学科影响指标	扩展学科扩散指标	扩展被引半衰期	扩展H指标
E28	爆破器材	471	0.445	0.132	0.83	148	0.40	4.80	8.1	5
E28	爆炸与冲击	1681	0.828	0.172	0.85	354	0.60	11.40	9.0	7
E28	兵工学报	2924	1.059	0.070	0.89	585	0.90	18.90	5.7	7
E28	兵工自动化	1309	0.655	0.046	0.81	402	0.70	13.00	5.2	5
E28	兵器材料科学与工程	942	0.465	0.110	0.91	350	0.50	11.30	7.5	5
E28	兵器装备工程学报	1591	0.619	0.127	0.80	486	0.90	15.70	3.8	5
E28	弹道学报	608	0.565	0.016	0.90	150	0.80	4.80	7.8	4
E28	防护工程	128	0.292	0.013	0.53	34	0.20	1.10	4.2	3
E28	飞航导弹	1408	0.825	0.145	0.79	346	0.80	11.20	5.4	6
E28	国防	299	0.209	0.040	0.96	138	0.30	4.50	3.6	4
E28	国防科技	651	0.438	0.035	0.95	316	0.60	10.20	5.1	7
E28	含能材料	1296	0.708	0.099	0.74	170	0.70	5.50	6.5	5
E28	航空兵器	484	0.640	0.130	0.85	182	0.70	5.90	5.9	4
E28	火工品	375	0.208	0.034	0.86	113	0.50	3.60	8.2	4
E28	火控雷达技术	267	0.229	0.012	0.90	121	0.40	3.90	6.8	3
E28	火力与指挥控制	2230	0.679	0.027	0.77	451	0.70	14.50	5.0	6
E28	火炮发射与控制学报	303	0.318	0.026	0.90	138	0.70	4.50	6.5	4
E28	火炸药学报	1107	0.614	0.127	0.72	139	0.70	4.50	8.1	6
E28	军民两用技术与产品	1196	0.114	0.019	0.97	320	0.20	10.30	2.5	5
E28	数字海洋与水下攻防	99	0.097	—	0.86	66	0.30	2.10	6.7	2
E28	水下无人系统学报	328	0.353	0.064	0.74	118	0.50	3.80	7.4	3
E28	探测与控制学报	572	0.524	0.029	0.73	196	0.60	6.30	5.9	4
E28	现代防御技术	812	0.411	0.074	0.83	218	0.70	7.00	5.9	5
E28	战术导弹技术	614	0.757	0.165	0.83	192	0.70	6.20	5.3	4
E28	指挥控制与仿真	697	0.472	0.076	0.92	205	0.60	6.60	5.7	5
E28	指挥信息系统与技术	502	0.847	0.183	0.84	176	0.50	5.70	3.7	4
E28	指挥与控制学报	233	1.243	0.176	0.76	71	0.40	2.30	2.6	6
E28	装甲兵工程学院学报	508	0.454	0.066	0.91	244	0.50	7.90	5.9	4
E29	Knitting Industries	1388	0.635	0.126	0.65	138	0.80	3.70	5.9	5
E29	产业用纺织品	529	0.315	0.029	0.84	158	0.80	4.30	8.2	3
E29	纺织报告	410	0.575	0.390	0.52	102	0.60	2.80	2.4	5
E29	纺织标准与质量	45	0.078	0.014	0.89	23	0.40	0.60	7.1	2
E29	纺织导报	1224	0.739	0.195	0.91	273	0.80	7.40	5.0	6

学科代码	期刊名称	扩展总被引频次	扩展影响因子	扩展即年指标	扩展他引率	扩展引用刊数	扩展学科影响指标	扩展学科扩散指标	扩展被引半衰期	扩展H指标
E29	纺织高校基础科学学报	237	0.396	0.038	0.78	105	0.30	2.80	4.5	3
E29	纺织机械	128	0.137	0.059	1.00	68	0.50	1.80	7.5	2
E29	纺织科技进展	598	0.284	0.086	0.93	199	0.80	5.40	6.5	4
E29	纺织科学研究	143	0.397	0.141	1.00	82	0.60	2.20	7.7	3
E29	纺织科学与工程学报	615	0.952	0.142	0.69	217	0.10	1.50	2.4	6
E29	纺织器材	268	0.284	0.090	0.66	60	0.50	1.60	5.7	3
E29	纺织学报	3149	0.966	0.166	0.78	465	0.80	12.60	6.0	8
E29	服饰导刊	160	0.232	0.114	0.96	103	0.40	2.80	6.0	3
E29	服装学报	470	0.647	0.080	0.92	305	0.10	2.10	5.0	4
E29	福建轻纺	262	0.375	0.224	0.98	174	0.20	4.70	6.5	4
E29	国际纺织导报	323	0.259	0.024	0.94	118	0.80	3.20	6.0	4
E29	合成纤维	612	0.440	0.066	0.84	191	0.70	5.20	6.7	4
E29	合成纤维工业	672	0.481	0.078	0.76	185	0.70	5.00	6.9	5
E29	化纤与纺织技术	175	0.388	0.045	0.98	86	0.70	2.30	7.2	3
E29	检验检疫学刊	542	0.472	0.049	0.94	277	0.30	7.50	6.7	5
E29	江苏丝绸	99	0.185	0.107	0.96	54	0.60	1.50	7.9	2
E29	锦绣	83	0.007	0.004	1.00	48	0.40	1.30	11.9	3
E29	辽宁丝绸	150	0.181	0.061	0.95	91	0.60	2.50	5.0	2
E29	毛纺科技	1025	0.680	0.153	0.65	143	0.80	3.90	4.8	5
E29	棉纺织技术	1324	0.691	0.080	0.68	167	0.80	4.50	5.1	6
E29	轻纺工业与技术	478	0.269	0.098	0.92	190	0.80	5.10	5.2	4
E29	轻工学报	500	0.468	0.062	0.96	280	0.00	1.90	6.5	5
E29	染料与染色	344	0.365	0.151	0.83	142	0.50	3.80	7.8	5
E29	染整技术	971	1.123	0.116	0.61	186	0.80	5.00	2.3	6
E29	山东纺织经济	591	0.314	0.099	0.99	248	0.70	6.70	4.8	4
E29	山东纺织科技	262	0.306	0.058	0.96	106	0.80	2.90	5.7	4
E29	上海纺织科技	942	0.325	0.089	0.86	190	0.90	5.10	6.1	5
E29	丝绸	1307	0.833	0.105	0.84	270	0.80	7.30	6.1	7
E29	天津纺织科技	337	0.328	0.130	0.63	99	0.80	2.70	5.9	3
E29	现代纺织技术	443	0.521	0.123	0.91	131	0.80	3.50	5.6	4
E29	现代丝绸科学与技术	172	0.196	0.091	0.92	84	0.60	2.30	6.6	3
E29	印染	1984	0.717	0.192	0.62	256	0.90	6.90	5.8	7
E29	中国棉花加工	104	0.068	0.018	0.96	54	0.30	1.50	7.8	3

学科代码	期刊名称	扩展总被引频次	扩展影响因子	扩展即年指标	扩展他引率	扩展引用刊数	扩展学科影响指标	扩展学科扩散指标	扩展被引半衰期	扩展H指标
E29	中国纤检	685	0.290	0.077	0.91	205	0.80	5.50	5.1	4
E30	包装与食品机械	920	1.136	0.109	0.86	289	0.50	4.80	5.5	5
E30	茶业通报	251	0.220	0.093	0.97	93	0.20	1.60	11.0	3
E30	茶叶通讯	409	0.539	0.102	0.83	131	0.30	2.20	8.1	3
E30	茶叶学报	410	0.911	0.143	0.92	151	0.30	2.50	6.9	5
E30	广东茶业	234	0.240	—	0.95	83	0.30	1.40	8.3	5
E30	河南工业大学学报(自然科学版)	1109	0.783	0.169	0.93	311	0.60	5.20	6.9	6
E30	黑龙江粮食	152	0.220	0.035	0.99	108	0.40	1.80	4.0	3
E30	江苏调味副食品	238	0.474	0.082	0.97	101	0.50	1.70	8.0	4
E30	粮食加工	803	0.574	0.097	0.87	212	0.60	3.50	8.1	5
E30	粮食科技与经济	586	0.581	0.039	0.86	226	0.50	3.80	5.1	5
E30	粮食问题研究	99	0.324	0.108	0.92	61	0.20	1.00	2.8	2
E30	粮食与食品工业	627	0.515	0.095	0.97	212	0.60	3.50	6.0	5
E30	粮食与饲料工业	1747	0.625	0.107	0.95	376	0.60	6.30	7.8	7
E30	粮食与油脂	1680	0.770	0.114	0.92	389	0.70	6.50	5.3	8
E30	粮油仓储科技通讯	351	0.416	0.039	0.78	70	0.30	1.20	6.8	3
E30	粮油食品科技	1160	0.823	0.118	0.94	293	0.70	4.90	5.9	5
E30	美食研究	275	0.538	0.148	0.90	137	0.00	0.90	6.4	4
E30	酿酒	1346	0.508	0.078	0.86	211	0.50	3.50	8.5	6
E30	酿酒科技	3050	0.740	0.117	0.79	371	0.60	6.20	6.9	7
E30	肉类工业	926	0.329	0.054	0.86	183	0.50	3.00	8.0	4
E30	肉类研究	1397	1.090	0.191	0.87	245	0.60	4.10	7.2	7
E30	乳业科学与技术	431	0.525	0.125	0.93	149	0.50	2.50	7.5	5
E30	食品安全质量检测学报	4245	1.224	0.219	0.80	731	0.80	12.20	2.9	9
E30	食品工程	536	0.496	0.121	0.99	226	0.60	3.80	7.6	5
E30	食品工业	4007	0.752	0.115	0.91	677	0.80	11.30	3.8	8
E30	食品工业科技	15428	1.062	0.247	0.86	1195	0.80	19.90	5.0	13
E30	食品界	130	0.109	0.015	0.99	66	0.20	1.10	1.8	2
E30	食品科技	6584	0.781	0.105	0.95	850	0.80	14.20	6.5	10
E30	食品科学	25084	1.893	0.373	0.89	1426	0.80	23.80	5.9	18
E30	食品科学技术学报	1604	2.491	0.488	0.98	477	0.70	8.00	4.0	7
E30	食品研究与开发	7766	0.936	0.188	0.91	999	0.80	16.60	4.9	10
E30	食品与发酵工业	5956	1.199	0.215	0.92	723	0.80	12.00	5.9	10

学科代码	期刊名称	扩展总被引频次	扩展影响因子	扩展即年指标	扩展他引率	扩展引用刊数	扩展学科影响指标	扩展学科扩散指标	扩展被引半衰期	扩展H指标
E30	食品与发酵科技	1086	0.690	0.118	0.97	318	0.70	5.30	5.5	8
E30	食品与机械	3764	0.966	0.077	0.85	681	0.80	11.40	5.0	9
E30	食品与健康	55	0.056	—	1.00	40	0.20	0.70	8.9	1
E30	食品与生活	35	0.035	—	1.00	29	0.10	0.50	9.5	1
E30	食品与生物技术学报	1859	0.674	0.053	0.87	498	0.70	8.30	6.6	7
E30	食品与药品	980	0.621	0.094	0.98	464	0.60	7.70	7.1	8
E30	现代食品	1325	0.482	0.108	0.87	354	0.70	5.90	2.1	6
E30	现代食品科技	5250	1.089	0.260	0.95	757	0.80	12.60	4.7	9
E30	现代盐化工	410	0.593	0.114	0.99	158	0.20	2.60	1.9	6
E30	盐业史研究	272	0.254	0.029	0.76	66	0.00	1.10	16.3	3
E30	饮料工业	635	0.446	0.067	0.91	223	0.70	3.70	6.4	4
E30	中国保健食品	12	—	—	1.00	11	0.10	0.20	8.0	1
E30	中国茶叶加工	457	0.698	0.091	0.89	149	0.40	2.50	7.3	6
E30	中国井矿盐	268	0.206	0.102	0.88	147	0.20	2.40	6.9	3
E30	中国粮油学报	3769	0.943	0.130	0.91	530	0.70	8.80	6.5	11
E30	中国酿造	4662	1.151	0.217	0.80	570	0.70	9.50	5.6	9
E30	中国乳品工业	1425	0.675	0.071	0.90	263	0.60	4.40	7.9	5
E30	中国乳业	568	0.327	0.076	0.95	186	0.50	3.10	6.2	5
E30	中国食品	263	0.560	0.047	1.00	166	0.40	2.80	3.4	3
E30	中国食品工业	155	0.130	—	0.99	88	0.40	1.50	8.7	3
E30	中国食品添加剂	2373	0.961	0.161	0.93	506	0.80	8.40	6.0	8
E30	中国食品学报	4516	1.131	0.112	0.94	684	0.80	11.40	5.0	12
E30	中国食物与营养	2735	0.992	0.167	0.95	761	0.80	12.70	6.9	10
E30	中国甜菜糖业	165	0.364	0.078	0.60	47	0.10	0.80	12.1	2
E30	中国调味品	2700	0.719	0.117	0.75	399	0.70	6.60	5.4	8
E30	中国盐业	126	0.208	0.031	0.95	57	0.00	1.00	2.4	2
E30	中国油脂	3294	0.915	0.154	0.77	532	0.70	8.90	6.4	11
E30	中外葡萄与葡萄酒	1073	0.669	0.230	0.73	178	0.40	3.00	8.4	6
E31	Building Simulation	206	0.496	0.161	0.38	35	0.00	0.30	3.8	2
E31	Frontiers of Architectural Research	93	0.267	0.047	0.72	54	0.10	0.40	5.0	3
E31	安徽建筑	1841	0.444	0.123	0.98	349	0.50	2.70	4.2	9
E31	安徽建筑大学学报	515	0.388	0.017	0.98	272	0.30	2.10	7.0	5
E31	安装	662	0.392	0.097	0.96	178	0.30	1.40	4.6	7

学科代码	期刊名称	扩展总被引频次	扩展影响因子	扩展即年指标	扩展他引率	扩展引用刊数	扩展学科影响指标	扩展学科扩散指标	扩展被引半衰期	扩展H指标
E31	北方建筑	229	—	0.344	1.00	59	0.10	0.50	1.4	6
E31	北京建筑大学学报	467	0.554	0.038	1.00	240	0.30	1.90	7.0	5
E31	城建档案	1675	0.946	0.247	0.89	226	0.10	1.80	2.5	7
E31	城市发展研究	4591	1.833	0.301	0.97	1137	0.50	9.00	5.3	14
E31	城市规划	5530	1.970	0.216	0.94	894	0.60	7.00	6.6	16
E31	城市规划学刊	3573	2.706	0.506	0.94	622	0.50	4.90	6.3	15
E31	城市开发	196	0.132	0.035	0.99	112	0.10	0.90	5.9	3
E31	城市勘测	1357	0.764	0.102	0.86	346	0.30	2.70	5.0	7
E31	城市设计	90	1.092	0.087	0.74	35	0.10	0.30	2.4	3
E31	城市住宅	833	0.828	0.285	0.58	163	0.40	1.30	2.1	6
E31	城乡规划	97	0.478	0.203	0.97	60	0.10	0.50	1.6	4
E31	城乡建设	696	0.375	0.085	1.00	314	0.40	2.50	3.8	5
E31	城镇供水	308	0.342	0.083	0.95	146	0.10	1.10	4.9	3
E31	重庆建筑	630	0.476	0.205	0.96	224	0.40	1.80	4.2	5
E31	低温建筑技术	1354	0.267	0.077	0.97	406	0.60	3.20	6.1	5
E31	粉煤灰综合利用	541	0.495	0.082	0.90	212	0.30	1.70	7.1	6
E31	福建建材	2230	0.827	0.270	0.98	250	0.30	2.00	3.0	12
E31	福建建设科技	596	0.389	0.156	0.98	192	0.30	1.50	5.3	7
E31	福建建筑	1267	0.453	0.109	0.97	353	0.60	2.80	5.4	7
E31	给水排水	4163	1.193	0.208	0.93	738	0.50	5.80	6.4	13
E31	工程抗震与加固改造	817	0.502	0.119	0.91	245	0.40	1.90	6.9	5
E31	工业建筑	4182	0.769	0.168	0.92	689	0.70	5.40	7.1	10
E31	供水技术	282	0.361	0.021	0.92	149	0.10	1.20	5.2	4
E31	古建园林技术	209	0.125	0.015	0.95	104	0.20	0.80	12.5	4
E31	广东建材	1792	0.558	0.191	0.98	284	0.40	2.20	6.3	11
E31	广州建筑	282	0.594	0.145	0.74	83	0.20	0.70	5.2	4
E31	规划师	4470	2.386	0.276	0.89	703	0.60	5.50	4.6	14
E31	国际城市规划	2143	1.750	0.351	0.96	537	0.40	4.20	5.6	12
E31	河北工程大学学报(自然科学版)	426	0.326	0.022	0.93	285	0.30	2.20	6.9	4
E31	河北建筑工程学院学报	380	0.291	0.026	0.96	161	0.20	1.30	6.6	5
E31	河南建材	3403	0.990	0.683	0.95	281	0.30	2.20	2.1	11
E31	湖南城市学院学报(自然科学版)	680	0.380	0.082	0.98	320	0.20	2.50	2.7	7
E31	华中建筑	2255	0.437	0.139	0.93	512	0.50	4.00	7.6	7

学科代码	期刊名称	扩展总被引频次	扩展影响因子	扩展即年指标	扩展他引率	扩展引用刊数	扩展学科影响指标	扩展学科扩散指标	扩展被引半衰期	扩展H指标
E31	混凝土	4760	0.741	0.159	0.87	536	0.50	4.20	6.9	10
E31	混凝土世界	537	0.568	0.150	0.94	195	0.40	1.50	4.5	6
E31	吉林建筑大学学报	588	0.450	0.083	0.99	315	0.40	2.50	4.9	6
E31	家具与室内装饰	2151	2.150	0.424	0.41	194	0.10	1.50	2.4	12
E31	建材发展导向(上)	2472	0.231	0.030	0.98	246	0.20	1.90	2.4	9
E31	建材发展导向(下)	1245	0.153	0.039	0.99	167	0.20	1.30	2.3	7
E31	建材技术与应用	862	0.840	0.138	1.00	166	0.30	1.30	7.0	9
E31	建材世界	791	0.478	0.184	0.96	256	0.30	2.00	5.7	6
E31	建井技术	426	0.561	0.078	0.74	108	0.10	0.90	6.1	4
E31	建设机械技术与管理	538	0.222	0.044	0.97	199	0.20	1.60	7.1	4
E31	建设监理	1022	0.500	0.076	0.99	187	0.30	1.50	4.5	8
E31	建筑	916	0.320	0.121	1.00	236	0.40	1.90	4.9	6
E31	建筑·建材·装饰	1601	0.122	0.020	0.98	150	0.20	1.20	2.4	8
E31	建筑安全	1722	0.971	0.371	0.97	212	0.30	1.70	3.9	11
E31	建筑材料学报	2996	1.196	0.211	0.94	482	0.40	3.80	6.8	10
E31	建筑电气	733	0.573	0.198	0.86	214	0.20	1.70	4.6	6
E31	建筑钢结构进展	467	0.752	0.084	0.90	149	0.30	1.20	6.4	5
E31	建筑工程技术与设计	24863	0.078	0.009	0.61	683	0.60	5.40	2.3	9
E31	建筑工人	249	0.163	0.055	1.00	70	0.10	0.60	6.1	3
E31	建筑机械	707	0.302	0.158	0.96	234	0.20	1.80	7.8	4
E31	建筑机械化	789	0.400	0.104	0.93	218	0.30	1.70	6.5	5
E31	建筑技术	5567	3.552	0.598	0.95	490	0.60	3.90	3.1	19
E31	建筑技术开发	3958	1.048	0.393	0.98	369	0.50	2.90	1.8	14
E31	建筑技艺	427	0.300	0.034	0.96	146	0.40	1.10	4.2	6
E31	建筑节能	1793	0.816	0.242	0.89	378	0.60	3.00	3.9	9
E31	建筑结构	3928	0.769	0.230	0.86	486	0.60	3.80	6.6	10
E31	建筑结构学报	5452	1.456	0.285	0.90	511	0.60	4.00	7.0	12
E31	建筑经济	3958	2.077	0.385	0.99	644	0.50	5.10	4.0	19
E31	建筑科学	2627	0.954	0.206	0.94	570	0.60	4.50	5.9	10
E31	建筑科学与工程学报	949	1.065	0.163	0.96	322	0.50	2.50	6.1	8
E31	建筑热能通风空调	776	0.349	0.057	0.92	273	0.30	2.10	7.4	4
E31	建筑设计管理	1468	0.986	0.215	0.99	235	0.40	1.90	3.8	11
E31	建筑师	625	0.431	0.206	0.87	158	0.40	1.20	9.8	6

学科代码	期刊名称	扩展总被引频次	扩展影响因子	扩展即年指标	扩展他引率	扩展引用刊数	扩展学科影响指标	扩展学科扩散指标	扩展被引半衰期	扩展H指标
E31	建筑施工	2452	0.632	0.118	0.89	311	0.60	2.40	4.2	10
E31	建筑学报	3556	1.227	0.257	0.95	517	0.60	4.10	8.2	11
E31	建筑遗产	157	—	0.071	0.95	49	0.10	0.40	5.1	4
E31	建筑与预算	1028	1.740	0.528	0.99	153	0.20	1.20	2.6	11
E31	江苏建材	227	0.318	0.193	0.99	103	0.20	0.80	3.8	4
E31	江苏建筑	657	0.433	0.191	0.97	201	0.40	1.60	4.6	5
E31	江苏建筑职业技术学院学报	342	0.513	0.052	0.97	178	0.10	1.40	4.8	5
E31	结构工程师	1135	0.581	0.103	0.88	317	0.50	2.50	6.1	7
E31	净水技术	1114	0.923	0.162	0.86	365	0.20	2.90	4.9	6
E31	居业	4001	1.184	0.465	0.99	237	0.30	1.90	1.9	13
E31	空间结构	373	0.411	0.019	0.88	135	0.20	1.10	9.1	5
E31	绿色建筑	519	0.603	0.034	0.99	207	0.40	1.60	6.0	6
E31	南方建筑	1130	1.092	0.104	0.91	288	0.40	2.30	4.1	9
E31	暖通空调	3394	0.936	0.164	0.86	530	0.50	4.20	7.3	10
E31	山东建筑大学学报	671	0.554	0.167	0.92	353	0.30	2.80	6.5	6
E31	山西建筑	20673	0.663	0.258	0.97	1196	0.80	9.40	4.1	19
E31	上海城市规划	977	1.338	0.131	0.91	283	0.40	2.20	3.8	7
E31	上海建材	209	0.643	0.296	1.00	105	0.20	0.80	4.7	4
E31	上海建设科技	477	0.497	0.082	0.99	183	0.30	1.40	4.9	6
E31	沈阳建筑大学学报(自然科学版)	1136	0.569	0.108	0.94	484	0.50	3.80	7.4	6
E31	施工技术	9611	2.112	0.447	0.85	747	0.70	5.90	3.8	20
E31	时代建筑	1068	0.789	0.249	0.75	190	0.40	1.50	6.3	7
E31	世界建筑	741	0.451	0.019	0.98	205	0.40	1.60	10.7	6
E31	世界建筑导报	56	0.303	0.091	1.00	36	0.10	0.30	5.3	2
E31	四川建材	5244	1.006	0.294	0.99	432	0.50	3.40	2.5	16
E31	四川建筑	1495	0.345	0.102	0.98	400	0.50	3.10	6.1	7
E31	四川建筑科学研究	1781	0.578	0.090	0.96	484	0.60	3.80	6.8	8
E31	特种结构	583	0.363	0.076	0.95	232	0.40	1.80	8.4	6
E31	天津城建大学学报	305	0.362	0.120	0.97	204	0.20	1.60	5.9	5
E31	天津建设科技	357	0.328	0.025	0.99	137	0.30	1.10	4.5	4
E31	土工基础	598	0.272	0.055	0.95	251	0.30	2.00	6.7	4
E31	西安建筑科技大学学报(自然科学版)	1109	0.460	0.074	0.95	472	0.50	3.70	7.6	6
E31	现代城市研究	2320	1.146	0.115	0.94	683	0.50	5.40	5.0	10

学科代码	期刊名称	扩展总被引频次	扩展影响因子	扩展即年指标	扩展他引率	扩展引用刊数	扩展学科影响指标	扩展学科扩散指标	扩展被引半衰期	扩展H指标
E31	小城镇建设	1158	1.296	0.175	0.73	308	0.30	2.40	3.6	9
E31	新建筑	1147	0.662	0.115	0.90	261	0.50	2.10	7.6	5
E31	新型建筑材料	2444	0.720	0.070	0.80	472	0.50	3.70	6.4	7
E31	云南建筑	28	0.018	0.004	0.86	14	0.00	0.10	8.2	1
E31	浙江建筑	654	0.400	0.178	0.99	218	0.40	1.70	6.8	5
E31	智能建筑	304	0.305	0.046	0.94	113	0.20	0.90	3.3	4
E31	智能建筑电气技术	437	0.667	0.032	0.97	132	0.10	1.00	3.7	5
E31	智能建筑与智慧城市	1149	1.290	0.532	0.95	237	0.30	1.90	1.9	9
E31	中国电梯	195	0.055	0.024	0.64	54	0.00	0.40	6.1	2
E31	中国粉体技术	587	0.500	0.098	0.96	332	0.10	2.60	6.6	6
E31	中国给水排水	6247	0.748	0.073	0.87	897	0.50	7.10	6.6	13
E31	中国建材科技	2211	0.802	0.299	0.99	348	0.30	2.70	3.6	13
E31	中国建筑防水	976	0.620	0.125	0.83	183	0.30	1.40	4.6	6
E31	中国建筑金属结构	1580	0.315	0.074	1.00	157	0.30	1.20	5.5	13
E31	中国建筑装饰装修	164	0.249	0.119	0.99	74	0.20	0.60	3.7	3
E31	中国勘察设计	590	0.446	0.187	0.99	199	0.40	1.60	3.9	8
E31	中国市政工程	943	0.528	0.103	0.98	291	0.40	2.30	6.0	7
E31	中外建筑	2117	0.552	0.146	0.98	382	0.50	3.00	4.3	12
E31	住区	182	0.339	0.051	0.91	76	0.20	0.60	3.2	4
E31	住宅科技	656	0.388	0.122	0.96	207	0.50	1.60	6.0	5
E31	装饰装修天地	3063	0.127	0.078	0.98	184	0.20	1.40	1.6	8
E32	Frontiers of Structural and Civil Engineering	80	0.237	—	0.79	53	0.40	3.80	4.8	2
E32	地下空间与工程学报	4855	1.534	0.193	0.88	664	0.90	47.40	7.0	11
E32	工程勘察	2062	0.838	0.127	0.89	522	0.80	37.30	7.5	8
E32	广东土木与建筑	609	0.436	0.223	0.84	157	0.50	11.20	5.9	4
E32	土木工程学报	7169	2.322	0.230	0.97	800	1.00	57.10	8.0	16
E32	土木工程与管理学报	1337	1.566	0.183	0.95	461	0.80	32.90	4.5	11
E32	土木建筑工程信息技术	1519	1.615	0.252	0.92	311	0.50	22.20	4.7	14
E32	土木建筑与环境工程	1743	0.966	0.116	0.97	624	0.90	44.60	8.0	7
E32	岩石力学与工程学报	21350	3.076	0.469	0.94	946	0.90	67.60	9.2	25
E32	岩土工程技术	498	0.562	0.132	0.94	207	0.60	14.80	11.4	5
E32	岩土工程学报	12209	2.005	0.333	0.92	797	0.90	56.90	8.2	16
E32	岩土力学	17402	2.327	0.361	0.90	965	1.00	68.90	7.6	17

学科代码	期刊名称	扩展总被引频次	扩展影响因子	扩展即年指标	扩展他引率	扩展引用刊数	扩展学科影响指标	扩展学科扩散指标	扩展被引半衰期	扩展H指标
E32	筑路机械与施工机械化	1567	0.826	0.135	0.77	252	0.20	18.00	5.7	6
E32	砖瓦	519	0.403	0.150	0.68	157	0.10	11.20	4.2	4
E33	Journal of Hydrodynamics	707	0.770	0.195	0.71	233	0.40	3.30	5.2	5
E33	Water Science and Engineering	126	0.321	—	0.94	86	0.30	1.20	5.1	3
E33	北京水务	372	0.381	0.112	0.86	157	0.50	2.20	7.2	4
E33	长江科学院院报	2577	0.873	0.124	0.85	589	0.90	8.40	5.3	8
E33	大坝与安全	400	0.441	0.056	0.92	149	0.70	2.10	7.1	4
E33	东北水利水电	825	0.240	0.091	0.97	282	0.80	4.00	7.3	5
E33	甘肃水利水电技术	619	0.304	0.042	0.85	212	0.70	3.00	6.0	4
E33	广东水利水电	839	0.490	0.121	0.75	253	0.70	3.60	6.1	5
E33	广西水利水电	397	0.242	0.093	0.98	159	0.60	2.30	6.7	4
E33	海河水利	459	0.517	0.068	0.94	203	0.60	2.90	6.1	5
E33	河北水利	324	0.123	0.036	1.00	142	0.40	2.00	4.7	3
E33	河海大学学报(自然科学版)	1641	1.041	0.133	0.96	534	0.80	7.60	10.1	7
E33	河南水利与南水北调	2218	0.656	0.192	0.96	300	0.80	4.30	3.5	10
E33	黑龙江水利科技	3114	0.643	0.120	0.95	357	0.80	5.10	4.4	10
E33	红水河	288	0.164	0.050	0.92	148	0.50	2.10	6.1	3
E33	湖南水利水电	540	0.523	0.128	0.98	158	0.50	2.30	3.8	5
E33	吉林水利	694	0.368	0.107	0.92	227	0.70	3.20	5.2	5
E33	江淮水利科技	203	0.207	0.048	0.94	90	0.40	1.30	5.3	3
E33	江苏水利	666	0.352	0.147	0.93	214	0.60	3.10	5.0	5
E33	江西水利科技	302	0.373	0.062	0.95	145	0.60	2.10	4.9	4
E33	内蒙古水利	736	0.201	0.095	0.99	196	0.40	2.80	4.6	5
E33	南水北调与水利科技	1717	0.992	0.111	0.90	478	0.90	6.80	5.4	6
E33	泥沙研究	1132	0.823	0.041	0.89	238	0.60	3.40	10.4	6
E33	人民长江	4355	0.823	0.151	0.83	742	0.90	10.60	6.1	8
E33	人民黄河	2841	0.621	0.107	0.87	599	0.90	8.60	6.3	7
E33	人民珠江	782	0.506	0.093	0.88	295	0.80	4.20	4.5	5
E33	三峡大学学报(自然科学版)	720	0.790	0.101	0.97	403	0.60	5.80	5.0	4
E33	山东水利	448	0.190	0.035	0.96	174	0.60	2.50	5.0	4
E33	山西水利	390	0.192	0.035	0.97	168	0.50	2.40	5.8	4
E33	山西水利科技	356	0.246	0.139	0.99	157	0.50	2.20	6.6	4
E33	陕西水利	897	0.339	0.124	0.96	204	0.60	2.90	3.5	6

学科代码	期刊名称	扩展总被引频次	扩展影响因子	扩展即年指标	扩展他引率	扩展引用刊数	扩展学科影响指标	扩展学科扩散指标	扩展被引半衰期	扩展H指标
E33	水电与抽水蓄能	615	0.493	0.144	0.88	215	0.60	3.10	6.8	5
E33	水电与新能源	503	0.284	0.140	0.91	198	0.60	2.80	4.1	5
E33	水电站机电技术	460	0.215	0.062	0.85	133	0.40	1.90	4.6	3
E33	水电站设计	350	0.244	0.063	0.97	139	0.60	2.00	9.9	4
E33	水动力学研究与进展 A 辑	991	0.452	0.041	0.99	364	0.60	5.20	10.0	6
E33	水科学进展	3761	2.322	0.278	0.91	592	0.90	8.50	8.3	14
E33	水科学与工程技术	605	0.234	0.126	0.95	241	0.60	3.40	6.5	5
E33	水力发电	1953	0.534	0.110	0.91	410	0.90	5.90	7.7	6
E33	水力发电学报	2767	1.413	0.180	0.90	492	0.90	7.00	6.4	10
E33	水利发展研究	1065	0.545	0.130	0.93	312	0.70	4.50	4.7	6
E33	水利规划与设计	3300	1.266	0.290	0.70	284	0.80	4.10	3.2	12
E33	水利技术监督	1997	1.349	0.185	0.79	194	0.70	2.80	3.7	14
E33	水利建设与管理	917	0.409	0.110	0.94	185	0.70	2.60	5.4	5
E33	水利经济	784	0.975	0.232	0.91	291	0.70	4.20	6.2	6
E33	水利科技	226	0.258	0.042	0.94	108	0.50	1.50	6.7	3
E33	水利科技与经济	1331	0.367	0.047	0.98	375	0.90	5.40	6.2	6
E33	水利水电工程设计	215	0.245	0.088	0.98	89	0.50	1.30	7.4	4
E33	水利水电技术	2784	1.062	0.095	0.93	564	0.90	8.10	6.2	8
E33	水利水电科技进展	1550	1.259	0.589	0.89	441	0.90	6.30	6.7	8
E33	水利水电快报	300	0.202	0.067	0.96	158	0.60	2.30	8.4	4
E33	水利水运工程学报	896	0.809	0.065	0.93	279	0.70	4.00	6.5	6
E33	水利信息化	497	0.688	0.184	0.84	174	0.60	2.50	4.8	6
E33	水利学报	7852	2.311	0.291	0.94	935	0.90	13.40	10.4	14
E33	水利与建筑工程学报	1645	0.867	0.216	0.66	401	0.70	5.70	4.5	6
E33	水资源保护	1836	1.990	0.204	0.85	491	0.70	7.00	5.2	10
E33	水资源与水工程学报	1874	0.917	0.087	0.88	560	0.80	8.00	5.2	7
E33	四川水力发电	752	0.338	0.065	0.98	242	0.70	3.50	5.6	4
E33	四川水利	429	0.416	0.106	0.99	161	0.50	2.30	3.5	5
E33	西北水电	565	0.317	0.076	0.80	210	0.70	3.00	6.2	5
E33	小水电	254	0.212	0.063	0.94	95	0.40	1.40	5.4	3
E33	云南水力发电	561	0.321	0.031	0.86	179	0.60	2.60	5.1	3
E33	浙江水利科技	587	0.332	0.169	0.93	209	0.70	3.00	6.4	4
E33	治淮	581	0.214	0.092	1.00	201	0.60	2.90	4.3	4

学科代码	期刊名称	扩展总被引频次	扩展影响因子	扩展即年指标	扩展他引率	扩展引用刊数	扩展学科影响指标	扩展学科扩散指标	扩展被引半衰期	扩展H指标
E33	中国防汛抗旱	611	0.676	0.151	0.79	187	0.70	2.70	3.6	6
E33	中国三峡	97	1.286	0.048	1.00	71	0.20	1.00	10.6	2
E33	中国水利	3428	0.784	0.244	0.89	611	0.90	8.70	5.4	11
E33	中国水利水电科学研究院学报	555	0.735	0.068	0.93	245	0.80	3.50	7.2	5
E33	中国水能及电气化	588	0.553	0.110	0.93	146	0.50	2.10	3.8	8
E33	中国水土保持	1849	0.657	0.172	0.90	449	0.60	6.40	6.9	8
E34	Journal of Modern Transportation	70	0.119	—	0.96	52	0.10	0.70	5.7	2
E34	Journal of traffic and transportation engineering	29	0.151	0.047	0.93	26	0.10	0.40	2.7	1
E34	Journal of Transportation Engineering	801	0.771	0.109	0.98	304	0.50	4.20	11.8	3
E34	北方交通	1421	0.451	0.095	0.98	278	0.50	3.80	5.0	7
E34	北京汽车	188	0.214	0.056	1.00	104	0.20	1.40	6.9	2
E34	车辆与动力技术	220	0.314	0.020	0.97	135	0.20	1.80	7.8	3
E34	城市道桥与防洪	2924	0.541	0.132	0.96	438	0.40	6.00	4.2	13
E34	重庆交通大学学报(自然科学版)	2089	0.858	0.174	0.91	628	0.60	8.60	7.0	6
E34	大连交通大学学报	570	0.368	0.090	0.91	308	0.20	4.20	5.2	5
E34	公路交通技术	1383	0.710	0.127	0.84	298	0.50	4.10	6.7	6
E34	公路交通科技	4844	1.114	0.229	0.90	742	0.70	10.20	8.1	9
E34	公路与汽运	1400	0.514	0.191	0.87	386	0.60	5.30	4.7	6
E34	广东公路交通	355	0.388	0.094	0.91	132	0.30	1.80	5.9	4
E34	广东交通职业技术学院学报	369	0.546	0.147	0.98	195	0.20	2.70	3.8	4
E34	国防交通工程与技术	483	0.420	0.172	0.96	169	0.20	2.30	4.8	3
E34	黑龙江交通科技	6622	0.764	0.164	0.97	341	0.40	4.70	3.8	13
E34	湖南交通科技	723	0.404	0.071	0.97	200	0.30	2.70	6.1	5
E34	华东交通大学学报	883	0.910	0.160	0.89	485	0.40	6.60	5.4	5
E34	集装箱化	176	0.136	0.036	0.99	88	0.10	1.20	6.4	3
E34	减速顶与调速技术	24	0.096	—	1.00	13	0.00	0.20	4.7	2
E34	建筑与文化	1302	0.262	0.096	0.94	354	0.10	4.80	3.1	6
E34	交通节能与环保	479	0.787	0.177	0.91	193	0.30	2.60	2.8	5
E34	交通科技	1266	0.450	0.094	0.89	301	0.50	4.10	5.3	6
E34	交通科技与经济	951	1.197	0.511	0.74	330	0.50	4.50	5.2	5
E34	交通科学与工程	355	0.283	0.062	0.95	192	0.40	2.60	7.6	4
E34	交通信息与安全	1109	1.080	0.231	0.83	397	0.50	5.40	5.7	6

学科代码	期刊名称	扩展总被引频次	扩展影响因子	扩展即年指标	扩展他引率	扩展引用刊数	扩展学科影响指标	扩展学科扩散指标	扩展被引半衰期	扩展H指标
E34	交通与运输	492	0.548	0.052	0.99	248	0.40	3.40	4.9	4
E34	交通运输工程学报	1819	1.333	0.217	0.94	541	0.60	7.40	7.9	8
E34	交通运输工程与信息学报	490	0.688	0.110	0.88	223	0.40	3.10	6.5	5
E34	交通运输系统工程与信息	2033	1.119	0.137	0.91	540	0.60	7.40	5.1	8
E34	交通运输研究	2696	1.017	0.117	0.99	466	0.60	6.40	5.5	10
E34	军事交通学院学报	387	0.342	0.033	0.83	156	0.20	2.10	3.2	4
E34	客车技术与研究	497	0.475	0.072	0.82	145	0.20	2.00	6.3	4
E34	控制与信息技术	252	0.274	0.040	0.95	129	0.10	1.80	5.0	4
E34	兰州交通大学学报	1018	0.508	0.069	0.87	534	0.30	7.30	5.8	5
E34	辽宁省交通高等专科学校学报	422	0.527	0.079	0.99	201	0.20	2.80	4.0	6
E34	路基工程	1428	0.475	0.082	0.91	343	0.40	4.70	6.7	6
E34	内蒙古公路与运输	416	0.330	0.170	0.93	117	0.20	1.60	6.4	5
E34	汽车工程师	534	0.375	0.126	0.97	211	0.30	2.90	5.1	5
E34	汽车工业研究	362	0.384	0.088	0.95	174	0.20	2.40	4.6	4
E34	汽车工艺师	229	0.329	0.138	1.00	118	0.10	1.60	3.8	3
E34	汽车工艺与材料	860	0.241	0.114	0.93	287	0.10	3.90	8.3	5
E34	汽车零部件	443	0.291	0.049	0.93	184	0.20	2.50	4.1	5
E34	汽车实用技术	1209	0.277	0.077	0.85	357	0.30	4.90	2.1	5
E34	汽车维修	277	0.176	0.055	0.99	88	0.10	1.20	4.7	5
E34	汽车维修技师	89	0.284	0.036	1.00	25	0.10	0.30	6.3	3
E34	汽车维修与保养	186	0.325	0.061	0.99	82	0.10	1.10	3.7	3
E34	汽车与安全	95	0.164	0.031	0.98	62	0.20	0.80	3.0	2
E34	汽车与驾驶维修(维修版)	416	—	0.211	0.93	85	0.10	1.20	1.3	5
E34	青海交通科技	427	0.449	0.026	0.98	107	0.20	1.50	4.2	5
E34	人民公交	90	0.105	0.036	1.00	59	0.10	0.80	2.3	2
E34	山东交通科技	442	0.275	0.060	0.95	150	0.30	2.10	4.3	4
E34	山东交通学院学报	194	0.233	0.039	0.94	129	0.30	1.80	8.0	3
E34	山西交通科技	664	0.470	0.056	0.89	159	0.30	2.20	6.0	5
E34	上海公路	276	0.267	0.056	0.96	115	0.30	1.60	7.4	5
E34	上海汽车	685	0.326	0.087	0.95	264	0.20	3.60	6.0	6
E34	时代汽车	673	0.507	0.124	0.92	189	0.20	2.60	1.7	7
E34	世界桥梁	1045	1.236	0.157	0.85	195	0.40	2.70	4.8	6
E34	武汉交通职业学院学报	244	0.561	0.165	0.96	155	0.00	2.10	3.5	3

学科代码	期刊名称	扩展总被引频次	扩展影响因子	扩展即年指标	扩展他引率	扩展引用刊数	扩展学科影响指标	扩展学科扩散指标	扩展被引半衰期	扩展H指标
E34	武汉理工大学学报(交通科学与工程版)	1678	0.741	0.150	0.95	622	0.60	8.50	6.1	6
E34	西部交通科技	910	0.541	0.093	0.91	246	0.40	3.40	3.1	5
E34	现代城市轨道交通	879	0.647	0.152	0.93	228	0.20	3.10	5.4	5
E34	现代交通技术	512	0.322	0.072	0.96	213	0.40	2.90	6.4	4
E34	浙江交通职业技术学院学报	212	0.496	0.068	0.99	145	0.20	2.00	5.0	3
E34	中国船检	203	0.319	0.079	1.00	131	0.10	1.80	3.8	3
E34	中国海事	303	0.184	0.061	0.93	132	0.10	1.80	4.7	3
E34	中国交通信息化	760	0.481	0.174	0.90	186	0.30	2.50	3.9	5
E35	长安大学学报(自然科学版)	2041	1.149	0.130	0.95	527	0.70	22.90	8.6	8
E35	城市公共交通	183	0.200	0.082	0.95	110	0.10	4.80	4.4	3
E35	城市交通	1157	1.488	0.167	0.95	376	0.50	16.30	6.0	9
E35	电动自行车	69	0.354	0.032	0.84	37	0.00	1.60	4.9	2
E35	公路	5263	0.759	0.269	0.90	631	0.50	27.40	6.5	10
E35	公路工程	3053	1.337	0.129	0.90	426	0.50	18.50	4.4	13
E35	交通世界(上旬刊)	3945	1.008	0.340	0.95	229	0.40	10.00	2.7	12
E35	交通世界(下旬刊)	3365	1.075	0.339	0.96	231	0.30	10.00	2.0	13
E35	交通世界(中旬刊)	2929	1.071	0.298	0.96	167	0.30	7.30	2.0	14
E35	摩托车技术	57	0.041	—	0.91	37	0.00	1.60	10.5	2
E35	汽车安全与节能学报	436	0.928	0.052	0.95	232	0.30	10.10	4.5	7
E35	汽车工程	2991	0.967	0.084	0.91	553	0.60	24.00	6.9	8
E35	汽车工程学报	332	0.597	0.250	0.96	166	0.30	7.20	4.3	6
E35	汽车技术	1352	0.799	0.266	0.90	337	0.40	14.70	7.4	6
E35	汽车科技	349	0.287	0.074	0.94	184	0.30	8.00	8.0	3
E35	隧道建设(中英文)	2969	1.851	0.298	0.80	409	0.40	17.80	4.7	11
E35	现代隧道技术	2661	1.508	0.194	0.88	382	0.40	16.60	5.8	9
E35	中国公路	654	0.337	0.127	1.00	202	0.50	8.80	2.2	5
E35	中国公路学报	4150	1.981	0.288	0.89	650	0.70	28.30	5.8	12
E35	中外公路	3426	0.773	0.133	0.88	472	0.60	20.50	5.9	7
E35	专用汽车	254	0.217	0.067	0.92	118	0.20	5.10	8.0	3
E36	城市轨道交通研究	3238	0.988	0.171	0.91	530	0.80	13.20	5.1	10
E36	电力机车与城轨车辆	735	0.374	0.127	0.87	211	0.70	5.30	6.8	5
E36	电气化铁道	441	0.370	0.081	0.85	132	0.50	3.30	7.9	4
E36	都市快轨交通	1817	1.541	0.263	0.92	377	0.60	9.40	5.2	9

学科代码	期刊名称	扩展总被引频次	扩展影响因子	扩展即年指标	扩展他引率	扩展引用刊数	扩展学科影响指标	扩展学科扩散指标	扩展被引半衰期	扩展H指标
E36	高速铁路技术	451	0.467	0.174	0.88	144	0.60	3.60	4.2	4
E36	轨道交通装备与技术	166	0.165	—	0.95	88	0.40	2.20	5.2	3
E36	国外机车车辆工艺	78	0.127	0.031	1.00	49	0.20	1.20	10.0	2
E36	国外铁道车辆	174	0.174	0.017	0.94	86	0.40	2.20	12.3	4
E36	国外铁道机车与动车	61	0.021	0.015	1.00	37	0.20	0.90	16.8	2
E36	湖北汽车工业学院学报	212	0.336	0.114	0.85	127	0.10	3.20	6.1	3
E36	机车车辆工艺	311	0.236	0.008	0.96	145	0.40	3.60	7.4	4
E36	机车电传动	899	0.433	0.089	0.90	232	0.60	5.80	6.5	5
E36	客车技术	30	0.023	—	0.87	21	0.00	0.50	5.8	2
E36	上海铁道科技	383	0.173	0.058	0.96	150	0.60	3.80	5.2	3
E36	石家庄铁道大学学报(自然科学版)	581	0.436	0.110	0.88	246	0.40	6.20	6.4	4
E36	石家庄铁路职业技术学院学报	302	0.550	0.101	0.99	156	0.20	3.90	3.6	4
E36	铁道标准设计	3846	1.119	0.230	0.78	465	0.80	11.60	5.4	11
E36	铁道车辆	737	0.251	0.061	0.95	213	0.80	5.30	8.6	4
E36	铁道工程学报	3308	1.130	0.123	0.94	547	0.80	13.70	6.6	9
E36	铁道货运	720	1.304	0.513	0.69	118	0.40	3.00	2.4	6
E36	铁道机车车辆	863	0.366	0.059	0.93	240	0.80	6.00	6.9	4
E36	铁道机车与动车	408	0.199	0.045	0.93	164	0.50	4.10	7.5	3
E36	铁道技术监督	461	0.293	0.064	0.94	195	0.60	4.90	6.3	4
E36	铁道建筑	3219	0.840	0.169	0.80	461	0.70	11.50	5.5	7
E36	铁道勘察	872	0.530	0.228	0.81	241	0.40	6.00	5.8	5
E36	铁道科学与工程学报	1778	0.797	0.098	0.87	485	0.60	12.10	4.1	7
E36	铁道通信信号	973	0.363	0.044	0.79	161	0.60	4.00	5.4	5
E36	铁道学报	3477	1.166	0.175	0.88	625	0.80	15.60	6.7	10
E36	铁道运输与经济	1984	1.673	0.423	0.81	379	0.70	9.50	3.6	8
E36	铁道运营技术	162	0.175	0.070	1.00	86	0.40	2.20	7.1	3
E36	铁路采购与物流	439	0.366	0.120	0.92	146	0.20	3.60	3.7	4
E36	铁路工程技术与经济	422	0.675	0.151	0.91	128	0.40	3.20	5.7	4
E36	铁路计算机应用	1006	0.871	0.158	0.65	231	0.60	5.80	4.0	7
E36	铁路技术创新	568	0.780	0.075	0.97	171	0.60	4.30	3.8	6
E36	铁路节能环保与安全卫生	349	0.612	0.152	0.66	152	0.30	3.80	4.9	4
E36	铁路通信信号工程技术	710	0.948	0.112	0.63	121	0.50	3.00	2.9	5
E36	郑州铁路职业技术学院学报	443	0.537	0.220	0.80	190	0.20	4.80	4.1	4

学科代码	期刊名称	扩展总被引频次	扩展影响因子	扩展即年指标	扩展他引率	扩展引用刊数	扩展学科影响指标	扩展学科扩散指标	扩展被引半衰期	扩展H指标
E36	中国铁道科学	2778	1.215	0.144	0.91	544	0.80	13.60	8.1	9
E36	中国铁路	1668	1.061	0.368	0.81	353	0.80	8.80	4.3	7
E37	Journal of Marine Science and Application	164	0.157	0.185	0.85	88	0.30	1.80	6.7	3
E37	产业创新研究	439	0.350	0.188	0.97	222	0.30	4.60	3.1	5
E37	船舶	403	0.315	0.059	0.88	166	0.60	3.50	7.3	4
E37	船舶工程	1209	0.569	0.051	0.90	378	0.70	7.90	5.6	5
E37	船舶力学	1136	0.454	0.046	0.86	268	0.70	5.60	7.3	6
E37	船舶设计通讯	111	0.304	—	0.97	50	0.30	1.00	5.6	3
E37	船舶物资与市场	47	2.500	0.222	1.00	31	0.10	0.60	7.4	2
E37	船舶与海洋工程	282	0.299	0.035	0.88	125	0.50	2.60	5.7	3
E37	船舶职业教育	200	0.411	0.111	1.00	109	0.10	2.30	2.6	3
E37	船电技术	475	0.216	0.044	0.93	248	0.40	5.20	5.9	4
E37	船海工程	1088	0.462	0.059	0.89	353	0.80	7.40	5.6	5
E37	大连海事大学学报	761	1.000	0.137	0.95	357	0.60	7.40	7.1	4
E37	港工技术	597	0.375	0.086	0.78	210	0.40	4.40	6.4	4
E37	港口科技	274	0.256	0.052	0.97	134	0.40	2.80	4.9	3
E37	港口装卸	282	0.216	0.074	0.88	114	0.30	2.40	6.4	4
E37	广船科技	66	0.081	—	1.00	47	0.20	1.00	7.0	2
E37	广东造船	176	0.186	0.029	0.97	103	0.40	2.10	5.3	3
E37	广州航海学院学报	134	0.241	0.027	0.98	102	0.30	2.10	4.9	2
E37	航海	211	0.211	0.048	0.97	127	0.40	2.60	6.8	3
E37	航海技术	388	0.109	0.011	0.94	145	0.70	3.00	8.9	3
E37	黄河水利职业技术学院学报	327	0.376	0.305	0.96	189	0.10	3.90	5.6	4
E37	机电兵船档案	376	0.388	0.110	0.96	101	0.00	2.10	3.9	3
E37	舰船电子工程	1398	0.296	0.044	0.90	424	0.40	8.80	5.9	5
E37	舰船科学技术	1943	0.734	0.174	0.90	555	0.60	11.60	4.7	5
E37	江苏船舶	216	0.243	0.012	0.94	98	0.40	2.00	7.8	3
E37	南通航运职业技术学院学报	269	0.303	0.069	0.99	167	0.30	3.50	5.0	4
E37	桥梁建设	2402	2.536	0.318	0.86	285	0.20	5.90	5.0	9
E37	青岛远洋船员职业学院学报	129	0.259	0.025	0.98	87	0.30	1.80	4.6	3
E37	上海船舶运输科学研究所学报	150	0.349	0.047	0.95	103	0.30	2.10	5.2	2
E37	上海海事大学学报	415	0.536	0.042	0.92	230	0.50	4.80	6.1	4
E37	世界海运	344	0.302	0.112	0.93	150	0.50	3.10	4.9	4

学科代码	期刊名称	扩展总被引频次	扩展影响因子	扩展即年指标	扩展他引率	扩展引用刊数	扩展学科影响指标	扩展学科扩散指标	扩展被引半衰期	扩展H指标
E37	水道港口	626	0.500	0.040	0.78	194	0.40	4.00	7.1	5
E37	水运工程	2245	0.504	0.104	0.78	460	0.60	9.60	6.7	6
E37	水运管理	300	0.272	0.051	0.93	152	0.40	3.20	5.0	4
E37	天津航海	156	0.158	0.059	0.97	84	0.40	1.80	7.1	3
E37	武汉船舶职业技术学院学报	404	0.335	0.102	0.98	221	0.20	4.60	5.0	3
E37	造船技术	354	0.323	0.038	0.91	157	0.50	3.30	6.5	4
E37	中国港口	241	0.229	0.089	1.00	131	0.30	2.70	4.9	3
E37	中国港湾建设	1077	0.582	0.129	0.86	256	0.40	5.30	4.7	6
E37	中国航海	682	0.574	0.048	0.88	254	0.70	5.30	6.1	5
E37	中国舰船研究	700	0.787	0.079	0.77	231	0.40	4.80	5.2	6
E37	中国水运(上半月)	751	0.423	0.149	0.96	255	0.70	5.30	3.5	6
E37	中国水运(下半月)	3443	0.254	0.076	0.96	668	0.80	13.90	5.2	9
E37	中国修船	225	0.176	0.071	0.92	122	0.40	2.50	8.3	3
E37	中国远洋海运	144	0.268	0.227	1.00	100	0.10	2.10	3.0	2
E37	中国造船	1111	0.715	0.056	0.92	318	0.70	6.60	7.5	6
E37	珠江水运	1484	0.584	0.183	0.94	240	0.40	5.00	2.7	10
E38	Aerospace China	15	0.222	—	0.87	8	0.00	0.10	—	1
E38	Chinese Journal of Aeronautics	1328	0.922	0.132	0.79	334	0.60	5.10	4.9	6
E38	Transactions of Nanjing University of Aeronautics and Astronautics	189	0.237	0.027	0.78	106	0.20	1.60	4.9	4
E38	北华航天工业学院学报	279	0.394	0.092	0.99	189	0.10	2.90	3.8	3
E38	北京航空航天大学学报	2810	0.822	0.170	0.93	800	0.80	12.30	6.5	7
E38	测控技术	2235	0.645	0.129	0.84	626	0.70	9.60	4.9	6
E38	长沙航空职业技术学院学报	270	0.485	0.138	0.97	153	0.10	2.40	3.5	5
E38	成都航空职业技术学院学报	321	0.556	0.114	0.98	175	0.10	2.70	3.8	5
E38	导弹与航天运载技术	566	0.346	0.021	0.89	223	0.50	3.40	7.1	5
E38	导航与控制	189	0.389	0.059	0.84	98	0.20	1.50	3.0	4
E38	电光与控制	1306	0.516	0.089	0.82	343	0.50	5.30	5.4	5
E38	飞机设计	389	0.233	0.029	0.96	210	0.50	3.20	8.6	3
E38	飞行力学	785	0.480	0.073	0.88	198	0.60	3.00	8.1	5
E38	固体火箭技术	1136	0.489	0.038	0.79	246	0.50	3.80	7.4	5
E38	桂林航天工业学院学报	261	0.220	0.065	0.97	169	0.00	2.60	5.9	3
E38	国际太空	287	0.357	0.143	1.00	134	0.40	2.10	3.9	4

学科代码	期刊名称	扩展总被引频次	扩展影响因子	扩展即年指标	扩展他引率	扩展引用刊数	扩展学科影响指标	扩展学科扩散指标	扩展被引半衰期	扩展H指标
E38	海军航空工程学院学报	390	0.289	0.101	0.91	199	0.40	3.10	6.7	3
E38	航空材料学报	1279	1.373	0.110	0.93	333	0.30	5.10	7.2	8
E38	航空电子技术	199	0.241	0.077	0.96	123	0.20	1.90	7.7	4
E38	航空动力学报	3303	0.578	0.046	0.81	486	0.70	7.50	7.1	7
E38	航空发动机	722	0.394	0.010	0.84	222	0.50	3.40	7.3	6
E38	航空工程进展	311	0.521	0.061	0.90	145	0.40	2.20	5.2	4
E38	航空计算技术	848	0.503	0.077	0.80	302	0.60	4.60	5.5	5
E38	航空精密制造技术	368	0.303	0.044	0.96	191	0.30	2.90	8.9	3
E38	航空科学技术	555	0.273	0.031	0.95	251	0.60	3.90	5.7	5
E38	航空维修与工程	511	0.184	0.025	0.92	193	0.50	3.00	6.4	4
E38	航空学报	4620	1.175	0.207	0.87	688	0.90	10.60	5.6	11
E38	航空制造技术	3075	0.741	0.111	0.87	570	0.70	8.80	5.9	9
E38	航天电子对抗	373	0.346	0.047	0.92	124	0.30	1.90	6.2	4
E38	航天返回与遥感	595	0.658	0.073	0.74	191	0.40	2.90	6.4	5
E38	航天工业管理	199	0.170	0.038	1.00	114	0.10	1.80	4.7	2
E38	航天控制	462	0.374	0.102	0.89	173	0.50	2.70	7.1	4
E38	航天器工程	846	0.562	0.040	0.85	272	0.50	4.20	6.1	6
E38	航天器环境工程	699	0.365	0.079	0.83	233	0.50	3.60	6.4	5
E38	航天制造技术	514	0.459	0.040	0.85	192	0.40	3.00	6.2	5
E38	火箭推进	486	0.505	0.049	0.70	131	0.30	2.00	5.9	5
E38	计测技术	537	0.631	0.085	0.91	242	0.30	3.70	6.4	4
E38	教练机	85	0.149	0.020	0.98	62	0.10	1.00	7.3	3
E38	空间电子技术	348	0.363	0.029	0.67	138	0.30	2.10	5.1	4
E38	空间控制技术与应用	220	0.468	0.014	0.79	93	0.20	1.40	4.6	3
E38	空气动力学学报	1109	0.644	0.082	0.81	267	0.50	4.10	7.4	5
E38	民航学报	11	—	0.075	0.82	6	0.00	0.10	—	1
E38	南昌航空大学学报(自然科学版)	200	0.331	0.072	0.97	159	0.10	2.40	5.9	3
E38	南京航空航天大学学报	1338	0.587	0.058	0.95	569	0.70	8.80	7.5	7
E38	强度与环境	355	0.432	0.182	0.75	136	0.40	2.10	7.3	4
E38	上海航天	458	0.512	0.058	0.84	197	0.50	3.00	6.4	4
E38	沈阳航空航天大学学报	459	0.475	0.038	0.97	310	0.40	4.80	6.3	4
E38	实验流体力学	745	0.403	0.026	0.85	238	0.40	3.70	7.3	5
E38	推进技术	2298	0.688	0.075	0.61	265	0.50	4.10	6.0	7

学科代码	期刊名称	扩展总被引频次	扩展影响因子	扩展即年指标	扩展他引率	扩展引用刊数	扩展学科影响指标	扩展学科扩散指标	扩展被引半衰期	扩展H指标
E38	卫星应用	337	0.487	0.085	0.94	169	0.20	2.60	3.5	5
E38	卫星与网络	114	0.446	0.059	0.97	72	0.10	1.10	5.0	3
E38	西安航空学院学报	364	0.394	0.148	0.97	229	0.20	3.50	5.1	4
E38	现代导航	161	0.253	0.043	0.94	96	0.20	1.50	4.3	3
E38	宇航材料工艺	964	0.547	0.054	0.91	321	0.40	4.90	7.9	5
E38	宇航计测技术	361	0.186	—	0.86	188	0.30	2.90	7.3	3
E38	宇航学报	2579	1.053	0.113	0.81	433	0.70	6.70	7.8	9
E38	载人航天	497	0.557	0.062	0.84	192	0.50	3.00	4.1	6
E38	振动、测试与诊断	1451	0.853	0.050	0.84	452	0.40	7.00	5.3	7
E38	郑州航空工业管理学院学报	343	0.407	0.213	0.96	209	0.10	3.20	4.9	3
E38	直升机技术	197	0.281	0.033	0.87	105	0.30	1.60	7.6	3
E38	中国航天	307	0.298	0.013	0.99	168	0.30	2.60	6.3	4
E38	中国空间科学技术	516	0.929	0.048	0.75	172	0.40	2.60	5.7	5
E38	中国民航大学学报	436	0.296	0.026	0.94	259	0.40	4.00	8.1	4
E38	中国民航飞行学院学报	371	0.311	0.075	0.95	190	0.30	2.90	5.8	4
E39	Chinese Journal of Population Resources and Environment	147	1.051	—	1.00	40	0.10	0.60	2.8	4
E39	Frontiers of Environmental Science & Engineering	378	0.693	0.043	0.71	148	0.30	2.30	3.8	5
E39	Journal of Environmental Sciences	2859	0.773	0.237	0.83	708	0.70	10.90	6.2	8
E39	长江流域资源与环境	4909	1.911	0.241	0.93	991	0.70	15.20	5.8	13
E39	低碳世界	19931	1.176	0.603	0.99	752	0.40	11.60	1.9	21
E39	电镀与环保	497	0.437	0.063	0.89	171	0.20	2.60	8.2	4
E39	电力科技与环保	1146	1.245	0.229	0.78	297	0.40	4.60	6.0	7
E39	干旱环境监测	288	0.475	0.105	0.98	176	0.40	2.70	10.3	4
E39	干旱区资源与环境	6319	1.814	0.296	0.93	1174	0.70	18.10	5.4	12
E39	工业水处理	2724	0.771	0.111	0.91	620	0.70	9.50	7.0	8
E39	工业用水与废水	1137	0.964	0.131	0.79	347	0.50	5.30	6.6	7
E39	海洋环境科学	1745	0.873	0.091	0.93	453	0.60	7.00	7.7	6
E39	黑龙江环境通报	312	0.272	0.029	0.98	167	0.40	2.60	7.7	3
E39	化工环保	1349	1.161	0.229	0.85	434	0.60	6.70	6.4	7
E39	环保科技	294	0.397	0.084	0.96	199	0.50	3.10	5.2	4
E39	环境保护	3664	1.619	0.517	0.95	1046	0.80	16.10	3.9	12

学科代码	期刊名称	扩展总被引频次	扩展影响因子	扩展即年指标	扩展他引率	扩展引用刊数	扩展学科影响指标	扩展学科扩散指标	扩展被引半衰期	扩展H指标
E39	环境保护科学	1146	0.767	0.198	0.98	522	0.70	8.00	6.4	7
E39	环境保护与循环经济	892	0.339	0.068	0.96	437	0.60	6.70	6.3	7
E39	环境工程	3757	1.330	0.150	0.93	917	0.80	14.10	4.1	10
E39	环境工程技术学报	577	1.031	0.194	0.95	292	0.60	4.50	3.7	6
E39	环境工程学报	7500	0.978	0.174	0.92	1110	0.90	17.10	4.8	11
E39	环境化学	3972	1.425	0.103	0.89	805	0.80	12.40	5.3	11
E39	环境技术	1069	0.957	0.101	0.97	421	0.50	6.50	5.8	4
E39	环境监测管理与技术	1402	1.505	0.149	0.82	411	0.70	6.30	6.1	8
E39	环境监控与预警	553	0.911	0.345	0.92	197	0.50	3.00	4.2	6
E39	环境科技	1015	0.737	0.130	0.87	409	0.70	6.30	7.4	6
E39	环境科学	14602	2.454	0.598	0.84	1369	0.90	21.10	5.5	20
E39	环境科学导刊	1023	0.696	0.129	0.96	452	0.70	7.00	6.5	5
E39	环境科学学报	9357	1.861	0.327	0.91	1346	0.90	20.70	5.7	16
E39	环境科学研究	4676	1.784	0.309	0.90	967	0.90	14.90	6.6	14
E39	环境科学与管理	3685	0.847	0.150	0.94	1026	0.80	15.80	5.3	10
E39	环境科学与技术	8585	1.313	0.120	0.97	1375	0.90	21.20	7.1	11
E39	环境卫生工程	824	0.485	0.103	0.88	282	0.50	4.30	6.8	5
E39	环境卫生学杂志	825	1.011	0.222	0.93	361	0.40	5.60	5.1	6
E39	环境污染与防治	2779	1.025	0.076	0.94	840	0.90	12.90	6.5	8
E39	环境影响评价	611	0.766	0.248	0.90	279	0.60	4.30	3.6	5
E39	环境与发展	2230	0.714	0.255	0.91	529	0.70	8.10	1.7	7
E39	环境与可持续发展	1620	0.849	0.184	0.94	597	0.70	9.20	3.5	9
E39	能源环境保护	601	0.503	0.147	0.96	321	0.50	4.90	7.5	5
E39	农业资源与环境学报	1150	1.275	0.419	0.98	441	0.60	6.80	4.9	8
E39	青海环境	146	0.425	0.139	0.99	114	0.20	1.80	5.8	3
E39	三峡生态环境监测	39	0.508	0.120	0.64	21	0.00	0.30	1.8	2
E39	世界环境	340	0.305	0.037	0.99	239	0.30	3.70	8.6	5
E39	水处理技术	3096	0.938	0.177	0.89	608	0.60	9.40	5.8	10
E39	四川环境	1073	0.646	0.083	0.97	505	0.70	7.80	6.7	5
E39	西部人居环境学刊	660	1.130	0.287	0.90	207	0.10	3.20	3.3	5
E39	消防科学与技术	2878	0.748	0.122	0.58	449	0.10	6.90	4.9	6
E39	新疆环境保护	173	0.310	0.083	0.96	127	0.30	2.00	10.2	3
E39	亚热带资源与环境学报	362	0.427	0.083	0.93	211	0.30	3.20	7.2	4

学科代码	期刊名称	扩展总被引频次	扩展影响因子	扩展即年指标	扩展他引率	扩展引用刊数	扩展学科影响指标	扩展学科扩散指标	扩展被引半衰期	扩展H指标
E39	应用与环境生物学报	2349	0.997	0.132	0.91	626	0.60	9.60	7.6	9
E39	再生资源与循环经济	496	0.492	0.192	0.90	272	0.30	4.20	4.9	5
E39	植物资源与环境学报	1002	0.906	0.113	0.94	334	0.10	5.10	7.8	6
E39	中国环保产业	1042	0.658	0.169	0.96	414	0.60	6.40	4.6	7
E39	中国环境监测	2876	1.887	0.240	0.89	665	0.80	10.20	5.6	12
E39	中国环境科学	9046	2.243	0.266	0.81	1240	0.90	19.10	4.9	17
E39	中国人口·资源与环境	9937	4.173	0.573	0.96	1572	0.70	24.20	4.9	22
E39	中国特种设备安全	685	0.537	0.115	0.89	198	0.10	3.00	3.8	5
E39	中国资源综合利用	1181	0.640	0.155	0.96	463	0.60	7.10	3.9	6
E39	资源节约与环保	3704	0.591	0.206	0.97	603	0.70	9.30	2.9	10
E39	资源科学	9035	3.165	0.448	0.95	1445	0.60	22.20	5.8	21
E39	资源信息与工程	1479	0.892	0.265	0.96	202	0.10	3.10	2.0	11
E39	资源与人居环境	214	0.313	0.111	1.00	148	0.20	2.30	8.2	3
E39	自然资源学报	7678	3.030	0.292	0.94	1149	0.70	17.70	7.3	17
E40	安全	621	0.394	0.217	0.93	255	0.40	10.20	3.7	4
E40	安全、健康和环境	782	0.512	0.191	0.81	218	0.40	8.70	5.2	4
E40	安全与环境工程	1780	1.141	0.289	0.80	624	0.40	25.00	5.4	8
E40	安全与环境学报	3567	0.975	0.223	0.84	992	0.40	39.70	4.7	9
E40	城市与减灾	146	0.331	0.100	0.98	91	0.20	3.60	4.0	3
E40	电力安全技术	960	0.319	0.104	0.85	249	0.30	10.00	6.4	5
E40	防灾减灾工程学报	1204	0.669	0.088	0.94	416	0.40	16.60	7.2	7
E40	防灾科技学院学报	345	0.519	0.075	0.86	198	0.20	7.90	6.7	4
E40	工业安全与环保	1828	0.586	0.102	0.94	689	0.40	27.60	6.3	6
E40	火灾科学	394	0.333	—	0.94	163	0.30	6.50	11.5	5
E40	劳动保障世界	1693	0.289	0.145	0.98	490	0.10	19.60	2.3	7
E40	四川劳动保障	150	0.193	0.108	0.99	94	0.00	3.80	2.4	3
E40	现代职业安全	351	0.160	0.071	1.00	168	0.40	6.70	4.5	3
E40	信息安全学报	145	2.640	0.224	0.94	50	0.10	2.00	2.1	7
E40	信息安全研究	428	1.244	0.109	0.94	199	0.20	8.00	2.3	8
E40	震灾防御技术	586	0.593	0.031	0.82	172	0.20	6.90	5.1	6
E40	中国安防	417	0.279	0.124	1.00	208	0.10	8.30	4.4	4
E40	中国安全防范技术与应用	31	—	0.078	0.97	22	0.00	0.90	1.6	2
E40	中国安全科学学报	6171	1.537	0.151	0.88	1165	0.60	46.60	6.7	11

学科代码	期刊名称	扩展总被引频次	扩展影响因子	扩展即年指标	扩展他引率	扩展引用刊数	扩展学科影响指标	扩展学科扩散指标	扩展被引半衰期	扩展H指标
E40	中国安全生产科学技术	4626	1.339	0.262	0.88	898	0.60	35.90	5.1	11
E40	中国公共安全(学术版)	608	0.570	0.102	0.77	255	0.40	10.20	5.3	6
E40	中国公共安全(综合版)	291	0.303	0.064	1.00	160	0.10	6.40	4.1	3
E40	中国减灾	268	0.131	0.066	0.99	161	0.10	6.40	6.5	3
E40	自然灾害学报	3129	1.095	0.164	0.94	819	0.50	32.80	9.0	12
F01	Frontiers of Engineering Management	36	0.170	—	0.53	19	0.10	0.30	3.0	2
F01	当代工人(C 版)	32	0.079	—	1.00	20	—	0.40	5.7	2
F01	当代经济管理	1649	1.549	0.825	0.98	709	0.50	12.90	3.4	10
F01	工程管理学报	2377	2.185	0.327	0.95	528	0.40	9.60	4.4	17
F01	工程研究–跨学科视野中的工程	325	0.694	0.099	0.93	230	0.20	4.20	4.6	6
F01	工业工程与管理	1513	1.230	0.097	0.80	504	0.50	9.20	5.3	7
F01	公共管理学报	2185	5.127	0.633	0.96	764	0.60	13.90	5.0	14
F01	公共管理与政策评论	173	0.963	0.255	0.84	105	0.20	1.90	2.9	4
F01	管理案例研究与评论	337	1.124	0.070	0.88	175	0.50	3.20	4.3	5
F01	管理工程师	194	0.458	0.103	0.98	122	0.10	2.20	2.9	4
F01	管理工程学报	2236	1.732	0.333	0.96	686	0.60	12.50	6.1	11
F01	管理观察	5523	0.518	0.174	0.98	960	0.40	17.50	3.0	10
F01	管理科学	2408	3.301	0.188	0.92	641	0.70	11.70	5.2	14
F01	管理科学学报	3134	2.668	0.293	0.91	761	0.70	13.80	5.9	16
F01	管理评论	5270	2.827	0.373	0.86	1002	0.70	18.20	4.1	14
F01	管理世界	19160	5.171	0.475	0.98	1572	0.80	28.60	6.8	35
F01	管理现代化	1092	0.856	0.227	0.96	521	0.50	9.50	3.9	7
F01	管理学报	4109	2.253	0.447	0.89	903	0.70	16.40	5.0	12
F01	管理学刊	3011	3.802	1.257	0.99	653	0.60	11.90	9.9	7
F01	技术与创新管理	722	0.820	0.168	0.87	360	0.30	6.50	4.6	5
F01	交通建设与管理	463	1.538	0.227	1.00	145	0.00	2.60	4.4	5
F01	交通企业管理	780	0.397	0.181	1.00	265	0.10	4.80	4.7	5
F01	科技成果管理与研究	154	0.128	0.010	0.97	114	0.10	2.10	4.5	3
F01	科技管理研究	8646	1.198	0.211	0.90	1706	0.80	31.00	4.6	12
F01	科技进步与对策	8200	1.671	0.389	0.92	1515	0.90	27.50	4.8	14
F01	科技与管理	719	0.710	0.086	0.90	363	0.40	6.60	6.6	4
F01	科学管理研究	1903	1.172	0.246	0.96	721	0.60	13.10	5.2	9
F01	科学学研究	7039	2.502	0.434	0.95	1314	0.80	23.90	5.6	20

学科代码	期刊名称	扩展总被引频次	扩展影响因子	扩展即年指标	扩展他引率	扩展引用刊数	扩展学科影响指标	扩展学科扩散指标	扩展被引半衰期	扩展H指标
F01	科学学与科学技术管理	5350	2.372	0.264	0.96	1082	0.80	19.70	6.2	13
F01	科学与管理	341	0.550	0.188	0.97	243	0.20	4.40	6.0	4
F01	科研管理	6542	3.345	0.555	0.93	1146	0.70	20.80	4.8	15
F01	南开管理评论	5106	4.325	0.419	0.96	802	0.70	14.60	5.7	21
F01	企业改革与管理	10594	0.723	0.311	0.97	668	0.20	12.10	2.2	14
F01	上海城市管理	433	0.687	0.112	0.97	254	0.10	4.60	3.6	6
F01	上海管理科学	433	0.327	0.083	0.98	269	0.50	4.90	5.9	4
F01	施工企业管理	411	0.151	0.066	1.00	145	0.10	2.60	3.5	4
F01	实验技术与管理	12218	2.112	0.423	0.85	1415	0.30	25.70	4.6	18
F01	实验室研究与探索	12546	1.646	0.177	0.84	1469	0.30	26.70	5.1	21
F01	现代管理科学	2387	0.807	0.321	0.97	852	0.60	15.50	4.1	8
F01	项目管理技术	1408	0.856	0.213	0.92	382	0.30	6.90	4.0	9
F01	研究与发展管理	2346	2.395	0.149	0.96	625	0.70	11.40	6.4	9
F01	云南科技管理	246	0.240	0.075	0.98	156	0.10	2.80	3.9	4
F01	智库理论与实践	283	1.473	0.138	0.83	116	0.10	2.10	2.3	6
F01	中国管理科学	5488	2.707	0.219	0.87	1032	0.70	18.80	4.6	15
F01	中国管理信息化	9510	0.704	0.339	0.98	1174	0.50	21.30	2.5	13
F01	中国环境管理	639	1.269	0.209	0.91	308	0.20	5.60	2.8	7
F01	中国科技产业	383	0.378	0.147	1.00	263	0.20	4.80	4.1	4
F01	中国科技成果	344	0.067	0.007	0.99	262	0.10	4.80	4.1	2
F01	中国科技奖励	102	0.347	0.069	1.00	83	0.10	1.50	5.0	3
F01	中国科技论坛	3768	1.700	0.380	0.93	1034	0.80	18.80	5.0	12
F01	中国软科学	8448	3.679	0.553	0.97	1620	0.80	29.50	5.9	22
F01	中国卫生标准管理	18483	1.442	0.391	0.94	800	0.10	14.50	2.6	15
F01	中国物业管理	155	0.088	0.041	0.99	85	0.10	1.50	5.6	3
H01	Social Sciences in China	99	0.118	0.045	0.99	82	0.10	0.60	9.0	3
H01	北方论丛	474	0.182	0.033	0.97	324	0.30	2.50	11.1	4
H01	北京社会科学	1180	0.947	0.134	0.97	700	0.40	5.40	4.7	8
H01	才智	18148	0.400	0.217	0.99	1154	0.20	8.90	3.2	17
H01	长白学刊	710	0.928	0.438	0.98	433	0.40	3.40	3.8	6
H01	长江论坛	191	0.248	0.078	0.99	153	0.10	1.20	4.7	3
H01	城市学刊	263	0.297	0.053	0.99	198	0.10	0.70	5.8	5
H01	重庆社会科学	1148	0.826	0.390	0.94	632	0.50	4.90	4.7	7

学科代码	期刊名称	扩展总被引频次	扩展影响因子	扩展即年指标	扩展他引率	扩展引用刊数	扩展学科影响指标	扩展学科扩散指标	扩展被引半衰期	扩展H指标
H01	船山学刊	250	0.130	0.053	0.96	155	0.10	1.20	10.6	2
H01	创新	305	0.341	0.153	0.98	218	0.10	1.70	5.8	3
H01	创新创业理论研究与实践	66	—	0.055	0.86	40	0.00	0.30	—	2
H01	大庆社会科学	397	0.206	0.107	0.95	205	0.10	1.60	4.2	4
H01	当代韩国	136	0.323	0.058	0.85	78	0.00	0.60	8.4	3
H01	道德与文明	807	0.453	0.127	0.97	439	0.40	3.40	7.7	6
H01	德国研究	302	0.727	0.086	0.94	210	0.10	1.60	5.5	5
H01	邓小平研究	82	0.323	0.056	0.91	66	0.10	0.50	2.1	4
H01	东方论坛	259	0.160	0.065	0.98	201	0.10	1.60	9.0	4
H01	东疆学刊	229	0.373	0.058	0.96	163	0.10	1.30	6.6	3
H01	东南学术	1278	0.862	0.251	0.98	733	0.50	5.70	5.6	8
H01	东岳论丛	2063	0.914	0.207	0.97	1001	0.60	7.80	4.8	10
H01	发明与创新·大科技	140	4.250	0.126	1.00	110	0.00	0.90	4.8	2
H01	发明与创新·职业教育	138	0.226	0.006	0.99	70	0.00	0.50	2.6	3
H01	发明与创新·中学生	29	0.011	—	1.00	22	—	0.20	5.8	2
H01	福建论坛(人文社会科学版)	1899	0.789	0.205	0.98	954	0.60	7.40	4.8	9
H01	甘肃社会科学	2039	0.815	0.367	0.97	1007	0.60	7.80	6.1	8
H01	关东学刊	22	0.046	0.008	0.91	15	0.00	0.10	2.3	1
H01	观察与思考	442	0.579	0.086	0.98	291	0.20	2.30	3.0	5
H01	广东社会科学	1530	1.044	0.491	0.99	842	0.60	6.50	5.0	9
H01	广西社会科学	2196	0.661	0.126	0.98	1011	0.50	7.80	4.5	7
H01	贵州社会科学	2742	1.266	0.368	0.98	1073	0.70	8.30	3.7	14
H01	桂海论丛	297	0.278	0.131	0.98	206	0.10	1.60	4.6	4
H01	河北学刊	1853	0.831	0.255	0.98	928	0.60	7.20	6.5	9
H01	河南社会科学	1542	0.935	0.226	0.99	787	0.40	6.10	5.2	8
H01	黑河学刊	1130	0.316	0.153	0.98	449	0.20	3.50	4.4	6
H01	黑龙江社会科学	675	0.458	0.129	0.98	449	0.40	3.50	5.7	6
H01	宏观质量研究	235	1.287	0.316	0.94	161	0.10	1.20	2.9	5
H01	湖北社会科学	2376	0.833	0.188	0.99	1059	0.60	8.20	5.4	8
H01	湖南社会科学	1649	0.591	0.239	0.99	849	0.50	6.60	5.1	8
H01	湖湘论坛	753	0.890	0.613	0.98	442	0.30	3.40	3.3	6
H01	江海学刊	1917	0.743	0.129	0.99	918	0.60	7.10	7.1	9
H01	江汉论坛	1736	0.676	0.235	0.98	873	0.60	6.80	6.4	9

学科代码	期刊名称	扩展总被引频次	扩展影响因子	扩展即年指标	扩展他引率	扩展引用刊数	扩展学科影响指标	扩展学科扩散指标	扩展被引半衰期	扩展H指标
H01	江汉学术	470	0.602	0.232	0.88	297	0.20	2.30	4.4	5
H01	江淮论坛	1250	0.898	0.167	0.98	728	0.50	5.60	4.6	8
H01	江南论坛	322	0.212	0.119	1.00	219	0.10	1.70	3.3	3
H01	江苏社会科学	2311	1.063	0.323	0.98	1078	0.60	8.40	7.4	9
H01	江西社会科学	3527	0.826	0.150	0.98	1373	0.70	10.60	6.1	11
H01	今日浙江	198	0.095	0.028	0.99	146	0.10	1.10	4.5	3
H01	晋阳学刊	504	0.411	0.085	0.98	363	0.30	2.80	8.3	5
H01	荆楚学刊	220	0.269	0.034	0.98	141	0.10	1.10	5.7	3
H01	开发研究	1084	0.651	0.103	0.96	556	0.30	4.30	5.0	6
H01	科学·经济·社会	273	0.205	0.069	0.99	212	0.10	1.60	7.1	4
H01	科学决策	553	1.137	0.339	0.97	339	0.10	2.60	4.9	5
H01	科学与财富	4067	0.106	0.020	0.95	559	0.10	4.30	2.6	6
H01	科学与社会	398	0.655	0.426	0.98	290	0.10	2.20	5.0	5
H01	克拉玛依学刊	129	0.372	0.086	0.98	97	0.10	0.80	2.9	3
H01	兰州学刊	1643	0.613	0.209	0.98	885	0.50	6.90	6.2	7
H01	老区建设	534	0.172	0.041	0.98	288	0.20	2.20	4.2	5
H01	理论观察	1441	0.364	0.103	0.98	555	0.20	4.30	3.4	7
H01	理论界	1008	0.250	0.008	0.99	559	0.30	4.30	8.0	5
H01	理论学刊	1347	1.239	0.271	0.99	723	0.60	5.60	4.8	8
H01	理论与现代化	422	0.324	0.061	0.98	293	0.20	2.30	5.8	5
H01	理论月刊	2228	0.761	0.242	0.99	1036	0.60	8.00	4.9	9
H01	岭南学刊	361	0.606	0.186	0.96	254	0.20	2.00	3.3	5
H01	内蒙古社会科学	978	0.724	0.203	0.98	569	0.30	4.40	5.2	6
H01	南都学坛	420	0.235	0.065	0.98	290	0.20	2.20	7.6	4
H01	南海学刊	75	0.394	0.145	0.85	46	0.00	0.40	1.9	3
H01	南京社会科学	3459	1.749	0.598	0.98	1323	0.70	10.30	5.0	13
H01	南亚东南亚研究	209	0.299	0.020	0.98	124	0.10	1.00	6.4	3
H01	南洋资料译丛	78	0.286	—	0.97	51	0.00	0.40	9.8	3
H01	宁夏社会科学	1150	0.686	0.183	0.96	641	0.30	5.00	5.1	6
H01	品牌研究	1827	0.654	0.147	0.99	436	0.10	3.40	3.7	7
H01	齐鲁学刊	837	0.356	0.063	0.97	504	0.40	3.90	10.8	7
H01	前沿	1750	0.326	0.124	1.00	792	0.40	6.10	6.6	5
H01	青藏高原论坛	61	0.121	—	0.90	37	0.00	0.30	4.0	2

学科代码	期刊名称	扩展总被引频次	扩展影响因子	扩展即年指标	扩展他引率	扩展引用刊数	扩展学科影响指标	扩展学科扩散指标	扩展被引半衰期	扩展H指标
H01	青海社会科学	1060	0.790	0.140	0.96	614	0.40	4.80	5.3	6
H01	求是学刊	938	0.846	0.191	0.99	562	0.50	4.40	6.3	6
H01	求索	2570	0.649	0.587	0.99	1184	0.60	9.20	6.6	9
H01	求知	180	—	0.103	0.99	114	0.10	0.90	3.2	2
H01	求知导刊	2826	0.198	0.016	0.99	419	0.10	3.20	2.9	9
H01	人文杂志	1394	0.771	0.251	0.98	749	0.60	5.80	6.0	8
H01	软科学	4239	1.538	0.267	0.93	1082	0.40	8.40	4.8	11
H01	山东社会科学	3174	1.182	0.239	0.98	1272	0.70	9.90	4.4	12
H01	山西高等学校社会科学学报	861	0.354	0.172	0.97	389	0.20	3.00	5.2	4
H01	社会工作与管理	535	0.714	0.235	0.91	296	0.20	2.30	5.8	4
H01	社会科学	3270	1.460	0.277	0.98	1259	0.70	9.80	6.4	11
H01	社会科学辑刊	1401	0.813	0.247	0.99	808	0.50	6.30	7.3	7
H01	社会科学家	2144	0.723	0.072	0.98	1025	0.50	7.90	5.7	7
H01	社会科学研究	2283	1.290	0.302	0.99	1038	0.60	8.00	7.3	10
H01	社会科学战线	3161	0.680	0.203	0.97	1252	0.70	9.70	7.3	9
H01	社科纵横	1218	0.307	0.180	0.99	591	0.30	4.60	5.7	5
H01	世界科技研究与发展	930	0.601	0.262	0.98	611	0.10	4.70	7.9	7
H01	思想战线	1705	1.162	0.279	0.95	745	0.50	5.80	6.5	8
H01	唐都学刊	315	0.163	0.070	0.94	228	0.10	1.80	9.8	3
H01	天府新论	678	0.546	0.260	0.98	474	0.30	3.70	6.4	5
H01	天津社会科学	1360	0.886	0.240	0.99	750	0.60	5.80	8.1	9
H01	天中学刊	477	0.218	0.080	0.97	305	0.10	2.40	5.3	4
H01	未来与发展	767	0.492	0.151	0.99	459	0.20	3.60	4.1	7
H01	文史哲	1333	0.819	0.192	0.97	604	0.60	4.70	12.7	7
H01	西部学刊	212	0.177	0.054	0.97	143	0.10	1.10	2.6	4
H01	西藏研究	573	0.418	0.063	0.93	231	0.10	1.80	11.6	5
H01	西域研究	512	0.418	0.052	0.92	173	0.10	1.30	11.8	4
H01	现代交际	5973	0.483	0.201	0.98	773	0.10	6.00	2.3	10
H01	新疆社会科学(汉文版)	540	0.421	0.127	0.97	345	0.20	2.70	5.2	4
H01	新疆社科论坛	268	0.351	0.017	0.99	210	0.10	1.60	4.3	4
H01	新西部(上旬刊)	399	0.636	0.509	0.98	191	0.10	1.50	1.7	3
H01	新西部(中旬刊)	1019	0.190	0.069	0.99	369	0.10	2.90	2.8	5
H01	学会	265	0.282	0.053	0.79	142	0.10	1.10	6.5	3

学科代码	期刊名称	扩展总被引频次	扩展影响因子	扩展即年指标	扩展他引率	扩展引用刊数	扩展学科影响指标	扩展学科扩散指标	扩展被引半衰期	扩展H指标
H01	学术交流	2198	0.444	0.062	0.98	1018	0.60	7.90	5.7	9
H01	学术界	1861	0.594	0.185	0.98	936	0.60	7.30	5.3	9
H01	学术论坛	2785	1.247	0.254	0.99	1180	0.60	9.10	5.3	11
H01	学术探索	1445	0.688	0.200	0.98	794	0.50	6.20	4.6	8
H01	学术研究	2414	0.844	0.159	0.98	1114	0.70	8.60	7.1	9
H01	学术月刊	2913	1.048	0.275	0.98	1137	0.70	8.80	7.6	12
H01	学习与探索	2294	0.907	0.261	0.98	1003	0.70	7.80	5.1	8
H01	阴山学刊(社会科学版)	170	0.158	0.041	0.98	132	0.10	1.00	7.0	3
H01	殷都学刊	222	0.094	0.011	0.97	150	0.10	1.20	13.4	3
H01	原生态民族文化学刊	257	0.431	0.086	0.87	136	0.10	1.10	4.3	3
H01	阅江学刊	285	0.474	0.122	0.94	207	0.20	1.60	4.2	4
H01	云梦学刊	417	0.259	0.183	0.99	301	0.20	2.30	7.5	4
H01	云南社会科学	1305	0.787	0.306	0.98	708	0.50	5.50	5.4	8
H01	浙江社会科学	2841	1.692	0.307	0.97	1126	0.60	8.70	5.8	14
H01	浙江学刊	1475	0.887	0.283	0.98	794	0.50	6.20	8.1	9
H01	中国高校社会科学	544	1.333	0.402	0.98	352	0.30	2.70	2.7	8
H01	中国国情国力	691	0.645	0.129	0.99	415	0.20	3.20	2.6	6
H01	中国社会工作	380	0.230	0.080	0.95	208	0.20	1.60	2.8	3
H01	中国社会科学	12627	7.008	1.079	0.98	1861	0.90	14.40	7.3	33
H01	中州学刊	2940	1.172	0.315	0.98	1195	0.70	9.30	4.3	12
H02	安徽大学学报(哲学社会科学版)	775	0.691	0.080	0.98	483	0.30	1.80	7.9	5
H02	安徽工业大学学报(社会科学版)	833	0.278	0.025	0.99	394	0.10	1.50	6.4	4
H02	安徽理工大学学报(社会科学版)	237	0.261	0.113	0.97	181	0.10	0.70	4.9	3
H02	安徽农业大学学报(社会科学版)	660	0.429	0.097	0.98	388	0.10	1.50	5.5	6
H02	安徽商贸职业技术学院学报(社会科学版)	239	0.685	0.095	1.00	151	0.00	0.60	3.7	3
H02	安康学院学报	327	0.189	0.025	0.96	218	0.10	0.80	6.6	4
H02	百色学院学报	328	0.285	0.057	0.94	198	0.10	0.70	5.9	4
H02	宝鸡文理学院学报(社会科学版)	347	0.248	0.081	0.96	214	0.10	0.80	4.9	4
H02	保山学院学报	266	0.244	0.076	0.89	161	0.00	0.60	5.9	3
H02	北方民族大学学报(哲学社会科学版)	526	0.419	0.100	0.97	308	0.10	1.20	5.1	5
H02	北华大学学报(社会科学版)	497	0.329	0.273	0.92	274	0.10	1.00	4.7	5
H02	北京大学学报(哲学社会科学版)	3013	1.485	0.323	0.98	1257	0.70	4.70	13.4	16
H02	北京工商大学学报(社会科学版)	1148	1.865	0.403	0.96	476	0.20	1.80	5.0	9

学科代码	期刊名称	扩展总被引频次	扩展影响因子	扩展即年指标	扩展他引率	扩展引用刊数	扩展学科影响指标	扩展学科扩散指标	扩展被引半衰期	扩展H指标
H02	北京工业大学学报(社会科学版)	542	1.589	0.921	0.81	322	0.20	1.20	3.2	7
H02	北京航空航天大学学报(社会科学版)	615	0.714	0.420	0.98	391	0.20	1.50	5.1	5
H02	北京化工大学学报(社会科学版)	248	0.353	0.178	1.00	174	0.10	0.70	4.9	4
H02	北京交通大学学报(社会科学版)	730	1.281	0.589	0.97	450	0.20	1.70	4.6	7
H02	北京教育学院学报(社会科学版)	381	0.585	0.101	0.99	216	0.00	0.80	5.3	4
H02	北京科技大学学报(社会科学版)	476	0.405	0.180	0.96	315	0.10	1.20	6.5	6
H02	北京理工大学学报(社会科学版)	1282	1.154	0.447	0.97	740	0.30	2.80	4.8	8
H02	北京联合大学学报(人文社会科学版)	547	1.581	0.629	0.97	348	0.20	1.30	3.3	8
H02	北京林业大学学报(社会科学版)	510	0.604	0.058	0.95	276	0.10	1.00	7.5	5
H02	北京宣武红旗业余大学学报	132	0.471	0.158	0.92	75	0.00	0.30	2.7	4
H02	北京邮电大学学报(社会科学版)	715	1.102	0.190	0.99	424	0.20	1.60	4.2	6
H02	滨州学院学报	187	0.168	0.050	0.96	135	0.00	0.50	6.7	3
H02	渤海大学学报(哲学社会科学版)	550	0.386	0.158	0.98	330	0.10	1.20	4.3	4
H02	长安大学学报(社会科学版)	331	0.556	0.236	0.96	221	0.10	0.80	4.6	5
H02	长春大学学报(社会科学版)	364	0.307	0.138	0.98	223	0.10	0.80	4.7	4
H02	长春工程学院学报(社会科学版)	443	0.561	0.145	0.95	232	0.00	0.90	3.2	5
H02	长春理工大学学报(社会科学版)	981	0.335	0.115	0.99	505	0.20	1.90	6.2	5
H02	长江大学学报(社会科学版)	956	0.284	0.067	0.99	486	0.20	1.80	5.9	4
H02	长沙理工大学学报(社会科学版)	648	0.746	0.517	0.85	379	0.20	1.40	3.5	6
H02	长治学院学报	291	0.209	0.032	0.98	182	0.00	0.70	5.4	4
H02	常州大学学报(社会科学版)	471	0.541	0.208	0.92	295	0.10	1.10	4.2	6
H02	常州工学院学报(社会科学版)	256	0.148	0.034	0.98	170	0.00	0.60	7.1	4
H02	巢湖学院学报	450	0.335	0.028	0.97	260	0.10	1.00	4.9	3
H02	成都大学学报(社会科学版)	440	0.336	0.086	0.96	275	0.10	1.00	8.0	3
H02	成都理工大学学报(社会科学版)	328	0.235	0.077	0.99	227	0.10	0.90	6.0	4
H02	赤峰学院学报(哲学社会科学版)	1250	0.199	0.103	0.97	447	0.20	1.70	4.1	5
H02	重庆大学学报(社会科学版)	1368	1.302	0.640	0.97	769	0.40	2.90	5.4	7
H02	重庆工商大学学报(社会科学版)	592	0.639	0.324	0.99	359	0.20	1.30	5.6	4
H02	重庆交通大学学报(社会科学版)	743	0.674	0.120	0.84	386	0.10	1.50	4.8	5
H02	重庆科技学院学报(社会科学版)	1857	0.431	0.140	0.99	732	0.20	2.80	6.3	7
H02	重庆理工大学学报(社会科学版)	1149	0.973	0.231	0.87	514	0.20	1.90	3.8	8
H02	重庆三峡学院学报	418	0.417	0.135	0.91	269	0.10	1.00	4.9	4
H02	重庆文理学院学报(社会科学版)	469	0.331	0.131	0.93	295	0.10	1.10	5.2	4

学科代码	期刊名称	扩展总被引频次	扩展影响因子	扩展即年指标	扩展他引率	扩展引用刊数	扩展学科影响指标	扩展学科扩散指标	扩展被引半衰期	扩展H指标
H02	重庆邮电大学学报(社会科学版)	1003	1.327	0.741	0.90	471	0.20	1.80	3.6	7
H02	滁州学院学报	487	0.366	0.070	0.98	303	0.10	1.10	4.5	3
H02	大理大学学报	946	0.520	0.123	0.89	498	0.10	1.90	4.6	4
H02	大连海事大学学报(社会科学版)	382	0.339	0.144	0.97	259	0.20	1.00	4.9	4
H02	大连理工大学学报(社会科学版)	806	1.255	0.816	0.95	490	0.20	1.80	3.9	7
H02	电子科技大学学报(社会科学版)	587	0.725	0.183	0.97	382	0.10	1.40	4.9	7
H02	东北大学学报(社会科学版)	861	1.110	0.427	0.99	556	0.30	2.10	5.3	8
H02	东北农业大学学报(社会科学版)	472	0.466	0.056	0.99	301	0.10	1.10	6.2	5
H02	东华大学学报(社会科学版)	196	0.247	—	0.99	137	0.00	0.50	7.2	4
H02	东华理工大学学报(社会科学版)	546	0.723	0.087	0.81	259	0.10	1.00	5.7	5
H02	东南大学学报(哲学社会科学版)	1321	1.473	0.198	0.99	760	0.30	2.90	6.0	8
H02	佛山科学技术学院学报(社会科学版)	214	0.229	0.023	0.99	153	0.10	0.60	7.6	3
H02	福建江夏学院学报	133	0.205	0.068	0.95	104	0.00	0.40	4.1	3
H02	福建农林大学学报(哲学社会科学版)	603	0.677	0.155	0.95	368	0.10	1.40	4.8	5
H02	福建医科大学学报(社会科学版)	333	0.615	0.155	0.97	195	0.00	0.70	5.2	5
H02	福州大学学报(哲学社会科学版)	485	0.482	0.147	0.99	341	0.10	1.30	5.5	5
H02	复旦学报(社会科学版)	1383	0.866	0.191	0.99	797	0.40	3.00	10.0	9
H02	广西大学学报(哲学社会科学版)	720	0.593	0.139	0.98	455	0.20	1.70	9.2	5
H02	广西民族大学学报(哲学社会科学版)	1507	0.690	0.097	0.94	652	0.30	2.50	7.7	7
H02	广州大学学报(社会科学版)	839	0.672	0.103	0.97	547	0.20	2.10	5.6	6
H02	贵阳学院学报(社会科学版)	256	0.288	0.062	0.99	180	0.10	0.70	4.2	3
H02	贵州大学学报(社会科学版)	493	0.375	0.056	0.93	308	0.20	1.20	6.1	3
H02	贵州工程应用技术学院学报	312	0.190	0.026	0.93	194	0.00	0.70	6.0	3
H02	贵州民族大学学报(哲学社会科学版)	544	0.322	0.076	0.99	308	0.10	1.20	6.6	4
H02	哈尔滨工业大学学报(社会科学版)	646	0.515	0.230	0.98	437	0.20	1.60	5.6	5
H02	哈尔滨商业大学学报(社会科学版)	521	1.235	0.301	0.98	289	0.10	1.10	3.5	5
H02	哈尔滨师范大学社会科学学报	303	0.183	0.065	0.99	196	0.10	0.70	3.4	3
H02	海军工程大学学报(综合版)	122	0.267	0.049	0.92	82	0.00	0.30	3.6	3
H02	海南大学学报(人文社会科学版)	484	0.427	0.153	0.97	350	0.20	1.30	5.8	4
H02	邯郸学院学报	173	0.144	0.024	0.83	113	0.00	0.40	8.2	3
H02	杭州电子科技大学学报(社会科学版)	191	0.631	0.089	0.96	139	0.00	0.50	3.7	3
H02	合肥工业大学学报(社会科学版)	712	0.383	0.110	0.99	385	0.10	1.40	8.1	5
H02	河北北方学院学报(社会科学版)	337	0.263	0.124	0.99	224	0.10	0.80	4.8	4

学科代码	期刊名称	扩展总被引频次	扩展影响因子	扩展即年指标	扩展他引率	扩展引用刊数	扩展学科影响指标	扩展学科扩散指标	扩展被引半衰期	扩展H指标
H02	河北大学学报(哲学社会科学版)	1202	1.190	0.331	0.92	651	0.30	2.40	5.2	7
H02	河北工程大学学报(社会科学版)	468	0.434	0.133	0.98	271	0.00	1.00	4.3	4
H02	河北工业大学学报(社会科学版)	255	0.589	0.083	0.99	184	0.00	0.70	4.6	4
H02	河北经贸大学学报(综合版)	249	0.387	0.130	0.98	172	0.00	0.60	4.0	4
H02	河北科技大学学报(社会科学版)	240	0.377	0.197	0.98	173	0.10	0.70	5.9	4
H02	河北科技师范学院学报(社会科学版)	256	0.381	0.078	0.95	179	0.10	0.70	4.6	4
H02	河海大学学报(哲学社会科学版)	670	1.236	0.447	0.96	413	0.20	1.60	3.6	7
H02	河南大学学报(社会科学版)	1065	0.816	0.235	0.97	627	0.30	2.40	7.2	6
H02	河南工程学院学报(社会科学版)	169	0.306	0.111	1.00	133	0.00	0.50	5.0	3
H02	河南工业大学学报(社会科学版)	474	0.645	0.090	0.91	279	0.10	1.00	4.5	4
H02	河南教育学院学报(哲学社会科学版)	515	0.419	0.101	0.97	301	0.10	1.10	6.8	5
H02	河南科技大学学报(社会科学版)	211	0.203	0.063	0.96	158	0.10	0.60	6.7	3
H02	河南科技学院学报(社会科学版)	725	0.412	0.057	0.95	352	0.10	1.30	4.2	5
H02	河南理工大学学报(社会科学版)	255	0.519	0.192	0.97	188	0.10	0.70	4.7	3
H02	菏泽学院学报	448	0.399	0.175	0.97	275	0.10	1.00	3.9	5
H02	贺州学院学报	225	0.188	0.024	0.96	161	0.00	0.60	6.1	3
H02	衡水学院学报	369	0.310	0.140	0.93	244	0.00	0.90	5.2	3
H02	红河学院学报	301	0.209	0.071	0.96	179	0.00	0.70	4.8	3
H02	湖北大学学报(哲学社会科学版)	825	0.493	0.186	0.98	530	0.30	2.00	7.4	5
H02	湖北经济学院学报(人文社会科学版)	2322	0.418	0.155	0.99	719	0.20	2.70	3.8	7
H02	湖北理工学院学报(人文社会科学版)	271	0.444	0.129	0.86	148	0.00	0.60	4.0	4
H02	湖北民族学院学报(哲学社会科学版)	724	0.347	0.141	0.97	400	0.20	1.50	5.9	4
H02	湖南大学学报(社会科学版)	814	0.583	0.145	0.98	528	0.30	2.00	6.0	5
H02	湖南工程学院学报(社会科学版)	258	0.299	0.078	0.99	175	0.00	0.70	5.9	4
H02	湖南工业大学学报(社会科学版)	450	0.421	0.098	0.88	264	0.10	1.00	5.9	5
H02	湖南科技大学学报(社会科学版)	889	0.793	0.292	0.97	533	0.30	2.00	4.2	5
H02	湖南农业大学学报(社会科学版)	874	1.364	0.209	0.98	473	0.20	1.80	5.2	8
H02	湖南人文科技学院学报	414	0.375	0.068	0.98	263	0.00	1.00	5.2	4
H02	华北电力大学学报(社会科学版)	534	0.538	0.204	0.98	333	0.10	1.30	5.2	6
H02	华北理工大学学报(社会科学版)	706	0.567	0.320	0.99	379	0.20	1.40	4.9	5
H02	华北水利水电大学学报(社会科学版)	541	0.286	0.124	0.95	332	0.10	1.20	5.2	4
H02	华东理工大学学报(社会科学版)	638	0.766	0.096	0.97	375	0.20	1.40	6.0	6
H02	华南理工大学学报(社会科学版)	652	0.840	0.220	0.97	428	0.20	1.60	5.1	6

学科代码	期刊名称	扩展总被引频次	扩展影响因子	扩展即年指标	扩展他引率	扩展引用刊数	扩展学科影响指标	扩展学科扩散指标	扩展被引半衰期	扩展H指标
H02	华南农业大学学报(社会科学版)	948	1.964	0.829	0.96	467	0.20	1.80	3.6	7
H02	华侨大学学报(哲学社会科学版)	385	0.706	0.130	0.88	249	0.10	0.90	4.8	4
H02	华中科技大学学报(社会科学版)	981	0.882	0.512	0.99	609	0.30	2.30	5.2	7
H02	华中农业大学学报(社会科学版)	1805	2.144	0.778	0.96	755	0.30	2.80	4.5	10
H02	淮海工学院学报(人文社会科学版)	1001	0.305	0.196	0.98	445	0.10	1.70	4.8	6
H02	吉林大学社会科学学报	1737	1.184	0.313	0.99	867	0.50	3.30	7.0	9
H02	吉首大学学报(社会科学版)	1284	2.054	0.640	0.97	669	0.30	2.50	3.8	7
H02	集美大学学报(哲学社会科学版)	206	0.265	0.076	0.96	151	0.00	0.60	5.8	3
H02	济南大学学报(社会科学版)	447	0.707	0.252	0.99	296	0.10	1.10	5.2	5
H02	暨南学报(哲学社会科学版)	1246	0.965	0.361	0.97	697	0.40	2.60	5.0	7
H02	江汉大学学报(社会科学版)	404	0.487	0.191	0.98	284	0.10	1.10	4.1	4
H02	江南大学学报(人文社会科学版)	391	0.233	0.062	0.98	291	0.20	1.10	8.3	4
H02	江南社会学院学报	177	0.402	0.075	0.99	138	0.00	0.50	4.9	3
H02	江苏大学学报(社会科学版)	497	0.620	0.263	0.97	347	0.20	1.30	6.2	5
H02	江苏科技大学学报(社会科学版)	190	0.363	0.034	0.98	138	0.00	0.50	7.1	3
H02	金陵科技学院学报(社会科学版)	234	0.448	0.143	0.94	157	0.00	0.60	4.2	4
H02	锦州医科大学学报(社会科学版)	517	0.445	0.277	0.99	259	0.00	1.00	3.8	4
H02	晋中学院学报	263	0.225	0.117	0.99	186	0.10	0.70	5.8	3
H02	井冈山大学学报(社会科学版)	295	0.304	0.043	0.95	202	0.10	0.80	5.5	5
H02	景德镇学院学报	379	0.268	0.114	0.99	202	0.00	0.80	4.8	4
H02	九江学院学报(社会科学版)	214	0.167	0.043	0.99	154	0.00	0.60	7.4	4
H02	昆明理工大学学报(社会科学版)	563	1.221	0.195	0.96	380	0.10	1.40	3.8	6
H02	兰州大学学报(社会科学版)	1109	0.685	0.243	0.97	684	0.30	2.60	6.6	8
H02	兰州文理学院学报(社会科学版)	293	0.194	0.080	0.99	193	0.10	0.70	6.8	3
H02	辽东学院学报（社会科学版)	229	0.222	0.125	0.95	166	0.10	0.60	5.2	3
H02	辽宁大学学报(哲学社会科学版)	727	0.631	0.209	0.98	481	0.20	1.80	5.4	5
H02	辽宁工业大学学报(社会科学版)	1061	0.659	0.255	0.97	447	0.10	1.70	3.9	8
H02	聊城大学学报(社会科学版)	266	0.156	0.088	0.98	186	0.10	0.70	8.8	3
H02	鲁东大学学报(哲学社会科学版)	269	0.228	0.053	0.97	192	0.10	0.70	6.9	3
H02	洛阳理工学院学报(社会科学版)	248	0.307	0.059	0.97	168	0.10	0.60	5.5	3
H02	内蒙古大学学报(哲学社会科学版)	465	0.232	0.038	0.98	313	0.20	1.20	10.6	4
H02	内蒙古民族大学学报(社会科学版)	333	0.276	0.031	0.94	198	0.10	0.70	5.1	4
H02	内蒙古农业大学学报(社会科学版)	1029	0.882	0.193	0.95	480	0.20	1.80	7.0	4

学科代码	期刊名称	扩展总被引频次	扩展影响因子	扩展即年指标	扩展他引率	扩展引用刊数	扩展学科影响指标	扩展学科扩散指标	扩展被引半衰期	扩展H指标
H02	南昌大学学报(人文社会科学版)	757	0.637	0.144	0.95	479	0.30	1.80	6.4	6
H02	南昌航空大学学报(社会科学版)	198	0.320	0.083	0.97	147	0.00	0.60	6.1	3
H02	南华大学学报(社会科学版)	385	0.347	0.104	0.97	251	0.10	0.90	7.0	3
H02	南京大学学报(哲学·人文科学·社会科学)	1151	0.949	0.238	0.99	676	0.40	2.50	7.8	7
H02	南京工程学院学报(社会科学版)	234	0.236	0.152	0.99	163	0.00	0.60	7.1	4
H02	南京工业大学学报(社会科学版)	362	0.808	0.204	0.94	258	0.10	1.00	4.5	4
H02	南京航空航天大学学报(社会科学版)	362	0.767	0.081	0.99	216	0.10	0.80	4.8	5
H02	南京理工大学学报(社会科学版)	494	0.592	0.154	0.93	294	0.10	1.10	4.5	7
H02	南京林业大学学报(人文社会科学版)	320	0.505	0.151	0.85	206	0.10	0.80	6.8	3
H02	南京农业大学学报(社会科学版)	2074	3.929	1.379	0.97	704	0.40	2.60	3.7	14
H02	南京晓庄学院学报	412	0.306	0.054	0.98	247	0.10	0.90	6.5	6
H02	南京医科大学学报(社会科学版)	903	1.000	0.180	0.93	368	0.10	1.40	4.4	7
H02	南京中医药大学学报(社会科学版)	331	0.512	0.172	0.98	190	0.00	0.70	6.0	5
H02	南开学报(哲学社会科学版)	1245	1.734	0.475	0.99	731	0.30	2.70	5.9	10
H02	南通大学学报(社会科学版)	562	0.591	0.171	0.98	387	0.20	1.50	4.2	4
H02	宁波大学学报(人文科学版)	427	0.235	0.092	0.96	310	0.20	1.20	7.2	4
H02	宁夏大学学报(人文社会科学版)	704	0.372	0.042	0.97	404	0.20	1.50	7.6	6
H02	齐齐哈尔大学学报(哲学社会科学版)	1038	0.289	0.119	0.99	488	0.20	1.80	3.4	5
H02	钦州学院学报	421	0.275	0.079	0.94	264	0.10	1.00	4.1	4
H02	青岛科技大学学报(社会科学版)	303	0.540	0.162	0.97	236	0.10	0.90	3.9	4
H02	青岛农业大学学报(社会科学版)	176	0.514	0.113	0.99	134	0.10	0.50	4.7	3
H02	青海民族大学学报(社会科学版)	306	0.237	0.023	0.99	172	0.10	0.60	8.9	4
H02	清华大学学报(哲学社会科学版)	1715	1.932	0.284	0.99	936	0.50	3.50	6.3	11
H02	三峡大学学报(人文社会科学版)	627	0.554	0.107	0.97	327	0.10	1.20	6.0	4
H02	山东大学学报(哲学社会科学版)	1270	1.351	0.670	0.98	744	0.40	2.80	5.8	8
H02	山东科技大学学报(社会科学版)	374	0.653	0.647	0.94	248	0.10	0.90	3.5	5
H02	山东理工大学学报(社会科学版)	403	0.378	0.066	0.99	266	0.10	1.00	5.7	5
H02	山东农业大学学报(社会科学版)	333	0.478	0.229	0.97	245	0.10	0.90	5.4	4
H02	山西大同大学学报(社会科学版)	248	0.199	0.068	0.98	171	0.10	0.60	5.0	4
H02	山西大学学报(哲学社会科学版)	812	0.651	0.118	0.99	527	0.20	2.00	7.5	6
H02	山西农业大学学报(社会科学版)	675	0.607	0.289	0.99	410	0.10	1.50	4.7	5
H02	陕西理工大学学报(社会科学版)	264	0.394	0.104	0.89	166	0.10	0.60	6.7	4
H02	汕头大学学报(人文社会科学版)	381	0.443	0.073	0.93	252	0.10	0.90	5.2	4

学科代码	期刊名称	扩展总被引频次	扩展影响因子	扩展即年指标	扩展他引率	扩展引用刊数	扩展学科影响指标	扩展学科扩散指标	扩展被引半衰期	扩展H指标
H02	上海财经大学学报(哲学社会科学版)	827	1.779	0.532	0.96	472	0.20	1.80	4.5	8
H02	上海大学学报(社会科学版)	768	0.978	0.486	0.99	458	0.20	1.70	6.9	8
H02	上海交通大学学报(哲学社会科学版)	597	0.841	0.304	0.98	416	0.20	1.60	5.7	7
H02	上海理工大学学报(社会科学版)	281	0.607	0.189	0.86	152	0.00	0.60	4.2	4
H02	韶关学院学报	923	0.318	0.074	0.97	501	0.10	1.90	5.8	4
H02	邵阳学院学报(社会科学版)	400	0.542	0.079	0.92	219	0.10	0.80	5.9	4
H02	绍兴文理学院学报	643	0.265	0.027	0.96	386	0.10	1.50	6.8	5
H02	深圳大学学报(人文社会科学版)	963	0.861	0.400	0.98	600	0.30	2.30	5.6	7
H02	沈阳大学学报(社会科学版)	739	0.658	0.206	0.80	353	0.10	1.30	4.5	4
H02	沈阳工程学院学报(社会科学版)	398	0.470	0.234	0.89	220	0.10	0.80	4.6	5
H02	沈阳工业大学学报(社会科学版)	467	0.889	0.209	0.81	234	0.10	0.90	3.4	5
H02	沈阳建筑大学学报(社会科学版)	708	1.199	0.124	0.96	278	0.00	1.00	3.5	9
H02	沈阳农业大学学报(社会科学版)	923	0.671	0.097	0.84	410	0.10	1.50	5.6	5
H02	石河子大学学报(哲学社会科学版)	282	0.297	0.183	0.98	218	0.10	0.80	5.1	4
H02	石家庄铁道大学学报(社会科学版)	279	0.665	0.099	0.79	146	0.00	0.50	3.5	4
H02	四川大学学报(哲学社会科学版)	1109	1.111	0.352	0.98	669	0.30	2.50	5.9	8
H02	四川理工学院学报(社会科学版)	731	1.529	0.342	0.99	393	0.20	1.50	5.1	8
H02	苏州大学学报(社会科学版)	1261	0.865	0.159	0.99	706	0.40	2.70	5.7	10
H02	苏州科技大学学报(社会科学版)	176	0.098	0.138	0.98	133	0.00	0.50	7.9	3
H02	太原理工大学学报(社会科学版)	234	0.282	0.051	0.98	176	0.10	0.70	7.1	3
H02	太原学院学报(社会科学版)	228	0.231	0.037	0.99	175	0.10	0.70	7.6	3
H02	体育学研究	2031	2.591	0.879	0.98	331	0.10	1.20	4.6	10
H02	天津大学学报(社会科学版)	640	0.746	0.242	0.97	443	0.20	1.70	5.5	6
H02	天津职业院校联合学报	934	0.544	0.170	0.95	331	0.00	1.20	3.5	7
H02	同济大学学报(社会科学版)	837	1.138	0.103	0.98	556	0.30	2.10	6.7	8
H02	潍坊学院学报	425	0.251	0.053	0.97	274	0.10	1.00	5.9	4
H02	温州大学学报(社会科学版)	259	0.417	0.074	0.92	191	0.10	0.70	5.9	4
H02	五邑大学学报(社会科学版)	135	0.170	0.053	0.94	106	0.00	0.40	5.6	3
H02	武汉大学学报(哲学社会科学版)	1694	2.274	1.208	0.99	840	0.40	3.20	5.5	10
H02	武汉科技大学学报(社会科学版)	482	0.498	0.232	0.99	324	0.20	1.20	5.9	5
H02	武汉理工大学学报(社会科学版)	882	0.567	0.098	0.99	565	0.20	2.10	5.0	5
H02	西安电子科技大学学报(社会科学版)	419	0.524	0.078	0.98	301	0.10	1.10	5.4	5
H02	西安建筑科技大学学报(社会科学版)	390	0.476	0.120	0.98	213	0.00	0.80	4.5	5

学科代码	期刊名称	扩展总被引频次	扩展影响因子	扩展即年指标	扩展他引率	扩展引用刊数	扩展学科影响指标	扩展学科扩散指标	扩展被引半衰期	扩展H指标
H02	西安交通大学学报(社会科学版)	1140	1.344	0.458	0.92	670	0.30	2.50	4.6	9
H02	西安石油大学学报(社会科学版)	233	0.269	0.065	0.99	172	0.10	0.60	5.3	3
H02	西安文理学院学报(社会科学版)	423	0.338	0.049	1.00	246	0.10	0.90	5.0	4
H02	西北大学学报(哲学社会科学版)	1131	0.702	0.455	0.97	668	0.30	2.50	6.7	6
H02	西北工业大学学报(社会科学版)	444	0.556	0.036	1.00	284	0.10	1.10	4.9	5
H02	西北民族大学学报(哲学社会科学版)	761	0.496	0.139	0.98	444	0.20	1.70	5.4	5
H02	西北农林科技大学学报(社会科学版)	1667	2.479	0.723	0.96	692	0.30	2.60	3.6	10
H02	西藏大学学报(社会科学版)	440	0.517	0.066	0.93	229	0.10	0.90	5.3	4
H02	西藏民族大学学报(哲学社会科学版)	352	0.289	0.045	0.89	168	0.10	0.60	5.9	3
H02	西昌学院学报(社会科学版)	282	0.318	0.057	0.99	175	0.10	0.70	4.7	4
H02	西华大学学报(哲学社会科学版)	386	0.316	0.202	0.99	255	0.10	1.00	6.7	4
H02	西南大学学报(社会科学版)	1750	1.306	0.611	0.96	871	0.40	3.30	7.0	11
H02	西南交通大学学报(社会科学版)	707	0.731	0.191	0.97	448	0.20	1.70	5.8	5
H02	西南科技大学学报(哲学社会科学版)	292	0.329	0.152	1.00	209	0.10	0.80	5.9	3
H02	西南民族大学学报(人文社科版)	3721	0.923	0.363	0.96	1339	0.60	5.00	5.8	10
H02	西南石油大学学报(社会科学版)	328	0.583	0.186	0.96	221	0.10	0.80	3.7	4
H02	厦门大学学报(哲学社会科学版)	1245	0.852	0.140	0.98	751	0.40	2.80	8.8	8
H02	湘南学院学报	356	0.272	0.155	0.96	227	0.10	0.90	4.7	4
H02	湘潭大学学报(哲学社会科学版)	1128	0.769	0.192	0.98	656	0.40	2.50	5.5	6
H02	徐州工程学院学报(社会科学版)	196	0.290	0.123	0.90	142	0.00	0.50	4.2	3
H02	烟台大学学报(哲学社会科学版)	444	0.548	0.086	0.97	298	0.20	1.10	6.4	5
H02	延安大学学报(社会科学版)	339	0.244	0.132	0.98	238	0.10	0.90	6.5	4
H02	延边大学学报(社会科学版)	411	0.390	0.152	0.98	276	0.10	1.00	5.9	4
H02	盐城工学院学报(社会科学版)	171	0.317	0.012	0.98	126	0.00	0.50	6.2	3
H02	燕山大学学报(哲学社会科学版)	343	0.349	0.221	0.97	243	0.10	0.90	5.8	4
H02	扬州大学学报(人文社会科学版)	458	0.505	0.122	0.98	310	0.20	1.20	7.4	5
H02	应用型高等教育研究	316	0.662	0.048	0.97	215	0.10	0.80	5.1	4
H02	榆林学院学报	365	0.281	0.095	0.99	246	0.00	0.90	4.6	4
H02	云南大学学报(社会科学版)	255	0.397	0.041	0.96	187	0.10	0.70	5.8	4
H02	云南民族大学学报(哲学社会科学版)	1075	0.871	0.433	0.97	548	0.30	2.10	6.4	6
H02	云南农业大学学报(社会科学版)	507	0.596	0.221	0.94	303	0.10	1.10	3.8	6
H02	肇庆学院学报	274	0.231	0.085	0.95	173	0.00	0.70	5.4	5
H02	浙江大学学报(人文社会科学版)	2067	1.052	0.061	0.98	1041	0.60	3.90	7.8	10

学科代码	期刊名称	扩展总被引频次	扩展影响因子	扩展即年指标	扩展他引率	扩展引用刊数	扩展学科影响指标	扩展学科扩散指标	扩展被引半衰期	扩展H指标
H02	浙江工业大学学报(社会科学版)	380	0.732	0.083	0.99	258	0.10	1.00	4.3	5
H02	浙江海洋学院学报(人文科学版)	299	0.271	0.021	0.96	205	0.10	0.80	6.6	4
H02	浙江理工大学学报(社会科学版)	238	0.663	0.174	0.96	177	0.00	0.70	2.7	5
H02	浙江树人大学学报	488	0.520	0.255	0.95	290	0.10	1.10	5.3	5
H02	郑州大学学报(哲学社会科学版)	1182	0.599	0.110	0.98	690	0.40	2.60	7.3	6
H02	郑州航空工业管理学院学报(社会科学版)	561	0.288	0.175	0.98	305	0.10	1.10	4.9	5
H02	郑州轻工业学院学报(社会科学版)	368	0.560	0.171	0.98	224	0.00	0.80	5.5	4
H02	中北大学学报(社会科学版)	455	0.387	0.101	0.97	295	0.10	1.10	5.6	5
H02	中国地质大学学报(社会科学版)	1409	1.622	0.784	0.98	753	0.30	2.80	4.9	9
H02	中国海洋大学学报(社会科学版)	777	0.792	0.181	0.97	426	0.20	1.60	5.5	5
H02	中国矿业大学学报(社会科学版)	349	0.664	0.250	0.93	259	0.10	1.00	5.7	5
H02	中国农业大学学报(社会科学版)	1529	2.793	0.926	0.97	673	0.40	2.50	3.8	13
H02	中国人民大学学报	2827	2.540	0.413	0.99	1188	0.60	4.50	6.8	15
H02	中国人民公安大学学报(社会科学版)	1419	1.108	0.523	0.93	403	0.20	1.50	5.9	7
H02	中国社会科学院研究生院学报	850	0.698	0.126	0.99	588	0.30	2.20	7.4	6
H02	中国石油大学学报(社会科学版)	550	0.747	0.100	0.95	329	0.10	1.20	5.3	5
H02	中南大学学报(社会科学版)	866	0.601	0.106	0.97	558	0.30	2.10	4.9	6
H02	中南林业科技大学学报(社会科学版)	1228	1.790	0.351	0.87	508	0.10	1.90	4.6	7
H02	中南民族大学学报(人文社会科学版)	1831	0.993	0.297	0.98	816	0.40	3.10	5.7	10
H02	中山大学学报(社会科学版)	1241	0.525	0.078	0.98	706	0.40	2.70	8.7	7
H02	中央民族大学学报(哲学社会科学版)	1081	0.678	0.132	0.96	517	0.20	1.90	7.5	7
H03	阿坝师范学院学报	282	0.262	0.080	0.95	155	0.10	1.90	6.5	4
H03	安徽师范大学学报(人文社会科学版)	704	0.640	0.218	0.98	435	0.20	5.40	7.9	5
H03	安庆师范大学学报(社会科学版)	482	0.228	0.075	0.98	289	0.20	3.60	7.2	3
H03	安阳师范学院学报	460	0.225	0.072	0.99	288	0.10	3.60	5.5	5
H03	鞍山师范学院学报	463	0.412	0.045	0.94	291	0.10	3.60	6.0	4
H03	北京师范大学学报(社会科学版)	2824	1.758	0.224	0.99	1137	0.60	14.00	9.1	15
H03	沧州师范学院学报	290	0.222	0.097	0.96	189	0.10	2.30	7.0	3
H03	长江师范学院学报	394	0.202	0.121	0.96	246	0.10	3.00	6.7	4
H03	楚雄师范学院学报	429	0.173	0.031	0.93	269	0.10	3.30	5.6	4
H03	大庆师范学院学报	528	0.381	0.117	0.99	317	0.10	3.90	4.3	5
H03	福建师大福清分校学报	327	0.375	0.057	0.89	203	0.10	2.50	6.0	4
H03	福建师范大学学报(哲学社会科学版)	1051	0.730	0.205	0.98	639	0.30	7.90	6.7	6

学科代码	期刊名称	扩展总被引频次	扩展影响因子	扩展即年指标	扩展他引率	扩展引用刊数	扩展学科影响指标	扩展学科扩散指标	扩展被引半衰期	扩展H指标
H03	阜阳师范学院学报(社会科学版)	401	0.194	0.060	0.98	261	0.30	3.20	6.7	3
H03	赣南师范大学学报	589	0.358	0.114	0.94	356	0.20	4.40	6.7	4
H03	广东技术师范学院学报	643	0.476	0.174	0.98	359	0.20	4.40	5.1	4
H03	广西科技师范学院学报	465	0.348	0.149	0.99	265	0.10	3.30	4.0	5
H03	广西民族师范学院学报	514	0.362	0.088	0.95	278	0.10	3.40	4.3	4
H03	广西师范学院学报(哲学社会科学版)	715	0.814	0.276	0.91	356	0.20	4.40	3.9	6
H03	桂林师范高等专科学校学报	445	0.288	0.131	0.96	220	0.20	2.70	4.4	3
H03	韩山师范学院学报	224	0.153	0.010	0.95	152	0.10	1.90	8.8	3
H03	汉江师范学院学报	402	0.315	0.112	0.96	229	0.10	2.80	4.4	4
H03	合肥师范学院学报	662	0.489	0.095	0.98	368	0.10	4.50	4.9	6
H03	和田师范专科学校学报	602	0.209	0.110	0.99	254	0.10	3.10	8.7	5
H03	河北科技师范学院学报	384	0.548	0.130	0.93	206	0.00	2.50	8.2	4
H03	河北民族师范学院学报	280	0.264	0.114	0.97	170	0.10	2.10	8.1	3
H03	河南师范大学学报(哲学社会科学版)	1485	1.237	0.480	0.98	757	0.40	9.30	5.7	8
H03	衡阳师范学院学报	482	0.228	0.038	0.94	296	0.10	3.70	6.9	4
H03	湖北师范大学学报(哲学社会科学版)	584	0.457	0.170	0.99	295	0.20	3.60	4.0	5
H03	湖南第一师范学院学报	763	0.642	0.098	0.96	271	0.10	3.30	5.4	9
H03	湖南师范大学社会科学学报	1218	0.938	0.205	0.98	694	0.20	8.60	6.4	8
H03	湖州师范学院学报	635	0.336	0.085	0.92	359	0.10	4.40	4.3	4
H03	华东师范大学学报(哲学社会科学版)	962	0.676	0.314	0.97	611	0.30	7.50	6.5	6
H03	华南师范大学学报(社会科学版)	1383	1.188	0.299	0.97	779	0.40	9.60	5.4	10
H03	华中师范大学学报(人文社会科学版)	2492	1.354	0.354	0.99	1135	0.50	14.00	6.2	14
H03	淮南师范学院学报	512	0.242	0.047	0.99	300	0.20	3.70	6.3	4
H03	淮阴师范学院学报(哲学社会科学版)	246	0.205	0.045	0.90	179	0.10	2.20	7.6	2
H03	黄冈师范学院学报	478	0.278	0.058	0.97	295	0.10	3.60	5.0	5
H03	吉林工程技术师范学院学报	1086	0.548	0.216	0.99	441	0.10	5.40	3.2	6
H03	集宁师范学院学报	183	0.221	0.113	0.95	132	0.10	1.60	3.4	3
H03	江苏第二师范学院学报	706	0.526	0.035	0.99	330	0.10	4.10	6.0	5
H03	焦作师范高等专科学校学报	180	0.296	0.029	0.96	128	0.10	1.60	5.7	3
H03	喀什大学学报	332	0.214	—	0.93	218	0.10	2.70	5.6	3
H03	廊坊师范学院学报(社会科学版)	220	0.221	0.021	0.97	145	0.10	1.80	5.9	3
H03	乐山师范学院学报	795	0.336	0.058	0.97	451	0.20	5.60	6.2	5
H03	连云港师范高等专科学校学报	188	0.259	0.044	0.97	128	0.10	1.60	6.7	3

学科代码	期刊名称	扩展总被引频次	扩展影响因子	扩展即年指标	扩展他引率	扩展引用刊数	扩展学科影响指标	扩展学科扩散指标	扩展被引半衰期	扩展H指标
H03	辽宁师专学报(社会科学版)	674	0.315	0.099	1.00	272	0.00	3.40	4.4	4
H03	岭南师范学院学报	371	0.229	0.125	0.94	250	0.10	3.10	7.2	3
H03	六盘水师范学院学报	279	0.300	0.121	0.87	170	0.10	2.10	4.6	3
H03	洛阳师范学院学报	635	0.220	0.071	0.99	384	0.20	4.70	5.6	4
H03	绵阳师范学院学报	679	0.251	0.074	0.95	405	0.20	5.00	5.4	4
H03	闽南师范大学学报(哲学社会科学版)	337	0.343	0.071	0.99	233	0.20	2.90	6.1	4
H03	牡丹江师范学院学报(哲学社会科学版)	613	0.676	0.364	0.66	246	0.10	3.00	3.7	5
H03	内江师范学院学报	913	0.326	0.171	0.82	426	0.20	5.30	5.3	5
H03	南昌师范学院学报	620	0.386	0.074	0.98	345	0.20	4.30	5.8	4
H03	南京师范大学文学院学报	321	0.112	—	0.98	210	0.20	2.60	8.8	3
H03	南阳师范学院学报	616	0.344	0.220	0.97	398	0.20	4.90	6.6	4
H03	宁德师范学院学报(哲学社会科学版)	229	0.291	0.133	1.00	144	0.10	1.80	4.2	4
H03	宁夏师范学院学报	371	0.202	0.082	0.89	215	0.10	2.70	6.9	3
H03	齐齐哈尔师范高等专科学校学报	765	0.370	0.231	0.98	283	0.10	3.50	3.4	4
H03	黔南民族师范学院学报	315	0.292	0.061	0.95	192	0.10	2.40	4.5	3
H03	青海师范大学民族师范学院学报	84	0.250	0.083	0.99	63	0.00	0.80	6.3	2
H03	青海师范大学学报(哲学社会科学版)	530	0.225	0.031	0.99	327	0.20	4.00	7.7	3
H03	曲靖师范学院学报	452	0.274	0.100	0.96	250	0.10	3.10	4.6	5
H03	泉州师范学院学报	328	0.241	0.017	0.96	236	0.10	2.90	6.3	3
H03	陕西师范大学学报(哲学社会科学版)	1350	1.041	0.468	0.95	733	0.50	9.00	9.1	8
H03	商丘师范学院学报	559	0.235	0.080	0.93	361	0.20	4.50	5.8	4
H03	上海师范大学学报(哲学社会科学版)	948	0.814	0.171	0.97	594	0.40	7.30	7.4	7
H03	上饶师范学院学报	296	0.280	0.126	0.91	202	0.10	2.50	5.2	4
H03	太原师范学院学报(社会科学版)	364	0.156	0.098	0.99	237	0.10	2.90	7.5	3
H03	唐山师范学院学报	588	0.303	0.041	0.85	344	0.10	4.20	5.7	4
H03	天水师范学院学报	320	0.146	0.033	0.95	217	0.20	2.70	7.7	3
H03	通化师范学院学报	1049	0.328	0.152	0.96	521	0.20	6.40	5.2	6
H03	渭南师范学院学报	749	0.386	0.117	0.90	389	0.20	4.80	3.6	6
H03	咸阳师范学院学报	284	0.163	0.060	0.88	193	0.00	2.40	6.9	3
H03	新疆师范大学学报(哲学社会科学版)	1991	2.548	5.059	0.98	916	0.30	11.30	2.7	15
H03	信阳师范学院学报(哲学社会科学版)	606	0.565	0.162	0.79	313	0.20	3.90	4.3	5
H03	兴义民族师范学院学报	262	0.228	0.101	0.94	166	0.10	2.00	3.9	4
H03	盐城师范学院学报(人文社会科学版)	333	0.277	0.091	0.98	196	0.10	2.40	5.1	3

学科代码	期刊名称	扩展总被引频次	扩展影响因子	扩展即年指标	扩展他引率	扩展引用刊数	扩展学科影响指标	扩展学科扩散指标	扩展被引半衰期	扩展H指标
H03	玉林师范学院学报	447	0.235	0.012	0.97	281	0.10	3.50	5.6	5
H03	周口师范学院学报	431	0.223	0.087	0.98	275	0.20	3.40	5.8	4
H03	遵义师范学院学报	863	0.609	0.134	0.69	328	0.20	4.00	3.8	5
J01	高校马克思主义理论研究	80	0.667	0.038	0.98	62	0.50	6.20	2.0	3
J01	理论探讨	1643	1.371	0.639	0.98	746	0.80	74.60	4.1	8
J01	理论与改革	1485	1.345	0.673	0.98	733	0.60	73.30	4.1	7
J01	马克思主义研究	2369	1.771	0.338	0.93	738	0.90	73.80	4.3	11
J01	马克思主义与现实	1784	0.955	0.254	0.98	736	1.00	73.60	8.0	11
J01	毛泽东邓小平理论研究	1183	1.158	0.301	0.96	592	0.70	59.20	4.1	7
J01	毛泽东思想研究	647	0.731	0.139	0.97	310	0.60	31.00	3.8	5
J01	社会主义研究	1460	1.697	0.437	0.97	668	0.70	66.80	4.1	10
J02	Frontiers of Philosophy in China	21	0.023	0.080	0.76	14	0.30	0.80	4.8	1
J02	管子学刊	330	0.200	0.078	0.88	151	0.20	8.40	10.2	3
J02	科学技术哲学研究	547	0.323	0.102	0.95	342	0.30	19.00	9.1	4
J02	科学与无神论	34	0.069	0.016	0.68	22	0.10	1.20	8.0	2
J02	孔子研究	569	0.248	0.034	0.97	309	0.60	17.20	13.0	5
J02	伦理学研究	780	0.562	0.158	0.94	443	0.40	24.60	5.7	6
J02	世界哲学	518	0.323	0.058	0.95	287	0.60	15.90	10.3	4
J02	系统科学学报	484	0.495	0.279	0.81	296	0.20	16.40	5.9	6
J02	现代哲学	433	0.261	0.112	0.97	277	0.60	15.40	8.8	4
J02	学海	1642	1.342	0.189	0.99	795	0.40	44.20	5.1	10
J02	遗产与保护研究	183	0.398	0.089	0.91	100	0.10	5.60	1.7	3
J02	哲学动态	1065	0.418	0.143	0.98	548	0.80	30.40	8.0	6
J02	哲学分析	178	0.277	0.041	0.94	124	0.70	6.90	4.3	3
J02	哲学研究	2528	1.046	0.226	0.98	853	0.80	47.40	9.1	8
J02	中国哲学史	423	0.400	0.095	0.95	217	0.40	12.10	11.9	4
J02	周易研究	303	0.203	0.057	0.84	146	0.30	8.10	10.0	3
J02	自然辩证法通讯	771	0.429	0.097	0.91	415	0.40	23.10	10.0	5
J02	自然辩证法研究	1897	0.601	0.110	0.94	810	0.60	45.00	7.4	10
J03	法音	138	0.029	0.021	0.83	70	0.40	6.40	16.4	2
J03	世界宗教文化	378	0.322	0.046	0.89	187	0.40	17.00	4.8	4
J03	世界宗教研究	715	0.425	0.066	0.90	311	0.80	28.30	9.0	5
J03	天风	42	0.016	—	0.88	19	0.30	1.70	11.0	2

学科代码	期刊名称	扩展总被引频次	扩展影响因子	扩展即年指标	扩展他引率	扩展引用刊数	扩展学科影响指标	扩展学科扩散指标	扩展被引半衰期	扩展H指标
J03	五台山研究	87	0.091	—	0.86	57	0.40	5.20	13.8	2
J03	中国道教	124	0.069	—	0.91	72	0.30	6.50	13.0	3
J03	中国穆斯林	135	0.054	0.019	0.90	65	0.30	5.90	8.9	3
J03	中国宗教	278	0.129	0.010	1.00	159	0.50	14.50	5.4	4
J03	宗教学研究	529	0.210	0.041	0.89	257	0.70	23.40	8.4	3
K01	辞书研究	391	0.327	0.058	0.80	152	0.30	2.80	12.8	4
K01	当代外语研究	708	0.799	0.124	0.97	314	0.30	5.80	4.5	7
K01	当代修辞学	1068	1.288	0.269	0.89	313	0.60	5.80	7.6	8
K01	当代语言学	842	0.828	0.159	0.96	275	0.50	5.10	12.8	8
K01	东北亚外语研究	148	0.254	0.105	0.92	85	0.00	1.60	5.1	3
K01	方言	1070	0.459	0.034	0.89	203	0.40	3.80	15.9	7
K01	古汉语研究	490	0.309	0.020	0.95	185	0.40	3.40	13.7	4
K01	国际汉学	115	—	0.020	0.84	70	0.10	1.30	3.7	3
K01	海外英语(上)	2005	0.158	0.062	0.95	390	0.20	7.20	3.5	6
K01	海外英语(下)	270	—	0.084	0.94	108	0.10	2.00	1.1	4
K01	汉语学报	403	0.567	0.023	0.94	142	0.40	2.60	7.9	5
K01	汉语学习	1400	0.597	0.143	0.92	309	0.50	5.70	14.2	6
K01	汉语言文学研究	64	0.090	—	0.98	49	0.00	0.90	5.6	2
K01	汉字汉语研究	662	0.292	0.192	1.00	149	0.20	2.80	2.4	6
K01	课外语文(上)	1222	0.254	0.106	0.97	102	0.10	1.90	1.7	6
K01	课外语文(下)	2081	0.244	0.082	0.97	128	0.10	2.40	2.7	8
K01	课外语文(中)	4	0.002	0.008	1.00	2	0.00	0.00	2.0	1
K01	满语研究	134	0.115	—	0.88	75	0.10	1.40	11.6	3
K01	民族语文	663	0.373	0.078	0.84	157	0.40	2.90	14.8	4
K01	上海翻译	1492	1.838	0.301	0.88	353	0.20	6.50	6.5	9
K01	世界汉语教学	1869	1.486	0.595	0.94	351	0.50	6.50	11.8	9
K01	双语学习(乌鲁木齐)	3	—	0.002	1.00	1	—	0.00	—	1
K01	外语电化教学	3063	3.282	0.280	0.97	625	0.30	11.60	5.1	17
K01	外语与翻译	120	0.359	0.182	0.98	80	0.10	1.50	3.1	3
K01	英语画刊(高级版)	536	0.099	0.033	1.00	80	0.10	1.50	1.7	3
K01	英语教师	2929	0.925	0.324	0.96	266	0.20	4.90	2.5	15
K01	英语学习(教师版)	477	0.964	0.218	0.92	109	0.10	2.00	2.1	8
K01	语文建设	2590	1.409	0.389	0.99	473	0.50	8.80	4.2	9

学科代码	期刊名称	扩展总被引频次	扩展影响因子	扩展即年指标	扩展他引率	扩展引用刊数	扩展学科影响指标	扩展学科扩散指标	扩展被引半衰期	扩展H指标
K01	语文教学通讯·A刊	207	0.162	0.030	0.97	80	0.10	1.50	2.7	4
K01	语文教学通讯·B刊	189	0.170	0.044	0.90	69	0.20	1.30	2.4	4
K01	语文教学通讯·C刊	227	0.178	0.047	1.00	82	0.10	1.50	2.6	4
K01	语文教学通讯·D刊(学术刊)	1423	0.655	0.428	1.00	166	0.20	3.10	3.6	10
K01	语文教学与研究(上半月)	271	0.136	0.026	0.94	92	0.10	1.70	5.6	3
K01	语文教学与研究(下半月)	827	0.213	0.072	0.99	135	0.20	2.50	2.4	5
K01	语文教学之友	202	0.122	0.107	0.84	62	0.10	1.10	3.4	3
K01	语文世界(教师之窗)	182	0.081	0.028	1.00	65	0.10	1.20	3.3	4
K01	语文世界(小学生之窗)	8	0.003	—	1.00	6	0.00	0.10	7.0	1
K01	语文世界(中学生之窗)	19	0.007	—	1.00	17	0.00	0.30	5.5	2
K01	语文天地(初中版)	525	0.136	0.074	1.00	97	0.10	1.80	3.3	4
K01	语文研究	680	0.624	0.050	0.96	227	0.40	4.20	14.7	5
K01	语言教学与研究	2220	1.348	0.387	0.96	456	0.60	8.40	11.7	9
K01	语言科学	812	0.405	0.129	0.99	266	0.40	4.90	10.2	8
K01	语言文字应用	2321	1.584	0.213	0.94	530	0.50	9.80	12.6	8
K01	语言研究	1149	0.469	0.071	0.96	293	0.50	5.40	14.6	8
K01	语言与翻译(汉文版)	246	0.218	0.017	0.96	128	0.30	2.40	9.8	3
K01	语言战略研究	354	2.317	0.438	0.89	151	0.30	2.80	2.2	6
K01	中国翻译	4458	1.350	0.165	0.97	607	0.30	11.20	10.1	18
K01	中国科技翻译	845	0.731	0.114	0.95	270	0.20	5.00	10.2	6
K01	中国文学研究	398	0.250	0.067	0.98	229	0.10	4.20	11.2	3
K01	中国语文	3253	1.039	0.200	0.95	439	0.60	8.10	18.0	13
K01	中学语文(上旬·教学大参考)	324	0.145	0.160	1.00	94	0.20	1.70	4.0	2
K01	中学语文(下旬·大语文论坛)	568	0.080	0.018	1.00	103	0.10	1.90	3.3	4
K01	中学语文(中旬·读写新空间)	12	0.017	0.004	1.00	11	0.00	0.20	2.0	1
K03	北京第二外国语学院学报	1078	0.721	0.138	0.97	475	0.60	20.70	8.8	7
K03	基础外语教育	821	0.960	0.089	0.98	176	0.20	7.70	6.4	9
K03	解放军外国语学院学报	1885	0.940	0.188	0.94	513	0.90	22.30	8.4	9
K03	天津外国语大学学报	477	0.491	0.160	0.94	240	0.50	10.40	8.1	5
K03	外国语	1915	1.189	0.203	0.96	482	0.90	21.00	11.3	12
K03	外国语文	1539	0.661	0.153	0.96	490	0.80	21.30	8.0	7
K03	外国语言文学	286	0.347	0.167	0.97	166	0.70	7.20	10.6	5
K03	外语教学	3163	1.868	0.704	0.97	673	0.90	29.30	7.7	12

学科代码	期刊名称	扩展总被引频次	扩展影响因子	扩展即年指标	扩展他引率	扩展引用刊数	扩展学科影响指标	扩展学科扩散指标	扩展被引半衰期	扩展H指标
K03	外语教学理论与实践	1406	1.596	0.132	0.98	425	0.80	18.50	7.2	11
K03	外语教学与研究	4780	2.195	0.231	0.98	785	0.90	34.10	11.1	22
K03	外语界	4975	5.596	0.389	0.97	693	0.90	30.10	7.4	21
K03	外语学刊	2279	1.097	0.381	0.94	595	0.90	25.90	7.9	10
K03	外语研究	1935	0.963	0.226	0.97	519	0.90	22.60	8.2	12
K03	外语与外语教学	3685	2.450	0.376	0.98	684	0.90	29.70	11.2	15
K03	西安外国语大学学报	973	0.963	0.240	0.97	348	0.70	15.10	7.0	6
K03	现代外语	2226	3.488	0.816	0.95	474	0.80	20.60	6.2	15
K03	云南师范大学学报(对外汉语教学与研究版)	571	0.619	0.085	0.90	229	0.20	10.00	7.9	5
K03	中国俄语教学	288	0.396	0.065	0.82	102	0.30	4.40	6.2	5
K03	中国外语	2692	2.566	0.225	0.98	595	0.90	25.90	6.8	17
K04	Frontiers of Literary Studies in China	4	0.000	—	0.25	2	0.00	0.00	—	1
K04	安徽文学(下半月)	1188	0.119	0.055	0.98	354	0.20	3.20	7.5	5
K04	北方文学(下旬刊)	979	0.150	0.006	0.98	272	0.20	2.40	1.9	7
K04	北方文学(中旬刊)	340	0.044	0.018	0.99	143	0.10	1.30	2.5	3
K04	北京文学(精彩阅读)	43	0.074	0.032	1.00	30	0.10	0.30	12.5	2
K04	北京文学·中篇小说月报	7	0.010	—	0.86	5	0.00	0.00	6.0	1
K04	参花	148	0.022	0.019	0.94	72	0.10	0.60	1.9	3
K04	曹雪芹研究	87	0.385	0.065	0.80	15	0.00	0.10	2.4	2
K04	长江学术	146	0.113	0.019	0.97	106	0.20	0.90	8.5	3
K04	大观	467	0.053	0.017	0.99	193	0.20	1.70	2.5	3
K04	大众文艺	8337	0.270	0.148	0.94	746	0.30	6.70	3.6	10
K04	当代	46	0.027	—	1.00	35	0.10	0.30	27.0	2
K04	当代人	29	0.018	0.002	0.97	18	0.00	0.20	8.2	1
K04	当代文坛	691	0.298	0.180	0.97	330	0.30	2.90	6.6	4
K04	当代作家评论	1106	0.411	0.088	0.95	336	0.30	3.00	11.7	6
K04	东坡赤壁诗词	1	0.009	—	1.00	1	0.00	0.00	—	1
K04	杜甫研究学刊	126	0.116	0.032	0.72	55	0.10	0.50	12.5	3
K04	飞天	78	0.012	—	0.99	53	0.10	0.50	7.5	2
K04	芙蓉	13	0.052	—	1.00	9	0.00	0.10	15.5	1
K04	国学学刊	51	0.093	—	1.00	40	0.00	0.40	5.3	2
K04	红楼梦学刊	767	0.502	0.052	0.71	155	0.20	1.40	9.9	4
K04	红岩	8	0.000	—	1.00	8	0.00	0.10	18.0	1

学科代码	期刊名称	扩展总被引频次	扩展影响因子	扩展即年指标	扩展他引率	扩展引用刊数	扩展学科影响指标	扩展学科扩散指标	扩展被引半衰期	扩展H指标
K04	花城	82	0.516	0.211	1.00	55	0.10	0.50	18.0	3
K04	华文文学	222	0.168	0.040	0.86	103	0.20	0.90	8.0	3
K04	黄河之声	3304	0.350	0.143	0.88	291	0.20	2.60	2.5	6
K04	江南	8	0.000	—	1.00	8	0.10	0.10	9.5	1
K04	剧作家	119	0.158	0.017	0.98	59	0.20	0.50	7.7	3
K04	鲁迅研究月刊	564	0.230	0.074	0.88	181	0.20	1.60	13.5	4
K04	民族文学研究	670	0.519	0.060	0.87	238	0.20	2.10	9.9	4
K04	明清小说研究	390	0.367	0.051	0.93	174	0.20	1.60	11.5	4
K04	南方文坛	710	0.371	0.064	0.96	250	0.30	2.20	8.1	6
K04	南方文学	2	0.000	—	1.00	2	0.00	0.00	10.0	1
K04	南腔北调(周一刊)	10	—	0.017	1.00	6	0.00	0.10	2.6	1
K04	青春岁月	1712	0.046	0.018	0.98	344	0.20	3.10	3.4	5
K04	青海湖文学月刊	19	0.002	—	1.00	9	0.00	0.10	20.5	1
K04	青年时代	1210	0.080	0.008	0.98	288	0.10	2.60	2.3	4
K04	青年文学家	1110	0.024	0.007	0.98	299	0.20	2.70	5.7	4
K04	三峡论坛(三峡文学·理论版)	146	0.191	0.035	0.96	95	0.10	0.80	4.2	2
K04	散文百家(下)	473	0.044	0.017	0.98	91	0.10	0.80	2.1	3
K04	山花	139	0.087	—	1.00	83	0.20	0.70	9.2	3
K04	山西青年	1065	0.077	0.043	0.97	278	0.20	2.50	1.8	5
K04	山西文学	9	0.000	—	1.00	6	0.00	0.10	9.8	1
K04	上海文学	274	0.206	0.059	0.99	133	0.20	1.20	25.5	3
K04	神州	1544	0.106	0.030	0.98	259	0.20	2.30	1.5	4
K04	诗潮	12	0.004	—	1.00	8	0.00	0.10	13.0	1
K04	收获	114	3.889	—	1.00	47	0.10	0.40	6.0	3
K04	丝绸之路	275	0.069	0.021	0.99	175	0.10	1.60	6.3	2
K04	丝路视野	811	0.118	0.008	0.99	215	0.10	1.90	1.5	5
K04	文存阅刊	402	—	0.047	1.00	122	0.10	1.10	1.0	4
K04	文学教育(上)	948	0.194	0.132	0.97	257	0.20	2.30	2.6	6
K04	文学教育(下)	1653	0.324	0.212	1.00	323	0.20	2.90	2.2	7
K04	文学教育(中)	870	0.069	0.007	1.00	221	0.20	2.00	5.1	4
K04	文学评论	2404	1.098	0.142	0.96	635	0.40	5.70	12.7	9
K04	文学遗产	1240	0.435	0.076	0.95	438	0.40	3.90	13.2	4
K04	文学与文化	117	0.274	0.079	0.93	79	0.10	0.70	4.6	4

学科代码	期刊名称	扩展总被引频次	扩展影响因子	扩展即年指标	扩展他引率	扩展引用刊数	扩展学科影响指标	扩展学科扩散指标	扩展被引半衰期	扩展H指标
K04	文艺生活·下旬刊	688	0.054	0.010	0.96	173	0.20	1.50	3.1	3
K04	文艺生活·中旬刊	832	0.062	0.012	0.96	214	0.20	1.90	3.2	3
K04	文艺研究	2283	0.726	0.128	0.97	659	0.40	5.90	9.8	8
K04	武汉文史资料	64	0.107	0.012	1.00	45	0.00	0.40	10.6	2
K04	西藏文学	31	0.000	—	0.94	16	0.10	0.10	18.5	2
K04	戏剧文学	403	0.176	0.042	0.86	154	0.20	1.40	6.0	3
K04	小说评论	704	0.229	0.096	0.92	261	0.30	2.30	9.0	5
K04	小说月报	270	0.018	0.022	0.99	119	0.20	1.10	96.5	4
K04	校园心理	297	0.275	0.135	0.96	164	0.10	1.50	4.0	3
K04	新文学史料	493	0.195	0.026	0.95	169	0.20	1.50	29.1	4
K04	雪莲	75	0.005	0.011	1.00	57	0.10	0.50	3.5	3
K04	鸭绿江	302	3.269	0.050	1.00	127	0.10	1.10	3.6	2
K04	扬子江评论	181	0.246	0.156	0.98	97	0.20	0.90	4.4	3
K04	中国比较文学	536	0.428	0.137	0.95	267	0.30	2.40	8.9	5
K04	中国现代文学研究丛刊	1130	0.423	0.088	0.93	356	0.30	3.20	7.9	5
K04	中国韵文学刊	137	0.099	0.012	0.98	100	0.20	0.90	10.4	2
K04	钟山	75	0.030	—	1.00	37	0.10	0.30	23.8	3
K05	当代外国文学	589	0.452	0.011	0.95	231	0.80	23.10	8.2	5
K05	俄罗斯文艺	182	0.190	—	0.84	94	0.50	9.40	6.7	3
K05	国外文学	372	0.185	0.059	0.96	209	0.90	20.90	12.3	3
K05	世界华文文学论坛	80	0.057	—	0.95	52	0.20	5.20	10.9	2
K05	外国文学	893	0.453	0.049	0.98	369	0.90	36.90	10.0	8
K05	外国文学动态研究	163	0.306	0.051	0.93	101	0.60	10.10	5.8	3
K05	外国文学评论	672	0.377	0.085	0.98	287	0.80	28.70	14.3	6
K05	外国文学研究	1135	0.386	0.078	0.96	377	0.90	37.70	11.4	8
K05	外文研究	84	0.219	0.030	0.90	56	0.20	5.60	3.8	3
K06	北方音乐	2536	0.143	0.054	0.88	226	0.20	2.10	2.4	6
K06	北京电影学院学报	739	0.626	0.075	0.97	198	0.30	1.90	7.4	6
K06	北京舞蹈学院学报	651	0.360	0.118	0.92	156	0.30	1.50	7.1	4
K06	大舞台	1840	0.255	0.020	1.00	368	0.50	3.50	5.6	5
K06	当代电影	2730	0.625	0.351	0.90	382	0.40	3.60	5.1	8
K06	当代戏剧	134	0.229	0.050	0.95	80	0.20	0.80	7.1	3
K06	当代音乐	1302	0.420	0.178	0.97	154	0.20	1.50	2.0	6

学科代码	期刊名称	扩展总被引频次	扩展影响因子	扩展即年指标	扩展他引率	扩展引用刊数	扩展学科影响指标	扩展学科扩散指标	扩展被引半衰期	扩展H指标
K06	电影评介	1535	0.193	0.109	0.90	334	0.40	3.20	6.2	4
K06	电影文学	2188	0.183	0.076	0.78	352	0.40	3.30	5.3	4
K06	电影新作	228	0.247	0.048	0.89	83	0.20	0.80	4.0	3
K06	电影艺术	1347	0.822	0.614	0.95	245	0.30	2.30	8.9	7
K06	雕塑	174	0.117	0.088	0.96	75	0.20	0.70	6.2	2
K06	东方艺术	192	0.070	0.021	0.97	96	0.30	0.90	8.4	2
K06	儿童音乐	109	0.124	0.022	1.00	42	0.10	0.40	4.2	3
K06	福建艺术	136	0.039	0.016	0.98	86	0.30	0.80	7.9	2
K06	歌海	262	0.145	0.042	0.98	109	0.20	1.00	5.5	3
K06	贵州大学学报(艺术版)	222	0.197	0.065	0.97	108	0.30	1.00	6.4	3
K06	湖北美术学院学报	145	0.194	0.071	0.99	90	0.20	0.80	4.9	3
K06	黄梅戏艺术	58	0.185	0.038	0.98	32	0.10	0.30	12.0	2
K06	黄钟—中国·武汉音乐学院学报	601	0.293	0.029	0.96	144	0.30	1.40	10.8	4
K06	吉林艺术学院学报	230	0.244	0.023	0.99	103	0.20	1.00	6.6	4
K06	交响-西安音乐学院学报	443	0.234	0.011	0.92	118	0.30	1.10	9.8	4
K06	解放军文艺	13	0.008	—	1.00	12	—	0.10	39.5	2
K06	乐府新声	540	0.239	0.069	0.95	113	0.30	1.10	7.8	4
K06	乐器	295	—	0.039	0.96	76	0.20	0.70	8.4	3
K06	流行色	16	0.063	—	0.81	10	0.00	0.10	4.0	1
K06	美术	784	0.104	0.024	0.84	179	0.50	1.70	24.5	5
K06	美术大观	1577	0.233	0.065	0.98	345	0.30	3.30	5.7	5
K06	美术观察	937	0.232	0.078	0.98	288	0.50	2.70	6.4	4
K06	美术界	177	0.062	0.012	0.99	76	0.20	0.70	5.2	3
K06	美术文献	71	0.067	0.022	0.65	37	0.00	0.30	1.8	2
K06	美术学报	226	0.250	—	0.95	113	0.30	1.10	5.8	4
K06	美术研究	533	0.251	0.037	0.95	203	0.40	1.90	12.9	4
K06	美与时代(上旬刊)	798	0.285	0.092	0.97	250	0.20	2.40	3.6	5
K06	美与时代(下旬刊)	505	0.115	0.013	0.98	209	0.30	2.00	7.0	3
K06	美与时代(中旬刊)·美术学刊	599	0.188	0.061	0.95	142	0.20	1.30	2.8	4
K06	美与时代·城市	657	0.241	0.078	0.98	224	0.10	2.10	2.5	6
K06	民族艺林	59	0.211	0.011	1.00	46	0.10	0.40	2.4	2
K06	民族艺术	811	0.772	0.172	0.95	324	0.50	3.10	6.5	6
K06	民族艺术研究	702	0.428	0.223	0.98	278	0.50	2.60	6.2	4

学科代码	期刊名称	扩展总被引频次	扩展影响因子	扩展即年指标	扩展他引率	扩展引用刊数	扩展学科影响指标	扩展学科扩散指标	扩展被引半衰期	扩展H指标
K06	内蒙古大学艺术学院学报	187	0.227	—	0.96	105	0.30	1.00	6.7	3
K06	南京艺术学院学报(美术与设计版)	973	0.445	0.086	0.98	293	0.50	2.80	6.4	7
K06	南京艺术学院学报(音乐与表演版)	409	0.217	0.009	0.96	140	0.40	1.30	8.0	4
K06	齐鲁艺苑	273	0.184	0.014	0.95	125	0.40	1.20	7.7	3
K06	曲艺	34	0.068	0.011	0.85	19	0.10	0.20	3.4	1
K06	人民音乐	1416	0.243	0.107	0.94	232	0.50	2.20	11.6	4
K06	人文天下	402	0.236	0.086	0.99	200	0.20	1.90	2.4	5
K06	上海戏剧	166	0.222	0.097	0.96	77	0.30	0.70	14.5	2
K06	上海艺术评论	91	0.114	0.048	0.99	67	0.20	0.60	3.9	2
K06	设计艺术	207	0.258	0.020	0.98	98	0.10	0.90	6.5	3
K06	世界电影	375	0.092	—	1.00	116	0.20	1.10	20.7	5
K06	世界美术	135	0.079	—	0.95	64	0.20	0.60	21.8	3
K06	书画世界	56	0.038	0.020	0.93	30	0.10	0.30	5.1	1
K06	四川戏剧	915	0.273	0.093	0.92	297	0.40	2.80	4.0	4
K06	苏州工艺美术职业技术学院学报	94	0.106	—	0.99	58	0.10	0.50	5.2	3
K06	天工	49	0.084	0.014	0.55	14	0.00	0.10	1.7	2
K06	天津音乐学院学报	258	0.340	0.058	0.93	80	0.30	0.80	9.6	4
K06	文化艺术研究	226	0.316	0.066	0.98	150	0.30	1.40	5.9	4
K06	文艺理论研究	782	0.536	0.070	0.97	401	0.40	3.80	8.3	5
K06	文艺理论与批评	466	0.357	0.112	0.98	253	0.30	2.40	8.9	4
K06	文艺评论	449	0.173	0.018	0.99	254	0.30	2.40	6.4	4
K06	文艺争鸣	1656	0.341	0.068	0.96	518	0.50	4.90	7.8	7
K06	西北美术	131	0.152	0.059	0.99	80	0.20	0.80	3.9	2
K06	西藏艺术研究	190	0.144	0.021	0.86	64	0.20	0.60	10.6	3
K06	戏剧艺术	428	0.258	0.038	0.94	200	0.50	1.90	14.7	4
K06	戏剧之家	4363	0.478	0.204	0.96	445	0.50	4.20	2.5	6
K06	戏剧-中央戏剧学院学报	195	0.091	0.025	0.94	105	0.30	1.00	8.3	3
K06	戏曲艺术	285	0.159	—	0.93	128	0.40	1.20	9.4	3
K06	新疆艺术学院学报	145	0.119	0.043	0.94	80	0.20	0.80	8.2	2
K06	新美术	456	0.212	0.032	0.95	205	0.40	1.90	9.2	3
K06	星海音乐学院学报	457	0.328	0.130	0.93	134	0.40	1.30	10.1	4
K06	艺海	933	0.208	0.077	0.98	240	0.30	2.30	4.6	4
K06	艺术百家	2001	0.568	0.062	0.97	558	0.70	5.30	6.3	7

学科代码	期刊名称	扩展总被引频次	扩展影响因子	扩展即年指标	扩展他引率	扩展引用刊数	扩展学科影响指标	扩展学科扩散指标	扩展被引半衰期	扩展H指标
K06	艺术工作	233	0.246	0.065	0.94	116	0.20	1.10	7.3	3
K06	艺术科技	4485	0.303	0.024	0.97	591	0.40	5.60	2.5	7
K06	艺术评鉴	3381	0.390	0.124	0.94	310	0.40	2.90	3.0	7
K06	艺术评论	829	0.333	0.132	0.98	292	0.50	2.80	4.7	6
K06	艺术探索	534	0.360	0.036	0.99	203	0.50	1.90	9.0	4
K06	艺术研究	724	0.314	0.069	0.98	186	0.30	1.80	3.9	3
K06	音乐传播	128	0.243	0.038	0.95	68	0.20	0.60	3.3	3
K06	音乐创作	881	0.325	0.105	0.92	165	0.30	1.60	3.6	5
K06	音乐生活	328	0.287	0.068	0.99	85	0.20	0.80	3.6	4
K06	音乐探索	462	0.345	0.075	0.96	132	0.30	1.20	8.7	4
K06	音乐天地	355	0.467	0.127	0.99	102	0.20	1.00	5.7	3
K06	音乐文化研究	1	—	0.020	1.00	1	0.00	0.00	—	1
K06	音乐研究	988	0.659	0.141	0.93	165	0.50	1.60	13.3	6
K06	音乐艺术	695	0.333	0.095	0.88	118	0.40	1.10	12.0	7
K06	云南艺术学院学报	199	0.246	0.017	0.99	111	0.20	1.00	8.6	3
K06	浙江艺术职业学院学报	167	0.122	0.022	0.99	104	0.30	1.00	6.8	3
K06	中国美术	149	0.088	0.011	0.99	90	0.20	0.80	7.1	2
K06	中国美术教育	173	0.174	0.052	0.95	67	0.10	0.60	11.5	3
K06	中国书法	338	0.101	0.024	0.61	102	0.20	1.00	3.7	3
K06	中国书画	121	0.054	—	0.96	61	0.20	0.60	8.7	3
K06	中国戏剧	280	0.302	0.020	0.94	118	0.40	1.10	10.9	3
K06	中国音乐	1326	0.601	0.078	0.96	239	0.50	2.30	11.4	6
K06	中国音乐学	874	0.490	0.194	0.93	175	0.50	1.70	13.4	6
K06	中央音乐学院学报	876	0.677	0.155	0.94	152	0.40	1.40	15.2	6
K06	装饰	2974	0.657	0.169	0.95	590	0.50	5.60	6.2	9
K08	Frontiers of History in China	7	0.057	—	0.57	5	0.10	0.10	5.5	1
K08	安徽史学	590	0.356	0.043	0.96	282	0.40	6.00	9.5	3
K08	北方文物	548	0.217	0.013	0.87	180	0.20	3.80	16.5	3
K08	草原文物	194	0.167	0.033	0.93	65	0.10	1.40	16.5	3
K08	当代中国史研究	533	0.476	0.127	0.94	289	0.10	6.10	8.9	5
K08	敦煌学辑刊	417	0.181	0.058	0.86	151	0.20	3.20	13.3	3
K08	敦煌研究	1012	0.269	0.028	0.88	274	0.30	5.80	13.5	4
K08	古代文明	174	0.284	0.182	0.97	106	0.20	2.30	5.9	4

学科代码	期刊名称	扩展总被引频次	扩展影响因子	扩展即年指标	扩展他引率	扩展引用刊数	扩展学科影响指标	扩展学科扩散指标	扩展被引半衰期	扩展H指标
K08	广西地方志	88	0.050	—	0.88	50	0.10	1.10	10.7	2
K08	贵州文史丛刊	243	0.125	0.014	0.93	148	0.10	3.10	18.5	2
K08	郭沫若学刊	120	0.085	0.018	0.78	50	0.00	1.10	10.8	2
K08	海交史研究	186	0.385	—	0.84	88	0.10	1.90	14.0	3
K08	华侨华人历史研究	288	0.516	0.078	0.83	117	0.10	2.50	11.0	4
K08	江淮文史	69	0.092	—	1.00	54	0.00	1.10	8.5	2
K08	近代史研究	1344	1.496	0.397	0.92	445	0.40	9.50	12.4	6
K08	军事历史	136	0.140	0.036	0.97	94	0.10	2.00	10.5	3
K08	历史研究	2541	1.107	0.071	0.96	724	0.60	15.40	16.2	8
K08	岭南文史	107	0.036	0.018	0.96	77	0.20	1.60	16.2	2
K08	南方文物	746	0.459	0.049	0.85	242	0.30	5.10	7.1	6
K08	蒲松龄研究	118	0.075	—	0.64	44	0.00	0.90	11.3	2
K08	清史研究	677	1.158	0.178	0.88	294	0.40	6.30	10.3	5
K08	人文地理	4480	2.125	0.192	0.95	994	0.10	21.10	6.8	13
K08	史林	831	0.394	0.093	0.98	383	0.60	8.10	10.1	5
K08	史学集刊	652	0.683	0.103	0.97	337	0.40	7.20	10.5	4
K08	史学理论研究	493	0.381	0.087	0.97	272	0.30	5.80	11.5	4
K08	史学史研究	362	0.217	0.018	0.92	190	0.30	4.00	11.1	4
K08	史学月刊	1540	0.475	0.108	0.96	587	0.50	12.50	11.3	4
K08	世界历史	700	0.435	0.139	0.93	321	0.30	6.80	12.7	6
K08	文史	294	0.415	0.039	0.93	140	0.30	3.00	7.6	3
K08	文史天地	69	0.042	0.006	1.00	53	0.00	1.10	7.1	2
K08	文史杂志	266	0.059	0.007	0.96	185	0.20	3.90	16.6	3
K08	西部蒙古论坛	28	0.043	—	0.82	21	0.00	0.40	4.8	1
K08	西夏研究	122	0.150	0.031	0.73	46	0.00	1.00	5.4	2
K08	新疆地方志	56	0.043	0.055	0.96	36	0.10	0.80	11.2	2
K08	中国地方志	264	0.280	0.057	0.76	94	0.20	2.00	7.4	4
K08	中国历史地理论丛	682	0.385	0.078	0.94	306	0.40	6.50	13.8	4
K08	中国名城	572	0.630	0.150	0.92	288	0.10	6.10	3.6	6
K08	中国史研究	973	0.589	0.068	0.98	360	0.60	7.70	14.7	5
K08	中国文物科学研究	243	0.405	0.018	0.97	125	0.10	2.70	6.1	3
K08	中华文史论丛	317	0.277	0.082	0.98	161	0.40	3.40	9.2	4
K08	中华医史杂志	313	0.136	—	0.93	161	0.10	3.40	15.7	3

学科代码	期刊名称	扩展总被引频次	扩展影响因子	扩展即年指标	扩展他引率	扩展引用刊数	扩展学科影响指标	扩展学科扩散指标	扩展被引半衰期	扩展H指标
K10	华夏考古	657	0.277	0.096	0.94	167	0.90	10.40	13.8	5
K10	江汉考古	773	0.554	0.322	0.85	184	0.90	11.50	9.4	4
K10	考古	4908	1.040	0.296	0.93	476	0.90	29.80	25.8	8
K10	考古学报	1913	1.182	0.579	0.94	351	0.90	21.90	34.1	9
K10	考古与文物	1546	0.778	0.162	0.79	278	0.90	17.40	11.8	6
K10	民俗研究	1172	0.868	0.245	0.82	423	0.10	26.40	7.0	7
K10	农业考古	1812	0.368	0.045	0.91	530	0.80	33.10	9.4	7
K10	四川文物	738	0.281	0.167	0.92	226	0.90	14.10	13.8	4
K10	文物	5739	0.949	0.177	0.96	616	0.90	38.50	30.0	9
K10	文物保护与考古科学	647	0.593	0.099	0.80	188	0.70	11.80	7.7	5
K10	文物春秋	396	0.199	0.051	0.93	146	0.80	9.10	14.4	3
K10	文物世界	347	0.259	0.104	0.98	176	0.70	11.00	7.7	4
K10	寻根	196	0.098	—	0.98	147	0.30	9.20	11.1	3
K10	中国边疆史地研究	656	0.493	0.060	0.91	248	0.40	15.50	11.3	5
K10	中国国家博物馆馆刊	561	0.228	0.049	0.96	238	0.90	14.90	7.1	4
K10	中原文物	1006	0.221	0.161	0.89	264	0.90	16.50	15.4	4
L01	China & World Economy	255	—	0.297	0.90	137	0.20	0.90	7.6	3
L01	Frontiers of Business Research in China	62	0.196	—	0.79	42	0.00	0.30	7.9	2
L01	Frontiers of Economics in China	70	0.197	0.032	0.84	51	0.10	0.30	6.3	2
L01	WTO 经济导刊	110	0.139	0.028	1.00	84	0.10	0.50	4.9	2
L01	办公室业务	8600	0.638	0.304	0.90	464	0.20	2.90	2.2	12
L01	北方经济	729	0.242	0.074	0.98	341	0.20	2.10	6.5	4
L01	边疆经济与文化	1038	0.199	0.067	0.99	441	0.10	2.80	5.7	4
L01	财经研究	3961	2.978	0.587	0.98	826	0.50	5.20	5.4	14
L01	财政研究	2706	2.823	0.488	0.94	747	0.50	4.70	4.9	12
L01	产经评论	529	0.918	0.057	0.95	316	0.30	2.00	4.9	6
L01	产权导刊	129	0.172	0.050	0.95	81	0.10	0.50	2.9	2
L01	产业与科技论坛	7931	0.437	0.207	0.99	1285	0.30	8.10	2.9	11
L01	长江技术经济	19	—	0.175	0.89	17	0.00	0.10	—	2
L01	城市	613	0.677	0.245	0.96	312	0.20	2.00	3.5	5
L01	城市观察	492	0.636	0.275	0.95	282	0.20	1.80	4.6	6
L01	城市管理与科技	304	0.266	0.106	0.98	190	0.10	1.20	6.4	4
L01	城市开发(物业管理)	46	0.042	0.004	1.00	28	0.00	0.20	3.6	2

学科代码	期刊名称	扩展总被引频次	扩展影响因子	扩展即年指标	扩展他引率	扩展引用刊数	扩展学科影响指标	扩展学科扩散指标	扩展被引半衰期	扩展H指标
L01	创造	84	0.123	0.058	1.00	67	0.00	0.40	3.1	2
L01	当代经济科学	1496	1.928	0.324	0.98	565	0.40	3.60	5.6	10
L01	当代经济研究	1286	1.101	0.234	0.97	558	0.30	3.50	5.1	7
L01	东北亚经济研究	464	0.364	0.113	0.98	231	0.00	2.10	3.5	4
L01	发展	681	0.182	0.109	1.00	312	0.20	2.00	5.4	4
L01	发展研究	778	0.526	0.108	0.96	444	0.30	2.80	4.1	6
L01	改革	3788	3.093	1.688	0.94	1058	0.50	6.70	3.9	18
L01	改革与开放	3608	0.383	0.173	0.99	896	0.30	5.60	4.0	12
L01	改革与战略	2632	1.151	0.287	0.97	915	0.40	5.80	3.4	9
L01	广东经济	356	0.068	0.199	0.99	213	0.20	1.30	2.0	4
L01	广义虚拟经济研究	139	0.424	0.044	0.53	56	0.10	0.40	4.2	3
L01	国际经济合作	1241	0.907	0.415	0.95	522	0.40	3.30	4.3	7
L01	国际经济评论	2171	1.610	0.815	0.98	683	0.50	4.30	6.5	13
L01	海峡科技与产业	599	0.391	0.043	1.00	254	0.10	1.60	1.8	6
L01	海峡科学	940	0.322	0.066	0.97	489	0.10	3.10	4.8	5
L01	合作经济与科技	3893	0.370	0.269	0.99	873	0.30	5.50	2.8	9
L01	河北企业	1651	0.368	0.223	0.98	403	0.20	2.50	2.4	8
L01	河北职业教育	1323	1.006	0.374	0.91	413	0.20	2.60	4.8	6
L01	宏观经济管理	2073	2.207	0.611	0.95	784	0.40	4.90	2.5	12
L01	宏观经济研究	2644	1.881	0.332	0.97	860	0.50	5.40	4.0	11
L01	华东经济管理	2854	1.405	0.387	0.97	957	0.40	6.00	4.3	9
L01	环渤海经济瞭望	893	0.409	0.128	0.97	265	0.20	1.70	1.6	5
L01	活力	308	0.046	0.003	1.00	122	0.10	0.80	4.1	3
L01	价值工程	17199	0.678	0.492	0.98	1930	0.40	12.10	3.7	21
L01	交通与港航	233	0.458	0.021	0.98	151	0.10	0.90	5.2	4
L01	金融评论	448	1.330	0.118	0.98	248	0.30	1.60	4.2	6
L01	经济	869	2.060	0.198	1.00	273	0.20	1.70	2.4	4
L01	经济管理	4305	2.980	0.600	0.94	996	0.50	6.30	5.0	11
L01	经济界	199	0.412	0.117	0.95	134	0.10	0.80	4.5	4
L01	经济经纬	1754	1.404	0.518	0.94	642	0.40	4.00	5.0	8
L01	经济科学	1768	2.280	0.305	0.99	612	0.40	3.80	6.9	11
L01	经济理论与经济管理	2142	1.929	0.449	0.99	721	0.50	4.50	5.8	12
L01	经济评论	2040	2.683	0.522	0.98	676	0.40	4.30	6.0	11

学科代码	期刊名称	扩展总被引频次	扩展影响因子	扩展即年指标	扩展他引率	扩展引用刊数	扩展学科影响指标	扩展学科扩散指标	扩展被引半衰期	扩展H指标
L01	经济社会史评论	57	0.352	0.119	0.96	32	0.00	0.20	2.5	3
L01	经济社会体制比较	2540	2.035	0.358	0.98	880	0.50	5.50	6.0	15
L01	经济师	5480	0.489	0.289	0.98	972	0.30	6.10	3.6	8
L01	经济数学	329	0.615	0.141	0.84	198	0.10	1.20	5.1	5
L01	经济问题	3419	2.158	0.528	0.96	1031	0.50	6.50	3.8	12
L01	经济问题探索	3732	1.775	0.367	0.98	1084	0.50	6.80	4.9	11
L01	经济学(季刊)	4724	4.625	0.758	0.98	765	0.50	4.80	6.5	19
L01	经济学报	190	—	0.062	0.97	125	0.20	0.80	3.5	4
L01	经济学动态	3594	2.278	0.465	0.98	925	0.50	5.80	5.4	13
L01	经济学家	3695	3.493	0.784	0.98	952	0.50	6.00	4.7	16
L01	经济研究	27304	8.559	1.305	0.97	1508	0.70	9.50	7.9	48
L01	经济研究导刊	8318	0.475	0.147	0.98	1540	0.40	9.70	4.0	10
L01	经济与管理	1229	1.535	1.400	0.99	593	0.40	3.70	4.5	8
L01	经济与管理研究	2290	1.794	0.599	0.98	821	0.50	5.20	4.4	9
L01	经济资料译丛	59	0.191	0.022	0.97	45	0.10	0.30	5.2	3
L01	经济纵横	3699	2.438	0.554	0.98	1045	0.50	6.60	3.7	14
L01	经贸实践	6494	0.434	0.267	0.97	657	0.30	4.10	1.6	10
L01	经纬天地	97	0.721	0.145	0.97	45	0.00	0.30	2.0	3
L01	经营与管理	1406	0.579	0.290	0.98	498	0.30	3.10	2.6	8
L01	决策	224	0.153	0.036	1.00	179	0.10	1.10	4.2	3
L01	决策探索	854	0.314	0.132	1.00	380	0.20	2.40	2.5	5
L01	开放导报	728	0.946	0.221	0.96	436	0.30	2.70	3.6	7
L01	开放时代	2485	1.708	0.311	0.96	701	0.20	4.40	7.0	16
L01	科技创业月刊	2448	0.394	0.064	0.98	772	0.30	4.90	3.8	8
L01	科技和产业	921	0.356	0.177	0.98	485	0.20	3.10	4.7	5
L01	空运商务	120	0.485	0.121	1.00	69	0.10	0.40	4.5	2
L01	理财(财经版)	14	—	0.005	1.00	7	—	0.00	1.4	1
L01	理财(经论)	32	0.071	0.007	0.97	18	0.00	0.10	2.1	1
L01	辽宁经济	690	0.316	0.100	1.00	318	0.20	2.00	3.9	5
L01	秘书工作	194	0.079	0.051	1.00	101	0.00	0.60	4.3	3
L01	秘书之友	178	0.138	0.019	0.88	78	0.10	0.50	5.3	3
L01	南开经济研究	1873	2.696	0.113	0.98	582	0.50	3.70	6.9	12
L01	宁波经济(三江论坛)	146	0.197	0.084	1.00	109	0.10	0.70	3.0	4

学科代码	期刊名称	扩展总被引频次	扩展影响因子	扩展即年指标	扩展他引率	扩展引用刊数	扩展学科影响指标	扩展学科扩散指标	扩展被引半衰期	扩展H指标
L01	农林经济管理学报	850	1.682	0.534	0.94	423	0.20	2.70	3.7	8
L01	企业管理	1260	0.618	0.183	0.99	406	0.20	2.60	2.8	7
L01	企业技术开发(学术版)	1836	0.641	0.078	0.99	494	0.20	3.10	3.7	9
L01	企业科技与发展	2420	0.414	0.086	0.96	554	0.20	3.50	3.9	12
L01	企业文化(下旬刊)	1058	0.104	0.025	0.96	180	0.10	1.10	2.3	4
L01	企业文明	421	0.264	0.378	0.99	124	0.10	0.80	1.9	5
L01	青海国土经略	204	0.223	0.012	0.97	106	0.00	0.70	7.6	3
L01	清华金融评论	562	0.598	0.135	1.00	239	0.20	1.50	2.2	6
L01	区域经济评论	937	1.153	0.528	0.97	453	0.30	2.80	3.2	6
L01	全国流通经济	2848	0.369	0.140	0.97	510	0.20	3.20	2.3	7
L01	全球化	414	0.822	0.202	0.93	253	0.20	1.60	2.7	6
L01	全球科技经济瞭望	382	0.497	0.048	0.91	193	0.10	1.20	3.7	4
L01	山东经济战略研究	148	0.263	0.009	1.00	103	0.10	0.60	3.7	3
L01	商场现代化	9994	0.531	0.223	0.97	1087	0.40	6.80	3.2	11
L01	生产力研究	2390	0.495	0.103	0.98	859	0.30	5.40	6.8	7
L01	世界经济	6471	4.688	0.417	0.97	849	0.50	5.30	6.5	24
L01	世界经济文汇	944	1.532	0.095	0.99	408	0.30	2.60	7.5	8
L01	世界经济研究	2642	2.151	0.381	0.96	625	0.40	3.90	5.0	11
L01	世界经济与政治论坛	630	1.431	0.164	0.94	366	0.30	2.30	5.0	6
L01	特区经济	2236	0.475	0.123	0.98	807	0.40	5.10	6.0	6
L01	特区实践与理论	291	0.294	0.054	0.96	197	0.20	1.20	3.9	5
L01	天津经济	324	0.399	0.067	0.99	179	0.10	1.10	3.5	3
L01	外国经济与管理	2620	2.280	0.287	0.96	757	0.40	4.80	6.3	13
L01	卫生经济研究	2210	1.932	0.588	0.93	473	0.20	3.00	3.2	11
L01	西部大开发	203	0.284	0.091	1.00	166	0.10	1.00	3.8	4
L01	西部论坛	634	1.427	0.395	0.98	380	0.20	2.40	3.5	8
L01	西藏发展论坛	122	0.208	0.048	0.93	70	0.00	0.40	3.6	3
L01	现代经济探讨	2098	2.387	0.244	0.97	817	0.40	5.10	3.0	11
L01	现代企业	605	0.268	0.111	1.00	204	0.20	1.30	3.0	4
L01	现代日本经济	474	1.220	0.354	0.91	256	0.20	1.60	5.0	6
L01	新经济	1712	0.469	0.173	0.99	378	0.20	2.40	2.8	7
L01	新经济导刊	335	2.250	0.231	0.99	228	0.10	1.40	2.6	5
L01	信息资源管理学报	352	1.038	0.312	0.98	192	0.10	1.20	4.2	6

学科代码	期刊名称	扩展总被引频次	扩展影响因子	扩展即年指标	扩展他引率	扩展引用刊数	扩展学科影响指标	扩展学科扩散指标	扩展被引半衰期	扩展H指标
L01	行政事业资产与财务	4069	0.459	0.189	0.96	365	0.20	2.30	2.9	8
L01	亚太经济	1039	1.220	0.423	0.96	459	0.30	2.90	3.7	7
L01	沿海企业与科技	843	0.449	0.168	0.99	335	0.20	2.10	8.4	7
L01	冶金企业文化	104	0.221	0.107	1.00	45	0.00	0.30	2.5	3
L01	医药高职教育与现代护理	155	0.596	0.167	0.99	100	0.00	0.60	3.0	4
L01	印度洋经济体研究	163	0.667	0.087	0.91	84	0.10	0.50	3.2	4
L01	招标采购管理	237	0.274	0.132	0.98	98	0.10	0.60	2.7	3
L01	招标与投标	240	0.302	0.082	0.94	84	0.10	0.50	2.6	5
L01	浙江经济	641	0.230	0.046	1.00	328	0.20	2.10	3.2	6
L01	政治经济学评论	598	1.834	0.405	0.90	268	0.30	1.70	2.8	7
L01	知识经济	5713	0.447	0.215	0.99	939	0.30	5.90	2.8	11
L01	知识就是力量	35	0.030	0.007	1.00	29	—	0.20	7.8	1
L01	中国大学生就业(理论版)	201	0.639	0.329	0.97	108	0.10	0.70	2.4	4
L01	中国大学生就业(综合版)	847	1.081	0.649	0.97	315	0.10	2.00	5.4	5
L01	中国发展	356	0.477	0.135	0.99	259	0.20	1.60	4.6	5
L01	中国发展观察	963	0.734	0.291	1.00	539	0.40	3.40	2.8	8
L01	中国房地产(上旬刊)	572	0.368	0.142	0.99	212	0.20	1.30	4.6	5
L01	中国房地产(下旬刊)	250	0.413	0.130	0.96	148	0.20	0.90	3.5	3
L01	中国房地产(中旬刊)	103	0.206	0.079	1.00	77	0.10	0.50	1.6	3
L01	中国房地产业	3158	0.131	0.039	0.97	242	0.10	1.50	2.5	10
L01	中国高新区	4705	—	0.342	0.99	524	0.20	3.30	1.1	11
L01	中国工程咨询	604	0.282	0.150	0.99	230	0.10	1.40	3.7	4
L01	中国工业和信息化	248	0.555	0.144	1.00	178	0.10	1.10	3.0	4
L01	中国合作经济	278	0.444	0.250	0.99	169	0.10	1.10	2.9	5
L01	中国集体经济	6664	0.657	0.337	0.98	887	0.40	5.60	2.3	13
L01	中国经济报告	464	—	0.162	0.98	308	0.20	1.90	2.0	6
L01	中国经济史研究	982	0.899	0.206	0.91	354	0.20	2.20	11.0	6
L01	中国经济问题	819	1.719	0.359	0.94	427	0.30	2.70	4.5	8
L01	中国科技资源导刊	252	0.574	0.117	0.92	133	0.10	0.80	3.2	4
L01	中国煤炭工业	315	0.184	0.047	1.00	122	0.10	0.80	4.3	3
L01	中国社会经济史研究	525	0.258	0.068	0.93	246	0.10	1.50	17.4	4
L01	中国社会组织	317	0.171	0.040	1.00	203	0.10	1.30	4.1	3
L01	中国市场	10379	0.488	0.278	0.92	1338	0.40	8.40	2.6	10

学科代码	期刊名称	扩展总被引频次	扩展影响因子	扩展即年指标	扩展他引率	扩展引用刊数	扩展学科影响指标	扩展学科扩散指标	扩展被引半衰期	扩展H指标
L01	中国统计	628	0.241	0.105	0.97	382	0.20	2.40	4.6	5
L01	中国中小企业	145	0.214	0.130	1.00	101	0.10	0.60	3.7	3
L01	中小企业管理与科技	17254	0.724	0.378	0.99	1085	0.30	6.80	3.3	21
L02	保险职业学院学报	289	0.347	0.088	0.94	168	0.20	3.00	5.4	4
L02	北京财贸职业学院学报	330	0.864	0.292	0.68	139	0.10	2.50	2.8	5
L02	长春金融高等专科学校学报	385	0.749	0.390	0.92	155	0.10	2.80	3.6	6
L02	东北财经大学学报	575	0.582	0.227	0.97	336	0.10	6.00	5.9	5
L02	福建商学院学报	336	0.644	0.140	0.95	204	0.10	3.60	3.9	4
L02	广东财经大学学报	776	3.384	0.300	0.95	401	0.40	7.20	2.8	8
L02	广东农工商职业技术学院学报	214	0.406	0.167	0.99	151	0.00	2.70	4.5	3
L02	广东外语外贸大学学报	598	0.440	0.068	0.98	334	0.10	6.00	7.6	6
L02	广西财经学院学报	364	0.802	0.254	0.97	218	0.20	3.90	4.5	5
L02	贵州财经大学学报	658	1.977	0.433	0.99	337	0.20	6.00	3.7	6
L02	贵州商学院学报	119	0.447	0.163	0.97	91	0.00	1.60	3.8	2
L02	国际商务-对外经济贸易大学学报	660	1.345	0.154	0.97	357	0.40	6.40	3.7	6
L02	河北地质大学学报	397	0.376	0.096	0.96	281	0.20	5.00	4.7	4
L02	河北经贸大学学报	740	1.177	0.420	0.98	421	0.40	7.50	3.6	6
L02	河北旅游职业学院学报	314	0.374	0.085	0.96	180	0.10	3.20	5.5	4
L02	河南财政税务高等专科学校学报	283	0.323	0.039	0.98	163	0.10	2.90	4.4	3
L02	河南牧业经济学院学报	300	0.304	0.023	0.98	173	0.10	3.10	5.1	3
L02	湖北经济学院学报	396	0.502	0.271	0.98	269	0.20	4.80	5.2	4
L02	湖南财政经济学院学报	779	1.411	0.429	0.96	339	0.20	6.10	3.5	6
L02	湖南税务高等专科学校学报	169	0.215	—	0.99	106	0.00	1.90	4.6	4
L02	吉林工商学院学报	396	0.385	0.093	0.99	273	0.20	4.90	3.9	4
L02	江苏经贸职业技术学院学报	345	0.407	0.173	0.99	184	0.10	3.30	3.6	4
L02	江西财经大学学报	1058	1.853	0.393	0.96	589	0.60	10.50	4.4	7
L02	兰州财经大学学报	351	0.678	0.253	0.91	240	0.30	4.30	4.3	4
L02	内蒙古财经大学学报	602	0.534	0.168	0.98	350	0.10	6.20	3.5	5
L02	南京财经大学学报	438	1.032	0.215	0.95	276	0.30	4.90	3.9	5
L02	南京审计大学学报	668	1.736	1.059	0.98	320	0.30	5.70	3.2	7
L02	山东财经大学学报	421	1.062	0.370	0.97	251	0.20	4.50	3.4	6
L02	山东工商学院学报	279	0.292	0.080	1.00	180	0.20	3.20	6.1	3
L02	山东商业职业技术学院学报	537	0.504	0.100	0.99	239	0.10	4.30	3.6	6

学科代码	期刊名称	扩展总被引频次	扩展影响因子	扩展即年指标	扩展他引率	扩展引用刊数	扩展学科影响指标	扩展学科扩散指标	扩展被引半衰期	扩展H指标
L02	山西财经大学学报	2943	2.693	0.495	0.98	864	0.70	15.40	5.7	10
L02	山西财政税务专科学校学报	184	0.224	0.019	0.99	110	0.10	2.00	5.2	3
L02	上海对外经贸大学学报	300	1.090	0.288	0.97	209	0.10	3.70	3.5	5
L02	上海立信会计金融学院学报	241	0.469	0.159	0.99	156	0.20	2.80	4.7	5
L02	上海商学院学报	248	0.363	0.073	0.98	173	0.10	3.10	4.9	4
L02	首都经济贸易大学学报	641	1.052	0.394	0.95	366	0.30	6.50	5.0	5
L02	四川旅游学院学报	399	0.446	0.125	0.96	227	0.10	4.10	4.2	4
L02	太原城市职业技术学院学报	2372	0.428	0.125	0.99	592	0.20	10.60	3.5	9
L02	天津商务职业学院学报	286	0.553	0.042	0.99	160	0.10	2.90	3.1	5
L02	天津商业大学学报	277	0.602	0.270	0.97	183	0.20	3.30	4.5	4
L02	天津中德应用技术大学学报	384	0.410	0.221	0.99	195	0.10	3.50	3.1	3
L02	铜陵学院学报	348	0.221	0.028	0.97	225	0.10	4.00	5.3	3
L02	无锡商业职业技术学院学报	405	0.385	0.174	0.97	243	0.10	4.30	4.5	4
L02	武汉商学院学报	335	0.469	0.066	0.99	206	0.10	3.70	3.7	5
L02	西安财经学院学报	718	1.128	0.245	0.95	370	0.30	6.60	3.9	5
L02	西部经济管理论坛(原四川经济管理学院学报)	206	0.594	0.236	0.93	119	0.10	2.10	3.3	4
L02	现代财经－天津财经大学学报	916	1.225	0.173	0.97	443	0.50	7.90	4.8	7
L02	新疆财经大学学报	125	0.429	0.158	0.98	88	0.00	1.60	5.3	3
L02	云南财经大学学报	776	1.016	0.285	0.98	395	0.50	7.10	4.9	5
L02	浙江工贸职业技术学院学报	220	0.506	0.102	0.96	143	0.10	2.60	3.4	4
L02	浙江工商大学学报	482	1.113	0.342	0.97	307	0.20	5.50	3.3	5
L02	浙江工商职业技术学院学报	302	0.590	0.113	0.99	186	0.10	3.30	4.5	4
L02	中南财经政法大学学报	1633	1.512	0.351	0.98	638	0.60	11.40	5.3	8
L02	中央财经大学学报	2417	1.836	0.306	0.99	770	0.80	13.80	4.7	10
L04	财会学习	9514	0.782	0.392	0.89	482	0.40	21.00	1.6	11
L04	财会研究	1781	0.973	0.220	0.99	334	0.50	14.50	4.8	7
L04	财会月刊	3789	1.417	0.425	0.93	637	0.70	27.70	2.9	12
L04	城市问题	2588	1.528	0.304	0.95	909	0.50	39.50	6.1	9
L04	环境经济研究	87	1.367	0.128	0.67	51	0.00	2.20	1.7	3
L04	技术经济与管理研究	2265	1.360	0.395	0.96	852	0.80	37.00	3.9	11
L04	交通财会	685	0.538	0.327	0.96	158	0.30	6.90	3.5	6
L04	教育财会研究	768	1.789	0.340	0.94	220	0.30	9.60	3.0	8

学科代码	期刊名称	扩展总被引频次	扩展影响因子	扩展即年指标	扩展他引率	扩展引用刊数	扩展学科影响指标	扩展学科扩散指标	扩展被引半衰期	扩展H指标
L04	教育与经济	975	1.757	0.473	0.92	408	0.30	17.70	5.4	8
L04	经济体制改革	2039	1.568	0.341	0.98	780	0.70	33.90	4.4	10
L04	经济与管理评论	935	1.674	0.833	0.89	426	0.50	18.50	3.1	7
L04	经济与社会发展	846	0.343	0.020	0.99	426	0.30	18.50	8.4	4
L04	企业经济	3059	0.899	0.304	0.98	957	0.60	41.60	5.5	12
L04	商业经济	3464	0.773	0.286	0.99	733	0.50	31.90	3.6	10
L04	商业经济研究	7821	1.060	0.298	0.78	1236	0.80	53.70	2.9	12
L04	商业经济与管理	1798	1.683	0.162	0.97	653	0.60	28.40	5.4	11
L04	数量经济技术经济研究	5581	3.453	0.610	0.97	962	0.70	41.80	7.5	17
L04	西部财会	586	0.483	0.107	0.98	158	0.30	6.90	2.8	5
L04	现代商业	7918	0.413	0.132	0.97	978	0.60	42.50	3.6	10
L04	冶金财会	222	0.289	0.114	1.00	89	0.10	3.90	3.4	4
L04	预测	950	1.152	0.100	0.96	432	0.50	18.80	6.2	7
L04	中国改革	194	0.080	0.036	1.00	161	0.10	7.00	12.1	3
L04	中国资产评估	341	0.516	0.132	0.70	107	0.30	4.70	4.6	4
L05	财务与会计	2536	0.897	0.147	0.98	379	0.90	23.70	3.0	11
L05	当代会计	969	0.641	0.143	0.98	161	0.40	10.10	2.1	7
L05	会计研究	10777	4.751	0.295	0.96	816	0.90	51.00	5.9	28
L05	会计与经济研究	533	1.459	0.574	0.96	202	0.80	12.60	4.4	5
L05	会计之友	7322	1.698	0.665	0.92	791	0.90	49.40	3.9	18
L05	商业会计	4224	0.877	0.330	0.81	456	0.90	28.50	2.8	9
L05	审计研究	3712	3.770	0.441	0.93	474	0.90	29.60	5.4	17
L05	审计与经济研究	1755	3.225	0.592	0.95	442	0.90	27.60	4.6	11
L05	现代审计与经济	151	0.274	0.052	1.00	69	0.50	4.30	3.6	3
L05	新会计	602	0.707	0.143	0.98	151	0.60	9.40	2.8	6
L05	中国内部审计	1142	0.897	0.243	0.94	230	0.70	14.40	3.2	7
L05	中国农业会计	581	0.374	0.105	0.97	165	0.40	10.30	3.8	5
L05	中国审计	216	0.031	0.011	1.00	85	0.40	5.30	8.4	2
L05	中国乡镇企业会计	3687	0.523	0.192	0.97	355	0.60	22.20	2.6	8
L05	中国注册会计师	1191	0.721	0.236	0.92	263	0.90	16.40	3.6	9
L05	中国总会计师	2265	0.856	0.261	0.97	296	0.60	18.50	2.7	8
L06	当代农村财经	251	0.252	0.089	0.97	151	0.20	5.40	2.8	4
L06	调研世界	874	0.799	0.254	0.97	479	0.40	17.10	4.5	6

学科代码	期刊名称	扩展总被引频次	扩展影响因子	扩展即年指标	扩展他引率	扩展引用刊数	扩展学科影响指标	扩展学科扩散指标	扩展被引半衰期	扩展H指标
L06	国土资源信息化	270	0.653	0.136	0.92	106	0.10	3.80	3.8	5
L06	江苏农村经济	306	0.244	0.036	1.00	154	0.30	5.50	3.4	4
L06	林业经济问题	977	1.479	0.416	0.76	278	0.40	9.90	5.0	6
L06	南方农村	251	0.462	0.136	0.98	166	0.20	5.90	5.3	3
L06	农场经济管理	294	0.217	0.150	0.98	152	0.20	5.40	2.9	4
L06	农村工作通讯	808	0.592	0.525	1.00	395	0.50	14.10	2.6	6
L06	农村金融研究	867	1.022	0.382	0.96	325	0.40	11.60	3.0	8
L06	农村经济	4332	2.513	0.598	0.97	1030	0.60	36.80	4.1	15
L06	农村经济与科技	4767	0.446	0.121	0.96	1018	0.50	36.40	2.1	10
L06	农村经营管理	464	0.384	0.144	1.00	226	0.40	8.10	3.7	6
L06	农民科技培训	229	0.232	0.104	1.00	117	0.10	4.20	4.2	4
L06	农民致富之友	6246	0.272	0.139	1.00	455	0.10	16.20	2.4	10
L06	农业发展与金融	162	0.105	0.022	0.99	106	0.10	3.80	2.7	4
L06	农业技术经济	4250	2.758	0.580	0.94	813	0.60	29.00	5.6	14
L06	农业经济	3587	1.213	0.357	0.93	808	0.60	28.90	2.9	9
L06	农业经济问题	6883	4.283	1.053	0.96	1137	0.60	40.60	5.4	19
L06	农业经济与管理	563	1.558	0.262	0.97	296	0.60	10.60	3.5	8
L06	农业科研经济管理	259	0.961	0.174	0.93	91	0.20	3.20	3.7	4
L06	上海农村经济	173	0.283	0.081	0.99	116	0.20	4.10	4.0	3
L06	生态经济	4524	1.283	0.248	0.94	1305	0.50	46.60	4.1	12
L06	台湾农业探索	292	0.508	0.098	0.94	175	0.20	6.20	4.2	4
L06	中国农村观察	2640	3.963	0.649	0.98	728	0.50	26.00	6.4	15
L06	中国农村经济	6293	5.382	1.930	0.97	1009	0.70	36.00	6.8	21
L06	中国土地	1002	0.740	0.344	1.00	341	0.50	12.20	3.4	5
L06	资源开发与市场	2252	1.060	0.237	0.94	930	0.30	33.20	4.7	7
L06	资源与产业	1115	1.081	0.237	0.88	513	0.20	18.30	6.0	7
L08	北方经贸	2003	0.393	0.142	0.99	532	0.40	7.90	3.6	7
L08	产业经济研究	1599	3.145	0.850	0.93	523	0.50	7.80	4.6	11
L08	电子商务	2016	0.751	0.348	0.95	531	0.40	7.90	3.1	8
L08	对外经贸	1926	0.544	0.113	0.96	579	0.50	8.60	3.7	8
L08	对外经贸实务	1032	0.668	0.394	0.91	399	0.40	6.00	3.1	7
L08	工程经济	924	0.829	0.241	0.98	212	0.20	3.20	3.1	9
L08	工业技术创新	370	0.493	0.070	0.95	193	0.10	2.90	2.4	6

学科代码	期刊名称	扩展总被引频次	扩展影响因子	扩展即年指标	扩展他引率	扩展引用刊数	扩展学科影响指标	扩展学科扩散指标	扩展被引半衰期	扩展H指标
L08	工业技术经济	2199	1.238	0.335	0.95	822	0.70	12.30	4.7	9
L08	光彩	80	0.413	0.082	1.00	54	0.10	0.80	3.1	2
L08	国际经贸探索	1160	1.674	0.245	0.94	448	0.40	6.70	4.3	9
L08	国际贸易	1183	1.488	0.489	0.99	454	0.60	6.80	3.6	10
L08	国际贸易问题	4520	2.794	0.420	0.95	742	0.60	11.10	4.8	17
L08	国际商务研究	424	1.350	0.667	0.99	260	0.30	3.90	3.8	6
L08	海关与经贸研究	176	0.541	0.145	0.80	86	0.10	1.50	3.3	3
L08	化学工业	554	0.758	0.281	0.99	251	0.10	3.70	5.8	5
L08	环球市场	3014	0.135	0.008	0.97	287	0.20	4.30	1.9	7
L08	技术经济	2012	1.370	0.271	0.89	738	0.60	11.00	4.9	8
L08	技术与市场	7527	0.777	0.436	1.00	786	0.30	11.70	2.9	13
L08	价格理论与实践	2881	1.326	0.318	0.77	823	0.60	12.30	3.0	10
L08	价格月刊	1113	0.918	0.185	0.95	450	0.40	6.70	3.5	6
L08	江苏商论	1092	0.507	0.165	0.98	436	0.40	6.50	4.9	5
L08	经营者	581	0.076	0.002	0.98	168	0.20	2.50	2.8	4
L08	科技经济市场	4027	0.567	0.344	0.99	681	0.40	10.20	2.9	12
L08	旅游导刊	52	—	0.400	0.58	26	0.00	0.40	1.2	2
L08	旅游科学	1305	1.639	0.098	0.98	449	0.30	6.70	7.5	10
L08	旅游论坛	703	0.961	0.181	0.95	314	0.20	4.70	5.5	6
L08	旅游学刊	7536	3.416	0.483	0.92	1119	0.50	16.70	6.5	19
L08	旅游研究	542	0.994	0.110	0.98	296	0.30	4.40	4.6	5
L08	煤炭经济研究	1118	0.930	0.383	0.82	297	0.30	4.40	3.5	6
L08	内蒙古煤炭经济	3260	0.448	0.111	0.96	365	0.20	5.40	2.6	10
L08	欧亚经济	327	1.007	0.245	0.88	131	0.20	2.00	3.4	5
L08	商学研究	37	—	0.116	0.92	28	0.00	0.40	1.3	2
L08	商业评论	67	0.058	0.031	0.97	54	0.10	0.80	6.2	2
L08	商业研究	3088	1.125	0.130	0.99	980	0.60	14.60	6.9	7
L08	上海经济	207	0.806	0.210	0.99	156	0.20	2.30	2.4	5
L08	上海经济研究	2126	1.688	0.563	0.98	784	0.50	11.70	4.7	10
L08	市场观察	142	0.308	0.014	1.00	88	0.10	1.30	2.8	2
L08	市场论坛	796	0.334	0.049	1.00	334	0.30	5.00	4.8	5
L08	市场研究	690	0.419	0.163	1.00	289	0.30	4.30	2.8	5
L08	铁道经济研究	312	0.512	0.127	0.92	130	0.10	1.90	5.5	3

学科代码	期刊名称	扩展总被引频次	扩展影响因子	扩展即年指标	扩展他引率	扩展引用刊数	扩展学科影响指标	扩展学科扩散指标	扩展被引半衰期	扩展H指标
L08	物流工程与管理	2669	0.577	0.218	0.92	685	0.40	10.20	3.2	7
L08	物流技术	2973	0.596	0.157	0.95	770	0.50	11.50	4.7	6
L08	物流技术与应用	515	0.757	0.250	1.00	223	0.30	3.30	3.1	5
L08	物流科技	1722	0.616	0.185	0.93	563	0.50	8.40	3.7	6
L08	现代商贸工业	7698	0.402	0.261	0.95	1236	0.60	18.40	2.9	12
L08	现代营销	3621	0.485	0.268	0.97	530	0.50	7.90	1.9	9
L08	消费经济	927	1.067	0.400	0.94	419	0.40	6.30	5.9	6
L08	新商务周刊	470	0.065	0.006	0.98	158	0.10	2.40	1.5	3
L08	冶金经济与管理	165	0.344	0.098	0.92	99	0.10	1.50	3.8	2
L08	邮政研究	85	0.179	0.043	0.85	41	0.10	0.60	3.7	2
L08	债券	170	0.234	0.128	0.95	95	0.20	1.40	2.6	4
L08	中国储运	364	0.464	0.143	0.98	188	0.30	2.80	3.9	4
L08	中国工业经济	10787	6.981	1.480	0.97	1261	0.70	18.80	5.5	34
L08	中国化工贸易	2318	0.086	0.005	0.93	408	0.10	6.10	3.4	5
L08	中国检验检疫	146	0.041	—	1.00	102	0.10	1.50	7.5	3
L08	中国经贸	2023	0.120	0.015	0.95	310	0.30	4.60	2.8	5
L08	中国经贸导刊	1922	0.510	0.239	0.89	742	0.60	11.10	2.7	8
L08	中国军转民	236	0.205	0.034	0.97	114	0.10	1.70	3.9	4
L08	中国流通经济	3565	3.655	1.119	0.95	831	0.60	12.40	3.4	17
L08	中国商论	9036	0.625	0.395	0.96	964	0.60	14.40	2.4	12
L08	中国商人	15	0.023	—	1.00	14	0.00	0.20	4.8	1
L08	中国市场监管研究	404	0.247	0.087	0.94	203	0.20	3.00	4.1	4
L08	中国外资	897	0.265	0.140	1.00	208	0.20	3.10	5.6	4
L08	中国物价	527	0.359	0.139	0.94	296	0.40	4.40	3.0	4
L10	保险研究	1714	1.421	0.181	0.87	444	0.60	6.30	5.3	9
L10	北方金融	298	0.170	0.013	0.97	124	0.30	1.80	2.8	4
L10	财经界	11266	0.493	0.193	0.98	723	0.50	10.30	3.0	11
L10	财经科学	2486	2.105	0.375	0.99	769	0.70	11.00	4.4	12
L10	财经理论研究	429	1.289	0.212	0.93	233	0.20	3.30	3.2	5
L10	财经理论与实践	1447	1.406	0.324	0.94	556	0.70	7.90	4.7	7
L10	财经论丛(浙江财经学院学报)	1114	1.164	0.259	0.96	462	0.70	6.60	4.1	7
L10	财经问题研究	3220	1.574	0.278	0.98	923	0.70	13.20	4.7	14
L10	财贸经济	4493	3.262	0.520	0.97	865	0.80	12.40	5.9	15

学科代码	期刊名称	扩展总被引频次	扩展影响因子	扩展即年指标	扩展他引率	扩展引用刊数	扩展学科影响指标	扩展学科扩散指标	扩展被引半衰期	扩展H指标
L10	财贸研究	1456	1.531	0.167	0.99	581	0.70	8.30	5.3	9
L10	财务研究	230	1.036	0.190	0.95	105	0.20	1.50	2.8	5
L10	财务与金融	490	0.760	0.094	0.98	223	0.30	3.20	4.7	5
L10	财讯	419	0.049	0.006	0.98	127	0.10	1.80	1.7	3
L10	财政科学	295	0.559	0.207	0.91	150	0.30	2.10	1.9	4
L10	大众理财顾问	93	0.074	0.044	0.99	49	0.10	0.70	2.7	2
L10	当代财经	2515	2.060	0.571	0.93	725	0.70	10.40	5.2	9
L10	地方财政研究	1008	1.193	0.219	0.94	437	0.50	6.20	2.9	7
L10	福建金融	341	0.403	0.099	0.94	162	0.30	2.30	3.2	4
L10	甘肃金融	407	0.529	0.116	0.96	174	0.30	2.50	2.8	5
L10	国际金融研究	2939	3.280	0.491	0.95	519	0.70	7.40	4.7	18
L10	国际商务财会	765	0.638	0.206	0.92	176	0.30	2.50	3.0	6
L10	国际税收	966	0.878	0.305	0.84	250	0.40	3.60	3.7	7
L10	海南金融	514	0.537	0.178	0.97	223	0.40	3.20	3.5	5
L10	河北金融	342	0.249	0.136	0.98	142	0.30	2.00	3.3	3
L10	华北金融	460	0.435	0.068	0.90	177	0.40	2.50	4.0	4
L10	吉林金融研究	330	0.340	0.106	0.99	146	0.40	2.10	3.0	4
L10	金融博览	356	0.186	0.059	1.00	193	0.40	2.80	2.3	5
L10	金融发展研究	774	0.834	0.268	0.98	295	0.60	4.20	3.6	7
L10	金融监管研究	957	2.857	0.542	0.89	298	0.60	4.30	2.8	12
L10	金融教育研究	315	0.810	0.222	0.96	168	0.20	2.40	3.7	5
L10	金融经济学研究	778	2.015	0.242	0.97	318	0.60	4.50	3.7	9
L10	金融会计	423	0.604	0.093	0.96	144	0.40	2.10	3.5	5
L10	金融理论与实践	1582	0.876	0.335	0.96	496	0.70	7.10	4.3	8
L10	金融论坛	1669	2.457	0.458	0.90	450	0.70	6.40	4.1	12
L10	金融研究	11594	5.690	0.572	0.96	920	0.80	13.10	6.6	29
L10	金融与经济	1077	0.809	0.273	0.97	390	0.60	5.60	4.1	6
L10	科技与金融	6	—	0.056	1.00	4	—	0.10	—	1
L10	绿色财会	321	0.391	0.061	0.96	123	0.10	1.80	4.5	4
L10	南方金融	1545	2.076	0.519	0.90	428	0.70	6.10	3.6	10
L10	农村财务会计	79	0.083	0.044	1.00	46	—	0.70	2.9	2
L10	农银学刊	177	0.338	0.081	0.96	101	0.00	1.80	3.1	3
L10	青海金融	231	0.258	0.088	0.94	116	0.30	1.70	3.0	3

学科代码	期刊名称	扩展总被引频次	扩展影响因子	扩展即年指标	扩展他引率	扩展引用刊数	扩展学科影响指标	扩展学科扩散指标	扩展被引半衰期	扩展H指标
L10	区域金融研究	554	0.551	0.086	0.89	222	0.50	3.20	3.5	5
L10	上海金融	1575	1.044	0.311	0.98	488	0.70	7.00	4.6	8
L10	审计与理财	441	0.327	0.073	0.99	146	0.10	2.10	3.0	5
L10	税收经济研究	330	0.686	0.071	0.95	141	0.20	2.00	3.5	4
L10	税务研究	2930	1.513	0.569	0.78	486	0.50	6.90	3.6	9
L10	税务与经济	765	1.140	0.571	0.98	367	0.50	5.20	4.1	6
L10	投资研究	902	1.080	0.160	0.82	300	0.60	4.30	4.1	6
L10	投资与创业	170	0.089	0.019	1.00	69	0.10	1.00	1.7	3
L10	武汉金融	919	0.739	0.333	0.96	339	0.50	4.80	3.1	7
L10	西部金融	524	0.437	0.124	0.94	218	0.40	3.10	3.3	5
L10	西南金融	1195	1.825	0.805	0.96	387	0.60	5.50	2.7	8
L10	新疆财经	212	0.528	0.125	0.94	139	0.20	2.00	4.8	3
L10	新金融	944	1.199	0.367	0.96	341	0.60	4.90	3.6	10
L10	新理财-政府理财	92	0.159	0.040	1.00	60	0.20	0.90	2.1	2
L10	银行家	802	0.395	0.225	1.00	288	0.50	4.10	2.9	5
L10	浙江金融	719	0.719	0.202	0.97	293	0.50	4.20	4.6	7
L10	证券市场导报	1408	1.475	0.288	0.94	410	0.60	5.90	4.9	8
L10	证券市场周刊	20	0.014	0.002	1.00	16	0.00	0.20	2.2	1
L10	中国保险	276	0.279	0.092	1.00	136	0.30	1.90	3.9	3
L10	中国财政	891	0.357	0.071	1.00	394	0.50	5.60	3.7	5
L10	中国金融	3317	0.799	0.204	0.99	677	0.80	9.70	3.0	12
L10	中国科技投资	4175	0.119	0.026	0.94	537	0.10	7.70	2.1	7
L10	中国钱币	266	0.360	0.049	0.58	60	0.10	0.90	16.2	3
L10	中国信用卡	165	0.231	0.049	1.00	81	0.20	1.20	3.0	3
L10	中国证券期货	604	—	0.198	0.97	241	0.30	3.40	6.3	3
M01	北京观察	136	0.068	0.020	1.00	104	0.00	1.20	5.0	3
M01	北京青年研究	347	0.762	0.429	0.97	210	0.10	2.50	4.9	6
M01	重庆行政(公共论坛)	195	0.190	0.096	0.98	131	0.00	1.50	2.7	3
M01	重庆与世界(学术版)	299	0.109	0.058	1.00	195	0.00	2.30	3.9	3
M01	大连干部学刊	178	0.267	0.148	0.96	129	0.10	1.50	2.6	3
M01	党的建设	105	0.310	0.026	1.00	72	0.10	0.80	4.7	2
M01	党的生活(黑龙江)	42	0.102	0.081	1.00	33	—	0.40	2.0	2
M01	党的文献	672	0.869	0.244	0.96	360	0.30	4.20	4.6	7

学科代码	期刊名称	扩展总被引频次	扩展影响因子	扩展即年指标	扩展他引率	扩展引用刊数	扩展学科影响指标	扩展学科扩散指标	扩展被引半衰期	扩展H指标
M01	党建	727	0.733	0.192	0.99	409	0.30	4.80	3.2	8
M01	党建研究	298	0.230	0.242	1.00	170	0.20	2.00	5.6	5
M01	党史博采(纪实版)	43	0.450	0.050	1.00	34	0.00	0.40	8.5	2
M01	党史博采(理论版)	561	0.326	0.137	0.98	175	0.00	2.10	2.8	5
M01	党史博览	64	—	—	1.00	53	0.10	0.60	10.7	2
M01	党史文汇	77	0.214	0.074	1.00	58	0.00	0.70	9.9	2
M01	党史文苑	141	1.094	0.149	0.99	107	0.10	1.30	6.1	3
M01	党史研究与教学	305	0.307	—	0.91	162	0.10	1.90	8.7	4
M01	党政干部论坛	104	0.096	0.026	0.99	82	0.00	1.00	4.7	2
M01	党政干部学刊	332	0.296	0.090	0.99	218	0.20	2.60	3.9	3
M01	党政论坛	305	0.252	0.179	1.00	182	0.20	2.10	3.2	3
M01	党政研究	434	1.049	0.535	0.99	304	0.20	3.60	2.3	6
M01	地方治理研究	226	1.469	0.458	0.98	161	0.10	1.50	3.4	4
M01	福建党史月刊	147	0.117	0.015	1.00	101	0.10	1.20	6.9	3
M01	甘肃理论学刊	451	0.350	0.130	0.99	315	0.10	3.70	5.2	4
M01	广西文学	23	0.005	—	0.91	12	0.00	0.10	9.5	1
M01	国际安全研究	459	1.329	0.512	0.86	221	0.10	2.60	4.7	6
M01	红广角	70	0.032	0.075	0.93	50	0.00	0.60	6.0	2
M01	科学社会主义	969	0.790	0.210	0.99	511	0.30	6.00	4.8	7
M01	理论导报	443	0.456	0.096	0.98	297	0.10	3.50	4.4	4
M01	理论导刊	1514	0.811	0.253	0.98	723	0.30	8.50	4.2	8
M01	理论视野	774	0.600	0.217	0.98	481	0.20	5.70	3.2	6
M01	理论探索	1306	1.759	0.664	0.98	669	0.30	7.90	4.3	8
M01	理论学习与探索	294	0.290	0.089	1.00	120	0.00	1.40	3.1	4
M01	理论研究	360	0.655	0.171	0.99	222	0.10	2.60	4.7	3
M01	廉政文化研究	222	0.438	0.118	0.95	134	0.10	1.60	3.7	4
M01	领导科学	1217	0.300	0.162	0.94	518	0.20	6.10	3.5	6
M01	内蒙古统战理论研究	46	0.112	0.060	0.96	40	0.00	0.50	3.0	2
M01	前进	229	0.248	0.169	1.00	144	0.10	1.70	2.3	6
M01	前线	696	0.404	0.187	0.98	415	0.20	4.90	3.4	6
M01	求实	1755	1.939	1.176	0.99	759	0.30	8.90	5.3	9
M01	求是	3738	1.414	0.683	0.99	1236	0.50	14.50	4.7	20
M01	区域治理	99	—	0.005	0.94	39	0.00	0.50	—	2

学科代码	期刊名称	扩展总被引频次	扩展影响因子	扩展即年指标	扩展他引率	扩展引用刊数	扩展学科影响指标	扩展学科扩散指标	扩展被引半衰期	扩展H指标
M01	人大研究	254	0.169	0.047	0.91	135	0.10	1.60	7.0	3
M01	山东工会论坛	642	0.404	0.107	0.98	245	0.00	2.90	4.9	5
M01	上海党史与党建	402	0.248	0.122	0.99	200	0.20	2.40	5.0	4
M01	上海人大月刊	105	0.321	0.023	1.00	80	0.00	0.90	3.4	2
M01	社会主义论坛	78	0.041	0.048	0.99	63	0.00	0.70	1.9	2
M01	石油政工研究	159	0.186	0.095	1.00	56	0.00	0.70	3.6	2
M01	实践(党的教育版)	69	0.104	0.034	1.00	49	0.00	0.60	2.7	2
M01	实事求是	282	0.382	0.143	0.96	176	0.10	2.10	3.4	4
M01	思想教育研究	4981	2.481	0.526	0.98	927	0.30	10.90	4.1	17
M01	思想政治课教学	587	0.475	0.079	0.94	142	0.00	1.70	2.8	7
M01	四川党的建设	120	0.118	0.026	0.98	84	0.00	1.00	1.9	3
M01	探求	257	0.385	0.060	0.95	166	0.10	2.00	4.8	4
M01	探索	1871	1.907	0.785	0.98	826	0.40	9.70	3.7	11
M01	天津人大	27	0.038	0.009	1.00	24	—	0.30	3.5	2
M01	团结	96	0.171	0.015	0.99	77	0.00	0.90	4.1	3
M01	唯实	495	0.260	0.118	0.99	320	0.10	3.80	3.8	4
M01	小康	125	0.368	0.091	1.00	112	0.00	1.30	2.7	2
M01	小康(中旬刊)	37	1.769	0.010	1.00	34	0.00	0.40	2.5	2
M01	小康·财智	31	0.149	0.012	1.00	25	—	0.30	1.9	1
M01	新视野	808	1.030	0.325	0.99	494	0.30	5.80	4.7	7
M01	行政管理改革	1045	1.547	0.521	0.99	567	0.20	6.70	2.7	9
M01	行政科学论坛	385	0.310	0.128	0.99	259	0.10	3.00	5.9	4
M01	学习论坛	897	1.000	0.235	0.98	499	0.20	5.90	3.2	7
M01	学校党建与思想教育	5735	1.498	0.582	0.98	914	0.20	10.80	3.2	12
M01	预防青少年犯罪研究	261	0.634	0.238	0.89	96	0.00	1.10	3.4	4
M01	政策瞭望	183	0.194	0.063	1.00	137	0.00	1.60	3.7	3
M01	政治学研究	2033	3.015	0.566	0.96	678	0.30	8.00	5.9	12
M01	职业	4052	0.317	0.201	0.96	550	0.00	6.50	3.0	7
M01	中共党史研究	1134	0.983	0.162	0.81	383	0.20	4.50	6.3	6
M01	中国党政干部论坛	1295	0.639	0.365	1.00	633	0.30	7.40	3.2	8
M01	中国机构改革与管理	205	0.317	0.188	1.00	139	0.10	1.60	2.8	4
M01	中国民政	465	0.243	0.061	0.99	265	0.10	3.10	3.5	5
M01	中国青年研究	3239	1.904	0.497	0.92	955	0.20	11.20	5.5	12

学科代码	期刊名称	扩展总被引频次	扩展影响因子	扩展即年指标	扩展他引率	扩展引用刊数	扩展学科影响指标	扩展学科扩散指标	扩展被引半衰期	扩展H指标
M01	中国特色社会主义研究	1277	2.502	0.656	0.99	627	0.30	7.40	3.2	10
M01	中华魂	49	0.153	0.033	0.96	40	0.00	0.50	5.3	2
M02	安徽行政学院学报	316	0.401	0.059	1.00	217	0.10	2.00	5.9	3
M02	北京经济管理职业学院学报	216	0.492	0.148	0.99	129	0.00	1.20	4.1	4
M02	北京劳动保障职业学院学报	180	0.578	0.167	0.96	112	0.00	1.00	3.9	4
M02	北京石油管理干部学院学报	202	0.440	0.083	1.00	97	0.00	0.90	3.2	4
M02	北京市工会干部学院学报	159	0.542	0.065	0.99	82	0.00	0.70	5.1	4
M02	北京行政学院学报	852	1.050	0.242	0.98	497	0.40	4.50	5.4	5
M02	兵团党校学报	142	0.285	0.090	0.96	93	0.10	0.80	2.8	3
M02	长春市委党校学报	174	0.316	0.138	0.99	134	0.10	1.20	5.3	3
M02	长沙民政职业技术学院学报	366	0.333	0.042	0.97	206	0.00	1.90	4.4	4
M02	成都行政学院学报	195	0.208	0.064	0.98	140	0.10	1.30	5.6	3
M02	福建金融管理干部学院学报	85	0.324	0.111	0.99	67	—	0.60	5.5	2
M02	福建省社会主义学院学报	226	0.282	0.052	1.00	161	0.20	1.50	5.0	3
M02	福建行政学院学报	373	0.622	0.040	0.99	273	0.20	2.50	4.6	5
M02	福州党校学报	155	0.284	0.061	0.99	124	0.10	1.10	3.8	3
M02	甘肃行政学院学报	609	1.287	0.188	0.96	356	0.20	3.20	4.8	7
M02	工会理论研究－上海工会管理干部学院学报	129	0.405	0.130	0.96	63	0.00	0.60	3.3	4
M02	广东青年职业学院学报	240	0.353	0.149	0.98	151	0.10	1.40	6.0	4
M02	广东省社会主义学院学报	145	0.275	0.106	0.97	103	0.20	0.90	4.2	3
M02	广东行政学院学报	364	0.576	0.237	0.97	265	0.20	2.40	4.9	4
M02	广西经济管理干部学院学报	234	0.609	0.081	0.97	168	0.00	1.50	3.7	4
M02	广西青年干部学院学报	402	0.357	0.202	1.00	212	0.10	1.90	6.0	4
M02	广西社会主义学院学报	183	0.246	0.025	0.97	126	0.20	1.10	3.9	3
M02	广西政法管理干部学院学报	294	0.318	0.047	0.98	162	0.10	1.50	5.8	3
M02	广州社会主义学院学报	101	0.208	0.061	0.94	74	0.20	0.70	4.6	3
M02	广州市公安管理干部学院学报	104	0.180	0.041	0.94	63	0.00	0.60	6.5	2
M02	贵阳市委党校学报	116	0.292	0.056	0.98	86	0.00	0.80	3.6	3
M02	贵州社会主义学院学报	72	0.442	0.037	0.93	54	0.10	0.50	2.6	3
M02	贵州省党校学报	364	0.612	0.459	0.98	241	0.30	2.20	3.1	5
M02	国家教育行政学院学报	2698	2.310	0.497	0.98	828	0.20	7.50	4.3	13
M02	国家林业局管理干部学院学报	195	0.490	0.191	0.97	106	0.00	1.00	4.4	3

学科代码	期刊名称	扩展总被引频次	扩展影响因子	扩展即年指标	扩展他引率	扩展引用刊数	扩展学科影响指标	扩展学科扩散指标	扩展被引半衰期	扩展H指标
M02	国家行政学院学报	2494	2.993	0.812	0.98	981	0.60	8.90	3.8	13
M02	哈尔滨市委党校学报	191	0.283	0.130	1.00	131	0.10	1.20	5.5	4
M02	河北青年管理干部学院学报	292	0.275	0.215	0.99	188	0.00	1.70	4.0	3
M02	河北省社会主义学院学报	156	0.271	0.099	0.95	105	0.10	1.00	4.3	3
M02	黑龙江省社会主义学院学报	94	0.220	0.031	1.00	71	0.10	0.60	4.6	2
M02	黑龙江省政法管理干部学院学报	385	0.229	0.082	0.98	214	0.10	1.90	4.2	3
M02	湖北省社会主义学院学报	136	0.152	0.061	0.94	91	0.20	0.80	4.6	2
M02	湖北行政学院学报	318	0.495	0.112	0.99	226	0.20	2.10	4.9	5
M02	湖南省社会主义学院学报	210	0.236	0.081	0.99	143	0.20	1.30	3.6	3
M02	湖南行政学院学报	314	0.352	0.333	1.00	212	0.20	1.90	3.9	4
M02	佳木斯大学社会科学学报	749	0.247	0.102	0.99	341	0.00	3.10	5.6	4
M02	江苏省社会主义学院学报	181	0.389	0.165	0.93	109	0.20	1.00	3.9	3
M02	江苏行政学院学报	930	1.284	0.327	0.99	565	0.40	5.10	4.7	7
M02	理论学习–山东干部函授大学学报	293	0.345	—	0.99	195	0.10	1.80	4.4	5
M02	辽宁公安司法管理干部学院学报	159	0.199	0.096	0.96	84	0.10	0.80	5.0	2
M02	辽宁经济职业技术学院·辽宁经济管理干部学院学报	492	0.336	0.075	0.98	235	0.00	2.10	4.1	4
M02	辽宁省社会主义学院学报	124	0.246	0.112	0.99	90	0.20	0.80	3.5	3
M02	辽宁行政学院学报	996	0.369	0.067	1.00	451	0.20	4.10	7.2	4
M02	宁夏党校学报	212	0.329	0.139	0.96	148	0.10	1.30	3.2	3
M02	青年学报	227	0.451	0.279	0.94	121	0.10	1.10	4.2	3
M02	青少年研究与实践	191	0.597	0.127	0.95	120	0.00	1.10	3.3	4
M02	山东女子学院学报	256	0.466	0.208	0.79	140	0.00	1.30	4.7	3
M02	山东青年政治学院学报	854	0.426	0.071	1.00	391	0.20	3.60	8.9	7
M02	山东省社会主义学院学报	22	0.233	0.032	0.91	19	0.00	0.20	1.5	2
M02	山西经济管理干部学院学报	281	0.455	0.170	0.98	165	0.00	1.50	3.7	4
M02	山西能源学院学报	840	0.481	0.189	0.94	318	0.00	2.90	3.2	5
M02	山西青年职业学院学报	257	0.256	0.061	0.99	150	0.10	1.40	4.6	3
M02	山西社会主义学院学报	100	0.365	0.018	0.98	75	0.10	0.70	3.2	3
M02	山西省政法管理干部学院学报	175	0.262	0.065	0.99	93	0.10	0.80	3.7	3
M02	陕西青年职业学院学报	172	0.251	0.083	1.00	111	0.00	1.00	5.5	3
M02	陕西社会主义学院学报	58	0.265	0.082	0.98	49	0.10	0.40	2.5	3
M02	陕西行政学院学报	259	0.323	0.098	0.99	180	0.10	1.60	4.5	3

学科代码	期刊名称	扩展总被引频次	扩展影响因子	扩展即年指标	扩展他引率	扩展引用刊数	扩展学科影响指标	扩展学科扩散指标	扩展被引半衰期	扩展H指标
M02	上海市经济管理干部学院学报	102	0.323	0.229	0.99	78	0.00	0.70	3.7	3
M02	上海市社会主义学院学报	143	0.328	0.076	0.97	86	0.20	0.80	4.2	3
M02	上海行政学院学报	869	1.832	0.448	0.97	519	0.30	4.70	4.1	9
M02	胜利油田党校学报	282	0.289	0.077	0.99	136	0.10	1.20	3.6	4
M02	石油化工管理干部学院学报	214	0.398	0.105	0.93	90	0.00	0.80	4.4	4
M02	四川省干部函授学院学报	198	0.315	0.075	0.98	126	0.00	1.10	2.8	3
M02	四川省社会主义学院学报	58	0.172	0.047	0.95	48	0.10	0.40	3.6	2
M02	四川行政学院学报	279	0.359	0.082	0.99	211	0.20	1.90	5.1	4
M02	天津市工会管理干部学院学报	91	0.418	0.109	0.99	47	0.00	0.40	3.0	2
M02	天津市社会主义学院学报	69	0.352	—	0.97	49	0.10	0.40	2.8	3
M02	天津行政学院学报	519	1.019	0.378	0.98	337	0.30	3.10	3.9	6
M02	天水行政学院学报	191	0.243	0.062	0.98	144	0.10	1.30	3.4	3
M02	统一战线学研究	326	0.844	0.654	0.88	155	0.30	1.40	2.4	5
M02	武汉公安干部学院学报	172	0.278	0.024	0.89	101	0.00	0.90	4.8	3
M02	延边党校学报	234	—	0.126	1.00	156	0.10	1.40	4.2	3
M02	云南社会主义学院学报	323	0.202	0.018	0.98	196	0.20	1.80	4.9	3
M02	云南行政学院学报	860	0.748	0.170	0.97	475	0.30	4.30	4.9	7
M02	中共成都市委党校学报	175	0.245	0.068	0.98	117	0.10	1.10	4.4	3
M02	中共福建省委党校学报	1160	0.912	0.319	0.98	632	0.40	5.70	3.8	9
M02	中共桂林市委党校学报	84	0.188	0.056	0.94	62	0.00	0.60	4.8	2
M02	中共杭州市委党校学报	295	0.572	0.250	0.99	223	0.20	2.00	3.9	4
M02	中共合肥市委党校学报	69	0.216	0.025	1.00	57	0.00	0.50	2.9	2
M02	中共济南市委党校学报	265	0.233	0.046	0.99	185	0.10	1.70	4.4	3
M02	中共乐山市委党校学报	184	0.226	0.122	0.99	133	0.10	1.20	2.8	4
M02	中共南昌市委党校学报	121	0.222	0.043	0.99	93	0.00	0.80	3.9	3
M02	中共南京市委党校学报	212	0.315	0.037	0.97	158	0.20	1.40	4.3	3
M02	中共南宁市委党校学报	119	0.268	0.058	0.99	92	0.10	0.80	4.0	3
M02	中共宁波市委党校学报	250	0.307	0.052	0.98	185	0.10	1.70	5.4	4
M02	中共山西省委党校学报	522	0.587	0.291	0.98	284	0.20	2.60	2.8	6
M02	中共山西省直机关党校学报	260	0.356	0.178	1.00	156	0.10	1.40	2.6	4
M02	中共石家庄市委党校学报	200	0.289	0.171	1.00	145	0.10	1.30	3.1	4
M02	中共天津市委党校学报	419	0.736	0.366	0.98	273	0.30	2.50	3.8	5
M02	中共乌鲁木齐市委党校学报	61	0.238	0.098	0.98	47	0.00	0.40	3.1	3

学科代码	期刊名称	扩展总被引频次	扩展影响因子	扩展即年指标	扩展他引率	扩展引用刊数	扩展学科影响指标	扩展学科扩散指标	扩展被引半衰期	扩展H指标
M02	中共伊犁州委党校学报	126	0.206	0.103	0.93	85	0.00	0.80	3.1	2
M02	中共云南省委党校学报	534	0.569	0.069	0.76	245	0.30	2.20	3.2	4
M02	中共浙江省委党校学报	925	1.813	0.696	0.94	489	0.40	4.40	3.4	9
M02	中共郑州市委党校学报	294	0.311	0.087	0.99	187	0.10	1.70	4.5	3
M02	中共中央党校学报	1174	2.096	0.359	0.98	620	0.60	5.60	4.5	9
M02	中共珠海市委党校珠海市行政学院学报	101	0.199	0.137	1.00	79	0.10	0.70	3.4	3
M02	中国环境管理干部学院学报	603	0.498	0.262	0.85	305	0.00	2.80	5.1	5
M02	中国井冈山干部学院学报	338	0.610	0.118	0.99	202	0.20	1.80	3.0	4
M02	中国劳动关系学院学报	833	0.954	0.518	0.94	355	0.10	3.20	4.4	6
M02	中国青年社会科学	1560	2.019	0.647	0.98	622	0.30	5.70	3.9	11
M02	中国延安干部学院学报	294	0.478	0.024	0.95	200	0.20	1.80	3.6	6
M02	中华女子学院学报	437	0.391	0.088	0.94	241	0.10	2.20	6.7	3
M02	中央社会主义学院学报	625	0.919	0.135	0.98	311	0.30	2.80	3.5	7
M03	公共行政评论	1023	2.131	0.254	0.94	443	0.70	73.80	4.6	10
M03	机构与行政	108	0.114	0.021	1.00	70	0.20	11.70	2.5	3
M03	行政论坛	1190	1.883	0.779	0.97	564	0.70	94.00	3.4	9
M03	中国行政管理	6823	2.274	0.587	0.95	1389	0.70	231.50	4.6	18
M04	Contemporary International Relations	14	0.028	0.017	0.93	11	0.10	0.20	5.0	1
M04	阿拉伯世界研究	298	0.854	0.062	0.92	149	0.50	3.40	5.0	3
M04	当代世界	699	0.642	0.355	0.98	330	0.80	7.50	2.8	6
M04	当代世界社会主义问题	188	0.354	0.071	0.90	119	0.30	2.70	7.1	4
M04	当代世界与社会主义	1241	1.078	0.385	0.96	553	0.50	12.60	4.8	7
M04	当代亚太	747	1.721	0.321	0.92	247	0.80	5.60	6.3	6
M04	东北亚论坛	869	1.957	0.896	0.93	385	0.60	8.80	3.6	8
M04	东南亚研究	604	1.147	0.367	0.91	283	0.60	6.40	5.8	4
M04	东南亚纵横	600	0.387	0.078	0.96	321	0.50	7.30	7.0	4
M04	俄罗斯东欧中亚研究	389	0.907	0.175	0.91	176	0.50	4.00	5.4	5
M04	俄罗斯研究	263	0.670	0.234	0.89	124	0.40	2.80	5.4	4
M04	法国研究	150	0.202	0.043	0.87	88	0.10	2.00	8.4	4
M04	国际观察	601	1.038	0.305	0.94	269	0.70	6.10	4.5	7
M04	国际论坛	471	0.788	0.254	0.97	248	0.70	5.60	5.7	4
M04	国际问题研究	928	2.676	1.096	0.97	383	0.90	8.70	3.7	8
M04	国际研究参考	221	0.236	0.058	0.95	138	0.50	3.10	4.6	4

学科代码	期刊名称	扩展总被引频次	扩展影响因子	扩展即年指标	扩展他引率	扩展引用刊数	扩展学科影响指标	扩展学科扩散指标	扩展被引半衰期	扩展H指标
M04	国际展望	451	2.021	0.312	0.94	222	0.80	5.00	3.2	6
M04	国际政治科学	245	1.521	0.320	0.89	79	0.60	1.80	5.2	4
M04	国际政治研究	543	1.474	0.075	0.92	220	0.80	5.00	6.1	5
M04	国外理论动态	922	0.767	0.115	0.97	451	0.50	10.20	5.0	6
M04	国外社会科学	1106	0.833	0.236	0.96	636	0.50	14.50	10.1	7
M04	和平与发展	174	0.812	0.259	0.97	97	0.70	2.20	2.6	3
M04	拉丁美洲研究	338	0.661	0.170	0.74	143	0.30	3.20	6.3	4
M04	美国研究	541	0.915	0.620	0.94	251	0.60	5.70	7.6	5
M04	南亚研究	482	1.823	0.323	0.88	193	0.50	4.40	5.3	7
M04	南亚研究季刊	336	0.736	0.055	0.93	157	0.30	3.60	5.8	4
M04	南洋问题研究	419	1.687	0.581	0.94	194	0.50	4.40	6.4	5
M04	欧洲研究	570	1.156	0.318	0.88	252	0.70	5.70	5.9	5
M04	日本侵华南京大屠杀研究	1	—	—	1.00	1	—	—	—	1
M04	日本问题研究	256	0.588	0.278	0.73	140	0.20	3.20	4.9	3
M04	日本学刊	528	1.033	0.511	0.85	225	0.50	5.10	5.9	5
M04	日本研究	285	0.543	0.058	0.96	182	0.20	4.10	8.9	4
M04	世界经济与政治	2548	3.208	0.684	0.90	615	0.80	14.00	5.1	12
M04	太平洋学报	997	1.217	0.500	0.87	409	0.70	9.30	3.9	6
M04	外国问题研究	143	0.195	0.050	0.97	92	0.30	2.10	9.1	3
M04	外交评论	922	2.867	1.528	0.95	342	0.80	7.80	5.3	7
M04	西伯利亚研究	220	0.297	0.040	0.99	128	0.30	2.90	4.7	3
M04	西亚非洲	589	1.716	0.381	0.91	210	0.60	4.80	5.6	5
M04	现代国际关系	1139	1.381	0.734	0.95	371	0.80	8.40	4.5	7
M05	Frontiers of Law in China	15	0.063	0.027	0.93	14	0.00	0.20	4.5	1
M05	安徽警官职业学院学报	199	0.218	0.030	0.99	109	0.20	1.30	3.9	3
M05	北方法学	815	1.121	0.280	0.98	328	0.80	4.00	4.8	6
M05	北京警察学院学报	432	0.545	0.198	0.95	189	0.40	2.30	4.1	4
M05	北京政法职业学院学报	206	0.295	0.046	0.98	147	0.30	1.80	4.5	3
M05	比较法研究	1869	2.780	1.038	0.97	501	0.90	6.10	5.4	10
M05	当代法学	2412	4.142	0.644	0.96	599	0.90	7.30	4.9	10
M05	电子知识产权	856	1.026	0.286	0.90	284	0.40	3.50	4.3	6
M05	东方法学	1231	2.621	1.632	0.96	398	0.80	4.90	2.7	9
M05	法律科学－西北政法大学学报	2764	3.762	0.243	0.99	650	0.80	7.90	5.0	14

学科代码	期刊名称	扩展总被引频次	扩展影响因子	扩展即年指标	扩展他引率	扩展引用刊数	扩展学科影响指标	扩展学科扩散指标	扩展被引半衰期	扩展H指标
M05	法律适用	3006	1.944	0.236	0.94	608	0.90	7.40	4.5	10
M05	法律与生活	67	0.066	—	0.99	50	0.10	0.60	4.9	2
M05	法商研究	3809	3.263	1.010	0.96	744	0.90	9.10	5.9	14
M05	法学	6208	3.992	0.828	0.96	966	0.90	11.80	5.5	16
M05	法学家	3183	4.834	0.962	0.96	670	0.90	8.20	5.8	14
M05	法学论坛	2194	2.120	0.747	0.98	647	0.90	7.90	6.0	10
M05	法学评论	3350	3.677	1.461	0.98	756	0.90	9.20	5.4	13
M05	法学研究	6691	7.622	1.652	0.98	873	0.90	10.60	7.6	18
M05	法学杂志	3335	2.189	0.773	0.97	850	0.90	10.40	5.9	11
M05	法制博览	4272	0.184	0.112	0.84	658	0.60	8.00	2.1	7
M05	法制与社会	6114	0.231	0.091	0.91	1122	0.70	13.70	3.5	9
M05	法制与社会发展	2229	2.781	0.885	0.96	562	0.90	6.90	5.9	10
M05	法治研究	1044	1.924	0.420	0.98	399	0.80	4.90	4.2	7
M05	犯罪研究	392	0.657	0.172	0.95	166	0.50	2.00	5.5	5
M05	福建警察学院学报	311	0.734	0.024	0.99	165	0.40	2.00	3.8	4
M05	甘肃政法学院学报	755	0.946	0.526	0.97	328	0.70	4.00	6.4	5
M05	公安学刊-浙江警察学院学报	412	0.458	0.456	0.84	154	0.40	1.90	4.5	6
M05	公安研究	386	0.101	0.043	0.96	155	0.30	1.90	7.4	3
M05	广西警察学院学报	252	0.348	0.109	0.93	126	0.30	1.50	3.2	3
M05	贵州警官职业学院学报	240	0.355	0.043	0.97	116	0.40	1.40	4.2	3
M05	国家检察官学院学报	1416	2.933	0.394	0.97	367	0.80	4.50	4.7	10
M05	海峡法学	120	0.294	0.019	0.99	85	0.40	1.00	4.3	3
M05	河北法学	2967	1.404	0.488	0.88	795	0.90	9.70	6.7	9
M05	河北公安警察职业学院学报	199	0.447	0.135	0.92	93	0.30	1.10	4.0	3
M05	河南财经政法大学学报	841	1.047	0.231	0.99	388	0.80	4.70	5.5	5
M05	河南警察学院学报	257	0.352	0.209	0.97	131	0.50	1.60	5.0	4
M05	河南司法警官职业学院学报	148	0.126	0.031	0.95	88	0.30	1.10	6.1	2
M05	湖北警官学院学报	692	0.598	0.264	0.92	273	0.60	3.30	4.5	4
M05	湖南警察学院学报	239	0.279	0.029	0.95	135	0.30	1.60	6.1	2
M05	华东政法大学学报	1602	2.390	0.989	0.99	487	0.90	5.90	4.5	9
M05	环球法律评论	1992	4.937	0.585	0.98	545	0.90	6.60	4.8	11
M05	江苏警官学院学报	429	0.321	0.043	0.97	198	0.50	2.40	6.5	4
M05	江西警察学院学报	432	0.520	0.128	0.98	192	0.60	2.30	4.0	5

学科代码	期刊名称	扩展总被引频次	扩展影响因子	扩展即年指标	扩展他引率	扩展引用刊数	扩展学科影响指标	扩展学科扩散指标	扩展被引半衰期	扩展H指标
M05	交大法学	342	—	0.255	0.97	153	0.50	1.90	3.3	5
M05	科技与法律	641	1.229	0.395	0.94	295	0.50	3.60	4.8	6
M05	辽宁警察学院学报	339	0.362	0.107	0.97	156	0.30	1.90	4.3	3
M05	清华法学	2159	4.254	1.014	0.97	529	0.80	6.50	4.6	12
M05	山东法官培训学院学报	283	0.295	0.125	0.96	142	0.50	1.70	4.1	4
M05	山东警察学院学报	688	0.884	0.208	0.95	247	0.70	3.00	4.4	6
M05	山西警察学院学报	152	0.402	0.118	0.97	87	0.20	1.10	4.8	3
M05	上海公安高等专科学校学报(公安理论与实践)	206	0.278	0.130	0.93	99	0.30	1.20	5.8	3
M05	上海政法学院学报	476	0.733	0.305	0.97	229	0.60	2.80	4.9	4
M05	时代法学	511	0.639	0.193	0.98	271	0.60	3.30	5.8	5
M05	四川警察学院学报	277	0.397	0.057	0.95	156	0.40	1.90	4.0	3
M05	苏州大学学报(法学版)	156	0.748	0.179	0.94	92	0.40	1.10	2.7	4
M05	天津法学	206	0.438	0.076	0.99	114	0.30	1.40	4.7	3
M05	铁道警察学院学报	281	0.290	0.078	0.87	131	0.30	1.60	4.3	3
M05	武警学院学报	711	0.337	0.072	0.87	266	0.20	3.20	5.4	4
M05	西部法学评论	359	0.490	0.122	0.99	226	0.60	2.80	5.4	5
M05	西南政法大学学报	633	0.693	0.198	0.97	320	0.70	3.90	6.7	6
M05	现代法学	3282	2.589	0.689	0.98	737	0.90	9.00	7.2	13
M05	行政法学研究	1638	3.911	0.733	0.95	492	0.80	6.00	4.3	10
M05	行政与法	857	0.580	0.154	0.98	456	0.50	5.60	5.5	6
M05	云南警官学院学报	409	0.403	0.042	0.94	176	0.40	2.10	4.6	4
M05	征信	989	0.734	0.291	0.72	275	0.10	3.40	3.4	8
M05	政法论丛	1097	2.005	0.419	0.94	423	0.80	5.20	3.6	7
M05	政法论坛	3136	3.347	0.810	0.98	711	0.90	8.70	6.3	13
M05	政法学刊	368	0.415	0.097	0.98	194	0.00	1.20	6.6	4
M05	政治与法律	3661	3.439	1.203	0.96	724	0.90	8.80	4.4	13
M05	知识产权	2247	2.025	0.556	0.91	480	0.60	5.90	3.9	9
M05	职工法律天地	406	0.051	0.020	0.84	101	0.10	1.20	1.7	3
M05	中国版权	272	0.642	0.128	0.97	125	0.20	1.50	3.3	5
M05	中国法学	8351	9.179	1.318	0.97	1065	1.00	13.00	6.0	22
M05	中国应用法学	157	—	0.161	0.97	93	0.40	1.10	1.5	5
M05	中外法学	3308	3.727	0.608	0.96	624	0.90	7.60	5.5	16

学科代码	期刊名称	扩展总被引频次	扩展影响因子	扩展即年指标	扩展他引率	扩展引用刊数	扩展学科影响指标	扩展学科扩散指标	扩展被引半衰期	扩展H指标
M05	专利代理	32	0.146	0.011	0.91	18	0.10	0.20	2.2	2
M07	广东公安科技	215	0.265	0.009	0.98	117	0.30	7.80	5.0	3
M07	警察技术	444	0.564	0.244	0.87	167	0.30	11.10	3.8	4
M07	青少年犯罪问题	782	1.476	0.159	0.74	209	0.30	13.90	4.9	7
M07	人民检察	1773	0.393	0.046	0.94	362	0.60	24.10	5.2	8
M07	人民论坛	5557	0.517	0.212	0.97	1468	0.40	97.90	3.1	11
M07	森林公安	58	0.067	0.033	1.00	34	0.10	2.30	5.2	2
M07	刑事技术	762	0.578	0.044	0.84	189	0.40	12.60	6.5	5
M07	证据科学	621	0.736	0.217	0.88	218	0.70	14.50	6.2	6
M07	中国海商法研究	340	1.105	0.192	0.81	102	0.10	6.80	3.8	5
M07	中国检察官	767	0.220	0.064	0.94	249	0.30	16.60	3.5	4
M07	中国司法	803	0.633	0.076	0.94	258	0.50	17.20	4.5	5
M07	中国司法鉴定	809	0.774	0.149	0.88	218	0.70	14.50	5.5	6
M07	中国刑警学院学报	324	0.718	0.125	0.65	99	0.40	6.60	2.7	4
M07	中国刑事法杂志	1540	2.303	0.811	0.97	388	0.50	25.90	6.7	8
M08	当代兵团	88	0.046	0.014	1.00	64	—	10.70	3.8	2
M08	军事运筹与系统工程	337	0.629	0.071	0.86	108	0.50	18.00	6.0	5
M08	抗日战争研究	416	0.483	0.060	0.90	169	0.20	28.20	10.7	4
M08	空天防御	3	—	0.061	0.67	3	0.20	0.50	—	1
M08	轻兵器	59	—	—	1.00	35	—	5.80	10.5	2
M08	中国军事科学	87	0.214	—	0.84	49	0.30	8.20	2.7	2
N01	China International Studies	12	0.076	—	0.58	7	0.00	0.10	2.2	1
N01	八桂侨刊	95	0.163	—	0.86	59	0.00	1.20	9.1	2
N01	百科论坛电子杂志	53	—	0.003	0.94	22	0.00	0.40	—	1
N01	残疾人研究	313	0.726	0.074	0.89	169	0.10	3.30	5.0	4
N01	柴达木开发研究	74	0.091	—	0.97	56	0.00	1.10	5.4	2
N01	成才之路	3057	0.169	0.073	0.95	336	0.10	6.60	3.4	5
N01	赤子	3552	0.161	0.006	0.98	451	0.10	8.80	3.3	9
N01	创意设计源	117	0.341	0.112	0.93	67	0.00	1.30	2.7	3
N01	创意与设计	197	0.262	0.021	0.97	99	0.10	1.90	4.4	3
N01	大家	268	0.037	—	1.00	150	0.10	2.90	7.5	2
N01	当代青年研究	960	0.780	0.178	0.98	472	0.40	9.30	6.1	7
N01	妇女研究论丛	1014	1.121	0.425	0.90	399	0.30	7.80	6.0	7

学科代码	期刊名称	扩展总被引频次	扩展影响因子	扩展即年指标	扩展他引率	扩展引用刊数	扩展学科影响指标	扩展学科扩散指标	扩展被引半衰期	扩展H指标
N01	湖北政协	50	0.043	0.027	0.96	42	—	0.80	4.1	1
N01	今日海南	117	0.184	0.041	0.99	82	0.10	1.60	2.5	3
N01	科学发展	673	0.603	0.269	0.96	381	0.10	7.50	3.5	6
N01	科学观察	121	—	—	0.99	92	0.00	1.80	7.9	3
N01	科学教育与博物馆	37	0.109	0.012	0.97	27	0.10	0.50	2.8	2
N01	民心	32	0.046	0.012	0.97	26	0.00	0.50	1.8	2
N01	南方论刊	895	0.300	0.128	0.99	377	0.20	7.40	4.0	5
N01	攀登(汉文版)	270	0.194	0.038	0.99	178	0.10	3.50	6.3	4
N01	青年探索	681	1.072	0.333	0.94	323	0.20	6.30	5.7	6
N01	青年研究	1266	1.203	0.204	0.97	531	0.30	10.40	8.5	7
N01	青少年学刊	290	0.500	0.200	0.99	170	0.10	3.30	6.3	3
N01	群文天地	815	0.132	—	1.00	269	0.10	5.30	6.7	4
N01	人民论坛·学术前沿	1190	1.016	0.415	0.97	668	0.20	13.10	2.4	11
N01	人与生物圈	21	0.041	0.012	1.00	20	—	0.40	6.5	1
N01	社会	2758	3.208	0.547	0.97	786	0.30	15.40	6.8	15
N01	社会工作	776	1.412	0.073	0.91	324	0.20	6.40	5.8	8
N01	社会学评论	292	1.011	0.229	0.96	199	0.20	3.90	3.6	5
N01	社会学研究	6636	5.496	1.086	0.96	1204	0.50	23.60	9.9	24
N01	社会主义核心价值观研究	113	0.833	0.095	0.95	81	0.10	1.60	2.0	3
N01	世纪桥	710	0.183	0.090	1.00	319	0.10	6.30	5.4	4
N01	视听	1511	0.305	0.177	0.95	299	0.20	5.90	1.9	5
N01	台湾研究	253	0.444	0.082	0.86	107	0.10	2.10	4.8	3
N01	台湾研究集刊	383	0.468	0.014	0.79	166	0.10	3.30	6.9	4
N01	文化创新比较研究	1382	—	0.131	0.99	264	0.10	5.20	1.2	5
N01	文化软实力	94	—	0.143	0.97	74	0.10	1.50	2.2	3
N01	文化软实力研究	84	0.620	0.048	0.96	73	0.10	1.40	2.0	4
N01	无线互联科技	4151	0.603	0.273	0.98	713	0.10	14.00	2.7	11
N01	武陵学刊	319	0.149	0.115	0.95	235	0.10	4.60	7.9	3
N01	医学与社会	3036	1.245	0.239	0.91	664	0.20	13.00	4.3	10
N01	知与行	341	0.355	0.122	0.98	212	0.10	4.20	1.9	4
N01	中国扶贫	83	0.067	0.004	0.95	66	—	1.30	3.3	2
N01	中国机关后勤	77	0.230	0.052	1.00	43	0.00	0.80	2.5	2
N01	中国医学伦理学	2949	1.584	0.224	0.87	584	0.20	11.50	3.6	11

学科代码	期刊名称	扩展总被引频次	扩展影响因子	扩展即年指标	扩展他引率	扩展引用刊数	扩展学科影响指标	扩展学科扩散指标	扩展被引半衰期	扩展H指标
N02	国际人才交流	108	0.274	0.071	0.99	91	0.10	4.10	6.8	2
N02	劳动保护	364	0.464	0.126	1.00	177	0.10	8.00	5.3	4
N02	南方人口	661	1.388	0.150	0.85	301	0.40	13.70	5.7	7
N02	人口学刊	2076	3.203	0.649	0.97	727	0.50	33.00	5.7	14
N02	人口研究	3593	5.654	0.732	0.96	913	0.50	41.50	6.9	20
N02	人口与发展	1371	1.544	0.286	0.96	579	0.50	26.30	5.8	10
N02	人口与经济	2202	2.600	0.493	0.97	755	0.60	34.30	5.8	12
N02	人口与社会	449	1.337	0.148	0.98	258	0.40	11.70	5.3	6
N02	人类居住	13	0.065	—	0.85	9	0.00	0.40	3.1	1
N02	人力资源	320	0.209	0.025	0.99	155	0.20	7.00	4.9	3
N02	人力资源管理	6754	0.550	0.200	0.91	812	0.40	36.90	2.0	10
N02	山东青年	210	0.031	0.001	0.98	122	0.00	5.50	3.0	2
N02	社会保障研究	793	1.535	0.329	0.95	368	0.60	16.70	4.2	7
N02	西北人口	1252	1.309	0.495	0.97	604	0.50	27.50	5.2	9
N02	职业技术	1686	0.634	0.358	0.99	464	0.10	21.10	3.4	7
N02	中国劳动	930	0.762	0.396	0.80	298	0.40	13.50	3.7	7
N02	中国人才	364	0.081	0.055	1.00	217	0.20	9.90	7.6	4
N02	中国人口科学	3105	3.121	0.410	0.97	822	0.60	37.40	7.4	14
N02	中国人力资源开发	2313	1.423	0.260	0.87	634	0.50	28.80	3.9	11
N02	中国人力资源社会保障	293	0.401	0.114	1.00	177	0.10	8.00	2.6	5
N02	中国社会保障	478	0.313	0.081	1.00	239	0.40	10.90	4.2	4
N04	China Tibetology	2	0.000	—	1.00	1	—	0.00	—	1
N04	地方文化研究	70	0.168	—	0.93	51	0.10	1.30	3.7	2
N04	东南文化	1180	0.538	0.221	0.90	392	0.30	10.10	10.8	7
N04	俄罗斯学刊	179	0.579	0.278	0.90	93	0.10	2.40	2.9	4
N04	各界	82	0.122	0.016	0.98	45	0.10	1.20	1.3	2
N04	广西民族研究	1211	0.695	0.131	0.95	484	0.40	12.40	7.5	5
N04	贵州民族研究	2708	0.705	0.082	0.80	731	0.40	18.70	4.0	7
N04	黑龙江民族丛刊	974	0.585	0.052	0.94	424	0.40	10.90	6.5	5
N04	华夏文化	79	0.076	0.012	0.99	69	0.00	1.80	9.1	2
N04	回族研究	281	0.109	0.011	0.83	114	0.20	2.90	11.2	3
N04	科学文化评论	138	0.133	0.050	0.89	84	0.00	2.20	8.2	3
N04	老龄科学研究	625	0.867	0.195	0.92	328	0.10	8.40	3.6	7

学科代码	期刊名称	扩展总被引频次	扩展影响因子	扩展即年指标	扩展他引率	扩展引用刊数	扩展学科影响指标	扩展学科扩散指标	扩展被引半衰期	扩展H指标
N04	满族研究	248	0.138	0.012	0.92	126	0.20	3.20	12.2	3
N04	民族大家庭	42	0.076	0.023	1.00	33	0.10	0.80	3.8	2
N04	民族学刊	228	0.516	0.122	0.89	137	0.40	3.50	3.7	3
N04	民族研究	1659	1.159	0.565	0.94	523	0.50	13.40	10.9	10
N04	鄱阳湖学刊	191	0.509	0.106	0.91	124	0.10	3.20	3.0	4
N04	企业文化(中旬刊)	1104	0.105	0.024	0.95	197	0.10	5.10	2.4	5
N04	青海民族研究	610	0.345	0.055	0.94	295	0.50	7.60	7.0	4
N04	时代报告	399	0.061	0.019	0.99	152	0.10	3.90	1.7	3
N04	世界民族	549	0.538	0.063	0.84	219	0.30	5.60	8.3	5
N04	文化遗产	611	0.664	0.167	0.93	293	0.30	7.50	4.5	8
N04	文化纵横	476	1.413	0.333	0.97	313	0.30	8.00	3.0	6
N04	西北民族研究	911	0.698	0.194	0.96	392	0.50	10.10	8.6	7
N04	现代企业文化	2282	0.168	0.017	0.91	272	0.10	7.00	2.4	6
N04	艺苑	234	0.158	0.029	0.99	124	0.10	3.20	5.8	3
N04	中国藏学	756	0.327	0.068	0.91	214	0.30	5.50	10.7	5
N04	中国土族	26	0.088	—	1.00	21	0.10	0.50	7.6	1
N04	中国文化	256	0.061	0.034	1.00	176	0.10	4.50	26.4	5
N04	中国文化研究	503	0.383	0.060	0.99	343	0.30	8.80	10.2	5
N04	中华文化论坛	800	0.268	0.074	0.97	475	0.30	12.20	5.4	6
N04	中原文化研究	213	0.442	0.129	0.97	158	0.20	4.10	2.9	4
N05	编辑学报	3213	2.415	0.602	0.76	450	0.50	8.70	4.4	8
N05	编辑学刊	491	0.704	0.104	0.96	187	0.70	3.60	3.8	4
N05	编辑之友	1879	1.243	0.487	0.95	496	0.80	9.50	3.7	10
N05	采写编	447	0.238	0.029	0.95	133	0.60	2.60	2.3	4
N05	出版参考	546	0.399	0.082	0.91	180	0.50	3.50	3.1	4
N05	出版发行研究	1782	0.873	0.255	0.94	438	0.70	8.40	3.6	7
N05	出版广角	2013	0.707	0.363	0.88	433	0.80	8.30	2.4	7
N05	出版科学	853	1.019	0.376	0.90	268	0.60	5.20	3.5	6
N05	出版与印刷	116	0.289	0.143	0.97	77	0.40	1.50	4.5	3
N05	传媒	1570	0.531	0.191	0.97	421	0.80	8.10	2.3	7
N05	传媒观察	533	0.287	0.220	0.93	182	0.70	3.50	3.8	5
N05	传媒论坛	177	—	0.057	0.69	45	0.20	0.90	—	2
N05	传媒评论	407	0.187	0.076	1.00	143	0.70	2.80	3.6	5

学科代码	期刊名称	扩展总被引频次	扩展影响因子	扩展即年指标	扩展他引率	扩展引用刊数	扩展学科影响指标	扩展学科扩散指标	扩展被引半衰期	扩展H指标
N05	当代传播	1629	1.198	0.244	0.98	481	0.80	9.20	5.1	8
N05	电视研究	865	0.516	0.222	0.95	219	0.70	4.20	3.0	6
N05	东南传播	1389	0.336	0.110	0.96	402	0.70	7.70	4.2	6
N05	国际新闻界	2898	2.496	0.414	0.95	601	0.80	11.60	5.5	14
N05	红旗文稿	1626	1.184	0.311	0.99	708	0.40	13.60	3.2	10
N05	记者观察	59	0.295	0.005	0.98	39	0.10	0.80	3.0	2
N05	教育传媒研究	122	0.760	0.197	0.93	71	0.40	1.40	1.7	3
N05	今传媒(学术版)	1535	0.346	0.082	0.97	415	0.70	8.00	3.5	8
N05	科技与出版	2099	1.170	0.362	0.86	436	0.70	8.40	3.0	8
N05	科普童话·新课堂(上)	317	0.118	0.017	1.00	82	—	1.60	2.4	3
N05	科普童话·新课堂(下)	330	0.088	0.002	1.00	85	—	1.60	2.1	4
N05	科普研究	530	0.704	0.064	0.85	205	0.30	3.90	6.1	5
N05	全球传媒学刊	113	0.802	0.167	0.91	57	0.40	1.10	2.0	3
N05	声屏世界	450	0.200	0.068	0.97	147	0.50	2.80	3.9	3
N05	西部广播电视	6185	0.407	0.201	0.81	338	0.60	6.50	2.1	8
N05	现代出版	443	0.672	0.483	0.92	150	0.50	2.90	2.9	5
N05	现代传播	4300	1.401	0.332	0.95	852	0.90	16.40	4.6	14
N05	新闻爱好者	1437	0.695	0.299	0.93	368	0.80	7.10	3.3	7
N05	新闻传播	3129	—	0.157	0.90	410	0.80	7.90	2.9	7
N05	新闻春秋	61	0.194	0.102	0.97	41	0.40	0.80	3.3	3
N05	新闻大学	1532	1.847	0.474	0.87	360	0.80	6.90	4.7	9
N05	新闻记者	2279	2.331	0.952	0.95	426	0.90	8.20	3.7	14
N05	新闻界	1845	0.879	0.788	0.98	528	0.80	10.20	4.9	10
N05	新闻前哨	523	0.186	0.077	0.98	196	0.50	3.80	4.0	4
N05	新闻研究导刊	6645	0.382	0.129	0.89	593	0.80	11.40	2.2	9
N05	新闻与传播研究	1980	2.597	0.345	0.94	496	0.80	9.50	5.2	11
N05	新闻与写作	2128	0.886	0.359	0.97	499	0.80	9.60	2.8	11
N05	新闻战线	2149	1.000	0.331	0.98	464	0.80	8.90	2.7	7
N05	新闻知识	1215	0.387	0.158	0.98	370	0.70	7.10	4.4	6
N05	中国报业	1506	0.307	0.181	0.97	360	0.80	6.90	3.1	7
N05	中国编辑	637	0.885	0.390	0.93	184	0.60	3.50	2.6	5
N05	中国出版	2027	0.833	0.208	0.92	504	0.90	9.70	3.5	8
N05	中国传媒科技	1462	0.577	0.243	0.96	290	0.70	5.60	4.2	6

学科代码	期刊名称	扩展总被引频次	扩展影响因子	扩展即年指标	扩展他引率	扩展引用刊数	扩展学科影响指标	扩展学科扩散指标	扩展被引半衰期	扩展H指标
N05	中国广播电视学刊	1249	0.386	0.157	0.97	286	0.80	5.50	3.8	5
N05	中国记者	1189	0.394	0.113	0.99	298	0.80	5.70	3.5	9
N05	中国科技期刊研究	3999	2.794	0.590	0.77	539	0.50	10.40	4.0	13
N05	中国期刊年鉴	5	0.009	—	1.00	4	0.00	0.10	4.2	1
N06	大学图书馆学报	2862	3.729	0.452	0.97	461	0.90	17.10	5.0	16
N06	大学图书情报学刊	900	1.068	0.561	0.98	285	0.80	10.60	3.4	6
N06	高校图书馆工作	848	1.012	0.244	0.98	257	0.90	9.50	4.0	7
N06	古籍整理研究学刊	341	0.156	0.024	0.95	203	0.30	7.50	11.2	3
N06	国家图书馆学刊	1293	1.988	0.455	0.97	261	0.90	9.70	4.2	10
N06	河北科技图苑	543	0.671	0.328	0.99	179	0.80	6.60	3.6	5
N06	河南图书馆学刊	1750	0.664	0.224	0.93	349	0.80	12.90	2.8	6
N06	农业图书情报学刊	2268	0.757	0.256	0.95	517	0.90	19.10	3.3	7
N06	山东图书馆学刊	522	0.512	0.048	0.98	190	0.80	7.00	5.0	4
N06	数据分析与知识发现	1756	1.384	0.226	0.93	459	0.90	17.00	5.6	11
N06	数字图书馆论坛	673	1.310	0.432	0.93	219	0.90	8.10	2.7	6
N06	四川图书馆学报	741	0.790	0.196	0.98	226	0.90	8.40	3.8	6
N06	图书馆	2756	2.016	0.406	0.94	442	0.90	16.40	3.6	11
N06	图书馆工作与研究	3913	2.562	0.760	0.87	554	0.90	20.50	3.3	12
N06	图书馆建设	3170	2.140	0.590	0.96	459	0.90	17.00	4.6	12
N06	图书馆界	519	0.716	0.099	0.96	169	0.80	6.30	3.7	4
N06	图书馆理论与实践	2075	1.201	0.199	0.96	435	0.90	16.10	4.0	8
N06	图书馆论坛	3610	2.254	0.811	0.94	544	0.90	20.10	4.1	12
N06	图书馆学刊	2443	1.084	0.224	0.94	445	0.90	16.50	3.5	9
N06	图书馆学研究	4497	1.844	0.479	0.94	668	0.90	24.70	3.9	14
N06	图书馆研究	882	0.883	0.261	0.98	240	0.80	8.90	3.9	7
N06	图书馆研究与工作	515	0.844	0.226	0.97	171	0.80	6.30	1.8	6
N06	图书馆杂志	2965	1.700	0.245	0.97	523	0.90	19.40	4.5	14
N06	新世纪图书馆	1441	1.088	0.256	0.96	324	0.90	12.00	3.6	8
N06	中国图书馆学报	3561	6.772	1.429	0.97	592	0.90	21.90	5.6	20
N06	中国图书评论	424	0.135	0.062	0.96	274	0.30	10.10	6.9	4
N07	晋图学刊	341	0.594	0.060	0.99	154	0.60	8.10	4.4	4
N07	竞争情报	125	0.634	0.054	0.94	83	0.50	4.40	2.8	4
N07	情报工程	199	0.778	0.386	0.87	108	0.60	5.70	2.2	4

学科代码	期刊名称	扩展总被引频次	扩展影响因子	扩展即年指标	扩展他引率	扩展引用刊数	扩展学科影响指标	扩展学科扩散指标	扩展被引半衰期	扩展H指标
N07	情报科学	4839	2.245	0.445	0.91	1072	0.90	56.40	4.1	12
N07	情报理论与实践	4588	2.344	0.576	0.92	879	0.90	46.30	4.0	13
N07	情报探索	1582	0.881	0.171	0.97	463	0.90	24.40	3.8	8
N07	情报学报	1861	1.677	0.215	0.89	466	0.80	24.50	5.7	10
N07	情报杂志	6217	2.047	0.374	0.90	1246	0.90	65.60	4.6	15
N07	情报资料工作	1688	2.115	0.409	0.97	394	0.90	20.70	4.7	11
N07	图书情报导刊	4466	0.707	0.226	0.99	1115	0.80	58.70	8.2	7
N07	图书情报工作	9616	2.724	0.264	0.92	1134	0.90	59.70	4.5	20
N07	图书情报知识	1899	3.284	0.622	0.96	509	0.80	26.80	4.6	13
N07	图书与情报	2751	3.311	0.368	0.98	546	1.00	28.70	4.2	15
N07	文献	553	0.188	0.064	0.94	283	0.20	14.90	17.2	3
N07	现代情报	4443	1.867	0.572	0.93	975	0.90	51.30	4.5	11
N07	医学信息学杂志	1449	0.986	0.263	0.88	447	0.70	23.50	3.9	8
N07	中国典籍与文化	309	0.092	—	0.95	202	0.20	10.60	11.2	3
N07	中国中医药图书情报杂志	279	0.715	0.271	0.89	149	0.50	7.80	2.6	5
N07	中华医学图书情报杂志	1159	1.057	0.073	0.92	402	0.80	21.20	3.9	7
N08	北京档案	805	0.493	0.120	0.95	195	0.60	8.50	4.9	4
N08	博物院	55	—	0.097	0.84	28	0.10	1.20	1.4	2
N08	档案	396	0.212	0.086	0.92	116	0.60	5.00	6.4	4
N08	档案春秋	89	0.346	0.067	0.99	72	0.10	3.10	10.8	2
N08	档案管理	1119	1.014	0.171	0.92	200	0.60	8.70	3.8	7
N08	档案时空	265	0.472	0.083	0.85	95	0.50	4.10	4.3	4
N08	档案学通讯	2035	1.479	0.277	0.86	253	0.60	11.00	6.6	10
N08	档案学研究	1860	2.165	0.377	0.91	274	0.70	11.90	4.0	10
N08	档案与建设	1009	0.552	0.094	0.95	234	0.70	10.20	3.9	6
N08	故宫博物院院刊	749	0.361	0.071	0.94	270	0.30	11.70	13.9	5
N08	黑龙江档案	1099	0.338	0.056	0.98	203	0.60	8.80	4.0	4
N08	兰台世界	3727	0.503	0.206	0.96	693	0.70	30.10	3.9	7
N08	历史档案	497	0.351	0.018	0.92	228	0.30	9.90	16.6	6
N08	民国档案	398	0.229	0.022	0.95	171	0.20	7.40	13.6	4
N08	山东档案	411	0.369	0.105	0.99	121	0.50	5.30	5.0	4
N08	山西档案	1123	0.738	0.235	0.82	273	0.70	11.90	2.9	7
N08	陕西档案	287	0.328	0.030	0.99	103	0.60	4.50	4.2	3

学科代码	期刊名称	扩展总被引频次	扩展影响因子	扩展即年指标	扩展他引率	扩展引用刊数	扩展学科影响指标	扩展学科扩散指标	扩展被引半衰期	扩展H指标
N08	文博	632	0.239	0.059	0.93	208	0.30	9.00	14.1	4
N08	云南档案	398	0.169	0.030	0.99	128	0.50	5.60	5.9	4
N08	浙江档案	890	0.529	0.227	0.94	182	0.60	7.90	4.5	7
N08	中国档案	1335	0.585	0.273	0.99	223	0.60	9.70	4.8	8
P01	Frontiers of Education in China	28	0.041	0.030	0.79	20	0.00	0.10	7.0	2
P01	安顺学院学报	411	0.266	0.055	0.93	232	0.10	1.10	4.5	3
P01	蚌埠学院学报	292	0.277	0.090	0.97	202	0.10	1.00	2.9	3
P01	保定学院学报	323	0.254	0.131	0.99	212	0.10	1.00	5.5	3
P01	北京大学教育评论	1700	2.609	0.089	0.97	573	0.50	2.70	7.4	13
P01	北京工业职业技术学院学报	508	0.628	0.632	0.99	259	0.10	1.20	3.7	5
P01	比较教育研究	2980	1.415	0.188	0.95	805	0.60	3.80	7.2	11
P01	兵团教育学院学报	319	0.503	0.151	1.00	161	0.10	0.80	4.7	4
P01	昌吉学院学报	265	0.261	0.066	0.92	163	0.10	0.80	5.8	3
P01	长沙大学学报	768	0.337	0.115	0.98	459	0.20	2.20	5.8	4
P01	成都师范学院学报	1287	0.394	0.132	0.99	492	0.40	2.30	7.6	6
P01	池州学院学报	532	0.190	0.091	0.96	318	0.20	1.50	5.7	4
P01	重庆第二师范学院学报	556	0.389	0.121	1.00	316	0.20	1.50	4.8	6
P01	创新人才教育	157	0.593	0.091	1.00	94	0.10	0.40	2.5	4
P01	创新与创业教育	1416	1.288	0.316	0.95	438	0.30	2.10	3.3	10
P01	大连大学学报	539	0.353	0.043	0.98	392	0.10	1.80	7.2	6
P01	大连教育学院学报	443	0.626	0.220	0.98	164	0.20	0.80	4.2	5
P01	大连民族大学学报	459	0.362	0.120	0.94	302	0.10	1.40	4.5	4
P01	当代继续教育	389	0.569	0.213	0.96	188	0.20	0.90	3.9	4
P01	当代教师教育	312	0.820	0.016	0.96	178	0.20	0.80	5.5	6
P01	当代教育科学	2702	0.797	0.225	0.98	711	0.60	3.40	5.2	9
P01	当代教育理论与实践	1994	0.569	0.242	0.99	617	0.40	2.90	4.1	7
P01	当代教育论坛	2260	1.262	0.330	0.93	602	0.50	2.80	8.6	7
P01	当代教育实践与教学研究(电子刊)	2982	0.159	0.043	0.96	491	0.30	2.30	1.7	7
P01	当代教育与文化	510	0.639	0.257	0.98	269	0.30	1.30	4.4	6
P01	电化教育研究	8959	4.677	1.405	0.94	1144	0.70	5.40	4.9	27
P01	鄂州大学学报	550	0.437	0.238	0.99	282	0.20	1.30	3.4	4
P01	发现	312	0.070	0.042	1.00	91	0.10	0.40	1.6	3
P01	纺织服装教育	430	0.483	0.129	0.80	143	0.10	0.70	4.3	4

学科代码	期刊名称	扩展总被引频次	扩展影响因子	扩展即年指标	扩展他引率	扩展引用刊数	扩展学科影响指标	扩展学科扩散指标	扩展被引半衰期	扩展H指标
P01	福建教育学院学报	1648	0.647	0.233	0.99	354	0.30	1.70	3.2	7
P01	复旦教育论坛	2211	2.471	0.319	0.98	729	0.50	3.40	4.7	14
P01	工业和信息化教育	689	0.802	0.097	0.93	294	0.20	1.40	2.9	7
P01	广东第二师范学院学报	410	0.514	0.181	0.92	268	0.20	1.30	6.0	5
P01	广西教育学院学报	866	0.379	0.102	0.99	354	0.30	1.70	6.3	5
P01	哈尔滨学院学报	877	0.315	0.126	0.81	409	0.20	1.90	5.0	4
P01	海南热带海洋学院学报	462	0.519	0.202	0.68	219	0.10	1.00	4.7	4
P01	航海教育研究	467	0.719	0.156	0.79	172	0.10	0.80	4.5	5
P01	河北教育(综合版)	76	0.076	0.013	1.00	45	0.10	0.20	4.9	2
P01	河北农业大学学报(农林教育版)	959	1.154	0.224	0.89	358	0.20	1.70	3.6	6
P01	河北师范大学学报(教育科学版)	1654	1.198	0.350	0.99	613	0.50	2.90	6.5	8
P01	河西学院学报	317	0.273	0.060	0.92	225	0.10	1.10	6.5	4
P01	黑河学院学报	838	0.315	0.120	0.98	335	0.20	1.60	1.6	4
P01	黑龙江工业学院学报(综合版)	913	0.278	0.149	0.99	409	0.20	1.90	4.2	6
P01	黑龙江教育学院学报	2563	0.605	0.288	0.99	664	0.40	3.10	4.0	8
P01	呼伦贝尔学院学报	389	0.274	0.050	0.97	239	0.20	1.10	5.9	4
P01	湖北工业职业技术学院学报	387	0.482	0.164	0.97	213	0.10	1.00	3.4	5
P01	湖南大众传媒职业技术学院学报	350	0.257	0.016	0.99	185	0.10	0.90	5.1	4
P01	湖南师范大学教育科学学报	1349	1.347	0.259	0.96	547	0.50	2.60	5.7	9
P01	华东师范大学学报(教育科学版)	2278	5.360	1.279	0.99	717	0.60	3.40	3.0	16
P01	华文教学与研究	331	0.512	0.214	0.92	147	0.10	0.70	8.2	4
P01	华夏教师	3181	0.624	0.297	0.98	193	0.10	0.90	1.8	12
P01	吉林省教育学院学报	1753	0.512	0.239	0.99	524	0.30	2.50	3.2	7
P01	集美大学学报	464	0.474	0.120	0.97	289	0.30	1.40	5.7	5
P01	济宁学院学报	283	0.283	0.066	0.99	196	0.10	0.90	5.8	3
P01	继续教育研究	3214	1.190	0.342	0.98	774	0.60	3.70	4.0	9
P01	佳木斯职业学院学报	5559	0.328	0.114	0.99	821	0.40	3.90	2.7	12
P01	江西科技师范大学学报	444	0.451	0.107	0.98	256	0.10	1.20	5.8	5
P01	焦作大学学报	264	0.360	0.065	0.99	182	0.10	0.90	5.4	3
P01	教学管理与教育研究	618	0.305	0.078	0.90	127	0.10	0.60	1.6	5
P01	教学研究	1385	1.082	0.206	0.99	469	0.40	2.20	5.1	7
P01	教学与研究	1553	1.167	0.256	0.98	707	0.30	3.30	5.9	8
P01	教育测量与评价	609	0.708	0.274	0.85	257	0.30	1.20	4.0	5

学科代码	期刊名称	扩展总被引频次	扩展影响因子	扩展即年指标	扩展他引率	扩展引用刊数	扩展学科影响指标	扩展学科扩散指标	扩展被引半衰期	扩展H指标
P01	教育导刊(上半月)	1614	0.669	0.198	0.99	484	0.40	2.30	5.5	9
P01	教育导刊(下半月)	697	0.236	0.043	0.91	186	0.30	0.90	6.2	4
P01	教育发展研究	5985	1.794	0.219	0.97	1154	0.70	5.40	5.4	17
P01	教育观察(上半月)	1084	0.436	0.137	0.97	367	0.20	1.70	2.4	6
P01	教育观察(下半月)	1222	0.562	0.219	0.97	224	0.20	1.10	1.7	8
P01	教育界	1656	0.097	0.016	0.99	297	0.20	1.40	3.3	4
P01	教育科学	2442	3.850	0.349	0.96	678	0.50	3.20	5.7	11
P01	教育科学论坛	1306	0.431	0.171	0.96	363	0.30	1.70	2.6	8
P01	教育科学研究	2255	1.332	0.418	0.97	625	0.60	2.90	5.7	11
P01	教育评论	3328	1.029	0.297	0.97	905	0.70	4.30	4.0	11
P01	教育生物学杂志	100	0.600	0.073	0.95	80	0.10	0.40	3.4	4
P01	教育实践与研究	2068	0.360	0.103	0.99	295	0.20	1.40	5.1	9
P01	教育探索	6266	1.876	0.380	0.99	1084	0.70	5.10	6.0	14
P01	教育文化论坛	401	0.469	0.170	0.96	243	0.20	1.10	3.3	5
P01	教育信息技术	757	0.505	0.089	0.97	231	0.20	1.10	3.5	8
P01	教育学报	1580	1.870	0.264	0.98	537	0.50	2.50	6.4	10
P01	教育学术月刊	2021	1.012	0.245	0.96	690	0.50	3.30	6.8	8
P01	教育研究	13061	5.044	0.573	0.97	1560	0.80	7.40	5.9	29
P01	教育研究与评论	57	0.086	0.016	0.86	41	0.00	0.20	3.3	2
P01	教育研究与实验	1629	1.469	0.127	0.98	607	0.60	2.90	8.1	9
P01	教育艺术	687	0.144	0.058	1.00	167	0.10	0.80	3.7	4
P01	教育与教学研究	2343	1.286	0.239	0.91	614	0.40	2.90	5.1	10
P01	教育与考试	228	0.384	0.033	0.96	151	0.20	0.70	5.0	3
P01	金融理论探索	391	1.023	0.574	0.96	210	0.10	1.00	3.8	4
P01	金融理论与教学	455	0.602	0.103	0.96	221	0.10	1.00	2.9	5
P01	荆楚理工学院学报	256	0.224	0.031	0.99	199	0.10	0.90	7.1	4
P01	开封大学学报	266	0.370	0.028	0.98	182	0.10	0.90	5.5	3
P01	凯里学院学报	549	0.227	0.065	0.98	305	0.20	1.40	5.7	4
P01	考试周刊	23558	0.250	0.240	0.94	928	0.50	4.40	2.5	12
P01	科教导刊	6494	0.413	0.119	0.97	1002	0.50	4.70	3.2	12
P01	科教导刊-电子版(上旬)	496	0.087	0.008	1.00	205	0.10	1.00	1.9	3
P01	科教导刊-电子版(下旬)	308	0.047	0.008	1.00	140	0.10	0.70	2.2	3
P01	科教导刊-电子版(中旬)	332	0.050	0.008	0.99	146	0.10	0.70	2.3	3

学科代码	期刊名称	扩展总被引频次	扩展影响因子	扩展即年指标	扩展他引率	扩展引用刊数	扩展学科影响指标	扩展学科扩散指标	扩展被引半衰期	扩展H指标
P01	科教文汇	8386	0.383	0.201	0.98	1051	0.50	5.00	4.3	11
P01	课程教材教学研究(小教研究)	162	0.057	0.018	1.00	54	0.00	0.30	6.9	3
P01	课程教材教学研究(中教研究)	160	0.084	0.011	1.00	71	0.10	0.30	7.1	2
P01	昆明学院学报	333	0.253	0.045	0.94	235	0.10	1.10	5.7	3
P01	历史教学	1054	0.757	0.289	0.90	327	0.20	1.50	7.5	7
P01	辽宁教育行政学院学报	933	0.366	0.133	0.99	385	0.20	1.80	9.4	5
P01	临沂大学学报	408	0.328	0.031	0.97	281	0.20	1.30	5.9	4
P01	领导科学论坛	501	0.429	0.166	0.96	256	0.10	1.20	2.0	5
P01	龙岩学院学报	378	0.315	0.029	0.99	267	0.10	1.30	7.1	3
P01	陇东学院学报	307	0.244	0.073	0.98	218	0.10	1.00	4.3	3
P01	吕梁教育学院学报	311	0.506	0.071	0.99	154	0.10	0.70	3.4	4
P01	吕梁学院学报	257	0.190	0.028	0.99	169	0.10	0.80	5.2	3
P01	逻辑学研究	481	0.333	—	0.97	301	0.10	1.40	13.0	4
P01	美术教育研究	5670	0.418	0.184	0.92	478	0.20	2.30	2.8	10
P01	美育学刊	220	0.356	0.083	0.95	128	0.10	0.60	4.1	4
P01	民族教育研究	1138	1.074	0.317	0.87	417	0.30	2.00	5.9	5
P01	牡丹江大学学报	942	0.214	0.072	0.98	438	0.30	2.10	4.3	7
P01	牡丹江教育学院学报	1016	0.397	0.214	0.99	366	0.30	1.70	4.0	5
P01	内蒙古电大学刊	371	0.297	0.077	0.96	203	0.10	1.00	4.9	4
P01	内蒙古师范大学学报(教育科学版)	2936	0.704	0.247	0.99	749	0.60	3.50	5.1	9
P01	南昌教育学院学报	1273	0.469	0.246	0.99	386	0.30	1.80	6.0	7
P01	宁波大学学报(教育科学版)	1132	0.788	0.225	0.99	555	0.40	2.60	7.1	7
P01	宁波教育学院学报	777	0.513	0.170	0.99	288	0.20	1.40	5.0	7
P01	平顶山学院学报	267	0.216	0.054	0.97	193	0.10	0.90	6.0	3
P01	普洱学院学报	458	0.343	0.099	0.97	226	0.10	1.10	3.1	4
P01	齐鲁师范学院学报	607	0.497	0.190	0.98	324	0.20	1.50	5.5	5
P01	青海教育	419	0.126	0.114	1.00	114	0.10	0.50	4.6	4
P01	清华大学教育研究	3313	3.500	0.400	0.98	912	0.60	4.30	5.3	15
P01	全球教育展望	3698	3.854	0.456	0.98	754	0.60	3.60	5.5	15
P01	软件导刊·教育技术	1150	0.503	0.224	0.98	370	0.20	1.70	3.2	8
P01	三明学院学报	224	0.297	0.084	0.95	157	0.10	0.70	5.5	4
P01	陕西学前师范学院学报	976	0.751	0.206	0.71	318	0.30	1.50	2.4	6
P01	商洛学院学报	373	0.580	0.119	0.80	209	0.10	1.00	3.6	4

学科代码	期刊名称	扩展总被引频次	扩展影响因子	扩展即年指标	扩展他引率	扩展引用刊数	扩展学科影响指标	扩展学科扩散指标	扩展被引半衰期	扩展H指标
P01	上海教育科研	2541	0.903	0.149	0.96	652	0.60	3.10	6.3	10
P01	上海课程教学研究	82	—	0.095	0.91	48	0.10	0.20	1.9	3
P01	设计艺术研究	662	0.285	0.051	0.98	320	0.20	1.50	9.4	5
P01	石家庄学院学报	361	0.262	0.062	0.98	259	0.20	1.20	5.9	5
P01	世界教育信息	858	0.200	0.062	0.96	417	0.40	2.00	4.1	5
P01	数码世界	972	0.182	0.057	0.98	225	0.10	1.10	1.4	4
P01	思想理论教育	3450	2.902	1.189	0.98	859	0.50	4.10	3.1	16
P01	思想政治教育研究	2083	1.630	0.401	0.89	543	0.40	2.60	4.8	10
P01	思想政治课研究	386	0.708	0.116	0.97	168	0.20	0.80	2.2	6
P01	四川教育	164	0.094	0.017	1.00	81	0.10	0.40	5.7	2
P01	四川民族学院学报	276	0.270	0.071	0.95	170	0.10	0.80	5.9	4
P01	四川文理学院学报	467	0.350	0.076	0.94	267	0.20	1.30	5.0	3
P01	苏州大学学报(教育科学版)	166	0.546	0.152	0.96	121	0.10	0.60	3.0	4
P01	苏州教育学院学报	315	0.204	0.012	0.98	193	0.10	0.90	6.8	4
P01	宿州教育学院学报	1163	0.487	0.264	0.99	372	0.20	1.80	2.9	6
P01	绥化学院学报	847	0.267	0.076	0.95	379	0.30	1.80	3.8	4
P01	太原学院学报(自然科学版)	396	0.682	0.081	1.00	200	0.10	0.90	5.7	4
P01	唐山学院学报	242	0.220	0.046	0.98	181	0.10	0.90	6.6	3
P01	天津教育(上旬刊)	302	0.125	0.029	0.99	128	0.10	0.60	8.8	3
P01	天津教育(中、下旬刊)	1	—	0.000	1.00	1	—	0.00	—	1
P01	天津师范大学学报(基础教育版)	594	1.912	0.791	0.98	233	0.20	1.10	3.1	7
P01	天津市教科院学报	633	0.420	0.147	0.99	270	0.30	1.30	5.6	5
P01	天津职业技术师范大学学报	170	0.264	0.113	0.95	123	0.10	0.60	6.2	3
P01	铜仁学院学报	456	0.290	0.131	0.92	265	0.10	1.20	3.5	4
P01	潍坊工程职业学院学报	400	0.306	0.134	1.00	220	0.20	1.00	4.6	5
P01	文教资料	4047	0.187	0.043	0.98	747	0.50	3.50	4.7	6
P01	文山学院学报	280	0.214	0.034	0.93	187	0.10	0.90	5.0	3
P01	梧州学院学报	259	0.411	0.017	0.97	159	0.10	0.80	4.2	3
P01	武夷学院学报	462	0.288	0.083	0.96	273	0.10	1.30	3.7	4
P01	物理教学	650	0.394	0.090	0.76	117	0.10	0.60	3.7	5
P01	西部素质教育	8829	0.772	0.263	0.98	602	0.40	2.80	1.9	16
P01	西藏教育	338	0.237	0.117	0.95	136	0.10	0.60	3.6	4
P01	厦门城市职业学院学报	321	0.759	0.311	0.98	179	0.10	0.80	3.6	5

学科代码	期刊名称	扩展总被引频次	扩展影响因子	扩展即年指标	扩展他引率	扩展引用刊数	扩展学科影响指标	扩展学科扩散指标	扩展被引半衰期	扩展H指标
P01	现代大学教育	1355	1.268	0.209	0.94	526	0.50	2.50	6.6	9
P01	现代教育管理	2500	1.776	0.511	0.96	755	0.50	3.60	3.5	12
P01	现代教育技术	7138	4.124	0.856	0.97	1132	0.60	5.30	4.4	29
P01	现代教育论丛	550	0.522	0.035	0.99	285	0.30	1.30	8.2	5
P01	现代远程教育研究	2793	4.987	1.458	0.97	697	0.50	3.30	4.0	19
P01	现代远距离教育	1102	2.685	0.922	0.96	417	0.40	2.00	4.3	9
P01	现代中文学刊	200	—	0.041	0.98	113	0.00	0.50	6.5	3
P01	新教育时代电子杂志(教师版)	3243	0.090	0.025	0.94	308	0.20	1.50	1.9	5
P01	新余学院学报	436	0.292	0.057	0.99	258	0.20	1.20	4.0	4
P01	邢台学院学报	384	0.312	0.139	0.98	235	0.10	1.10	3.7	4
P01	许昌学院学报	410	0.192	0.065	0.96	273	0.10	1.30	6.6	4
P01	学理论	3556	0.212	0.075	0.99	974	0.40	4.60	5.0	5
P01	延边教育学院学报	897	0.488	0.143	0.99	192	0.10	0.90	5.1	8
P01	扬州大学学报(高教研究版)	912	0.951	0.287	0.99	434	0.30	2.00	5.4	7
P01	扬州教育学院学报	271	0.426	0.064	0.96	166	0.10	0.80	5.1	4
P01	药学教育	997	1.141	0.189	0.82	231	0.10	1.10	4.6	6
P01	医学教育管理	457	1.694	0.087	0.89	178	0.10	0.80	2.3	6
P01	宜宾学院学报	444	0.188	0.043	0.97	301	0.10	1.40	6.6	4
P01	语文学习	546	0.229	0.155	0.96	155	0.20	0.70	6.2	6
P01	远程教育杂志	5249	8.583	2.294	0.96	981	0.60	4.60	5.1	31
P01	运城学院学报	308	0.284	0.040	0.98	209	0.10	1.00	6.3	4
P01	枣庄学院学报	342	0.308	0.122	0.76	199	0.10	0.90	4.5	3
P01	昭通学院学报	221	0.298	0.073	0.96	146	0.10	0.70	3.3	3
P01	浙江传媒学院学报	484	0.387	0.336	0.93	222	0.10	1.00	4.6	5
P01	浙江外国语学院学报	316	0.317	0.136	0.96	206	0.20	1.00	7.3	3
P01	政治思想史	76	0.181	0.100	0.95	56	0.00	0.30	5.3	2
P01	职大学报	234	0.157	0.151	0.96	157	0.10	0.70	4.9	3
P01	职教通讯	2789	0.769	0.118	0.98	548	0.40	2.60	3.2	10
P01	中国地质教育	961	0.700	0.202	0.82	220	0.20	1.00	7.4	6
P01	中国电化教育	11613	7.046	1.360	0.94	1234	0.80	5.80	3.9	37
P01	中国电力教育	5457	0.657	0.099	1.00	957	0.50	4.50	6.7	9
P01	中国教师	919	0.294	0.176	0.99	271	0.30	1.30	4.2	4
P01	中国教育技术装备	7422	0.709	0.105	0.97	746	0.50	3.50	3.8	15

学科代码	期刊名称	扩展总被引频次	扩展影响因子	扩展即年指标	扩展他引率	扩展引用刊数	扩展学科影响指标	扩展学科扩散指标	扩展被引半衰期	扩展H指标
P01	中国教育网络	559	0.375	0.073	0.98	285	0.20	1.30	5.1	6
P01	中国教育信息化·基础教育	1971	0.989	0.329	0.97	540	0.40	2.50	3.9	12
P01	中国教育学刊	7071	1.443	0.354	0.98	1067	0.70	5.00	3.7	20
P01	中国考试	868	1.813	0.414	0.91	287	0.30	1.40	2.4	9
P01	中国林业教育	959	1.111	0.241	0.89	296	0.20	1.40	5.1	6
P01	中国农业教育	610	0.902	0.158	0.91	264	0.20	1.20	4.6	5
P01	中国轻工教育	629	0.736	0.189	0.97	286	0.20	1.30	4.2	5
P01	中国特殊教育	3182	1.259	0.280	0.87	611	0.50	2.90	6.9	9
P01	中国现代教育装备	3262	0.754	0.167	0.93	651	0.30	3.10	4.1	10
P01	中国冶金教育	733	0.494	0.127	0.84	249	0.20	1.20	4.5	4
P01	中国音乐教育	448	0.326	0.148	0.94	117	0.10	0.60	8.8	3
P01	中国远程教育(综合版)	3009	2.839	0.830	0.96	683	0.50	3.20	5.0	18
P01	中文信息	973	0.081	0.017	0.96	264	0.10	1.20	2.4	4
P01	中医教育	927	0.835	0.200	0.93	264	0.10	1.20	4.6	6
P01	中州大学学报	412	0.357	0.156	0.97	275	0.10	1.30	5.9	3
P03	北京教育(高教版)	934	0.660	0.252	0.99	404	0.10	1.90	2.9	7
P03	北京教育(普教版)	243	0.056	0.020	1.00	134	0.20	0.60	4.6	3
P03	初中生世界(八年级)	2	0.000	0.005	1.00	2	—	0.00	3.0	1
P03	初中生世界(初中教学研究)	63	0.055	0.013	1.00	33	0.10	0.20	2.6	2
P03	地理教学	626	0.304	0.094	0.79	145	0.20	0.70	3.1	4
P03	地理教育	490	0.263	0.060	0.94	147	0.20	0.70	3.7	5
P03	读写算	150	—	0.001	0.98	42	0.10	0.20	3.6	2
P03	读与写	2281	0.062	0.042	0.98	184	0.20	0.90	2.2	5
P03	儿童大世界(上半月)	6	0.014	0.005	1.00	4	0.00	0.00	1.7	1
P03	儿童大世界(下半月)	183	0.035	0.005	0.99	52	0.10	0.20	1.8	3
P03	福建基础教育研究	910	0.295	0.085	0.96	189	0.30	0.90	2.9	5
P03	福建中学数学	208	0.159	0.060	0.88	61	0.10	0.30	3.2	3
P03	甘肃高师学报	553	0.239	0.111	0.97	304	0.10	1.40	5.6	4
P03	高考金刊	9	0.015	—	1.00	8	0.00	0.00	3.2	1
P03	高师理科学刊	832	0.422	0.119	0.87	360	0.10	1.70	3.4	5
P03	高校后勤研究	651	0.517	0.220	0.81	199	0.00	0.90	2.8	4
P03	高中生之友(高考版)	12	—	0.010	1.00	9	0.00	0.00	6.0	1
P03	高中数理化	462	0.094	0.021	1.00	95	0.20	0.40	3.3	4

学科代码	期刊名称	扩展总被引频次	扩展影响因子	扩展即年指标	扩展他引率	扩展引用刊数	扩展学科影响指标	扩展学科扩散指标	扩展被引半衰期	扩展H指标
P03	广东教育(高中版)	50	0.044	0.012	1.00	34	0.10	0.20	2.9	2
P03	广东教育(职教版)	385	0.116	0.016	0.98	154	0.10	0.70	3.4	4
P03	广东教育(综合版)	302	0.103	0.019	1.00	127	0.10	0.60	4.7	5
P03	广西教育(义务教育)	626	0.128	0.013	1.00	132	0.20	0.60	3.3	4
P03	广西教育(中等教育)	842	0.214	0.031	0.95	188	0.20	0.90	2.7	4
P03	贵州教育	276	0.081	0.029	1.00	102	0.10	0.50	7.1	3
P03	河北理科教学研究	49	0.059	—	0.94	29	0.10	0.10	6.5	2
P03	河南教育(高校版)	546	0.313	0.034	1.00	255	0.10	1.20	3.2	4
P03	河南教育(基教版)	275	0.057	0.014	1.00	115	0.10	0.50	7.2	3
P03	河南教育(职成版)	213	0.086	0.097	1.00	95	0.10	0.40	3.6	4
P03	黑河教育	713	0.282	0.190	0.99	153	0.20	0.70	2.8	5
P03	黑龙江教育(理论与实践)	1108	0.638	0.127	0.98	280	0.20	1.30	2.7	9
P03	黑龙江教育(小学)	82	0.045	—	1.00	39	0.10	0.20	3.9	3
P03	湖北教育(教育教学)	221	0.097	0.021	1.00	93	0.20	0.40	2.8	5
P03	湖北教育(科学课)	46	0.039	0.014	1.00	33	0.10	0.20	2.1	2
P03	湖北教育(政务宣传)	109	0.030	0.010	1.00	60	0.10	0.30	6.3	2
P03	湖南教育 A	259	0.099	0.017	1.00	113	0.10	0.50	12.1	3
P03	湖南教育 B	74	0.036	0.018	1.00	43	0.10	0.20	7.1	3
P03	湖南教育 C	109	0.054	0.015	1.00	57	0.10	0.30	5.7	2
P03	化学教学	1665	0.979	0.214	0.81	230	0.20	1.10	4.2	10
P03	化学教与学	637	0.266	0.084	0.90	142	0.20	0.70	3.8	5
P03	化学教育	2702	0.778	0.070	0.70	384	0.30	1.80	5.0	9
P03	基础教育	762	1.388	0.296	0.99	305	0.30	1.40	4.7	6
P03	基础教育参考	660	0.157	0.056	1.00	243	0.30	1.10	3.9	4
P03	基础教育课程	552	—	0.172	0.99	234	0.40	1.10	3.6	5
P03	基础教育研究	2939	0.618	0.218	0.99	335	0.40	1.60	3.1	11
P03	家教世界·现代幼教	266	0.035	0.009	1.00	95	0.10	0.40	5.3	3
P03	江苏高教	3899	2.359	0.562	0.97	954	0.20	4.50	4.3	14
P03	江苏教育(教育管理版)	145	0.090	0.028	1.00	89	0.10	0.40	2.9	3
P03	江苏教育(小学教学版)	856	0.407	0.177	0.96	246	0.30	1.10	3.6	5
P03	江苏教育(职业教育版)	513	0.239	0.035	0.99	216	0.10	1.00	3.5	5
P03	江苏教育(中学教学版)	225	0.168	0.038	0.95	111	0.30	0.50	2.5	4
P03	江西教育	1076	0.138	0.062	1.00	217	0.30	1.00	2.9	4

学科代码	期刊名称	扩展总被引频次	扩展影响因子	扩展即年指标	扩展他引率	扩展引用刊数	扩展学科影响指标	扩展学科扩散指标	扩展被引半衰期	扩展H指标
P03	教师	3249	0.200	0.071	0.98	349	0.30	1.60	3.1	7
P03	教师博览(科研版)	555	0.221	0.099	0.99	131	0.20	0.60	3.0	6
P03	教师发展研究	53	—	0.116	0.83	35	0.00	0.20	1.5	2
P03	教师教育论坛	730	0.504	0.112	0.98	327	0.20	1.50	3.8	5
P03	教书育人(教师新概念)	496	0.118	0.079	1.00	131	0.20	0.60	3.0	5
P03	教书育人(校长参考)	287	0.087	0.074	0.98	119	0.20	0.60	2.9	4
P03	教学与管理(理论版)	2739	0.725	0.199	0.98	621	0.40	2.90	5.0	10
P03	教学与管理(小学版)	1082	0.596	0.185	0.99	233	0.30	1.10	4.0	8
P03	教学与管理(中学版)	1590	0.812	0.155	0.97	385	0.40	1.80	3.9	8
P03	教学月刊(小学版)数学	140	0.146	0.064	0.84	45	0.10	0.20	3.0	2
P03	教学月刊(小学版)语文	257	0.119	0.032	0.95	77	0.20	0.40	6.5	5
P03	教学月刊(小学版)综合	101	0.125	0.021	0.88	50	0.10	0.20	2.4	2
P03	教学月刊·中学版(教学参考)	104	0.241	0.069	0.91	55	0.10	0.30	1.9	3
P03	教学月刊·中学版(语文教学)	90	0.195	0.014	0.93	47	0.10	0.20	2.1	3
P03	教学月刊·中学版(政治教学)	77	0.156	0.049	0.96	36	0.10	0.20	2.0	3
P03	教育研究与评论(小学教育教学版)	215	0.183	0.031	0.98	83	0.20	0.40	3.3	4
P03	教育研究与评论(中学教育教学版)	335	0.322	0.069	0.93	130	0.30	0.60	3.0	6
P03	课程·教材·教法	6938	4.372	0.450	0.96	811	0.60	3.80	4.9	23
P03	课程教学研究	723	0.587	0.206	0.98	227	0.30	1.10	2.9	7
P03	课堂内外·创新作文(高中版)	7	0.002	0.011	1.00	6	0.00	0.00	2.5	1
P03	课堂内外·教师版	169	0.063	0.009	0.99	56	0.10	0.30	2.5	3
P03	理科考试研究(初中版)	490	0.164	0.021	0.98	80	0.20	0.40	3.1	5
P03	理科考试研究(高中版)	425	0.137	0.038	0.97	97	0.20	0.50	3.2	4
P03	历史教学问题	289	0.172	0.032	0.97	169	0.10	0.80	9.0	3
P03	辽宁教育	603	0.117	0.054	0.99	205	0.20	1.00	4.3	4
P03	七彩语文(教师论坛)	99	0.065	0.007	1.00	44	0.10	0.20	2.6	3
P03	人民教育	2341	0.777	0.170	0.99	559	0.50	2.60	5.1	12
P03	陕西教育(教学)	580	0.106	0.050	1.00	112	0.20	0.50	4.6	4
P03	陕西教育(综合)	71	0.068	0.010	1.00	41	0.10	0.20	7.4	2
P03	上海中学数学	151	0.139	0.024	0.95	60	0.20	0.30	3.9	2
P03	少男少女	55	0.034	0.016	0.98	29	0.10	0.10	1.3	2
P03	生物学教学	1072	0.314	0.091	0.87	328	0.20	1.50	5.3	6
P03	师道·教研	216	0.037	0.008	1.00	74	0.10	0.30	2.8	2

学科代码	期刊名称	扩展总被引频次	扩展影响因子	扩展即年指标	扩展他引率	扩展引用刊数	扩展学科影响指标	扩展学科扩散指标	扩展被引半衰期	扩展H指标
P03	师道·人文	92	0.030	0.011	1.00	59	0.10	0.30	4.7	2
P03	数理化解题研究	1266	—	0.047	0.93	116	0.20	0.50	2.0	5
P03	数理化学习(初中版)	141	0.100	0.058	0.62	37	0.10	0.20	3.0	2
P03	数理化学习(高一二版)	120	0.069	0.035	0.77	47	0.10	0.20	3.6	2
P03	数理化学习(教育理论)	528	—	0.054	0.98	77	0.20	0.40	3.4	5
P03	数学建模及其应用	95	0.351	0.135	0.92	65	0.00	0.30	3.5	3
P03	思想理论教育导刊	4826	2.002	0.441	0.98	920	0.10	4.30	3.9	16
P03	速读(上旬)	833	0.064	0.033	0.99	146	0.10	0.70	2.0	4
P03	速读(下旬)	803	0.058	0.038	0.99	148	0.20	0.70	1.9	3
P03	速读(中旬)	739	0.058	0.027	0.99	149	0.20	0.70	2.0	4
P03	外国教育研究	2002	1.104	0.144	0.98	656	0.40	3.10	9.4	9
P03	外国中小学教育	957	0.714	0.104	0.97	367	0.30	1.70	7.1	7
P03	文理导航·教育研究与实践	845	0.082	0.019	0.99	128	0.20	0.60	2.2	5
P03	现代中小学教育	2011	0.819	0.323	0.98	421	0.40	2.00	4.6	10
P03	小学教学参考	2100	0.107	0.058	0.99	150	0.20	0.70	4.7	7
P03	小学教学设计(数学)	58	0.048	0.013	1.00	27	0.10	0.10	2.8	2
P03	小学教学设计(英语)	77	0.058	0.008	1.00	37	0.10	0.20	3.2	2
P03	小学教学研究(教学版)	546	0.240	0.110	0.99	112	0.20	0.50	4.8	4
P03	小学教学研究(理论版)	494	0.145	0.054	1.00	96	0.20	0.40	3.6	5
P03	小学科学(教师版)	1280	0.116	0.089	1.00	135	0.20	0.60	2.6	6
P03	小学生作文辅导	455	0.191	0.047	0.93	60	0.10	0.30	1.7	5
P03	小学生作文辅导(读写双赢)	302	0.211	0.052	0.96	52	0.10	0.20	1.4	5
P03	小学生作文辅导(看图读写)	18	—	0.013	1.00	6	0.00	0.00	—	1
P03	小学时代(奥妙)	42	—	0.007	1.00	21	0.00	0.10	4.8	2
P03	新教师	224	0.130	0.033	1.00	84	0.10	0.40	2.3	3
P03	新课程·上旬	4419	0.189	0.035	0.96	230	0.20	1.10	2.8	9
P03	新课程·下旬	3630	0.156	0.027	0.97	309	0.30	1.40	2.8	6
P03	新课程·中学	3525	0.155	0.029	0.95	200	0.20	0.90	2.7	6
P03	新课程·中旬	3965	0.177	0.045	0.98	252	0.30	1.20	2.5	7
P03	新课程导学	3213	0.223	0.080	0.99	180	0.30	0.80	2.8	9
P03	新课程研究(上旬)	1103	0.240	0.057	0.99	194	0.30	0.90	6.8	7
P03	新课程研究(下旬)	1104	0.286	0.042	0.96	171	0.20	0.80	3.5	6
P03	新课程研究(中旬–单)	731	0.405	0.105	0.98	248	0.10	1.20	3.9	4

学科代码	期刊名称	扩展总被引频次	扩展影响因子	扩展即年指标	扩展他引率	扩展引用刊数	扩展学科影响指标	扩展学科扩散指标	扩展被引半衰期	扩展H指标
P03	新课程研究(中旬-双)	566	0.398	0.129	0.99	225	0.10	1.10	2.8	5
P03	新智慧	67	—	0.007	0.96	34	0.00	0.20	1.2	2
P03	新作文(初中版)	7	0.003	—	1.00	6	0.00	0.00	7.2	1
P03	新作文(小学作文创新教学)	78	0.015	0.004	1.00	36	0.10	0.20	5.0	2
P03	学前教育研究	3849	2.257	0.270	0.93	512	0.30	2.40	7.6	11
P03	学语文	93	0.046	0.040	1.00	47	0.10	0.20	4.9	2
P03	幼儿教育·教育教学	649	0.214	0.021	1.00	168	0.20	0.80	7.6	4
P03	幼儿教育·教育科学	466	0.304	0.022	0.94	175	0.10	0.80	6.9	3
P03	幼儿教育研究	71	0.250	0.018	0.99	44	0.10	0.20	2.2	2
P03	语文课内外	182	—	0.010	0.88	39	0.10	0.20	—	2
P03	语文天地(高中版)	224	0.084	0.038	1.00	62	0.10	0.30	2.5	3
P03	语文天地(小教版)	405	0.108	0.074	1.00	76	0.10	0.40	2.1	4
P03	早期教育(家教版)	15	0.018	—	1.00	10	0.00	0.00	4.5	1
P03	早期教育(教育教学)	346	0.079	0.017	0.99	114	0.10	0.50	8.1	4
P03	早期教育(美术版)	30	0.017	0.011	1.00	18	0.00	0.10	5.7	2
P03	中等数学	94	0.142	0.031	0.45	25	0.00	0.10	3.7	2
P03	中国数学教育(初中版)	311	0.363	0.036	0.71	64	0.20	0.30	3.6	3
P03	中国数学教育(高中版)	308	0.401	0.075	0.72	67	0.20	0.30	3.1	4
P03	中华家教	30	0.033	0.028	1.00	17	0.00	0.10	6.0	1
P03	中小学管理	997	0.800	0.075	0.96	343	0.40	1.60	3.8	8
P03	中小学教师培训	1614	1.630	0.413	0.97	330	0.40	1.50	2.9	11
P03	中小学教学研究	568	0.277	0.145	0.99	122	0.30	0.60	5.9	5
P03	中小学实验与装备	168	0.106	0.107	1.00	70	0.10	0.30	5.0	3
P03	中小学外语教学(中学)	1238	1.248	0.420	0.89	135	0.20	0.60	5.9	8
P03	中小学校长	150	0.088	0.031	0.98	78	0.10	0.40	4.3	3
P03	中小学信息技术教育	1738	0.371	0.248	0.99	386	0.30	1.80	5.3	13
P03	中小学英语教学与研究	905	0.425	0.147	0.94	121	0.20	0.60	6.7	6
P03	中学地理教学参考	1023	0.665	0.149	0.92	171	0.20	0.80	2.8	6
P03	中学化学教学参考	1427	1.036	0.227	0.91	162	0.20	0.80	3.6	8
P03	中学教学参考	2992	0.188	0.049	0.99	248	0.30	1.20	3.4	7
P03	中学教研(数学)	185	0.279	0.065	0.69	47	0.10	0.20	2.5	4
P03	中学课程辅导(教学研究)	1942	0.059	0.029	0.97	158	0.20	0.70	2.5	5
P03	中学课程资源	426	0.233	0.152	0.99	84	0.10	0.40	2.6	4

学科代码	期刊名称	扩展总被引频次	扩展影响因子	扩展即年指标	扩展他引率	扩展引用刊数	扩展学科影响指标	扩展学科扩散指标	扩展被引半衰期	扩展H指标
P03	中学理科园地	135	0.214	0.118	0.96	50	0.10	0.20	2.1	3
P03	中学生数理化(中考版)	15	0.071	—	1.00	7	0.00	0.00	2.6	1
P03	中学生天地(C 版)	7	0.006	—	1.00	6	0.00	0.00	3.8	1
P03	中学生物学	584	0.242	0.067	0.85	134	0.20	0.60	3.9	6
P03	中学数学	1239	0.315	0.215	0.61	125	0.30	0.60	2.4	5
P03	中学数学教学	159	0.129	0.074	0.84	62	0.10	0.30	5.9	3
P03	中学数学研究	296	0.177	0.049	0.85	69	0.10	0.30	4.1	3
P03	中学数学月刊	335	0.184	0.076	0.96	96	0.20	0.40	4.7	4
P03	中学数学杂志(初中版)	159	0.215	0.074	0.84	49	0.10	0.20	3.0	4
P03	中学数学杂志(高中版)	121	0.140	0.044	0.87	47	0.10	0.20	4.0	2
P03	中学物理(初中版)	806	0.339	0.164	0.87	95	0.20	0.40	3.0	5
P03	中学物理(高中版)	677	0.271	0.174	0.84	100	0.20	0.50	3.0	4
P03	中学物理教学参考	1064	1.014	0.244	0.93	143	0.20	0.70	2.8	7
P03	中学语文教学	809	0.523	0.171	0.96	167	0.30	0.80	4.8	7
P03	中学语文教学参考	430	0.237	0.075	0.98	125	0.20	0.60	3.3	3
P03	中学政史地(初中适用)	16	0.027	0.007	1.00	12	0.00	0.10	3.0	1
P03	中学政史地(高中文综)	25	0.043	—	1.00	16	0.00	0.10	3.2	1
P03	中学政史地(教学指导版)	142	0.052	0.031	1.00	51	0.10	0.20	3.0	2
P03	中学政治教学参考	745	0.415	0.135	0.96	189	0.20	0.90	2.7	5
P03	综合实践活动研究	43	0.051	0.005	0.95	25	0.00	0.10	3.0	2
P03	作文成功之路(上旬)	1062	0.260	0.102	0.98	103	0.20	0.50	2.0	8
P03	作文成功之路(下旬)	1110	0.211	0.092	0.98	103	0.20	0.50	2.4	7
P03	作文成功之路(中旬)	1027	0.185	0.122	0.98	101	0.20	0.50	2.2	6
P03	作文新天地(高中版)	8	0.006	—	1.00	8	0.00	0.00	5.0	1
P04	重庆高教研究	1197	2.693	1.307	0.97	528	0.80	14.70	2.6	10
P04	大学(研究版)	352	0.496	0.062	0.97	221	0.70	6.10	4.4	5
P04	大学教育	3133	0.746	0.204	0.92	707	0.60	19.60	3.1	9
P04	大学教育科学	1439	1.128	0.208	0.96	543	0.90	15.10	4.8	10
P04	大学物理实验	1154	0.739	0.169	0.66	264	0.10	7.30	4.6	7
P04	高等财经教育研究	533	0.841	0.389	0.98	292	0.30	8.10	5.4	6
P04	高等工程教育研究	8109	7.085	1.158	0.95	1059	1.00	29.40	3.9	33
P04	高等继续教育学报	490	0.670	0.273	0.97	250	0.20	6.90	5.3	5
P04	高等建筑教育	2049	1.169	0.242	0.87	366	0.40	10.20	4.9	8

学科代码	期刊名称	扩展总被引频次	扩展影响因子	扩展即年指标	扩展他引率	扩展引用刊数	扩展学科影响指标	扩展学科扩散指标	扩展被引半衰期	扩展H指标
P04	高等教育研究	6528	2.737	0.550	0.97	1219	1.00	33.90	6.8	19
P04	高等教育研究学报	853	0.822	0.173	0.98	357	0.70	9.90	6.0	8
P04	高等理科教育	1374	0.942	0.170	0.91	440	0.80	12.20	7.4	7
P04	高教发展与评估	914	1.286	0.417	0.98	417	0.80	11.60	5.2	7
P04	高教论坛	2599	0.871	0.266	0.98	698	0.80	19.40	5.0	9
P04	高教探索	3833	2.103	0.191	0.99	982	0.90	27.30	3.9	14
P04	高教学刊	6106	0.858	0.465	0.78	934	0.80	25.90	2.2	11
P04	高校辅导员学刊	776	0.959	0.215	0.91	269	0.30	7.50	3.8	6
P04	高校教育管理	1825	3.289	1.192	0.98	637	0.80	17.70	3.3	12
P04	高校生物学教学研究(电子版)	325	0.983	0.308	0.67	100	0.20	2.80	3.4	5
P04	黑龙江高教研究	6442	1.548	0.420	0.98	1143	0.90	31.80	4.8	14
P04	黑龙江教育(高教研究与评估版)	1849	0.602	0.261	0.97	548	0.70	15.20	4.2	7
P04	化工高等教育	1442	1.131	0.297	0.89	272	0.30	7.60	5.7	7
P04	教书育人(高教论坛)	1050	0.355	0.175	0.97	367	0.50	10.20	3.3	4
P04	煤炭高等教育	689	0.637	0.086	0.97	321	0.60	8.90	5.9	5
P04	民族高等教育研究	677	0.755	0.198	0.95	301	0.20	8.40	5.7	5
P04	山东高等教育	348	0.405	0.136	0.99	226	0.60	6.30	4.0	4
P04	现代教育科学	2121	0.747	0.328	0.99	698	0.80	19.40	5.6	7
P04	学位与研究生教育	2929	1.643	0.391	0.92	661	0.80	18.40	5.6	11
P04	研究生教育研究	1217	1.926	0.474	0.94	422	0.70	11.70	4.1	9
P04	中国大学教学	7652	3.539	0.590	0.97	1112	1.00	30.90	5.3	25
P04	中国高等教育	7153	2.447	0.428	0.99	1287	1.00	35.80	4.8	20
P04	中国高教研究	8948	4.944	1.111	0.98	1331	1.00	37.00	4.6	23
P04	中国教育信息化·高教职教	2292	1.274	0.335	0.96	598	0.50	16.60	3.8	9
P04	中国校外教育(上旬刊)	7274	1.143	0.415	0.99	335	0.30	9.30	2.7	18
P04	中国校外教育(下旬刊)	9723	1.179	0.722	1.00	692	0.30	19.20	3.0	14
P04	中国校外教育(中旬刊)	8574	1.166	0.443	0.99	366	0.30	10.20	2.8	20
P05	安徽广播电视大学学报	217	0.247	0.125	0.97	156	0.10	1.40	5.7	3
P05	安徽职业技术学院学报	201	0.375	0.053	0.98	130	0.10	1.20	4.1	3
P05	包头职业技术学院学报	197	0.306	0.064	0.98	125	0.20	1.10	3.6	3
P05	长春教育学院学报	2216	0.612	0.205	0.99	580	0.40	5.10	4.5	8
P05	成人教育	2126	1.227	0.467	0.95	552	0.60	4.90	4.4	8
P05	重庆广播电视大学学报	149	0.226	0.074	0.99	113	0.10	1.00	5.4	2

学科代码	期刊名称	扩展总被引频次	扩展影响因子	扩展即年指标	扩展他引率	扩展引用刊数	扩展学科影响指标	扩展学科扩散指标	扩展被引半衰期	扩展H指标
P05	滁州职业技术学院学报	215	0.322	0.060	1.00	121	0.10	1.10	4.2	3
P05	当代职业教育	1256	0.884	0.435	0.98	377	0.40	3.30	3.8	8
P05	福建广播电视大学学报	281	0.487	0.084	0.99	180	0.20	1.60	4.1	3
P05	阜阳职业技术学院学报	154	0.333	0.043	0.99	99	0.10	0.90	2.9	3
P05	甘肃广播电视大学学报	160	0.198	0.035	1.00	124	0.10	1.10	5.1	3
P05	高等职业教育探索	426	1.151	0.512	0.97	215	0.30	1.90	2.7	7
P05	高等职业教育－天津职业大学学报	711	0.818	0.153	0.99	291	0.30	2.60	4.4	6
P05	工业技术与职业教育	326	0.623	0.265	0.93	170	0.20	1.50	3.0	5
P05	广播电视大学学报(哲学社会科学版)	148	0.238	0.024	0.98	102	0.20	0.90	6.6	3
P05	广东开放大学学报	292	0.438	0.119	0.99	197	0.20	1.70	3.6	4
P05	广东职业技术教育与研究	646	—	0.240	0.97	243	0.10	2.20	2.1	4
P05	广西广播电视大学学报	224	0.409	0.200	0.99	134	0.20	1.20	3.0	3
P05	广西教育(教育时政)	64	0.083	0.006	1.00	42	0.00	0.40	3.5	3
P05	广州城市职业学院学报	178	0.389	0.100	0.98	119	0.10	1.10	3.8	3
P05	广州广播电视大学学报	296	0.476	0.111	0.98	177	0.20	1.60	3.6	4
P05	哈尔滨职业技术学院学报	851	0.449	0.221	0.98	317	0.30	2.80	3.5	6
P05	海南广播电视大学学报	257	0.302	0.111	0.99	160	0.10	1.40	4.5	3
P05	邯郸职业技术学院学报	160	0.215	0.051	0.99	105	0.10	0.90	5.1	2
P05	河北大学成人教育学院学报	372	0.523	0.076	0.96	182	0.30	1.60	5.3	4
P05	河北广播电视大学学报	305	0.247	0.045	0.97	171	0.20	1.50	5.4	4
P05	河北能源职业技术学院学报	304	0.370	0.121	0.99	174	0.20	1.50	4.1	4
P05	河南广播电视大学学报	307	0.310	0.200	0.98	199	0.10	1.80	4.8	4
P05	湖北成人教育学院学报	585	0.573	0.243	0.99	247	0.20	2.20	4.7	5
P05	湖北广播电视大学学报	1000	0.411	0.213	0.99	370	0.30	3.30	6.6	5
P05	湖北开放职业学院学报	3103	0.385	0.161	0.98	652	0.50	5.80	2.5	7
P05	湖北职业技术学院学报	200	0.240	0.083	0.96	144	0.10	1.30	4.8	3
P05	湖南工业职业技术学院学报	572	0.376	0.078	0.99	264	0.20	2.30	4.9	4
P05	湖南广播电视大学学报	219	0.361	0.117	0.98	141	0.10	1.20	6.1	4
P05	湖州职业技术学院学报	243	0.446	0.094	0.97	147	0.10	1.30	3.9	4
P05	淮北职业技术学院学报	620	0.309	0.237	0.98	283	0.20	2.50	3.7	5
P05	淮南职业技术学院学报	652	0.570	0.208	0.89	270	0.20	2.40	2.3	5
P05	黄冈职业技术学院学报	505	0.678	0.114	0.97	251	0.30	2.20	2.9	6
P05	机械职业教育	956	0.896	0.199	0.98	310	0.40	2.70	3.2	6

学科代码	期刊名称	扩展总被引频次	扩展影响因子	扩展即年指标	扩展他引率	扩展引用刊数	扩展学科影响指标	扩展学科扩散指标	扩展被引半衰期	扩展H指标
P05	吉林广播电视大学学报	1609	0.351	0.195	0.99	476	0.30	4.20	3.1	6
P05	济南职业学院学报	592	0.458	0.196	0.99	257	0.30	2.30	3.3	5
P05	济源职业技术学院学报	255	0.340	0.143	0.96	150	0.10	1.30	4.0	3
P05	江西广播电视大学学报	188	0.318	0.250	0.95	136	0.20	1.20	4.8	3
P05	教师教育学报	1031	0.711	0.144	0.99	515	0.20	4.60	6.6	6
P05	教师教育研究	2355	1.970	0.304	0.96	620	0.30	5.50	5.7	11
P05	教育与职业	11796	1.675	0.738	0.97	1252	0.90	11.10	5.0	14
P05	金华职业技术学院学报	353	0.467	0.112	0.99	217	0.20	1.90	3.9	5
P05	晋城职业技术学院学报	279	0.341	0.135	0.99	168	0.20	1.50	3.1	3
P05	九江职业技术学院学报	302	0.294	0.254	0.99	157	0.20	1.40	3.8	3
P05	开放教育研究	4216	5.031	1.125	0.98	880	0.70	7.80	4.8	22
P05	开放学习研究	374	1.330	0.481	0.85	196	0.30	1.70	3.5	6
P05	开封教育学院学报	2377	0.341	0.111	0.99	579	0.40	5.10	2.8	8
P05	兰州教育学院学报	1903	0.433	0.140	0.99	570	0.30	5.00	3.2	8
P05	兰州石化职业技术学院学报	170	0.318	0.114	0.89	110	0.10	1.00	4.3	3
P05	黎明职业大学学报	152	0.280	0.154	0.93	102	0.10	0.90	5.1	3
P05	连云港职业技术学院学报	164	0.300	0.098	1.00	104	0.10	0.90	4.5	3
P05	辽宁高职学报	1756	0.729	0.280	0.97	436	0.60	3.90	3.5	7
P05	辽宁广播电视大学学报	377	0.358	0.098	0.89	175	0.20	1.50	3.4	3
P05	柳州职业技术学院学报	289	0.247	0.118	0.98	182	0.20	1.60	4.3	3
P05	漯河职业技术学院学报	583	0.363	0.086	0.99	258	0.20	2.30	4.7	4
P05	闽西职业技术学院学报	252	0.262	0.081	0.98	163	0.10	1.40	6.1	3
P05	南京广播电视大学学报	245	0.485	0.076	0.97	133	0.20	1.20	3.7	3
P05	南宁职业技术学院学报	455	0.520	0.155	0.90	214	0.20	1.90	4.3	4
P05	南通职业大学学报	345	0.537	0.274	0.97	193	0.20	1.70	3.6	5
P05	宁波广播电视大学学报	171	0.244	0.031	0.98	128	0.20	1.10	4.3	3
P05	宁波职业技术学院学报	402	0.597	0.116	0.99	230	0.20	2.00	3.1	5
P05	濮阳职业技术学院学报	281	0.163	0.047	0.96	180	0.10	1.60	5.2	3
P05	青岛职业技术学院学报	372	0.571	0.224	0.99	219	0.20	1.90	3.8	5
P05	青年发展论坛	319	0.633	0.188	0.97	166	0.10	1.50	3.3	5
P05	清远职业技术学院学报	223	0.275	0.087	0.98	151	0.10	1.30	4.7	4
P05	三门峡职业技术学院学报	198	0.260	0.061	0.99	131	0.10	1.20	4.7	3
P05	沙洲职业工学院学报	153	0.580	0.068	0.88	94	0.10	0.80	3.2	4

学科代码	期刊名称	扩展总被引频次	扩展影响因子	扩展即年指标	扩展他引率	扩展引用刊数	扩展学科影响指标	扩展学科扩散指标	扩展被引半衰期	扩展H指标
P05	山东广播电视大学学报	194	0.394	0.170	0.88	113	0.20	1.00	3.1	3
P05	山西广播电视大学学报	326	0.398	0.091	0.98	192	0.20	1.70	7.1	3
P05	陕西广播电视大学学报	193	0.321	0.061	0.97	119	0.10	1.10	3.9	3
P05	商丘职业技术学院学报	342	0.234	0.114	0.98	209	0.10	1.80	4.2	4
P05	深圳职业技术学院学报	217	0.299	0.047	0.97	152	0.20	1.30	5.1	4
P05	石家庄职业技术学院学报	317	0.421	0.091	0.97	189	0.10	1.70	3.9	4
P05	顺德职业技术学院学报	215	0.338	0.088	0.99	152	0.20	1.30	4.6	3
P05	四川职业技术学院学报	535	0.278	0.090	0.99	266	0.20	2.40	5.1	6
P05	苏州市职业大学学报	282	0.745	0.127	0.97	178	0.20	1.60	3.6	5
P05	泰州职业技术学院学报	400	0.551	0.041	0.99	220	0.10	1.90	3.8	4
P05	天津电大学报	211	0.467	0.175	0.94	124	0.30	1.10	3.8	3
P05	铜陵职业技术学院学报	258	0.433	0.037	1.00	148	0.10	1.30	3.9	4
P05	卫生职业教育	7253	0.717	0.266	0.91	899	0.40	8.00	3.1	8
P05	温州职业技术学院学报	236	0.339	0.099	0.84	146	0.20	1.30	4.6	3
P05	乌鲁木齐职业大学学报	136	0.254	0.025	0.97	98	0.10	0.90	4.7	2
P05	无锡职业技术学院学报	414	0.464	0.109	0.98	220	0.20	1.90	3.8	4
P05	芜湖职业技术学院学报	217	0.314	0.055	0.99	145	0.10	1.30	5.2	3
P05	武汉职业技术学院学报	464	0.479	0.135	0.98	269	0.30	2.40	4.6	4
P05	西北成人教育学院学报	616	0.424	0.109	0.99	214	0.10	1.90	4.5	6
P05	厦门广播电视大学学报	149	0.370	0.109	1.00	100	0.10	0.90	4.0	3
P05	现代特殊教育	1012	0.378	0.061	0.87	212	0.10	1.90	3.6	4
P05	现代职业教育	5819	0.266	0.035	0.90	635	0.50	5.60	1.9	7
P05	襄阳职业技术学院学报	507	0.391	0.189	0.97	267	0.20	2.40	3.4	5
P05	新疆广播电视大学学报	121	0.305	0.031	0.93	83	0.10	0.70	5.1	3
P05	新疆职业教育研究	234	0.421	0.048	0.97	140	0.20	1.20	4.1	3
P05	邢台职业技术学院学报	399	0.375	0.053	0.99	216	0.10	1.90	4.7	4
P05	烟台职业学院学报	268	0.357	0.041	1.00	118	0.10	1.00	5.3	4
P05	延安职业技术学院学报	582	0.441	0.150	0.99	262	0.20	2.30	3.9	5
P05	扬州职业大学学报	162	0.372	—	0.94	109	0.10	1.00	5.9	3
P05	杨凌职业技术学院学报	315	0.361	0.145	0.92	186	0.10	1.60	4.4	4
P05	岳阳职业技术学院学报	415	0.394	0.025	0.98	222	0.20	2.00	3.8	4
P05	云南开放大学学报	177	0.399	0.143	0.97	126	0.20	1.10	3.7	4
P05	张家口职业技术学院学报	181	0.333	0.037	0.99	118	0.10	1.00	3.9	4

学科代码	期刊名称	扩展总被引频次	扩展影响因子	扩展即年指标	扩展他引率	扩展引用刊数	扩展学科影响指标	扩展学科扩散指标	扩展被引半衰期	扩展H指标
P05	漳州职业技术学院学报	268	0.523	0.090	1.00	169	0.10	1.50	4.7	4
P05	职教论坛	8166	2.189	0.628	0.97	947	0.90	8.40	3.9	22
P05	职业技术教育	6452	1.829	0.200	0.94	895	0.90	7.90	4.5	17
P05	职业教育	1113	0.649	0.164	0.99	306	0.30	2.70	3.5	5
P05	职业教育研究	3112	1.126	0.293	0.99	630	0.70	5.60	6.6	8
P05	中国职业技术教育	9330	2.558	0.848	0.96	999	0.90	8.80	3.7	22
P05	终身教育研究	479	1.037	0.270	0.95	234	0.40	2.10	4.2	6
P07	Journal of Sport And Health Science	117	0.190	0.309	0.72	63	0.40	1.40	3.3	3
P07	安徽体育科技	678	0.451	0.119	0.99	188	0.80	4.20	8.0	5
P07	北京体育大学学报	7550	2.367	0.598	0.94	834	0.90	18.50	7.3	15
P07	冰雪运动	2023	3.374	0.516	0.35	154	0.50	3.40	3.4	9
P07	成都体育学院学报	2628	1.512	0.344	0.97	436	0.90	9.70	7.3	8
P07	当代体育科技	10235	0.519	0.106	0.84	614	0.90	13.60	3.0	15
P07	福建体育科技	586	0.469	0.117	0.97	180	0.70	4.00	7.1	4
P07	广州体育学院学报	1909	1.121	0.385	0.96	393	0.90	8.70	6.1	8
P07	哈尔滨体育学院学报	1061	0.867	0.479	0.90	244	0.90	5.40	7.0	5
P07	河北体育学院学报	748	0.955	0.312	0.88	196	0.80	4.40	5.1	5
P07	湖北体育科技	1532	0.629	0.194	0.94	290	0.80	6.40	5.9	7
P07	吉林体育学院学报	1066	0.721	0.234	0.99	289	0.90	6.40	7.5	5
P07	辽宁体育科技	848	0.455	0.135	0.96	218	0.80	4.80	7.6	5
P07	青少年体育	1511	0.583	0.211	0.97	206	0.70	4.60	2.4	7
P07	拳击与格斗	111	0.051	0.009	0.92	36	0.10	0.80	1.9	2
P07	山东体育科技	818	0.554	0.107	0.98	218	0.90	4.80	6.2	6
P07	山东体育学院学报	1715	1.104	0.056	0.98	370	0.90	8.20	7.7	8
P07	上海体育学院学报	2698	2.301	0.778	0.97	393	0.90	8.70	7.2	12
P07	少林与太极	74	0.231	0.067	1.00	37	0.30	0.80	5.6	2
P07	沈阳体育学院学报	1954	1.447	0.531	0.94	377	0.90	8.40	6.7	7
P07	首都体育学院学报	1782	1.238	0.685	0.98	376	0.90	8.40	7.4	8
P07	四川体育科学	952	0.491	0.139	0.98	269	0.80	6.00	5.7	6
P07	体育成人教育学刊	825	0.789	0.431	0.92	218	0.90	4.80	5.4	6
P07	体育教学	858	0.182	0.084	0.93	161	0.70	3.60	5.9	5
P07	体育科技	1199	0.474	0.136	0.96	277	0.80	6.20	3.7	6

学科代码	期刊名称	扩展总被引频次	扩展影响因子	扩展即年指标	扩展他引率	扩展引用刊数	扩展学科影响指标	扩展学科扩散指标	扩展被引半衰期	扩展H指标
P07	体育科技文献通报	2497	0.568	0.275	0.94	390	0.90	8.70	3.5	8
P07	体育科学	5149	3.933	1.154	0.97	717	0.90	15.90	6.4	17
P07	体育科学研究	537	0.455	0.076	0.96	179	0.80	4.00	7.7	4
P07	体育科研	878	0.407	0.047	0.98	262	0.90	5.80	8.1	5
P07	体育师友	410	0.256	0.081	0.98	107	0.40	2.40	5.3	3
P07	体育时空	934	0.068	0.010	0.88	162	0.40	3.60	2.6	3
P07	体育文化导刊	4763	1.192	0.537	0.93	561	0.90	12.50	5.2	13
P07	体育学刊	3828	2.256	0.703	0.96	531	0.90	11.80	7.0	11
P07	体育研究与教育	966	0.611	0.219	0.98	246	0.90	5.50	7.2	5
P07	体育与科学	2445	1.835	0.808	0.97	444	0.90	9.90	7.1	9
P07	天津体育学院学报	1753	1.230	0.089	0.94	341	0.90	7.60	8.1	9
P07	武汉体育学院学报	4016	2.368	0.525	0.96	592	0.90	13.20	6.0	12
P07	武术研究	1356	0.361	0.157	0.87	253	0.70	5.60	4.4	4
P07	西安体育学院学报	2075	1.508	0.426	0.97	385	0.90	8.60	7.7	9
P07	浙江体育科学	1048	0.738	0.211	0.97	275	0.80	6.10	6.9	6
P07	中国体育教练员	304	0.318	0.104	0.94	84	0.70	1.90	6.9	4
P07	中国体育科技	2684	1.814	0.292	0.97	492	0.90	10.90	7.6	10
P07	中国运动医学杂志	2217	1.162	0.139	0.95	611	0.90	13.60	5.7	9
Q07	内蒙古统计	147	0.137	0.052	0.99	92	0.40	13.10	4.2	2
Q07	统计科学与实践	336	0.205	0.063	0.97	218	0.60	31.10	5.9	4
Q07	统计研究	4140	2.195	0.198	0.96	1118	0.90	159.70	6.3	16
Q07	统计与管理	1676	0.431	0.069	0.98	525	0.30	75.00	2.7	7
Q07	统计与决策	7439	0.827	0.158	0.94	1789	0.90	255.60	5.0	11
Q07	统计与信息论坛	1874	1.293	0.250	0.89	850	0.90	121.40	4.9	9
Q07	统计与咨询	192	0.182	0.070	0.96	119	0.30	17.00	4.9	3

6　2018年中国科技期刊来源指标

按类刊名字顺索引

学科代码	期刊名称	来源文献量	文献选出率	平均引文数	平均作者数	地区分布数	机构分布数	海外论文比	基金论文比	引用半衰期
A01	Chinese Science Bulletin	261	0.96	40.0	6.4	23	147	0.123	0.854	5.4
A01	High Technology Letters	57	1.00	17.5	3.9	13	34	—	1.000	6.9
A01	Journal of Systems Science and Systems Engineering	40	0.87	36.4	3.4	9	31	0.325	0.825	9.3
A01	National Science Review	126	0.89	40.9	4.2	14	14	0.440	0.440	6.1
A01	Progress in Natural Science Materials International	102	0.94	39.4	5.7	18	72	0.235	0.961	5.9
A01	Research	19	0.90	51.4	6.8	7	18	0.421	0.947	6.0
A01	Science Foundation in China	14	0.09	101.4	3.7	8	11	—	0.857	5.8
A01	安徽科技	226	0.97	1.8	1.6	6	113	—	0.075	5.8
A01	创新科技	292	1.00	7.3	1.9	26	142	—	0.630	4.8
A01	大众科技	586	0.99	9.8	2.9	25	242	0.003	0.454	5.9
A01	大自然	108	0.96	0.0	1.5	24	67	0.028	0.037	—
A01	电大理工	108	0.98	4.8	1.2	17	49	—	0.296	5.1
A01	福建分析测试	73	0.97	11.1	2.4	12	52	0.014	0.466	8.2
A01	甘肃科技	1322	0.92	6.3	1.8	29	616	0.001	0.182	6.2
A01	甘肃科技纵横	344	0.61	8.2	1.8	23	203	—	0.201	5.1
A01	甘肃科学学报	165	0.95	13.0	2.8	18	61	0.000	0.540	6.6
A01	高技术通讯	114	1.00	19.4	3.9	21	54	0.010	0.930	5.5
A01	高科技与产业化	129	0.92	0.0	1.6	20	109	0.016	0.023	—
A01	广东科技	70	1.00	0.0	2.2	4	39	—	0.271	—
A01	广西科学	96	0.95	24.2	4.8	11	34	0.010	0.890	8.4
A01	广西科学院学报	51	0.98	19.4	4.3	10	32	—	0.902	8.5
A01	贵州科学	117	0.94	13.7	4.1	7	48	—	0.752	9.8
A01	杭州科技	35	1.00	0.0	1.4	3	21	—	0.086	—
A01	河北省科学院学报	53	0.97	10.2	2.6	6	25	—	0.340	7.2
A01	河南科学	320	1.00	21.5	3.6	22	129	0.010	0.900	7.5
A01	黑龙江科学	1851	1.00	5.7	1.6	30	886	0.001	0.247	5.5
A01	江苏科技信息	846	0.87	6.2	2.0	29	474	—	0.391	5.2
A01	江西科学	206	0.93	12.9	3.2	17	97	—	0.762	7.9
A01	今日科技	92	0.96	1.3	1.5	5	53	—	0.076	3.4
A01	科技传播	2014	0.92	4.3	1.3	31	1290	0.005	0.062	3.5
A01	科技创新导报	4537	0.93	4.2	1.8	31	2783	0.001	0.145	4.4

学科代码	期刊名称	来源文献量	文献选出率	平均引文数	平均作者数	地区分布数	机构分布数	海外论文比	基金论文比	引用半衰期
A01	科技创新发展战略研究	69	0.90	6.9	2.2	5	31	—	0.681	5.7
A01	科技创新与品牌	88	1.00	1.6	1.6	24	71	0.011	0.023	7.4
A01	科技创新与生产力	491	0.95	5.5	2.1	29	254	0.002	0.356	6.0
A01	科技促进发展	151	0.85	15.4	2.7	23	76	—	0.821	5.9
A01	科技导报	302	0.95	29.0	3.1	24	198	0.050	0.580	5.4
A01	科技风	7506	0.94	3.3	1.5	31	4229	0.001	0.112	4.7
A01	科技通报	687	0.99	12.6	2.8	29	413	0.000	0.480	6.8
A01	科技与创新	1879	0.95	4.1	1.9	31	1271	0.001	0.150	5.7
A01	科技与经济	132	0.44	12.5	2.3	19	72	—	0.818	6.6
A01	科技中国	230	0.91	0.1	1.9	13	73	0.070	0.183	—
A01	科技资讯	5166	0.99	4.1	1.6	31	2813	0.002	0.202	4.2
A01	科技纵览	127	1.00	0.0	3.1	18	86	0.008	0.787	—
A01	科学(上海)	84	0.96	7.4	1.6	13	51	0.048	0.190	10.1
A01	科学大众(科学教育)	2056	0.99	2.6	1.2	31	1141	0.001	0.144	5.3
A01	科学技术创新	4294	1.00	4.0	1.7	31	2606	0.002	0.099	4.8
A01	科学通报	380	0.99	50.6	4.2	26	187	0.050	0.720	7.2
A01	内江科技	1055	0.95	4.7	1.9	30	505	0.009	0.278	6.9
A01	内蒙古科技与经济	1922	1.00	4.9	1.6	30	875	0.001	0.187	6.1
A01	前沿科学	66	0.96	3.5	2.3	12	37	—	0.045	12.6
A01	青海科技	99	0.98	8.1	3.4	5	51	—	0.323	7.9
A01	山东科学	111	0.98	15.7	4.3	12	48	0.010	0.840	6.6
A01	山西科技	259	1.00	5.2	2.0	25	161	—	0.263	7.3
A01	石河子科技	115	0.92	5.1	1.7	16	63	—	0.043	9.2
A01	实验科学与技术	254	0.28	13.0	3.4	27	126	—	0.846	6.3
A01	实验室科学	400	0.88	11.4	3.5	27	174	—	0.785	5.2
A01	天津科技	363	0.61	6.8	2.6	18	197	—	0.179	6.8
A01	通讯世界	2584	0.94	3.8	1.3	31	1493	0.002	0.029	3.4
A01	武夷科学	23	0.89	22.4	3.8	2	11	0.087	0.739	9.5
A01	厦门科技	86	0.97	3.3	1.6	7	49	—	0.081	7.1
A01	现代班组	135	0.99	0.0	1.2	23	98	—	—	—
A01	阴山学刊(自然科学版)	176	0.98	8.3	2.1	14	55	—	0.659	7.1
A01	中国发明与专利	265	0.97	9.2	1.8	18	115	—	0.245	12.6
A01	中国高校科技	452	0.95	4.8	1.7	27	265	0.002	0.529	4.7

学科代码	期刊名称	来源文献量	文献选出率	平均引文数	平均作者数	地区分布数	机构分布数	海外论文比	基金论文比	引用半衰期
A01	中国高新科技	737	1.00	4.4	1.8	30	572	0.001	0.073	5.4
A01	中国基础科学	66	0.99	21.8	4.5	17	44	0.000	0.730	6.2
A01	中国科技论文	485	0.86	17.4	3.9	30	194	0.006	0.944	6.5
A01	中国科技史杂志	44	0.92	35.2	1.7	12	23	0.068	0.500	60.5
A01	中国科技术语	91	0.90	14.1	1.6	16	63	0.033	0.341	17.1
A01	中国科技信息	941	0.93	0.0	2.3	30	474	0.003	0.241	—
A01	中国科学基金	92	0.95	18.0	3.8	18	56	0.040	0.270	5.6
A01	中国科学院院刊	150	0.95	21.8	3.5	20	74	0.030	0.710	4.2
A01	中国西部	85	0.98	12.5	1.8	16	51	—	0.447	8.7
A01	自然科学史研究	39	0.89	45.2	1.5	13	22	0.026	0.564	72.1
A01	自然杂志	63	0.83	19.1	2.7	11	35	0.080	0.300	8.9
A02	Journal of Zhejiang University Science A: Applied Physics & Engineering	71	0.92	36.5	4.2	14	21	0.280	0.720	8.1
A02	Wuhan University Journal of Natural Sciences	74	0.99	22.4	3.5	16	38	0.010	0.880	7.8
A02	安徽大学学报(自然科学版)	89	1.00	27.6	2.9	23	56	0.030	0.780	6.9
A02	安徽科技学院学报	140	0.98	13.2	3.6	7	48	—	0.986	7.0
A02	宝鸡文理学院学报(自然科学版)	60	0.94	18.0	2.7	14	27	0.017	0.817	7.8
A02	北华大学学报(自然科学版)	173	1.00	14.5	3.6	17	72	0.010	0.750	5.9
A02	北京城市学院学报	121	0.99	7.2	1.8	23	78	—	0.760	7.1
A02	北京大学学报(自然科学版)	148	1.00	27.4	4.2	11	33	0.040	0.770	9.7
A02	北京电子科技学院学报	49	0.92	12.6	2.6	5	11	—	0.408	7.3
A02	北京联合大学学报(自然科学版)	58	0.98	15.6	2.6	15	28	—	0.621	7.2
A02	渤海大学学报(自然科学版)	57	0.93	17.1	3.5	7	10	0.020	0.930	6.6
A02	长春大学学报(自然科学版)	163	0.98	7.0	1.4	22	99	—	0.902	6.2
A02	长江大学学报(自科版)	481	0.68	11.8	3.2	24	234	—	0.561	7.0
A02	常州大学学报(自然科学版)	76	0.96	19.2	4.5	10	16	0.013	0.829	7.0
A02	成都大学学报(自然科学版)	104	0.99	11.9	4.3	6	25	—	0.702	7.1
A02	赤峰学院学报(自然科学版)	743	0.90	7.1	2.1	26	209	0.011	0.598	6.7
A02	重庆工商大学学报(自然科学版)	121	0.99	13.3	2.4	13	49	0.008	0.901	8.0
A02	重庆科技学院学报(自然科学版)	164	0.98	9.9	3.5	22	99	—	0.994	8.2
A02	重庆理工大学学报(自然科学版)	403	0.98	15.7	3.4	28	127	0.010	0.800	6.5
A02	德州学院学报	133	0.27	13.1	1.8	19	70	0.015	0.489	14.4
A02	佛山科学技术学院学报(自然科学版)	111	0.99	10.2	2.9	9	59	—	0.640	7.7

学科代码	期刊名称	来源文献量	文献选出率	平均引文数	平均作者数	地区分布数	机构分布数	海外论文比	基金论文比	引用半衰期
A02	福州大学学报(自然科学版)	137	0.82	16.3	3.8	8	26	0.000	0.910	7.8
A02	复旦学报(自然科学版)	91	1.00	24.1	3.8	15	37	0.000	0.690	8.6
A02	广西大学学报(自然科学版)	293	0.73	16.4	4.3	22	68	0.010	0.970	7.1
A02	广西民族大学学报(自然科学版)	78	0.97	14.6	2.1	12	39	—	0.731	11.5
A02	广州大学学报(自然科学版)	87	0.96	18.1	3.4	5	13	0.011	0.805	7.8
A02	贵阳学院学报(自然科学版)	107	1.00	9.5	2.1	11	39	—	0.664	6.5
A02	贵州大学学报(自然科学版)	130	0.98	15.6	3.3	14	34	0.020	0.810	8.0
A02	哈尔滨商业大学学报(自然科学版)	159	0.96	16.1	3.8	17	48	—	0.730	7.0
A02	海南大学学报(自然科学版)	51	0.99	17.0	4.4	10	13	0.040	0.920	6.5
A02	合肥学院学报(综合版)	168	0.96	11.7	1.8	17	71	0.006	0.726	9.5
A02	河北北方学院学报(自然科学版)	189	0.97	12.8	3.4	13	68	0.011	0.481	6.3
A02	河北大学学报(自然科学版)	93	0.94	20.8	4.3	10	20	0.000	0.920	6.9
A02	河北科技大学学报	74	0.83	28.5	4.1	18	29	0.030	0.960	6.9
A02	河南大学学报(自然科学版)	85	0.97	23.6	4.3	13	29	0.000	0.960	7.5
A02	河南教育学院学报(自然科学版)	83	1.00	9.2	1.8	16	41	—	0.892	6.8
A02	河南科技大学学报(自然科学版)	111	0.98	17.1	3.8	20	37	0.000	0.980	5.5
A02	河南科技学院学报(自然科学版)	75	1.00	19.3	4.1	13	35	—	0.907	6.9
A02	黑龙江大学自然科学学报	96	0.92	21.8	3.5	21	44	0.000	0.980	6.4
A02	湖北大学学报(自然科学版)	116	1.00	16.4	4.2	14	34	0.030	0.790	7.7
A02	湖北科技学院学报	199	0.76	9.6	1.5	23	98	—	0.447	10.6
A02	湖北民族学院学报(自然科学版)	101	1.00	14.5	3.0	17	43	—	0.881	7.4
A02	湖北文理学院学报	193	0.96	14.4	1.6	26	108	—	0.461	11.3
A02	湖南工程学院学报(自然科学版)	79	1.00	9.5	3.1	7	17	—	0.734	7.6
A02	湖南科技学院学报	652	0.90	6.2	1.4	26	225	0.011	0.475	8.7
A02	湖南文理学院学报(自然科学版)	84	1.00	13.0	3.6	15	52	0.012	0.655	7.2
A02	华北理工大学学报(自然科学版)	75	0.99	10.1	3.4	2	6	—	0.573	7.7
A02	华北水利水电大学学报(自然科学版)	92	0.96	17.0	3.6	19	49	0.011	0.913	7.0
A02	华侨大学学报(自然科学版)	150	1.00	18.0	3.6	16	32	0.000	0.980	6.9
A02	怀化学院学报	337	0.90	11.4	1.7	25	152	0.003	0.582	10.1
A02	黄山学院学报	193	0.98	8.5	1.8	16	67	0.010	0.699	9.2
A02	惠州学院学报	146	0.92	12.2	2.0	22	68	—	0.616	9.5
A02	吉林大学学报(理学版)	253	1.00	14.7	3.1	23	100	0.010	0.950	7.0
A02	吉首大学学报(自然科学版)	115	0.97	11.6	3.1	19	65	0.009	0.852	7.7

学科代码	期刊名称	来源文献量	文献选出率	平均引文数	平均作者数	地区分布数	机构分布数	海外论文比	基金论文比	引用半衰期
A02	集美大学学报(自然科学版)	71	0.96	17.0	3.9	7	15	—	0.944	7.4
A02	济南大学学报(自然科学版)	83	0.94	16.7	3.8	20	47	0.000	0.980	8.8
A02	暨南大学学报(自然科学与医学版)	77	0.11	21.9	4.8	12	44	0.010	0.920	6.4
A02	佳木斯大学学报(自然科学版)	265	1.00	8.3	2.7	22	118	0.004	0.675	6.9
A02	嘉兴学院学报	134	0.96	14.2	1.6	18	51	—	0.515	12.9
A02	嘉应学院学报	213	1.00	12.3	1.8	22	95	0.005	0.667	10.5
A02	江汉大学学报(自然科学版)	88	0.99	19.7	3.2	10	34	—	0.727	5.9
A02	金陵科技学院学报	84	0.91	9.2	3.2	8	25	—	0.857	6.9
A02	井冈山大学学报(自然科学版)	121	0.89	14.9	3.3	18	72	—	0.760	6.8
A02	九江学院学报(自然科学版)	137	0.87	7.7	2.1	16	87	0.036	0.708	6.3
A02	昆明理工大学学报(自然科学版)	113	0.97	21.2	4.5	14	32	0.000	0.890	7.7
A02	兰州大学学报(自然科学版)	118	1.00	27.5	4.6	17	41	0.020	0.950	9.2
A02	丽水学院学报	129	0.91	13.2	2.1	7	31	—	0.581	9.5
A02	辽东学院学报(自然科学版)	54	0.98	9.8	2.7	11	23	—	0.481	8.6
A02	辽宁大学学报(自然科学版)	60	0.97	18.3	4.1	5	15	0.033	0.833	6.8
A02	辽宁工程技术大学学报(自然科学版)	149	0.96	14.9	3.6	13	39	0.010	0.850	7.2
A02	辽宁科技学院学报	259	0.95	5.0	1.9	21	114	0.031	0.776	4.9
A02	辽宁师专学报(自然科学版)	125	1.00	5.2	1.7	17	52	—	0.344	5.4
A02	聊城大学学报(自然科学版)	64	0.83	24.9	4.5	10	15	—	1.000	6.5
A02	鲁东大学学报(自然科学版)	57	0.99	20.6	3.6	2	8	—	1.000	8.6
A02	闽江学院学报	91	0.89	13.6	1.8	8	33	0.022	0.692	11.3
A02	内蒙古大学学报(自然科学版)	100	0.97	16.7	3.3	16	39	0.030	0.880	9.2
A02	内蒙古民族大学学报(自然科学版)	110	1.00	16.0	3.7	12	30	—	0.955	6.4
A02	内蒙古农业大学学报(自然科学版)	91	0.97	19.1	3.9	23	52	—	0.890	7.4
A02	南昌大学学报(理科版)	104	0.99	18.2	3.8	16	39	0.000	0.930	7.0
A02	南华大学学报(自然科学版)	94	0.99	16.2	4.1	11	22	—	0.755	5.7
A02	南京大学学报(自然科学版)	120	1.00	25.2	4.1	23	61	0.020	0.900	9.0
A02	南京体育学院学报	126	1.00	22.6	2.3	24	84	—	0.659	7.9
A02	南开大学学报(自然科学版)	106	1.00	15.5	3.8	14	35	0.000	0.810	8.6
A02	南通大学学报(自然科学版)	63	0.99	17.1	3.1	8	22	—	0.841	6.8
A02	宁波大学学报(理工版)	123	0.96	17.8	3.9	9	22	0.020	0.840	7.4
A02	宁夏大学学报(自然科学版)	68	0.93	14.8	3.0	17	34	0.010	0.820	8.8
A02	攀枝花学院学报	134	0.97	10.9	1.8	17	87	0.022	0.478	9.0

学科代码	期刊名称	来源文献量	文献选出率	平均引文数	平均作者数	地区分布数	机构分布数	海外论文比	基金论文比	引用半衰期
A02	萍乡学院学报	152	0.99	10.3	1.8	19	78	0.007	0.599	9.6
A02	莆田学院学报	125	0.97	12.8	1.8	9	40	0.536	0.768	9.3
A02	齐齐哈尔大学学报(自然科学版)	121	0.96	9.3	2.8	17	59	0.017	0.760	6.4
A02	青岛大学学报(自然科学版)	102	0.25	15.4	2.9	10	22	—	0.755	8.8
A02	青岛科技大学学报(自然科学版)	106	0.69	16.2	3.4	6	9	0.010	0.900	7.2
A02	青海大学学报(自然科学版)	97	0.97	14.6	4.0	3	24	—	0.804	8.8
A02	山东大学学报(理学版)	141	0.92	17.2	2.9	27	92	0.000	0.910	8.1
A02	山西大同大学学报(自然科学版)	164	0.86	9.1	2.4	14	40	—	0.476	7.8
A02	山西大学学报(自然科学版)	119	0.91	20.5	3.5	11	34	0.000	0.960	7.7
A02	陕西科技大学学报	176	0.71	18.6	4.4	9	20	0.000	0.940	6.1
A02	汕头大学学报(自然科学版)	35	0.99	17.6	2.5	8	12	—	0.743	8.3
A02	上海大学学报(自然科学版)	104	0.97	18.0	3.7	4	12	0.020	0.800	8.0
A02	上海理工大学学报	87	0.27	16.7	3.4	2	11	0.010	0.760	7.7
A02	邵阳学院学报(自然科学版)	98	0.95	15.1	2.9	16	42	—	0.776	5.8
A02	沈阳大学学报(自然科学版)	90	0.95	14.6	3.4	11	33	0.000	0.780	6.5
A02	石河子大学学报(自然科学版)	124	0.84	19.6	5.3	10	18	0.000	0.950	6.7
A02	四川大学学报(自然科学版)	213	0.94	18.7	3.7	26	100	0.000	0.830	7.8
A02	苏州科技大学学报(自然科学版)	59	0.91	18.4	3.1	6	11	—	0.983	9.4
A02	宿州学院学报	356	0.67	12.0	1.8	19	114	—	0.660	8.2
A02	塔里木大学学报	64	0.89	16.7	3.8	6	10	—	0.906	9.8
A02	台州学院学报	110	0.96	11.5	1.9	14	45	0.018	0.545	11.4
A02	泰山学院学报	139	0.90	13.7	1.4	23	83	0.014	0.360	14.1
A02	皖西学院学报	204	0.97	12.1	2.0	13	68	0.010	0.765	10.3
A02	温州大学学报(自然科学版)	34	0.96	12.4	2.7	6	8	—	0.559	10.0
A02	五邑大学学报(自然科学版)	51	0.93	10.6	2.7	9	23	—	0.608	6.9
A02	武汉大学学报(理学版)	68	0.95	27.1	3.9	14	35	0.010	0.900	6.4
A02	西安文理学院学报(自然科学版)	161	1.00	9.1	1.7	15	88	0.006	0.584	6.7
A02	西北大学学报(自然科学版)	121	0.97	22.2	4.2	17	56	0.050	0.930	7.8
A02	西北民族大学学报(自然科学版)	74	0.98	14.6	3.4	13	25	—	0.770	6.6
A02	西昌学院学报(自然科学版)	121	0.93	11.0	2.4	14	80	0.017	0.793	6.0
A02	西南大学学报(自然科学版)	294	1.00	18.7	4.0	28	118	0.000	0.980	7.8
A02	西南民族大学学报(自然科学版)	98	0.99	20.3	3.2	14	24	0.000	0.890	7.0
A02	厦门大学学报(自然科学版)	124	0.31	25.6	3.9	14	32	0.000	0.880	8.3

学科代码	期刊名称	来源文献量	文献选出率	平均引文数	平均作者数	地区分布数	机构分布数	海外论文比	基金论文比	引用半衰期
A02	湘潭大学自然科学学报	140	0.99	13.5	3.2	25	80	0.020	0.770	5.9
A02	新疆大学学报(自然科学版)	80	0.99	19.3	3.4	15	34	—	1.000	7.4
A02	新乡学院学报	228	1.00	9.8	1.6	25	122	0.009	0.482	10.3
A02	烟台大学学报(自然科学与工程版)	58	0.97	21.9	3.7	12	17	—	0.862	11.6
A02	延安大学学报(自然科学版)	115	0.89	10.7	2.9	2	11	—	0.635	7.4
A02	延边大学学报(自然科学版)	73	0.93	12.1	2.5	7	18	0.068	0.644	6.6
A02	盐城工学院学报(自然科学版)	57	0.94	10.4	2.8	16	40	—	0.421	7.1
A02	扬州大学学报(自然科学版)	66	1.00	11.8	3.6	14	35	0.080	0.980	4.6
A02	宜春学院学报	319	0.99	12.1	1.9	27	155	0.019	0.611	9.4
A02	云南大学学报(自然科学版)	152	0.55	23.8	4.6	25	73	0.000	0.870	8.1
A02	云南民族大学学报(自然科学版)	98	0.94	15.6	3.6	17	38	0.000	0.830	7.0
A02	浙江大学学报(理学版)	105	0.91	19.3	3.1	21	59	0.010	0.850	8.5
A02	浙江科技学院学报	86	1.00	17.3	2.6	4	11	—	0.826	5.5
A02	浙江理工大学学报(自然科学版)	120	1.00	19.3	3.9	1	3	—	0.758	6.6
A02	浙江万里学院学报	130	0.98	9.5	1.9	13	36	—	0.608	7.4
A02	镇江高专学报	131	1.00	10.4	1.5	19	64	—	0.450	9.6
A02	郑州大学学报(理学版)	84	0.95	16.6	3.5	20	48	0.020	0.890	7.0
A02	中北大学学报(自然科学版)	130	0.96	15.9	3.3	16	58	—	0.754	6.8
A02	中国传媒大学学报(自然科学版)	80	0.34	13.5	2.3	7	14	—	0.262	9.9
A02	中国科学技术大学学报	123	0.93	23.6	3.5	19	58	0.020	0.800	7.1
A02	中国科学院大学学报	114	0.94	22.0	3.7	16	44	0.030	0.890	8.6
A02	中国人民公安大学学报(自然科学版)	83	1.00	11.9	2.3	11	23	—	0.639	7.0
A02	中南民族大学学报(自然科学版)	120	0.99	14.8	3.8	14	27	0.000	0.930	6.4
A02	中山大学学报(自然科学版)	123	0.96	21.6	3.8	20	64	0.000	0.930	9.2
A02	中央民族大学学报(自然科学版)	61	0.92	13.2	2.6	13	28	—	0.754	8.4
A03	安徽师范大学学报(自然科学版)	105	0.98	17.6	2.8	20	60	0.000	0.850	8.9
A03	安庆师范大学学报(自然科学版)	123	1.00	11.1	2.6	9	45	—	0.813	6.9
A03	北京师范大学学报(自然科学版)	110	0.88	26.6	4.3	15	28	0.000	0.930	8.8
A03	长春师范大学学报(人文社会科学版)	319	0.98	8.1	1.3	26	182	0.006	0.608	11.3
A03	长春师范大学学报(自然科学版)	298	1.00	8.5	2.2	23	144	0.013	0.648	6.5
A03	重庆师范大学学报(社会科学版)	91	0.99	15.3	1.4	14	35	—	0.648	18.3
A03	重庆师范大学学报(自然科学版)	131	0.95	19.4	3.3	20	52	0.010	0.920	9.3
A03	东北师大学报(哲学社会科学版)	191	1.00	16.4	1.6	19	61	0.010	0.984	14.9

学科代码	期刊名称	来源文献量	文献选出率	平均引文数	平均作者数	地区分布数	机构分布数	海外论文比	基金论文比	引用半衰期
A03	东北师大学报(自然科学版)	110	1.00	15.2	3.4	22	62	0.000	0.950	8.3
A03	福建师范大学学报(自然科学版)	95	1.00	20.5	3.9	10	26	0.010	0.940	8.1
A03	阜阳师范学院学报(自然科学版)	95	0.80	14.6	3.0	9	38	—	0.989	6.8
A03	广西师范大学学报(哲学社会科学版)	113	0.98	20.3	1.4	24	70	—	0.788	19.3
A03	广西师范大学学报(自然科学版)	84	0.95	19.7	4.1	15	37	0.000	0.920	7.3
A03	贵州师范大学学报(社会科学版)	109	0.97	21.8	1.3	20	71	0.009	0.761	15.0
A03	贵州师范大学学报(自然科学版)	120	0.97	20.8	3.8	16	35	0.000	0.830	7.2
A03	哈尔滨师范大学自然科学学报	119	0.93	12.8	2.9	14	36	—	0.697	6.5
A03	海南师范大学学报(社会科学版)	125	1.00	23.2	1.2	23	68	0.016	0.424	37.6
A03	海南师范大学学报(自然科学版)	69	0.97	20.5	3.8	12	22	—	0.957	8.2
A03	杭州师范大学学报(社会科学版)	104	0.98	25.0	1.1	13	47	0.106	0.577	20.3
A03	杭州师范大学学报(自然科学版)	112	0.37	17.7	4.0	13	33	0.000	0.740	7.9
A03	河北师范大学学报(哲学社会科学版)	116	0.94	21.7	1.2	22	70	0.009	0.517	26.4
A03	河北师范大学学报(自然科学版)	79	1.00	17.1	3.3	17	54	0.000	0.860	8.0
A03	河南师范大学学报(自然科学版)	116	0.78	19.8	3.7	21	62	0.010	0.910	7.0
A03	湖北第二师范学院学报	342	1.00	9.7	1.5	24	182	0.026	0.579	9.7
A03	湖北师范大学学报(自然科学版)	129	0.91	8.0	2.4	9	65	—	0.318	5.9
A03	湖南师范大学自然科学学报	84	0.62	19.0	3.8	17	50	0.000	0.860	7.0
A03	华东师范大学学报(自然科学版)	105	1.00	25.8	3.8	15	36	0.030	0.870	7.1
A03	华南师范大学学报(自然科学版)	118	1.00	24.3	4.2	13	32	0.010	0.950	8.2
A03	华中师范大学学报(自然科学版)	124	0.99	20.8	3.9	25	79	0.010	0.910	7.2
A03	淮北师范大学学报(哲学社会科学版)	126	0.89	17.1	1.3	17	64	—	0.738	15.5
A03	淮北师范大学学报(自然科学版)	76	0.97	12.8	3.0	9	30	—	0.908	7.8
A03	淮阴师范学院学报(自然科学版)	85	0.98	8.6	2.1	13	40	0.012	0.694	8.3
A03	吉林师范大学学报(人文社会科学版)	107	0.97	17.4	1.6	19	62	0.075	0.822	21.8
A03	吉林师范大学学报(自然科学版)	101	1.00	16.4	3.8	14	32	—	1.000	8.0
A03	江苏师范大学学报(哲学社会科学版)	124	0.99	24.0	1.5	18	76	0.032	0.629	22.7
A03	江苏师范大学学报(自然科学版)	66	0.73	16.7	3.7	9	27	—	0.894	7.7
A03	江西师范大学学报(哲学社会科学版)	121	0.72	19.4	1.7	21	59	—	0.843	15.8
A03	江西师范大学学报(自然科学版)	109	0.89	21.7	3.7	22	51	0.010	0.920	7.5
A03	廊坊师范学院学报(自然科学版)	122	1.00	9.9	2.7	20	69	0.025	0.828	6.4
A03	辽宁师范大学学报(社会科学版)	124	0.91	22.0	1.7	18	47	—	0.702	11.2
A03	辽宁师范大学学报(自然科学版)	82	0.90	17.9	3.5	4	16	—	0.793	8.1

学科代码	期刊名称	来源文献量	文献选出率	平均引文数	平均作者数	地区分布数	机构分布数	海外论文比	基金论文比	引用半衰期
A03	闽南师范大学学报(自然科学版)	77	0.92	13.3	2.3	4	18	—	0.727	6.4
A03	牡丹江师范学院学报(自然科学版)	82	0.92	7.7	2.6	17	47	—	0.988	7.1
A03	内蒙古师范大学学报(哲学社会科学版)	163	0.94	10.4	1.3	19	81	0.037	0.423	15.6
A03	内蒙古师范大学学报(自然科学汉文版)	116	1.00	10.0	2.1	24	70	0.000	0.840	8.2
A03	南京师大学报(社会科学版)	109	0.67	27.7	1.3	16	54	0.028	0.780	20.0
A03	南京师大学报(自然科学版)	91	0.99	19.3	3.7	14	41	0.000	0.920	7.8
A03	南京师范大学学报(工程技术版)	50	0.98	16.7	4.5	6	18	—	0.780	6.1
A03	宁德师范学院学报(自然科学版)	81	0.98	10.8	2.6	7	39	0.012	0.778	7.8
A03	青海师范大学学报(自然科学版)	78	0.96	8.7	2.2	16	44	—	0.551	7.5
A03	曲阜师范大学学报(自然科学版)	92	0.93	15.4	2.8	17	51	—	0.750	7.8
A03	山东师范大学学报(人文社会科学版)	79	0.99	39.2	1.3	10	31	0.025	0.747	19.5
A03	山西师大学报(社会科学版)	124	0.97	16.6	1.3	21	83	0.016	0.726	18.4
A03	山西师范大学学报(自然科学版)	83	0.90	13.4	2.4	10	34	0.012	0.590	8.9
A03	陕西师范大学学报(自然科学版)	108	0.71	22.0	3.4	17	45	0.010	0.990	8.1
A03	上海师范大学学报(自然科学版)	107	0.92	18.3	3.7	11	23	0.009	0.757	6.9
A03	沈阳师范大学学报(社会科学版)	145	0.96	12.9	1.6	17	52	0.048	0.759	15.1
A03	沈阳师范大学学报(自然科学版)	95	0.44	18.0	3.4	10	20	0.000	0.990	6.4
A03	首都师范大学学报(社会科学版)	131	0.94	41.2	1.3	20	66	0.038	0.595	36.8
A03	首都师范大学学报(自然科学版)	93	0.98	15.8	2.6	20	39	0.000	0.390	8.8
A03	四川师范大学学报(社会科学版)	136	0.97	27.1	1.4	23	60	0.007	0.647	17.8
A03	四川师范大学学报(自然科学版)	132	0.98	20.2	3.2	22	72	0.020	0.920	10.8
A03	太原师范学院学报(自然科学版)	89	0.92	8.0	1.8	10	43	—	0.506	8.5
A03	天津师范大学学报(社会科学版)	70	1.00	21.5	1.4	16	35	—	0.686	27.6
A03	天津师范大学学报(自然科学版)	94	0.96	18.0	4.4	6	8	0.000	0.770	7.5
A03	西北师大学报(社会科学版)	106	0.94	25.7	1.4	18	49	0.009	0.906	14.4
A03	西北师范大学学报(自然科学版)	126	0.93	19.2	3.5	22	59	0.000	0.940	8.5
A03	西华师范大学学报(哲学社会科学版)	124	1.00	19.9	1.3	21	56	0.008	0.621	24.0
A03	西华师范大学学报(自然科学版)	74	0.93	20.6	3.4	12	20	—	0.838	8.6
A03	西南师范大学学报(自然科学版)	368	0.98	14.4	2.9	26	196	0.010	0.670	6.5
A03	新疆师范大学学报(自然科学版)	32	0.89	13.5	3.0	8	11	—	0.750	8.3
A03	信阳师范学院学报(自然科学版)	130	0.98	16.2	3.8	21	64	0.000	0.980	6.5
A03	伊犁师范学院学报(自然科学版)	71	0.89	10.7	2.5	14	31	—	0.718	8.8
A03	云南师范大学学报(哲学社会科学版)	109	0.99	33.5	1.5	22	59	0.009	0.761	15.2

学科代码	期刊名称	来源文献量	文献选出率	平均引文数	平均作者数	地区分布数	机构分布数	海外论文比	基金论文比	引用半衰期
A03	云南师范大学学报(自然科学版)	81	1.00	15.0	4.2	7	21	0.000	0.850	8.1
A03	浙江师范大学学报(社会科学版)	103	0.96	19.3	1.4	18	43	—	0.777	20.8
A03	浙江师范大学学报(自然科学版)	71	0.99	20.3	4.0	1	6	—	0.944	8.1
B01	Acta Mathematica Scientia	122	0.99	27.3	2.2	17	68	0.340	0.650	12.8
B01	Acta Mathematica Sinica	123	0.94	22.8	2.2	22	79	0.370	0.600	15.9
B01	Acta Mathematicae Applicatae Sinica	71	0.95	21.5	2.7	19	58	0.130	0.890	13.8
B01	Analysis in Theory and Applications	30	1.00	16.4	2.1	6	30	0.700	0.200	14.4
B01	Applied Mathematics A Journal of Chinese Universities, B	32	1.00	27.0	2.8	12	28	0.281	0.781	11.8
B01	Applied Mathematics and Mechanics	122	0.91	34.5	3.3	19	85	0.369	0.779	8.8
B01	Chinese Annals of Mathematics, Series B	65	0.90	20.6	2.2	17	39	0.450	0.650	15.4
B01	Chinese Quarterly Journal of Mathematics	46	0.92	15.7	2.0	20	42	0.040	0.700	12.8
B01	Communications in Mathematical Research	39	0.93	16.3	2.3	17	36	0.026	0.949	12.8
B01	Frontiers of Mathematics in China	78	1.00	22.0	2.2	19	46	0.130	0.720	12.8
B01	Journal of Computational Mathematics	48	0.94	30.5	2.8	12	40	0.417	0.812	12.7
B01	Journal of Mathematical Research with Applications	60	0.91	17.1	2.1	24	52	0.067	0.967	12.7
B01	Journal of Mathematical Study	22	1.00	22.6	2.7	7	18	0.545	0.545	14.8
B01	Journal of Partial Differential Equations	24	0.86	22.3	2.0	10	23	0.208	0.500	11.1
B01	Journal of Systems Science and Complexity	100	0.99	28.1	2.9	23	68	0.120	0.920	9.4
B01	Numerical Mathematics Theory, Methods and Applications	44	0.98	30.4	2.6	15	37	0.341	0.818	11.8
B01	Science China (Mathematics)	136	0.93	27.3	2.3	23	99	0.265	0.919	12.7
B01	纯粹数学与应用数学	46	0.93	16.4	2.0	16	34	0.022	1.000	11.9
B01	大学数学	148	0.95	7.1	2.1	21	94	—	0.838	8.8
B01	高等数学研究	156	0.98	5.1	2.1	24	102	0.006	0.699	10.1
B01	高等学校计算数学学报	30	0.95	15.9	2.5	15	28	0.030	0.700	13.3
B01	高校应用数学学报 A 辑	49	0.96	16.1	2.6	21	42	0.000	0.940	10.7
B01	计算数学	30	0.99	29.9	2.4	13	26	0.030	0.870	10.9
B01	模糊系统与数学	134	0.93	16.6	2.3	26	88	0.000	0.870	10.8
B01	南京大学学报(数学半年刊)	9	0.96	16.9	1.8	4	9	0.111	0.889	13.5
B01	数理统计与管理	96	0.96	23.6	2.6	24	63	0.010	0.880	9.4
B01	数学大世界(上旬版)	1116	0.96	2.0	1.0	28	904	0.002	0.030	3.2

学科代码	期刊名称	来源文献量	文献选出率	平均引文数	平均作者数	地区分布数	机构分布数	海外论文比	基金论文比	引用半衰期
B01	数学大世界(下旬版)	1121	0.72	1.9	1.0	30	986	—	0.028	3.1
B01	数学大世界(中旬版)	1112	0.88	1.9	1.0	31	924	0.004	0.036	3.2
B01	数学的实践与认识	945	0.98	13.5	2.7	30	457	0.000	0.770	8.7
B01	数学教学通讯	1340	0.94	0.1	1.1	27	915	0.001	0.057	6.0
B01	数学教学研究	106	0.98	2.9	1.3	18	87	—	0.292	5.0
B01	数学教育学报	118	0.96	18.2	2.3	21	59	—	0.780	7.8
B01	数学进展	88	0.96	16.4	2.2	27	73	0.050	0.840	12.5
B01	数学年刊 A 辑	36	0.97	15.9	2.1	17	34	0.030	0.860	15.2
B01	数学通报	177	0.94	5.0	1.5	22	122	—	0.328	8.0
B01	数学物理学报	106	0.99	19.8	2.4	25	92	0.040	0.930	10.8
B01	数学学报	95	0.91	16.2	2.3	23	71	0.010	0.910	15.4
B01	数学杂志	116	1.00	15.0	2.4	29	78	0.030	0.720	12.0
B01	应用概率统计	49	0.86	19.4	2.4	20	44	0.040	0.710	12.5
B01	应用数学	107	0.86	15.6	2.4	25	80	0.010	0.850	11.2
B01	应用数学学报	67	0.85	18.6	2.4	25	56	0.060	0.880	11.7
B01	应用数学与计算数学学报	89	0.87	15.1	2.2	12	26	0.045	0.820	14.2
B01	运筹学学报	53	0.95	20.1	2.8	18	40	0.020	0.940	9.7
B01	运筹与管理	276	1.00	23.5	2.9	26	134	0.020	0.930	7.7
B01	中国科学(数学)	126	0.97	29.7	2.2	21	73	0.170	0.890	12.5
B02	Control Theory and Technology	30	0.91	28.3	2.6	7	25	0.633	0.500	8.8
B02	复杂系统与复杂性科学	43	1.00	24.3	3.9	19	33	0.000	0.930	7.0
B02	控制理论与应用	195	0.98	27.1	3.3	23	111	0.040	0.860	6.4
B02	控制与决策	277	0.99	24.6	3.4	26	138	0.020	0.920	6.3
B02	系统工程	201	0.95	25.0	2.8	27	115	0.010	0.900	6.8
B02	系统工程理论与实践	266	0.96	28.9	3.2	26	119	0.050	0.930	7.3
B02	系统工程学报	74	0.99	25.9	2.9	20	44	0.030	0.970	8.4
B02	系统管理学报	126	0.89	29.9	2.9	20	62	0.020	0.940	8.9
B02	系统科学与数学	103	0.94	23.0	2.7	22	69	0.010	0.870	8.6
B02	信息与控制	91	0.99	28.1	3.3	22	55	0.000	0.980	5.7
B02	中国科学(信息科学)	135	0.91	34.9	3.9	19	74	0.100	0.870	6.1
B03	Acta Mechanica Sinica	97	0.98	36.6	3.6	14	42	0.220	0.780	9.3
B03	Acta Mechanica Solida Sinica	56	1.00	33.8	3.8	18	41	0.036	0.946	9.9

学科代码	期刊名称	来源文献量	文献选出率	平均引文数	平均作者数	地区分布数	机构分布数	海外论文比	基金论文比	引用半衰期
B03	Journal of Rock Mechanics and Geotechnical Engineering	99	0.95	38.3	3.3	12	71	0.870	0.140	11.5
B03	Theoretical & Applied Mechanics Letters	60	0.92	28.3	3.0	13	44	0.350	0.767	8.4
B03	动力学与控制学报	79	0.96	16.2	3.1	19	53	0.000	0.780	9.3
B03	固体力学学报	52	0.87	41.8	3.7	14	38	0.020	0.880	9.4
B03	计算力学学报	116	1.00	18.6	3.5	25	64	0.020	0.830	9.5
B03	力学季刊	90	0.97	22.4	3.1	16	51	0.010	0.860	9.6
B03	力学进展	12	0.93	178.5	3.8	6	9	—	0.917	9.8
B03	力学学报	128	0.95	35.9	3.9	21	72	0.030	0.890	8.1
B03	力学与实践	135	0.63	11.7	2.8	23	77	0.020	0.410	10.0
B03	气体物理	42	0.94	28.0	4.1	10	28	0.095	0.786	10.2
B03	实验力学	113	0.99	18.0	4.3	23	72	0.020	0.930	8.9
B03	医用生物力学	92	0.95	23.7	4.5	17	57	0.020	0.870	7.9
B03	应用力学学报	209	0.88	15.7	3.6	27	100	0.000	0.800	9.6
B03	应用数学和力学	115	1.00	21.9	3.1	22	78	0.010	0.910	9.4
B03	振动工程学报	123	0.96	19.2	3.9	24	65	0.010	0.850	9.1
B04	Chinese Journal of Acoustics	35	0.90	23.8	4.0	13	19	0.000	0.770	11.5
B04	Chinese Physics B	1041	1.00	40.8	5.1	28	301	0.150	0.840	7.3
B04	Chinese Physics C	194	0.95	54.1	4.2	24	77	0.390	0.660	9.8
B04	Chinese Physics Letters	309	0.96	28.4	5.6	26	153	0.170	0.810	8.2
B04	Communications in Theoretical Physics	210	0.98	36.9	3.2	26	132	0.430	0.550	8.5
B04	Frontiers of Physics	141	0.99	50.4	4.1	20	85	0.320	0.600	7.8
B04	Journal of Thermal Science	70	0.96	23.2	3.9	10	53	0.314	0.800	9.1
B04	Plasma Science and Technology	240	0.96	32.7	5.9	21	135	0.167	0.829	8.9
B04	Science China Physics, Mechanics & Astronomy	162	0.94	43.2	4.3	22	100	0.099	0.907	7.7
B04	波谱学杂志	54	1.00	21.6	4.6	12	27	0.020	0.800	8.9
B04	大学物理	205	0.92	9.7	2.9	27	122	0.015	0.654	11.0
B04	低温物理学报	59	1.00	17.1	4.5	18	38	0.000	0.690	10.3
B04	低温与超导	222	0.12	11.7	4.5	23	89	—	0.563	8.6
B04	低温与特气	70	0.18	5.5	3.0	15	46	—	0.057	14.4
B04	发光学报	243	0.90	24.4	5.3	28	142	0.010	0.910	6.2
B04	高压物理学报	120	0.97	21.1	4.8	19	46	0.000	0.710	10.9

学科代码	期刊名称	来源文献量	文献选出率	平均引文数	平均作者数	地区分布数	机构分布数	海外论文比	基金论文比	引用半衰期
B04	光散射学报	62	0.98	17.6	4.3	20	48	0.030	0.740	9.0
B04	光学学报	587	0.97	22.1	4.9	27	192	0.010	0.880	6.6
B04	光子学报	342	1.00	20.4	5.2	26	161	0.000	0.910	6.3
B04	核聚变与等离子体物理	74	1.00	11.8	5.2	10	19	0.010	0.280	9.0
B04	红外与毫米波学报	122	0.97	21.2	5.5	18	64	0.040	0.890	8.1
B04	计算物理	86	0.97	24.4	3.6	23	67	0.010	0.910	9.9
B04	量子电子学报	109	0.93	16.7	3.9	21	62	0.000	0.830	7.9
B04	量子光学学报	63	0.90	23.1	3.5	15	28	—	0.952	7.5
B04	强激光与粒子束	357	0.86	13.6	5.4	23	100	0.020	0.660	9.0
B04	热科学与技术	71	0.95	15.8	4.4	19	46	0.000	0.790	7.8
B04	声学技术	107	0.97	14.8	3.4	28	77	0.020	0.610	8.2
B04	声学学报	110	0.96	25.1	3.8	18	44	0.030	0.870	11.2
B04	物理	151	0.97	16.0	1.8	14	44	0.046	0.139	7.9
B04	物理测试	75	0.97	9.6	3.7	17	53	—	0.147	8.2
B04	物理教师	375	0.96	4.1	1.7	28	252	0.005	0.312	5.6
B04	物理教学探讨	319	0.99	3.3	1.7	27	259	0.003	0.335	6.4
B04	物理实验	178	0.52	8.7	3.7	27	98	0.011	0.573	7.7
B04	物理通报	477	0.98	3.8	2.0	29	321	0.002	0.249	8.0
B04	物理学报	780	0.98	36.1	5.1	30	262	0.020	0.910	7.3
B04	物理学进展	16	0.91	83.0	2.3	5	10	—	0.438	8.8
B04	物理与工程	135	0.96	10.0	3.1	26	82	0.010	0.410	8.3
B04	现代物理知识	78	0.99	0.6	1.9	11	29	0.013	0.013	—
B04	现代应用物理	52	0.94	17.3	5.1	8	18	—	0.558	9.5
B04	应用光学	152	0.87	13.6	4.5	22	84	0.000	0.720	7.0
B04	应用声学	130	0.77	16.8	3.6	24	69	0.020	0.820	9.8
B04	原子核物理评论	82	0.97	28.8	6.4	15	34	0.150	0.890	9.9
B04	原子与分子物理学报	170	0.90	22.8	3.9	27	100	—	0.924	9.1
B04	真空与低温	75	0.96	13.4	4.4	14	33	0.000	0.330	9.9
B04	中国科学(物理学 力学 天文学)	137	0.84	43.8	5.7	23	72	0.060	0.890	8.2
B05	Chemical Research in Chinese Universities	174	0.97	32.5	5.6	25	95	0.060	0.890	7.3
B05	Chinese Chemical Letters	392	0.98	44.2	5.4	26	144	0.130	0.820	5.6
B05	Chinese Journal of Chemical Physics	114	0.91	41.2	4.5	21	46	0.180	0.820	8.4
B05	Chinese Journal of Chemistry	162	0.94	65.5	4.9	21	51	0.090	0.900	5.6

学科代码	期刊名称	来源文献量	文献选出率	平均引文数	平均作者数	地区分布数	机构分布数	海外论文比	基金论文比	引用半衰期
B05	Chinese Journal of Polymer Science	158	0.93	45.5	4.9	19	59	0.150	0.780	7.2
B05	Chinese Journal of Structural Chemistry	224	1.00	30.6	4.9	26	139	0.031	0.946	7.4
B05	Frontiers of Chemical Science and Engineering	86	0.98	46.9	4.5	13	51	0.560	0.420	5.4
B05	Science China (Chemistry)	219	1.00	47.9	5.3	20	84	0.123	0.831	4.7
B05	催化学报	207	0.79	49.7	5.6	25	105	0.120	0.840	5.1
B05	大学化学	217	0.99	11.3	4.1	24	90	0.005	0.742	7.4
B05	电化学	79	0.95	34.7	4.6	22	53	0.060	0.770	5.3
B05	分析测试学报	240	1.00	26.8	5.4	26	170	0.000	0.780	5.5
B05	分析化学	263	0.94	31.3	5.8	28	163	0.020	0.870	5.4
B05	分析科学学报	165	0.98	19.3	4.9	27	126	0.000	0.800	6.0
B05	分析试验室	281	0.94	23.1	4.9	30	199	0.000	0.620	4.3
B05	分子催化	63	0.96	34.0	5.2	23	45	0.000	0.940	6.5
B05	分子科学学报	83	1.00	20.5	4.7	22	66	0.000	0.890	7.7
B05	高等学校化学学报	377	0.98	30.7	5.3	28	178	0.020	0.930	6.8
B05	高分子通报	165	0.96	34.4	4.1	29	106	0.000	0.560	4.8
B05	高分子学报	155	1.00	42.0	4.5	18	64	0.050	0.920	6.2
B05	功能高分子学报	71	0.97	29.1	4.2	15	27	0.000	0.700	5.9
B05	光谱学与光谱分析	648	1.00	15.9	5.3	30	297	0.060	0.910	5.9
B05	广州化学	88	0.95	12.0	3.9	20	60	—	0.534	6.9
B05	合成化学	177	0.95	18.7	4.6	29	117	0.020	0.800	7.8
B05	化学分析计量	178	0.96	17.6	3.9	28	141	0.000	0.270	7.3
B05	化学进展	192	0.99	76.4	4.4	24	117	0.020	0.910	5.5
B05	化学试剂	261	0.94	18.3	4.4	29	173	0.000	0.660	7.3
B05	化学通报(印刷版)	170	1.00	33.5	4.3	29	127	0.000	0.820	6.6
B05	化学学报	113	0.98	59.7	4.4	25	79	0.030	0.920	5.6
B05	化学研究	99	0.99	25.3	5.0	12	36	0.010	0.710	6.7
B05	化学研究与应用	353	0.85	18.3	4.4	29	226	0.000	0.650	7.3
B05	色谱	183	0.84	25.7	5.3	25	138	0.030	0.700	4.9
B05	无机化学学报	280	0.91	33.0	5.3	26	164	0.030	0.870	5.6
B05	物理化学学报	186	0.96	43.9	3.4	24	104	0.180	0.550	6.2
B05	应用化学	187	0.95	31.5	4.7	26	118	0.010	0.880	5.6
B05	影像科学与光化学	58	0.60	22.4	4.8	16	37	0.020	0.690	6.0

学科代码	期刊名称	来源文献量	文献选出率	平均引文数	平均作者数	地区分布数	机构分布数	海外论文比	基金论文比	引用半衰期
B05	有机化学	356	0.99	52.1	5.2	29	182	0.020	0.900	6.7
B05	质谱学报	83	0.44	24.4	5.9	21	64	0.010	0.730	7.8
B05	中国科学(化学)	144	0.91	62.4	4.5	21	44	0.010	0.880	5.6
B05	中国无机分析化学	96	0.45	9.4	3.7	25	71	—	0.354	6.7
B06	Research in Astronomy and Astrophysics	156	0.94	43.9	4.7	18	48	0.460	0.540	10.7
B06	空间科学学报	115	0.97	21.0	4.4	13	48	0.030	0.590	7.8
B06	时间频率学报	46	0.83	13.8	5.0	5	11	—	0.870	7.8
B06	天文学报	57	0.96	22.9	3.7	14	26	0.040	0.820	9.8
B06	天文学进展	30	0.99	59.3	4.1	6	10	0.130	0.900	11.5
B06	天文研究与技术 – 国家天文台台刊	63	0.87	15.0	4.8	13	26	0.016	0.984	9.4
B07	Earth and Planetary Physics	51	0.98	41.9	5.2	7	24	0.098	0.922	12.0
B07	Frontiers of Earth Science	67	1.00	46.7	4.8	14	49	0.460	0.580	10.7
B07	Journal of Arid Land	72	0.95	50.6	5.2	13	40	0.350	0.710	9.9
B07	Journal of Earth Science	112	0.99	70.5	4.7	18	53	0.350	0.720	12.5
B07	Sciences in Cold and Arid Regions	51	0.85	42.2	4.8	10	21	0.078	0.961	11.1
B07	成都理工大学学报(自然科学版)	71	0.98	27.4	5.7	8	20	0.000	0.920	9.2
B07	大地测量与地球动力学	247	0.96	12.8	4.2	26	94	0.010	0.850	8.4
B07	地球化学	55	0.96	48.4	5.0	14	22	0.000	0.930	12.8
B07	地球环境学报	58	0.98	33.8	4.3	17	41	0.020	0.900	9.6
B07	地球科学	324	0.97	80.5	5.9	23	84	0.030	0.950	10.3
B07	地球科学进展	116	0.80	55.5	4.6	24	70	0.000	0.880	9.0
B07	地球科学与环境学报	63	0.94	47.9	4.8	13	36	0.000	0.970	10.5
B07	地球信息科学学报	179	1.00	30.1	4.5	23	79	0.020	0.930	6.7
B07	地球学报	74	0.99	58.2	6.3	13	33	0.010	0.880	10.6
B07	地球与环境	77	0.99	31.4	5.4	22	49	0.000	0.920	9.0
B07	地学前缘	155	0.93	51.9	5.7	20	58	0.050	0.900	11.1
B07	东华理工大学学报(自然科学版)	65	0.92	20.0	4.4	13	26	—	0.908	9.0
B07	复杂油气藏	70	0.92	12.9	3.8	14	41	—	0.571	9.4
B07	吉林大学学报(地球科学版)	167	0.99	30.9	5.1	24	71	0.020	0.870	10.8
B07	矿物岩石地球化学通报	125	1.00	48.7	4.7	22	76	0.060	0.750	11.0
B07	中国科学(地球科学)	122	0.92	76.8	4.9	16	69	0.160	0.890	10.3
B08	Advances in Atmospheric Sciences	133	0.94	40.3	4.5	12	34	0.470	0.660	9.3
B08	Advances in Climate Change Research	29	1.00	39.5	3.8	4	24	0.138	0.931	7.1

学科代码	期刊名称	来源文献量	文献选出率	平均引文数	平均作者数	地区分布数	机构分布数	海外论文比	基金论文比	引用半衰期
B08	Atmospheric and Oceanic Science Letters	66	0.90	30.9	3.7	8	20	0.045	0.985	9.1
B08	International Journal of Disaster Risk Science	46	0.94	47.0	4.0	5	40	0.739	0.609	9.0
B08	Journal of Meteorological Research (JMR)	79	0.99	45.8	5.0	10	38	0.013	0.975	9.3
B08	Journal of Tropical Meteorology	44	0.98	29.5	4.3	11	34	—	1.000	12.5
B08	暴雨灾害	69	0.93	26.7	4.2	22	49	0.000	0.810	9.0
B08	大气科学	96	0.88	48.3	4.0	11	31	0.030	0.950	10.2
B08	大气科学学报	88	0.93	28.3	4.0	14	20	0.010	0.930	10.5
B08	大气与环境光学学报	52	0.90	22.8	5.1	9	23	—	0.923	11.3
B08	干旱气象	130	0.99	25.6	4.6	25	75	0.000	0.880	7.3
B08	高原气象	149	0.93	32.3	4.2	24	66	0.010	0.950	8.8
B08	高原山地气象研究	60	0.97	21.5	3.9	10	36	—	0.817	7.8
B08	广东气象	126	0.98	10.9	3.7	9	67	—	0.452	7.3
B08	海洋气象学报	56	0.96	24.6	4.1	4	22	—	1.000	9.4
B08	黑龙江气象	91	0.95	2.1	3.0	6	49	—	0.088	9.6
B08	内蒙古气象	73	0.97	8.4	2.6	9	32	—	0.315	7.4
B08	气候变化研究进展	73	0.97	29.8	4.2	17	46	0.030	0.900	7.2
B08	气候与环境研究	63	0.98	33.8	4.2	14	24	0.000	0.970	10.2
B08	气象	166	1.00	25.4	4.2	22	72	0.020	0.890	7.7
B08	气象科技	175	1.00	20.5	4.3	28	111	0.000	0.710	7.9
B08	气象科技进展	179	0.96	14.0	3.4	14	59	0.017	0.397	8.4
B08	气象科学	91	0.98	22.5	4.0	18	45	0.000	0.950	8.8
B08	气象学报	77	0.95	39.8	4.5	15	36	0.040	0.790	9.5
B08	气象研究与应用	133	1.00	14.7	3.4	21	82	—	0.466	6.4
B08	气象与环境科学	76	1.00	29.1	4.0	26	68	0.000	0.880	7.2
B08	气象与环境学报	98	1.00	22.6	5.0	22	66	0.000	0.880	7.6
B08	气象与减灾研究	49	1.00	12.4	3.6	13	33	—	0.918	6.4
B08	气象灾害防御	40	1.00	11.6	3.3	9	25	—	0.525	8.7
B08	热带气象学报	82	0.97	27.6	4.2	17	42	0.020	0.880	10.3
B08	沙漠与绿洲气象	78	1.00	22.9	4.2	18	51	0.000	0.780	8.2
B08	陕西气象	81	0.99	7.6	3.3	14	43	—	0.494	6.9
B08	应用气象学报	63	0.93	32.9	4.4	19	29	0.060	0.950	8.3
B08	浙江气象	39	0.95	9.5	3.4	3	30	—	0.205	9.2
B08	中低纬山地气象	99	0.94	11.5	3.5	14	68	—	0.535	8.5

学科代码	期刊名称	来源文献量	文献选出率	平均引文数	平均作者数	地区分布数	机构分布数	海外论文比	基金论文比	引用半衰期
B09	Applied Geophysics	51	0.88	27.9	4.9	14	29	—	1.000	11.0
B09	Journal of Palaeogeography	25	1.00	62.3	4.6	5	20	0.440	0.920	16.0
B09	地球物理学报	416	0.90	53.1	4.7	23	108	0.050	0.940	10.0
B09	地球物理学进展	350	0.95	40.8	4.2	28	155	0.010	0.820	9.0
B09	地震	65	0.89	26.3	4.2	17	25	0.030	0.820	10.6
B09	地震地磁观测与研究	189	0.92	11.2	4.2	27	83	—	0.794	10.9
B09	地震地质	94	0.86	36.1	5.1	19	31	0.050	0.880	10.9
B09	地震工程学报	191	0.94	15.6	3.2	29	135	0.000	0.900	6.3
B09	地震工程与工程振动	145	0.95	18.1	3.6	22	66	0.010	0.970	9.3
B09	地震学报	70	0.88	30.6	3.7	19	36	0.000	0.930	11.0
B09	地震研究	79	1.00	23.9	4.4	13	28	0.010	0.870	10.3
B09	华北地震科学	48	0.99	14.6	4.3	18	35	0.000	0.830	11.0
B09	华南地震	69	1.00	14.1	3.9	17	35	0.030	0.590	9.2
B09	内陆地震	49	0.92	13.0	3.8	15	24	—	0.694	9.4
B09	世界地震工程	91	1.00	18.0	3.7	21	51	0.020	0.740	9.0
B09	灾害学	159	0.82	21.8	3.8	23	104	0.000	0.910	7.6
B09	中国地震	79	0.99	25.3	4.6	24	44	—	0.949	13.2
B10	Advances in Polar Science	30	0.89	47.2	2.9	8	19	0.430	0.300	10.3
B10	Chinese Geographical Science	81	0.99	51.4	5.1	20	34	0.210	0.850	8.4
B10	GEOSCIENCE FRONTIERS	130	0.96	90.1	4.3	11	48	0.780	0.310	11.9
B10	Geospatial Information Science	32	0.89	31.8	3.4	3	25	0.625	0.656	7.9
B10	International Journal of Sediment Research	47	0.98	51.5	4.0	3	44	0.809	0.574	12.7
B10	Journal of Geographical Sciences	127	0.93	43.1	4.7	18	48	0.180	0.850	7.6
B10	Journal of Mountain Science	205	0.95	50.8	4.6	21	102	0.450	0.580	9.4
B10	冰川冻土	135	0.95	33.5	4.7	19	69	0.010	0.930	8.8
B10	测绘地理信息	181	0.99	12.4	3.2	24	96	0.000	0.720	6.8
B10	地理科学	233	0.91	31.6	3.7	24	105	0.020	0.950	6.9
B10	地理科学进展	159	0.54	48.9	3.6	23	66	0.060	0.940	7.3
B10	地理信息世界	134	0.97	14.9	3.8	22	69	0.020	0.650	6.8
B10	地理学报	177	0.86	42.8	4.0	25	75	0.050	0.840	7.5
B10	地理研究	186	0.95	40.7	3.8	25	77	0.060	0.970	7.9
B10	地理与地理信息科学	108	1.00	28.1	3.9	22	66	0.010	0.880	7.1
B10	地域研究与开发	192	0.90	25.3	3.0	28	95	0.020	0.830	7.6

学科代码	期刊名称	来源文献量	文献选出率	平均引文数	平均作者数	地区分布数	机构分布数	海外论文比	基金论文比	引用半衰期
B10	干旱区地理	157	1.00	27.6	4.4	20	81	0.010	0.890	8.0
B10	干旱区研究	175	0.96	32.7	4.7	20	62	0.030	0.910	7.8
B10	国土与自然资源研究	157	0.98	12.0	3.4	21	70	—	0.611	7.9
B10	国土资源	87	0.94	0.0	1.7	8	42	—	—	—
B10	国土资源导刊	69	0.95	7.8	2.9	11	40	—	0.275	7.5
B10	国土资源科技管理	66	0.85	24.1	2.8	20	43	0.000	0.790	6.3
B10	国土资源情报	106	0.72	12.8	2.6	18	50	0.009	0.387	7.8
B10	华北国土资源	296	0.92	4.3	1.3	21	111	—	0.030	7.5
B10	华东地质	38	0.96	26.2	4.6	9	26	—	0.974	13.0
B10	经济地理	323	0.98	29.7	3.5	26	137	0.020	0.930	6.5
B10	南方国土资源	161	1.00	1.7	2.0	10	60	—	0.081	7.9
B10	热带地理	91	1.00	40.6	3.5	18	48	0.070	0.770	9.2
B10	山地学报	95	0.98	30.0	4.0	20	61	0.020	0.860	8.1
B10	山东国土资源	180	0.94	22.2	3.9	9	62	—	0.617	8.0
B10	上海国土资源	107	0.97	13.3	2.6	17	63	—	0.963	6.0
B10	湿地科学	113	0.95	28.8	5.1	26	72	0.020	0.880	7.7
B10	湿地科学与管理	58	0.96	14.0	3.8	17	44	0.000	0.480	7.7
B10	世界地理研究	100	0.98	31.0	3.0	23	63	0.010	0.960	8.3
B10	西部资源	529	0.92	6.7	1.7	29	226	—	0.089	5.1
B10	云南地理环境研究	64	1.00	24.6	2.7	12	39	—	0.844	5.4
B10	浙江国土资源	231	1.00	0.0	1.4	4	90	—	—	—
B10	中国国土资源经济	163	0.95	12.2	2.5	27	101	0.006	0.810	6.5
B10	中国沙漠	149	0.90	36.7	5.1	19	65	0.010	0.970	10.1
B10	资源导刊	559	0.68	0.0	1.3	4	138	—	—	—
B10	资源导刊·信息化测绘版	270	0.59	1.0	1.5	10	63	—	0.022	7.9
B10	资源环境与工程	136	0.95	8.3	3.7	15	64	—	0.346	9.3
B11	Acta Geochimica	71	1.00	55.3	5.2	14	38	0.155	0.901	17.8
B11	Acta Geologica Sinica	218	0.94	46.7	5.5	22	119	0.096	0.922	12.3
B11	Earthquake Engineering and Engineering Vibration	67	0.94	31.4	3.3	12	54	0.403	0.672	12.0
B11	Earthquake Research in China	52	1.00	24.3	4.4	12	32	—	0.923	12.4
B11	Global Geology	29	0.94	25.6	3.7	3	5	—	0.862	14.4
B11	Science China (Earth Sciences)	142	0.99	71.4	4.9	16	79	0.042	0.965	10.7

学科代码	期刊名称	来源文献量	文献选出率	平均引文数	平均作者数	地区分布数	机构分布数	海外论文比	基金论文比	引用半衰期
B11	安徽地质	77	1.00	7.8	2.6	3	34	—	0.247	14.2
B11	沉积学报	108	0.99	42.2	5.9	21	58	0.010	0.930	10.1
B11	沉积与特提斯地质	46	1.00	30.4	5.9	13	21	—	0.957	12.0
B11	城市地质	72	0.95	12.0	3.8	14	30	—	0.569	10.1
B11	大地构造与成矿学	80	0.80	55.1	6.3	20	43	0.030	0.930	12.5
B11	地层学杂志	48	0.92	37.0	5.1	14	28	0.060	0.880	15.7
B11	地下水	559	1.00	6.4	1.8	29	303	—	0.152	8.6
B11	地质调查与研究	47	0.93	17.3	5.1	16	30	—	0.979	10.1
B11	地质科技情报	215	0.99	29.8	5.1	26	103	0.010	0.830	9.7
B11	地质科学	90	0.97	48.1	5.0	13	30	0.010	0.860	11.2
B11	地质力学学报	92	0.97	30.3	5.0	19	52	0.010	0.850	11.2
B11	地质论评	114	0.95	74.4	5.4	22	64	0.030	0.810	11.2
B11	地质通报	218	0.98	38.2	6.2	25	78	0.010	0.940	12.1
B11	地质学报	161	0.97	92.9	6.0	25	66	0.020	0.850	11.2
B11	地质学刊	94	0.87	18.9	3.8	19	62	—	0.989	10.9
B11	地质与勘探	126	0.95	50.3	5.2	22	73	0.020	0.770	8.4
B11	地质与资源	84	0.93	20.8	4.7	15	44	0.000	0.800	10.5
B11	地质灾害与环境保护	78	0.88	13.2	2.7	18	44	—	0.295	8.4
B11	地质找矿论丛	83	0.97	22.6	4.3	25	61	0.000	0.630	11.1
B11	地质装备	76	1.00	5.4	3.7	13	31	—	0.197	8.3
B11	第四纪研究	136	0.98	58.6	5.0	27	66	0.060	0.950	10.0
B11	防灾减灾学报	70	0.95	9.5	3.6	15	34	—	0.557	10.6
B11	福建地质	34	0.96	18.4	1.4	1	14	—	0.324	9.2
B11	高校地质学报	86	0.98	44.0	5.0	20	43	0.000	0.920	11.1
B11	高原地震	51	0.88	7.9	3.0	14	22	—	0.549	10.8
B11	工程地质学报	195	1.00	38.9	4.6	20	77	0.040	0.830	8.5
B11	古地理学报	80	0.99	42.9	5.7	15	42	0.040	0.940	11.5
B11	古脊椎动物学报	23	1.00	45.7	3.7	1	4	0.260	0.830	16.8
B11	古生物学报	45	1.00	41.7	4.0	12	23	0.020	0.960	17.8
B11	贵州地质	63	0.92	13.8	4.7	6	23	—	0.698	9.5
B11	国际地震动态	280	0.98	3.0	3.0	25	64	0.007	0.557	11.9
B11	化工矿产地质	42	0.97	10.1	2.5	12	20	—	0.310	14.8
B11	吉林地质	75	1.00	7.2	3.1	9	43	—	0.107	11.4

学科代码	期刊名称	来源文献量	文献选出率	平均引文数	平均作者数	地区分布数	机构分布数	海外论文比	基金论文比	引用半衰期
B11	矿床地质	82	0.94	75.7	6.1	16	33	0.040	0.800	10.0
B11	矿物岩石	53	0.94	26.4	5.3	15	32	0.000	0.740	12.0
B11	山西地震	58	1.00	7.3	3.9	12	29	—	0.534	6.9
B11	陕西地质	38	0.97	6.4	4.2	2	24	—	0.263	11.5
B11	石油实验地质	118	0.90	25.7	4.9	13	55	0.000	0.960	7.3
B11	世界地震译丛	40	0.99	33.4	6.1	1	1	—	0.600	12.0
B11	世界地质	130	0.99	25.7	4.8	19	45	0.020	0.790	10.5
B11	四川地震	37	0.71	7.0	3.8	16	19	—	0.676	9.7
B11	四川地质学报	150	0.99	11.9	3.3	19	82	—	0.340	11.8
B11	微体古生物学报	42	0.95	54.6	4.5	20	30	0.020	0.790	14.0
B11	物探化探计算技术	115	0.88	15.5	4.5	25	63	0.000	0.740	9.7
B11	物探与化探	178	0.93	20.5	4.3	26	112	0.000	0.780	10.3
B11	西北地质	98	0.99	26.7	5.1	16	56	0.000	0.810	12.6
B11	现代地质	126	0.95	35.4	5.7	19	50	0.020	0.860	10.1
B11	新疆地质	84	0.98	18.3	4.5	10	33	0.000	0.620	11.5
B11	岩矿测试	84	0.98	26.8	5.4	25	58	0.000	0.820	6.3
B11	岩石矿物学杂志	80	0.94	64.5	5.5	19	44	0.000	0.890	10.9
B11	岩石学报	242	0.98	105.8	5.3	19	52	0.050	0.960	10.9
B11	铀矿地质	55	0.96	12.2	4.9	9	19	—	0.473	11.9
B11	云南地质	98	0.99	7.5	2.6	9	45	—	0.245	13.3
B11	中国地质	120	0.95	50.5	6.0	22	62	0.010	0.830	10.9
B11	中国地质调查	78	1.00	20.3	4.4	22	56	—	0.923	9.4
B11	中国地质灾害与防治学报	123	0.72	16.7	4.0	22	74	0.000	0.690	8.0
B11	中国岩溶	109	0.98	26.5	4.6	16	54	0.000	0.770	9.4
B12	Acta Oceanologica Sinica	188	0.99	38.0	5.3	17	65	0.230	0.730	12.7
B12	China Ocean Engineering	75	0.97	24.9	4.0	14	28	0.170	0.800	10.1
B12	Journal of Ocean University of China	161	0.97	40.4	5.1	12	42	0.180	0.760	11.5
B12	Journal of Oceanology and Limnology	208	0.98	45.3	5.1	18	77	0.210	0.750	11.4
B12	Marine Science Bulletin	14	0.93	20.1	3.9	4	4	—	0.429	9.1
B12	海岸工程	37	0.80	19.5	4.3	11	29	—	0.811	10.3
B12	海洋地质前沿	114	0.98	21.6	4.6	14	44	0.010	0.750	10.7
B12	海洋地质与第四纪地质	117	0.95	39.5	5.3	15	48	0.010	0.790	11.2
B12	海洋工程	99	0.92	17.8	3.9	13	41	0.020	0.770	8.9

学科代码	期刊名称	来源文献量	文献选出率	平均引文数	平均作者数	地区分布数	机构分布数	海外论文比	基金论文比	引用半衰期
B12	海洋工程装备与技术	77	0.97	8.0	3.7	8	30	—	0.403	7.8
B12	海洋湖沼通报	122	0.91	25.8	4.8	15	55	0.000	0.830	10.3
B12	海洋技术学报	107	0.96	16.4	4.2	14	53	0.010	0.710	9.0
B12	海洋经济	44	0.98	18.3	2.8	7	15	—	0.500	7.4
B12	海洋开发与管理	254	0.93	13.7	3.8	14	90	—	0.685	7.7
B12	海洋科学	214	0.97	30.6	5.0	17	90	0.000	0.860	9.2
B12	海洋科学进展	58	0.95	28.6	5.1	9	19	0.000	0.860	10.0
B12	海洋通报	83	0.97	30.4	4.6	13	43	0.000	0.780	8.5
B12	海洋信息	48	0.95	10.1	3.6	7	20	—	0.229	7.2
B12	海洋学报(中文版)	165	0.97	31.8	4.9	14	65	0.050	0.820	10.1
B12	海洋学研究	45	1.00	24.8	4.6	13	27	0.000	0.890	10.5
B12	海洋与湖沼	152	1.00	31.8	5.7	16	52	0.010	0.880	9.7
B12	海洋预报	64	1.00	20.8	3.9	14	39	0.020	0.770	9.4
B12	湖泊科学	156	0.97	40.9	5.7	28	86	0.010	0.930	9.5
B12	极地研究	42	1.00	36.4	4.5	12	25	0.000	0.790	9.5
B12	热带海洋学报	74	0.95	32.0	4.9	12	31	0.050	0.860	11.2
B12	水文	99	0.99	16.4	4.2	26	73	0.000	0.590	9.0
B12	水文地质工程地质	144	0.93	18.3	4.5	26	73	0.020	0.830	8.3
B12	盐湖研究	46	0.95	22.9	5.5	10	16	0.000	0.800	10.7
B12	应用海洋学学报	64	0.99	27.5	4.8	11	37	0.020	0.880	9.5
B12	中国海洋大学学报(自然科学版)	205	0.64	26.8	4.5	12	27	0.000	0.930	10.6
B13	Acta Biochimica et Biophysica Sinica	162	0.98	44.3	6.7	25	108	0.100	0.830	7.8
B13	Asian Herpetological Research	26	1.00	50.6	5.1	11	18	0.192	1.000	11.6
B13	Bio-Design and Manufacturing	28	1.00	61.5	5.3	6	23	0.500	0.786	5.8
B13	Cell Research	133	0.97	40.1	9.6	15	69	0.650	0.480	6.1
B13	Frontiers in Biology	48	0.91	63.0	3.7	—	18	1.000	0.000	9.5
B13	Genomics、Proteomics & Bioinformatics	50	0.78	54.4	5.7	11	23	0.360	0.520	5.6
B13	Journal of Genetics and Genomics	90	0.97	48.6	7.6	14	58	0.300	0.620	6.5
B13	Journal of Molecular Cell Biology	53	0.98	43.9	8.9	11	37	0.550	0.450	8.3
B13	Journal of Zhejiang University Science B：Biomedicine & Biotechnology	91	0.90	40.6	6.3	15	28	0.290	0.730	8.1
B13	Protein & Cell	102	0.98	57.4	6.8	15	56	0.350	0.530	7.5
B13	Science China (Life Sciences)	204	0.99	41.2	5.9	21	112	0.078	0.804	7.0

学科代码	期刊名称	来源文献量	文献选出率	平均引文数	平均作者数	地区分布数	机构分布数	海外论文比	基金论文比	引用半衰期
B13	The Journal of Biomedical Research	53	0.95	45.5	5.6	8	37	0.358	0.660	8.1
B13	工业微生物	64	0.96	22.5	4.9	8	27	—	0.609	8.5
B13	湖南生态科学学报	40	0.92	21.8	4.1	8	20	—	0.900	7.6
B13	化石	64	0.90	0.1	1.2	11	22	—	—	—
B13	基因组学与应用生物学	799	0.42	21.3	4.5	30	401	0.000	0.680	7.7
B13	激光生物学报	83	0.96	25.8	4.8	20	46	0.000	0.800	5.9
B13	热带生物学报	65	0.97	23.8	5.3	8	17	0.000	0.750	9.0
B13	人类学学报	56	0.98	44.3	4.1	18	23	0.070	0.880	13.0
B13	生理科学进展	98	0.95	29.9	3.5	23	75	0.010	0.850	4.7
B13	生理学报	81	0.94	43.2	4.6	24	60	0.010	0.840	7.0
B13	生命的化学	150	0.99	34.0	3.9	25	92	0.010	0.770	5.2
B13	生命科学	155	0.89	60.5	3.6	22	115	0.010	0.850	5.8
B13	生命科学研究	71	0.97	36.2	4.8	22	52	0.000	0.830	6.0
B13	生命世界	121	1.00	0.0	1.5	12	32	0.008	0.008	—
B13	生物安全学报	50	0.97	28.4	5.3	15	31	0.020	0.780	8.0
B13	生物产业技术	86	0.73	30.9	3.5	14	44	—	0.558	5.4
B13	生物多样性	133	0.89	48.2	5.2	25	75	0.020	0.830	8.6
B13	生物化工	277	0.95	9.0	2.7	29	208	0.004	0.278	7.4
B13	生物化学与生物物理进展	117	0.91	57.1	4.6	23	77	0.020	0.870	5.9
B13	生物技术	105	0.92	23.0	5.5	26	73	0.020	0.880	4.2
B13	生物技术进展	70	0.58	36.6	5.0	21	46	0.000	0.860	7.0
B13	生物技术通讯	155	0.96	20.9	5.7	24	88	0.000	0.610	6.6
B13	生物物理学报	32	0.99	48.5	5.2	4	14	0.188	0.844	9.7
B13	生物信息学	38	1.00	22.8	3.8	19	26	—	0.684	6.4
B13	生物学通报	235	0.98	6.8	2.3	24	143	0.038	0.302	9.2
B13	生物学杂志	184	0.93	22.5	4.6	27	120	0.010	0.790	6.8
B13	生物资源	56	1.00	28.0	4.9	20	41	0.000	0.750	8.8
B13	水生生物学报	149	1.00	33.7	5.7	25	63	0.050	0.790	11.1
B13	现代电生理学杂志	35	1.00	8.6	2.7	15	28	—	0.171	7.4
B13	遗传	108	1.00	52.0	4.7	21	66	0.010	0.790	5.9
B13	中国科学(生命科学)	155	0.98	45.0	4.6	20	100	0.050	0.540	6.8
B13	中国生物化学与分子生物学报	171	0.96	38.6	4.0	29	112	0.010	0.870	6.0
B13	中国细胞生物学学报	259	0.89	36.5	5.2	29	157	0.000	0.830	6.5

学科代码	期刊名称	来源文献量	文献选出率	平均引文数	平均作者数	地区分布数	机构分布数	海外论文比	基金论文比	引用半衰期
B13	中国野生植物资源	100	0.99	17.5	4.6	21	54	—	0.810	9.8
B13	中国应用生理学杂志	128	1.00	16.0	5.7	26	72	0.020	0.800	5.9
B13	中学生物教学	347	0.98	2.7	1.4	28	273	0.003	0.193	5.6
B13	蛛形学报	23	1.00	9.2	3.4	8	8	—	0.304	17.7
B14	Journal of Resources and Ecology	73	0.88	37.2	4.2	14	36	0.190	0.740	8.7
B14	生态毒理学报	174	0.93	39.9	5.5	29	107	0.010	0.860	7.3
B14	生态环境学报	291	0.98	36.9	5.0	31	192	0.020	0.930	7.0
B14	生态科学	166	0.94	32.7	4.8	28	116	0.000	0.820	8.9
B14	生态学报	853	0.96	39.6	5.2	31	235	0.010	0.920	8.2
B14	生态学杂志	454	0.85	38.9	5.4	30	212	0.010	0.930	8.6
B14	水生态学杂志	90	0.93	25.6	5.7	24	66	0.000	0.810	9.8
B14	应用生态学报	464	0.96	38.8	5.6	29	167	0.010	0.960	8.0
B14	中国微生态学杂志	335	0.93	19.5	4.4	27	216	0.000	0.420	5.4
B15	Journal of Integrative Plant Biology	87	0.98	62.5	6.6	17	53	0.430	0.590	8.4
B15	Journal of Systematics and Evolution	50	1.00	79.4	4.9	11	33	0.800	0.360	11.5
B15	Molecular Plant	145	1.00	57.4	8.0	13	64	0.560	0.580	7.8
B15	Plant Diversity	34	0.85	65.8	4.5	7	9	0.120	0.850	8.3
B15	广西植物	195	0.94	25.9	4.9	29	129	0.020	0.930	9.4
B15	热带亚热带植物学报	91	0.94	26.3	4.9	17	57	0.040	0.900	8.5
B15	西北植物学报	270	0.93	30.7	5.1	29	123	0.010	0.820	8.8
B15	亚热带植物科学	79	0.97	19.9	4.8	15	53	—	0.924	8.9
B15	植物科学学报	103	1.00	33.6	4.8	25	70	0.010	0.940	8.1
B15	植物生理学报	210	0.96	36.8	5.4	28	112	0.000	0.910	7.7
B15	植物生态学报	105	0.97	46.0	5.6	23	61	0.000	0.930	9.3
B15	植物学报	85	0.99	49.0	4.7	17	50	0.020	0.690	8.0
B15	植物研究	119	0.96	26.6	4.9	25	66	0.000	0.810	9.1
B16	Current Zoology	79	0.99	77.3	4.3	3	70	0.949	0.835	11.8
B16	Entomotaxonomia	32	0.92	24.4	3.3	11	19	0.090	0.720	19.8
B16	Insect Science	100	1.00	56.5	5.0	10	36	0.760	0.320	11.5
B16	Zoological Research	42	0.98	55.0	5.0	10	22	0.550	0.600	8.8
B16	动物分类学报	36	0.93	32.6	3.5	16	28	0.280	0.750	20.2
B16	动物学杂志	128	0.89	23.9	5.3	26	90	0.030	0.790	11.0
B16	昆虫学报	159	0.96	38.4	5.2	29	84	0.020	0.870	9.1

学科代码	期刊名称	来源文献量	文献选出率	平均引文数	平均作者数	地区分布数	机构分布数	海外论文比	基金论文比	引用半衰期
B16	实验动物科学	97	0.96	16.6	6.1	20	56	0.000	0.670	7.8
B16	兽类学报	77	0.95	41.0	5.2	23	49	0.000	0.840	12.5
B16	四川动物	99	0.97	28.5	5.5	24	60	0.010	0.740	11.1
B16	野生动物学报	178	0.97	19.5	5.0	30	103	—	0.669	11.1
B16	应用昆虫学报	124	0.50	28.0	5.7	26	73	0.010	0.920	9.3
B16	中国实验动物学报	126	0.98	23.2	6.1	23	90	0.020	0.850	6.0
B17	Virologica Sinica	72	0.95	34.0	8.4	16	36	0.250	0.710	6.7
B17	病毒学报	132	0.96	27.7	6.0	24	84	0.000	0.790	6.0
B17	国际病毒学杂志	105	0.93	14.2	5.3	21	75	0.000	0.500	4.8
B17	菌物学报	177	0.97	40.9	4.7	26	76	0.050	0.820	8.0
B17	微生物学报	197	0.92	35.6	4.8	29	112	0.040	0.870	7.4
B17	微生物学免疫学进展	99	0.97	21.5	4.5	21	52	0.000	0.490	5.0
B17	微生物学通报	289	0.96	28.7	5.3	30	171	0.010	0.830	7.4
B17	微生物学杂志	112	1.00	31.8	4.9	23	78	0.000	0.820	6.8
B17	中国病毒病杂志	89	0.95	22.8	6.4	24	57	0.020	0.550	4.6
B17	中国病原生物学杂志	329	0.99	22.2	5.9	30	200	0.010	0.680	5.7
B17	中华实验和临床病毒学杂志	144	1.00	17.3	6.3	25	97	0.010	0.560	5.3
B18	心理发展与教育	88	0.31	49.4	3.9	19	43	0.020	0.880	8.4
B18	心理技术与应用	94	0.23	34.9	2.7	24	51	—	0.596	8.4
B18	心理科学	217	0.40	31.9	3.6	27	80	0.050	0.880	7.6
B18	心理科学进展	196	0.96	72.5	3.4	23	79	0.040	0.860	7.2
B18	心理学报	125	0.93	45.4	4.1	21	57	0.050	0.820	8.4
B18	心理学探新	94	0.64	26.5	2.9	20	52	—	0.702	9.7
B18	心理研究	78	0.98	34.2	2.9	20	44	—	0.756	8.6
B18	心理与行为研究	117	0.99	34.6	3.4	23	63	—	0.872	10.0
B18	应用心理学	38	0.99	35.8	3.2	12	27	0.053	0.816	7.5
B18	中国临床心理学杂志	261	0.99	28.4	4.0	24	110	0.050	0.790	8.3
B18	中国心理卫生杂志	181	0.98	24.5	4.8	28	116	0.030	0.650	7.7
B18	中小学心理健康教育	927	0.97	3.3	1.3	29	683	0.001	0.082	8.4
C01	Agricultural Science & Technology	48	0.96	25.5	6.3	16	31	—	0.958	8.8
C01	Frontiers Agricultural Science and Engineering	52	0.87	44.7	5.1	13	38	0.346	0.846	9.5
C01	Journal of Integrative Agriculture	275	1.00	44.8	6.5	26	99	0.250	0.680	9.9
C01	安徽农学通报	1419	0.97	7.5	3.0	31	806	0.003	0.425	7.9

学科代码	期刊名称	来源文献量	文献选出率	平均引文数	平均作者数	地区分布数	机构分布数	海外论文比	基金论文比	引用半衰期
C01	安徽农业科学	2596	0.97	15.1	4.2	31	1365	—	0.664	8.1
C01	北方农业学报	147	1.00	18.4	5.7	13	57	—	0.898	8.6
C01	东北农业科学	85	0.98	16.1	5.3	15	52	0.000	0.800	7.4
C01	福建农业科技	228	1.00	9.8	2.7	10	130	0.004	0.500	6.7
C01	福建农业学报	224	0.32	21.6	5.4	22	76	0.000	0.900	7.6
C01	干旱地区农业研究	244	1.00	26.1	5.3	24	106	0.000	0.890	8.8
C01	甘肃农业	328	0.35	2.8	1.5	20	229	—	0.140	7.8
C01	甘肃农业科技	343	0.87	12.0	4.1	15	97	—	0.706	7.8
C01	高等农业教育	158	0.99	9.2	2.9	23	70	—	0.842	5.2
C01	古今农业	60	0.83	26.0	1.5	18	35	0.017	0.367	28.2
C01	广东农业科学	301	0.94	24.7	5.0	29	158	0.000	0.720	5.6
C01	广西农学报	106	0.75	7.2	3.1	7	69	—	0.623	6.2
C01	贵州农业科学	468	0.93	18.9	5.1	30	269	0.000	0.650	7.9
C01	河北农业科学	155	0.92	17.7	5.3	18	73	—	0.845	8.2
C01	河南农业	1415	0.96	2.4	1.7	31	822	—	0.134	4.9
C01	河南农业科学	326	0.96	25.0	5.8	29	161	0.000	0.870	7.4
C01	核农学报	279	0.98	36.5	5.8	28	108	0.000	0.900	6.6
C01	黑龙江农业科学	538	0.99	12.9	4.2	31	302	—	0.701	8.5
C01	湖北农业科学	867	0.99	15.1	4.5	31	426	0.000	0.600	7.8
C01	湖南农业	327	1.00	0.0	1.3	9	143	—	0.003	—
C01	湖南农业科学	392	0.97	13.3	4.8	22	208	—	0.857	7.7
C01	华北农学报	195	0.94	28.0	6.4	24	90	0.010	0.900	5.9
C01	吉林农业	1727	0.99	3.2	2.0	31	1030	—	0.103	5.1
C01	江苏农业科学	2068	1.00	20.9	4.6	31	704	0.000	0.840	8.2
C01	江苏农业学报	202	1.00	27.1	5.9	26	101	0.000	0.910	7.3
C01	江西农业学报	346	0.42	20.3	5.0	28	180	0.000	0.680	7.9
C01	辽宁农业科学	151	0.97	9.5	3.7	17	55	0.000	0.560	6.6
C01	南方农业	2611	0.89	4.5	2.1	31	1894	0.001	0.152	4.6
C01	南方农业学报	361	0.95	24.6	6.3	29	176	0.010	0.940	6.2
C01	宁夏农林科技	292	0.82	7.9	3.4	22	136	—	0.449	8.0
C01	农产品质量与安全	102	0.90	22.5	5.0	19	54	0.000	0.750	5.5
C01	农村·农业·农民 B	96	0.95	0.1	1.5	8	75	—	0.135	6.0
C01	农村百事通	300	0.95	0.0	1.4	30	263	—	—	—

学科代码	期刊名称	来源文献量	文献选出率	平均引文数	平均作者数	地区分布数	机构分布数	海外论文比	基金论文比	引用半衰期
C01	农村科技	335	0.99	1.5	2.3	13	182	—	0.140	6.8
C01	农村实用技术	307	0.90	2.6	1.6	28	195	—	0.124	4.1
C01	农电管理	462	0.96	0.0	1.6	27	273	0.002	—	—
C01	农家科技(上旬刊)	3337	0.99	2.7	1.4	31	2530	0.001	0.008	3.3
C01	农家科技(下旬刊)	3356	0.98	2.7	1.4	31	2566	0.000	0.012	3.3
C01	农家致富顾问	1751	0.93	2.3	1.4	31	1147	—	0.008	2.9
C01	农学学报	237	0.86	28.7	4.4	31	153	0.020	0.570	7.8
C01	农业科技管理	153	1.00	11.9	3.5	24	62	—	0.542	4.6
C01	农业科技通讯	1437	0.84	4.2	3.8	31	739	—	0.342	8.3
C01	农业科技与信息	1335	0.96	1.5	1.6	26	585	—	0.055	5.7
C01	农业科学研究	72	0.62	17.0	3.0	16	33	—	0.639	6.9
C01	农业生物技术学报	223	1.00	31.3	6.5	26	75	0.000	0.880	8.1
C01	农业与技术	3689	0.65	2.6	1.7	31	2580	—	0.056	4.3
C01	农业灾害研究	248	0.91	5.6	2.7	29	183	—	0.190	8.7
C01	农业展望	231	0.75	12.0	2.8	26	74	—	0.671	5.1
C01	农业知识(瓜果菜)	206	1.00	0.0	1.6	11	124	—	0.029	—
C01	农业知识(科学养殖)	172	0.96	0.0	1.4	12	90	—	0.012	—
C01	青海农技推广	153	0.96	2.6	1.4	9	68	—	—	10.2
C01	青海农林科技	118	0.90	6.8	2.2	12	76	—	0.229	9.0
C01	热带农业科学	261	0.71	19.8	5.3	18	118	0.010	0.690	7.8
C01	山地农业生物学报	96	0.96	25.2	4.5	3	9	0.000	0.740	8.6
C01	山东农业科学	400	0.99	20.3	6.1	15	94	0.000	0.930	8.2
C01	山西农业科学	493	0.97	22.0	4.9	26	110	0.010	0.710	8.0
C01	陕西农业科学	368	0.97	12.1	3.8	20	151	0.000	0.360	8.0
C01	上海农业科技	375	0.85	2.2	3.6	12	233	—	0.200	7.7
C01	上海农业学报	153	0.92	19.6	5.4	21	61	0.010	0.880	8.1
C01	世界农业	409	0.42	14.9	2.2	28	243	0.007	0.697	6.7
C01	四川农业科技	333	0.99	4.3	3.7	10	154	—	0.384	6.6
C01	特产研究	71	1.00	22.6	6.1	9	20	0.000	0.650	8.5
C01	天津农林科技	106	0.93	5.8	3.4	8	60	—	0.292	6.7
C01	天津农业科学	260	1.00	15.8	4.3	25	150	—	0.750	7.3
C01	西北农业学报	231	0.99	27.2	5.8	28	93	0.000	0.840	8.8
C01	西藏农业科技	59	0.92	7.7	3.0	3	13	—	0.525	10.4

学科代码	期刊名称	来源文献量	文献选出率	平均引文数	平均作者数	地区分布数	机构分布数	海外论文比	基金论文比	引用半衰期
C01	西南农业学报	425	0.98	22.3	6.4	30	171	0.000	0.850	8.6
C01	现代农村科技	1127	1.00	1.5	1.7	30	585	0.004	0.102	6.3
C01	现代农业	978	1.00	1.3	1.5	28	497	—	0.035	7.5
C01	现代农业科技	4251	0.97	7.3	2.9	31	2588	0.000	0.235	6.7
C01	现代农业研究	712	0.95	3.1	1.5	31	467	—	0.195	3.7
C01	乡村科技	2310	0.99	3.6	1.4	31	1619	—	0.089	3.7
C01	新疆农业科技	155	0.99	5.2	2.6	8	90	0.032	0.226	6.0
C01	新疆农业科学	259	1.00	22.6	5.8	6	36	0.010	0.860	8.1
C01	新农村	229	0.99	0.0	1.5	13	139	—	0.004	—
C01	新农村(黑龙江)	3895	0.96	0.3	1.4	31	2476	—	0.015	3.4
C01	新农业	619	1.00	0.0	1.5	29	407	—	0.044	4.5
C01	云南农业	361	0.99	0.7	1.9	2	270	—	0.006	7.1
C01	云南农业科技	148	1.00	3.2	3.1	10	114	—	0.115	8.9
C01	浙江农业科学	697	0.98	10.4	4.5	27	370	—	0.677	7.4
C01	浙江农业学报	277	0.91	24.4	5.7	29	131	0.020	0.860	7.7
C01	中国农村科技	92	0.92	0.0	1.4	17	70	—	0.033	—
C01	中国农技推广	349	0.96	1.2	3.1	30	274	—	0.109	8.1
C01	中国农民合作社	219	0.89	0.0	1.3	23	124	—	0.174	—
C01	中国农史	84	0.90	60.6	1.5	21	51	—	0.726	60.6
C01	中国农学通报	928	0.95	27.7	5.2	31	450	0.000	0.800	8.4
C01	中国农业科技导报	214	1.00	30.0	5.5	27	110	0.000	0.710	7.7
C01	中国农业科学	413	0.99	40.2	6.5	26	114	0.000	0.960	7.8
C01	中国农业气象	85	0.69	29.7	5.4	23	48	0.010	0.920	7.1
C01	中国农业信息	69	0.98	35.2	4.6	14	31	—	0.884	7.2
C01	中国农业资源与区划	418	0.64	19.7	2.9	30	268	0.010	0.840	5.5
C01	中国热带农业	129	0.94	7.1	4.6	9	74	0.010	0.500	7.9
C01	中国生态农业学报(中英文)	187	0.97	38.0	5.2	28	99	0.020	0.920	7.6
C02	Journal of Northeast Agricultural University	43	0.96	25.0	5.9	4	12	0.093	0.884	9.7
C02	安徽农业大学学报	188	1.00	23.6	5.4	23	91	0.010	0.790	7.4
C02	北京农学院学报	87	0.93	17.8	5.5	5	9	0.000	0.780	7.7
C02	北京农业职业学院学报	112	1.00	9.9	2.0	17	45	—	0.411	5.9
C02	东北农业大学学报	125	0.99	24.6	5.6	13	24	0.000	0.970	7.9
C02	福建农林大学学报(自然科学版)	111	1.00	26.2	5.2	20	42	0.000	0.860	7.8

学科代码	期刊名称	来源文献量	文献选出率	平均引文数	平均作者数	地区分布数	机构分布数	海外论文比	基金论文比	引用半衰期
C02	甘肃农业大学学报	170	0.98	24.9	5.3	20	49	—	0.947	8.3
C02	河北农业大学学报	136	1.00	18.9	5.3	18	34	0.000	0.850	7.6
C02	河南农业大学学报	149	1.00	22.0	5.6	23	59	0.010	0.890	7.6
C02	黑龙江八一农垦大学学报	145	1.00	19.1	4.3	7	21	—	0.814	6.3
C02	湖南农业大学学报(自然科学版)	119	0.94	19.8	5.5	17	50	0.000	0.850	7.6
C02	华南农业大学学报	109	0.96	25.8	6.1	15	31	0.010	0.940	7.5
C02	华中农业大学学报	108	0.87	23.3	5.2	14	25	0.000	0.940	7.5
C02	吉林农业大学学报	120	0.96	26.8	5.0	10	25	0.000	0.970	7.9
C02	吉林农业科技学院学报	153	0.94	6.1	1.8	14	67	—	0.621	4.8
C02	江西农业大学学报	166	0.94	25.3	5.4	21	69	0.010	0.980	8.2
C02	辽宁农业职业技术学院学报	132	0.97	6.0	1.5	18	66	—	0.492	6.4
C02	南京农业大学学报	148	1.00	29.7	5.8	13	21	0.010	0.910	7.6
C02	青岛农业大学学报(自然科学版)	50	0.98	18.6	4.5	3	8	0.000	0.700	7.7
C02	山东农业大学学报(自然科学版)	215	0.99	15.0	3.6	28	122	0.000	0.530	8.0
C02	山东农业工程学院学报	803	0.99	6.4	1.5	28	342	0.016	0.761	6.0
C02	山西农业大学学报(自然科学版)	141	0.97	21.6	5.3	15	33	0.010	0.890	7.2
C02	上海交通大学学报(农业科学版)	86	0.95	18.8	4.7	6	17	0.020	0.770	7.6
C02	沈阳农业大学学报	103	0.97	28.3	6.0	11	23	0.000	0.920	7.7
C02	四川农业大学学报	122	0.99	28.1	6.5	13	32	0.008	1.000	8.7
C02	天津农学院学报	99	0.95	15.3	4.9	7	15	—	0.980	7.3
C02	西北农林科技大学学报(自然科学版)	222	0.97	28.4	5.4	28	83	0.010	0.910	8.7
C02	新疆农业大学学报	67	0.99	26.3	5.1	6	11	0.000	0.810	7.4
C02	信阳农林学院学报	173	0.98	7.8	1.4	24	104	0.023	0.509	7.4
C02	延边大学农学学报	60	1.00	23.4	4.7	5	10	0.033	0.933	7.6
C02	扬州大学学报(农业与生命科学版)	82	1.00	23.0	6.4	11	31	0.020	0.950	7.2
C02	云南农业大学学报(自然科学)	161	0.89	26.4	6.0	22	71	0.010	0.820	8.6
C02	浙江大学学报(农业与生命科学版)	89	0.97	30.8	5.1	16	37	0.030	0.890	7.5
C02	中国农业大学学报	279	1.00	27.5	5.0	29	91	0.010	0.900	7.8
C02	仲恺农业工程学院学报	50	0.94	24.3	5.0	2	6	—	0.840	8.0
C03	Oil Crop Science	26	0.93	38.3	7.2	5	8	—	0.962	8.9
C03	Rice Science	39	0.95	47.1	5.3	8	21	0.640	0.310	9.7
C03	The Crop Journal	68	0.93	52.5	7.2	13	31	0.430	0.570	8.2
C03	北方水稻	122	0.99	4.7	3.7	11	69	0.000	0.280	10.1

学科代码	期刊名称	来源文献量	文献选出率	平均引文数	平均作者数	地区分布数	机构分布数	海外论文比	基金论文比	引用半衰期
C03	茶叶	58	0.83	8.8	2.6	12	35	—	0.293	8.4
C03	大豆科技	83	0.98	6.5	4.4	18	47	—	0.482	6.4
C03	大豆科学	150	0.96	23.0	5.8	23	84	0.010	0.820	8.5
C03	大麦与谷类科学	80	0.99	12.7	5.9	16	49	—	0.775	8.2
C03	分子植物育种	1073	0.81	24.2	5.8	31	292	0.000	0.810	8.3
C03	福建茶叶	4923	0.95	4.0	1.2	31	1438	0.002	0.281	3.1
C03	福建稻麦科技	105	0.97	2.0	1.9	6	78	0.010	0.181	7.8
C03	福建热作科技	87	0.89	6.4	2.9	2	48	—	0.391	8.3
C03	甘蔗糖业	72	0.94	14.1	5.4	10	36	0.000	0.710	8.9
C03	耕作与栽培	153	0.93	6.8	4.5	15	103	—	0.654	7.8
C03	广西糖业	66	0.96	3.4	3.4	5	42	—	0.258	8.7
C03	麦类作物学报	191	0.87	27.5	6.5	19	65	0.010	0.930	9.2
C03	棉花科学	80	0.82	8.9	5.3	10	43	—	0.750	6.2
C03	棉花学报	52	1.00	30.3	7.2	13	25	0.060	0.980	8.7
C03	农业研究与应用	71	0.96	12.1	4.8	10	34	—	0.662	8.6
C03	热带农业科技	47	0.99	11.4	5.4	1	12	—	0.766	9.9
C03	热带作物学报	360	0.83	29.4	5.8	22	96	0.010	0.830	8.1
C03	世界热带农业信息	47	0.88	1.3	1.3	2	10	0.468	0.021	35.0
C03	特种经济动植物	262	1.00	0.2	2.7	23	142	—	0.061	7.2
C03	亚热带农业研究	52	1.00	22.6	4.5	8	28	—	0.846	7.2
C03	玉米科学	160	1.00	20.7	6.7	20	64	0.000	0.840	8.5
C03	杂交水稻	172	0.97	7.4	6.1	21	107	0.000	0.710	8.4
C03	植物遗传资源学报	133	0.97	31.4	7.4	27	77	0.020	0.840	8.2
C03	中国茶叶	209	0.92	4.5	3.0	20	120	0.005	0.368	9.1
C03	中国稻米	192	0.92	17.1	5.7	24	121	0.010	0.650	8.2
C03	中国粮食经济	136	0.98	0.0	1.4	23	103	—	0.022	—
C03	中国麻业科学	49	0.96	19.4	7.1	10	16	0.000	0.760	6.8
C03	中国棉花	166	0.98	9.1	5.9	16	66	0.000	0.690	6.5
C03	中国水稻科学	65	0.88	36.8	7.2	17	33	0.000	0.940	8.3
C03	中国糖料	144	0.89	15.3	4.7	13	67	—	0.764	7.3
C03	中国油料作物学报	115	0.96	32.9	6.5	24	51	0.010	0.910	8.3
C03	中国种业	419	0.99	6.2	4.3	29	273	—	0.463	6.4
C03	种业导刊	108	0.65	6.7	2.9	10	69	—	0.194	5.9

学科代码	期刊名称	来源文献量	文献选出率	平均引文数	平均作者数	地区分布数	机构分布数	海外论文比	基金论文比	引用半衰期
C03	种子	433	0.97	14.9	5.1	31	227	0.000	0.750	8.7
C03	种子科技	1043	0.97	2.0	1.6	29	781	—	0.039	4.1
C03	作物学报	187	0.94	34.5	7.2	23	67	0.020	0.950	8.9
C03	作物研究	121	0.98	15.3	5.2	20	63	0.000	0.570	7.2
C03	作物杂志	166	1.00	27.2	6.4	25	97	0.000	0.860	8.2
C04	Horticultural Plant Journal	31	0.89	47.0	5.8	7	12	0.320	0.520	10.3
C04	Landscape Architecture Frontiers	61	0.88	14.0	3.8	9	40	0.279	0.131	21.3
C04	北方果树	177	0.98	3.2	2.8	17	99	—	0.220	7.8
C04	北方园艺	875	0.97	18.9	4.4	31	384	—	0.920	8.0
C04	茶叶科学	70	0.93	31.3	6.0	13	27	0.000	0.810	6.7
C04	长江蔬菜	680	0.23	4.2	3.9	28	339	0.003	0.419	7.2
C04	东南园艺	80	0.93	10.0	3.5	6	36	0.025	0.700	8.6
C04	广东园林	103	0.99	12.1	2.4	16	55	—	0.485	8.5
C04	果农之友	254	0.78	0.0	2.5	20	128	0.024	0.067	—
C04	果树学报	179	0.99	29.2	6.2	25	81	0.010	0.840	8.1
C04	河北果树	235	0.94	1.8	2.5	11	107	—	0.060	8.8
C04	花卉	2699	0.98	3.0	1.3	31	1640	0.001	0.014	3.1
C04	花生学报	51	0.96	21.2	7.3	11	26	0.000	0.880	8.6
C04	吉林蔬菜	250	0.91	0.9	2.0	15	118	—	0.084	8.2
C04	辣椒杂志	45	0.99	11.1	5.6	15	32	0.067	0.756	8.9
C04	林业与生态科学	71	1.00	20.5	4.3	8	21	—	0.845	7.9
C04	落叶果树	146	0.66	5.8	3.7	14	86	—	0.521	9.0
C04	南方园艺	111	0.94	6.4	3.9	15	68	—	0.550	7.9
C04	人参研究	110	0.96	12.3	3.9	10	46	—	0.373	7.2
C04	山西果树	150	0.99	2.2	2.6	15	98	—	0.187	9.0
C04	上海蔬菜	231	0.91	2.0	3.2	19	163	—	0.264	8.1
C04	食用菌	177	0.98	8.3	4.0	29	131	0.006	0.605	7.6
C04	食用菌学报	70	0.97	26.6	6.3	19	46	0.010	0.800	7.2
C04	蔬菜	245	0.98	7.0	4.0	28	169	—	0.461	7.8
C04	西北园艺(果树)	172	0.98	0.0	2.2	10	111	—	0.029	—
C04	西北园艺(综合)	212	1.00	0.0	2.3	10	164	—	0.042	—
C04	现代园艺	3594	0.99	3.5	1.7	31	2170	—	0.105	5.6
C04	烟草科技	184	1.00	21.4	7.5	20	72	0.010	0.130	8.3

学科代码	期刊名称	来源文献量	文献选出率	平均引文数	平均作者数	地区分布数	机构分布数	海外论文比	基金论文比	引用半衰期
C04	烟台果树	104	0.71	0.9	4.5	11	47	0.010	0.423	8.4
C04	园艺学报	266	0.96	31.4	6.3	28	103	0.010	0.930	8.5
C04	园艺与种苗	264	0.94	8.2	3.0	27	168	—	0.409	8.2
C04	浙江柑橘	52	0.95	5.3	3.9	6	27	—	0.212	9.9
C04	中国瓜菜	228	0.94	12.0	4.8	27	129	0.004	0.785	7.5
C04	中国果菜	304	0.94	8.7	3.0	29	226	—	0.332	6.1
C04	中国果树	179	0.49	15.8	5.1	25	98	0.010	0.740	7.8
C04	中国果业信息	78	0.98	1.9	2.9	17	55	—	0.154	5.7
C04	中国马铃薯	67	0.99	14.3	5.1	15	40	—	0.925	8.1
C04	中国南方果树	251	0.98	14.3	5.5	24	128	0.010	0.670	7.9
C04	中国食用菌	130	0.97	12.6	5.2	26	82	0.008	0.846	8.4
C04	中国蔬菜	293	1.00	10.9	5.0	28	170	0.000	0.710	7.1
C04	中国烟草科学	79	1.00	26.7	7.6	15	38	0.000	0.250	7.8
C04	中国烟草学报	109	0.94	25.0	6.6	14	53	0.010	0.190	7.7
C04	中国园艺文摘	529	0.98	4.2	2.5	30	407	0.004	0.234	8.3
C05	An International Journal Pedosphere	82	0.93	63.4	5.1	15	63	0.680	0.370	10.2
C05	土壤	166	0.99	34.2	5.6	27	94	0.000	0.870	7.8
C05	土壤通报	205	1.00	31.9	5.2	29	111	0.000	0.880	8.2
C05	土壤学报	140	0.98	34.5	5.3	23	67	0.020	0.940	7.2
C05	土壤与作物	54	0.99	43.2	5.2	9	22	0.020	0.850	9.1
C05	植物医生	397	0.81	1.5	1.9	29	236	0.005	0.015	6.8
C05	植物营养与肥料学报	177	0.96	38.1	6.3	27	69	0.010	0.890	7.9
C05	中国土地科学	152	0.96	29.4	3.5	17	64	0.000	0.880	4.8
C05	中国土壤与肥料	164	0.99	28.9	5.6	26	97	0.000	0.740	8.7
C06	广西植保	44	0.89	5.2	3.4	6	34	—	0.227	7.9
C06	湖北植保	155	0.99	2.3	3.8	11	97	—	0.052	8.0
C06	环境昆虫学报	178	0.90	32.6	5.4	26	93	0.020	0.910	10.7
C06	农药	242	0.93	14.1	4.9	27	141	0.000	0.520	6.7
C06	农药科学与管理	149	0.25	6.3	3.7	20	67	0.010	0.180	7.2
C06	农药学学报	93	0.79	28.8	5.6	21	48	0.000	0.860	6.9
C06	生物灾害科学	69	0.99	19.3	4.6	17	44	—	0.696	8.8
C06	世界农药	75	0.64	5.7	2.7	13	36	—	0.133	9.0
C06	现代农药	97	0.91	9.5	4.4	22	78	0.010	0.290	5.8

学科代码	期刊名称	来源文献量	文献选出率	平均引文数	平均作者数	地区分布数	机构分布数	海外论文比	基金论文比	引用半衰期
C06	杂草学报	43	0.97	18.5	4.7	16	35	0.000	0.770	7.0
C06	植物保护	237	0.98	28.7	5.6	30	119	0.010	0.850	8.4
C06	植物保护学报	194	0.99	26.0	5.2	29	93	0.020	0.940	8.7
C06	植物病理学报	105	0.99	24.5	6.2	20	52	0.010	0.970	9.0
C06	植物检疫	106	0.96	17.1	5.5	21	74	0.010	0.610	8.5
C06	中国生物防治学报	116	1.00	33.3	5.7	26	71	0.010	0.860	9.5
C06	中国植保导刊	235	0.97	12.2	5.1	29	159	—	0.626	8.1
C07	Forest Ecosystems	37	0.95	72.7	4.8	1	33	0.946	0.838	9.0
C07	Journal of Forestry Research	182	0.99	44.5	4.5	22	90	0.590	0.390	11.6
C07	安徽林业科技	108	0.99	5.4	1.9	11	75	—	0.111	9.3
C07	桉树科技	33	0.89	18.6	3.7	4	16	0.000	0.670	9.0
C07	北京林业大学学报	164	0.98	29.3	4.8	19	32	0.010	0.930	8.3
C07	东北林业大学学报	236	1.00	22.0	4.6	23	75	0.000	0.830	8.4
C07	防护林科技	479	0.73	5.9	2.3	25	259	—	0.217	9.6
C07	风景园林	180	0.27	19.6	2.4	17	69	0.072	0.589	9.5
C07	福建林业	73	0.98	4.1	2.0	2	47	0.014	0.233	11.0
C07	福建林业科技	100	0.97	15.6	3.8	15	67	—	0.830	8.7
C07	甘肃林业科技	55	0.98	10.0	2.9	8	32	—	0.400	11.3
C07	广西林业	149	0.98	0.0	1.7	3	36	—	—	—
C07	广西林业科学	104	0.96	15.5	5.3	7	33	0.000	0.820	8.1
C07	贵州林业科技	51	0.99	11.4	4.3	5	27	—	0.824	9.4
C07	国际木业	38	0.93	2.0	1.9	7	20	—	0.105	5.9
C07	河北林业科技	77	0.94	10.6	3.4	11	53	—	0.442	8.1
C07	河南林业科技	76	1.00	4.5	2.7	2	44	—	0.289	10.2
C07	黑龙江生态工程职业学院学报	339	0.98	6.8	1.6	30	222	—	0.434	6.2
C07	湖北林业科技	159	0.96	7.4	3.6	19	105	—	0.277	9.1
C07	湖南林业科技	106	0.99	18.4	4.6	15	57	—	0.840	8.8
C07	华东森林经理	86	0.97	6.7	3.0	10	51	—	0.163	9.3
C07	吉林林业科技	90	0.95	5.3	3.4	7	57	—	0.267	8.9
C07	江苏林业科技	79	0.83	16.4	4.4	9	46	—	0.835	9.1
C07	经济林研究	118	0.98	24.5	5.1	27	70	0.000	0.890	6.8
C07	辽宁林业科技	153	0.95	8.6	2.4	9	82	—	0.314	9.6
C07	林产工业	175	1.00	15.3	3.5	20	64	0.000	0.610	6.7

学科代码	期刊名称	来源文献量	文献选出率	平均引文数	平均作者数	地区分布数	机构分布数	海外论文比	基金论文比	引用半衰期
C07	林区教学	604	1.00	4.3	1.4	31	302	0.002	0.344	5.6
C07	林业调查规划	241	0.99	12.7	3.3	28	137	0.010	0.320	9.3
C07	林业工程学报	146	1.00	21.9	4.5	18	38	0.010	0.970	6.5
C07	林业机械与木工设备	141	1.00	11.0	3.6	20	56	—	0.652	6.0
C07	林业建设	104	0.95	6.2	2.2	21	67	0.058	0.048	9.1
C07	林业勘查设计	214	0.95	3.1	1.6	20	104	—	0.033	6.5
C07	林业勘察设计	149	0.95	4.0	1.8	15	96	—	0.101	8.0
C07	林业科技	101	1.00	9.0	3.5	22	69	—	0.604	7.8
C07	林业科技情报	183	1.00	6.4	1.4	21	112	—	0.033	6.1
C07	林业科技通讯	328	1.00	8.2	3.5	29	222	—	0.515	9.7
C07	林业科学	233	1.00	31.5	5.1	26	72	0.020	0.910	8.8
C07	林业科学研究	137	1.00	33.5	5.1	20	41	0.000	0.830	9.5
C07	林业与环境科学	138	0.97	19.0	5.3	11	72	0.007	0.855	8.9
C07	林业资源管理	141	0.97	19.0	4.0	22	64	—	0.794	8.2
C07	绿色科技	2530	0.79	7.7	2.1	31	1497	0.002	0.240	6.5
C07	木材工业	69	0.87	11.2	3.9	15	29	0.030	0.740	6.0
C07	内蒙古林业	171	0.96	0.0	1.6	16	112	—	—	—
C07	内蒙古林业调查设计	215	0.95	5.1	2.1	17	111	0.005	0.084	9.0
C07	内蒙古林业科技	51	1.00	15.2	5.0	4	13	—	0.745	9.7
C07	南方林业科学	99	0.99	15.0	4.7	10	51	—	0.909	9.4
C07	南京林业大学学报(自然科学版)	173	0.98	28.3	4.9	22	53	0.010	0.920	8.3
C07	热带林业	82	0.94	10.4	3.7	7	42	—	0.488	9.1
C07	森林防火	51	0.92	7.5	3.1	15	37	—	0.412	7.9
C07	森林工程	108	0.78	19.3	4.3	13	31	0.010	0.840	6.8
C07	森林与环境学报	73	0.89	24.5	5.1	15	32	0.000	0.930	7.8
C07	山东林业科技	200	0.95	9.7	3.6	21	132	—	0.315	9.0
C07	山西林业	131	0.92	1.1	1.1	4	70	—	0.023	7.2
C07	山西林业科技	103	1.00	7.2	1.6	7	49	—	0.398	9.8
C07	陕西林业科技	160	0.49	10.4	2.9	21	119	—	0.456	9.2
C07	世界林业研究	98	0.89	32.1	4.0	17	41	0.010	0.990	8.3
C07	世界竹藤通讯	86	0.90	12.8	4.1	16	55	—	0.698	8.8
C07	水资源开发与管理	235	0.98	4.2	1.7	24	180	—	0.132	6.6
C07	四川林业科技	171	0.99	15.3	4.4	17	89	—	0.661	9.9

学科代码	期刊名称	来源文献量	文献选出率	平均引文数	平均作者数	地区分布数	机构分布数	海外论文比	基金论文比	引用半衰期
C07	温带林业研究	39	0.98	34.8	3.9	11	21	—	0.897	10.6
C07	西北林学院学报	269	0.96	25.2	4.7	30	105	0.000	0.870	8.3
C07	西部林业科学	129	0.98	19.7	5.3	17	52	0.010	0.810	9.7
C07	西南林业大学学报	194	0.98	22.4	5.1	24	73	0.010	0.850	8.2
C07	新疆林业	82	0.93	0.0	1.4	4	61	—	—	—
C07	园林	209	0.98	1.5	1.8	18	115	—	0.144	8.8
C07	浙江林业科技	94	1.00	20.5	5.4	17	58	—	0.904	9.9
C07	浙江农林大学学报	141	0.99	26.8	5.2	21	46	0.000	0.870	8.1
C07	中国城市林业	97	1.00	15.4	3.0	19	44	—	0.742	7.0
C07	中国林副特产	233	0.99	7.3	2.7	24	133	—	0.361	8.8
C07	中国林业经济	252	0.96	5.9	1.7	27	164	—	0.206	5.0
C07	中国森林病虫	77	0.94	14.2	4.5	23	58	—	0.740	10.9
C07	中国园林	300	0.94	21.0	2.6	21	120	0.070	0.570	9.1
C07	中南林业调查规划	64	0.94	9.1	3.2	13	33	—	0.141	6.3
C07	中南林业科技大学学报	235	0.97	25.4	5.3	25	72	0.010	0.950	8.5
C07	竹子学报	62	1.00	21.0	4.1	15	38	0.000	0.820	9.9
C08	Avian Research	42	0.98	50.0	4.4	8	36	0.500	0.857	11.4
C08	Journal of Animal Science and Biotechnology	92	0.97	58.4	7.0	8	55	0.554	0.880	10.1
C08	北方蚕业	69	0.96	5.6	4.1	14	31	—	0.536	8.6
C08	北方牧业	362	0.46	0.0	2.2	20	188	0.008	0.141	—
C08	蚕桑茶叶通讯	79	0.93	6.9	3.7	13	41	—	0.544	8.7
C08	蚕桑通报	72	0.88	3.6	3.2	5	36	—	0.250	15.4
C08	蚕学通讯	42	0.84	5.1	3.3	11	22	—	0.810	7.3
C08	蚕业科学	133	0.96	24.2	6.0	18	43	0.000	0.920	7.8
C08	草食家畜	75	0.95	13.2	4.8	9	37	—	0.840	8.2
C08	草学	103	0.97	14.5	5.3	19	57	—	0.728	11.1
C08	草原与草业	48	0.80	15.2	5.3	7	18	—	0.667	8.6
C08	当代畜禽养殖业	705	1.00	1.9	1.5	29	484	0.004	0.045	4.0
C08	动物医学进展	353	0.98	19.2	6.3	31	164	0.000	0.740	4.8
C08	动物营养学报	598	0.95	34.5	6.1	30	119	0.010	0.820	8.3
C08	福建畜牧兽医	175	0.96	4.4	1.7	5	129	0.029	0.143	9.2
C08	甘肃畜牧兽医	349	0.96	2.8	2.0	19	177	—	0.149	8.3
C08	广东蚕业	1197	0.94	3.4	1.4	30	381	—	0.241	5.0

学科代码	期刊名称	来源文献量	文献选出率	平均引文数	平均作者数	地区分布数	机构分布数	海外论文比	基金论文比	引用半衰期
C08	广东饲料	143	0.95	1.3	2.9	19	92	—	0.175	9.8
C08	广东畜牧兽医科技	86	1.00	8.5	3.8	12	45	—	0.291	7.2
C08	广西蚕业	53	0.95	11.8	5.6	4	16	—	0.434	8.5
C08	广西畜牧兽医	151	0.93	3.3	3.6	2	93	—	0.199	6.9
C08	贵州畜牧兽医	151	0.88	5.2	4.2	13	80	0.007	0.411	8.7
C08	国外畜牧学—猪与禽	370	0.99	0.3	1.5	21	118	—	0.059	7.5
C08	河南畜牧兽医(市场版)	239	0.93	0.0	1.9	11	120	—	0.004	—
C08	河南畜牧兽医(综合版)	353	0.93	0.6	2.1	13	189	—	0.003	10.5
C08	湖北畜牧兽医	296	1.00	3.7	2.5	31	227	—	0.135	7.0
C08	湖南饲料	72	1.00	0.0	2.1	10	31	—	—	—
C08	湖南畜牧兽医	139	0.87	4.9	3.2	8	83	—	0.187	7.0
C08	吉林畜牧兽医	522	1.00	1.1	2.1	22	260	—	0.046	5.1
C08	家禽科学	216	1.00	5.4	2.9	17	114	—	0.236	8.4
C08	家畜生态学报	229	0.91	22.7	5.5	30	103	0.000	0.750	7.6
C08	江苏蚕业	24	0.39	2.6	4.2	3	21	—	0.583	6.0
C08	江西农业	1570	0.93	1.9	1.8	31	1134	0.001	0.050	3.8
C08	江西饲料	57	0.97	6.4	2.6	12	34	—	0.123	8.7
C08	江西畜牧兽医杂志	173	0.97	5.1	3.9	17	91	—	0.202	8.5
C08	今日畜牧兽医	954	0.45	2.7	1.9	31	698	—	0.077	4.1
C08	今日养猪业	177	0.97	0.0	2.0	21	100	0.028	0.011	2.2
C08	经济动物学报	45	0.86	26.4	5.0	13	21	0.000	0.600	9.2
C08	科技视界	4224	0.94	5.0	2.0	31	1899	0.000	0.328	5.9
C08	蜜蜂杂志	510	0.97	1.3	1.6	24	127	0.002	0.084	5.9
C08	青海草业	49	0.56	10.1	2.5	3	21	—	0.224	10.3
C08	青海畜牧兽医杂志	142	0.94	7.9	3.2	10	65	—	0.359	8.6
C08	上海畜牧兽医通讯	199	0.96	6.0	4.5	20	106	—	0.352	7.8
C08	兽医导刊	3327	0.64	1.9	1.6	31	2047	0.000	0.021	3.8
C08	四川蚕业	76	1.00	1.9	3.1	5	51	—	0.184	9.4
C08	四川畜牧兽医	334	0.97	1.4	2.7	26	168	—	0.099	8.5
C08	饲料博览	590	0.94	6.1	2.0	29	329	—	0.086	7.3
C08	饲料工业	296	0.98	21.1	4.9	29	147	0.010	0.670	8.0
C08	饲料研究	115	0.99	19.3	5.1	25	81	0.010	0.480	7.6
C08	现代牧业	61	0.99	13.7	4.0	7	19	—	0.508	6.5

学科代码	期刊名称	来源文献量	文献选出率	平均引文数	平均作者数	地区分布数	机构分布数	海外论文比	基金论文比	引用半衰期
C08	现代畜牧科技	1359	0.93	0.7	1.4	27	523	—	0.032	7.1
C08	现代畜牧兽医	148	0.98	13.4	3.9	23	74	—	0.453	6.9
C08	新疆畜牧业	181	0.95	5.2	3.0	1	77	—	0.238	8.1
C08	畜牧兽医科技信息	1578	0.94	1.4	1.6	30	987	0.001	0.032	4.0
C08	畜牧兽医学报	313	0.74	31.4	7.1	29	76	0.010	0.900	6.9
C08	畜牧兽医杂志	203	0.89	6.2	3.4	19	119	—	0.365	8.0
C08	畜牧与兽医	340	0.87	17.6	6.2	31	144	0.000	0.800	7.9
C08	畜牧与饲料科学	345	0.93	12.9	4.7	31	166	—	0.736	7.2
C08	畜禽业	1036	0.81	2.9	2.1	31	737	—	0.089	4.9
C08	养禽与禽病防治	166	0.97	3.9	2.4	18	82	—	0.120	7.8
C08	养殖与饲料	762	0.97	2.5	2.1	31	513	—	0.121	6.6
C08	养猪	259	1.00	8.7	4.3	29	136	—	0.394	7.0
C08	云南畜牧兽医	126	0.98	2.2	3.4	7	79	—	0.254	8.2
C08	浙江畜牧兽医	144	0.94	2.2	2.7	14	100	—	0.090	8.7
C08	中国蚕业	65	0.94	17.0	4.4	15	39	—	0.615	8.9
C08	中国草食动物科学	131	0.98	14.4	5.2	24	72	—	0.786	8.8
C08	中国动物保健	374	1.00	1.0	2.1	29	259	0.008	0.072	5.2
C08	中国动物传染病学报	92	0.98	20.9	7.5	21	47	0.000	0.820	7.7
C08	中国动物检疫	312	0.98	10.5	6.0	30	175	—	0.590	6.3
C08	中国蜂业	266	1.00	3.9	2.5	27	128	0.008	0.184	9.1
C08	中国工作犬业	181	0.98	0.0	2.4	29	102	—	0.066	—
C08	中国家禽	414	0.86	13.0	5.9	30	174	—	0.899	7.8
C08	中国奶牛	191	0.95	16.3	4.6	25	129	0.005	0.539	8.8
C08	中国牛业科学	177	0.96	8.3	4.1	19	109	—	0.508	7.2
C08	中国禽业导刊	380	0.97	0.0	1.8	26	232	0.024	0.087	6.5
C08	中国兽药杂志	145	0.43	17.6	5.9	24	64	0.000	0.480	7.2
C08	中国兽医科学	220	0.98	20.9	7.4	28	78	0.000	0.890	7.4
C08	中国兽医学报	416	0.97	20.4	7.1	31	104	0.000	0.930	7.5
C08	中国兽医杂志	464	0.95	10.6	5.4	30	207	—	0.683	7.5
C08	中国饲料	415	0.87	18.8	4.4	31	255	0.007	0.528	8.6
C08	中国畜牧兽医	427	0.99	28.4	6.5	31	147	0.000	0.880	6.3
C08	中国畜牧兽医文摘	1598	0.94	2.4	1.8	31	1020	—	0.068	4.3
C08	中国畜牧业	568	0.43	0.0	2.1	30	337	—	0.035	—

学科代码	期刊名称	来源文献量	文献选出率	平均引文数	平均作者数	地区分布数	机构分布数	海外论文比	基金论文比	引用半衰期
C08	中国畜牧杂志	387	0.91	19.3	5.1	29	126	0.010	0.770	7.3
C08	中国畜禽种业	1692	0.33	1.8	1.7	30	1058	—	0.051	4.2
C08	中国养兔	99	0.93	6.1	3.8	21	60	—	0.455	6.9
C08	中国预防兽医学报	237	0.97	16.2	7.1	28	88	0.000	0.850	6.6
C08	中国猪业	168	0.74	6.6	3.3	27	123	—	0.304	6.9
C08	中兽医学杂志	487	0.98	0.8	1.5	24	287	—	0.033	7.0
C08	中兽医医药杂志	207	0.97	11.0	4.1	22	125	—	0.638	8.1
C08	猪业科学	421	0.75	5.9	3.2	26	211	0.005	0.418	6.7
C09	草地学报	205	0.98	31.6	5.5	26	87	0.010	0.870	8.8
C09	草业科学	334	0.96	33.5	5.2	28	129	0.010	0.840	8.0
C09	草业学报	240	0.98	36.9	5.8	27	83	0.010	0.860	9.0
C09	草原与草坪	88	0.94	26.1	4.6	13	40	0.000	0.880	9.0
C09	中国草地学报	100	1.00	21.9	5.4	20	42	0.000	0.870	8.2
C10	大连海洋大学学报	121	0.98	30.2	6.1	15	40	0.000	0.880	9.1
C10	淡水渔业	101	0.99	25.3	6.0	24	53	0.010	0.770	9.6
C10	当代水产	100	1.00	0.0	2.2	16	50	0.010	0.070	—
C10	广东海洋大学学报	85	0.96	29.2	5.7	9	16	0.000	0.880	8.9
C10	海洋渔业	83	0.99	34.2	5.9	10	27	0.010	0.820	9.8
C10	海洋与渔业	149	0.99	0.0	2.2	6	40	—	0.027	—
C10	海洋与渔业·水产前沿	100	0.99	0.0	1.6	12	67	0.080	—	—
C10	河北渔业	197	0.93	8.3	3.9	21	110	—	0.416	9.7
C10	河南水产	90	0.72	5.3	3.8	7	45	—	0.367	11.4
C10	黑龙江水产	122	0.94	0.4	1.9	9	60	—	0.057	2.8
C10	江西水产科技	146	0.99	5.5	2.3	24	111	0.007	0.226	6.5
C10	科学养鱼	644	1.00	0.0	3.2	31	369	0.002	0.203	—
C10	南方水产科学	93	0.98	33.1	6.0	13	27	0.000	0.660	7.5
C10	上海海洋大学学报	114	0.85	26.7	4.9	12	30	0.000	0.860	8.9
C10	水产科技情报	71	0.90	20.7	4.8	19	47	—	0.761	9.5
C10	水产科学	137	0.92	32.6	5.8	24	77	—	0.964	9.4
C10	水产学报	193	0.95	33.2	5.7	20	57	0.020	0.910	9.5
C10	水产学杂志	62	0.94	28.6	5.4	18	33	—	0.935	9.9
C10	水产养殖	218	0.98	5.6	3.6	26	148	—	0.450	10.6
C10	渔业科学进展	124	0.94	29.5	6.3	17	33	0.000	0.740	9.1

学科代码	期刊名称	来源文献量	文献选出率	平均引文数	平均作者数	地区分布数	机构分布数	海外论文比	基金论文比	引用半衰期
C10	渔业现代化	74	1.00	28.2	4.6	13	37	0.000	0.700	6.5
C10	渔业信息与战略	39	0.96	21.7	5.1	10	19	—	0.795	10.9
C10	渔业研究	64	0.94	23.3	4.2	8	28	0.016	0.812	8.5
C10	浙江海洋学院学报(自然科学版)	95	0.93	20.7	5.1	6	14	—	0.979	8.6
C10	中国水产	203	0.75	0.0	2.8	29	134	—	0.030	—
C10	中国水产科学	137	0.66	34.7	6.0	18	43	0.010	0.960	10.0
C10	中国渔业经济	85	0.98	15.2	2.6	12	26	—	0.682	7.5
C10	中国渔业质量与标准	52	0.91	34.6	5.7	9	23	—	0.981	7.8
D01	Chinese Medical Journal	586	1.00	22.0	6.4	29	236	0.110	0.530	6.0
D01	Chinese Medical Sciences Journal	39	0.95	25.9	4.4	7	16	0.080	0.260	6.4
D01	Frontiers of Medicine	52	1.00	64.9	5.8	11	40	0.350	0.560	6.5
D01	安徽医学	454	1.00	14.5	4.1	18	190	0.000	0.310	4.3
D01	安徽医药	676	1.00	16.4	3.5	28	404	0.000	0.220	5.0
D01	白求恩医学杂志	328	1.00	6.7	2.4	18	251	0.006	0.113	3.3
D01	包头医学	131	0.97	7.6	1.5	12	101	—	0.023	3.3
D01	北京医学	364	0.99	13.7	4.0	20	143	0.010	0.230	5.2
D01	兵团医学	161	1.00	8.0	2.8	3	49	—	0.025	5.5
D01	重庆医学	1396	1.00	16.9	4.5	31	647	0.001	0.650	4.9
D01	大众医学	561	0.94	0.0	1.3	18	131	—	—	—
D01	当代医学	3063	0.97	10.4	2.2	30	1347	0.002	0.100	3.5
D01	当代医药论丛	4915	0.98	5.3	1.5	31	2224	—	0.019	3.2
D01	东南国防医药	163	0.91	19.1	4.3	21	85	0.000	0.170	5.0
D01	甘肃医药	475	0.88	11.2	3.1	25	276	0.002	0.198	4.6
D01	广东医学	934	0.96	18.0	5.0	27	426	—	0.714	4.8
D01	广西医学	897	0.97	17.0	4.3	27	415	0.000	0.460	5.2
D01	贵州医药	713	1.00	10.0	3.7	24	408	—	0.335	3.8
D01	国际医药卫生导报	1212	0.98	12.1	2.7	26	608	0.001	0.228	3.4
D01	哈尔滨医药	315	0.95	5.6	2.2	18	218	—	0.178	3.5
D01	海军医学杂志	186	0.96	11.3	3.9	21	107	0.000	0.160	5.0
D01	海南医学	1132	0.98	16.7	3.9	26	623	0.002	0.482	4.7
D01	航空航天医学杂志	843	0.96	7.0	1.9	26	392	—	0.046	3.4
D01	河北医学	550	0.96	11.1	3.5	25	359	0.000	0.670	3.3
D01	河北医药	980	0.95	18.1	4.2	28	470	0.000	0.200	4.5

学科代码	期刊名称	来源文献量	文献选出率	平均引文数	平均作者数	地区分布数	机构分布数	海外论文比	基金论文比	引用半衰期
D01	黑龙江医学	526	0.97	9.3	2.6	27	378	0.002	0.232	3.7
D01	黑龙江医药	733	1.00	7.9	1.9	27	499	0.001	0.071	3.0
D01	黑龙江医药科学	577	0.97	8.6	2.8	24	211	—	0.348	3.9
D01	华南国防医学杂志	239	1.00	22.3	4.5	25	112	0.000	0.330	4.1
D01	华西医学	289	0.96	25.2	4.3	23	96	0.030	0.620	5.8
D01	淮海医药	308	1.00	12.0	2.1	14	159	—	0.094	3.7
D01	基础医学与临床	376	0.99	13.3	4.7	30	187	0.010	0.680	4.2
D01	吉林医学	1097	0.98	9.2	2.7	29	693	—	0.170	4.4
D01	继续医学教育	1069	1.00	8.9	2.7	29	354	—	0.280	3.6
D01	江苏医药	480	0.90	13.4	4.2	23	273	—	0.419	5.4
D01	交通医学	234	0.96	11.0	3.3	11	99	—	0.226	5.5
D01	解放军医学杂志	178	0.85	23.7	6.1	24	105	0.010	0.620	4.9
D01	解放军医药杂志	351	1.00	22.0	3.9	26	220	0.000	0.830	3.0
D01	精准医学杂志	142	0.95	24.5	5.1	16	67	0.007	0.859	4.4
D01	空军医学杂志	127	0.94	15.0	4.3	20	83	0.000	0.180	4.0
D01	辽宁医学杂志	138	0.98	13.2	2.6	15	98	—	0.130	3.3
D01	农垦医学	160	0.74	10.7	3.7	3	35	—	0.381	4.2
D01	青岛医药卫生	162	0.64	11.0	2.1	9	134	—	0.068	3.6
D01	青海医药杂志	415	0.96	7.3	1.8	5	77	—	0.043	5.7
D01	人民军医	347	0.93	20.2	4.0	29	199	—	0.210	5.6
D01	山东医药	1608	0.99	18.7	4.5	30	662	0.000	0.530	4.4
D01	山西医药杂志	1240	0.98	9.1	2.7	29	731	0.001	0.195	4.3
D01	陕西医学杂志	510	0.97	14.7	3.7	25	221	—	0.547	4.0
D01	伤害医学(电子版)	45	0.99	25.1	4.5	12	29	0.044	0.467	6.4
D01	上海医学	153	0.73	15.9	4.5	15	79	0.000	0.410	6.2
D01	上海医药	565	0.27	11.2	2.6	26	335	0.002	0.198	5.5
D01	社区医学杂志	647	0.97	11.9	2.4	28	407	—	0.250	3.3
D01	实用医药杂志	413	0.96	12.0	3.4	27	181	—	0.174	5.5
D01	世界复合医学	188	0.25	12.0	2.2	22	137	—	0.080	2.6
D01	世界睡眠医学杂志	452	0.89	7.2	2.0	28	259	0.013	0.073	3.3
D01	首都食品与医药	2840	0.97	3.2	1.5	20	738	—	0.018	3.2
D01	四川医学	371	0.91	14.8	3.9	20	168	0.000	0.200	4.8
D01	天津医药	307	0.93	19.4	4.4	24	129	0.010	0.530	4.0

学科代码	期刊名称	来源文献量	文献选出率	平均引文数	平均作者数	地区分布数	机构分布数	海外论文比	基金论文比	引用半衰期
D01	微创医学	289	1.00	13.1	3.2	20	156	—	0.405	4.7
D01	武警医学	358	0.95	14.2	3.9	29	164	0.000	0.130	5.3
D01	西北国防医学杂志	209	0.97	19.7	4.3	26	108	0.029	0.416	5.2
D01	西部医学	424	1.00	23.5	4.6	25	214	0.000	0.740	4.7
D01	西南国防医药	522	0.99	10.2	3.5	26	316	0.000	0.130	3.6
D01	西南军医	214	0.93	13.0	3.4	23	99	—	0.252	5.5
D01	系统医学	1705	1.00	10.8	1.8	30	1003	—	0.049	2.6
D01	现代生物医学进展	1045	0.94	28.3	5.6	29	503	0.000	0.790	3.2
D01	现代实用医学	868	0.98	9.4	3.1	5	287	—	0.258	4.6
D01	现代医学	351	1.00	16.0	3.8	20	238	0.000	0.230	4.0
D01	协和医学杂志	88	0.99	22.1	4.5	13	29	0.000	0.400	5.2
D01	新疆医学	414	0.97	12.5	3.3	11	124	—	0.377	4.8
D01	新医学	187	0.87	16.1	4.2	22	100	0.010	0.480	4.4
D01	医师在线	1061	1.00	0.0	1.1	24	233	—	—	6.0
D01	医学理论与实践	2108	0.98	8.2	2.1	31	1234	0.010	0.103	3.7
D01	医学新知杂志	268	0.95	12.2	2.4	22	169	—	0.138	3.6
D01	医学信息	1583	0.92	10.6	2.7	31	884	—	0.214	3.9
D01	医学研究生学报	270	0.99	26.4	4.1	27	151	0.000	0.690	4.7
D01	医学研究杂志	538	1.00	18.8	4.3	27	298	0.000	0.590	4.7
D01	医学与法学	125	0.97	11.8	2.0	22	73	—	0.496	7.8
D01	医学争鸣	127	1.00	17.1	3.3	22	80	0.008	0.724	5.4
D01	医学综述	957	0.56	39.1	3.4	30	446	0.000	0.350	4.9
D01	医药论坛杂志	833	0.99	9.0	2.3	19	341	—	0.145	3.8
D01	医药前沿	12187	0.94	4.6	1.8	31	4456	—	0.046	3.5
D01	英国医学杂志(中文版)	260	0.96	7.4	3.5	8	134	0.419	0.081	5.9
D01	右江医学	189	0.92	14.0	3.9	14	102	—	0.434	3.6
D01	云南医药	247	0.99	9.2	3.3	9	87	—	0.170	5.8
D01	浙江实用医学	165	0.89	11.6	3.6	1	90	—	0.194	5.2
D01	浙江医学	771	0.98	16.0	4.3	21	248	0.000	0.260	5.2
D01	中国当代医药	2269	0.99	16.9	2.8	31	1080	0.003	0.314	3.1
D01	中国高等医学教育	912	0.78	5.7	3.9	30	398	—	0.624	4.8
D01	中国急救复苏与灾害医学杂志	366	0.98	12.7	4.1	26	191	0.010	0.290	5.5
D01	中国继续医学教育	3618	0.34	11.1	2.1	30	1526	0.000	0.143	2.7

学科代码	期刊名称	来源文献量	文献选出率	平均引文数	平均作者数	地区分布数	机构分布数	海外论文比	基金论文比	引用半衰期
D01	中国煤炭工业医学杂志	149	0.98	18.1	4.4	18	81	0.000	0.720	3.5
D01	中国实用医刊	1012	0.95	11.1	2.7	24	431	—	0.136	3.7
D01	中国实用医药	4148	0.96	9.9	2.0	31	1676	0.000	0.068	3.4
D01	中国现代医生	1677	0.36	19.2	3.3	31	696	0.002	0.554	3.9
D01	中国现代医学杂志	929	0.98	15.8	4.6	31	482	0.000	0.330	4.6
D01	中国乡村医药	1105	0.99	3.9	2.4	22	380	—	0.073	4.3
D01	中国研究型医院	75	0.95	10.8	3.5	15	52	—	0.267	5.2
D01	中国医疗保险	264	0.84	4.3	1.8	25	144	—	0.087	4.9
D01	中国医疗管理科学	83	0.89	13.3	3.5	19	60	—	0.289	4.8
D01	中国医学创新	1423	0.99	20.4	3.2	28	708	0.002	0.408	3.3
D01	中国医学前沿杂志(电子版)	319	0.93	21.3	3.7	27	223	0.000	0.460	3.5
D01	中国医学人文	303	0.84	0.8	1.3	26	162	0.040	0.040	9.6
D01	中国医药导报	1537	0.95	22.9	4.1	30	814	0.000	0.570	3.8
D01	中国医药科学	1789	0.97	16.0	3.1	29	779	0.002	0.237	3.5
D01	中国医药指南	8654	1.00	5.9	1.5	31	2132	0.002	0.021	3.6
D01	中华医学信息导报	284	0.51	0.0	1.5	25	142	—	—	—
D01	中华医学杂志	830	0.96	17.0	5.7	31	311	0.010	0.500	5.5
D01	中华重症医学电子杂志(网络版)	74	1.00	25.8	3.6	20	44	0.014	0.473	5.9
D01	中南医学科学杂志	176	0.96	15.7	3.6	19	106	0.010	0.300	3.6
D01	中日友好医院学报	121	0.99	14.6	4.5	9	35	0.020	0.180	4.7
D01	中外医学研究	3236	1.00	13.1	1.8	30	1290	0.014	0.049	3.2
D01	中医药管理杂志	2213	0.98	6.5	2.0	26	484	—	0.088	4.0
D01	转化医学杂志	91	0.98	20.2	4.8	21	60	0.000	0.480	4.6
D02	安徽卫生职业技术学院学报	434	0.97	6.4	2.3	19	179	—	0.240	3.7
D02	安徽医科大学学报	421	0.98	14.2	5.1	23	118	0.000	0.950	5.2
D02	蚌埠医学院学报	496	0.99	14.4	3.6	22	259	0.000	0.270	4.9
D02	包头医学院学报	668	0.98	8.3	3.0	22	369	—	0.281	4.2
D02	北京大学学报(医学版)	189	0.97	20.2	5.4	16	36	0.020	0.460	7.0
D02	滨州医学院学报	154	0.97	12.1	4.5	9	48	—	0.351	5.4
D02	长治医学院学报	144	1.00	12.5	3.0	19	63	—	0.278	4.4
D02	成都医学院学报	182	0.98	16.3	4.2	14	74	0.000	0.550	4.6
D02	承德医学院学报	229	0.93	10.6	3.2	20	107	—	0.284	4.9
D02	重庆医科大学学报	323	0.98	21.3	5.3	27	116	0.010	0.680	6.0

学科代码	期刊名称	来源文献量	文献选出率	平均引文数	平均作者数	地区分布数	机构分布数	海外论文比	基金论文比	引用半衰期
D02	川北医学院学报	259	0.50	16.6	3.7	26	175	0.010	0.440	3.9
D02	大连医科大学学报	128	0.88	19.0	3.9	13	59	0.000	0.300	5.6
D02	第二军医大学学报	269	0.98	21.1	5.1	18	73	0.000	0.610	4.6
D02	第三军医大学学报	363	0.94	19.7	5.5	25	105	0.000	0.580	4.9
D02	东南大学学报(医学版)	232	0.97	18.3	4.4	24	142	0.000	0.550	4.6
D02	福建医科大学学报	93	1.00	16.5	4.5	14	48	0.000	0.540	5.8
D02	复旦学报(医学版)	152	1.00	26.7	4.1	6	36	0.020	0.660	6.0
D02	赣南医学院学报	349	1.00	16.1	3.7	14	134	0.003	0.447	4.9
D02	广东药科大学学报	162	0.95	17.5	4.9	12	55	0.000	0.590	5.8
D02	广西医科大学学报	447	0.96	15.5	4.3	24	222	0.000	0.440	4.2
D02	广州医科大学学报	187	0.98	12.1	3.8	13	112	—	0.380	4.2
D02	贵州医科大学学报	312	0.99	17.7	4.8	22	147	0.000	0.720	4.2
D02	哈尔滨医科大学学报	147	0.99	13.2	4.3	7	36	0.010	0.400	6.0
D02	海南医学院学报	558	0.97	19.6	3.2	26	339	0.000	0.630	2.2
D02	河北医科大学学报	347	0.94	19.6	4.3	22	140	0.000	0.430	3.5
D02	河南大学学报(医学版)	80	0.98	13.2	4.3	2	30	—	0.550	5.7
D02	河南科技大学学报(医学版)	89	0.95	16.1	3.9	11	49	0.022	0.393	5.1
D02	河南医学高等专科学校学报	271	0.93	8.4	1.8	7	155	—	0.100	3.8
D02	菏泽医学专科学校学报	123	0.92	10.2	1.8	8	66	—	0.220	3.1
D02	湖南师范大学学报(医学版)	354	1.00	15.2	3.2	22	272	0.000	0.170	3.6
D02	华北理工大学学报(医学版)	100	0.99	15.7	4.1	8	23	—	0.440	5.5
D02	华中科技大学学报(医学版)	151	0.97	21.0	5.1	22	83	0.010	0.630	6.1
D02	吉林大学学报(医学版)	246	0.91	22.7	5.7	25	92	0.000	1.000	4.2
D02	吉林医药学院学报	200	0.98	10.5	3.5	12	28	—	0.555	5.9
D02	济宁医学院学报	111	1.00	14.0	3.5	8	33	0.009	0.712	4.6
D02	江苏大学学报(医学版)	121	0.98	16.6	5.2	12	51	0.000	0.400	5.1
D02	解放军医学院学报	273	0.87	23.3	5.0	24	99	0.000	0.410	4.5
D02	锦州医科大学学报	205	0.99	12.1	2.5	17	129	0.005	0.205	4.1
D02	昆明医科大学学报	362	0.99	17.1	5.3	16	116	0.000	0.820	5.2
D02	兰州大学学报(医学版)	89	0.89	21.2	5.8	15	41	0.000	0.640	5.2
D02	牡丹江医学院学报	309	0.80	13.3	3.6	22	167	0.003	0.540	4.3
D02	内蒙古医科大学学报	159	0.97	18.3	3.7	15	59	0.000	0.420	4.7
D02	南昌大学学报(医学版)	153	1.00	18.8	4.5	15	56	0.000	0.460	4.6

学科代码	期刊名称	来源文献量	文献选出率	平均引文数	平均作者数	地区分布数	机构分布数	海外论文比	基金论文比	引用半衰期
D02	南方医科大学学报	246	0.91	29.5	6.2	23	97	0.010	0.830	4.8
D02	南京医科大学学报(自然科学版)	392	1.00	16.4	5.3	20	122	0.000	0.680	5.1
D02	南通大学学报(医学版)	167	0.94	14.8	3.9	7	71	—	0.413	6.0
D02	宁夏医科大学学报	405	0.98	13.5	4.7	21	121	0.000	0.420	4.9
D02	齐齐哈尔医学院学报	1278	0.98	11.6	3.2	26	611	0.012	0.316	3.7
D02	黔南民族医专学报	105	0.89	9.4	3.3	10	43	—	0.438	5.3
D02	青岛大学学报(医学版)	193	0.10	26.7	4.4	12	54	0.010	0.570	5.0
D02	山东大学学报(医学版)	212	0.93	27.7	5.1	19	87	0.010	0.620	5.1
D02	山东医学高等专科学校学报	201	0.99	8.3	2.1	9	90	—	0.159	3.9
D02	山西医科大学学报	348	1.00	16.8	4.6	27	151	0.000	0.460	5.3
D02	山西职工医学院学报	350	0.91	6.6	1.7	12	191	—	0.140	3.6
D02	汕头大学医学院学报	80	0.95	14.0	4.3	5	28	—	0.462	6.0
D02	上海交通大学学报(医学版)	273	1.00	26.4	4.4	12	51	0.010	0.810	5.5
D02	沈阳药科大学学报	175	0.93	15.7	4.9	20	56	0.010	0.380	6.9
D02	沈阳医学院学报	158	0.89	19.2	3.3	18	73	—	0.430	4.9
D02	首都医科大学学报	167	0.96	19.8	5.1	6	40	0.010	0.650	5.1
D02	四川大学学报(医学版)	206	0.97	17.1	5.8	14	42	0.020	0.670	6.0
D02	泰山医学院学报	591	0.94	9.3	2.5	22	337	0.003	0.237	4.2
D02	天津医科大学学报	144	0.97	19.2	4.0	7	29	—	0.486	5.0
D02	同济大学学报(医学版)	144	0.88	18.4	4.1	6	35	0.010	0.830	5.8
D02	皖南医学院学报	188	0.90	11.9	4.2	12	62	0.010	0.320	4.8
D02	温州医科大学学报	205	0.96	16.6	4.7	4	61	0.000	0.480	5.7
D02	武汉大学学报(医学版)	230	0.99	14.2	4.5	14	68	0.000	0.500	5.3
D02	武警后勤学院学报(医学版)	268	0.97	16.0	3.6	26	151	0.000	0.210	4.4
D02	西安交通大学学报(医学版)	185	1.00	18.0	6.3	20	66	0.000	0.840	5.3
D02	西南医科大学学报	129	0.95	20.8	4.2	8	33	—	0.636	4.8
D02	湘南学院学报(医学版)	98	0.93	12.6	4.2	9	44	0.010	0.520	4.3
D02	新疆医科大学学报	371	0.91	14.6	4.7	16	93	0.000	0.710	4.9
D02	新乡医学院学报	282	0.49	18.6	4.0	22	142	0.000	0.400	4.1
D02	徐州医科大学学报	195	0.96	14.9	4.9	17	81	0.000	0.540	4.9
D02	延安大学学报(医学科学版)	132	0.95	11.7	3.4	6	56	—	0.356	5.2
D02	延边大学医学学报	113	0.97	10.4	3.2	4	12	—	0.301	5.9
D02	右江民族医学院学报	171	0.96	15.9	4.7	12	69	0.029	0.661	4.1

学科代码	期刊名称	来源文献量	文献选出率	平均引文数	平均作者数	地区分布数	机构分布数	海外论文比	基金论文比	引用半衰期
D02	浙江大学学报(医学版)	99	0.75	27.2	4.7	15	49	0.000	0.760	5.6
D02	郑州大学学报(医学版)	202	0.99	17.0	6.2	17	61	0.010	0.710	4.9
D02	中国高原医学与生物学杂志	57	0.69	16.3	4.9	4	15	0.018	0.737	6.0
D02	中国药科大学学报	105	0.95	25.2	4.8	21	45	0.000	0.750	4.7
D02	中国医科大学学报	264	1.00	15.3	4.1	19	70	0.000	0.650	5.0
D02	中国医学科学院学报	136	0.99	23.8	5.1	20	55	0.010	0.480	5.7
D02	中南大学学报(医学版)	218	0.92	23.5	5.1	20	79	0.030	0.670	6.4
D02	中山大学学报(医学科学版)	141	0.99	20.1	5.6	11	59	0.000	0.790	5.7
D02	遵义医学院学报	146	0.97	21.2	4.9	13	45	0.010	0.640	4.7
D03	Biomedical and Environmental Sciences	127	1.00	26.0	7.8	21	93	0.079	0.906	6.6
D03	Chinese Journal of Biomedical Engineering	25	0.86	13.4	5.0	6	14	0.120	0.680	13.7
D03	分子诊断与治疗杂志	76	0.77	23.4	4.2	17	70	0.010	0.380	3.9
D03	国际免疫学杂志	143	0.96	23.4	4.1	22	83	0.000	0.550	4.5
D03	国际生物制品学杂志	71	0.92	15.8	3.7	17	29	—	0.225	6.3
D03	国际遗传学杂志	90	0.96	30.1	4.3	20	46	—	0.689	5.7
D03	寄生虫病与感染性疾病	67	0.99	15.9	4.4	18	56	—	0.269	5.5
D03	寄生虫与医学昆虫学报	41	0.99	28.6	5.8	15	28	0.020	0.710	9.3
D03	解剖科学进展	185	1.00	15.7	4.3	16	67	0.000	0.830	6.2
D03	解剖学报	144	0.85	22.4	5.3	30	96	0.010	0.780	6.7
D03	解剖学研究	151	0.99	12.2	4.3	24	108	0.010	0.410	4.8
D03	解剖学杂志	226	0.97	13.7	4.9	30	135	0.000	0.590	6.0
D03	临床心身疾病杂志	342	1.00	14.7	3.5	11	137	—	0.175	3.7
D03	免疫学杂志	169	0.84	23.0	5.2	28	120	0.000	0.740	4.4
D03	神经解剖学杂志	137	0.92	25.7	5.9	23	79	0.010	0.830	4.5
D03	生物医学工程学进展	73	0.91	10.9	3.5	5	46	—	0.370	4.4
D03	实验动物与比较医学	97	0.96	15.6	5.4	17	67	0.010	0.670	6.8
D03	数理医药学杂志	883	0.95	6.7	2.0	20	518	0.001	0.075	3.7
D03	四川解剖学杂志	232	0.97	8.2	2.4	16	160	—	0.108	2.7
D03	微循环学杂志	67	0.98	19.9	3.5	16	48	0.000	0.280	4.2
D03	细胞与分子免疫学杂志	200	1.00	28.3	5.5	30	128	0.010	0.800	2.2
D03	现代免疫学	94	1.00	23.1	4.5	28	80	0.000	0.670	5.3
D03	医学分子生物学杂志	85	1.00	23.8	3.9	22	62	0.000	0.690	4.9
D03	医院管理论坛	299	0.89	11.4	3.5	14	112	—	0.328	4.4

学科代码	期刊名称	来源文献量	文献选出率	平均引文数	平均作者数	地区分布数	机构分布数	海外论文比	基金论文比	引用半衰期
D03	中国比较医学杂志	265	0.97	21.5	5.4	28	165	0.000	0.640	6.0
D03	中国病理生理杂志	370	0.99	20.5	5.3	29	233	0.010	0.800	4.8
D03	中国寄生虫学与寄生虫病杂志	133	0.94	25.8	6.6	28	72	0.020	0.590	6.4
D03	中国健康心理学杂志	495	0.90	19.5	3.1	29	321	—	0.374	5.1
D03	中国临床解剖学杂志	155	0.97	17.9	5.2	26	106	0.000	0.540	6.1
D03	中国免疫学杂志	385	0.99	25.1	4.6	30	264	0.010	0.650	4.6
D03	中国血液流变学杂志	138	0.98	11.8	3.5	9	53	—	0.268	6.0
D03	中国医学工程	409	0.97	11.8	2.4	21	277	—	0.147	3.5
D03	中国医学物理学杂志	271	0.99	21.1	4.9	25	163	0.000	0.670	5.6
D03	中国组织化学与细胞化学杂志	109	0.97	18.1	4.8	19	73	0.000	0.510	5.3
D03	中华病理学杂志	241	0.98	15.7	5.6	26	127	0.010	0.350	5.5
D03	中华解剖与临床杂志	118	0.99	17.6	5.5	23	86	0.010	0.380	4.9
D03	中华临床实验室管理电子杂志	56	0.96	16.9	4.5	15	45	—	0.321	5.0
D03	中华微生物学和免疫学杂志	149	0.95	25.2	5.8	23	106	0.010	0.700	5.5
D03	中华细胞与干细胞杂志(电子版)	65	0.97	30.0	4.6	16	55	0.000	0.510	5.3
D03	中华医学遗传学杂志	237	0.99	15.6	6.1	26	156	0.000	0.460	7.9
D03	中华诊断学电子杂志	65	0.98	21.9	3.8	20	49	—	0.615	5.7
D03	转化医学电子杂志	211	1.00	29.2	4.1	27	151	—	0.735	4.6
D05	World Journal of Emergency Medicine	50	0.91	19.1	5.5	5	46	0.860	0.160	9.3
D05	创伤与急危重病医学	161	0.98	14.3	3.7	22	124	0.000	0.130	2.8
D05	创伤与急诊电子杂志	46	0.98	14.0	4.8	1	9	0.022	0.370	5.3
D05	江西医药	531	0.71	13.0	3.7	12	184	—	0.373	5.4
D05	临床和实验医学杂志	817	0.99	16.3	3.9	28	476	0.000	0.380	3.6
D05	临床荟萃	252	0.94	26.2	3.9	26	135	—	0.317	4.7
D05	临床急诊杂志	196	0.94	16.8	4.0	23	137	0.000	0.300	4.9
D05	临床军医杂志	527	1.00	15.7	4.2	27	296	0.000	0.280	3.7
D05	临床输血与检验	212	0.99	12.2	3.6	24	166	0.000	0.210	5.5
D05	临床误诊误治	356	0.98	22.0	4.2	28	210	0.000	0.550	4.0
D05	临床医学	658	0.97	9.2	1.9	24	398	—	0.061	3.2
D05	临床医学研究与实践	3365	1.00	8.7	2.2	29	650	—	0.065	3.5
D05	临床与病理杂志	450	0.98	21.8	3.7	30	292	0.000	0.370	4.8
D05	岭南急诊医学杂志	238	0.97	8.6	3.8	13	132	—	0.332	3.6
D05	全科医学临床与教育	230	0.98	10.8	3.4	6	139	—	0.326	4.5

学科代码	期刊名称	来源文献量	文献选出率	平均引文数	平均作者数	地区分布数	机构分布数	海外论文比	基金论文比	引用半衰期
D05	蛇志	342	0.75	9.5	2.4	12	180	—	0.202	3.8
D05	实用临床医药杂志	988	1.00	16.6	2.8	26	548	—	0.347	3.6
D05	实用疼痛学杂志	95	0.98	14.8	3.6	21	70	0.032	0.242	4.7
D05	实用医技杂志	820	0.99	6.8	1.8	27	501	—	0.067	3.4
D05	实用医学杂志	1029	0.99	17.8	4.9	30	527	0.000	0.620	3.8
D05	实用医院临床杂志	493	0.96	15.1	3.4	22	223	0.000	0.210	3.9
D05	现代临床医学	175	1.00	12.6	2.9	24	129	—	0.137	5.2
D05	现代医药卫生	1445	0.98	15.9	3.0	31	721	—	0.310	4.8
D05	医学临床研究	905	1.00	11.5	3.0	24	572	0.000	0.080	3.7
D05	医学研究与教育	85	0.99	20.0	4.1	12	36	—	0.447	5.7
D05	疑难病杂志	311	0.99	20.3	4.5	25	213	0.000	0.440	3.4
D05	浙江临床医学	915	0.99	9.8	3.5	21	340	—	0.317	5.5
D05	中国激光医学杂志	67	1.00	22.0	4.6	21	49	0.010	0.280	6.1
D05	中国急救医学	216	0.97	20.6	4.7	30	154	0.000	0.370	4.4
D05	中国临床实用医学	143	1.00	20.7	4.2	20	86	—	0.336	3.7
D05	中国临床新医学	382	1.00	15.1	3.5	28	240	—	0.387	5.2
D05	中国临床研究	561	0.99	14.6	3.4	29	424	0.000	0.300	4.3
D05	中国临床医生杂志	513	1.00	15.2	3.7	27	302	0.000	0.340	4.5
D05	中国临床医学	229	0.89	19.9	4.7	19	92	0.000	0.480	5.8
D05	中国美容整形外科杂志	238	0.90	17.3	4.6	25	122	0.000	0.210	4.1
D05	中国全科医学	818	0.88	21.7	4.9	30	437	0.030	0.540	5.1
D05	中国社区医师	4111	0.94	5.7	1.9	31	2188	0.000	0.058	3.7
D05	中国输血杂志	409	0.49	13.8	6.0	29	187	0.010	0.260	5.9
D05	中国疼痛医学杂志	202	1.00	19.2	4.6	29	133	0.010	0.480	6.5
D05	中国医刊	377	0.99	18.7	3.8	28	215	0.000	0.290	5.4
D05	中国医疗美容	317	0.94	12.9	3.2	25	208	0.016	0.032	3.3
D05	中国医师进修杂志	288	0.99	18.6	4.1	28	195	0.000	0.180	4.9
D05	中国医师杂志	599	0.98	15.7	4.2	28	386	0.010	0.290	4.0
D05	中国医药	480	0.99	17.8	4.6	27	229	0.000	0.540	4.6
D05	中国真菌学杂志	87	0.97	21.9	4.2	20	66	0.000	0.600	6.2
D05	中国综合临床	129	0.99	17.9	4.5	23	101	0.000	0.400	4.9
D05	中华急诊医学杂志	294	0.97	19.9	5.3	28	161	0.000	0.570	5.4
D05	中华全科医师杂志	269	0.99	14.4	4.5	23	166	0.010	0.340	5.8

学科代码	期刊名称	来源文献量	文献选出率	平均引文数	平均作者数	地区分布数	机构分布数	海外论文比	基金论文比	引用半衰期
D05	中华全科医学	580	0.97	19.2	4.5	29	286	0.000	0.910	3.2
D05	中华危重病急救医学	227	0.98	23.5	5.7	29	156	0.010	0.790	5.0
D05	中华危重症医学杂志(电子版)	97	0.97	21.5	5.1	15	66	0.000	0.540	4.9
D05	中华医学美学美容杂志	142	0.90	15.2	4.7	26	96	0.000	0.180	6.8
D05	中华灾害救援医学	186	0.83	18.7	3.7	24	104	—	0.403	5.0
D06	磁共振成像	169	0.98	23.7	4.8	26	91	0.000	0.560	5.2
D06	国际检验医学杂志	916	0.96	16.7	3.9	30	636	0.000	0.430	4.3
D06	罕少疾病杂志	202	0.93	9.0	2.4	14	128	—	0.144	4.3
D06	检验医学	252	0.99	14.7	4.3	27	183	0.000	0.310	5.5
D06	检验医学与临床	1259	0.99	14.0	3.5	30	802	0.002	0.294	4.0
D06	临床检验杂志	247	0.96	15.0	5.2	28	150	0.000	0.560	4.1
D06	临床检验杂志(电子版)	595	0.97	4.4	1.8	29	459	—	0.039	3.0
D06	临床与实验病理学杂志	404	0.98	13.7	5.0	27	250	0.010	0.420	4.8
D06	实验与检验医学	344	0.94	15.8	3.1	21	220	—	0.250	4.0
D06	实用检验医师杂志	77	0.95	14.4	2.7	21	56	—	0.130	4.9
D06	现代检验医学杂志	261	0.89	13.5	4.6	26	204	—	0.475	4.0
D06	现代诊断与治疗	2071	0.82	8.8	1.9	28	1096	—	0.042	3.1
D06	循证医学	84	0.99	15.5	3.0	14	39	0.000	0.190	4.8
D06	医学检验与临床	244	0.97	11.1	2.8	24	198	—	0.152	4.6
D06	诊断病理学杂志	224	0.96	12.9	4.7	29	148	0.020	0.110	6.7
D06	诊断学理论与实践	136	0.97	21.7	4.4	17	71	0.000	0.500	5.7
D06	中国实验诊断学	771	0.99	13.3	4.2	28	296	0.000	0.270	5.2
D06	中国循证医学杂志	194	0.99	28.5	6.0	25	103	0.110	0.580	5.9
D06	中华检验医学杂志	191	0.98	20.5	5.2	26	129	0.000	0.540	4.7
D06	中华实用诊断与治疗杂志	365	0.06	16.5	4.8	24	185	0.000	0.900	4.2
D07	保健文汇	3337	0.98	4.1	1.4	31	1524	0.001	0.012	3.4
D07	保健医学研究与实践	148	0.94	19.8	2.8	18	106	—	0.541	4.1
D07	保健与生活	380	0.23	0.0	1.2	21	207	—	—	—
D07	大众健康	459	1.00	0.0	1.2	23	211	0.015	0.002	—
D07	国际老年医学杂志	85	0.96	16.7	3.7	22	70	0.010	0.390	4.5
D07	家庭健康	462	0.96	0.0	1.0	24	266	0.006	—	—
D07	家庭医学	466	0.93	0.0	1.1	22	129	0.004	0.011	—
D07	家庭医学(下)	289	0.85	0.0	1.2	21	79	—	0.017	—

学科代码	期刊名称	来源文献量	文献选出率	平均引文数	平均作者数	地区分布数	机构分布数	海外论文比	基金论文比	引用半衰期
D07	家庭医药	5165	1.00	4.5	1.5	31	2669	0.001	0.019	3.0
D07	家庭医药·快乐养生	269	1.00	0.0	1.1	20	150	0.007	—	—
D07	健康必读	11583	1.00	4.4	1.5	31	4699	0.001	0.015	2.7
D07	健康博览	285	0.56	0.0	1.1	13	84	0.004	—	—
D07	健康大视野	8700	0.73	4.2	1.5	31	4111	0.000	0.021	2.8
D07	健康前沿	3190	0.85	3.8	1.5	31	1221	0.000	0.011	2.9
D07	健康人生	130	0.98	0.0	1.1	10	77	0.008	—	—
D07	健康世界	186	1.00	0.0	1.2	18	71	—	—	—
D07	健康向导	111	0.89	0.0	1.1	15	60	—	—	—
D07	健康研究	231	0.93	11.7	2.8	4	145	0.009	0.199	4.2
D07	健康指南	131	0.97	0.0	1.1	17	81	0.008	—	—
D07	康复(健康家庭)	162	0.45	0.0	1.2	2	47	—	—	—
D07	康复学报	80	0.58	22.6	4.6	17	56	0.050	0.850	5.7
D07	老年医学与保健	221	0.99	16.3	4.2	16	99	0.000	0.460	4.8
D07	实用老年医学	339	0.99	14.5	3.7	27	205	0.000	0.220	4.9
D07	双足与保健	2470	1.00	5.7	1.4	30	1372	—	0.014	2.7
D07	现代养生(上半月版)	30	0.94	4.7	1.4	6	15	—	0.133	5.7
D07	现代养生(下半月版)	1701	0.94	5.8	1.6	31	1089	0.001	0.046	3.2
D07	饮食保健	19743	0.90	4.5	1.5	31	4940	0.002	0.016	3.1
D07	中国保健营养	16568	1.00	4.9	1.7	31	5883	0.000	0.029	3.3
D07	中国初级卫生保健	461	0.98	9.6	3.4	29	299	—	0.334	4.6
D07	中国康复	151	0.33	20.3	4.7	27	126	0.000	0.320	6.1
D07	中国康复理论与实践	270	0.65	30.9	5.2	24	147	0.010	0.670	5.0
D07	中国康复医学杂志	312	0.95	24.9	5.0	29	200	0.000	0.490	6.7
D07	中国老年保健医学	374	0.98	11.6	2.6	24	225	0.003	0.198	4.4
D07	中国老年学杂志	2312	1.00	16.1	4.2	30	998	0.002	0.663	5.5
D07	中国疗养医学	579	0.96	11.7	2.0	21	311	—	0.098	3.6
D07	中国临床保健杂志	225	0.99	18.1	4.9	21	126	0.000	0.520	4.5
D07	中国听力语言康复科学杂志	121	0.86	16.3	3.3	16	71	0.080	0.280	7.4
D07	中华保健医学杂志	185	0.99	14.6	4.1	24	138	0.010	0.170	4.7
D07	中华老年病研究电子杂志	38	0.95	32.1	3.6	14	25	—	0.474	6.0
D07	中华老年多器官疾病杂志	218	0.99	18.7	4.7	23	115	0.000	0.380	4.9
D07	中华老年骨科与康复电子杂志	72	0.93	25.7	5.8	22	51	—	0.875	7.0

学科代码	期刊名称	来源文献量	文献选出率	平均引文数	平均作者数	地区分布数	机构分布数	海外论文比	基金论文比	引用半衰期
D07	中华老年医学杂志	326	0.98	15.1	5.0	28	196	0.010	0.420	5.7
D07	中华物理医学与康复杂志	246	0.96	21.8	4.9	25	169	0.020	0.450	6.5
D07	中老年保健	153	0.39	0.0	1.3	5	13	—	—	—
D07	祝您健康	164	0.35	0.0	1.2	9	39	—	—	—
D07	自我保健	325	0.37	0.0	1.1	20	144	0.006	—	—
D08	临床内科杂志	284	1.00	16.5	3.7	26	188	0.000	0.190	4.6
D08	内科	282	0.57	14.3	3.3	12	183	—	0.316	3.7
D08	内科急危重症杂志	163	1.00	15.2	3.8	24	111	0.000	0.190	4.5
D08	内科理论与实践	80	0.97	25.8	4.3	15	47	0.000	0.310	4.5
D08	实用糖尿病杂志	361	1.00	7.3	2.1	25	240	—	0.030	5.3
D08	糖尿病天地	2613	0.89	4.8	1.6	31	1479	0.001	0.028	2.6
D08	糖尿病新世界	2261	0.95	6.9	1.7	29	965	0.008	0.025	2.7
D08	糖尿病之友	247	0.96	0.0	1.0	16	49	—	0.004	—
D08	中国肛肠病杂志	449	0.90	6.0	2.4	25	266	—	0.067	4.1
D08	中国实用内科杂志	241	0.99	22.7	3.8	26	109	0.010	0.440	5.5
D08	中华内科杂志	188	0.94	18.1	5.9	20	76	0.010	0.460	5.8
D08	中华炎性肠病杂志(中英文)	73	0.95	27.0	4.3	16	38	0.014	0.425	5.7
D09	国际呼吸杂志	385	0.96	25.0	4.1	28	225	0.010	0.390	5.7
D09	结核病与肺部健康杂志	73	0.90	19.4	4.5	19	51	—	0.397	4.7
D09	临床肺科杂志	638	0.92	15.6	3.7	29	421	0.000	0.160	4.5
D09	中国防痨杂志	259	0.70	19.4	5.1	26	121	0.010	0.340	4.8
D09	中国呼吸与危重监护杂志	129	0.90	24.5	4.4	28	96	0.000	0.500	6.0
D09	中华肺部疾病杂志(电子版)	207	1.00	22.3	4.0	26	119	0.000	0.470	5.0
D09	中华结核和呼吸杂志	209	0.95	19.9	4.8	23	94	0.000	0.450	5.7
D10	肝脏	419	0.96	11.2	3.7	28	262	0.000	0.190	4.4
D10	国际消化病杂志	96	1.00	25.2	3.2	22	81	0.000	0.210	4.5
D10	临床肝胆病杂志	492	0.98	24.8	4.5	28	238	0.000	0.380	4.6
D10	临床消化病杂志	110	1.00	15.9	4.1	24	79	0.000	0.210	5.6
D10	实用肝脏病杂志	267	1.00	19.8	3.5	28	199	0.000	0.390	4.4
D10	世界华人消化杂志	326	1.00	30.4	3.2	29	235	—	0.350	3.9
D10	胃肠病学	176	0.96	22.3	3.8	25	105	0.010	0.410	5.1
D10	胃肠病学和肝病学杂志	293	0.97	21.9	4.1	24	162	0.000	0.330	5.0
D10	现代消化及介入诊疗	265	1.00	16.1	3.2	24	195	0.000	0.420	3.5

学科代码	期刊名称	来源文献量	文献选出率	平均引文数	平均作者数	地区分布数	机构分布数	海外论文比	基金论文比	引用半衰期
D10	中国肝脏病杂志(电子版)	69	0.43	26.5	5.3	16	42	0.000	0.430	3.9
D10	中华肝脏病杂志	188	0.98	18.6	5.4	27	118	0.020	0.510	4.3
D10	中华肝脏外科手术学电子杂志	119	0.98	22.1	4.7	22	60	0.000	0.740	4.7
D10	中华结直肠疾病电子杂志	116	0.97	17.9	4.8	20	70	0.000	0.590	5.7
D10	中华消化病与影像杂志(电子版)	65	0.99	20.4	3.5	18	38	—	0.200	5.4
D10	中华消化内镜杂志	242	0.97	14.9	5.5	27	140	0.000	0.280	6.3
D10	中华消化杂志	190	0.96	16.4	5.3	24	118	0.010	0.350	5.6
D10	中华胰腺病杂志	116	0.98	18.7	4.9	21	67	0.020	0.370	5.8
D11	国际输血及血液学杂志	96	1.00	28.8	3.6	22	69	0.000	0.530	4.9
D11	临床肾脏病杂志	178	0.98	21.4	3.8	25	132	0.000	0.310	5.6
D11	临床血液学杂志	261	0.96	14.5	4.3	28	168	0.000	0.300	4.4
D11	血栓与止血学	404	0.99	5.7	2.6	24	272	—	0.062	3.7
D11	中国实验血液学杂志	319	0.94	19.8	5.8	27	193	0.000	0.460	4.9
D11	中国血液净化	201	0.95	18.1	4.3	25	126	0.000	0.230	6.4
D11	中华肾脏病杂志	171	0.90	22.0	6.5	28	97	0.000	0.610	6.6
D11	中华血液学杂志	220	0.97	19.1	7.7	20	72	0.000	0.550	5.9
D12	国际内分泌代谢杂志	104	0.98	23.3	3.7	20	68	0.000	0.500	4.5
D12	中国骨质疏松杂志	317	0.99	23.3	5.0	28	221	0.000	0.570	5.4
D12	中国糖尿病杂志	203	0.98	18.9	5.4	27	135	0.010	0.480	5.4
D12	中华风湿病学杂志	210	0.96	19.8	4.8	28	103	0.010	0.520	6.2
D12	中华骨质疏松和骨矿盐疾病杂志	85	0.92	28.0	5.0	22	55	0.040	0.610	6.5
D12	中华临床免疫和变态反应杂志	104	0.98	19.7	4.8	16	34	0.020	0.320	6.2
D12	中华内分泌代谢杂志	173	0.97	22.9	5.7	23	101	0.030	0.580	5.9
D12	中华糖尿病杂志	147	0.95	21.1	5.4	25	88	0.010	0.550	5.1
D13	传染病信息	121	0.73	22.0	5.2	22	79	0.010	0.520	4.2
D13	感染、炎症、修复	71	0.89	18.5	3.0	15	41	—	0.352	5.1
D13	国际感染病学(电子版)	268	1.00	6.5	1.8	24	204	—	0.063	2.9
D13	国际流行病学传染病学杂志	106	0.88	18.5	4.2	21	76	—	0.528	5.2
D13	微生物与感染	53	0.95	32.0	4.1	14	32	0.020	0.620	5.9
D13	新发传染病电子杂志	62	0.99	20.1	4.1	10	40	0.032	0.871	5.4
D13	中国感染控制杂志	228	0.45	19.8	5.3	26	169	0.000	0.430	5.3
D13	中国感染与化疗杂志	128	1.00	17.7	5.3	25	90	0.000	0.370	6.1
D13	中华传染病杂志	177	0.98	18.7	5.4	28	120	0.000	0.430	4.9

学科代码	期刊名称	来源文献量	文献选出率	平均引文数	平均作者数	地区分布数	机构分布数	海外论文比	基金论文比	引用半衰期
D13	中华临床感染病杂志	71	0.97	22.4	5.3	15	57	0.000	0.630	4.5
D13	中华实验和临床感染病杂志(电子版)	116	0.99	25.8	4.8	20	72	0.000	0.500	4.3
D13	中华医院感染学杂志	981	0.99	15.1	5.3	30	534	—	0.750	3.8
D14	Bone Research	37	1.00	84.6	9.2	7	27	0.568	0.919	8.5
D14	Hepatobiliary & Pancreatic Diseases International	103	0.88	28.3	6.0	14	92	0.485	0.505	6.8
D14	肠外与肠内营养	87	1.00	20.1	3.8	22	67	0.000	0.360	6.2
D14	国际麻醉学与复苏杂志	247	0.99	23.1	4.0	30	153	0.000	0.400	5.6
D14	国际外科学杂志	196	0.90	23.4	4.4	25	111	0.010	0.330	4.9
D14	国际移植与血液净化杂志	78	0.99	17.1	3.6	17	46	—	0.141	5.7
D14	河南外科学杂志	743	0.98	6.2	1.8	11	317	—	0.044	3.9
D14	局解手术学杂志	213	0.98	23.2	4.8	24	152	0.000	0.430	4.1
D14	临床麻醉学杂志	305	1.00	14.1	4.7	29	188	0.000	0.290	5.0
D14	临床普外科电子杂志	54	1.00	13.0	3.3	9	38	—	0.111	6.1
D14	临床外科杂志	296	1.00	15.4	3.8	27	194	0.000	0.160	4.7
D14	岭南现代临床外科	182	0.99	15.4	4.4	14	89	—	0.462	6.5
D14	器官移植	83	0.98	21.8	4.9	17	48	0.010	0.840	4.7
D14	实用器官移植电子杂志	109	1.00	20.5	4.8	18	48	0.060	0.650	6.1
D14	外科理论与实践	125	0.99	24.6	4.0	14	59	0.000	0.380	5.1
D14	浙江创伤外科	638	0.98	8.2	2.9	3	280	—	0.100	3.8
D14	中国内镜杂志	258	0.93	21.5	4.9	28	193	0.000	0.210	4.5
D14	中国伤残医学	1599	0.51	8.0	2.0	28	702	—	0.046	3.6
D14	中国实用外科杂志	284	0.27	17.9	4.2	27	114	0.010	0.320	4.9
D14	中国体外循环杂志	86	0.94	16.8	5.1	16	37	0.000	0.430	5.9
D14	中国微创外科杂志	311	0.95	16.9	4.9	28	170	0.000	0.310	4.9
D14	中国现代手术学杂志	105	0.96	14.7	4.0	20	91	0.000	0.220	4.1
D14	中华麻醉学杂志	383	0.96	11.8	5.5	29	205	0.010	0.500	5.4
D14	中华内分泌外科杂志	125	0.97	15.0	4.9	23	91	0.010	0.550	5.5
D14	中华器官移植杂志	149	1.00	20.0	6.2	23	71	0.010	0.570	6.3
D14	中华实验外科杂志	691	0.96	12.3	5.4	27	299	0.010	0.570	5.3
D14	中华外科杂志	179	0.98	18.6	5.5	22	95	0.000	0.430	5.3
D14	中华显微外科杂志	193	0.99	15.5	5.7	25	129	0.010	0.410	5.8
D14	中华移植杂志(电子版)	38	0.98	23.5	5.6	14	25	0.000	0.550	5.4

学科代码	期刊名称	来源文献量	文献选出率	平均引文数	平均作者数	地区分布数	机构分布数	海外论文比	基金论文比	引用半衰期
D15	腹部外科	110	0.91	21.4	4.4	22	88	0.000	0.350	4.9
D15	腹腔镜外科杂志	252	0.99	16.8	4.8	28	182	0.000	0.170	4.3
D15	肝癌电子杂志	36	0.97	19.5	2.1	10	20	—	0.583	5.4
D15	肝博士	91	0.92	0.0	1.4	19	60	—	—	—
D15	肝胆外科杂志	136	0.95	16.8	3.4	15	83	0.000	0.120	4.8
D15	肝胆胰外科杂志	138	1.00	15.4	5.0	25	105	0.000	0.280	4.8
D15	结直肠肛门外科	165	0.91	16.1	3.3	23	139	0.010	0.250	4.0
D15	临床心电学杂志	103	0.97	7.2	3.2	22	68	0.039	0.146	8.0
D15	实用心电学杂志	112	1.00	12.9	3.1	23	81	0.018	0.446	6.2
D15	心电图杂志(电子版)	542	0.91	5.2	2.2	23	324	—	0.087	3.0
D15	心电与循环	118	0.91	11.3	3.5	10	65	—	0.280	5.8
D15	心血管外科杂志(电子版)	654	1.00	4.3	1.7	29	423	—	0.031	2.3
D15	血管与腔内血管外科杂志	119	0.92	17.3	3.5	24	85	—	0.126	4.6
D15	中国普通外科杂志	241	0.94	28.5	4.9	28	162	0.000	0.460	4.4
D15	中国普外基础与临床杂志	255	0.98	31.3	4.5	26	126	0.000	0.250	4.9
D15	中国现代普通外科进展	299	0.93	15.1	3.9	25	216	0.000	0.150	4.7
D15	中国心脏起搏与心电生理杂志	143	0.52	17.0	5.1	26	84	0.010	0.290	6.7
D15	中国胸心血管外科临床杂志	224	0.52	20.2	5.7	25	102	0.000	0.580	6.1
D15	中国血管外科杂志(电子版)	71	0.95	20.4	5.1	20	52	0.030	0.350	6.5
D15	中华肝胆外科杂志	216	0.97	18.9	5.7	29	142	0.000	0.480	5.4
D15	中华普通外科学文献(电子版)	108	0.99	17.1	4.5	21	79	0.000	0.350	4.1
D15	中华普通外科杂志	319	1.00	10.7	5.9	29	195	0.010	0.370	5.3
D15	中华普外科手术学杂志(电子版)	147	0.99	15.7	3.5	23	119	0.000	0.370	2.9
D15	中华腔镜外科杂志(电子版)	100	0.92	15.3	5.1	20	63	0.030	0.370	5.2
D15	中华乳腺病杂志(电子版)	77	0.99	26.5	4.9	21	55	0.040	0.290	5.6
D15	中华疝和腹壁外科杂志(电子版)	121	0.96	15.2	4.3	25	100	0.000	0.150	5.4
D15	中华胃肠外科杂志	255	0.94	22.7	5.3	26	120	0.010	0.630	6.4
D15	中华消化外科杂志	213	0.98	26.7	5.5	30	115	0.020	0.830	4.9
D15	中华心力衰竭和心肌病杂志(中英文)	53	0.97	23.1	4.6	15	35	0.019	0.358	5.7
D15	中华胸心血管外科杂志	183	0.96	17.7	6.0	24	100	0.000	0.330	6.8
D15	中华血管外科杂志	72	0.96	15.1	4.6	17	45	—	0.306	6.0
D15	足踝外科电子杂志	62	0.87	16.9	4.4	17	54	—	0.500	4.8
D16	Journal of practical shock	99	0.99	20.5	3.3	18	57	0.051	0.333	5.2

学科代码	期刊名称	来源文献量	文献选出率	平均引文数	平均作者数	地区分布数	机构分布数	海外论文比	基金论文比	引用半衰期
D16	国际心血管病杂志	99	0.98	20.3	4.1	20	70	0.000	0.430	5.0
D16	临床心血管病杂志	278	0.98	19.6	4.8	29	186	0.000	0.370	5.0
D16	岭南心血管病杂志	184	1.00	15.8	4.3	24	117	0.010	0.230	5.8
D16	实用心脑肺血管病杂志	364	1.00	18.8	3.8	24	285	0.000	0.320	3.8
D16	心肺血管病杂志	265	0.88	18.1	5.0	22	101	0.010	0.350	5.5
D16	心脑血管病防治	163	0.99	13.4	3.8	21	131	0.010	0.290	4.5
D16	心血管病学进展	269	0.93	27.6	1.5	29	134	0.000	0.420	4.7
D16	心血管康复医学杂志	186	0.96	17.4	3.1	25	137	0.000	0.060	4.5
D16	心脏杂志	171	0.99	19.9	4.9	26	87	0.000	0.380	6.4
D16	中国动脉硬化杂志	225	0.96	24.9	5.0	25	146	0.000	0.690	5.0
D16	中国分子心脏病学杂志	91	0.99	20.2	5.7	15	31	0.000	0.560	6.3
D16	中国介入心脏病学杂志	133	0.68	18.0	5.9	26	76	0.000	0.220	6.0
D16	中国心血管病研究	274	0.99	19.5	4.4	27	170	0.000	0.420	4.7
D16	中国心血管杂志	117	0.33	17.3	4.3	19	76	0.010	0.260	4.5
D16	中国循环杂志	256	0.99	19.9	6.0	26	102	0.010	0.400	5.7
D16	中国循证心血管医学杂志	438	0.98	18.1	4.3	28	261	0.000	0.350	4.7
D16	中华高血压杂志	228	0.93	19.9	4.5	27	129	0.000	0.390	5.8
D16	中华老年心脑血管病杂志	345	0.99	18.0	4.7	30	208	0.000	0.390	3.2
D16	中华心律失常学杂志	105	0.97	23.2	5.8	19	51	0.000	0.400	6.2
D16	中华心血管病杂志	189	0.97	20.6	5.5	26	92	0.040	0.430	5.6
D17	国际泌尿系统杂志	297	0.74	18.7	4.0	30	220	0.000	0.180	6.0
D17	临床泌尿外科杂志	256	1.00	18.4	5.7	27	158	0.010	0.380	5.4
D17	泌尿外科杂志(电子版)	64	0.98	17.3	3.7	14	33	—	0.250	6.6
D17	肾脏病与透析肾移植杂志	125	1.00	20.1	4.2	14	41	0.010	0.540	6.0
D17	微创泌尿外科杂志	93	0.96	18.2	5.7	20	72	0.000	0.320	5.0
D17	现代泌尿外科杂志	213	0.98	17.6	4.9	27	131	0.010	0.230	5.5
D17	中华泌尿外科杂志	224	0.96	17.9	6.5	26	130	0.000	0.270	5.2
D17	中华腔镜泌尿外科杂志(电子版)	105	1.00	16.9	5.8	20	77	0.000	0.320	5.2
D17	中华肾病研究电子杂志	64	0.96	21.7	4.2	16	42	0.000	0.500	5.9
D18	骨科	99	0.98	20.0	4.6	21	69	0.000	0.360	6.4
D18	骨科临床与研究杂志	78	0.99	21.8	4.8	18	25	—	0.385	7.8
D18	国际骨科学杂志	84	0.96	25.7	3.7	16	52	0.000	0.440	4.6
D18	脊柱外科杂志	79	0.96	22.9	5.7	19	54	0.000	0.290	5.8

学科代码	期刊名称	来源文献量	文献选出率	平均引文数	平均作者数	地区分布数	机构分布数	海外论文比	基金论文比	引用半衰期
D18	颈腰痛杂志	293	0.93	7.8	3.1	25	238	0.000	0.030	3.9
D18	临床骨科杂志	241	0.99	6.4	4.2	27	192	0.000	0.100	4.3
D18	生物骨科材料与临床研究	123	0.95	18.5	5.3	23	98	0.010	0.330	5.4
D18	实用骨科杂志	300	0.32	17.0	5.0	29	215	0.010	0.240	6.3
D18	实用手外科杂志	197	0.95	10.5	4.3	24	143	—	0.112	6.5
D18	中国骨科临床与基础研究杂志	56	0.96	21.4	5.0	11	48	—	0.464	5.3
D18	中国骨与关节损伤杂志	516	0.95	11.7	5.1	30	377	0.000	0.250	5.8
D18	中国骨与关节杂志	180	1.00	24.0	4.8	25	126	0.000	0.270	6.6
D18	中国脊柱脊髓杂志	172	0.99	26.6	6.1	25	96	0.010	0.420	6.4
D18	中华创伤骨科杂志	197	0.86	20.9	6.1	25	115	0.010	0.500	6.5
D18	中华骨科杂志	192	0.99	30.2	6.4	23	107	0.010	0.490	7.2
D18	中华骨与关节外科杂志	171	0.98	24.1	5.3	23	117	0.010	0.190	6.8
D18	中华关节外科杂志(电子版)	143	0.97	20.3	5.3	24	106	0.000	0.370	6.3
D18	中华肩肘外科电子杂志	50	0.93	24.6	4.6	12	31	0.000	0.660	7.3
D18	中华手外科杂志	170	0.96	12.6	5.6	25	111	0.000	0.210	7.9
D19	Chinese Journal of Traumatology	68	0.97	32.5	4.6	11	34	0.590	0.220	7.5
D19	创伤外科杂志	272	0.84	15.5	4.0	28	202	0.000	0.120	4.9
D19	医学美学美容	2628	0.99	4.5	1.7	31	1224	0.000	0.025	2.5
D19	中国矫形外科杂志	472	0.99	18.3	5.4	31	302	0.000	0.330	6.2
D19	中国美容医学	564	0.97	17.0	3.7	31	371	0.000	0.150	3.9
D19	中国烧伤创疡杂志	83	0.91	14.3	2.9	22	58	—	0.181	4.4
D19	中国修复重建外科杂志	287	1.00	26.2	5.4	26	160	0.000	0.490	5.5
D19	中华创伤杂志	197	0.96	24.8	5.4	24	127	0.010	0.460	5.6
D19	中华烧伤杂志	192	0.94	16.7	4.8	29	72	0.010	0.460	5.1
D19	中华损伤与修复杂志(电子版)	95	0.97	22.3	4.6	25	71	0.010	0.530	5.7
D19	中华整形外科杂志	235	0.94	19.0	5.4	26	114	0.000	0.400	6.8
D19	组织工程与重建外科杂志	96	1.00	23.3	4.0	14	40	0.010	0.340	5.6
D20	妇产与遗传(电子版)	56	0.23	19.3	3.7	13	39	—	0.250	6.1
D20	国际妇产科学杂志	160	0.96	24.7	3.2	22	92	0.010	0.340	4.1
D20	母婴世界	6699	0.98	4.3	1.4	31	2452	—	0.009	2.8
D20	实用妇产科杂志	270	0.94	13.4	3.7	26	123	0.000	0.290	5.0
D20	现代妇产科进展	245	0.98	19.5	4.2	28	145	0.000	0.490	4.9
D20	中国产前诊断杂志(电子版)	67	0.93	10.6	4.2	14	45	0.030	0.328	5.6

学科代码	期刊名称	来源文献量	文献选出率	平均引文数	平均作者数	地区分布数	机构分布数	海外论文比	基金论文比	引用半衰期
D20	中国妇产科临床杂志	205	0.74	12.3	4.0	29	123	0.000	0.330	4.2
D20	中国实用妇科与产科杂志	293	0.98	17.1	3.5	25	129	0.010	0.340	4.9
D20	中华产科急救电子杂志	61	0.94	23.2	2.8	9	32	—	0.311	6.3
D20	中华妇产科杂志	164	0.98	20.3	4.9	18	66	0.000	0.450	5.4
D20	中华妇幼临床医学杂志(电子版)	115	0.95	24.3	4.8	18	63	0.010	0.870	4.7
D20	中华围产医学杂志	163	0.98	21.4	3.7	23	79	0.020	0.280	4.9
D21	Pediatric Investigation	59	0.98	15.0	4.4	6	22	0.203	0.339	7.7
D21	发育医学电子杂志	47	1.00	24.5	4.0	15	35	0.020	0.550	4.1
D21	国际儿科学杂志	253	0.98	28.2	2.1	25	106	0.000	0.350	5.6
D21	临床儿科杂志	221	1.00	19.3	4.6	26	103	0.000	0.300	5.8
D21	临床小儿外科杂志	204	1.00	20.8	4.8	23	83	0.000	0.500	6.3
D21	中国当代儿科杂志	197	0.99	24.3	4.6	26	100	0.010	0.420	4.6
D21	中国儿童保健杂志	376	0.93	17.3	4.2	31	235	0.010	0.440	5.1
D21	中国实用儿科杂志	208	1.00	24.8	3.3	27	91	0.000	0.230	6.2
D21	中国小儿急救医学	208	0.97	23.8	3.8	22	77	0.000	0.320	6.3
D21	中国小儿血液与肿瘤杂志	68	0.99	22.0	5.3	17	41	0.010	0.250	5.5
D21	中国循证儿科杂志	63	0.96	25.5	6.1	9	19	0.000	0.410	6.7
D21	中国中西医结合儿科学	169	0.97	15.6	3.0	23	111	—	0.379	5.6
D21	中华儿科杂志	193	0.97	18.4	6.4	21	75	0.020	0.450	5.9
D21	中华实用儿科临床杂志	451	1.00	20.8	4.8	28	170	0.010	0.410	4.6
D21	中华小儿外科杂志	195	0.96	21.7	5.4	25	86	0.010	0.470	6.6
D21	中华新生儿科杂志(中英文)	105	0.96	22.9	4.9	22	68	0.010	0.290	5.9
D21	中医儿科杂志	154	0.93	8.8	2.6	23	123	—	0.253	6.3
D22	国际眼科杂志	572	0.96	20.0	3.8	29	394	0.050	0.260	5.3
D22	临床眼科杂志	155	0.99	14.1	3.7	20	111	0.000	0.180	6.6
D22	眼科	119	0.90	14.5	4.3	22	64	0.020	0.350	7.6
D22	眼科新进展	275	0.97	22.2	4.6	27	164	0.000	0.570	5.5
D22	中国斜视与小儿眼科杂志	67	1.00	7.9	4.0	20	53	0.000	0.300	7.6
D22	中华实验眼科杂志	187	0.98	27.4	3.9	25	111	0.010	0.640	6.8
D22	中华眼底病杂志	151	0.97	21.3	4.3	24	79	0.010	0.420	6.4
D22	中华眼科医学杂志(电子版)	42	1.00	56.9	3.9	15	35	0.000	0.880	7.6
D22	中华眼科杂志	176	0.96	21.1	3.9	21	72	0.010	0.380	6.6
D22	中华眼视光学与视觉科学杂志	142	0.95	20.3	4.8	22	93	0.010	0.420	6.6

学科代码	期刊名称	来源文献量	文献选出率	平均引文数	平均作者数	地区分布数	机构分布数	海外论文比	基金论文比	引用半衰期
D23	Journal of Otology	47	0.90	22.6	4.4	13	37	0.277	0.553	7.2
D23	国际耳鼻咽喉头颈外科杂志	88	1.00	27.9	3.0	20	56	—	0.557	6.5
D23	国际眼科纵览	92	0.84	33.5	2.7	21	54	—	0.609	6.2
D23	临床耳鼻咽喉头颈外科杂志	468	1.00	18.2	4.8	27	235	0.020	0.360	5.9
D23	山东大学耳鼻喉眼学报	164	0.95	17.7	4.1	23	121	0.010	0.240	6.3
D23	听力学及言语疾病杂志	163	0.66	18.7	4.6	22	112	0.010	0.390	7.4
D23	眼科学报	59	0.96	15.6	3.3	22	52	—	0.373	7.4
D23	中国耳鼻咽喉颅底外科杂志	135	0.65	17.6	4.9	22	100	0.010	0.450	6.8
D23	中国耳鼻咽喉头颈外科	193	0.94	14.2	4.7	25	144	0.010	0.310	6.1
D23	中国眼耳鼻喉科杂志	120	0.97	17.7	3.2	18	47	0.000	0.220	7.2
D23	中华耳鼻咽喉头颈外科杂志	196	0.98	21.5	5.1	23	117	0.010	0.450	6.9
D23	中华耳科学杂志	177	0.97	21.8	4.8	27	92	0.030	0.530	6.6
D23	中华眼外伤职业眼病杂志	268	0.98	11.8	3.5	26	161	—	0.201	6.2
D23	中医眼耳鼻喉杂志	83	0.97	12.5	3.3	14	38	0.012	0.169	6.8
D24	International Journal of Oral Science	32	1.00	55.4	7.2	5	26	0.562	0.531	7.6
D24	北京口腔医学	88	0.93	17.7	3.5	12	36	0.010	0.390	7.9
D24	国际口腔医学杂志	129	0.99	33.2	3.3	24	53	0.010	0.650	6.1
D24	华西口腔医学杂志	127	0.96	23.3	4.5	24	56	0.020	0.610	7.3
D24	口腔材料器械杂志	53	0.95	17.9	2.9	16	26	0.000	0.300	6.0
D24	口腔颌面修复学杂志	79	0.41	18.6	4.2	16	57	0.010	0.520	5.2
D24	口腔疾病防治	148	0.99	26.5	3.6	20	76	0.030	0.790	5.1
D24	口腔生物医学	50	0.98	25.2	4.0	11	22	0.000	0.620	5.5
D24	口腔医学	255	0.53	27.2	4.2	26	123	0.000	0.620	5.6
D24	口腔医学研究	313	0.97	16.9	4.3	27	145	0.010	0.650	5.1
D24	临床口腔医学杂志	223	0.96	17.2	3.5	26	136	0.000	0.380	6.8
D24	全科口腔医学杂志(电子版)	2405	0.92	4.8	1.8	31	1231	0.001	0.043	3.1
D24	上海口腔医学	139	0.87	18.3	4.2	20	73	0.010	0.440	7.2
D24	实用口腔医学杂志	197	1.00	15.5	4.5	28	116	0.010	0.470	7.3
D24	现代口腔医学杂志	92	1.00	21.5	4.3	21	56	0.010	0.490	6.9
D24	牙体牙髓牙周病学杂志	156	0.98	18.6	4.0	27	100	0.010	0.410	6.7
D24	中国口腔颌面外科杂志	106	0.96	21.4	5.2	17	42	0.000	0.550	7.6
D24	中国口腔医学继续教育杂志	53	1.00	2.9	4.0	10	16	0.038	0.038	6.0
D24	中国口腔种植学杂志	49	0.89	15.3	3.4	15	37	0.020	0.347	5.0

学科代码	期刊名称	来源文献量	文献选出率	平均引文数	平均作者数	地区分布数	机构分布数	海外论文比	基金论文比	引用半衰期
D24	中国实用口腔科杂志	161	1.00	21.1	3.8	22	59	0.010	0.550	6.5
D24	中华口腔医学研究杂志(电子版)	67	0.94	23.0	4.7	15	32	0.010	0.630	6.3
D24	中华口腔医学杂志	169	0.91	21.7	3.9	25	73	0.020	0.500	6.8
D24	中华口腔正畸学杂志	52	0.99	12.0	3.7	18	27	0.000	0.400	8.0
D24	中华老年口腔医学杂志	84	0.98	18.3	3.8	19	58	0.040	0.390	5.5
D25	International Journal of Dermatology and Venereology	61	0.94	16.9	4.6	18	23	0.030	0.210	5.8
D25	临床皮肤科杂志	245	0.91	11.5	4.6	29	166	0.000	0.110	7.7
D25	皮肤病与性病	601	0.96	6.4	2.3	26	310	—	0.078	3.9
D25	皮肤科学通报	101	0.99	30.4	2.4	17	58	—	0.168	6.3
D25	皮肤性病诊疗学杂志	97	0.94	15.4	4.6	13	62	—	0.320	4.9
D25	实用皮肤病学杂志	126	1.00	14.0	3.9	27	87	0.000	0.250	5.0
D25	中国艾滋病性病	351	0.95	15.3	5.8	28	208	0.000	0.450	5.1
D25	中国麻风皮肤病杂志	270	1.00	13.0	4.1	30	178	0.010	0.230	6.2
D25	中国皮肤性病学杂志	371	0.79	13.3	4.6	27	212	0.000	0.270	6.1
D25	中华皮肤科杂志	245	0.94	13.4	5.1	28	133	0.010	0.490	5.2
D26	Asian Journal of Andrology	126	0.96	30.2	6.5	17	70	0.480	0.330	8.0
D26	中国男科学杂志	93	0.81	20.5	5.8	27	78	0.010	0.460	6.6
D26	中国性科学	561	0.99	18.6	4.0	28	376	0.010	0.310	4.3
D26	中华男科学杂志	208	0.96	21.1	5.6	29	161	0.010	0.510	6.2
D27	Chinese Neurosurgical Journal	40	0.95	20.9	6.0	9	33	0.325	0.425	8.7
D27	Neural Regeneration Research	368	0.98	39.8	4.7	25	230	0.620	0.380	6.9
D27	Neuroscience Bulletin	119	0.98	54.0	6.2	16	57	0.260	0.660	7.8
D27	癫痫与神经电生理学杂志	109	1.00	14.9	3.8	17	67	—	0.248	5.7
D27	癫痫杂志	92	1.00	29.8	4.8	23	45	—	0.359	7.3
D27	国际精神病学杂志	340	0.92	13.0	4.6	27	230	0.003	0.324	4.8
D27	国际脑血管病杂志	153	0.99	36.2	4.5	22	112	0.000	0.420	5.8
D27	国际神经病学神经外科学杂志	145	0.99	22.2	4.0	25	103	0.010	0.420	4.7
D27	精神医学杂志	123	0.99	22.2	4.3	18	70	0.010	0.450	6.1
D27	立体定向和功能性神经外科杂志	91	0.22	15.5	4.7	19	78	0.000	0.210	4.8
D27	临床精神医学杂志	119	0.94	15.7	5.4	19	75	0.010	0.390	6.1
D27	临床神经病学杂志	152	1.00	17.9	5.0	24	104	0.010	0.370	5.9
D27	临床神经外科杂志	116	0.95	21.1	5.7	20	92	0.000	0.600	5.1

学科代码	期刊名称	来源文献量	文献选出率	平均引文数	平均作者数	地区分布数	机构分布数	海外论文比	基金论文比	引用半衰期
D27	脑与神经疾病杂志	197	0.99	19.1	4.5	24	115	0.000	0.430	5.7
D27	神经病学与神经康复学杂志	38	0.96	26.1	3.5	11	18	—	0.289	5.3
D27	神经疾病与精神卫生	203	0.99	23.1	4.1	22	117	0.000	0.380	5.3
D27	神经损伤与功能重建	220	1.00	18.6	4.3	21	155	0.010	0.300	5.1
D27	四川精神卫生	134	0.98	16.3	3.8	19	73	—	0.552	5.7
D27	中风与神经疾病杂志	305	1.00	18.5	4.6	28	175	0.000	0.390	6.3
D27	中国临床神经科学	124	0.99	22.7	4.6	23	88	0.000	0.300	6.9
D27	中国临床神经外科杂志	283	0.98	12.0	4.5	29	207	0.000	0.200	5.2
D27	中国脑血管病杂志	123	0.96	22.7	5.6	20	73	0.000	0.520	5.4
D27	中国神经精神疾病杂志	169	1.00	19.9	5.3	28	123	0.010	0.470	4.8
D27	中国神经免疫学和神经病学杂志	103	0.96	18.4	4.9	23	77	0.000	0.390	5.6
D27	中国实用神经疾病杂志	578	0.23	35.8	3.5	27	305	—	0.505	3.4
D27	中国微侵袭神经外科杂志	171	1.00	13.3	5.5	28	115	0.000	0.360	5.0
D27	中国现代神经疾病杂志	148	1.00	26.8	4.7	24	85	0.000	0.550	6.3
D27	中国卒中杂志	240	0.98	17.5	4.1	25	111	0.050	0.300	5.8
D27	中华精神科杂志	92	1.00	24.3	4.4	19	41	0.090	0.580	5.1
D27	中华神经创伤外科电子杂志	92	0.98	15.8	4.7	23	57	0.000	0.200	5.5
D27	中华神经科杂志	180	0.97	25.1	5.4	26	104	0.020	0.490	6.3
D27	中华神经外科疾病研究杂志	163	0.96	13.1	5.0	25	114	0.010	0.330	6.0
D27	中华神经外科杂志	293	0.96	18.9	6.2	26	141	0.000	0.510	6.2
D27	中华神经医学杂志	215	1.00	22.3	5.5	27	147	0.000	0.510	4.3
D27	中华行为医学与脑科学杂志	221	0.98	23.5	5.6	27	141	0.010	0.780	4.8
D27	卒中与神经疾病	179	0.99	21.4	3.6	24	134	0.000	0.210	5.3
D28	标记免疫分析与临床	462	1.00	15.3	3.6	23	317	0.000	0.180	3.7
D28	放射学实践	273	0.96	17.3	4.8	26	157	0.010	0.330	5.7
D28	分子影像学杂志	136	0.96	25.4	3.9	26	115	—	0.404	5.5
D28	功能与分子医学影像学杂志(电子版)	50	0.96	16.9	3.5	11	30	—	0.440	5.0
D28	国际放射医学核医学杂志	107	0.81	22.6	4.9	22	71	0.010	0.490	5.2
D28	国际医学放射学杂志	116	0.88	25.8	3.5	21	72	0.010	0.380	4.5
D28	介入放射学杂志	265	0.97	17.7	5.7	26	154	0.020	0.340	5.4
D28	临床超声医学杂志	276	0.98	9.7	4.3	29	207	0.000	0.300	5.0
D28	临床放射学杂志	509	0.97	14.1	5.0	30	275	0.010	0.240	6.2
D28	实用放射学杂志	588	0.97	14.5	4.9	30	359	0.010	0.260	5.1

学科代码	期刊名称	来源文献量	文献选出率	平均引文数	平均作者数	地区分布数	机构分布数	海外论文比	基金论文比	引用半衰期
D28	实用医学影像杂志	258	1.00	8.8	2.6	26	205	—	0.105	4.3
D28	现代医用影像学	1034	0.74	6.7	1.6	21	491	0.002	0.026	3.5
D28	医学影像学杂志	593	0.69	12.4	4.1	31	397	0.000	0.200	5.9
D28	影像研究与医学应用	4024	0.99	5.3	1.8	31	2295	0.001	0.031	3.2
D28	影像诊断与介入放射学	99	0.97	17.1	3.9	18	64	0.050	0.290	5.9
D28	中国 CT 和 MRI 杂志	536	1.00	12.9	3.6	26	330	0.000	0.170	3.5
D28	中国超声医学杂志	322	0.99	9.0	5.0	28	207	0.000	0.280	5.0
D28	中国介入影像与治疗学	171	0.95	16.6	4.9	24	103	0.000	0.420	4.8
D28	中国临床医学影像杂志	259	0.97	14.2	4.4	30	164	0.000	0.240	6.0
D28	中国数字医学	465	0.97	7.5	3.7	29	292	0.000	0.230	4.0
D28	中国体视学与图像分析	55	0.95	19.9	5.5	11	28	—	0.836	6.0
D28	中国医学计算机成像杂志	115	0.97	13.5	5.0	19	76	0.000	0.410	5.3
D28	中国医学影像技术	404	0.98	16.5	5.1	30	233	0.010	0.470	5.0
D28	中国医学影像学杂志	215	0.95	16.3	4.6	28	147	0.010	0.390	4.9
D28	中华超声影像学杂志	237	0.99	14.8	6.3	26	119	0.010	0.600	4.4
D28	中华放射学杂志	210	0.97	15.1	5.9	25	127	0.020	0.410	5.1
D28	中华核医学与分子影像杂志	177	0.95	19.6	5.2	25	96	0.050	0.370	6.6
D28	中华介入放射学电子杂志	84	0.94	16.3	4.6	21	54	—	0.333	5.4
D28	中华医学超声杂志(电子版)	179	0.99	18.4	4.6	24	107	0.010	0.320	5.8
D29	Cancer Biology & Medicine	45	0.98	54.8	6.2	7	14	0.440	0.240	6.2
D29	Chinese Journal of Cancer Research	68	1.00	37.6	9.5	16	34	0.250	0.490	5.2
D29	Journal of Nutritional Oncology	31	0.89	37.5	6.0	14	26	0.097	0.903	5.7
D29	Oncology and Translational Medicine	50	1.00	22.8	4.7	14	26	0.000	0.240	6.5
D29	癌变·畸变·突变	96	0.97	21.6	5.3	24	59	0.000	0.790	5.6
D29	癌症	55	1.00	43.3	8.1	8	30	0.350	0.450	6.8
D29	癌症进展	519	0.99	21.0	3.9	29	329	0.000	0.090	3.9
D29	癌症康复	37	0.29	0.0	1.2	2	12	—	—	—
D29	白血病·淋巴瘤	207	0.95	18.6	5.0	24	121	—	0.493	4.9
D29	国际肿瘤学杂志	178	0.99	21.6	3.7	28	140	0.000	0.380	3.6
D29	临床肿瘤学杂志	225	0.99	20.1	4.3	27	175	0.000	0.290	3.4
D29	实用癌症杂志	615	0.99	13.4	3.0	27	387	0.000	0.080	4.1
D29	实用肿瘤学杂志	116	0.95	25.3	3.2	22	61	0.000	0.450	4.0
D29	实用肿瘤杂志	106	0.99	21.3	4.1	25	84	0.010	0.280	4.9

学科代码	期刊名称	来源文献量	文献选出率	平均引文数	平均作者数	地区分布数	机构分布数	海外论文比	基金论文比	引用半衰期
D29	现代泌尿生殖肿瘤杂志	95	0.81	18.7	5.3	21	72	0.000	0.220	6.0
D29	现代肿瘤医学	994	1.00	22.7	4.6	30	450	0.000	0.480	4.5
D29	消化肿瘤杂志(电子版)	48	0.97	18.5	4.6	8	26	0.000	0.310	5.5
D29	中国癌症防治杂志	111	0.99	19.6	5.1	19	55	0.000	0.640	4.6
D29	中国癌症杂志	123	1.00	20.1	5.4	24	73	0.010	0.390	4.9
D29	中国肺癌杂志	150	0.41	24.7	4.3	23	81	0.030	0.350	4.7
D29	中国肿瘤	157	0.94	23.9	5.2	29	98	0.010	0.460	3.9
D29	中国肿瘤临床	256	0.99	24.8	4.6	27	126	0.000	0.470	3.9
D29	中国肿瘤临床与康复	421	0.97	13.7	3.8	27	294	0.002	0.430	3.4
D29	中国肿瘤生物治疗杂志	215	0.96	30.0	4.3	28	146	0.010	0.820	3.5
D29	中国肿瘤外科杂志	113	1.00	18.7	4.2	20	89	0.000	0.230	4.8
D29	中华放射肿瘤学杂志	214	0.96	22.4	7.2	26	108	0.010	0.430	6.4
D29	中华肿瘤防治杂志	317	0.94	21.5	5.4	29	213	0.000	0.500	3.9
D29	中华肿瘤杂志	171	0.97	18.4	6.4	27	99	0.010	0.440	5.6
D29	肿瘤	147	0.98	26.2	5.3	25	99	0.010	0.590	4.6
D29	肿瘤代谢与营养电子杂志	85	0.96	32.0	4.7	20	53	0.000	0.550	6.2
D29	肿瘤防治研究	196	0.95	21.6	4.8	27	135	0.010	0.480	4.1
D29	肿瘤基础与临床	180	1.00	11.5	3.4	15	101	—	0.272	4.6
D29	肿瘤学杂志	258	0.96	20.8	4.3	25	187	0.000	0.360	4.7
D29	肿瘤研究与临床	213	0.94	18.7	4.8	26	133	0.000	0.340	4.8
D29	肿瘤药学	228	0.97	16.8	5.2	24	160	0.000	0.580	3.1
D29	肿瘤影像学	107	0.99	15.3	4.4	17	72	0.000	0.330	5.9
D29	肿瘤预防与治疗	79	0.94	27.1	4.9	20	57	0.010	0.590	4.3
D29	肿瘤综合治疗电子杂志	54	0.87	30.5	3.8	11	22	—	0.611	5.0
D30	Chinese Nursing Frontiers	40	0.93	29.0	4.4	12	28	0.075	0.475	6.6
D30	当代护士(上旬刊)	1111	0.99	9.4	2.1	29	611	0.002	0.079	4.4
D30	当代护士(下旬刊)	1093	1.00	10.7	2.4	29	602	0.002	0.088	4.8
D30	当代护士(中旬刊)	1063	1.00	9.9	2.3	28	597	0.001	0.067	4.4
D30	国际护理学杂志	1112	1.00	12.2	2.5	29	590	0.005	0.129	4.4
D30	护理管理杂志	222	0.98	24.7	4.0	30	173	0.027	0.599	4.8
D30	护理学报	481	0.97	18.2	4.2	26	281	0.000	0.350	4.8
D30	护理学杂志	808	0.95	18.3	4.3	29	370	0.010	0.320	5.1
D30	护理研究	1148	0.96	19.7	3.6	29	517	0.010	0.400	5.6

学科代码	期刊名称	来源文献量	文献选出率	平均引文数	平均作者数	地区分布数	机构分布数	海外论文比	基金论文比	引用半衰期
D30	护理与康复	460	1.00	11.5	3.4	22	184	—	0.343	5.4
D30	护士进修杂志	723	0.96	12.6	3.7	29	385	0.000	0.250	5.4
D30	解放军护理杂志	422	0.89	19.8	3.9	27	238	0.010	0.310	5.2
D30	临床护理杂志	193	0.92	11.4	2.8	21	144	—	0.321	3.3
D30	齐鲁护理杂志	1234	0.90	13.0	3.1	29	639	—	0.267	3.7
D30	全科护理	1958	0.95	12.2	2.8	31	861	0.002	0.245	4.8
D30	上海护理	287	0.91	14.4	3.5	19	158	0.003	0.474	6.5
D30	实用临床护理学电子杂志	8286	1.00	4.7	1.7	31	2739	—	0.026	3.3
D30	天津护理	314	0.97	9.1	2.4	18	106	—	0.169	4.7
D30	现代临床护理	198	0.99	19.8	4.1	23	135	0.010	0.310	4.6
D30	循证护理	308	1.00	15.9	3.4	24	225	0.003	0.438	5.5
D30	中国护理管理	360	0.94	23.3	4.7	26	186	0.020	0.410	4.9
D30	中国临床护理	165	1.00	15.0	3.4	18	119	—	0.291	5.1
D30	中国实用护理杂志	615	0.88	19.3	4.2	29	321	0.000	0.320	4.9
D30	中华护理教育	220	0.98	19.5	3.8	26	143	0.023	0.559	4.7
D30	中华护理杂志	313	0.08	21.9	5.0	24	193	0.020	0.450	4.8
D30	中华现代护理杂志	1065	0.92	17.9	4.0	26	437	0.000	0.350	4.5
D30	中西医结合护理（中英文)	711	1.00	14.7	3.1	26	382	—	0.245	4.7
D31	安徽预防医学杂志	147	0.96	10.2	3.3	17	85	—	0.156	5.1
D31	毒理学杂志	117	0.98	18.1	5.6	26	80	0.010	0.720	6.7
D31	公共卫生与预防医学	228	0.94	16.1	5.0	24	130	0.000	0.340	3.6
D31	国外医学(医学地理分册)	103	0.98	15.9	2.6	12	69	—	0.272	3.6
D31	海峡预防医学杂志	288	0.99	9.3	3.7	22	117	0.014	0.233	5.6
D31	河南预防医学杂志	366	0.96	8.5	2.8	24	216	—	0.090	5.2
D31	华南预防医学	152	0.99	13.2	5.0	20	102	0.000	0.200	4.9
D31	基层医学论坛	3649	1.00	5.4	1.7	31	1406	0.001	0.055	3.6
D31	疾病预防控制通报	172	1.00	9.4	4.1	13	69	—	0.221	5.1
D31	江苏预防医学	274	1.00	11.4	4.0	17	145	—	0.361	4.5
D31	解放军预防医学杂志	496	0.92	14.2	3.6	29	362	0.000	0.500	3.2
D31	口岸卫生控制	106	0.71	9.7	2.9	17	85	0.009	0.198	5.8
D31	临床医学工程	844	1.00	8.4	2.8	16	425	0.001	0.214	3.3
D31	上海预防医学	228	0.99	13.3	4.9	10	115	0.009	0.496	5.6
D31	实用预防医学	439	0.97	14.8	4.9	28	311	0.000	0.370	4.9

学科代码	期刊名称	来源文献量	文献选出率	平均引文数	平均作者数	地区分布数	机构分布数	海外论文比	基金论文比	引用半衰期
D31	首都公共卫生	102	0.94	10.8	4.0	12	44	0.000	0.150	5.7
D31	微量元素与健康研究	287	0.90	7.7	3.7	21	128	—	0.307	6.3
D31	现代预防医学	1045	0.94	14.8	5.2	31	456	0.000	0.460	4.2
D31	医用气体工程	62	0.99	4.8	2.1	16	41	—	0.016	6.2
D31	应用预防医学	163	1.00	11.1	4.5	17	87	—	0.387	5.3
D31	营养学报	127	0.96	16.4	5.2	28	87	0.010	0.600	6.5
D31	预防医学	370	0.89	15.0	4.5	20	207	0.000	0.270	4.1
D31	预防医学论坛	313	1.00	11.1	3.7	24	174	—	0.224	4.6
D31	预防医学情报杂志	351	0.98	13.5	4.5	24	163	0.000	0.130	5.4
D31	职业卫生与病伤	104	0.95	12.9	3.6	12	72	—	0.154	5.1
D31	职业卫生与应急救援	172	0.96	14.3	4.1	17	110	0.010	0.280	6.4
D31	中国城乡企业卫生	973	1.00	8.1	2.1	20	459	—	0.083	2.9
D31	中国辐射卫生	169	0.97	12.1	4.9	26	95	0.010	0.220	6.5
D31	中国公共卫生	421	0.74	19.0	5.4	31	224	0.020	0.590	5.6
D31	中国公共卫生管理	244	0.95	13.3	4.4	24	141	—	0.418	5.1
D31	中国基层医药	880	0.98	15.4	2.7	28	513	—	0.302	4.2
D31	中国慢性病预防与控制	248	0.78	18.0	4.9	27	169	0.010	0.340	4.5
D31	中国民康医学	1446	0.75	9.2	1.7	25	633	—	0.046	3.0
D31	中国实用乡村医生杂志	316	0.91	6.2	1.6	20	137	0.006	0.057	4.2
D31	中国食品药品监管	159	0.81	0.6	1.8	23	105	0.044	0.050	—
D31	中国卫生	287	0.99	0.0	1.3	27	189	0.003	0.031	—
D31	中国卫生产业	3253	0.47	7.2	1.9	31	1624	0.001	0.110	3.2
D31	中国卫生工程学	395	1.00	8.2	2.5	25	262	—	0.096	3.7
D31	中国卫生事业管理	271	0.95	17.3	3.9	25	139	—	0.967	5.3
D31	中国消毒学杂志	332	0.98	11.5	4.7	27	223	0.000	0.240	5.7
D31	中国校医	463	0.99	8.9	2.5	29	328	0.004	0.197	5.0
D31	中国冶金工业医学杂志	706	1.00	2.2	1.5	21	193	—	0.017	4.6
D31	中国应急救援	83	0.91	5.4	2.3	20	54	—	0.193	7.6
D31	中国预防医学杂志	214	0.96	18.7	4.7	27	168	0.000	0.490	4.1
D31	中华疾病控制杂志	316	0.22	17.4	6.1	29	156	0.010	0.620	4.9
D31	中华临床营养杂志	65	0.97	20.3	5.5	19	48	0.000	0.280	5.8
D31	中华预防医学杂志	241	0.97	23.6	6.7	25	105	0.010	0.600	5.1
D32	工业卫生与职业病	149	1.00	9.9	3.6	28	116	0.000	0.170	5.4

学科代码	期刊名称	来源文献量	文献选出率	平均引文数	平均作者数	地区分布数	机构分布数	海外论文比	基金论文比	引用半衰期
D32	环境与健康杂志	287	0.94	18.3	5.5	26	153	0.000	0.680	6.7
D32	环境与职业医学	199	0.92	22.9	5.7	27	103	0.020	0.660	5.6
D32	疾病监测	213	0.99	15.2	5.9	27	114	0.000	0.370	5.5
D32	热带病与寄生虫学	78	0.98	11.6	4.2	15	56	—	0.372	5.7
D32	热带医学杂志	404	0.98	16.5	4.5	23	271	0.000	0.370	3.6
D32	医学动物防制	368	0.99	14.4	5.6	27	195	0.000	0.540	5.5
D32	职业与健康	879	0.98	18.1	4.1	29	415	0.000	0.260	5.2
D32	中国地方病防治杂志	359	0.93	5.4	3.6	29	249	0.000	0.300	4.1
D32	中国工业医学杂志	186	1.00	10.0	4.5	25	102	0.000	0.320	6.6
D32	中国国境卫生检疫杂志	129	0.97	11.9	5.6	28	91	0.000	0.490	6.2
D32	中国媒介生物学及控制杂志	171	0.97	16.0	5.9	28	115	0.000	0.560	6.9
D32	中国热带医学	318	0.46	17.4	5.0	25	195	0.010	0.370	4.9
D32	中国人兽共患病学报	211	0.07	22.9	5.9	29	139	0.010	0.710	6.6
D32	中国血吸虫病防治杂志	165	0.98	19.5	6.3	19	79	0.000	0.590	6.0
D32	中国职业医学	178	0.96	22.1	5.8	25	101	0.010	0.610	4.0
D32	中华地方病学杂志	231	0.98	14.8	5.9	29	104	0.010	0.580	6.6
D32	中华劳动卫生职业病杂志	276	1.00	16.2	5.3	25	145	0.000	0.440	6.1
D32	中华流行病学杂志	299	0.99	20.3	8.1	25	106	0.060	0.590	5.5
D32	中华卫生杀虫药械	186	0.98	10.7	4.7	24	128	0.010	0.300	7.6
D33	Reproductive and Developmental Medicine	37	0.92	36.6	5.8	7	27	0.135	0.541	8.6
D33	国际生殖健康/计划生育杂志	114	0.90	24.4	3.6	22	79	0.000	0.420	4.8
D33	生殖医学杂志	232	0.92	21.6	4.7	25	127	0.000	0.440	5.6
D33	中国妇幼保健	1981	0.96	17.1	3.2	31	1093	0.001	0.300	4.0
D33	中国妇幼健康研究	412	0.99	12.3	3.8	25	275	—	0.294	3.5
D33	中国妇幼卫生杂志	132	0.97	11.6	3.9	23	87	—	0.341	4.5
D33	中国计划生育和妇产科	280	0.96	16.1	3.3	28	178	0.000	0.200	4.6
D33	中国计划生育学杂志	320	1.00	15.6	3.4	26	239	0.000	0.210	4.1
D33	中国生育健康杂志	159	0.28	17.4	4.0	22	113	0.010	0.260	5.3
D33	中国优生与遗传杂志	591	1.00	13.3	4.2	29	330	0.000	0.200	5.5
D33	中华生殖与避孕杂志	196	0.95	26.6	4.8	27	106	0.000	0.420	6.2
D34	Military Medical Research	39	0.95	51.6	6.0	6	8	0.540	0.130	8.3
D34	法医学杂志	198	1.00	15.2	4.8	24	120	0.000	0.390	7.5
D34	航天医学与医学工程	101	0.94	21.3	5.6	13	36	0.010	0.510	7.8

学科代码	期刊名称	来源文献量	文献选出率	平均引文数	平均作者数	地区分布数	机构分布数	海外论文比	基金论文比	引用半衰期
D34	军事医学	197	0.83	19.4	5.7	22	88	0.000	0.620	5.8
D34	中国法医学杂志	192	0.67	10.3	4.9	24	106	0.000	0.360	6.9
D34	中华放射医学与防护杂志	178	0.96	18.4	6.1	23	112	0.010	0.510	6.1
D34	中华航海医学与高气压医学杂志	118	0.94	14.1	4.4	21	73	0.000	0.220	6.6
D34	中华航空航天医学杂志	54	0.94	20.1	5.3	12	25	0.000	0.060	7.8
D35	Global Health Journal	16	0.80	35.9	4.5	5	15	0.188	0.750	8.0
D35	基础医学教育	379	0.99	7.5	4.5	29	135	0.005	0.855	4.0
D35	解放军医院管理杂志	369	0.97	10.2	3.8	26	184	0.000	0.180	5.1
D35	麻醉安全与质控	87	0.98	15.7	3.4	21	67	0.011	0.345	5.2
D35	青春期健康	57	0.85	0.1	1.0	10	25	—	—	2.0
D35	人人健康	235	0.85	1.2	1.2	26	135	0.004	0.017	4.0
D35	生活与健康	203	0.99	0.0	1.1	17	86	0.020	—	—
D35	卫生软科学	213	1.00	12.2	4.0	22	124	0.010	0.530	4.0
D35	卫生研究	199	0.97	18.7	5.7	26	96	0.010	0.620	6.1
D35	现代医院	565	0.98	13.8	3.5	19	347	—	0.469	3.5
D35	现代医院管理	169	1.00	8.9	3.5	24	110	—	0.320	3.9
D35	心理医生	10938	0.98	4.7	1.6	31	4331	0.000	0.028	3.1
D35	心理与健康	286	0.96	0.1	1.1	23	124	0.003	0.010	2.1
D35	医疗卫生装备	328	1.00	13.5	4.4	26	203	0.000	0.320	5.2
D35	医疗装备	3344	1.00	5.6	1.7	30	1351	0.004	0.048	3.2
D35	医学教育研究与实践	295	0.98	10.3	4.3	28	137	—	0.671	4.5
D35	医学与哲学	630	0.97	16.2	2.9	29	321	0.006	0.567	6.0
D35	浙江医学教育	121	0.98	7.8	3.5	5	66	—	0.339	4.5
D35	智慧健康	2557	0.98	10.0	1.7	31	1472	0.000	0.047	2.7
D35	中国病案	456	0.97	10.4	3.5	30	275	0.000	0.130	4.1
D35	中国健康教育	277	0.97	15.1	4.8	29	187	0.020	0.390	4.6
D35	中国农村卫生	1699	0.44	3.8	1.5	30	914	—	0.011	3.1
D35	中国农村卫生事业管理	614	0.99	10.1	2.9	26	308	0.002	0.280	4.4
D35	中国社会医学杂志	181	0.86	13.1	4.3	26	120	0.010	0.660	6.0
D35	中国食品卫生杂志	127	0.96	18.8	5.4	26	68	0.000	0.410	5.6
D35	中国卫生法制	129	1.00	7.8	2.4	23	84	—	0.302	7.8
D35	中国卫生监督杂志	128	0.95	5.6	3.6	24	77	—	0.219	6.1
D35	中国卫生检验杂志	972	0.96	16.4	4.0	30	546	—	0.381	4.9

学科代码	期刊名称	来源文献量	文献选出率	平均引文数	平均作者数	地区分布数	机构分布数	海外论文比	基金论文比	引用半衰期
D35	中国卫生经济	308	0.98	8.4	4.0	30	158	0.010	0.460	4.5
D35	中国卫生人才	182	0.97	0.0	1.6	22	108	—	0.016	—
D35	中国卫生统计	267	0.99	13.2	4.8	28	133	0.020	0.620	5.9
D35	中国卫生信息管理杂志	146	0.90	11.4	3.5	25	107	0.000	0.340	3.8
D35	中国卫生政策研究	158	0.97	16.0	4.2	21	86	0.040	0.660	5.6
D35	中国卫生质量管理	233	0.90	10.9	4.8	26	132	0.000	0.380	5.4
D35	中国卫生资源	113	1.00	13.1	5.6	16	52	0.000	0.500	4.5
D35	中国学校卫生	571	0.98	20.0	4.5	31	317	0.020	0.480	4.9
D35	中国医疗器械杂志	125	0.98	11.8	4.2	16	68	0.000	0.460	6.7
D35	中国医疗设备	563	0.99	18.3	4.1	26	325	0.010	0.380	4.9
D35	中国医学教育技术	182	0.94	12.5	3.6	27	114	—	0.703	4.3
D35	中国医学装备	504	0.97	15.5	4.2	27	315	0.000	0.280	4.8
D35	中国医院	310	1.00	8.1	4.2	22	144	0.020	0.400	4.1
D35	中国医院管理	340	0.93	9.9	5.0	22	166	0.020	0.510	3.7
D35	中国医院统计	158	0.97	13.6	2.6	13	112	—	0.266	3.6
D35	中华健康管理学杂志	106	0.96	18.0	5.1	21	87	0.000	0.250	4.8
D35	中华医学教育探索杂志	280	0.98	9.7	4.4	28	155	0.000	0.390	4.9
D35	中华医学教育杂志	207	0.96	10.6	4.9	25	118	0.010	0.290	5.0
D35	中华医学科研管理杂志	110	0.98	12.6	4.5	16	73	0.010	0.320	4.7
D35	中华医院管理杂志	239	0.98	16.8	5.0	22	125	0.020	0.500	3.1
D35	中外女性健康研究	3074	0.99	5.5	1.5	31	1625	—	0.015	2.9
D36	Acta Pharmaceutica Sinica B	94	0.91	59.1	6.7	12	39	0.310	0.610	6.7
D36	Acta Pharmacologica Sinica	189	0.98	57.0	7.4	20	89	0.390	0.610	7.0
D36	Chinese Journal of Natural Medicines	101	0.98	38.2	6.1	22	50	0.160	0.680	6.8
D36	Journal of Chinese Pharmaceutical Sciences	93	0.85	23.3	5.7	18	45	0.110	0.560	7.6
D36	Journal of Pharmaceutical Analysis	56	0.90	36.4	5.0	10	51	0.732	0.625	8.3
D36	北方药学	1945	1.00	6.3	1.5	28	792	—	0.012	3.6
D36	儿科药学杂志	243	0.93	18.7	3.4	28	139	0.000	0.160	5.8
D36	福建医药杂志	443	0.96	9.2	3.2	10	136	0.034	0.192	5.4
D36	国际药学研究杂志	149	0.98	27.5	5.0	27	87	0.000	0.650	5.3
D36	国外医药(抗生素分册)	84	0.93	12.4	3.0	17	47	—	0.143	5.1
D36	海峡药学	1912	0.97	7.8	2.1	28	1002	0.008	0.104	4.6
D36	华西药学杂志	178	0.92	9.8	4.8	27	100	0.020	0.460	6.9

学科代码	期刊名称	来源文献量	文献选出率	平均引文数	平均作者数	地区分布数	机构分布数	海外论文比	基金论文比	引用半衰期
D36	家庭用药	580	1.00	0.0	1.2	18	99	—	0.002	—
D36	解放军药学学报	166	0.86	12.7	4.3	26	114	0.000	0.180	4.9
D36	今日药学	224	0.97	15.6	4.2	16	149	—	0.442	4.3
D36	抗感染药学	855	0.87	8.0	1.9	23	477	—	0.062	3.2
D36	临床合理用药杂志	3712	0.97	9.3	1.9	31	1876	0.009	0.053	3.7
D36	临床药物治疗杂志	246	0.99	17.0	3.8	22	131	0.010	0.190	4.5
D36	神经药理学报	15	0.83	72.3	3.6	8	13	—	0.800	9.5
D36	实用药物与临床	342	1.00	17.9	3.7	27	234	0.000	0.280	4.3
D36	世界临床药物	154	0.90	23.6	3.1	16	85	0.000	0.470	5.3
D36	天津药学	147	0.93	13.8	2.6	16	86	—	0.075	4.4
D36	西北药学杂志	216	0.98	20.9	4.4	27	138	0.000	0.500	5.1
D36	现代药物与临床	731	1.00	14.4	3.1	29	484	0.000	0.090	5.6
D36	药品评价	414	0.92	14.4	2.1	24	254	0.014	0.266	3.2
D36	药物不良反应杂志	120	0.95	15.6	4.1	21	89	0.010	0.200	5.4
D36	药物分析杂志	304	0.98	19.9	5.2	31	167	0.030	0.460	6.7
D36	药物流行病学杂志	187	1.00	17.4	4.1	26	117	0.010	0.370	5.6
D36	药物评价研究	445	0.96	20.9	4.5	28	248	0.000	0.310	4.4
D36	药物生物技术	123	0.90	21.0	3.8	21	72	0.010	0.390	4.8
D36	药学服务与研究	131	0.94	11.2	4.4	18	84	0.010	0.310	4.9
D36	药学进展	130	1.00	38.1	2.9	17	57	—	0.446	4.9
D36	药学实践杂志	127	1.00	17.4	4.3	19	82	0.000	0.430	5.9
D36	药学学报	269	0.92	33.8	5.6	26	110	0.010	0.790	5.4
D36	药学研究	196	0.95	18.4	4.1	23	101	—	0.582	6.0
D36	药学与临床研究	135	0.95	13.3	3.6	15	83	0.000	0.260	5.3
D36	医药导报	369	1.00	17.4	3.9	28	243	0.010	0.330	5.5
D36	中国处方药	1241	0.99	8.3	1.9	30	841	—	0.061	3.4
D36	中国海洋药物	82	0.47	25.5	5.1	13	36	0.020	0.890	7.5
D36	中国合理用药探索	326	0.99	11.0	2.0	17	186	—	0.064	3.7
D36	中国抗生素杂志	254	0.09	21.6	5.2	30	162	0.000	0.450	6.2
D36	中国临床药理学与治疗学	236	0.97	22.8	4.9	22	146	0.010	0.730	4.1
D36	中国临床药理学杂志	790	0.96	10.3	4.6	30	386	0.010	0.640	4.6
D36	中国临床药学杂志	102	0.94	14.2	4.4	20	86	0.000	0.340	4.8
D36	中国现代药物应用	3076	1.00	9.9	1.8	30	1216	0.000	0.060	3.4

学科代码	期刊名称	来源文献量	文献选出率	平均引文数	平均作者数	地区分布数	机构分布数	海外论文比	基金论文比	引用半衰期
D36	中国现代应用药学	408	0.99	16.2	4.4	28	265	0.000	0.490	5.2
D36	中国新药与临床杂志	149	1.00	19.9	3.7	25	109	0.010	0.300	4.3
D36	中国新药杂志	489	0.90	18.7	4.9	29	244	0.000	0.480	5.0
D36	中国药房	761	1.00	19.8	5.0	31	461	0.000	0.790	4.9
D36	中国药理学通报	342	1.00	20.6	5.7	27	183	0.010	0.910	4.4
D36	中国药理学与毒理学杂志	160	0.97	18.3	5.4	24	100	0.060	0.740	5.3
D36	中国药品标准	88	0.98	9.6	3.8	22	62	—	0.193	7.0
D36	中国药师	635	1.00	14.9	4.3	28	367	0.000	0.320	5.5
D36	中国药事	269	1.00	18.1	4.2	29	151	0.000	0.220	4.8
D36	中国药物化学杂志	79	0.99	16.6	4.6	21	47	0.000	0.460	8.0
D36	中国药物经济学	469	0.99	11.6	2.2	25	313	0.004	0.141	3.7
D36	中国药物警戒	181	0.99	20.5	4.1	24	121	0.020	0.310	5.8
D36	中国药物滥用防治杂志	109	0.90	13.7	3.1	23	82	0.009	0.229	5.9
D36	中国药物评价	108	0.89	17.2	3.6	20	68	—	0.380	5.5
D36	中国药物依赖性杂志	93	0.93	22.5	4.2	21	62	0.000	0.510	7.1
D36	中国药物应用与监测	104	0.99	14.0	4.1	23	61	0.000	0.400	3.7
D36	中国药物与临床	1175	1.00	7.3	2.7	16	294	—	0.208	5.2
D36	中国药学杂志	357	0.93	20.5	5.4	29	207	0.030	0.680	5.8
D36	中国药业	735	0.98	15.3	3.6	30	534	0.000	0.320	4.2
D36	中国医药工业杂志	271	0.93	15.6	3.8	23	136	0.000	0.330	6.0
D36	中国医院药学杂志	579	0.99	18.1	4.9	30	359	0.000	0.510	5.3
D36	中国医院用药评价与分析	574	1.00	16.2	3.4	28	382	0.000	0.160	3.6
D36	中南药学	432	0.99	19.6	4.3	30	240	0.000	0.350	5.7
D37	Chinese Journal of Integrative Medicine	145	0.99	30.4	6.1	21	107	0.159	0.807	8.3
D37	Journal of Acupuncture and Tuina Science	68	0.92	23.6	6.0	12	37	0.029	0.868	6.5
D37	Journal of Traditional Chinese Medicine	109	0.97	35.4	7.8	18	78	0.110	0.908	7.7
D37	Wordl Journal of Traditional Chinese Medicine	23	0.88	27.2	6.2	8	19	0.260	0.610	6.8
D37	World Journal of Acupuncture-Moxibustion	66	0.94	17.4	5.2	22	50	0.030	0.606	6.9
D37	北京中医药	335	0.97	13.2	4.5	21	116	0.000	0.460	6.2
D37	福建中医药	207	0.96	11.1	3.8	14	73	0.005	0.565	6.5
D37	光明中医	1608	0.85	8.7	2.1	29	847	—	0.152	4.2
D37	广西中医药	176	0.99	9.9	3.3	22	97	—	0.443	5.8
D37	国际中医中药杂志	314	0.36	12.1	3.8	28	193	0.000	0.380	5.0

学科代码	期刊名称	来源文献量	文献选出率	平均引文数	平均作者数	地区分布数	机构分布数	海外论文比	基金论文比	引用半衰期
D37	国医论坛	205	0.71	8.1	2.4	24	119	0.005	0.278	6.0
D37	河北中医	433	0.98	20.8	3.8	25	265	0.000	0.530	5.6
D37	河北中医药学报	111	0.90	14.0	4.7	13	66	0.000	0.690	5.7
D37	河南中医	516	1.00	16.1	3.4	29	287	—	0.653	6.5
D37	黑龙江中医药	479	0.98	9.1	2.6	23	277	—	0.129	3.3
D37	湖北中医杂志	273	0.99	11.0	3.0	25	124	—	0.425	6.4
D37	湖南中医杂志	1079	1.00	11.7	3.3	27	311	—	0.354	6.6
D37	环球中医药	597	0.91	14.9	4.1	27	254	0.000	0.450	5.8
D37	吉林中医药	418	0.97	20.0	3.7	24	181	0.000	0.780	5.7
D37	家庭中医药	124	0.99	0.0	1.5	15	40	0.016	—	—
D37	江苏中医药	367	0.96	8.4	3.2	23	171	0.000	0.350	6.6
D37	江西中医药	351	1.00	11.2	3.5	22	131	—	0.356	6.7
D37	辽宁中医杂志	815	0.95	19.0	4.5	30	275	0.000	0.840	5.8
D37	山东中医杂志	310	1.00	14.2	3.3	22	127	0.000	0.510	6.8
D37	山西中医	343	0.88	7.5	2.6	26	204	—	0.242	6.1
D37	陕西中医	555	0.55	15.7	3.0	26	314	—	0.683	3.3
D37	上海中医药杂志	319	0.99	17.6	4.1	21	140	0.010	0.760	6.5
D37	时珍国医国药	1088	0.94	14.9	4.9	30	356	0.003	0.912	6.3
D37	实用中西医结合临床	1148	0.99	8.0	2.1	26	658	0.002	0.067	2.9
D37	实用中医内科杂志	285	1.00	18.3	2.1	24	212	0.004	0.161	8.3
D37	实用中医药杂志	1273	0.98	6.5	2.0	27	680	—	0.100	4.2
D37	世界科学技术-中医药现代化	342	0.97	28.4	5.5	28	140	0.030	0.880	5.7
D37	世界中医药	744	0.92	20.0	4.4	29	405	0.010	0.730	4.8
D37	四川中医	952	0.96	12.6	3.1	27	485	0.000	0.310	3.8
D37	天津中医药	249	0.99	14.9	4.4	18	102	0.010	0.620	6.0
D37	西部中医药	541	0.91	15.7	3.6	25	259	0.010	0.470	5.7
D37	现代中医临床	90	1.00	15.0	4.8	11	36	0.020	0.530	6.8
D37	现代中医药	237	0.97	12.4	3.0	20	107	—	0.308	6.1
D37	新疆中医药	313	0.98	15.2	2.8	9	45	—	0.236	6.0
D37	新中医	901	0.72	10.7	3.3	29	435	0.002	0.489	6.0
D37	云南中医中药杂志	562	0.95	9.4	3.0	26	283	—	0.397	5.7
D37	浙江中西医结合杂志	389	0.98	14.1	3.3	8	164	0.008	0.301	5.0
D37	浙江中医杂志	655	1.00	2.8	3.0	20	218	—	0.383	6.5

学科代码	期刊名称	来源文献量	文献选出率	平均引文数	平均作者数	地区分布数	机构分布数	海外论文比	基金论文比	引用半衰期
D37	中国民族医药杂志	555	0.92	7.0	2.5	20	150	—	0.268	9.7
D37	中国中医基础医学杂志	582	0.98	14.3	4.1	30	235	0.010	0.640	7.4
D37	中国中医急症	696	1.00	18.1	3.9	30	341	0.000	0.510	5.3
D37	中国中医眼科杂志	120	0.98	14.7	4.0	21	65	0.000	0.410	7.6
D37	中国中医药科技	459	0.99	12.0	2.9	20	275	—	0.368	6.6
D37	中国中医药现代远程教育	1628	1.00	9.3	3.1	30	580	0.001	0.441	5.4
D37	中国中医药信息杂志	403	1.00	13.3	4.7	28	195	0.000	0.660	6.0
D37	中华中医药学刊	797	1.00	22.6	4.7	30	338	0.010	0.910	4.0
D37	中华中医药杂志	1463	0.99	16.2	4.8	30	365	0.010	0.730	6.8
D37	中药药理与临床	276	1.00	19.0	5.5	28	144	0.007	0.866	5.7
D37	中医临床研究	2384	1.00	8.9	2.4	31	1189	0.000	0.164	4.6
D37	中医外治杂志	208	1.00	8.3	2.9	23	136	—	0.231	6.4
D37	中医文献杂志	125	0.93	12.1	2.3	17	57	—	0.560	11.6
D37	中医学报	589	0.98	17.6	3.6	27	305	0.010	0.720	6.0
D37	中医研究	374	0.97	12.0	2.9	18	154	—	0.489	5.6
D37	中医药导报	985	0.99	13.7	4.0	30	393	0.020	0.460	6.4
D37	中医药临床杂志	721	1.00	15.8	2.9	28	285	0.001	0.481	4.8
D37	中医药通报	137	0.97	8.8	3.3	22	66	0.015	0.642	6.6
D37	中医药文化	78	0.85	28.0	2.0	14	36	0.026	0.756	20.7
D37	中医药信息	193	0.98	17.7	4.0	24	111	—	0.736	5.3
D37	中医药学报	200	1.00	16.6	4.4	27	115	—	0.810	5.9
D37	中医杂志	509	0.99	16.3	4.7	27	186	0.010	0.660	6.9
D38	安徽中医药大学学报	157	0.99	14.3	4.6	15	60	0.000	0.530	5.7
D38	北京中医药大学学报	163	0.99	15.5	5.5	25	51	0.010	0.910	7.0
D38	长春中医药大学学报	380	0.73	17.1	3.8	23	126	0.010	0.750	5.1
D38	成都中医药大学学报	128	0.89	16.4	4.6	19	62	0.008	0.930	5.6
D38	甘肃中医药大学学报	175	0.98	15.2	4.0	22	76	—	0.680	6.7
D38	广西中医药大学学报	194	0.98	11.2	3.4	17	93	—	0.577	5.0
D38	广州中医药大学学报	233	1.00	15.4	4.6	21	106	0.000	0.640	6.8
D38	贵阳中医学院学报	140	1.00	15.8	4.5	15	42	—	0.729	5.2
D38	湖北中医药大学学报	216	0.95	14.4	3.5	17	102	0.000	0.740	5.7
D38	湖南中医药大学学报	345	0.96	16.3	4.5	26	136	0.010	0.770	5.4
D38	江西中医药大学学报	222	0.99	11.7	3.8	19	80	0.005	0.608	6.7

学科代码	期刊名称	来源文献量	文献选出率	平均引文数	平均作者数	地区分布数	机构分布数	海外论文比	基金论文比	引用半衰期
D38	辽宁中医药大学学报	760	0.98	21.2	3.9	29	229	0.000	0.690	5.8
D38	南京中医药大学学报	144	0.98	16.9	4.9	18	62	0.010	0.780	5.6
D38	山东中医药大学学报	160	0.96	14.4	3.5	19	66	0.020	0.560	6.8
D38	山西中医学院学报	164	0.98	11.5	3.1	16	60	—	0.524	6.8
D38	陕西中医药大学学报	255	0.98	11.7	3.4	26	93	—	0.573	6.0
D38	上海中医药大学学报	124	0.73	19.5	5.0	16	51	0.000	0.850	6.4
D38	天津中医药大学学报	123	0.99	18.1	4.3	17	43	0.000	0.670	6.0
D38	云南中医学院学报	137	1.00	22.0	4.6	24	101	0.010	0.740	4.6
D38	浙江中医药大学学报	251	0.95	14.7	3.4	15	81	0.010	0.540	6.1
D39	Journal of Integrative Medicine	58	0.92	51.4	4.7	3	35	0.860	0.140	7.9
D39	World Journal of Integrated Traditional and Western Medicine	29	0.85	16.8	3.6	9	22	—	0.276	4.8
D39	深圳中西医结合杂志	2303	0.95	7.7	2.4	24	998	0.000	0.116	3.2
D39	世界中西医结合杂志	443	0.77	16.2	4.1	28	236	0.000	0.580	5.7
D39	现代中西医结合杂志	1225	0.06	16.6	3.2	27	678	0.000	0.170	5.0
D39	中国中西医结合耳鼻咽喉科杂志	134	0.97	13.9	4.0	20	110	0.010	0.200	5.7
D39	中国中西医结合急救杂志	168	0.99	18.2	4.6	29	129	0.000	0.560	5.1
D39	中国中西医结合皮肤性病学杂志	194	0.97	12.2	3.6	25	133	0.000	0.230	6.2
D39	中国中西医结合肾病杂志	390	0.98	16.8	4.2	30	253	0.000	0.410	5.9
D39	中国中西医结合外科杂志	211	1.00	18.2	4.1	19	110	0.000	0.320	5.0
D39	中国中西医结合消化杂志	230	0.97	15.7	3.8	27	181	0.010	0.340	4.6
D39	中国中西医结合影像学杂志	227	0.99	13.6	4.1	24	165	—	0.441	6.2
D39	中国中西医结合杂志	306	0.98	19.0	5.1	27	178	0.020	0.710	6.5
D39	中西医结合肝病杂志	129	0.99	13.8	4.3	23	95	0.020	0.400	5.8
D39	中西医结合心脑血管病杂志	1122	0.98	16.7	3.6	31	619	0.000	0.300	5.5
D39	中西医结合心血管病电子杂志	5453	1.00	3.8	1.6	31	2475	0.000	0.036	3.0
D39	中西医结合研究	118	0.99	9.3	2.2	12	86	—	0.212	5.3
D40	Chinese Herbal Medicines	61	0.89	40.7	6.1	18	27	0.080	0.690	6.9
D40	天然产物研究与开发	339	0.98	21.2	5.3	28	197	0.000	0.840	6.5
D40	现代中药研究与实践	133	1.00	15.1	4.9	24	91	0.010	0.680	5.7
D40	中草药	840	1.00	27.6	6.0	31	329	0.010	0.750	6.1
D40	中成药	634	1.00	19.7	5.0	31	318	0.000	0.650	6.0
D40	中国实验方剂学杂志	872	1.00	24.7	5.7	30	314	0.010	0.880	5.5

学科代码	期刊名称	来源文献量	文献选出率	平均引文数	平均作者数	地区分布数	机构分布数	海外论文比	基金论文比	引用半衰期
D40	中国现代中药	294	0.95	18.8	5.2	27	161	0.010	0.670	6.9
D40	中国中药杂志	689	0.99	28.9	6.2	29	230	0.020	0.860	6.3
D40	中药材	630	0.98	13.2	5.2	30	307	0.000	0.730	6.9
D40	中药新药与临床药理	141	0.99	20.4	5.7	23	67	0.010	0.870	6.7
D41	上海针灸杂志	314	0.94	25.4	4.1	28	205	0.000	0.560	5.7
D41	针刺研究	155	0.93	26.0	6.1	27	83	0.030	0.750	6.8
D41	针灸临床杂志	277	0.96	18.9	4.3	29	146	0.010	0.550	5.5
D41	中国骨伤	231	0.99	18.5	5.2	24	151	0.000	0.270	6.2
D41	中国针灸	298	0.96	17.8	4.4	26	158	0.030	0.560	7.0
D41	中国中医骨伤科杂志	278	0.98	18.1	5.1	20	154	0.000	0.350	4.8
D41	中医正骨	248	0.99	19.4	4.4	21	136	—	0.460	5.2
E01	CT 理论与应用研究	92	0.92	18.2	4.5	18	75	0.010	0.420	5.8
E01	Science China Technological Sciences	190	0.99	41.8	4.9	19	89	0.047	0.942	6.7
E01	包装工程	1123	0.97	15.0	2.8	29	419	0.006	0.695	5.9
E01	包装学报	77	0.90	21.7	3.8	13	22	—	0.831	5.9
E01	包装与设计	73	0.57	5.0	1.6	15	29	—	0.356	7.2
E01	标准科学	389	0.97	7.5	3.0	25	161	0.003	0.509	8.6
E01	测试技术学报	89	0.95	11.9	3.5	16	39	0.000	0.540	6.2
E01	成组技术与生产现代化	45	0.95	10.9	3.6	8	14	—	0.622	6.7
E01	船舶标准化工程师	101	0.90	5.1	2.1	13	59	—	0.059	7.5
E01	船舶标准化与质量	83	0.98	2.2	2.4	11	39	—	0.012	8.8
E01	大众标准化	109	0.95	1.6	1.5	12	63	—	—	8.8
E01	电信工程技术与标准化	227	0.99	3.5	2.5	23	79	0.009	0.044	4.0
E01	福建质量管理	5607	1.00	5.1	1.3	31	1467	0.001	0.059	7.5
E01	福建质量技术监督	296	0.93	0.0	1.3	1	48	0.041	—	—
E01	工程爆破	92	0.99	10.0	3.6	24	82	0.000	0.260	7.7
E01	工程地球物理学报	116	0.99	15.4	3.3	27	70	—	0.552	8.4
E01	工程建设	190	0.96	8.0	2.4	24	118	—	0.153	10.2
E01	工程建设与设计	2780	0.95	3.2	1.4	31	1787	0.003	0.021	4.1
E01	工程科学学报	175	0.97	25.0	4.8	21	60	0.030	0.810	7.3
E01	工程科学与技术	186	0.96	20.6	4.5	22	83	0.040	0.910	7.3
E01	工程力学	321	0.93	24.0	3.8	26	105	0.030	0.920	8.2
E01	工程数学学报	61	1.00	16.4	2.7	21	53	0.000	0.850	10.7

学科代码	期刊名称	来源文献量	文献选出率	平均引文数	平均作者数	地区分布数	机构分布数	海外论文比	基金论文比	引用半衰期
E01	工程与建设	281	1.00	7.1	1.8	19	113	—	0.064	7.2
E01	工程与试验	113	0.99	7.0	2.6	12	34	—	0.124	9.1
E01	工程造价管理	75	0.98	8.7	2.0	19	59	—	0.147	5.7
E01	工程质量	265	0.84	4.9	2.5	26	175	0.004	0.132	6.6
E01	工具技术	436	0.62	10.7	3.9	27	182	0.010	0.620	8.0
E01	工业工程	75	0.95	18.6	3.0	19	44	0.010	0.880	7.1
E01	工业设计	763	0.97	5.7	1.6	29	345	0.005	0.273	6.8
E01	航空标准化与质量	80	0.97	3.1	2.3	15	36	—	0.012	11.9
E01	航天标准化	44	1.00	3.1	2.8	11	34	—	0.182	7.4
E01	河北工业科技	75	0.96	17.7	3.7	11	34	0.030	0.800	6.4
E01	衡器	159	1.00	2.3	2.0	18	74	—	0.025	12.4
E01	计量技术	248	0.69	6.2	3.1	26	140	—	0.270	9.9
E01	计量学报	175	0.91	13.7	4.3	23	79	0.010	0.750	7.0
E01	计量与测试技术	502	1.00	5.4	2.5	27	190	0.004	0.110	9.0
E01	科学技术与工程	1765	0.97	17.6	3.8	29	596	0.000	0.750	6.6
E01	冷藏技术	51	0.97	7.4	3.4	11	29	—	0.216	6.8
E01	宁夏工程技术	85	0.97	10.4	3.0	7	40	—	0.388	8.1
E01	墙材革新与建筑节能	123	0.50	4.2	2.0	25	91	—	0.179	6.8
E01	热喷涂技术	51	0.94	16.4	4.2	10	25	0.020	0.627	7.9
E01	人类工效学	93	0.96	18.6	3.4	17	57	0.000	0.560	8.3
E01	润滑与密封	292	0.99	15.1	4.1	26	152	0.000	0.710	8.3
E01	山东工业技术	5309	0.91	3.2	1.6	31	2998	0.001	0.069	4.5
E01	上海计量测试	116	0.94	6.9	3.1	11	36	—	0.121	8.7
E01	上海质量	101	0.99	0.7	1.5	8	66	0.198	0.030	17.0
E01	设备管理与维修	1950	0.97	3.3	1.7	30	1331	0.003	0.034	5.4
E01	设备监理	83	0.99	2.0	1.9	15	59	0.024	—	10.3
E01	设计	1006	1.00	8.4	1.8	28	271	0.006	0.315	4.3
E01	声学与电子工程	58	1.00	8.3	2.6	11	24	—	0.052	11.2
E01	市政技术	348	1.00	6.6	2.5	26	215	—	0.141	7.3
E01	市政设施管理	88	0.99	1.9	1.6	18	58	—	—	6.0
E01	室内设计与装修	401	0.95	0.5	1.0	7	24	0.005	0.042	7.2
E01	数字与缩微影像	55	0.97	4.4	1.5	13	37	—	0.073	9.2
E01	塑料包装	71	0.99	10.9	2.8	11	35	—	—	9.4

学科代码	期刊名称	来源文献量	文献选出率	平均引文数	平均作者数	地区分布数	机构分布数	海外论文比	基金论文比	引用半衰期
E01	新技术新工艺	221	0.97	8.6	3.5	25	136	—	0.190	8.6
E01	新媒体研究	1325	0.95	4.8	1.3	31	707	0.002	0.175	4.4
E01	新型工业化	229	0.86	15.3	2.8	26	134	0.004	0.424	4.9
E01	信息技术与标准化	210	0.96	2.6	2.4	18	114	—	0.195	6.2
E01	液晶与显示	134	0.88	16.7	4.8	21	73	0.000	0.660	6.5
E01	液压气动与密封	319	1.00	7.4	2.8	27	174	0.000	0.230	8.1
E01	仪器仪表标准化与计量	86	0.91	4.5	2.0	18	51	—	0.116	7.9
E01	应用基础与工程科学学报	118	0.97	23.3	4.3	26	71	0.030	0.930	8.1
E01	应用技术学报	63	0.83	21.8	3.3	9	16	—	0.730	6.1
E01	真空	101	0.84	10.5	4.1	18	58	0.010	0.170	9.8
E01	真空科学与技术学报	184	0.96	18.0	4.9	25	101	—	0.745	8.3
E01	质量技术监督研究	89	0.91	6.0	1.6	9	38	0.034	0.045	11.2
E01	质量与标准化	153	0.94	0.1	1.5	8	78	—	0.039	9.5
E01	质量与可靠性	92	0.59	2.6	3.4	11	54	—	0.011	6.9
E01	质量与认证	152	0.96	2.0	2.1	3	9	—	0.026	10.2
E01	中国测试	327	1.00	15.0	4.3	28	169	0.010	0.580	6.4
E01	中国工程科学	120	0.97	13.0	4.5	18	63	0.010	0.990	4.3
E01	中国惯性技术学报	131	0.79	13.9	4.2	20	55	0.010	0.780	3.7
E01	中国科学(技术科学)	134	0.94	36.2	4.6	18	81	0.070	0.880	7.2
E01	中国新技术新产品	2129	0.93	3.4	1.5	31	1278	0.002	0.023	4.8
E01	中国质量技术监督	151	0.34	0.0	1.5	21	87	—	—	—
E01	中国质量与标准导报	160	0.60	4.6	1.7	23	76	—	0.062	9.5
E01	中华手工	21	0.99	0.5	1.0	7	14	0.048	—	48.5
E01	中外鞋业	47	0.15	4.1	2.0	10	31	—	0.191	7.2
E02	Journal of Beijing Institute of Technology	58	0.95	17.0	4.1	15	29	—	0.879	7.7
E02	Journal of Central South University	266	1.00	30.2	4.5	22	112	0.139	0.865	7.6
E02	Journal of Chongqing University	17	0.89	22.6	3.8	11	17	—	0.882	8.3
E02	Journal of Donghua University	94	1.00	19.9	3.6	21	54	—	0.766	7.5
E02	Journal of Harbin Institute of Technology	52	1.00	35.1	3.6	17	37	0.019	0.962	8.5
E02	Journal of Shanghai Jiaotong University(Science)	107	1.00	18.8	3.6	18	50	0.009	0.766	8.1
E02	Journal of Southeast University	73	0.99	19.7	4.0	13	24	—	0.973	6.5
E02	Transactions of Tianjin University	62	1.00	30.5	4.8	5	6	—	0.823	9.3

学科代码	期刊名称	来源文献量	文献选出率	平均引文数	平均作者数	地区分布数	机构分布数	海外论文比	基金论文比	引用半衰期
E02	Tsinghua Science and Technology	65	0.89	29.1	4.5	15	37	0.077	0.831	6.9
E02	安徽电气工程职业技术学院学报	104	1.00	6.5	2.6	10	54	—	0.231	7.6
E02	安徽工程大学学报	100	1.00	13.1	2.8	6	22	—	0.840	7.3
E02	安徽工业大学学报(自然科学版)	64	0.96	15.6	4.1	7	17	0.000	0.810	6.0
E02	安阳工学院学报	216	1.00	8.1	1.6	24	112	—	0.440	7.7
E02	北方工业大学学报	124	0.91	13.1	1.7	20	53	—	0.766	11.2
E02	北京服装学院学报(自然科学版)	48	0.89	11.6	3.0	6	7	—	0.708	7.1
E02	北京工业大学学报	200	1.00	21.4	4.1	22	46	0.010	0.910	7.5
E02	北京交通大学学报	110	0.99	16.2	3.6	15	34	0.000	0.860	7.1
E02	北京理工大学学报	203	0.95	11.8	4.1	19	74	0.020	0.700	7.0
E02	北京印刷学院学报	398	0.99	7.0	1.6	26	168	0.003	0.490	7.0
E02	长春工程学院学报(自然科学版)	123	1.00	8.5	2.4	17	70	—	0.528	6.9
E02	长春工业大学学报	109	1.00	10.8	3.0	13	39	0.018	0.954	6.0
E02	长春理工大学学报(自然科学版)	179	0.93	11.2	3.7	8	16	0.020	0.400	6.8
E02	长江工程职业技术学院学报	92	0.97	5.5	1.5	22	57	—	0.337	7.1
E02	长沙理工大学学报(自然科学版)	57	0.99	12.5	3.5	10	15	—	0.930	4.1
E02	常熟理工学院学报	130	0.96	13.1	2.4	20	61	—	0.700	10.9
E02	常州工学院学报	106	0.96	10.3	2.5	11	47	—	0.613	5.6
E02	成都信息工程大学学报	108	0.96	17.6	3.6	13	27	—	0.880	8.4
E02	重庆大学学报	138	0.92	19.3	4.2	21	63	0.010	0.900	6.7
E02	重庆电子工程职业学院学报	194	0.99	6.2	1.4	25	120	—	0.412	6.9
E02	大连工业大学学报	103	0.87	14.7	4.6	7	13	0.010	0.700	6.8
E02	大连理工大学学报	89	0.93	16.6	4.0	18	39	0.020	0.960	7.8
E02	东北大学学报(自然科学版)	343	0.85	11.9	3.6	10	12	0.010	0.930	7.7
E02	东华大学学报(自然科学版)	149	0.90	15.9	3.7	11	23	0.010	0.680	8.0
E02	东南大学学报(自然科学版)	170	1.00	16.9	4.3	19	41	0.040	0.960	6.6
E02	东莞理工学院学报	126	0.82	12.0	2.2	21	74	0.008	0.556	7.4
E02	福建工程学院学报	109	0.94	10.6	2.4	5	26	—	0.807	6.8
E02	广东工业大学学报	100	1.00	19.7	3.6	8	17	—	0.930	6.3
E02	广东轻工职业技术学院学报	71	0.74	7.7	1.9	9	33	—	0.704	5.1
E02	广西科技大学学报	76	0.81	14.0	3.4	5	12	—	1.000	6.0
E02	桂林理工大学学报	106	0.96	22.6	4.5	16	40	0.000	0.950	9.5
E02	国防科技大学学报	157	0.91	17.8	4.0	14	37	0.010	0.880	8.3

学科代码	期刊名称	来源文献量	文献选出率	平均引文数	平均作者数	地区分布数	机构分布数	海外论文比	基金论文比	引用半衰期
E02	哈尔滨工程大学学报	295	0.89	18.0	3.8	20	84	0.020	0.930	7.8
E02	哈尔滨工业大学学报	323	0.92	20.9	4.0	22	93	0.020	0.820	7.7
E02	哈尔滨理工大学学报	160	0.96	18.8	3.9	13	19	0.010	0.890	6.8
E02	海军工程大学学报	123	0.90	11.0	3.7	8	13	0.000	0.520	8.1
E02	合肥工业大学学报(自然科学版)	296	0.95	14.4	3.8	21	56	0.000	0.800	8.0
E02	河北工业大学学报	113	0.93	14.5	3.8	11	22	0.020	0.840	6.9
E02	河北软件职业技术学院学报	80	0.99	6.5	1.6	18	51	—	0.500	5.6
E02	河南城建学院学报	89	0.99	12.1	3.1	14	39	—	0.787	7.0
E02	河南工程学院学报(自然科学版)	69	0.85	10.9	2.9	8	12	—	0.551	6.9
E02	河南理工大学学报(自然科学版)	138	1.00	17.2	3.8	18	52	0.000	0.950	7.6
E02	黑龙江大学工程学报	65	0.67	16.4	3.9	10	26	0.015	0.969	6.7
E02	黑龙江工程学院学报	103	0.98	11.7	3.0	17	39	—	0.728	6.3
E02	黑龙江科技大学学报	134	0.96	12.9	3.4	12	32	0.010	0.670	5.6
E02	湖北工程学院学报	142	0.87	12.9	2.0	17	64	—	0.676	9.0
E02	湖北工业大学学报	169	0.97	10.2	2.9	4	11	—	0.497	7.8
E02	湖北理工学院学报	92	0.94	11.8	3.5	11	25	—	0.728	6.2
E02	湖南大学学报(自然科学版)	236	1.00	19.1	4.1	16	40	0.010	0.970	8.1
E02	湖南工业大学学报	95	1.00	14.3	3.5	5	16	—	0.726	7.0
E02	湖南科技大学学报(自然科学版)	71	0.85	16.1	3.5	17	38	0.000	0.890	8.9
E02	湖南理工学院学报(自然科学版)	74	1.00	9.8	2.9	7	25	—	0.703	7.8
E02	华北科技学院学报	131	0.98	11.2	3.1	13	24	—	0.779	6.8
E02	华东理工大学学报(自然科学版)	126	1.00	19.6	3.7	7	15	0.010	0.690	7.9
E02	华南理工大学学报(自然科学版)	224	0.91	19.4	3.9	20	46	0.020	0.990	6.3
E02	华中科技大学学报(自然科学版)	272	0.95	15.1	3.6	23	108	0.010	0.950	6.5
E02	淮海工学院学报(自然科学版)	74	0.97	12.5	3.2	10	42	—	0.689	8.0
E02	淮阴工学院学报	115	0.98	11.4	2.1	18	66	0.017	0.661	8.3
E02	黄河科技大学学报	116	0.85	18.0	1.2	21	75	0.017	0.603	15.2
E02	吉林大学学报(工学版)	237	0.96	16.1	4.3	20	57	0.010	0.980	6.9
E02	江苏大学学报(自然科学版)	121	0.30	13.6	3.9	21	49	0.010	0.940	5.8
E02	江苏工程职业技术学院学报	110	0.98	7.4	1.6	13	50	—	0.582	6.1
E02	江苏科技大学学报(自然科学版)	150	1.00	15.4	3.8	10	29	0.000	0.770	6.4
E02	江苏理工学院学报	167	0.93	8.6	1.8	21	73	—	0.569	8.7
E02	江西理工大学学报	118	0.93	16.9	2.6	18	41	—	0.881	6.1

学科代码	期刊名称	来源文献量	文献选出率	平均引文数	平均作者数	地区分布数	机构分布数	海外论文比	基金论文比	引用半衰期
E02	空军工程大学学报(自然科学版)	107	0.96	19.3	4.0	8	12	0.000	0.870	7.0
E02	兰州工业学院学报	163	0.95	10.0	1.9	19	80	—	0.405	7.8
E02	兰州理工大学学报	184	0.99	14.6	3.6	17	45	0.000	0.920	8.4
E02	兰州文理学院学报(自然科学版)	159	1.00	10.0	2.3	18	83	0.013	0.730	7.1
E02	辽宁工业大学学报(自然科学版)	94	0.93	10.4	3.1	9	24	—	0.606	6.4
E02	辽宁科技大学学报	74	1.00	17.9	4.7	6	13	—	0.824	6.6
E02	辽宁石油化工大学学报	107	1.00	20.6	3.7	13	21	—	0.832	7.1
E02	洛阳理工学院学报(自然科学版)	77	0.97	9.2	2.5	12	24	—	0.468	6.2
E02	内蒙古工业大学学报(自然科学版)	72	0.94	12.3	3.2	9	18	—	0.792	7.1
E02	南昌大学学报(工科版)	74	1.00	15.0	3.8	7	12	—	0.892	7.1
E02	南昌工程学院学报	129	0.90	15.0	2.8	15	41	0.008	0.845	8.3
E02	南京工程学院学报(自然科学版)	59	0.97	11.7	3.5	4	16	—	0.661	6.2
E02	南京工业大学学报(自然科学版)	122	1.00	17.0	4.1	9	21	0.000	0.780	8.0
E02	南京工业职业技术学院学报	102	0.96	7.3	1.5	11	32	—	0.569	7.0
E02	南京理工大学学报(自然科学版)	107	0.99	16.4	3.4	19	56	0.010	0.820	6.2
E02	南京信息工程大学学报	95	1.00	25.0	3.8	19	57	0.030	0.880	7.7
E02	宁波工程学院学报	94	0.85	9.0	2.7	5	25	0.011	0.745	6.9
E02	齐鲁工业大学学报	95	0.97	17.5	3.6	5	34	—	0.916	6.3
E02	青岛大学学报(工程技术版)	101	0.84	19.9	4.1	3	7	—	0.743	7.7
E02	青岛理工大学学报	130	0.72	10.4	3.6	9	27	—	0.562	7.8
E02	清华大学学报(自然科学版)	156	0.93	19.3	3.8	17	44	0.030	0.780	7.4
E02	山东大学学报(工学版)	111	0.98	21.9	3.6	26	69	0.030	0.850	6.8
E02	山东科技大学学报(自然科学版)	88	0.95	21.1	4.0	6	16	0.000	0.850	8.2
E02	山东理工大学学报(自然科学版)	94	0.89	12.4	3.4	20	43	0.011	0.553	6.8
E02	陕西理工大学学报(自然科学版)	95	0.90	15.1	3.0	18	30	—	0.737	6.9
E02	上海第二工业大学学报	56	1.00	18.3	3.6	1	4	—	0.911	6.2
E02	上海工程技术大学学报	74	1.00	11.4	3.2	7	16	—	0.595	6.7
E02	上海交通大学学报	222	0.81	18.4	3.9	22	65	0.010	0.830	6.2
E02	深圳大学学报(理工版)	90	0.93	20.1	4.8	18	37	0.000	0.990	5.4
E02	沈阳工程学院学报(自然科学版)	74	0.94	9.9	3.1	12	30	—	0.378	6.6
E02	沈阳工业大学学报	120	0.95	12.5	2.9	24	62	0.000	0.880	4.5
E02	沈阳理工大学学报	106	0.90	11.7	3.3	9	12	—	0.538	6.7
E02	四川理工学院学报(自然科学版)	90	0.99	19.7	3.2	17	35	—	0.911	5.3

学科代码	期刊名称	来源文献量	文献选出率	平均引文数	平均作者数	地区分布数	机构分布数	海外论文比	基金论文比	引用半衰期
E02	苏州科技大学学报(工程技术版)	50	0.95	15.6	2.6	2	8	—	0.740	7.7
E02	太原理工大学学报	132	0.78	18.4	4.2	14	33	0.020	0.950	7.3
E02	天津大学学报	162	0.98	19.7	4.1	12	25	0.000	0.880	7.2
E02	天津工业大学学报	86	0.95	20.4	4.2	5	8	0.000	0.970	6.6
E02	天津科技大学学报	78	0.95	20.7	4.5	5	11	0.030	0.860	7.8
E02	天津理工大学学报	76	0.92	13.7	3.2	10	18	—	0.671	6.7
E02	同济大学学报(自然科学版)	237	0.69	17.8	3.4	17	26	0.020	0.880	8.4
E02	武汉大学学报(工学版)	170	0.99	18.2	4.1	20	74	0.030	0.810	9.3
E02	武汉纺织大学学报	92	0.97	10.3	2.4	11	35	—	0.696	8.5
E02	武汉工程大学学报	134	0.98	18.3	4.2	10	29	—	0.731	6.6
E02	武汉工程职业技术学院学报	110	0.96	6.6	1.9	12	44	—	0.491	6.4
E02	武汉科技大学学报(自然科学版)	76	0.06	13.0	4.6	7	11	0.030	0.930	6.5
E02	武汉轻工大学学报	131	0.98	13.4	3.5	5	16	0.008	0.649	6.6
E02	武警工程大学学报	128	0.99	8.8	1.6	14	25	—	0.172	7.8
E02	西安工程大学学报	117	0.98	17.5	3.4	11	18	0.000	0.850	5.7
E02	西安工业大学学报	105	1.00	14.7	3.4	7	16	0.000	0.830	7.6
E02	西安交通大学学报	269	0.96	19.7	4.4	20	62	0.000	0.910	5.8
E02	西安科技大学学报	137	1.00	24.2	4.1	14	52	0.010	0.900	6.8
E02	西安理工大学学报	80	0.48	15.0	4.1	6	10	0.000	0.940	7.2
E02	西北工业大学学报	164	0.96	14.9	3.9	14	34	0.010	0.700	7.2
E02	西华大学学报(自然科学版)	108	0.99	22.3	4.0	19	57	0.060	0.650	6.8
E02	西南交通大学学报	166	0.98	19.1	4.0	19	49	0.010	0.870	8.4
E02	西南科技大学学报	72	0.86	14.8	4.0	3	6	—	0.792	6.3
E02	厦门理工学院学报	92	0.93	13.8	2.4	10	31	—	0.728	8.0
E02	徐州工程学院学报(自然科学版)	68	0.99	13.8	3.2	16	41	0.015	0.868	7.6
E02	燕山大学学报	79	0.97	19.8	4.2	11	22	0.000	1.000	5.9
E02	浙江大学学报(工学版)	280	1.00	22.6	4.2	21	81	0.030	0.930	6.9
E02	浙江纺织服装职业技术学院学报	70	1.00	7.8	1.7	11	23	—	0.500	8.1
E02	浙江工业大学学报	119	0.99	17.7	3.8	5	11	0.010	0.810	6.9
E02	郑州大学学报(工学版)	96	0.95	16.0	3.9	16	44	0.030	0.970	6.3
E02	中国计量大学学报	76	0.42	16.0	3.6	6	9	—	0.724	6.4
E02	中南大学学报(自然科学版)	381	0.97	20.9	4.7	23	88	0.010	0.970	7.5
E02	中原工学院学报	103	0.99	13.1	2.8	13	34	0.010	0.650	7.4

学科代码	期刊名称	来源文献量	文献选出率	平均引文数	平均作者数	地区分布数	机构分布数	海外论文比	基金论文比	引用半衰期
E03	Engineering	121	0.99	37.3	3.8	16	60	0.530	0.310	7.0
E03	Frontiers of Information Technology & Electronic Engineering	125	0.94	35.9	4.0	16	75	0.216	0.800	6.6
E03	IEEE/CAA Journal of Automatica Sinica	121	0.96	38.0	3.6	23	102	0.281	0.810	8.0
E03	International Journal of Automation & computing	62	0.98	40.3	3.4	16	56	0.468	0.726	7.7
E03	Journal of Electronic Science and Technology of China	39	0.95	27.9	3.5	6	28	0.615	0.667	5.7
E03	Optoelectronics Letters	102	0.94	17.1	4.6	22	76	0.059	0.931	5.0
E03	Science China Information Sciences	329	0.97	24.8	4.1	20	148	0.082	0.924	5.9
E03	The Journal of China Universities of Posts and Telecommunications	64	0.91	19.7	3.5	17	43	—	0.906	5.3
E03	ZTE Communications	37	0.88	19.4	3.8	9	26	0.189	0.486	5.8
E03	磁性材料及器件	90	0.88	11.4	4.1	21	61	—	0.367	9.2
E03	当代电视	653	0.96	1.1	1.2	29	342	0.002	0.225	11.4
E03	电脑与电信	280	0.94	6.1	1.9	30	218	0.004	0.404	4.9
E03	电气电子教学学报	231	0.98	6.5	3.2	27	126	—	0.688	5.8
E03	电信技术	274	0.97	2.5	2.2	24	124	—	0.011	3.2
E03	电信快报	130	0.98	4.6	2.1	15	54	—	0.146	4.8
E03	光纤与电缆及其应用技术	82	0.90	4.8	4.0	14	48	—	0.037	9.7
E03	广播电视信息	316	0.97	2.0	1.5	29	176	—	0.022	6.0
E03	广播与电视技术	311	0.95	3.5	2.0	31	140	—	0.113	6.8
E03	红外	96	0.97	11.7	3.5	19	45	—	0.417	7.8
E03	机电产品开发与创新	203	0.99	6.0	2.6	25	112	—	0.261	7.6
E03	机电一体化	105	0.97	8.5	3.2	8	17	—	0.448	7.3
E03	机器人	100	1.00	23.7	4.3	18	50	0.020	0.900	6.1
E03	机器人技术与应用	41	0.90	6.9	2.7	15	34	—	0.463	6.0
E03	集成电路应用	333	1.00	5.9	1.9	31	211	0.018	0.808	7.1
E03	计算机测量与控制	802	0.95	12.0	3.2	30	384	0.000	0.360	5.8
E03	计算技术与自动化	114	0.94	13.5	2.8	21	74	0.000	0.460	5.5
E03	舰船电子对抗	159	0.99	7.4	2.5	15	36	—	0.088	9.1
E03	江苏通信	88	0.89	0.0	2.2	5	42	0.011	—	—
E03	决策与信息(上旬刊)	185	0.88	7.4	1.6	21	95	0.011	0.362	12.2

学科代码	期刊名称	来源文献量	文献选出率	平均引文数	平均作者数	地区分布数	机构分布数	海外论文比	基金论文比	引用半衰期
E03	决策咨询	140	1.00	5.9	1.6	17	80	0.014	0.314	5.9
E03	科学与信息化	5424	0.89	2.8	1.4	31	3401	0.000	0.020	3.7
E03	控制工程	366	1.00	16.8	3.0	28	243	0.000	0.750	7.0
E03	雷达与对抗	67	0.94	5.9	2.7	6	18	—	0.015	9.9
E03	模式识别与人工智能	112	1.00	28.2	3.5	21	66	0.020	0.950	5.3
E03	山西电子技术	184	0.94	4.8	2.0	17	85	—	0.293	6.0
E03	深空探测学报	74	0.96	21.7	4.7	13	45	0.041	0.541	8.6
E03	数字传媒研究	253	1.00	2.1	1.2	20	99	—	0.040	4.4
E03	数字技术与应用	1488	0.99	3.9	1.8	31	1000	0.001	0.169	4.7
E03	数字教育	96	0.99	11.1	2.3	17	59	0.062	0.667	4.9
E03	数字通信世界	2645	1.00	2.9	1.5	31	1690	0.001	0.037	3.5
E03	网络空间安全	238	0.86	8.3	2.0	21	146	0.004	0.122	4.6
E03	系统仿真技术	62	1.00	9.1	2.5	16	35	0.000	0.340	6.3
E03	系统仿真学报	557	0.96	16.9	3.5	27	217	0.010	0.790	6.7
E03	现代电影技术	141	0.98	4.8	1.9	14	59	—	0.099	11.0
E03	现代信息科技	942	0.99	4.9	1.8	30	729	0.001	0.236	4.3
E03	信息安全与通信保密	152	0.94	7.5	1.5	12	72	0.026	0.053	—
E03	信息化研究	91	0.96	8.9	2.4	14	37	—	0.132	7.2
E03	信息技术	409	0.78	12.1	2.7	26	173	0.000	0.450	5.7
E03	信息技术与信息化	668	0.91	5.8	2.0	30	461	—	0.256	4.6
E03	信息通信技术与政策	247	0.97	2.8	2.1	21	55	—	0.036	3.7
E03	信息系统工程	1380	0.95	3.2	1.5	31	804	0.001	0.100	4.6
E03	遥测遥控	68	0.99	9.8	3.4	11	30	0.000	0.440	7.7
E03	印制电路信息	163	0.96	4.6	3.1	12	66	0.012	0.061	8.8
E03	应用科技	121	0.41	14.7	3.5	15	49	0.000	0.770	6.3
E03	有线电视技术	367	0.80	2.4	1.8	26	155	—	0.065	6.0
E03	制造业自动化	451	1.00	9.6	3.4	27	241	0.000	0.450	6.5
E03	智能城市	2499	0.99	3.9	1.3	31	1579	0.002	0.023	3.0
E03	智能系统学报	122	0.95	24.6	3.2	25	78	0.000	0.960	6.2
E03	中国电视	267	0.95	6.0	1.4	22	122	—	0.419	10.9
E03	中国电子科学研究院学报	127	1.00	12.3	2.9	21	70	—	0.661	5.7
E03	中国广播	309	0.84	3.7	1.4	27	124	—	0.052	12.2
E03	中国信息安全	165	0.89	0.0	1.3	11	87	0.030	0.036	—

学科代码	期刊名称	来源文献量	文献选出率	平均引文数	平均作者数	地区分布数	机构分布数	海外论文比	基金论文比	引用半衰期
E03	中国信息化	260	0.98	0.0	1.5	31	225	0.004	0.065	4.5
E03	中国信息技术教育	814	1.00	1.9	1.5	31	495	0.011	0.198	4.8
E03	中文信息学报	179	0.94	22.2	3.7	27	89	0.040	0.880	7.2
E03	自动化博览	146	0.37	4.4	2.4	18	91	0.041	0.068	7.9
E03	自动化技术与应用	430	1.00	9.9	2.7	28	258	0.000	0.190	5.6
E03	自动化学报	189	1.00	39.8	4.0	26	106	0.050	0.900	6.1
E03	自动化应用	839	1.00	4.5	1.9	30	666	—	0.073	4.8
E03	自动化与信息工程	60	0.91	8.0	3.5	6	34	—	0.567	5.0
E03	自动化与仪器仪表	706	0.99	16.0	2.4	31	397	0.000	0.140	3.9
E04	化学与生物工程	170	0.99	17.1	4.2	25	112	0.010	0.540	7.2
E04	生物工程学报	187	0.93	39.9	5.4	28	117	0.000	0.910	7.0
E04	生物技术通报	334	1.00	37.4	4.9	30	180	0.000	0.870	6.7
E04	生物加工过程	87	0.99	33.4	4.8	21	53	0.010	0.860	5.9
E04	中国生物工程杂志	171	0.56	30.6	4.8	30	104	0.000	0.770	6.5
E05	International Soil and Water Conservation Research	36	0.90	47.3	3.6	1	33	0.944	0.528	10.5
E05	保鲜与加工	159	0.96	21.6	4.3	26	115	0.010	0.620	7.5
E05	当代农机	91	0.28	3.2	1.3	14	57	—	0.044	5.0
E05	福建农机	45	0.64	6.3	1.4	5	32	0.044	0.311	7.2
E05	灌溉排水学报	218	0.92	23.6	4.7	28	96	0.000	0.870	7.5
E05	广西农业机械化	70	1.00	1.5	1.7	5	45	—	—	7.8
E05	河北农机	617	0.96	3.2	1.9	28	238	—	0.173	5.0
E05	江苏农机化	120	1.00	0.3	2.0	3	74	—	0.017	5.0
E05	节水灌溉	276	0.99	16.7	3.9	28	128	0.000	0.890	7.3
E05	菌物研究	36	0.79	31.1	3.9	15	20	0.028	1.000	8.7
E05	木材加工机械	65	0.93	13.4	3.4	15	38	—	0.815	7.6
E05	南方农机	4833	0.81	3.8	1.5	31	2293	0.001	0.097	3.7
E05	农产品加工(上半月)	354	0.95	11.9	4.1	30	197	—	0.689	7.1
E05	农产品加工(下半月)	361	0.88	11.6	4.1	30	205	0.003	0.740	7.1
E05	农村牧区机械化	104	0.93	2.0	2.0	14	50	—	0.010	9.4
E05	农机化研究	606	0.98	16.5	4.2	27	200	—	1.000	7.2
E05	农机科技推广	229	1.00	0.0	1.8	27	148	0.004	—	—
E05	农机使用与维修	847	0.96	0.9	1.4	29	416	—	0.070	5.6

学科代码	期刊名称	来源文献量	文献选出率	平均引文数	平均作者数	地区分布数	机构分布数	海外论文比	基金论文比	引用半衰期
E05	农机质量与监督	149	0.97	0.0	1.5	24	72	0.007	—	—
E05	农业工程	502	0.99	8.2	2.5	30	261	0.010	0.270	5.3
E05	农业工程技术	975	0.54	2.9	1.9	30	731	0.001	0.097	4.6
E05	农业工程学报	914	0.97	34.3	5.3	30	262	0.030	0.930	6.1
E05	农业环境科学学报	333	0.79	35.4	5.6	29	146	0.000	0.930	6.9
E05	农业机械学报	602	0.72	28.2	5.1	26	141	0.050	0.990	5.8
E05	农业开发与装备	1955	0.39	3.0	1.8	31	1364	—	0.064	4.5
E05	农业科技与装备	217	1.00	4.9	2.3	16	100	0.005	0.341	4.3
E05	农业现代化研究	117	0.84	33.6	3.9	24	56	0.030	0.960	5.0
E05	农业装备技术	142	1.00	3.6	2.4	16	90	—	0.183	7.4
E05	农业装备与车辆工程	293	0.99	8.9	3.3	22	84	—	0.317	8.1
E05	排灌机械工程学报	211	1.00	13.4	4.4	24	63	0.000	0.910	5.9
E05	热带农业工程	118	0.88	8.8	3.3	20	68	—	0.559	6.3
E05	山西水土保持科技	72	1.00	1.1	1.3	6	44	—	0.069	5.6
E05	生态与农村环境学报	147	0.98	31.5	5.2	28	98	0.000	0.900	7.0
E05	时代农机	2452	0.95	2.4	1.5	31	1381	0.000	0.111	3.7
E05	水土保持通报	319	0.88	22.5	4.5	29	173	0.000	0.870	7.7
E05	水土保持学报	319	0.97	27.2	5.5	27	106	0.000	0.960	7.2
E05	水土保持研究	345	0.96	24.2	4.4	29	164	0.000	0.930	7.7
E05	水土保持应用技术	105	0.91	8.0	1.9	13	61	—	0.133	6.5
E05	四川农业与农机	136	0.99	1.0	2.4	2	77	—	0.074	8.6
E05	拖拉机与农用运输车	88	0.95	4.5	3.7	14	35	—	0.239	9.8
E05	现代化农业	471	0.99	2.2	2.4	27	185	0.002	0.157	7.6
E05	现代农机	132	1.00	0.6	1.6	11	85	—	0.008	5.8
E05	现代农业装备	69	0.95	7.7	3.8	8	27	0.014	0.493	5.9
E05	新疆农机化	93	1.00	5.5	2.9	5	34	—	0.484	7.0
E05	新疆农垦经济	157	0.50	16.7	2.0	22	80	—	0.669	6.2
E05	新疆农垦科技	229	0.99	5.2	3.1	8	108	—	0.376	7.6
E05	亚热带水土保持	73	1.00	8.3	2.6	10	53	0.027	0.288	7.9
E05	中国农村水利水电	478	0.75	15.2	3.9	31	196	0.000	0.720	8.0
E05	中国农机化学报	280	0.96	14.1	4.3	29	122	—	0.879	6.6
E05	中国农垦	392	0.92	0.0	1.2	22	237	—	0.003	—
E05	中国农业文摘-农业工程	163	0.99	4.7	2.1	29	141	—	0.178	5.2

学科代码	期刊名称	来源文献量	文献选出率	平均引文数	平均作者数	地区分布数	机构分布数	海外论文比	基金论文比	引用半衰期
E05	中国水土保持科学	105	0.82	22.9	4.9	22	59	0.000	0.880	8.6
E05	中国沼气	113	0.96	23.6	5.0	21	70	0.030	0.710	7.0
E06	北京生物医学工程	103	0.98	20.6	4.3	13	42	0.020	0.690	6.2
E06	国际生物医学工程杂志	97	0.94	24.8	4.8	18	48	—	0.670	5.3
E06	生物医学工程学杂志	140	0.92	23.5	4.7	23	87	0.020	0.930	5.2
E06	生物医学工程研究	105	0.94	15.2	4.4	23	64	0.010	0.740	5.6
E06	生物医学工程与临床	148	0.93	17.6	3.9	25	113	0.010	0.260	4.4
E06	中国生物医学工程学报	95	0.97	34.0	4.6	20	66	0.010	0.800	6.6
E06	中国生物制品学杂志	293	0.98	17.4	5.4	26	137	0.000	0.440	5.1
E06	中国医药生物技术	103	0.93	20.4	5.3	20	71	0.000	0.550	5.9
E06	中国疫苗和免疫	148	0.97	16.2	6.3	24	69	0.000	0.300	5.3
E06	中国组织工程研究	929	0.95	37.4	5.0	30	548	0.000	0.650	5.4
E06	中华生物医学工程杂志	95	0.98	19.0	4.5	20	80	0.010	0.480	5.3
E07	Geodesy and Geodynamics	61	0.94	29.6	3.6	7	42	0.590	0.639	10.9
E07	北京测绘	333	0.98	12.2	2.7	28	161	—	0.270	5.9
E07	测绘	66	0.97	8.4	2.8	15	48	—	0.212	5.7
E07	测绘标准化	74	0.92	6.6	2.6	17	43	—	0.176	7.6
E07	测绘工程	176	1.00	15.0	3.6	21	78	0.010	0.610	7.2
E07	测绘技术装备	110	0.96	6.8	2.6	18	69	—	0.064	7.4
E07	测绘科学	312	1.00	18.1	3.9	27	153	0.010	0.740	7.6
E07	测绘科学技术学报	115	0.97	15.9	4.1	15	40	0.010	0.770	6.6
E07	测绘通报	397	1.00	16.2	3.6	28	207	0.000	0.680	6.1
E07	测绘学报	169	0.94	28.1	4.4	22	59	0.090	0.880	7.5
E07	测绘与空间地理信息	828	1.00	9.1	2.7	30	347	—	0.348	7.1
E07	导航定位学报	89	0.86	15.0	3.7	16	49	—	0.697	6.6
E07	导航定位与授时	101	0.98	16.3	3.7	16	50	0.000	0.500	6.2
E07	地矿测绘	59	0.94	7.1	2.8	19	43	—	0.153	6.0
E07	地理空间信息	431	0.93	10.8	3.1	29	220	0.000	0.550	7.2
E07	国土资源遥感	125	0.83	21.4	4.3	21	74	0.010	0.850	7.6
E07	海洋测绘	113	0.98	15.4	3.9	16	38	0.000	0.650	8.4
E07	江西测绘	75	0.99	6.0	2.1	13	52	—	0.053	6.8
E07	全球定位系统	131	0.91	12.0	3.4	22	62	—	0.473	6.4
E07	武汉大学学报(信息科学版)	310	0.95	22.1	4.3	24	104	0.050	0.930	8.3

学科代码	期刊名称	来源文献量	文献选出率	平均引文数	平均作者数	地区分布数	机构分布数	海外论文比	基金论文比	引用半衰期
E07	现代测绘	102	0.92	9.2	2.9	17	63	—	0.637	6.1
E07	遥感技术与应用	128	0.99	29.0	4.3	25	76	0.020	0.920	7.4
E07	遥感信息	114	0.95	18.9	3.7	18	59	0.000	0.870	8.4
E07	遥感学报	92	0.98	34.4	5.2	18	55	0.070	0.930	8.0
E08	China's Refractories	33	0.92	10.3	4.5	6	20	0.182	0.364	8.9
E08	Frontiers of Materials Science	41	0.93	44.0	5.3	16	30	0.220	0.730	5.9
E08	International Journal of Plant Engineering and Management	33	0.89	11.1	2.6	14	27	—	0.455	9.1
E08	Journal of Materials Science & Technology	300	0.96	44.2	5.7	24	105	0.250	0.720	7.4
E08	Journal of Rare Earths	187	0.96	37.9	5.4	29	114	0.320	0.640	6.9
E08	Journal of Wuhan University of Technology (Materials Science Edition)	228	0.99	24.3	4.9	28	100	0.090	0.840	9.0
E08	Nano Research	527	0.98	55.8	7.3	24	211	0.450	0.660	5.2
E08	玻璃	129	0.85	4.4	3.2	17	62	—	0.147	10.6
E08	玻璃钢/复合材料	222	0.78	18.8	4.1	25	114	—	0.698	8.2
E08	玻璃纤维	48	0.76	10.5	3.9	7	18	—	0.125	10.2
E08	玻璃与搪瓷	60	0.97	6.2	2.8	14	36	0.017	0.117	12.0
E08	材料保护	372	1.00	17.0	4.4	28	228	0.010	0.490	8.0
E08	材料导报	664	0.99	35.6	4.8	30	241	0.000	0.880	6.9
E08	材料工程	250	0.98	28.7	4.9	25	117	0.010	0.800	7.2
E08	材料开发与应用	124	1.00	12.5	3.7	18	53	0.000	0.320	8.0
E08	材料科学与工程学报	188	0.98	21.8	4.7	25	113	0.020	0.750	7.8
E08	材料科学与工艺	80	0.98	22.2	4.6	23	64	0.010	0.690	6.5
E08	材料热处理学报	265	0.99	19.2	4.9	28	119	0.020	0.800	7.5
E08	材料研究学报	123	1.00	23.8	5.2	26	77	0.010	0.820	7.9
E08	电工材料	63	0.98	9.8	3.2	21	43	—	0.254	7.7
E08	腐蚀科学与防护技术	103	1.00	23.4	4.6	23	83	0.010	0.580	8.3
E08	腐蚀与防护	191	0.99	14.5	4.4	23	130	0.010	0.400	9.0
E08	腐植酸	62	0.97	13.4	3.3	14	37	—	0.339	8.4
E08	复合材料学报	409	0.98	25.2	4.5	28	164	0.010	0.820	7.3
E08	高分子材料科学与工程	365	0.95	15.3	5.0	27	152	0.000	0.810	7.1
E08	功能材料	451	0.92	23.8	4.8	30	238	0.010	0.830	6.5
E08	合成材料老化与应用	166	0.99	14.4	3.8	21	84	0.000	0.310	7.0

学科代码	期刊名称	来源文献量	文献选出率	平均引文数	平均作者数	地区分布数	机构分布数	海外论文比	基金论文比	引用半衰期
E08	合成润滑材料	48	0.97	6.8	2.7	9	17	—	0.062	10.0
E08	化工新型材料	818	0.94	19.4	4.5	30	352	—	0.833	6.5
E08	化学推进剂与高分子材料	102	0.99	18.6	4.1	17	45	—	0.275	10.1
E08	绝缘材料	174	1.00	18.8	5.1	23	119	0.010	0.480	7.2
E08	耐火材料	112	1.00	15.5	4.9	15	41	—	0.500	7.7
E08	耐火与石灰	89	1.00	0.8	2.0	14	27	—	—	8.0
E08	全面腐蚀控制	323	0.98	4.1	1.8	21	146	0.006	0.034	7.1
E08	人工晶体学报	437	0.94	19.6	4.8	31	205	0.010	0.800	6.1
E08	人造纤维	36	0.96	2.5	2.3	9	20	—	0.083	13.0
E08	润滑油	79	0.92	9.1	4.0	14	44	—	0.038	10.6
E08	散装水泥	72	0.95	0.4	1.3	16	39	—	0.014	11.7
E08	石材	121	1.00	2.2	2.2	18	59	—	0.025	11.6
E08	无机材料学报	199	0.94	30.7	5.4	26	111	0.040	0.820	6.1
E08	稀土	118	0.99	20.9	4.7	24	63	0.010	0.810	8.9
E08	纤维复合材料	48	0.94	9.3	2.9	10	25	—	—	9.3
E08	纤维素科学与技术	42	0.89	23.0	4.3	16	23	—	0.857	6.2
E08	新材料产业	140	0.99	6.8	2.2	19	78	0.007	0.021	7.4
E08	新型炭材料	70	1.00	33.9	5.2	18	41	0.090	0.730	6.8
E08	信息记录材料	1922	0.99	3.9	1.6	31	1166	0.001	0.130	4.6
E08	中国材料进展	144	0.91	44.6	4.0	19	76	0.030	0.700	6.3
E08	中国腐蚀与防护学报	79	0.99	26.8	5.0	22	52	0.000	0.900	8.7
E08	中国稀土学报	92	0.96	27.6	5.0	27	57	0.010	0.780	7.6
E08	资源再生	43	0.16	1.3	2.1	12	28	—	—	10.2
E09	Acta Metallurgica Sinica	145	0.99	34.8	5.3	20	77	0.260	0.710	7.6
E09	International Journal of Minerals, Metallurgy and Materials	164	0.99	28.3	4.7	22	93	0.274	0.823	8.7
E09	Journal of Iron and Steel Research, International	150	0.98	28.4	5.3	24	57	0.170	0.780	8.5
E09	Rare Metals	142	0.99	33.5	5.3	19	75	0.160	0.790	7.0
E09	Transactions of Nonferrous Metals Society of China	270	0.99	32.3	4.7	26	119	0.340	0.610	7.9
E09	材料研究与应用	58	0.97	14.6	4.0	10	26	—	0.638	7.3
E09	粉末冶金材料科学与工程	88	0.99	20.4	4.7	15	28	—	0.807	8.6

学科代码	期刊名称	来源文献量	文献选出率	平均引文数	平均作者数	地区分布数	机构分布数	海外论文比	基金论文比	引用半衰期
E09	钢结构	299	0.91	11.3	3.5	28	174	—	0.545	8.1
E09	钢铁	186	0.74	20.2	4.6	20	76	0.000	0.680	7.0
E09	钢铁钒钛	173	0.98	13.1	3.9	18	64	0.000	0.500	8.0
E09	钢铁研究学报	144	0.94	20.2	4.6	21	56	0.020	0.690	8.0
E09	贵金属	60	0.92	21.1	5.5	19	32	0.000	0.650	8.1
E09	湖南有色金属	129	0.98	8.7	2.8	23	72	0.008	0.101	8.7
E09	黄金	224	0.94	10.5	3.8	26	122	0.010	0.270	8.3
E09	黄金科学技术	95	1.00	25.0	4.1	21	45	—	0.905	8.1
E09	金属功能材料	65	0.82	16.4	3.7	12	31	0.020	0.340	8.1
E09	金属学报	180	0.95	43.8	4.8	23	53	0.020	0.880	8.8
E09	宽厚板	79	0.92	4.6	3.3	11	38	—	0.025	11.0
E09	南方金属	96	0.94	4.6	2.4	12	32	—	0.083	10.7
E09	轻金属	170	1.00	9.8	3.1	21	83	—	0.341	9.2
E09	上海金属	113	0.97	12.9	4.2	13	43	0.000	0.460	9.8
E09	世界有色金属	4124	0.95	3.0	1.7	31	1747	0.002	0.042	4.0
E09	四川有色金属	75	0.98	7.4	2.3	8	41	—	0.107	9.1
E09	钛工业进展	56	0.94	13.9	4.9	11	31	0.000	0.610	8.5
E09	特殊钢	108	0.99	9.3	4.0	18	69	—	0.241	10.2
E09	铁合金	67	1.00	5.9	2.7	18	46	0.060	0.060	10.2
E09	五金科技	13	0.99	4.5	2.0	4	7	—	—	—
E09	稀有金属	185	0.96	22.4	4.9	25	81	0.020	0.940	7.5
E09	稀有金属材料与工程	609	0.97	21.9	5.2	26	180	0.030	0.840	8.2
E09	稀有金属与硬质合金	96	1.00	17.3	4.8	20	49	—	0.667	9.3
E09	新疆钢铁	72	0.94	1.8	2.1	1	12	—	—	13.4
E09	新疆有色金属	257	0.95	4.1	1.5	11	61	—	0.058	11.1
E09	硬质合金	61	0.91	20.3	4.3	12	25	0.020	0.310	9.0
E09	有色金属材料与工程	63	1.00	20.3	3.9	14	32	—	0.619	8.8
E09	有色金属工程	153	0.96	14.0	4.3	24	75	0.000	0.820	7.8
E09	有色金属科学与工程	104	1.00	26.5	4.8	14	19	0.000	0.920	6.0
E09	有色金属设计	130	0.99	5.3	2.0	15	76	—	0.015	7.7
E09	中国钢铁业	79	0.99	0.8	2.2	12	45	—	—	10.7
E09	中国锰业	305	0.95	8.0	2.9	24	117	0.000	0.370	6.5
E09	中国钼业	75	1.00	10.4	3.3	14	44	0.000	0.200	8.7

学科代码	期刊名称	来源文献量	文献选出率	平均引文数	平均作者数	地区分布数	机构分布数	海外论文比	基金论文比	引用半衰期
E09	中国钨业	74	1.00	19.3	3.5	18	51	0.010	0.510	6.2
E09	中国有色金属	272	0.49	0.0	1.3	19	107	—	0.004	—
E09	中国有色金属学报	291	0.98	26.4	5.1	28	112	0.020	0.890	7.3
E10	International Journal of Mining Science and Technology	123	0.96	28.5	3.6	13	36	0.640	0.360	9.9
E10	安徽理工大学学报(自然科学版)	90	0.92	16.4	3.2	8	27	—	0.722	5.9
E10	采矿技术	266	1.00	8.2	2.6	24	156	0.008	0.169	7.0
E10	采矿与安全工程学报	171	0.99	18.4	4.7	17	44	0.010	0.990	7.6
E10	当代矿工	319	0.92	0.0	1.2	22	178	0.003	—	—
E10	非金属矿	193	0.99	9.6	4.5	25	81	0.000	0.670	6.6
E10	工矿自动化	236	0.79	15.1	3.4	23	100	0.000	0.780	5.4
E10	金属矿山	434	0.97	14.9	3.9	27	179	0.000	0.600	6.9
E10	勘察科学技术	88	1.00	8.8	3.1	20	58	0.000	0.220	9.1
E10	矿产保护与利用	157	0.85	18.9	4.3	20	71	0.010	0.760	6.5
E10	矿产勘查	324	0.99	16.4	4.3	27	161	0.000	0.420	10.7
E10	矿产与地质	168	0.98	15.3	3.9	27	103	0.000	0.600	9.9
E10	矿产综合利用	200	0.99	13.6	4.0	25	86	0.000	0.540	8.6
E10	矿山测量	170	0.98	10.4	2.2	23	86	—	0.241	6.8
E10	矿山机械	224	0.89	7.4	3.0	26	132	0.000	0.240	7.0
E10	矿物学报	83	0.33	32.6	5.3	19	42	0.010	0.760	11.6
E10	矿业安全与环保	157	0.96	15.6	2.7	22	66	0.000	0.700	6.0
E10	矿业工程	131	0.95	2.2	2.1	23	82	—	0.031	9.5
E10	矿业工程研究	55	0.95	13.1	3.6	13	24	—	0.618	7.8
E10	矿业研究与开发	308	0.90	12.6	3.7	25	115	0.000	0.680	5.6
E10	矿业装备	313	0.72	0.0	1.0	6	172	—	0.003	—
E10	露天采矿技术	213	0.93	8.9	1.9	15	69	—	0.056	7.9
E10	煤矿安全	772	0.81	11.8	3.0	25	235	0.000	0.540	6.8
E10	煤矿爆破	43	1.00	5.6	1.8	13	24	—	0.140	11.0
E10	煤矿机电	201	0.88	5.8	1.6	17	92	—	0.219	8.2
E10	煤矿机械	699	1.00	5.0	2.1	27	331	0.000	0.260	6.2
E10	煤矿开采	168	0.94	13.0	2.6	17	94	0.000	0.650	6.1
E10	煤矿现代化	354	0.93	4.5	1.5	13	189	—	0.025	7.0
E10	煤田地质与勘探	190	1.00	18.6	4.1	19	79	0.010	0.780	7.6

学科代码	期刊名称	来源文献量	文献选出率	平均引文数	平均作者数	地区分布数	机构分布数	海外论文比	基金论文比	引用半衰期
E10	神华科技	287	0.96	4.9	1.6	21	155	—	0.010	7.9
E10	探矿工程-岩土钻掘工程	263	0.85	13.6	3.6	29	141	—	0.449	7.7
E10	西部探矿工程	745	0.91	5.2	2.1	30	372	—	0.117	9.3
E10	现代矿业	834	0.99	8.3	2.6	29	480	0.001	0.150	7.3
E10	铀矿冶	58	0.95	9.8	4.6	11	18	0.000	0.160	9.3
E10	有色金属(矿山部分)	128	0.99	10.5	3.7	20	63	0.000	0.620	7.4
E10	有色金属(选矿部分)	118	1.00	9.4	3.7	21	60	0.000	0.380	7.8
E10	凿岩机械气动工具	44	0.94	3.5	2.9	17	32	—	0.091	9.6
E10	中国非金属矿工业导刊	75	0.59	5.2	2.7	23	47	0.000	0.040	10.2
E10	中国矿业	407	1.00	14.4	3.6	28	161	0.000	0.630	6.4
E10	中国矿业大学学报	155	1.00	25.6	4.9	20	57	0.020	0.970	7.0
E11	Baosteel Technical Research	27	0.90	8.3	2.7	1	8	—	0.037	13.0
E11	安徽冶金科技职业学院学报	132	0.97	4.1	2.0	3	52	—	0.098	7.3
E11	鞍钢技术	96	0.95	6.2	4.3	7	24	—	0.094	9.9
E11	包钢科技	157	0.98	3.9	2.8	3	34	—	0.013	11.3
E11	材料与冶金学报	50	0.98	15.7	4.4	9	14	0.020	0.760	7.6
E11	粉末冶金工业	96	0.96	15.5	3.6	24	70	0.000	0.490	7.5
E11	粉末冶金技术	75	0.10	17.0	4.6	20	52	0.000	0.590	8.0
E11	福建冶金	114	0.99	3.4	1.1	6	47	—	—	11.6
E11	甘肃冶金	202	1.00	4.2	2.2	17	86	—	0.015	11.9
E11	河北冶金	242	0.97	4.1	2.8	12	86	0.012	0.070	7.6
E11	河南冶金	107	0.99	3.9	3.3	12	29	—	0.019	9.8
E11	江西冶金	77	1.00	2.1	2.7	6	15	—	—	9.8
E11	金属材料与冶金工程	70	0.99	8.3	3.5	18	39	—	0.186	8.4
E11	矿冶	137	0.97	12.5	3.8	20	64	0.000	0.330	8.3
E11	矿冶工程	211	0.99	11.9	4.1	26	100	0.000	0.580	6.6
E11	昆明冶金高等专科学校学报	118	1.00	9.3	2.5	10	27	—	0.458	6.9
E11	理化检验-化学分册	307	0.94	16.5	4.6	30	239	0.000	0.500	7.5
E11	理化检验-物理分册	206	1.00	8.9	3.4	26	141	—	0.238	7.3
E11	连铸	103	0.92	9.5	3.6	20	63	0.010	0.146	7.7
E11	炼铁	101	0.93	3.7	3.2	19	53	—	0.050	6.5
E11	山东冶金	197	1.00	2.5	2.4	12	83	0.010	0.010	10.9
E11	山西冶金	323	0.97	3.7	1.8	25	195	—	0.056	7.5

学科代码	期刊名称	来源文献量	文献选出率	平均引文数	平均作者数	地区分布数	机构分布数	海外论文比	基金论文比	引用半衰期
E11	烧结球团	91	0.95	9.3	4.0	21	50	—	0.451	7.4
E11	湿法冶金	106	0.97	15.9	4.7	22	60	—	0.651	9.1
E11	四川冶金	96	0.91	6.0	2.5	18	57	—	0.125	10.1
E11	特钢技术	65	1.00	4.9	2.4	11	26	—	0.046	12.0
E11	天津冶金	101	1.00	2.9	1.6	6	50	—	0.010	11.3
E11	铜业工程	169	0.98	7.7	2.2	18	63	0.018	0.142	4.4
E11	武汉冶金管理干部学院学报	126	1.00	5.8	1.3	25	103	—	0.452	5.9
E11	现代冶金	124	0.89	4.2	2.4	9	52	—	0.097	9.4
E11	冶金分析	159	0.98	13.7	3.7	27	115	0.010	0.330	7.4
E11	冶金能源	95	0.88	7.0	3.6	13	47	0.000	0.240	7.9
E11	冶金设备	116	0.94	5.1	2.4	15	68	—	0.069	9.6
E11	冶金设备管理与维修	136	1.00	1.4	2.0	17	69	—	—	11.9
E11	冶金与材料	437	1.00	2.5	1.5	30	313	—	0.027	5.1
E11	冶金自动化	94	0.96	9.9	2.7	14	63	—	0.117	7.3
E11	有色金属(冶炼部分)	207	0.91	14.1	4.5	25	105	0.000	0.820	7.4
E11	有色矿冶	109	0.99	5.2	2.1	13	49	0.028	0.101	10.9
E11	有色冶金节能	81	0.90	4.8	2.6	16	42	—	—	10.0
E11	有色冶金设计与研究	148	0.96	6.1	2.2	16	51	—	0.277	8.8
E11	云南冶金	118	0.99	13.7	3.7	14	64	—	0.237	5.9
E11	轧钢	142	0.99	8.7	3.0	21	75	0.000	0.140	7.3
E11	中国金属通报	2010	0.76	3.9	1.6	31	1237	0.000	0.054	3.8
E11	中国矿山工程	120	0.93	5.8	2.2	17	63	—	0.058	8.0
E11	中国冶金	192	0.93	14.6	3.8	20	82	0.010	0.270	6.9
E11	中国有色冶金	122	0.95	8.7	3.1	20	79	—	0.098	9.1
E12	Journal of Bionic Engineering	61	0.94	41.7	5.0	12	29	0.340	0.610	7.6
E12	Nanotechnology and Precision Engineering	35	1.00	23.7	4.6	9	12	0.170	0.600	7.6
E12	电子机械工程	92	0.99	8.7	3.3	16	38	—	0.228	8.9
E12	发电技术	91	0.93	21.3	3.6	14	51	0.011	0.659	5.1
E12	钢管	91	0.97	15.2	3.6	18	54	—	0.044	8.1
E12	工程设计学报	95	0.94	18.6	4.1	21	57	0.020	0.860	7.1
E12	国防制造技术	30	0.98	3.8	2.7	10	19	—	0.033	12.2
E12	机电工程	243	0.94	13.6	3.6	24	104	0.000	0.680	6.4
E12	机电设备	85	0.85	6.7	3.0	12	59	—	0.153	7.8

学科代码	期刊名称	来源文献量	文献选出率	平均引文数	平均作者数	地区分布数	机构分布数	海外论文比	基金论文比	引用半衰期
E12	机电元件	92	0.98	3.4	2.4	15	39	—	0.033	12.7
E12	机械	214	0.99	8.7	3.2	24	136	—	0.463	8.2
E12	机械传动	401	0.98	11.9	3.7	26	193	0.000	0.630	7.6
E12	机械工程材料	204	0.95	16.6	4.5	25	128	0.000	0.630	9.2
E12	机械工程师	697	0.99	11.3	3.0	29	389	—	0.271	8.9
E12	机械工程学报	646	1.00	22.9	4.4	27	174	0.020	0.920	7.6
E12	机械工程与自动化	560	1.00	6.0	2.6	28	289	0.002	0.318	7.6
E12	机械工业标准化与质量	71	0.96	0.0	1.9	18	48	—	0.113	—
E12	机械管理开发	1299	1.00	4.2	1.2	21	480	—	0.023	5.8
E12	机械科学与技术	292	0.97	16.6	3.8	26	136	0.000	0.780	7.6
E12	机械设计	257	0.88	13.9	3.6	27	126	0.010	0.720	7.7
E12	机械设计与研究	258	0.97	14.3	3.8	27	129	0.020	0.710	6.9
E12	机械设计与制造	874	1.00	10.3	3.3	29	289	0.010	0.730	8.0
E12	机械设计与制造工程	360	1.00	9.5	2.9	27	162	0.010	0.350	6.7
E12	机械研究与应用	421	0.99	6.9	2.5	27	256	—	0.278	7.7
E12	机械与电子	207	0.83	10.4	3.4	25	98	0.000	0.460	5.6
E12	机械制造与自动化	361	0.87	10.1	3.1	23	124	0.000	0.340	8.2
E12	教育与装备研究	324	0.99	3.7	1.6	28	240	0.003	0.275	6.8
E12	精密成形工程	153	0.95	20.7	4.5	22	51	—	0.699	7.6
E12	精密制造与自动化	70	0.97	6.4	2.4	16	38	—	0.343	7.4
E12	流体机械	196	0.99	14.8	4.2	24	99	0.010	0.620	7.1
E12	摩擦学学报	88	0.30	24.2	5.1	18	52	0.030	0.910	7.3
E12	失效分析与预防	72	0.98	14.3	4.0	16	38	—	0.333	8.6
E12	图学学报	176	0.94	16.7	3.3	24	111	0.000	0.720	5.2
E12	现代机械	142	1.00	8.6	3.0	22	86	—	0.289	8.1
E12	压缩机技术	90	0.94	5.5	2.6	21	60	—	0.089	12.5
E12	液压与气动	228	0.99	13.5	3.7	26	146	0.000	0.590	5.7
E12	噪声与振动控制	264	0.96	11.9	3.8	27	134	0.010	0.610	7.9
E12	振动与冲击	885	0.97	18.1	4.0	26	268	0.010	0.870	8.5
E12	制造技术与机床	436	0.77	9.4	3.4	29	253	0.000	0.530	7.3
E12	中国机械工程	411	0.96	16.4	3.9	24	149	0.000	0.870	6.6
E12	中国设备工程	2421	0.92	3.6	1.7	30	1776	0.002	0.033	4.7
E12	重型机械	121	0.96	11.8	3.7	15	49	—	0.289	8.1

学科代码	期刊名称	来源文献量	文献选出率	平均引文数	平均作者数	地区分布数	机构分布数	海外论文比	基金论文比	引用半衰期
E12	组合机床与自动化加工技术	500	1.00	12.2	3.5	27	197	0.000	0.690	6.2
E13	Advances in Mavufacturing	37	1.00	37.2	3.9	7	30	0.595	0.730	9.7
E13	China Foundry	61	0.94	23.9	4.8	14	28	0.210	0.620	8.9
E13	China Welding	35	0.97	15.3	4.1	13	28	0.086	0.657	8.3
E13	Chinese Journal of Mechanical Engineering	109	0.98	36.5	4.1	19	48	0.018	0.991	8.0
E13	Frontiers of Mechanical Engineering	49	0.98	46.5	4.1	11	34	0.388	0.776	7.7
E13	Journal of Measurement Science and Instrumentation	58	0.95	15.1	3.8	8	11	0.086	0.448	6.8
E13	大型铸锻件	108	1.00	3.5	3.1	16	52	—	0.037	10.5
E13	低温工程	70	0.10	9.2	4.6	13	34	0.000	0.660	9.5
E13	电焊机	366	0.99	8.4	4.0	25	178	0.010	0.230	8.2
E13	电加工与模具	79	0.94	12.3	4.2	14	40	0.040	0.530	7.9
E13	锻压技术	384	1.00	12.8	3.9	26	198	—	0.854	6.3
E13	锻压装备与制造技术	185	0.97	6.0	3.2	23	86	—	0.238	9.2
E13	锻造与冲压	275	0.87	0.0	2.6	22	160	0.011	—	—
E13	分析测试技术与仪器	44	0.99	12.7	3.5	17	38	—	0.273	8.3
E13	风机技术	67	0.91	16.6	3.5	14	48	0.194	0.522	9.3
E13	工程机械	147	0.90	5.2	2.9	20	88	—	0.129	8.9
E13	工程机械与维修	149	0.38	0.0	2.1	19	98	0.007	—	—
E13	管道技术与设备	103	0.99	9.6	3.5	20	78	—	0.233	7.9
E13	哈尔滨轴承	56	0.94	3.9	2.6	7	24	—	0.036	11.1
E13	焊接	161	1.00	13.4	3.7	23	117	0.010	0.380	7.3
E13	焊接技术	388	0.96	6.4	3.6	29	235	0.000	0.180	8.9
E13	焊接学报	310	0.98	10.7	4.1	27	121	0.030	0.750	7.5
E13	机床与液压	911	0.96	10.8	3.3	30	437	0.000	0.570	7.3
E13	机电工程技术	735	0.96	8.3	2.3	29	467	—	0.263	6.4
E13	机电技术	210	0.99	6.7	2.2	19	119	0.029	0.343	7.1
E13	机械强度	240	0.99	13.8	3.6	28	132	0.010	0.740	8.6
E13	机械制造	346	0.91	11.3	3.0	27	208	—	0.347	7.2
E13	机械制造文摘—焊接分册	49	1.00	11.6	3.8	20	41	—	0.327	7.2
E13	金刚石与磨料磨具工程	98	0.99	16.8	4.7	20	55	0.000	0.740	8.8
E13	金属加工(冷加工)	392	0.96	1.5	1.7	26	219	0.010	0.010	11.1
E13	金属加工(热加工)	344	0.23	1.8	2.7	27	237	0.009	0.017	11.1

学科代码	期刊名称	来源文献量	文献选出率	平均引文数	平均作者数	地区分布数	机构分布数	海外论文比	基金论文比	引用半衰期
E13	金属热处理	583	0.99	13.8	4.4	29	273	0.000	0.560	7.7
E13	金属世界	115	0.95	7.3	2.8	18	58	—	0.130	9.3
E13	炼钢	81	0.95	12.0	4.1	18	48	0.012	0.370	9.8
E13	铝加工	83	1.00	4.9	3.2	15	32	—	0.193	9.6
E13	模具工业	205	0.90	7.5	2.9	22	118	—	0.312	6.6
E13	模具技术	76	0.93	6.6	2.4	19	55	0.030	0.200	8.1
E13	模具制造	289	0.92	4.0	2.3	25	159	0.007	0.118	9.3
E13	起重运输机械	330	0.92	4.8	2.8	24	151	0.003	0.167	9.1
E13	气象水文海洋仪器	106	0.96	8.8	3.6	25	71	—	0.255	7.6
E13	轻工机械	118	0.98	12.4	3.5	12	36	0.000	0.500	7.2
E13	轻合金加工技术	149	0.94	10.6	4.0	24	84	—	0.490	8.5
E13	燃气涡轮试验与研究	69	0.92	13.3	3.6	12	21	—	0.232	13.0
E13	热处理	78	0.26	7.8	3.3	14	47	—	0.256	9.9
E13	热处理技术与装备	97	1.00	7.5	3.9	21	44	0.010	0.103	8.5
E13	热加工工艺	1610	0.99	11.0	3.7	29	650	0.000	0.500	7.7
E13	石油管材与仪器	152	1.00	6.8	3.2	17	54	—	0.191	9.5
E13	实验教学与仪器	433	0.74	2.3	1.6	28	360	0.009	0.182	5.5
E13	塑性工程学报	258	1.00	15.4	4.5	24	98	0.000	0.840	7.4
E13	特种铸造及有色合金	366	0.97	14.0	4.2	28	172	0.000	0.570	7.8
E13	通用机械	224	0.99	2.4	2.0	27	132	—	—	9.3
E13	无损检测	206	0.89	7.5	4.0	23	132	0.020	0.330	7.2
E13	无损探伤	82	0.99	3.4	3.0	19	60	—	0.037	10.0
E13	现代制造工程	331	0.99	12.2	3.6	29	195	0.000	0.750	8.0
E13	现代制造技术与装备	1239	0.74	4.0	2.0	30	871	—	0.136	6.1
E13	现代铸铁	97	1.00	6.1	2.8	21	64	—	0.082	2.0
E13	压力容器	137	1.00	14.6	3.8	19	81	0.010	0.440	8.6
E13	一重技术	107	0.98	5.2	1.9	11	29	—	0.019	10.1
E13	有色金属加工	108	1.00	4.7	2.8	19	55	—	0.111	9.8
E13	有色设备	85	0.93	3.1	1.7	18	33	—	0.024	11.3
E13	中国表面工程	114	0.95	26.2	5.0	25	74	0.010	0.880	6.6
E13	中国工程机械学报	105	0.93	11.1	3.4	27	69	0.010	0.690	6.0
E13	中国重型装备	69	0.99	3.2	2.4	11	36	—	0.014	10.4
E13	中国铸造装备与技术	122	0.85	6.1	3.0	22	75	—	0.148	10.0

学科代码	期刊名称	来源文献量	文献选出率	平均引文数	平均作者数	地区分布数	机构分布数	海外论文比	基金论文比	引用半衰期
E13	轴承	182	0.99	9.3	3.7	25	83	0.000	0.380	8.1
E13	铸造	231	0.92	10.5	4.0	27	136	0.000	0.350	8.6
E13	铸造工程	89	0.77	2.3	2.1	17	50	—	—	8.8
E13	铸造技术	751	0.96	9.7	3.5	30	411	—	0.506	7.6
E13	铸造设备与工艺	123	0.96	4.9	2.9	19	70	—	0.073	8.2
E13	装备环境工程	243	0.96	16.3	3.9	23	114	0.010	0.300	9.0
E13	装备机械	63	0.94	11.7	2.3	17	38	—	0.190	6.0
E13	装备制造技术	851	0.99	5.7	2.7	29	425	—	0.325	7.9
E14	Friction	36	0.90	46.0	3.8	9	18	0.500	0.530	11.0
E14	柴油机	83	0.81	6.0	3.8	17	41	—	0.205	9.7
E14	柴油机设计与制造	46	0.94	5.1	2.1	6	16	—	0.043	9.0
E14	车用发动机	93	0.99	14.3	4.6	21	61	0.000	0.530	7.3
E14	城市燃气	112	0.96	3.9	2.3	21	72	—	0.009	7.3
E14	电力与能源	221	0.96	7.1	3.4	22	129	0.005	0.090	7.0
E14	东方汽轮机	69	1.00	5.0	3.4	9	12	—	0.058	11.0
E14	动力工程学报	150	0.86	14.8	4.2	20	61	0.000	0.650	6.7
E14	工程热物理学报	424	0.99	15.8	4.2	24	109	0.020	0.870	8.8
E14	工业锅炉	86	0.97	6.0	2.5	22	65	0.012	0.093	10.6
E14	工业加热	105	0.99	9.6	3.1	24	70	0.000	0.350	8.1
E14	工业炉	107	0.98	5.6	2.5	22	64	0.000	0.080	8.9
E14	锅炉技术	90	0.94	9.2	3.1	15	53	—	0.311	8.8
E14	锅炉制造	128	0.86	3.0	2.2	15	38	—	0.016	8.9
E14	节能	386	0.97	8.0	2.6	29	262	0.003	0.236	6.7
E14	节能与环保	136	0.90	3.2	1.9	24	105	—	0.059	5.1
E14	内燃机	92	0.95	6.3	3.6	21	60	—	0.217	8.7
E14	内燃机工程	79	0.98	17.3	4.8	17	37	0.010	0.700	5.6
E14	内燃机学报	72	0.97	19.0	4.7	18	33	0.010	0.850	7.0
E14	内燃机与动力装置	100	0.88	13.0	4.2	12	40	—	0.140	7.7
E14	内燃机与配件	3372	0.90	4.0	1.7	30	1809	0.001	0.081	5.0
E14	能源工程	86	0.94	14.0	4.2	14	28	—	0.500	9.0
E14	能源研究与管理	121	0.91	7.3	2.6	13	66	—	0.140	8.3
E14	能源与环境	318	0.94	5.9	2.0	23	211	0.013	0.148	8.1
E14	汽轮机技术	124	0.95	9.8	3.8	19	66	0.010	0.310	7.8

学科代码	期刊名称	来源文献量	文献选出率	平均引文数	平均作者数	地区分布数	机构分布数	海外论文比	基金论文比	引用半衰期
E14	区域供热	156	0.97	7.0	3.1	20	94	—	0.160	7.4
E14	燃气轮机技术	53	0.93	11.9	3.7	14	39	0.038	0.226	8.1
E14	燃烧科学与技术	81	0.99	16.4	4.8	16	35	0.000	0.950	8.8
E14	热力透平	66	0.91	8.6	3.0	15	28	—	0.182	7.9
E14	热能动力工程	255	0.98	15.8	3.6	26	105	0.000	0.640	8.1
E14	特种设备安全技术	149	0.95	3.7	2.3	23	81	—	0.054	12.0
E14	现代车用动力	54	0.94	5.7	4.0	10	20	—	0.111	8.7
E14	小型内燃机与车辆技术	120	0.88	9.9	2.8	20	61	0.010	0.140	6.4
E14	冶金动力	277	0.98	2.3	2.3	23	140	—	0.025	9.4
E14	应用能源技术	172	0.92	6.4	2.1	28	135	—	0.134	7.7
E14	制冷	68	1.00	7.2	2.5	14	41	—	0.147	8.4
E14	制冷技术	78	0.91	20.9	4.1	12	28	—	0.333	7.1
E14	制冷学报	110	0.99	20.7	4.5	17	45	0.020	0.660	7.7
E14	制冷与空调	246	0.86	9.2	3.5	22	115	0.008	0.224	8.4
E14	制冷与空调(四川)	122	0.99	10.9	2.7	16	56	0.000	0.280	8.0
E15	CSEE Journal of Power and Energy Systems	55	0.95	33.1	4.9	10	27	0.600	0.510	5.4
E15	安徽水利水电职业技术学院学报	117	1.00	4.6	1.5	8	58	—	0.350	7.0
E15	安全与电磁兼容	104	0.79	5.1	3.1	14	53	0.010	0.154	8.0
E15	北京信息科技大学学报(自然科学版)	111	1.00	12.6	2.7	3	8	—	0.784	6.2
E15	变压器	212	0.94	8.7	4.1	29	152	0.010	0.200	6.7
E15	成都工业学院学报	98	0.95	11.2	2.8	14	43	—	0.633	7.5
E15	重庆电力高等专科学校学报	102	0.98	6.0	1.9	15	61	—	0.382	6.4
E15	大电机技术	94	0.08	13.6	3.9	18	52	0.000	0.340	8.2
E15	大众用电	273	0.98	0.0	2.0	22	129	—	—	—
E15	电池	106	1.00	9.0	3.5	23	85	0.010	0.520	5.1
E15	电池工业	64	0.97	16.7	3.8	18	56	—	0.391	6.3
E15	电动工具	34	0.97	5.8	2.4	15	27	—	—	6.6
E15	电工电能新技术	137	0.97	17.8	4.4	23	59	0.000	0.830	5.4
E15	电工电气	211	0.94	9.4	3.4	25	142	0.005	0.166	6.8
E15	电工技术	1283	0.95	4.9	2.6	31	697	0.001	0.094	6.9
E15	电工技术学报	588	0.96	23.0	4.2	26	111	0.020	0.830	5.0
E15	电机技术	104	0.97	3.4	2.2	19	49	—	0.010	11.6
E15	电机与控制学报	175	0.80	17.5	4.0	23	78	0.020	0.840	7.0

学科代码	期刊名称	来源文献量	文献选出率	平均引文数	平均作者数	地区分布数	机构分布数	海外论文比	基金论文比	引用半衰期
E15	电机与控制应用	259	0.98	12.6	3.5	25	121	0.000	0.620	6.7
E15	电力大数据	185	0.96	18.8	3.3	24	97	0.005	0.049	5.0
E15	电力电子技术	380	0.94	5.9	3.4	27	174	0.010	0.590	6.2
E15	电力工程技术	154	0.96	19.4	4.3	20	70	0.000	0.610	5.3
E15	电力建设	188	0.91	21.8	5.2	23	82	0.010	0.880	4.1
E15	电力勘测设计	192	0.99	5.8	2.8	26	85	—	0.026	10.6
E15	电力科学与工程	147	0.61	16.2	3.5	24	54	—	0.429	4.3
E15	电力科学与技术学报	93	0.37	15.7	4.7	21	55	0.010	0.750	6.2
E15	电力系统保护与控制	550	0.98	20.6	4.7	28	237	0.010	0.880	4.5
E15	电力系统及其自动化学报	264	0.97	17.0	4.3	29	118	0.000	0.600	6.2
E15	电力系统装备	1553	0.93	2.9	1.6	31	1013	0.001	0.006	3.6
E15	电力系统自动化	579	0.93	23.5	4.9	25	129	0.020	0.840	4.3
E15	电力信息与通信技术	197	1.00	16.1	4.1	28	124	0.020	0.401	4.7
E15	电力需求侧管理	90	0.99	9.8	3.9	18	61	0.010	0.280	4.6
E15	电力学报	77	1.00	12.8	3.5	18	40	—	0.208	6.5
E15	电力自动化设备	366	0.98	20.1	4.6	28	111	0.010	0.830	5.6
E15	电气传动	203	0.98	12.0	3.3	25	138	0.000	0.590	6.2
E15	电气防爆	52	0.87	8.3	2.3	14	28	—	—	7.6
E15	电气工程学报	89	0.95	14.9	3.7	19	48	—	0.483	7.3
E15	电气技术	330	0.99	12.1	3.0	27	232	—	0.215	5.2
E15	电气技术与经济	145	1.00	5.3	2.3	27	118	—	0.034	4.4
E15	电气开关	168	0.98	8.3	2.6	24	83	0.006	0.089	7.8
E15	电气时代	265	0.97	0.0	2.9	30	203	0.011	0.079	—
E15	电气应用	385	0.94	9.4	3.1	29	275	0.003	0.265	6.8
E15	电气自动化	208	0.97	10.2	3.4	27	142	0.000	0.260	5.9
E15	电器工业	101	1.00	3.0	1.9	13	60	0.020	0.059	10.5
E15	电器与能效管理技术	344	1.00	13.2	3.7	26	183	0.003	0.532	5.7
E15	电世界	258	1.00	1.0	2.2	25	181	—	—	8.9
E15	电网技术	495	0.99	23.5	5.0	23	107	0.010	0.790	4.6
E15	电网与清洁能源	162	0.97	19.0	4.4	25	83	0.000	0.770	4.2
E15	电线电缆	72	0.96	5.7	3.3	15	54	—	0.111	9.2
E15	电源技术	582	0.95	9.7	3.8	30	286	0.010	0.490	6.5
E15	电源学报	153	0.88	16.7	3.8	21	61	—	0.732	6.1

学科代码	期刊名称	来源文献量	文献选出率	平均引文数	平均作者数	地区分布数	机构分布数	海外论文比	基金论文比	引用半衰期
E15	电站辅机	53	0.98	5.4	2.1	15	36	—	0.075	9.5
E15	电站系统工程	176	0.93	7.1	3.1	20	79	0.006	0.068	8.0
E15	东北电力大学学报	89	0.81	18.3	3.4	10	15	—	0.461	7.0
E15	东北电力技术	201	1.00	8.1	3.6	21	99	—	0.070	6.7
E15	东方电气评论	72	0.97	5.2	3.1	6	17	—	0.042	8.9
E15	发电设备	102	0.99	7.7	3.0	20	66	0.010	0.118	7.4
E15	防爆电机	88	0.96	5.7	2.0	15	42	—	0.034	10.4
E15	高电压技术	502	0.57	23.6	5.1	28	141	0.010	0.810	5.9
E15	高压电器	476	0.96	22.2	5.3	29	195	0.000	0.430	7.7
E15	供用电	163	1.00	18.0	4.1	23	115	0.020	0.540	4.3
E15	广东电力	256	0.94	20.7	4.6	24	120	0.000	0.690	4.8
E15	广东水利电力职业技术学院学报	73	1.00	7.2	1.7	10	46	—	0.493	7.9
E15	广西电力	120	0.28	7.4	2.9	10	41	—	0.083	7.8
E15	广西电业	277	0.97	0.4	1.6	10	101	—	—	9.3
E15	国网技术学院学报	135	0.97	5.2	3.4	19	61	—	0.141	6.4
E15	黑龙江电力	109	0.99	10.5	3.2	21	69	—	0.220	6.9
E15	湖北电力	69	0.73	9.0	4.3	9	22	—	0.768	5.7
E15	湖南电力	114	0.97	8.5	3.7	9	43	—	0.123	6.2
E15	华北电力大学学报(自然科学版)	80	1.00	20.4	3.9	11	22	0.000	0.830	5.4
E15	机电信息	1177	0.92	3.7	2.0	29	707	0.001	0.075	8.0
E15	吉林电力	98	1.00	4.8	3.9	13	47	—	0.041	6.7
E15	家电科技	251	0.94	4.1	2.8	13	89	—	0.016	10.6
E15	江西电力	181	0.98	3.3	3.0	8	64	—	—	7.0
E15	江西电力职业技术学院学报	942	0.99	4.5	1.3	29	533	0.004	0.411	4.0
E15	洁净与空调技术	110	0.91	6.4	2.3	18	73	—	0.182	9.5
E15	内蒙古电力技术	152	1.00	8.6	3.3	18	70	0.007	0.138	6.1
E15	内蒙古科技大学学报	77	0.86	13.1	3.7	1	2	—	0.818	6.7
E15	南方电网技术	133	0.43	18.2	5.6	20	55	0.000	0.530	4.8
E15	宁夏电力	84	1.00	10.4	3.7	10	30	—	0.155	6.3
E15	农村电工	664	0.98	0.0	1.7	26	317	0.002	—	—
E15	农村电气化	331	1.00	3.7	2.7	29	235	0.003	0.012	5.2
E15	汽车电器	310	1.00	3.3	2.6	26	153	—	0.032	7.5
E15	汽车与新动力	75	0.96	4.4	4.0	4	12	—	—	9.7

学科代码	期刊名称	来源文献量	文献选出率	平均引文数	平均作者数	地区分布数	机构分布数	海外论文比	基金论文比	引用半衰期
E15	青海电力	68	0.98	5.9	4.1	20	42	—	0.029	7.0
E15	热力发电	265	0.98	18.1	4.9	25	92	0.010	0.510	5.9
E15	日用电器	222	0.76	4.8	2.6	14	73	—	0.122	12.3
E15	山东电力技术	209	0.96	9.3	3.8	24	112	—	0.144	7.3
E15	山西电力	108	0.93	4.5	2.1	9	42	—	0.037	6.6
E15	上海大中型电机	60	0.95	2.2	2.0	9	18	—	0.017	11.8
E15	上海电力学院学报	114	0.99	13.1	3.4	11	35	—	0.447	6.4
E15	上海电气技术	60	0.98	11.7	2.5	12	40	—	0.050	6.3
E15	四川电力技术	117	0.51	11.9	4.0	14	55	—	0.111	7.7
E15	太原科技大学学报	86	0.98	12.3	3.2	4	11	—	0.744	7.4
E15	微电机	168	0.92	10.6	3.2	22	101	0.000	0.320	7.1
E15	微特电机	237	0.88	11.6	3.3	26	146	0.010	0.510	6.5
E15	现代电力	76	0.90	16.7	4.3	18	37	0.000	0.710	5.7
E15	现代建筑电气	182	0.98	5.5	1.7	26	130	—	0.066	11.7
E15	移动电源与车辆	42	1.00	4.5	2.7	11	22	—	0.048	10.5
E15	云南电力技术	190	0.81	11.4	3.9	14	72	—	0.042	7.1
E15	浙江电力	231	0.99	15.7	4.1	15	108	—	0.286	5.3
E15	浙江水利水电学院学报	106	0.98	12.0	2.4	19	60	—	0.472	6.3
E15	智慧电力	201	0.98	18.2	4.7	23	110	0.010	0.740	3.8
E15	中国电机工程学报	724	0.65	26.1	4.8	26	121	0.050	0.850	5.7
E15	中国电力	325	1.00	19.2	4.8	25	163	0.000	0.650	5.5
E15	中国电业	323	0.97	0.0	1.4	28	241	0.006	0.003	—
E15	中国核电	111	0.89	5.3	2.8	17	46	—	0.063	8.7
E16	Frontiers in Energy	54	0.98	48.6	4.4	6	36	0.463	0.741	6.3
E16	Global Energy Interconnection	73	0.87	20.6	4.0	10	50	0.260	0.726	4.4
E16	International Journal of Coal Science & Technology	43	1.00	34.3	3.8	8	26	0.670	0.350	10.9
E16	储能科学与技术	140	0.98	35.2	5.2	24	83	0.030	0.730	4.4
E16	分布式能源	60	0.87	16.7	3.7	20	51	—	0.367	5.3
E16	风能	133	1.00	0.0	2.4	19	89	0.038	0.053	—
E16	广西节能	20	0.94	3.8	2.2	6	15	—	0.150	6.4
E16	建筑科技	161	0.94	2.2	1.9	9	89	0.006	0.130	7.4
E16	江西煤炭科技	241	0.98	3.6	1.3	7	140	—	0.025	5.6

学科代码	期刊名称	来源文献量	文献选出率	平均引文数	平均作者数	地区分布数	机构分布数	海外论文比	基金论文比	引用半衰期
E16	节能技术	114	0.95	13.8	3.8	21	83	0.000	0.420	6.6
E16	洁净煤技术	150	0.91	19.5	3.9	21	83	0.000	0.630	6.6
E16	可再生能源	285	0.95	17.3	4.4	28	155	0.010	0.870	5.0
E16	煤	469	0.28	3.6	1.3	11	196	—	0.100	6.6
E16	煤气与热力	233	0.99	5.8	3.2	23	128	—	0.124	7.7
E16	煤炭工程	517	0.96	11.6	2.7	23	219	0.000	0.370	6.4
E16	煤炭技术	1557	0.98	6.9	2.9	27	475	—	0.495	5.7
E16	煤炭加工与综合利用	250	0.98	7.7	2.4	20	149	—	0.104	7.0
E16	煤炭科技	196	0.91	3.8	1.5	18	123	—	0.041	6.8
E16	煤炭科学技术	423	0.97	21.6	4.0	23	155	0.000	0.800	6.2
E16	煤炭学报	407	1.00	23.7	4.8	24	93	0.010	0.950	6.7
E16	煤炭与化工	565	0.96	7.6	1.8	21	337	0.014	0.115	6.9
E16	煤炭转化	69	0.91	23.2	5.2	20	44	0.000	0.900	7.3
E16	煤质技术	110	0.90	13.8	2.5	19	62	—	0.373	7.1
E16	南方能源建设	90	0.88	13.5	2.6	10	41	0.044	0.722	7.3
E16	能源技术与管理	443	0.97	3.9	1.4	21	261	—	0.061	6.5
E16	能源研究与利用	108	0.97	4.1	1.7	13	34	—	0.065	7.3
E16	能源与环保	533	0.97	16.5	2.4	27	274	—	0.433	6.9
E16	能源与节能	1044	0.36	4.7	1.3	28	494	—	0.055	4.9
E16	全球能源互联网	66	0.57	19.6	4.9	13	40	0.015	0.727	4.7
E16	燃料化学学报	184	1.00	27.6	5.4	25	80	0.040	0.790	6.9
E16	山东煤炭科技	967	0.94	3.6	1.4	18	471	—	0.016	6.4
E16	山西焦煤科技	154	0.99	5.6	1.2	6	97	—	0.006	4.4
E16	山西煤炭	129	0.99	6.3	1.7	6	97	—	0.116	6.7
E16	陕西煤炭	314	0.99	5.2	1.4	14	172	—	0.019	7.2
E16	上海节能	197	0.97	5.6	2.1	13	126	—	0.091	7.5
E16	上海煤气	73	0.94	0.0	1.7	13	32	—	—	—
E16	水电能源科学	628	0.96	7.8	3.8	30	235	0.000	0.700	7.2
E16	太阳能学报	466	1.00	22.3	4.4	28	168	0.010	0.840	7.0
E16	同煤科技	85	0.90	5.3	1.4	5	48	—	0.012	7.2
E16	新能源进展	75	0.99	28.2	5.2	15	28	—	0.920	6.1
E16	选煤技术	192	0.84	12.8	2.7	19	112	0.010	0.177	7.1
E16	中国煤层气	66	0.97	6.1	3.3	11	41	—	0.288	6.5

学科代码	期刊名称	来源文献量	文献选出率	平均引文数	平均作者数	地区分布数	机构分布数	海外论文比	基金论文比	引用半衰期
E16	中国煤炭	349	0.93	10.8	2.8	23	157	—	0.516	6.3
E16	中国煤炭地质	209	0.81	13.5	3.1	26	112	0.000	0.360	8.1
E16	中国能源	102	0.32	10.4	2.4	11	47	0.000	0.300	4.4
E16	中外能源	177	0.93	14.8	2.8	23	126	0.006	0.339	8.6
E17	China Oil & Gas	61	0.88	3.0	2.0	6	43	—	0.016	4.5
E17	China Petroleum Processing and Petrochemical Technology	60	0.88	25.5	5.1	17	36	—	0.867	8.2
E17	Journal of Energy Chemistry	181	1.00	65.2	5.2	22	116	0.340	0.640	4.6
E17	Petroleum Exploration and Development	114	0.97	30.9	5.9	15	62	0.070	0.851	7.2
E17	Petroleum Science	71	1.00	43.8	4.9	11	46	0.352	0.732	9.2
E17	北京石油化工学院学报	61	0.88	12.5	4.5	13	25	—	0.656	8.6
E17	测井技术	129	0.96	14.6	4.7	15	63	0.000	0.510	9.2
E17	承德石油高等专科学校学报	139	1.00	6.3	2.7	16	53	—	0.302	6.8
E17	大庆石油地质与开发	174	0.97	21.0	3.5	15	60	0.006	0.943	7.3
E17	当代石油石化	113	0.95	4.5	1.7	13	49	—	0.044	6.2
E17	东北石油大学学报	70	0.98	29.4	5.2	13	36	0.010	0.930	7.0
E17	断块油气田	170	0.96	17.9	4.6	18	75	0.010	0.840	7.4
E17	非常规油气	107	1.00	17.5	4.0	16	64	—	0.626	8.0
E17	广东石油化工学院学报	126	0.93	10.9	2.6	13	39	—	0.722	6.4
E17	国际石油经济	181	0.98	8.4	2.7	15	73	0.090	0.080	2.9
E17	海相油气地质	43	0.98	27.9	5.3	11	26	0.020	0.860	7.8
E17	海洋石油	77	0.96	9.5	3.1	8	24	—	0.156	9.3
E17	焊管	166	0.95	11.3	3.7	20	90	—	0.151	9.3
E17	江汉石油职工大学学报	221	0.98	3.7	1.1	17	67	—	0.068	6.7
E17	精细石油化工进展	82	0.89	14.4	3.4	13	49	—	0.366	7.3
E17	炼油技术与工程	175	0.69	5.4	2.7	24	80	—	0.091	7.6
E17	炼油与化工	158	0.97	6.6	1.8	17	54	—	0.013	7.7
E17	录井工程	87	0.97	11.5	4.3	13	43	—	0.207	8.2
E17	内蒙古石油化工	495	0.99	6.4	2.5	24	247	0.004	0.160	10.2
E17	能源化工	104	0.99	13.3	3.1	20	61	0.010	0.260	7.3
E17	齐鲁石油化工	82	0.80	3.4	2.1	11	34	—	—	10.7
E17	石化技术	3206	0.93	2.5	1.7	31	1398	0.003	0.017	5.6
E17	石油地球物理勘探	155	0.98	29.1	4.4	22	65	0.010	0.860	8.4

学科代码	期刊名称	来源文献量	文献选出率	平均引文数	平均作者数	地区分布数	机构分布数	海外论文比	基金论文比	引用半衰期
E17	石油地质与工程	187	0.88	11.8	3.4	21	92	—	0.529	9.1
E17	石油工程建设	127	0.99	7.8	3.3	18	67	—	0.165	8.7
E17	石油工业技术监督	206	0.95	7.0	3.0	23	115	0.005	0.068	7.2
E17	石油规划设计	68	0.69	3.5	3.1	13	39	—	0.015	8.1
E17	石油化工	220	0.96	21.2	4.3	27	106	0.000	0.540	7.8
E17	石油化工安全环保技术	99	0.91	4.5	2.3	22	73	—	0.111	7.5
E17	石油化工腐蚀与防护	97	1.00	5.7	2.8	21	62	—	0.289	7.9
E17	石油化工高等学校学报	93	0.95	19.7	4.0	13	38	0.020	0.830	7.2
E17	石油化工技术与经济	79	0.95	6.3	2.0	12	26	—	—	7.2
E17	石油化工设备	97	0.98	18.9	3.6	18	71	—	0.186	11.9
E17	石油化工设备技术	94	0.98	5.2	2.4	18	53	0.000	0.090	8.1
E17	石油化工设计	74	0.95	4.8	1.9	18	38	—	—	9.7
E17	石油化工应用	367	0.94	8.2	3.6	20	154	—	0.283	9.0
E17	石油机械	245	1.00	12.9	4.4	18	97	0.000	0.680	6.9
E17	石油勘探与开发	111	0.96	31.1	5.8	15	45	0.090	0.760	6.9
E17	石油科技论坛	65	0.97	11.3	3.3	9	34	0.015	0.754	5.3
E17	石油科学通报	43	0.87	26.7	4.7	2	4	—	0.953	8.4
E17	石油库与加油站	73	0.96	3.7	1.5	22	45	—	0.014	7.3
E17	石油矿场机械	100	0.99	11.8	4.3	17	65	—	0.820	7.9
E17	石油沥青	74	0.93	11.3	3.1	21	49	—	0.270	7.7
E17	石油炼制与化工	240	0.96	10.4	3.9	27	101	0.000	0.310	8.2
E17	石油商技	88	1.00	5.2	2.5	14	41	—	0.011	9.7
E17	石油石化节能	215	0.91	5.6	2.2	19	113	—	0.019	7.0
E17	石油石化绿色低碳	88	0.93	3.6	2.1	18	57	—	0.034	8.0
E17	石油物探	106	0.97	27.5	4.2	16	55	0.100	0.780	8.6
E17	石油学报	135	0.90	34.9	6.1	14	57	0.010	0.900	6.8
E17	石油学报(石油加工)	155	0.94	22.4	5.0	21	56	0.000	0.780	8.2
E17	石油与天然气地质	121	0.92	32.9	5.6	17	52	0.020	0.860	9.1
E17	石油与天然气化工	128	1.00	13.1	4.3	20	82	—	0.469	7.1
E17	石油知识	59	0.90	3.3	1.5	11	28	—	0.017	9.0
E17	石油钻采工艺	128	0.86	17.1	4.5	14	64	0.020	0.690	7.0
E17	石油钻探技术	116	0.87	17.2	4.1	15	61	0.020	0.810	6.0
E17	特种油气藏	195	0.99	19.0	3.8	18	71	0.020	0.930	6.7

学科代码	期刊名称	来源文献量	文献选出率	平均引文数	平均作者数	地区分布数	机构分布数	海外论文比	基金论文比	引用半衰期
E17	天然气地球科学	174	0.92	29.4	5.7	25	85	0.000	0.900	8.1
E17	天然气工业	213	0.97	23.2	5.5	19	96	0.020	0.850	5.8
E17	天然气技术与经济	129	1.00	7.8	3.7	20	77	—	0.240	6.3
E17	天然气勘探与开发	68	0.93	14.4	4.4	13	39	—	0.647	6.8
E17	天然气与石油	129	0.92	20.2	4.1	19	70	0.010	0.710	7.3
E17	物探装备	104	0.97	3.5	3.7	10	25	—	0.077	6.9
E17	西安石油大学学报(自然科学版)	109	1.00	18.4	4.4	15	44	0.010	0.930	8.3
E17	西南石油大学学报(自然科学版)	114	0.97	26.1	4.0	16	56	0.000	0.880	8.3
E17	新疆石油地质	106	0.89	23.0	4.7	16	49	0.000	0.910	8.9
E17	新疆石油天然气	81	0.92	9.7	3.8	15	51	—	0.407	9.0
E17	岩性油气藏	108	0.96	26.8	5.0	15	57	0.040	0.940	6.9
E17	乙烯工业	59	0.99	2.1	2.9	12	22	—	—	8.8
E17	油气藏评价与开发	89	1.00	15.8	4.4	15	36	0.011	0.663	8.7
E17	油气储运	225	1.00	22.8	4.5	23	104	0.010	0.660	5.8
E17	油气地质与采收率	110	0.95	22.1	4.9	13	38	0.010	0.880	5.4
E17	油气井测试	74	0.98	22.9	4.1	15	54	0.014	0.757	6.4
E17	油气田地面工程	291	0.94	10.3	3.2	18	155	0.010	0.213	7.3
E17	油气田环境保护	93	0.95	9.8	3.8	14	51	0.011	0.269	7.5
E17	油田化学	136	0.92	20.2	5.2	17	56	0.000	0.570	7.5
E17	中国海上油气	143	1.00	19.3	4.9	13	41	0.010	0.800	8.1
E17	中国海洋平台	93	0.96	8.4	3.8	12	50	0.020	0.350	8.9
E17	中国石化	206	0.99	0.0	1.4	18	106	—	0.019	—
E17	中国石油大学胜利学院学报	89	0.93	8.2	2.3	12	39	—	0.640	9.5
E17	中国石油大学学报(自然科学版)	128	0.97	24.0	5.6	15	33	0.010	0.960	7.9
E17	中国石油和化工	93	0.98	0.0	1.0	12	33	0.022	—	—
E17	中国石油和化工标准与质量	2217	0.98	3.9	1.7	30	1153	0.004	0.032	5.1
E17	中国石油勘探	80	1.00	29.4	5.3	13	45	0.000	0.880	6.3
E17	中国石油企业	199	0.94	0.0	1.8	20	123	—	—	—
E17	钻采工艺	227	0.97	8.7	4.1	16	105	—	0.639	8.3
E17	钻井液与完井液	138	1.00	15.0	4.9	17	74	0.010	0.610	7.1
E18	Nuclear Science and Techniques	186	0.99	29.5	5.7	22	102	0.210	0.774	9.3
E18	辐射防护	78	0.95	12.8	5.2	16	42	0.000	0.270	8.7
E18	辐射防护通讯	46	0.96	9.9	3.5	12	30	—	0.109	7.7

学科代码	期刊名称	来源文献量	文献选出率	平均引文数	平均作者数	地区分布数	机构分布数	海外论文比	基金论文比	引用半衰期
E18	辐射研究与辐射工艺学报	52	1.00	21.0	5.8	16	35	0.020	0.870	7.1
E18	核安全	91	0.98	14.0	4.1	14	41	—	0.231	8.5
E18	核电子学与探测技术	173	0.98	8.1	5.1	22	69	—	0.526	8.8
E18	核动力工程	237	0.96	6.9	4.5	22	71	0.010	0.230	9.9
E18	核化学与放射化学	55	0.93	22.9	5.5	16	33	0.000	0.420	8.8
E18	核技术	167	0.95	16.2	6.0	20	61	0.000	0.820	8.1
E18	核科学与工程	148	0.98	10.4	4.2	18	55	0.000	0.280	10.0
E18	世界核地质科学	35	0.96	13.9	4.1	10	15	—	0.486	11.6
E18	太阳能	159	1.00	8.3	2.9	28	115	—	0.283	6.5
E18	同位素	54	0.93	19.9	4.9	15	30	0.000	0.570	9.2
E18	应用泛函分析学报	49	0.74	12.6	2.2	17	32	—	0.673	11.2
E18	原子能科学技术	345	0.95	14.4	5.5	22	80	0.010	0.540	10.4
E19	Chinese Journal of Electronics	179	0.99	24.5	4.1	23	92	0.080	0.910	7.4
E19	Journal of Semiconductors	192	0.98	36.4	4.9	19	73	0.330	0.520	6.7
E19	Nano-Micro Letters	77	1.00	72.8	6.4	20	67	0.299	0.740	4.1
E19	Photonic Sensors	46	1.00	20.7	4.3	15	39	0.261	0.717	6.6
E19	安徽电子信息职业技术学院学报	163	0.99	6.4	1.4	23	100	—	0.491	6.5
E19	半导体光电	182	1.00	13.9	4.2	22	88	0.010	0.630	6.7
E19	半导体技术	152	0.99	16.6	4.6	23	87	0.010	0.590	6.0
E19	常州信息职业技术学院学报	163	0.98	5.3	1.3	15	83	—	0.644	4.3
E19	传感技术学报	307	0.98	16.9	3.8	28	162	0.000	0.770	5.0
E19	传感器与微系统	547	0.93	12.3	3.5	28	183	0.010	0.660	6.2
E19	灯与照明	54	0.94	8.1	2.8	13	28	—	0.407	8.5
E19	电瓷避雷器	239	0.94	17.0	4.3	28	145	—	0.347	8.3
E19	电力电容器与无功补偿	187	0.95	15.4	4.4	28	128	—	0.444	6.3
E19	电声技术	238	0.97	5.7	2.2	27	161	—	0.122	6.8
E19	电视技术	319	0.96	9.7	2.5	30	207	0.003	0.530	4.9
E19	电子测量技术	667	0.99	16.2	3.3	30	254	0.000	0.320	5.0
E19	电子测量与仪器学报	324	0.99	17.9	3.7	26	153	0.010	0.830	4.5
E19	电子测试	1616	0.64	4.0	1.8	30	991	0.001	0.154	4.8
E19	电子产品可靠性与环境试验	99	0.88	8.0	3.2	14	45	—	0.121	8.9
E19	电子工业专用设备	100	1.00	4.5	2.9	15	36	0.040	0.020	9.5
E19	电子工艺技术	100	0.36	5.8	3.4	14	44	—	0.240	7.7

学科代码	期刊名称	来源文献量	文献选出率	平均引文数	平均作者数	地区分布数	机构分布数	海外论文比	基金论文比	引用半衰期
E19	电子技术	300	0.96	8.0	3.0	23	137	0.003	0.483	5.8
E19	电子技术应用	442	0.96	10.0	3.4	29	237	0.010	0.500	5.2
E19	电子科技	265	0.99	15.8	3.0	23	83	—	0.857	5.6
E19	电子科技大学学报	139	0.96	18.4	3.7	27	74	0.030	0.870	6.5
E19	电子器件	302	1.00	13.2	3.4	26	180	0.010	0.620	6.3
E19	电子设计工程	970	0.91	17.1	2.5	31	400	0.000	0.290	4.3
E19	电子世界	2843	0.99	3.6	1.9	31	1560	0.001	0.149	5.5
E19	电子显微学报	93	1.00	21.6	4.9	16	55	0.040	0.870	7.5
E19	电子信息对抗技术	105	0.78	9.4	3.2	13	23	—	0.076	8.4
E19	电子学报	396	0.96	18.9	4.0	27	201	0.020	0.890	6.4
E19	电子与封装	137	0.97	7.5	3.4	14	45	—	0.080	9.5
E19	电子与信息学报	390	0.97	18.6	4.0	26	129	0.020	0.850	4.5
E19	电子元件与材料	200	0.98	16.8	4.1	26	119	0.010	0.630	6.4
E19	电子元器件与信息技术	307	0.96	9.0	1.5	31	249	—	0.104	3.4
E19	电子制作	896	0.96	4.6	1.8	30	602	0.002	0.157	5.4
E19	电子质量	268	1.00	5.3	2.4	19	99	—	0.134	6.9
E19	固体电子学研究与进展	85	0.99	10.9	3.8	18	42	0.000	0.470	6.8
E19	光源与照明	50	1.00	8.0	2.4	12	34	—	0.020	5.7
E19	桂林电子科技大学学报	100	1.00	12.3	3.3	4	4	—	1.000	6.4
E19	国外电子测量技术	335	1.00	15.8	3.1	28	137	0.000	0.210	5.2
E19	杭州电子科技大学学报	115	0.92	10.8	3.1	1	3	—	0.739	6.0
E19	华电技术	290	0.64	5.3	2.5	27	175	0.003	0.069	8.2
E19	吉林大学学报(信息科学版)	99	0.97	15.9	3.5	12	33	0.000	0.740	5.5
E19	密码学报	62	0.99	22.4	3.3	15	34	0.000	0.790	7.0
E19	上海电机学院学报	63	0.94	17.4	2.7	5	12	—	0.508	5.8
E19	太赫兹科学与电子信息学报	207	1.00	12.7	3.7	24	100	0.000	0.370	7.3
E19	微电子学	168	1.00	10.4	4.5	21	63	0.010	0.770	7.6
E19	微电子学与计算机	332	0.99	9.5	3.2	28	152	0.010	0.640	5.2
E19	微纳电子技术	141	0.88	20.1	4.9	18	59	0.000	0.770	5.8
E19	武汉理工大学学报(信息与管理工程版)	124	1.00	15.2	2.9	15	35	0.000	0.660	6.1
E19	西安电子科技大学学报(自然科学版)	169	1.00	13.3	3.8	19	52	0.010	0.920	3.8
E19	系统工程与电子技术	388	0.94	22.3	3.7	20	90	0.000	0.840	5.3
E19	现代电子技术	997	0.91	11.4	2.7	31	454	0.000	0.720	4.3

学科代码	期刊名称	来源文献量	文献选出率	平均引文数	平均作者数	地区分布数	机构分布数	海外论文比	基金论文比	引用半衰期
E19	照明工程学报	145	0.90	14.3	3.3	19	106	0.000	0.370	6.7
E19	真空电子技术	90	0.94	12.6	4.4	11	34	—	0.311	8.3
E19	中国无线电	350	0.66	1.4	1.8	29	205	—	0.003	7.9
E19	中国有线电视	374	0.96	2.4	1.5	30	232	—	0.016	4.6
E19	中国照明电器	127	0.91	7.2	2.8	18	76	0.008	0.268	7.9
E20	Chinese Optics of Letters	214	0.94	29.2	6.3	22	76	0.200	0.760	5.6
E20	Frontiers of Optoelectronics	39	0.95	36.5	4.6	8	25	0.440	0.510	6.1
E20	Light：Science & Applications	152	0.99	46.5	7.6	10	94	0.900	0.200	6.1
E20	光电工程	127	0.97	23.6	4.8	22	69	0.020	0.810	7.1
E20	光电技术应用	97	0.92	11.6	2.6	13	35	—	0.196	9.2
E20	光电子·激光	196	0.83	21.8	4.4	25	120	—	0.949	4.8
E20	光电子技术	54	0.95	13.3	4.3	15	37	0.020	0.480	7.5
E20	光学技术	126	0.89	15.2	3.9	22	82	0.010	0.790	6.3
E20	光学与光电技术	95	0.99	13.0	3.4	16	54	0.020	0.520	8.1
E20	红外技术	187	0.98	16.4	4.2	25	106	0.010	0.530	7.7
E20	红外与激光工程	546	0.92	16.7	4.8	27	197	0.010	0.820	6.1
E20	激光技术	159	1.00	21.0	4.4	24	94	0.010	0.640	7.7
E20	激光与光电子学进展	715	1.00	23.7	4.2	29	290	0.010	0.830	5.8
E20	激光与红外	265	0.97	13.1	4.1	26	125	0.000	0.480	6.8
E20	激光杂志	472	0.98	17.2	2.9	30	277	0.000	0.770	4.2
E20	压电与声光	211	1.00	11.9	4.3	22	103	0.010	0.740	6.8
E20	应用激光	173	0.94	14.7	4.2	25	110	0.010	0.640	6.5
E20	中国光学	94	0.97	33.1	4.8	21	52	0.050	0.840	6.0
E20	中国激光	467	0.99	24.6	5.3	24	165	0.020	0.840	6.7
E21	China Communications	204	0.97	28.8	4.1	19	84	0.170	0.710	5.4
E21	北京邮电大学学报	117	0.99	15.6	3.8	23	58	0.020	0.850	4.1
E21	重庆邮电大学学报(自然科学版)	110	0.96	18.3	3.5	20	50	0.010	0.920	4.5
E21	电波科学学报	101	0.96	16.8	3.9	21	55	0.060	0.630	6.6
E21	电信科学	255	1.00	15.6	3.6	25	133	0.000	0.390	3.8
E21	电讯技术	230	0.97	13.9	2.8	25	114	0.000	0.470	5.4
E21	光通信技术	190	0.98	10.3	3.8	26	107	—	0.732	5.7
E21	光通信研究	104	0.99	11.2	3.7	22	42	—	0.769	5.9
E21	广东通信技术	202	0.96	5.8	2.4	15	44	0.005	0.109	6.0

学科代码	期刊名称	来源文献量	文献选出率	平均引文数	平均作者数	地区分布数	机构分布数	海外论文比	基金论文比	引用半衰期
E21	广西通信技术	48	0.48	2.7	2.3	1	16	—	—	4.1
E21	湖南邮电职业技术学院学报	163	1.00	6.7	1.5	16	72	—	0.650	2.9
E21	互联网经济	127	0.99	0.0	1.2	7	58	0.039	—	—
E21	江西通信科技	54	0.97	3.9	1.8	5	25	—	0.019	6.4
E21	空军预警学院学报	102	0.93	11.0	3.5	5	6	—	0.147	5.7
E21	雷达科学与技术	114	0.95	11.6	3.4	16	47	0.000	0.520	4.6
E21	雷达学报	72	0.96	29.1	4.0	11	25	0.010	0.790	5.5
E21	南京邮电大学学报(自然科学版)	88	0.93	20.0	3.2	7	18	0.010	0.910	4.7
E21	山东通信技术	52	0.99	2.4	2.6	5	22	—	—	2.9
E21	数据采集与处理	122	0.88	22.5	3.7	20	77	0.000	0.830	7.7
E21	数据通信	76	1.00	9.7	2.5	13	31	—	0.224	5.5
E21	通信电源技术	1456	0.97	4.8	1.9	30	927	0.001	0.049	4.1
E21	通信管理与技术	94	1.00	1.9	1.5	7	35	—	—	5.8
E21	通信技术	523	0.97	9.7	2.9	27	194	—	0.329	6.7
E21	通信学报	203	0.99	25.5	4.0	26	89	0.030	0.920	4.8
E21	通信与信息技术	88	0.96	4.2	1.9	12	42	—	0.091	5.3
E21	微波学报	115	0.94	12.3	3.7	21	71	0.010	0.540	6.7
E21	无线电工程	222	0.95	18.4	3.0	21	81	—	0.815	7.5
E21	无线电通信技术	130	0.93	16.1	3.0	19	53	—	0.777	6.8
E21	无线通信技术	48	0.87	10.7	2.9	10	13	—	0.604	5.9
E21	西安邮电大学学报	102	0.97	17.8	3.2	6	13	0.050	0.840	4.8
E21	现代传输	62	0.98	4.1	3.7	12	39	0.032	0.032	10.6
E21	现代雷达	229	1.00	11.4	3.1	20	66	0.000	0.230	9.1
E21	信号处理	167	0.92	18.7	3.4	20	61	0.000	0.810	5.1
E21	信息通信	1741	0.56	5.2	1.8	31	895	0.002	0.146	4.7
E21	信息通信技术	71	0.97	9.4	2.6	12	37	0.028	0.155	4.2
E21	移动通信	206	0.95	10.4	2.6	20	110	—	0.150	3.8
E21	应用科学学报	79	0.89	22.9	3.8	19	51	0.030	0.920	6.4
E21	邮电设计技术	230	0.97	13.0	3.0	20	77	0.013	0.048	5.0
E21	中国新通信	4825	0.53	2.9	1.4	31	2685	0.001	0.046	3.6
E21	中兴通讯技术	69	0.92	11.2	2.5	13	32	0.030	0.360	3.3
E22	Computional Visual Media	31	1.00	31.7	4.1	5	27	0.581	0.774	8.2
E22	Frontiers of Computer Science	89	0.99	48.2	4.2	15	57	0.360	0.740	8.0

学科代码	期刊名称	来源文献量	文献选出率	平均引文数	平均作者数	地区分布数	机构分布数	海外论文比	基金论文比	引用半衰期
E22	Journal of Computer Science & Technology	85	0.92	43.7	4.5	15	39	0.410	0.760	5.9
E22	办公自动化	402	0.72	4.7	1.5	27	220	0.010	0.328	5.1
E22	传动技术	36	0.50	6.4	2.9	8	21	—	0.167	7.8
E22	传感器世界	74	0.73	8.1	2.1	16	41	0.081	0.243	7.3
E22	大数据	65	0.95	16.3	3.4	14	50	0.000	0.450	6.0
E22	单片机与嵌入式系统应用	265	0.99	7.5	2.7	28	173	0.030	0.210	4.9
E22	电脑编程技巧与维护	735	0.88	4.4	1.7	30	529	—	0.234	3.8
E22	电脑与信息技术	145	0.93	7.0	2.2	27	113	0.007	0.503	5.8
E22	电脑知识与技术	4310	0.95	5.7	1.9	31	1863	0.001	0.374	4.7
E22	电子政务	134	0.98	23.3	2.0	18	70	—	0.858	5.3
E22	福建电脑	1172	0.97	5.3	2.0	28	527	0.015	0.479	5.0
E22	工业控制计算机	832	0.94	6.8	2.8	28	298	0.001	0.275	6.7
E22	化学传感器	32	0.96	31.9	4.9	12	20	—	0.969	6.4
E22	集成技术	56	0.94	22.2	4.7	6	13	0.054	0.839	5.1
E22	计算机仿真	1155	0.99	11.5	2.6	31	462	0.000	0.460	3.8
E22	计算机辅助工程	74	1.00	11.1	3.1	15	50	—	0.392	9.7
E22	计算机辅助设计与图形学学报	254	0.88	25.1	3.9	26	131	0.030	0.910	6.9
E22	计算机工程	575	0.99	18.2	3.4	30	216	0.000	0.830	5.9
E22	计算机工程与科学	289	0.90	23.0	3.4	30	141	0.010	0.850	6.1
E22	计算机工程与设计	589	0.99	13.9	3.1	30	282	0.010	0.780	4.2
E22	计算机工程与应用	985	0.89	20.4	3.2	30	340	0.010	0.850	6.2
E22	计算机集成制造系统	293	0.90	22.6	3.7	25	123	0.020	0.970	6.3
E22	计算机技术与发展	499	0.97	16.7	2.9	29	183	0.000	0.960	6.6
E22	计算机教育	469	0.99	7.1	3.0	29	273	0.006	0.797	4.8
E22	计算机科学	606	1.00	21.5	3.4	28	217	0.010	0.860	6.5
E22	计算机科学与探索	179	0.94	24.8	3.6	25	90	0.010	0.850	6.4
E22	计算机时代	350	0.99	8.0	2.4	31	221	—	0.614	5.1
E22	计算机系统应用	493	0.92	14.9	3.1	27	183	0.000	0.540	5.6
E22	计算机学报	160	0.97	46.3	4.3	21	75	0.030	0.960	7.0
E22	计算机研究与发展	219	0.73	32.0	4.1	23	119	0.060	0.940	5.4
E22	计算机应用	589	1.00	19.2	3.5	29	223	0.010	0.830	5.2
E22	计算机应用研究	829	0.84	19.2	3.2	29	292	0.010	0.860	6.3
E22	计算机应用与软件	680	0.98	15.3	3.1	29	319	0.000	0.630	5.4

学科代码	期刊名称	来源文献量	文献选出率	平均引文数	平均作者数	地区分布数	机构分布数	海外论文比	基金论文比	引用半衰期
E22	计算机与数字工程	512	0.98	14.1	2.7	25	238	0.000	0.470	7.0
E22	计算机与网络	161	0.95	4.1	2.0	27	114	—	0.087	6.0
E22	计算机与现代化	267	1.00	18.7	2.9	26	143	0.000	0.540	5.4
E22	计算机与应用化学	118	0.99	18.4	3.9	22	75	0.000	0.700	7.8
E22	金融科技时代	236	0.98	3.9	1.4	29	139	—	0.025	3.2
E22	卷宗	9913	0.95	3.6	1.2	31	5544	0.001	0.048	4.5
E22	软件	556	0.79	13.0	2.7	28	255	—	0.372	4.9
E22	软件(教育现代化)(电子版)	11395	0.99	2.5	1.0	31	5942	0.003	0.025	4.9
E22	软件导刊	695	0.97	15.3	2.6	30	216	—	0.537	6.3
E22	软件工程	212	0.87	8.7	2.5	28	150	—	0.552	4.4
E22	软件和集成电路	90	0.99	0.0	1.1	10	79	0.056	—	—
E22	软件学报	216	0.17	47.8	4.2	21	90	0.060	0.980	6.3
E22	数码设计(上)	5335	0.97	2.2	1.1	31	3227	0.001	0.028	3.3
E22	数码设计(下)	5322	0.96	1.9	1.1	31	3398	0.004	0.020	4.0
E22	数值计算与计算机应用	27	1.00	18.1	2.7	14	23	—	0.815	11.0
E22	网络安全技术与应用	807	0.96	5.3	1.7	31	625	—	0.145	4.3
E22	网络新媒体技术	58	0.97	12.3	2.9	13	29	0.000	0.550	5.7
E22	网络与信息安全学报	97	0.92	24.3	3.5	16	46	—	0.907	4.9
E22	微处理机	80	0.97	10.1	2.5	19	42	—	0.325	6.7
E22	微型电脑应用	362	0.14	8.8	1.8	23	131	0.000	0.300	4.3
E22	物联网技术	511	0.88	8.6	2.9	31	289	—	0.444	4.9
E22	物联网学报	48	0.87	18.9	3.6	11	37	0.042	0.583	4.5
E22	现代计算机	764	0.87	8.5	2.3	30	296	—	0.503	6.4
E22	小型微型计算机系统	451	0.86	22.4	3.6	29	171	0.010	0.930	5.8
E22	信息技术与网络安全	333	0.89	10.2	3.0	25	153	—	0.315	6.2
E22	信息网络安全	158	1.00	16.2	3.0	23	80	0.000	0.830	3.8
E22	智能计算机与应用	307	0.99	10.0	2.6	24	135	—	0.502	6.2
E22	智能制造	103	0.51	0.7	2.3	20	69	0.058	0.087	6.3
E22	中国金融电脑	219	0.92	0.0	1.7	18	76	0.009	—	—
E22	中国图象图形学报	174	0.95	23.5	3.8	24	101	0.020	0.910	5.9
E22	中国自动识别技术	44	0.51	1.5	2.0	14	33	0.023	0.045	9.4
E23	China Particuology	107	1.00	35.4	4.2	13	63	0.600	0.410	9.4
E23	Chinese Journal of Chemical Engineering	316	0.97	39.1	4.8	24	99	0.330	0.630	7.5

学科代码	期刊名称	来源文献量	文献选出率	平均引文数	平均作者数	地区分布数	机构分布数	海外论文比	基金论文比	引用半衰期
E23	安徽化工	271	0.99	8.6	3.1	23	129	0.004	0.325	8.7
E23	北京化工大学学报(自然科学版)	112	0.96	17.2	4.1	10	23	0.010	0.710	6.2
E23	纯碱工业	95	0.99	2.2	2.3	12	31	—	—	13.0
E23	大氮肥	103	0.82	3.2	1.8	25	47	—	0.010	10.2
E23	氮肥技术	100	0.97	1.0	2.2	16	53	—	—	7.1
E23	氮肥与合成气	132	1.00	4.5	2.1	23	72	—	—	8.0
E23	当代化工	701	0.42	13.4	3.7	30	268	0.000	0.290	7.5
E23	当代化工研究	1326	0.72	4.2	1.6	31	858	—	0.047	5.5
E23	电镀与精饰	116	0.98	13.1	3.5	23	82	0.020	0.300	8.1
E23	发酵科技通讯	49	1.00	21.0	4.6	10	22	—	0.571	6.9
E23	佛山陶瓷	147	0.96	7.6	2.3	16	87	—	0.190	11.1
E23	高校化学工程学报	182	0.95	24.7	4.7	23	72	0.020	0.800	7.3
E23	工业催化	204	0.96	20.2	4.5	22	96	0.000	0.500	7.6
E23	广东化工	2691	1.00	9.2	3.1	31	1257	0.002	0.439	7.6
E23	广州化工	1430	0.98	10.8	3.5	30	773	—	0.578	6.9
E23	硅酸盐通报	685	0.90	18.6	4.4	30	242	0.000	0.800	7.2
E23	硅酸盐学报	240	0.91	27.4	5.1	26	117	0.020	0.860	7.1
E23	过程工程学报	185	0.97	27.0	4.9	25	76	0.010	0.860	7.3
E23	杭州化工	36	0.92	9.9	3.5	8	18	—	0.222	8.5
E23	合成技术及应用	50	0.95	11.0	3.5	6	13	—	0.180	9.5
E23	河南化工	235	0.99	6.6	3.2	18	106	—	0.226	7.6
E23	湖南包装	197	1.00	7.1	1.7	23	91	0.015	0.629	5.7
E23	化肥工业	129	0.92	3.8	2.7	25	91	0.031	0.085	9.1
E23	化肥设计	103	0.98	6.0	2.5	18	48	—	0.068	8.5
E23	化工管理	6164	1.00	3.4	1.6	31	3048	0.001	0.032	4.6
E23	化工机械	176	0.93	10.1	3.9	18	78	0.000	0.360	8.2
E23	化工技术与开发	208	1.00	12.7	3.5	28	119	—	0.428	8.2
E23	化工进展	602	0.90	33.9	4.9	30	209	0.010	0.780	6.3
E23	化工科技	96	0.98	18.9	4.2	16	37	0.010	0.730	7.7
E23	化工矿物与加工	204	0.99	11.5	3.6	26	93	—	0.627	7.4
E23	化工设备与管道	99	0.99	8.1	2.7	20	75	0.000	0.230	13.3
E23	化工设计	87	0.94	4.4	1.7	14	37	—	0.023	10.7
E23	化工设计通讯	2722	0.82	2.0	1.6	31	1589	0.001	0.035	4.6

学科代码	期刊名称	来源文献量	文献选出率	平均引文数	平均作者数	地区分布数	机构分布数	海外论文比	基金论文比	引用半衰期
E23	化工时刊	198	0.99	9.6	3.6	23	114	—	0.530	7.7
E23	化工学报	598	0.96	36.3	4.7	29	171	0.020	0.890	7.0
E23	化工装备技术	93	1.00	6.5	3.0	18	60	—	0.194	9.9
E23	化工自动化及仪表	242	0.97	7.0	3.0	28	142	—	0.273	7.1
E23	化学反应工程与工艺	49	0.99	19.1	3.9	17	29	0.000	0.570	9.9
E23	化学工程	177	0.96	14.7	4.5	27	87	0.010	0.580	8.0
E23	化学工程师	279	0.99	11.5	3.5	25	121	0.000	0.360	7.4
E23	化学工程与装备	1513	0.96	4.6	1.8	30	703	0.003	0.081	7.2
E23	化学工业与工程	69	0.97	20.6	4.0	11	16	0.000	0.570	8.0
E23	化学世界	141	0.96	18.9	3.8	29	103	—	0.695	7.2
E23	吉林化工学院学报	289	0.98	11.2	2.8	15	47	—	0.630	6.1
E23	江苏陶瓷	301	0.92	1.9	1.2	9	25	—	0.043	7.3
E23	江西化工	417	0.94	7.0	2.3	23	194	—	0.158	8.4
E23	景德镇陶瓷	112	0.99	2.2	1.2	5	17	—	0.045	10.8
E23	聚氨酯工业	76	0.95	9.4	4.4	19	56	0.000	0.460	6.7
E23	口腔护理用品工业	81	0.99	4.9	2.2	12	37	0.012	—	12.5
E23	离子交换与吸附	56	0.99	19.1	4.6	19	42	0.000	0.790	6.9
E23	辽宁化工	428	0.94	9.4	3.2	29	223	—	0.229	8.2
E23	林产化学与工业	106	0.99	23.0	4.6	19	40	0.010	0.750	6.0
E23	磷肥与复肥	203	0.77	6.9	3.2	24	119	0.020	0.160	8.8
E23	硫磷设计与粉体工程	73	0.99	4.2	2.0	14	34	—	0.041	8.9
E23	硫酸工业	174	0.99	3.4	2.3	23	120	0.046	0.040	6.9
E23	绿色包装	59	1.00	7.0	2.5	13	30	—	0.508	5.9
E23	氯碱工业	167	0.92	2.7	2.6	21	71	—	0.012	8.8
E23	轮胎工业	186	0.93	3.5	3.5	20	69	0.005	0.048	9.0
E23	膜科学与技术	120	0.84	23.2	4.8	22	74	0.010	0.830	6.8
E23	清洗世界	160	0.91	6.6	2.9	26	111	—	0.112	7.7
E23	燃料与化工	138	0.99	3.1	3.0	17	77	—	0.022	8.5
E23	热固性树脂	80	0.39	16.3	4.1	20	50	0.000	0.480	6.9
E23	日用化学工业	130	1.00	21.4	4.3	23	79	0.000	0.490	7.0
E23	山东化工	1961	0.99	8.0	3.2	30	795	0.002	0.428	7.4
E23	山东陶瓷	133	0.95	3.0	1.5	12	29	—	0.023	9.9
E23	山西化工	456	0.94	5.2	1.6	20	218	—	0.061	6.5

学科代码	期刊名称	来源文献量	文献选出率	平均引文数	平均作者数	地区分布数	机构分布数	海外论文比	基金论文比	引用半衰期
E23	上海化工	80	0.97	6.8	2.0	13	65	0.012	0.050	8.5
E23	沈阳化工大学学报	69	0.89	14.3	3.9	1	2	—	0.652	8.7
E23	生物质化学工程	61	0.90	26.5	4.4	17	29	—	0.918	7.5
E23	四川化工	98	0.91	9.0	2.7	15	52	—	0.133	9.2
E23	炭素	37	1.00	15.4	3.5	10	23	—	0.216	10.4
E23	炭素技术	87	1.00	15.0	4.3	22	58	0.010	0.490	7.4
E23	陶瓷	160	0.99	8.0	2.3	17	80	—	0.244	10.7
E23	陶瓷科学与艺术	300	1.00	1.4	1.0	15	60	0.003	0.030	27.9
E23	陶瓷学报	158	0.82	15.5	3.8	21	74	0.010	0.650	7.9
E23	陶瓷研究	201	0.96	5.4	1.3	13	99	0.010	0.080	11.1
E23	天津化工	134	0.97	5.2	2.3	14	53	—	0.127	8.1
E23	无机盐工业	243	0.94	14.2	4.3	27	157	0.000	0.510	6.2
E23	现代化工	640	1.00	18.2	4.3	30	292	0.000	0.590	5.9
E23	现代技术陶瓷	30	0.95	56.8	5.3	12	24	—	0.700	9.8
E23	盐科学与化工	197	1.00	6.4	2.8	20	74	0.000	0.160	9.2
E23	应用化工	653	0.92	20.6	4.6	31	220	0.000	0.950	6.6
E23	影像技术	140	0.96	5.1	1.5	23	111	0.014	0.057	3.6
E23	有机氟工业	50	0.93	16.5	3.8	9	36	—	0.160	12.6
E23	有机硅材料	94	1.00	20.0	4.4	13	62	0.000	0.260	4.7
E23	云南化工	1701	0.89	4.3	2.0	31	806	0.001	0.101	5.7
E23	浙江化工	160	0.96	9.9	3.4	15	93	—	0.181	10.3
E23	中氮肥	142	0.99	2.2	2.0	21	73	—	—	7.0
E23	中国化工装备	55	1.00	7.8	2.7	17	34	—	0.018	13.5
E23	中国陶瓷	188	0.92	16.4	3.9	23	106	—	0.681	8.1
E23	中国陶瓷工业	75	0.95	10.5	2.6	14	40	0.013	0.547	8.2
E23	中国洗涤用品工业	90	0.91	7.3	2.4	11	52	0.122	0.089	11.7
E23	中外医疗	2537	1.00	10.0	1.8	30	1196	0.012	0.043	2.8
E24	高科技纤维与应用	51	0.99	12.4	3.6	10	28	0.000	0.160	7.0
E24	工程塑料应用	344	0.99	18.1	4.4	27	191	0.000	0.490	4.7
E24	合成树脂及塑料	135	0.94	14.6	3.6	26	87	0.000	0.270	7.1
E24	合成橡胶工业	87	1.00	13.7	4.7	19	39	0.000	0.530	8.6
E24	胶体与聚合物	56	0.98	9.5	4.0	9	23	—	0.411	5.5
E24	聚氯乙烯	154	0.97	4.5	3.0	21	70	—	0.032	9.3

学科代码	期刊名称	来源文献量	文献选出率	平均引文数	平均作者数	地区分布数	机构分布数	海外论文比	基金论文比	引用半衰期
E24	聚酯工业	111	1.00	3.0	2.5	14	50	—	0.063	11.7
E24	上海塑料	41	0.91	11.5	2.9	12	32	—	0.122	7.6
E24	塑料	177	1.00	20.1	4.1	25	94	0.000	0.490	7.5
E24	塑料工业	407	0.93	13.5	4.1	29	222	0.000	0.450	6.8
E24	塑料科技	265	0.95	14.8	4.1	29	167	0.000	0.420	6.5
E24	塑料助剂	67	1.00	14.9	3.5	16	53	0.000	0.130	8.8
E24	弹性体	95	0.90	16.7	4.7	19	37	0.000	0.540	7.6
E24	特种橡胶制品	95	0.88	8.4	3.8	15	33	—	0.242	9.0
E24	现代塑料加工应用	102	0.86	5.7	4.0	19	61	0.000	0.500	5.7
E24	橡胶工业	267	0.97	11.8	4.1	22	94	0.000	0.390	7.8
E24	橡胶科技	140	1.00	6.1	3.5	24	87	—	0.093	8.1
E24	橡塑技术与装备	275	0.99	6.1	2.1	23	123	0.004	0.018	10.6
E24	橡塑资源利用	40	0.61	5.2	2.0	5	13	—	—	11.4
E24	中国塑料	262	0.90	18.0	4.2	27	128	0.000	0.500	6.6
E24	中国橡胶	80	0.99	0.0	2.2	18	53	0.062	0.012	—
E25	表面工程与再制造	49	0.20	4.9	2.0	10	24	0.082	0.184	10.1
E25	表面技术	500	0.99	23.1	4.8	29	242	0.010	0.710	6.8
E25	电镀与涂饰	222	1.00	12.5	4.1	26	149	0.010	0.320	6.5
E25	化学与粘合	119	0.79	13.7	4.6	16	47	0.000	0.300	7.6
E25	精细化工	333	1.00	23.7	4.9	28	153	0.010	0.870	6.3
E25	精细化工中间体	109	0.94	15.2	4.7	21	63	0.000	0.420	7.6
E25	精细石油化工	104	0.89	16.1	4.3	25	64	0.000	0.540	7.4
E25	精细与专用化学品	151	0.92	9.6	2.8	16	72	—	0.179	10.3
E25	上海染料	60	0.93	5.2	1.6	10	27	0.017	—	25.1
E25	上海涂料	77	0.99	6.5	3.3	19	65	0.026	0.117	10.6
E25	涂层与防护	145	1.00	6.6	3.1	16	86	0.014	0.028	9.0
E25	涂料工业	173	0.95	14.5	3.9	27	117	0.010	0.240	7.3
E25	现代涂料与涂装	255	0.80	4.7	3.2	24	137	0.008	0.043	8.0
E25	香料香精化妆品	104	0.97	13.4	4.0	21	75	0.000	0.130	8.7
E25	印染助剂	176	1.00	12.0	3.2	24	91	0.000	0.340	6.3
E25	粘接	144	0.93	11.6	4.0	23	87	0.000	0.080	7.0
E25	中国胶粘剂	166	0.98	15.8	4.1	26	108	0.000	0.400	7.4
E25	中国氯碱	192	0.99	2.0	2.3	26	88	—	0.021	6.9

学科代码	期刊名称	来源文献量	文献选出率	平均引文数	平均作者数	地区分布数	机构分布数	海外论文比	基金论文比	引用半衰期
E25	中国生漆	49	0.99	10.7	1.7	17	41	0.020	0.286	15.4
E25	中国涂料	193	0.30	4.2	2.8	19	87	—	0.041	9.2
E26	Journal of Advanced Ceramics	41	0.93	42.4	5.2	15	36	0.317	0.878	8.3
E26	宝石和宝石学杂志	60	0.91	12.1	3.1	12	25	0.083	0.450	10.7
E26	超硬材料工程	79	0.93	10.8	3.9	18	51	—	0.329	10.0
E26	黑龙江造纸	52	0.97	6.9	2.5	9	14	—	0.212	9.3
E26	混凝土与水泥制品	280	0.98	11.1	4.0	26	172	—	0.686	7.5
E26	科技创新与应用	3201	0.97	5.4	1.9	31	2001	0.000	0.131	5.6
E26	粮食储藏	74	1.00	9.6	4.5	19	48	—	0.365	8.8
E26	煤化工	103	0.92	6.0	2.8	21	86	0.000	0.160	6.6
E26	木工机床	47	0.96	5.3	2.3	5	21	—	0.532	6.9
E26	皮革科学与工程	88	1.00	13.9	3.5	14	30	0.010	0.450	8.2
E26	皮革与化工	50	0.97	10.4	3.3	15	31	0.000	0.360	7.6
E26	日用化学品科学	152	1.00	10.1	2.5	13	77	0.013	0.132	10.4
E26	石化技术与应用	104	0.97	13.0	3.7	18	50	0.000	0.150	8.2
E26	石油和化工设备	328	0.95	4.3	2.6	26	145	—	0.034	10.0
E26	石油化工建设	132	0.98	2.5	2.0	21	68	0.015	—	13.9
E26	水泥	333	0.93	2.1	2.5	27	198	0.003	0.063	11.1
E26	水泥工程	207	0.99	2.7	2.3	22	113	—	0.053	8.2
E26	水泥技术	111	1.00	2.4	2.3	19	45	—	0.009	9.0
E26	丝网印刷	81	1.00	0.6	1.4	11	26	—	—	11.5
E26	四川水泥	4016	0.90	3.7	1.2	31	2165	0.003	0.029	3.6
E26	天津造纸	34	0.33	9.2	1.5	4	7	—	0.088	12.8
E26	天然气化工	150	0.93	18.3	4.4	27	86	0.000	0.530	8.0
E26	网印工业	37	0.95	1.5	1.3	15	28	—	0.027	5.6
E26	文体用品与科技	2814	0.99	4.9	1.4	31	1175	0.001	0.137	5.7
E26	西部皮革	2336	0.96	4.2	1.5	31	596	0.001	0.111	7.9
E26	现代面粉工业	83	0.96	4.1	1.6	16	41	—	0.060	9.6
E26	新世纪水泥导报	96	1.00	2.5	2.0	22	65	—	0.010	6.9
E26	蓄电池	66	0.97	7.5	4.0	16	38	—	0.106	7.7
E26	艺术设计研究	72	1.00	26.2	1.3	14	41	0.028	0.583	26.4
E26	印刷杂志	166	1.00	0.0	1.3	18	78	0.012	0.078	10.5
E26	造纸化学品	32	0.93	6.2	2.9	8	21	—	0.094	9.8

学科代码	期刊名称	来源文献量	文献选出率	平均引文数	平均作者数	地区分布数	机构分布数	海外论文比	基金论文比	引用半衰期
E26	造纸科学与技术	109	0.96	15.5	3.9	14	40	0.000	0.570	7.7
E26	造纸信息	68	0.62	0.0	1.4	12	38	0.044	—	—
E26	造纸装备及材料	29	0.95	3.0	2.3	8	17	—	0.034	9.8
E26	纸和造纸	78	0.40	10.7	3.3	17	52	—	0.333	7.2
E26	中国宝玉石	43	0.16	1.5	1.5	10	22	—	0.023	7.8
E26	中国皮革	143	0.71	12.9	3.7	16	49	0.060	0.500	8.2
E26	中国人造板	95	0.93	3.8	2.5	13	63	0.011	0.158	8.9
E26	中国水泥	301	0.68	0.9	1.8	27	151	—	0.017	9.0
E26	中国眼镜科技杂志	97	0.11	1.2	1.3	15	51	—	0.010	10.2
E26	中国造纸	158	0.92	18.6	3.9	20	72	0.013	0.601	7.4
E26	中国造纸学报	47	1.00	21.0	4.3	15	23	0.020	0.790	7.7
E26	中国制笔	18	0.64	1.8	1.4	5	9	—	0.056	15.7
E26	中华纸业	245	0.49	4.6	2.4	19	132	0.033	0.139	8.5
E27	电测与仪表	563	1.00	15.3	4.2	29	197	—	0.657	6.0
E27	阀门	98	0.98	4.4	3.1	15	67	—	0.031	18.1
E27	分析仪器	226	1.00	11.7	4.0	27	157	0.000	0.320	8.0
E27	工业仪表与自动化装置	188	0.96	9.6	2.9	22	110	0.000	0.360	6.6
E27	光学精密工程	340	0.86	20.1	4.3	24	144	0.010	0.930	6.0
E27	生命科学仪器	56	0.96	31.8	4.0	15	41	0.000	0.550	6.1
E27	水泵技术	75	0.97	6.2	3.5	18	49	—	0.307	9.3
E27	现代科学仪器	254	1.00	9.1	2.1	24	139	0.000	0.170	5.3
E27	现代仪器与医疗	341	0.99	18.3	3.1	27	280	—	0.123	3.2
E27	仪表技术	165	0.96	7.1	2.8	24	100	0.006	0.303	7.2
E27	仪表技术与传感器	368	0.96	11.3	3.7	27	198	0.010	0.630	6.6
E27	仪器仪表学报	349	0.97	22.2	4.1	25	139	0.020	0.860	4.2
E27	仪器仪表用户	358	1.00	5.4	2.4	27	195	—	0.131	8.7
E27	仪器仪表与分析监测	45	0.80	8.0	2.8	15	33	—	0.289	7.9
E27	中国仪器仪表	136	0.61	2.5	2.3	23	77	0.007	0.184	6.1
E27	钟表	19	0.13	0.1	1.2	3	10	0.053	—	29.0
E27	自动化仪表	280	1.00	11.4	3.3	26	184	0.010	0.410	5.4
E27	自动化与仪表	274	1.00	9.4	3.1	27	145	0.000	0.380	5.9
E28	Defence Technology	88	0.94	32.0	3.6	8	27	0.680	0.170	9.2
E28	爆破	107	0.96	25.0	4.6	21	59	0.000	0.810	4.7

学科代码	期刊名称	来源文献量	文献选出率	平均引文数	平均作者数	地区分布数	机构分布数	海外论文比	基金论文比	引用半衰期
E28	爆破器材	67	1.00	15.0	4.4	18	41	0.010	0.300	9.4
E28	爆炸与冲击	160	1.00	16.7	4.7	20	70	0.020	0.810	9.6
E28	兵工学报	274	1.00	19.3	4.4	22	81	0.000	0.690	6.8
E28	兵工自动化	255	1.00	10.7	3.4	21	112	0.000	0.200	7.2
E28	兵器材料科学与工程	151	0.96	16.2	4.4	23	67	0.000	0.660	6.9
E28	兵器装备工程学报	484	0.99	14.8	3.5	25	158	0.000	0.270	7.7
E28	弹道学报	62	0.99	12.3	3.4	14	27	0.000	0.420	8.1
E28	防护工程	78	0.48	12.9	3.9	8	15	—	0.218	8.4
E28	飞航导弹	226	0.91	12.4	3.2	19	90	0.000	0.230	5.9
E28	国防	273	0.96	2.5	1.5	29	129	—	0.007	12.6
E28	国防科技	142	0.99	9.6	2.4	22	67	—	0.204	7.3
E28	含能材料	160	1.00	24.6	5.1	13	35	0.010	0.600	8.5
E28	航空兵器	88	0.95	18.7	3.4	11	32	0.000	0.470	7.1
E28	火工品	88	0.84	9.5	4.5	14	36	0.011	0.364	9.4
E28	火控雷达技术	83	0.99	7.9	2.8	12	34	—	0.133	8.2
E28	火力与指挥控制	435	0.99	13.1	3.5	22	116	0.000	0.490	7.1
E28	火炮发射与控制学报	78	0.97	9.3	3.9	10	26	—	0.359	7.9
E28	火炸药学报	108	0.98	18.8	5.4	12	26	0.040	0.510	9.2
E28	军民两用技术与产品	3164	1.00	2.8	1.6	31	1683	0.000	0.016	4.5
E28	数字海洋与水下攻防	73	0.99	9.1	2.6	15	29	—	0.055	9.5
E28	水下无人系统学报	93	0.85	17.4	3.8	13	27	0.000	0.430	8.3
E28	探测与控制学报	132	0.97	12.8	3.3	18	42	0.010	0.390	7.5
E28	现代防御技术	158	0.83	16.2	3.4	17	53	0.000	0.130	7.8
E28	战术导弹技术	107	0.86	14.4	3.2	16	56	0.000	0.310	6.9
E28	指挥控制与仿真	168	0.97	11.1	2.9	18	68	0.000	0.150	6.6
E28	指挥信息系统与技术	104	0.95	11.6	3.0	12	32	—	0.538	7.7
E28	指挥与控制学报	51	0.93	21.9	3.3	12	30	—	0.333	6.7
E28	装甲兵工程学院学报	118	0.95	13.4	3.9	12	21	0.000	0.210	6.0
E29	Knitting Industries	230	0.76	8.4	3.1	20	130	—	0.335	7.7
E29	产业用纺织品	104	0.89	12.6	3.1	14	42	—	0.385	7.7
E29	纺织报告	272	0.66	4.9	1.7	24	150	0.004	0.195	4.9
E29	纺织标准与质量	72	1.00	7.4	2.1	13	30	—	0.125	7.3
E29	纺织导报	221	0.99	7.8	2.8	20	106	0.005	0.430	5.5

学科代码	期刊名称	来源文献量	文献选出率	平均引文数	平均作者数	地区分布数	机构分布数	海外论文比	基金论文比	引用半衰期
E29	纺织高校基础科学学报	80	0.94	19.2	3.2	10	16	0.030	0.760	8.2
E29	纺织机械	17	0.95	1.8	1.1	6	10	—	—	22.0
E29	纺织科技进展	210	0.15	7.8	2.7	21	85	—	0.533	6.6
E29	纺织科学研究	78	0.94	1.6	2.1	9	38	0.026	—	11.2
E29	纺织科学与工程学报	127	0.95	14.9	3.7	16	29	—	0.543	6.0
E29	纺织器材	111	0.87	5.0	2.2	15	69	—	0.063	9.4
E29	纺织学报	347	1.00	16.8	4.1	20	60	0.010	0.810	6.2
E29	服饰导刊	70	0.94	9.5	2.0	11	23	—	0.786	8.8
E29	服装学报	100	0.23	15.2	2.5	14	38	0.050	0.760	8.5
E29	福建轻纺	76	0.86	7.1	2.1	2	38	0.026	0.579	7.4
E29	国际纺织导报	126	1.00	5.1	2.9	16	64	0.278	0.190	6.8
E29	合成纤维	156	0.99	9.4	3.4	13	70	0.000	0.310	8.6
E29	合成纤维工业	103	0.98	13.3	4.1	20	56	0.010	0.400	7.5
E29	化纤与纺织技术	44	0.92	6.8	2.4	8	28	—	0.409	5.6
E29	检验检疫学刊	102	0.98	9.1	4.9	14	59	—	0.578	8.7
E29	江苏丝绸	28	0.96	5.4	2.9	5	21	—	0.250	7.0
E29	锦绣	246	0.57	0.0	1.0	—	—	—	—	—
E29	辽宁丝绸	98	1.00	3.4	1.7	7	24	—	0.235	7.6
E29	毛纺科技	236	1.00	12.2	3.0	22	93	0.004	0.614	7.5
E29	棉纺织技术	246	0.96	8.1	3.0	19	127	0.000	0.330	6.8
E29	轻纺工业与技术	287	0.85	4.8	2.1	23	102	—	0.526	7.5
E29	轻工学报	80	0.99	20.0	4.7	17	34	—	0.950	7.3
E29	染料与染色	73	0.92	13.0	3.0	9	33	—	0.137	11.4
E29	染整技术	466	0.98	4.1	1.7	28	302	—	0.358	4.4
E29	山东纺织经济	274	0.95	5.4	1.4	22	85	—	0.277	5.0
E29	山东纺织科技	103	0.98	7.0	2.4	21	53	—	0.350	7.2
E29	上海纺织科技	224	0.99	9.3	3.4	20	77	0.010	0.500	6.7
E29	丝绸	189	0.99	14.1	3.5	22	76	0.020	0.710	7.6
E29	天津纺织科技	108	0.98	11.6	2.2	19	62	—	0.287	8.2
E29	现代纺织技术	112	0.96	12.8	3.8	19	50	0.010	0.420	8.1
E29	现代丝绸科学与技术	77	0.98	10.0	2.5	8	24	—	0.481	8.2
E29	印染	333	1.00	9.8	3.5	24	132	0.009	0.429	6.5
E29	中国棉花加工	114	0.41	0.3	1.6	7	48	—	0.053	5.8

学科代码	期刊名称	来源文献量	文献选出率	平均引文数	平均作者数	地区分布数	机构分布数	海外论文比	基金论文比	引用半衰期
E29	中国纤检	299	1.00	2.9	2.4	23	113	0.003	0.067	10.6
E30	包装与食品机械	92	1.00	18.0	4.1	24	67	0.000	0.450	5.8
E30	茶业通报	43	0.88	6.2	2.9	11	25	—	0.209	10.4
E30	茶叶通讯	59	0.91	11.7	4.7	15	36	—	0.678	8.1
E30	茶叶学报	42	0.93	21.8	5.4	4	11	—	0.905	7.3
E30	广东茶业	46	1.00	6.3	2.8	8	28	—	0.130	10.1
E30	河南工业大学学报(自然科学版)	129	0.99	21.2	4.5	16	29	0.000	0.720	7.6
E30	黑龙江粮食	85	0.98	0.6	1.2	4	24	—	0.012	16.6
E30	江苏调味副食品	49	0.90	11.5	2.5	19	36	—	0.306	8.5
E30	粮食加工	134	0.96	9.3	3.3	23	65	—	0.358	8.6
E30	粮食科技与经济	361	0.99	11.0	2.7	30	219	—	0.385	5.4
E30	粮食问题研究	65	0.96	4.0	2.1	12	33	—	0.262	5.5
E30	粮食与食品工业	116	0.96	9.7	3.6	23	67	—	0.302	8.3
E30	粮食与饲料工业	178	0.92	14.2	4.6	26	120	0.000	0.460	7.7
E30	粮食与油脂	308	0.99	13.9	3.2	29	173	—	0.711	6.7
E30	粮油仓储科技通讯	102	0.94	5.1	3.1	22	90	—	0.078	6.4
E30	粮油食品科技	102	0.77	18.6	4.5	23	65	0.000	0.600	7.4
E30	美食研究	54	1.00	14.0	3.0	13	26	—	0.722	11.2
E30	酿酒	218	0.96	7.4	3.5	24	83	—	0.138	9.1
E30	酿酒科技	298	1.00	12.8	4.8	30	169	0.010	0.270	7.3
E30	肉类工业	168	0.52	10.5	3.6	27	94	—	0.310	7.9
E30	肉类研究	131	0.95	34.9	5.5	26	77	—	0.954	5.7
E30	乳业科学与技术	48	0.86	27.8	4.6	16	26	0.000	0.500	5.6
E30	食品安全质量检测学报	1095	1.00	24.7	4.9	30	537	0.000	0.470	6.0
E30	食品工程	66	0.89	9.3	3.5	19	46	0.015	0.439	8.2
E30	食品工业	991	0.97	16.6	4.2	31	474	0.002	0.746	7.0
E30	食品工业科技	1484	0.95	28.5	5.5	31	462	0.010	0.730	6.5
E30	食品界	475	0.96	0.0	1.7	31	342	0.002	0.053	—
E30	食品科技	721	1.00	16.7	4.9	30	331	—	0.865	7.1
E30	食品科学	1171	0.99	35.8	5.7	30	266	0.020	0.870	6.7
E30	食品科学技术学报	83	1.00	27.0	5.3	22	54	0.010	0.810	6.6
E30	食品研究与开发	954	0.98	22.5	4.8	31	467	0.000	0.570	6.5
E30	食品与发酵工业	550	1.00	26.5	5.4	29	170	0.010	0.760	6.9

学科代码	期刊名称	来源文献量	文献选出率	平均引文数	平均作者数	地区分布数	机构分布数	海外论文比	基金论文比	引用半衰期
E30	食品与发酵科技	152	1.00	17.7	5.0	26	90	0.000	0.380	7.2
E30	食品与机械	515	1.00	22.8	4.5	31	222	0.000	0.730	6.0
E30	食品与健康	101	0.96	0.0	1.0	8	23	0.069	—	—
E30	食品与生活	119	0.98	0.0	1.0	2	20	0.017	—	—
E30	食品与生物技术学报	195	0.85	21.5	5.0	24	64	0.000	0.900	8.9
E30	食品与药品	121	0.97	16.6	4.4	19	71	0.000	0.380	5.9
E30	现代食品	1337	0.94	6.1	2.2	31	823	0.001	0.194	5.9
E30	现代食品科技	480	0.97	24.5	5.5	29	208	0.010	0.830	6.6
E30	现代盐化工	437	0.51	5.8	1.8	30	254	0.002	0.213	4.8
E30	盐业史研究	35	0.91	40.6	1.3	12	24	—	0.543	30.4
E30	饮料工业	104	1.00	13.6	3.4	20	75	—	0.308	7.4
E30	中国保健食品	649	1.00	0.0	1.0	—	—	—	—	—
E30	中国茶叶加工	55	0.73	14.8	3.7	12	35	—	0.673	7.1
E30	中国井矿盐	98	0.99	2.8	1.9	14	41	—	0.010	12.8
E30	中国粮油学报	269	1.00	24.4	5.4	27	120	0.000	0.770	7.8
E30	中国酿造	479	0.99	24.1	5.2	29	235	0.000	0.720	6.0
E30	中国乳品工业	167	0.99	20.3	4.9	28	115	0.010	0.560	8.0
E30	中国乳业	184	0.98	5.7	2.5	24	111	0.016	0.168	8.6
E30	中国食品	449	0.77	1.0	1.6	30	353	0.002	0.091	4.4
E30	中国食品工业	75	0.99	7.7	2.6	13	44	0.053	0.133	9.3
E30	中国食品添加剂	279	0.97	17.7	4.6	29	162	0.000	0.480	6.3
E30	中国食品学报	464	0.99	24.4	5.5	26	125	0.020	0.860	8.2
E30	中国食物与营养	245	0.96	19.3	4.5	27	151	0.000	0.460	6.1
E30	中国甜菜糖业	51	1.00	10.9	2.9	6	37	—	0.412	8.0
E30	中国调味品	514	0.80	15.9	4.1	29	242	0.010	0.500	7.2
E30	中国盐业	261	0.61	1.1	1.3	25	119	—	—	9.3
E30	中国油脂	421	0.98	16.5	4.8	30	208	0.010	0.610	6.9
E30	中外葡萄与葡萄酒	113	0.98	20.0	5.1	24	63	—	0.805	7.7
E31	Building Simulation	87	0.99	51.1	3.3	8	71	0.805	0.655	7.7
E31	Frontiers of Architectural Research	43	0.91	39.8	2.0	3	38	0.884	0.279	12.4
E31	安徽建筑	830	1.00	4.5	1.5	29	430	—	0.083	6.5
E31	安徽建筑大学学报	116	0.99	12.1	2.5	6	34	—	0.707	8.0
E31	安装	207	0.66	1.7	2.4	21	84	—	0.010	9.4

学科代码	期刊名称	来源文献量	文献选出率	平均引文数	平均作者数	地区分布数	机构分布数	海外论文比	基金论文比	引用半衰期
E31	北方建筑	122	0.71	5.1	2.2	19	80	—	0.180	5.3
E31	北京建筑大学学报	53	0.97	11.4	3.4	2	4	—	1.000	7.1
E31	城建档案	457	1.00	3.4	1.1	29	325	0.002	0.048	3.5
E31	城市发展研究	205	0.99	21.2	2.7	21	106	0.050	0.720	7.2
E31	城市规划	174	0.96	20.6	2.7	20	80	0.030	0.530	10.6
E31	城市规划学刊	80	1.00	23.6	2.5	10	38	0.040	0.530	7.9
E31	城市开发	198	0.98	0.1	1.1	17	115	0.035	—	—
E31	城市勘测	254	1.00	8.9	2.6	25	114	—	0.272	6.5
E31	城市设计	69	0.99	8.1	1.8	6	19	0.130	0.029	15.7
E31	城市住宅	347	0.96	5.8	2.2	27	215	0.017	0.179	5.1
E31	城乡规划	69	0.98	15.5	2.1	13	48	0.072	0.290	8.6
E31	城乡建设	376	1.00	0.0	1.6	28	232	0.005	0.024	—
E31	城镇供水	120	0.98	5.0	2.3	22	80	—	0.033	9.5
E31	重庆建筑	190	0.96	6.9	2.4	22	99	—	0.132	8.1
E31	低温建筑技术	467	0.97	9.0	2.6	26	257	0.004	0.300	8.7
E31	粉煤灰综合利用	157	0.63	10.2	2.8	24	89	0.000	0.240	6.4
E31	福建建材	581	0.98	4.3	1.2	18	361	0.012	0.055	5.6
E31	福建建设科技	154	0.97	5.6	1.4	10	91	—	0.117	6.9
E31	福建建筑	359	1.00	5.6	1.4	21	169	0.003	0.142	7.5
E31	给水排水	353	0.97	7.8	3.5	25	218	0.010	0.250	8.4
E31	工程抗震与加固改造	135	0.97	11.0	3.4	23	86	0.000	0.640	9.8
E31	工业建筑	426	1.00	14.9	3.8	28	185	0.010	0.740	8.2
E31	供水技术	97	0.99	7.4	3.0	19	59	—	0.175	8.3
E31	古建园林技术	68	0.96	8.1	2.1	14	38	—	0.426	12.6
E31	广东建材	304	0.98	5.4	1.9	20	173	—	0.112	8.3
E31	广州建筑	62	0.88	11.3	2.5	3	35	—	0.387	6.6
E31	规划师	290	0.95	14.3	2.7	22	127	0.020	0.460	5.8
E31	国际城市规划	113	0.94	32.1	2.2	14	59	0.260	0.510	8.8
E31	河北工程大学学报(自然科学版)	92	0.96	13.1	3.8	14	23	0.020	0.980	8.3
E31	河北建筑工程学院学报	116	0.99	7.1	4.1	5	11	—	0.690	8.6
E31	河南建材	1277	1.00	3.2	1.4	30	845	0.003	0.041	3.7
E31	湖南城市学院学报(自然科学版)	97	0.96	11.3	2.8	15	46	—	0.546	6.8
E31	华中建筑	361	0.93	11.3	2.2	27	126	0.003	0.576	10.5

学科代码	期刊名称	来源文献量	文献选出率	平均引文数	平均作者数	地区分布数	机构分布数	海外论文比	基金论文比	引用半衰期
E31	混凝土	464	0.99	14.1	4.0	30	212	—	0.884	8.2
E31	混凝土世界	147	0.98	7.1	2.9	19	94	0.034	0.190	8.5
E31	吉林建筑大学学报	108	0.91	10.3	3.0	9	20	—	0.454	7.3
E31	家具与室内装饰	375	0.94	11.7	2.2	24	103	0.005	0.933	3.7
E31	建材发展导向(上)	4186	1.00	2.7	1.2	31	2294	0.001	0.007	2.8
E31	建材发展导向(下)	2312	0.77	2.7	1.3	30	1318	—	0.013	2.8
E31	建材技术与应用	94	0.94	6.6	1.9	16	52	—	0.170	6.6
E31	建材世界	158	0.79	7.1	2.9	22	87	—	0.165	7.7
E31	建井技术	90	0.85	7.0	2.5	18	59	—	0.222	6.3
E31	建设机械技术与管理	158	0.60	4.1	2.4	17	79	—	0.076	9.9
E31	建设监理	291	0.55	1.1	1.4	22	165	—	0.024	6.2
E31	建筑	355	0.60	0.2	1.5	27	205	0.003	0.008	—
E31	建筑·建材·装饰	4266	1.00	3.0	1.2	31	2628	0.001	0.005	2.9
E31	建筑安全	283	0.25	4.6	1.6	27	200	—	0.071	6.9
E31	建筑材料学报	158	0.77	15.3	4.2	24	87	0.030	0.870	8.1
E31	建筑电气	172	0.28	9.9	1.8	26	126	—	0.070	6.4
E31	建筑钢结构进展	83	0.95	16.5	3.6	19	49	0.010	0.700	8.8
E31	建筑工程技术与设计	153983	0.95	3.3	1.2	31	45640	0.001	0.002	3.0
E31	建筑工人	220	0.95	0.0	1.5	21	80	—	—	—
E31	建筑机械	279	0.90	3.6	2.0	21	116	—	0.111	7.7
E31	建筑机械化	221	1.00	3.2	2.4	20	106	—	0.086	8.2
E31	建筑技术	366	1.00	6.1	3.5	28	161	—	0.396	8.2
E31	建筑技术开发	1535	0.93	6.0	1.4	31	1039	—	0.042	3.3
E31	建筑技艺	238	0.94	3.1	1.9	20	114	0.080	0.097	8.1
E31	建筑节能	375	0.96	10.3	3.1	27	165	0.010	0.420	6.8
E31	建筑结构	496	1.00	9.9	3.8	27	208	0.010	0.410	8.4
E31	建筑结构学报	235	1.00	19.1	4.1	23	81	0.020	0.950	8.4
E31	建筑经济	283	0.99	7.3	2.5	24	153	0.007	0.435	5.6
E31	建筑科学	257	0.98	14.2	3.8	23	94	0.040	0.660	8.2
E31	建筑科学与工程学报	102	0.94	21.7	4.0	22	44	0.030	0.930	8.2
E31	建筑热能通风空调	316	0.57	7.9	2.8	23	156	—	0.253	8.6
E31	建筑设计管理	219	0.94	4.3	1.5	24	145	—	0.119	6.4
E31	建筑师	97	0.49	29.7	1.8	10	45	0.237	0.464	31.3

学科代码	期刊名称	来源文献量	文献选出率	平均引文数	平均作者数	地区分布数	机构分布数	海外论文比	基金论文比	引用半衰期
E31	建筑施工	740	1.00	5.1	2.2	24	268	0.003	0.166	6.4
E31	建筑学报	220	0.96	13.1	1.8	17	88	0.130	0.380	19.1
E31	建筑遗产	42	0.98	20.5	2.0	10	21	0.095	0.476	22.3
E31	建筑与预算	163	0.98	6.3	1.5	24	110	—	0.049	4.6
E31	江苏建材	114	0.88	4.2	2.9	16	72	—	0.289	8.0
E31	江苏建筑	194	0.98	6.9	2.4	14	105	0.005	0.144	7.4
E31	江苏建筑职业技术学院学报	97	0.94	7.2	2.0	15	46	—	0.742	6.0
E31	结构工程师	146	0.96	14.0	3.0	26	70	0.000	0.560	8.7
E31	净水技术	257	0.94	15.6	3.6	25	133	0.050	0.490	7.5
E31	居业	1388	0.96	2.7	1.3	30	932	0.004	0.029	3.0
E31	空间结构	54	0.99	13.1	3.6	16	31	—	0.796	9.2
E31	绿色建筑	147	0.90	2.0	1.9	11	75	0.007	0.211	6.9
E31	南方建筑	122	1.00	20.4	2.5	21	48	0.060	0.520	7.2
E31	暖通空调	285	1.00	12.7	3.7	22	128	0.020	0.550	7.5
E31	山东建筑大学学报	90	0.99	19.6	3.6	6	23	0.011	0.789	5.4
E31	山西建筑	5164	0.99	4.6	1.5	31	2023	—	0.100	5.9
E31	上海城市规划	132	0.81	15.5	2.0	14	66	0.080	0.360	6.7
E31	上海建材	27	1.00	1.6	1.8	8	19	—	—	11.8
E31	上海建设科技	182	0.91	3.4	1.3	4	118	—	0.077	9.2
E31	沈阳建筑大学学报(自然科学版)	128	0.93	20.3	3.8	19	38	0.010	1.000	6.7
E31	施工技术	838	0.99	8.3	3.5	28	423	0.001	0.554	5.8
E31	时代建筑	193	0.95	15.2	1.7	13	89	0.197	0.233	15.4
E31	世界建筑	156	0.90	4.6	1.4	13	79	0.128	0.096	18.2
E31	世界建筑导报	11	0.92	8.9	1.9	3	7	0.182	0.364	11.0
E31	四川建材	1507	1.00	4.9	1.5	31	819	0.005	0.092	6.0
E31	四川建筑	560	0.96	6.1	2.0	25	236	—	0.120	9.5
E31	四川建筑科学研究	144	1.00	12.3	3.7	22	84	—	0.722	8.2
E31	特种结构	119	0.97	9.7	3.1	19	67	—	0.345	8.8
E31	天津城建大学学报	83	0.99	14.4	3.1	1	2	—	0.578	7.0
E31	天津建设科技	159	1.00	3.5	2.0	10	76	—	0.107	8.5
E31	土工基础	163	0.99	10.9	2.8	24	117	—	0.264	10.1
E31	西安建筑科技大学学报(自然科学版)	132	0.96	16.0	3.5	18	33	0.020	0.910	8.9
E31	现代城市研究	214	0.95	24.5	2.7	20	97	0.050	0.730	8.0

学科代码	期刊名称	来源文献量	文献选出率	平均引文数	平均作者数	地区分布数	机构分布数	海外论文比	基金论文比	引用半衰期
E31	小城镇建设	206	0.94	14.6	2.2	24	118	0.063	0.403	6.3
E31	新建筑	192	0.96	15.4	2.3	18	75	0.078	0.531	12.9
E31	新型建筑材料	443	0.66	9.4	3.8	29	260	0.000	0.500	6.9
E31	云南建筑	235	0.91	3.1	1.8	12	84	—	0.004	11.1
E31	浙江建筑	180	0.97	5.2	2.3	16	105	—	0.283	7.5
E31	智能建筑	218	0.78	2.9	1.9	23	140	0.009	0.028	6.3
E31	智能建筑电气技术	154	0.93	3.6	1.9	18	66	—	0.032	6.5
E31	智能建筑与智慧城市	440	0.78	3.2	1.5	30	346	0.005	0.052	3.0
E31	中国电梯	421	0.81	2.1	2.0	27	187	0.014	0.050	9.3
E31	中国粉体技术	86	1.00	18.8	4.4	20	54	0.000	0.780	6.0
E31	中国给水排水	640	0.69	7.7	4.2	27	329	0.010	0.470	6.3
E31	中国建材科技	304	1.00	5.7	2.2	29	187	—	0.178	6.6
E31	中国建筑防水	256	0.99	3.3	2.5	22	162	0.004	0.047	7.1
E31	中国建筑金属结构	176	0.88	0.7	1.4	10	43	0.040	—	12.9
E31	中国建筑装饰装修	84	0.93	2.1	1.5	10	46	0.012	0.071	9.5
E31	中国勘察设计	166	0.99	3.5	1.5	16	93	—	0.006	15.0
E31	中国市政工程	185	0.72	3.8	1.7	16	97	—	0.119	6.9
E31	中外建筑	705	0.94	6.0	1.6	26	357	0.009	0.166	7.9
E31	住区	98	0.74	11.7	2.2	13	46	0.102	0.459	9.4
E31	住宅科技	164	0.96	6.1	2.0	19	80	0.012	0.390	7.6
E31	装饰装修天地	9366	1.00	3.0	1.1	31	3699	0.000	0.004	3.1
E32	Frontiers of Structural and Civil Engineering	55	0.98	39.8	2.9	5	16	0.690	0.330	10.5
E32	地下空间与工程学报	218	1.00	16.3	3.6	26	124	0.010	0.780	8.8
E32	工程勘察	171	0.97	11.7	3.4	25	112	0.000	0.370	7.8
E32	广东土木与建筑	260	0.97	6.6	2.3	14	119	—	0.081	7.7
E32	土木工程学报	164	0.93	20.5	3.8	20	66	0.030	0.920	9.0
E32	土木工程与管理学报	177	0.90	16.8	3.7	27	89	0.030	0.800	7.6
E32	土木建筑工程信息技术	119	0.94	7.2	3.3	19	96	—	0.269	4.5
E32	土木建筑与环境工程	121	0.99	19.3	4.1	23	58	0.010	0.830	6.9
E32	岩石力学与工程学报	251	0.37	27.1	4.6	24	96	0.010	0.930	8.7
E32	岩土工程技术	68	1.00	8.2	2.4	17	45	0.000	0.160	9.5
E32	岩土工程学报	274	0.63	22.8	4.1	23	95	0.050	0.910	10.1
E32	岩土力学	534	0.99	21.9	4.4	26	152	0.030	0.910	9.6

学科代码	期刊名称	来源文献量	文献选出率	平均引文数	平均作者数	地区分布数	机构分布数	海外论文比	基金论文比	引用半衰期
E32	筑路机械与施工机械化	266	0.92	15.1	2.7	29	160	—	0.586	7.4
E32	砖瓦	220	0.62	3.8	1.9	26	117	—	0.077	7.9
E33	Journal of Hydrodynamics	120	0.92	25.3	3.9	16	51	0.420	0.630	7.8
E33	Water Science and Engineering	40	1.00	32.6	4.1	13	30	0.430	0.630	11.0
E33	北京水务	89	0.99	9.0	3.2	3	47	—	0.258	7.2
E33	长江科学院院报	342	0.99	16.1	3.8	29	169	0.010	0.770	8.8
E33	大坝与安全	90	0.85	5.7	2.8	23	56	0.022	0.167	10.9
E33	东北水利水电	317	1.00	3.8	2.0	25	136	—	0.022	8.9
E33	甘肃水利水电技术	214	0.99	6.7	1.9	20	97	—	0.173	9.4
E33	广东水利水电	206	0.61	7.5	2.4	21	82	—	0.209	7.7
E33	广西水利水电	150	0.77	4.2	1.5	17	68	—	0.107	8.1
E33	海河水利	132	0.99	3.9	2.2	11	59	—	0.144	8.7
E33	河北水利	387	0.93	0.1	1.3	7	86	—	—	10.5
E33	河海大学学报(自然科学版)	82	0.96	23.3	4.2	13	25	0.010	0.840	9.0
E33	河南水利与南水北调	516	0.98	2.7	1.7	23	250	0.002	0.023	3.6
E33	黑龙江水利科技	966	0.93	4.4	1.2	27	453	0.002	0.013	5.3
E33	红水河	159	0.27	5.2	1.9	12	65	—	0.094	9.3
E33	湖南水利水电	196	0.56	3.1	1.6	12	103	—	0.041	8.0
E33	吉林水利	214	0.99	5.8	1.6	22	120	—	0.131	7.6
E33	江淮水利科技	125	0.97	2.7	1.3	6	67	—	—	11.5
E33	江苏水利	184	0.98	7.2	3.1	11	116	—	0.245	7.4
E33	江西水利科技	112	0.99	8.6	2.3	14	68	0.018	0.223	7.9
E33	内蒙古水利	430	0.95	1.3	1.8	24	208	—	0.028	5.2
E33	南水北调与水利科技	167	0.57	27.1	4.5	25	85	0.010	0.910	7.7
E33	泥沙研究	72	0.96	17.6	3.6	21	42	0.010	0.900	9.5
E33	人民长江	490	0.93	17.6	3.5	27	222	—	0.678	8.0
E33	人民黄河	417	0.98	13.1	3.9	28	194	0.010	0.710	9.1
E33	人民珠江	281	0.96	14.1	2.9	27	139	0.007	0.498	8.3
E33	三峡大学学报(自然科学版)	137	0.98	12.9	4.2	13	27	0.000	0.930	8.1
E33	山东水利	397	0.99	0.9	2.2	6	192	—	0.033	6.7
E33	山西水利	228	0.97	1.0	1.1	11	114	—	0.013	7.7
E33	山西水利科技	122	1.00	2.1	1.1	4	52	—	0.057	8.8
E33	陕西水利	579	1.00	3.7	1.5	26	312	—	0.038	5.9

学科代码	期刊名称	来源文献量	文献选出率	平均引文数	平均作者数	地区分布数	机构分布数	海外论文比	基金论文比	引用半衰期
E33	水电与抽水蓄能	139	0.99	6.7	3.4	21	74	—	0.144	9.1
E33	水电与新能源	242	0.91	5.1	2.5	25	97	—	0.087	8.2
E33	水电站机电技术	323	1.00	3.4	2.5	22	115	—	0.019	9.9
E33	水电站设计	95	0.79	5.4	2.0	9	20	—	—	9.6
E33	水动力学研究与进展 A 辑	98	0.86	16.3	3.8	16	50	0.020	0.840	10.4
E33	水科学进展	97	0.98	27.9	4.3	21	49	0.050	0.900	6.8
E33	水科学与工程技术	182	0.99	6.9	1.5	24	104	—	0.044	8.0
E33	水力发电	313	0.91	8.9	3.4	27	110	0.000	0.480	8.0
E33	水力发电学报	150	0.92	25.1	3.9	21	49	0.020	0.900	8.2
E33	水利发展研究	215	0.98	5.7	2.4	23	126	—	0.181	5.4
E33	水利规划与设计	603	1.00	10.1	1.9	31	300	0.003	0.194	6.0
E33	水利技术监督	401	0.95	9.7	1.5	28	245	—	0.047	5.7
E33	水利建设与管理	255	0.95	2.8	1.8	26	191	—	0.055	8.0
E33	水利经济	94	0.99	14.7	2.9	17	45	0.000	0.570	5.5
E33	水利科技	72	0.96	3.2	1.2	2	48	0.028	0.014	7.9
E33	水利科技与经济	212	1.00	7.9	2.1	25	103	—	0.193	8.4
E33	水利水电工程设计	80	0.97	2.0	3.2	8	10	—	—	10.4
E33	水利水电技术	329	1.00	18.2	4.1	28	138	0.000	0.910	7.8
E33	水利水电科技进展	88	0.96	20.9	3.8	16	38	0.010	0.930	8.1
E33	水利水电快报	179	0.95	4.6	2.6	20	71	0.017	0.112	8.0
E33	水利水运工程学报	91	0.98	16.3	4.1	20	37	0.010	0.930	8.2
E33	水利信息化	87	1.00	10.3	2.9	16	58	0.011	0.322	5.0
E33	水利学报	152	0.97	28.0	4.1	22	55	0.030	0.900	9.2
E33	水利与建筑工程学报	269	0.97	17.3	3.0	27	156	—	0.576	6.7
E33	水资源保护	92	0.97	24.9	3.9	19	49	0.040	0.800	6.4
E33	水资源与水工程学报	248	0.97	20.8	4.1	25	99	0.000	0.860	6.3
E33	四川水力发电	355	0.98	1.2	2.1	15	75	0.003	—	11.2
E33	四川水利	217	0.28	1.9	1.7	14	68	—	0.005	10.2
E33	西北水电	158	0.97	11.0	2.5	20	65	—	0.082	7.9
E33	小水电	127	0.98	2.2	1.8	22	89	0.055	0.055	7.2
E33	云南水力发电	293	0.92	8.0	2.4	15	73	—	0.017	9.5
E33	浙江水利科技	148	0.91	5.8	2.7	8	84	—	0.230	7.5
E33	治淮	426	1.00	0.0	2.1	12	216	—	0.005	—

学科代码	期刊名称	来源文献量	文献选出率	平均引文数	平均作者数	地区分布数	机构分布数	海外论文比	基金论文比	引用半衰期
E33	中国防汛抗旱	205	0.98	6.2	2.4	26	129	0.020	0.200	8.2
E33	中国三峡	21	0.56	0.1	1.1	7	15	0.095	—	15.5
E33	中国水利	528	0.95	3.5	2.3	31	324	0.004	0.212	4.7
E33	中国水利水电科学研究院学报	72	0.84	29.5	4.1	12	23	0.000	0.760	10.7
E33	中国水能及电气化	163	0.99	4.4	1.6	26	128	0.006	0.055	6.3
E33	中国水土保持	261	0.98	6.6	2.9	29	174	—	0.303	7.7
E34	Journal of Modern Transportation	26	0.90	31.1	3.2	2	19	0.577	0.615	7.7
E34	Journal of traffic and transportation engineering	43	0.90	38.2	3.3	3	32	0.930	0.090	8.8
E34	Journal of Transportation Engineering	64	0.94	13.5	3.1	13	46	—	0.422	7.2
E34	北方交通	398	1.00	4.9	1.5	27	193	—	0.070	7.6
E34	北京汽车	72	0.95	5.1	2.8	14	33	—	0.083	8.0
E34	车辆与动力技术	49	0.94	8.3	3.8	10	18	—	0.163	8.9
E34	城市道桥与防洪	869	0.96	4.6	1.5	28	335	0.001	0.045	8.6
E34	重庆交通大学学报(自然科学版)	237	0.97	14.4	3.6	27	100	0.020	0.720	7.8
E34	大连交通大学学报	143	0.93	10.8	3.5	11	25	0.040	0.500	6.8
E34	公路交通技术	165	0.96	11.2	2.5	18	68	—	0.406	7.7
E34	公路交通科技	245	1.00	19.5	3.3	26	106	—	0.841	7.5
E34	公路与汽运	282	0.99	10.6	2.5	26	162	—	0.252	7.5
E34	广东公路交通	117	0.98	6.5	1.9	8	53	—	0.137	7.5
E34	广东交通职业技术学院学报	116	0.94	6.6	1.7	12	64	—	0.457	6.1
E34	国防交通工程与技术	122	0.95	4.9	1.6	20	61	—	0.082	7.0
E34	黑龙江交通科技	1546	1.00	2.8	1.3	30	610	—	0.022	4.0
E34	湖南交通科技	211	0.49	8.2	2.1	21	120	—	0.161	8.2
E34	华东交通大学学报	116	0.96	15.6	3.0	17	39	0.010	0.730	6.4
E34	集装箱化	138	0.98	0.9	1.6	11	52	0.007	0.022	8.2
E34	减速顶与调速技术	39	0.99	0.2	1.3	9	19	—	—	1.0
E34	建筑与文化	1059	0.87	6.6	2.0	28	227	0.010	0.329	9.2
E34	交通节能与环保	181	1.00	7.2	2.3	26	129	—	0.249	7.0
E34	交通科技	245	1.00	7.0	2.4	26	121	—	0.204	6.9
E34	交通科技与经济	94	1.00	14.4	2.8	22	55	—	0.457	5.5
E34	交通科学与工程	65	0.99	12.0	3.0	12	29	—	0.569	7.7
E34	交通信息与安全	99	1.00	20.3	3.5	17	40	0.010	0.860	5.6

学科代码	期刊名称	来源文献量	文献选出率	平均引文数	平均作者数	地区分布数	机构分布数	海外论文比	基金论文比	引用半衰期
E34	交通与运输	154	0.97	0.0	1.6	17	95	0.032	0.019	7.0
E34	交通运输工程学报	100	0.32	31.5	4.2	21	51	0.040	0.990	6.1
E34	交通运输工程与信息学报	82	0.95	12.2	2.8	6	14	—	0.549	7.7
E34	交通运输系统工程与信息	192	0.97	11.2	3.5	25	67	0.040	0.830	5.9
E34	交通运输研究	60	0.97	20.8	3.3	18	35	—	0.533	5.9
E34	军事交通学院学报	244	1.00	6.6	3.0	14	31	—	0.168	6.7
E34	客车技术与研究	111	0.83	10.6	3.3	19	54	—	0.171	7.3
E34	控制与信息技术	99	0.72	11.9	3.3	15	40	—	0.343	5.6
E34	兰州交通大学学报	144	0.94	15.7	3.0	8	16	—	0.729	7.2
E34	辽宁省交通高等专科学校学报	127	0.95	6.3	1.3	22	66	—	0.472	5.7
E34	路基工程	292	1.00	10.4	2.7	29	173	—	0.432	9.2
E34	内蒙古公路与运输	88	0.98	11.2	2.1	21	63	—	0.193	9.1
E34	汽车工程师	175	0.99	5.2	2.7	17	72	—	0.229	6.9
E34	汽车工业研究	125	1.00	6.9	2.4	—	—	—	—	8.1
E34	汽车工艺师	123	0.32	0.0	2.0	18	70	0.024	—	—
E34	汽车工艺与材料	184	0.67	4.3	3.3	18	73	0.005	0.038	8.9
E34	汽车零部件	265	0.93	5.9	3.0	25	146	—	0.113	7.7
E34	汽车实用技术	1944	0.97	4.4	2.7	29	504	0.001	0.088	8.1
E34	汽车维修	238	0.97	1.0	1.4	23	110	—	0.017	6.0
E34	汽车维修技师	56	0.80	0.3	1.6	11	20	—	—	2.5
E34	汽车维修与保养	99	1.00	0.0	1.2	11	52	0.061	0.010	—
E34	汽车与安全	97	0.96	0.9	1.3	15	43	0.010	0.021	6.9
E34	汽车与驾驶维修(维修版)	659	0.99	2.5	1.3	30	443	0.003	0.032	4.0
E34	青海交通科技	195	0.90	6.4	1.8	21	83	—	0.021	7.0
E34	人民公交	224	1.00	0.1	1.3	26	133	—	—	6.8
E34	山东交通科技	249	0.98	5.7	2.0	22	130	—	0.133	9.6
E34	山东交通学院学报	51	0.97	20.5	2.8	14	29	—	0.353	7.5
E34	山西交通科技	180	0.16	5.2	1.1	9	56	—	0.067	7.1
E34	上海公路	90	0.80	6.0	1.8	12	48	—	0.100	7.6
E34	上海汽车	149	0.75	4.6	2.6	7	32	—	0.007	7.2
E34	时代汽车	881	0.84	3.9	1.8	31	510	0.001	0.057	4.6
E34	世界桥梁	108	0.05	10.1	2.6	22	67	—	0.278	3.5
E34	武汉交通职业学院学报	79	0.98	14.5	1.4	15	35	—	0.392	7.2

学科代码	期刊名称	来源文献量	文献选出率	平均引文数	平均作者数	地区分布数	机构分布数	海外论文比	基金论文比	引用半衰期
E34	武汉理工大学学报(交通科学与工程版)	210	0.90	11.9	3.8	21	57	0.000	0.620	7.0
E34	西部交通科技	645	0.94	5.8	1.6	18	189	—	0.085	7.0
E34	现代城市轨道交通	217	1.00	6.5	2.0	23	109	—	0.083	6.3
E34	现代交通技术	125	0.88	8.8	2.6	20	75	0.008	0.296	8.9
E34	浙江交通职业技术学院学报	59	0.91	6.5	1.8	13	36	—	0.593	6.3
E34	中国船检	140	0.97	0.0	1.3	11	59	0.036	0.007	—
E34	中国海事	213	0.98	1.5	1.6	18	108	0.009	0.019	6.1
E34	中国交通信息化	242	0.40	3.1	1.8	25	165	0.004	0.025	5.7
E35	长安大学学报(自然科学版)	107	0.94	25.7	4.2	17	28	0.050	0.960	6.9
E35	城市公共交通	146	1.00	1.5	1.4	24	110	—	0.034	7.0
E35	城市交通	78	0.94	16.3	3.1	15	47	0.060	0.460	6.6
E35	电动自行车	126	0.91	1.2	1.0	14	33	—	—	6.3
E35	公路	727	0.83	9.5	3.0	31	337	0.000	0.350	8.5
E35	公路工程	349	0.76	12.8	2.7	27	202	—	0.682	5.9
E35	交通世界(上旬刊)	1092	0.99	4.4	1.1	27	436	—	0.004	3.7
E35	交通世界(下旬刊)	1087	1.00	4.4	1.1	30	470	—	0.002	3.7
E35	交通世界(中旬刊)	1012	0.95	5.2	1.3	29	514	—	0.007	4.6
E35	摩托车技术	61	0.49	2.9	2.3	14	33	—	0.016	10.0
E35	汽车安全与节能学报	57	0.93	20.5	4.3	17	41	0.090	0.700	6.8
E35	汽车工程	212	0.93	15.1	4.3	23	72	0.020	0.830	7.2
E35	汽车工程学报	62	1.00	12.8	3.7	16	42	0.000	0.630	7.1
E35	汽车技术	140	0.92	13.4	3.8	25	75	0.010	0.490	5.8
E35	汽车科技	108	1.00	7.3	3.7	15	46	0.009	0.074	8.4
E35	隧道建设(中英文)	263	0.87	15.0	3.3	21	131	0.000	0.340	5.8
E35	现代隧道技术	178	0.95	14.8	3.6	20	113	0.010	0.630	8.2
E35	中国公路	662	1.00	0.0	1.6	31	376	0.009	—	—
E35	中国公路学报	292	0.98	24.8	4.3	22	84	0.030	0.950	6.9
E35	中外公路	416	0.99	10.7	3.1	30	218	0.000	0.410	8.3
E35	专用汽车	119	0.45	2.4	2.3	20	65	—	0.008	9.5
E36	城市轨道交通研究	449	0.84	7.2	2.5	26	183	0.010	0.200	6.8
E36	电力机车与城轨车辆	142	0.93	5.1	2.6	21	67	—	0.056	8.4
E36	电气化铁道	148	0.93	6.4	2.0	23	93	—	0.135	8.5
E36	都市快轨交通	148	0.93	11.5	2.3	19	76	0.010	0.340	5.3

学科代码	期刊名称	来源文献量	文献选出率	平均引文数	平均作者数	地区分布数	机构分布数	海外论文比	基金论文比	引用半衰期
E36	高速铁路技术	121	0.94	8.8	2.2	17	35	—	0.198	8.6
E36	轨道交通装备与技术	124	0.90	1.4	2.6	21	60	—	0.008	8.3
E36	国外机车车辆工艺	65	0.97	2.2	2.0	1	1	—	—	11.9
E36	国外铁道车辆	59	0.94	3.4	1.8	5	7	—	0.034	12.2
E36	国外铁道机车与动车	66	0.92	1.4	1.9	1	3	—	—	11.0
E36	湖北汽车工业学院学报	70	0.92	9.6	3.2	10	19	—	0.800	6.3
E36	机车车辆工艺	119	0.96	1.4	2.6	20	59	—	0.017	9.1
E36	机车电传动	165	1.00	8.4	3.3	20	69	0.000	0.320	7.9
E36	客车技术	83	0.97	5.9	2.0	14	30	—	—	8.4
E36	上海铁道科技	291	0.59	1.8	1.1	6	95	—	0.021	10.2
E36	石家庄铁道大学学报(自然科学版)	71	0.99	11.8	2.9	10	24	0.000	0.510	7.6
E36	石家庄铁路职业技术学院学报	109	1.00	4.7	1.4	18	53	—	0.220	5.0
E36	铁道标准设计	421	1.00	16.5	2.7	25	111	—	0.641	6.9
E36	铁道车辆	180	0.78	3.1	2.6	22	70	—	0.072	9.0
E36	铁道工程学报	218	0.98	7.6	2.8	22	47	0.000	0.320	8.9
E36	铁道货运	150	0.98	8.7	1.8	23	71	—	0.940	2.9
E36	铁道机车车辆	169	1.00	5.9	3.0	20	87	—	0.314	8.5
E36	铁道机车与动车	176	0.95	2.9	2.4	19	64	—	0.057	8.6
E36	铁道技术监督	156	0.96	4.3	2.3	22	71	—	0.141	12.1
E36	铁道建筑	432	0.99	10.9	2.8	27	169	—	0.581	7.1
E36	铁道勘察	184	0.88	13.8	1.6	21	67	—	0.174	7.0
E36	铁道科学与工程学报	412	0.99	15.4	3.4	26	113	0.000	0.810	7.4
E36	铁道通信信号	341	0.96	4.6	1.8	25	152	—	0.199	5.6
E36	铁道学报	242	0.92	18.1	4.0	24	61	0.010	0.810	7.9
E36	铁道运输与经济	253	0.97	9.7	2.1	25	88	0.004	0.988	4.5
E36	铁道运营技术	86	0.94	2.1	1.5	12	40	—	—	9.2
E36	铁路采购与物流	242	0.99	1.9	1.2	23	107	—	0.017	5.2
E36	铁路工程技术与经济	73	0.90	4.8	1.2	16	38	—	0.027	10.2
E36	铁路计算机应用	190	0.98	9.8	2.6	20	73	—	0.653	5.4
E36	铁路技术创新	80	0.96	5.8	2.1	15	44	—	0.050	5.4
E36	铁路节能环保与安全卫生	79	0.97	8.8	2.2	20	44	0.013	0.329	4.9
E36	铁路通信信号工程技术	241	0.93	7.9	1.5	22	93	—	0.145	5.2
E36	郑州铁路职业技术学院学报	118	0.98	4.9	1.7	17	60	—	0.483	3.8

学科代码	期刊名称	来源文献量	文献选出率	平均引文数	平均作者数	地区分布数	机构分布数	海外论文比	基金论文比	引用半衰期
E36	中国铁道科学	109	0.99	14.8	4.0	18	32	0.010	0.780	7.6
E36	中国铁路	223	0.92	7.6	2.4	22	81	—	0.538	5.6
E37	Journal of Marine Science and Application	54	1.00	30.0	3.2	7	30	0.760	0.170	8.5
E37	产业创新研究	533	0.94	5.0	1.4	31	444	0.002	0.176	4.4
E37	船舶	102	0.54	6.5	2.8	12	40	—	0.186	6.9
E37	船舶工程	235	0.97	11.5	3.7	18	95	0.010	0.430	7.1
E37	船舶力学	147	0.98	16.6	4.0	16	58	0.030	0.690	10.9
E37	船舶设计通讯	35	0.99	2.4	2.2	6	12	—	0.057	8.6
E37	船舶物资与市场	9	0.96	0.3	1.8	3	6	—	—	5.5
E37	船舶与海洋工程	85	0.98	8.0	3.2	12	44	—	0.376	7.7
E37	船舶职业教育	135	0.97	4.7	1.3	11	34	—	0.407	4.0
E37	船电技术	183	1.00	7.6	2.7	18	72	—	0.104	8.2
E37	船海工程	235	0.90	10.4	3.5	15	96	0.000	0.540	7.3
E37	大连海事大学学报	70	0.73	15.9	3.6	7	14	0.000	0.960	6.6
E37	港工技术	174	1.00	6.6	2.6	14	58	—	0.126	8.7
E37	港口科技	134	0.91	1.6	2.3	13	93	—	0.060	7.6
E37	港口装卸	121	0.98	4.5	2.3	13	81	—	0.099	6.8
E37	广船科技	52	0.89	1.9	2.1	2	6	—	—	15.2
E37	广东造船	140	0.92	3.2	2.4	7	53	—	0.129	10.0
E37	广州航海学院学报	73	0.95	10.2	2.5	12	27	—	0.685	7.1
E37	航海	104	0.16	3.0	1.6	10	53	—	0.010	8.3
E37	航海技术	178	0.97	1.0	1.7	13	96	0.017	0.062	7.3
E37	黄河水利职业技术学院学报	105	0.94	8.4	1.7	17	49	—	0.562	7.2
E37	机电兵船档案	172	0.19	3.1	1.3	20	100	—	0.023	6.8
E37	舰船电子工程	467	1.00	13.2	2.5	26	184	0.000	0.210	7.9
E37	舰船科学技术	369	0.84	10.8	3.3	19	121	0.000	0.340	9.1
E37	江苏船舶	80	0.57	4.3	2.3	8	55	—	0.138	7.3
E37	南通航运职业技术学院学报	102	0.95	5.6	1.8	11	54	—	0.569	7.1
E37	桥梁建设	129	0.96	10.5	3.0	20	59	0.020	0.490	3.7
E37	青岛远洋船员职业学院学报	80	0.69	5.4	1.8	11	33	—	0.325	5.6
E37	上海船舶运输科学研究所学报	64	1.00	5.4	2.2	4	15	—	0.062	7.3
E37	上海海事大学学报	70	0.95	14.9	3.2	12	17	0.010	0.770	6.0
E37	世界海运	134	0.98	3.6	1.6	12	72	0.007	0.097	10.3

学科代码	期刊名称	来源文献量	文献选出率	平均引文数	平均作者数	地区分布数	机构分布数	海外论文比	基金论文比	引用半衰期
E37	水道港口	121	0.92	11.1	3.0	15	38	0.020	0.530	9.1
E37	水运工程	488	0.96	8.2	2.9	20	138	0.000	0.220	8.1
E37	水运管理	157	0.99	1.2	2.0	14	64	0.006	0.178	7.2
E37	天津航海	101	0.97	2.7	1.6	9	53	—	0.069	7.6
E37	武汉船舶职业技术学院学报	137	1.00	5.2	1.3	13	47	—	0.438	6.3
E37	造船技术	106	0.75	6.2	2.9	10	48	0.009	0.236	7.2
E37	中国港口	146	0.95	0.0	1.5	15	74	0.007	—	19.6
E37	中国港湾建设	192	1.00	8.0	3.0	13	77	0.010	0.210	9.5
E37	中国航海	102	0.98	12.8	3.7	12	30	0.000	0.750	6.0
E37	中国舰船研究	126	0.98	16.6	3.8	14	41	0.000	0.520	8.0
E37	中国水运(上半月)	329	0.96	3.6	1.8	24	210	0.003	0.070	7.2
E37	中国水运(下半月)	1373	0.99	5.0	2.2	29	595	0.028	0.143	8.6
E37	中国修船	98	0.94	3.8	2.9	14	53	—	0.194	6.6
E37	中国远洋海运	88	0.25	0.0	1.4	5	43	0.023	—	—
E37	中国造船	87	1.00	17.3	4.1	10	35	0.010	0.530	8.4
E37	珠江水运	878	0.74	3.4	1.4	28	466	—	0.023	5.5
E38	Aerospace China	36	0.50	5.1	2.2	3	17	0.028	—	6.9
E38	Chinese Journal of Aeronautics	204	0.94	31.2	4.0	17	49	0.220	0.680	9.2
E38	Transactions of Nanjing University of Aeronautics and Astronautics	112	0.96	22.3	3.8	15	40	0.130	0.640	7.0
E38	北华航天工业学院学报	120	0.96	5.8	2.6	4	12	—	0.833	6.4
E38	北京航空航天大学学报	305	0.98	19.9	3.9	18	73	0.010	0.670	7.6
E38	测控技术	421	0.97	11.6	3.4	24	192	0.000	0.490	5.5
E38	长沙航空职业技术学院学报	116	0.98	6.0	1.6	23	78	0.009	0.560	5.0
E38	成都航空职业技术学院学报	105	0.96	7.4	1.7	20	55	—	0.410	6.4
E38	导弹与航天运载技术	142	0.96	9.5	4.0	11	32	0.000	0.260	9.7
E38	导航与控制	97	0.86	13.3	3.7	10	48	0.010	0.420	8.5
E38	电光与控制	262	0.96	13.5	3.4	22	97	0.000	0.580	6.6
E38	飞机设计	102	0.99	7.3	2.9	12	46	0.010	0.049	9.8
E38	飞行力学	120	0.99	12.0	3.4	15	45	0.000	0.530	8.9
E38	固体火箭技术	130	1.00	16.3	4.8	19	53	0.000	0.380	10.4
E38	桂林航天工业学院学报	107	0.97	10.1	1.8	11	27	—	0.692	8.7
E38	国际太空	112	0.84	0.0	2.1	10	34	—	0.036	—

学科代码	期刊名称	来源文献量	文献选出率	平均引文数	平均作者数	地区分布数	机构分布数	海外论文比	基金论文比	引用半衰期
E38	海军航空工程学院学报	76	0.97	19.0	3.3	8	28	0.000	0.410	6.8
E38	航空材料学报	90	0.94	30.4	4.6	19	54	0.010	0.610	8.1
E38	航空电子技术	39	1.00	4.9	2.4	5	14	—	0.026	8.1
E38	航空动力学报	337	0.98	21.0	4.0	24	88	0.010	0.660	10.3
E38	航空发动机	102	0.88	17.8	3.7	13	30	0.000	0.680	11.3
E38	航空工程进展	82	0.99	20.9	3.2	12	35	—	0.488	9.0
E38	航空计算技术	237	0.90	8.1	2.8	12	41	0.000	0.680	5.5
E38	航空精密制造技术	89	0.95	7.4	3.1	13	47	0.000	0.170	8.5
E38	航空科学技术	160	0.88	10.9	3.1	16	64	—	0.250	9.8
E38	航空维修与工程	318	0.96	2.6	2.3	23	103	—	0.035	10.4
E38	航空学报	280	0.97	27.5	4.1	19	77	0.000	0.760	7.9
E38	航空制造技术	276	1.00	18.8	4.3	18	96	0.010	0.530	7.0
E38	航天电子对抗	85	0.63	8.6	3.3	14	47	—	0.082	7.6
E38	航天返回与遥感	82	0.33	18.1	3.7	11	30	0.000	0.540	8.5
E38	航天工业管理	186	0.97	0.0	3.8	8	43	—	—	—
E38	航天控制	96	0.95	12.6	3.6	13	45	0.000	0.240	7.8
E38	航天器工程	125	0.56	12.5	4.7	9	32	0.000	0.350	7.7
E38	航天器环境工程	101	0.95	12.2	4.9	10	34	0.000	0.440	9.3
E38	航天制造技术	101	0.85	8.3	4.5	12	51	—	0.129	7.9
E38	火箭推进	80	1.00	13.9	3.9	8	20	0.000	0.310	10.1
E38	计测技术	71	0.98	13.5	3.5	17	43	0.028	0.493	9.0
E38	教练机	51	0.54	4.6	4.6	4	8	—	—	10.6
E38	空间电子技术	102	1.00	12.3	4.0	10	30	—	0.304	8.2
E38	空间控制技术与应用	67	1.00	13.5	3.7	11	25	0.010	0.670	8.5
E38	空气动力学学报	122	0.99	34.1	3.9	15	44	0.010	0.720	12.0
E38	民航学报	133	0.81	6.2	2.1	19	58	—	0.301	7.9
E38	南昌航空大学学报(自然科学版)	69	0.79	15.6	3.8	4	9	0.014	0.855	5.8
E38	南京航空航天大学学报	114	0.95	18.3	3.7	16	39	0.010	0.630	8.7
E38	强度与环境	55	0.93	13.9	4.4	7	23	0.000	0.560	10.1
E38	上海航天	118	0.92	15.6	4.7	11	43	0.030	0.600	8.9
E38	沈阳航空航天大学学报	79	0.97	22.2	3.3	7	15	—	0.620	6.6
E38	实验流体力学	75	0.97	26.8	4.5	11	18	0.010	0.590	9.1
E38	推进技术	326	0.95	23.7	4.1	21	72	0.010	0.550	10.9

学科代码	期刊名称	来源文献量	文献选出率	平均引文数	平均作者数	地区分布数	机构分布数	海外论文比	基金论文比	引用半衰期
E38	卫星应用	117	0.99	4.5	2.7	12	59	—	0.034	5.7
E38	卫星与网络	68	0.94	1.9	1.9	6	28	0.029	—	6.8
E38	西安航空学院学报	115	1.00	11.4	2.1	20	56	—	0.530	7.4
E38	现代导航	93	1.00	7.1	2.0	9	33	—	0.054	8.1
E38	宇航材料工艺	111	0.97	15.4	4.4	14	60	0.000	0.310	9.0
E38	宇航计测技术	97	0.92	9.7	4.3	17	43	0.000	0.180	8.3
E38	宇航学报	166	0.96	21.7	4.0	17	65	0.010	0.690	7.6
E38	载人航天	128	0.90	17.8	4.3	17	63	0.010	0.310	8.7
E38	振动、测试与诊断	179	0.97	17.0	4.3	23	85	0.010	0.910	7.5
E38	郑州航空工业管理学院学报	61	0.94	23.3	2.0	18	35	0.016	0.721	9.0
E38	直升机技术	61	0.94	7.0	2.5	4	10	—	0.082	12.0
E38	中国航天	156	0.98	0.0	2.2	6	45	—	0.013	—
E38	中国空间科学技术	60	0.96	17.0	4.3	12	35	0.000	0.480	7.3
E38	中国民航大学学报	77	0.91	12.4	2.8	10	18	—	0.831	7.9
E38	中国民航飞行学院学报	107	0.91	7.6	1.9	19	45	—	0.626	8.8
E39	Chinese Journal of Population Resources and Environment	34	0.97	38.1	2.9	10	26	0.350	0.500	6.1
E39	Frontiers of Environmental Science & Engineering	92	1.00	43.6	5.4	20	62	0.196	0.913	7.7
E39	Journal of Environmental Sciences	336	1.00	48.2	6.0	24	135	0.400	0.640	8.2
E39	长江流域资源与环境	282	1.00	30.2	4.3	22	119	0.010	0.930	7.1
E39	低碳世界	2852	0.63	3.7	1.3	29	1724	0.005	0.013	3.8
E39	电镀与环保	140	0.92	6.6	2.8	26	96	0.000	0.220	8.3
E39	电力科技与环保	109	0.92	10.6	3.2	20	65	—	0.284	6.3
E39	干旱环境监测	38	0.96	8.7	2.8	5	24	—	0.158	10.2
E39	干旱区资源与环境	388	0.99	21.2	3.8	30	185	—	0.977	8.2
E39	工业水处理	322	0.98	13.6	4.6	29	206	0.000	0.510	6.4
E39	工业用水与废水	121	0.98	13.9	3.6	24	101	0.010	0.260	6.5
E39	海洋环境科学	140	0.95	22.6	4.7	14	66	0.000	0.840	9.0
E39	黑龙江环境通报	104	0.96	5.1	1.8	8	63	—	0.058	8.2
E39	化工环保	130	0.98	21.1	4.4	26	98	0.000	0.620	6.2
E39	环保科技	83	0.99	14.2	3.3	21	62	—	0.277	7.6
E39	环境保护	352	0.99	8.4	2.7	24	167	0.003	0.418	7.9

学科代码	期刊名称	来源文献量	文献选出率	平均引文数	平均作者数	地区分布数	机构分布数	海外论文比	基金论文比	引用半衰期
E39	环境保护科学	130	0.94	17.2	3.9	25	101	0.000	0.490	6.7
E39	环境保护与循环经济	280	0.94	7.9	2.4	29	188	—	0.304	7.5
E39	环境工程	447	0.94	20.5	4.7	30	248	0.010	0.790	6.6
E39	环境工程技术学报	93	0.95	28.1	5.2	19	62	0.010	0.680	7.2
E39	环境工程学报	411	1.00	26.8	5.2	29	192	0.000	0.850	6.8
E39	环境化学	334	0.99	30.3	5.4	30	214	0.020	0.760	7.0
E39	环境技术	133	1.00	8.0	3.2	20	78	0.000	0.120	8.3
E39	环境监测管理与技术	95	0.96	18.9	4.6	26	80	0.000	0.780	6.8
E39	环境监控与预警	87	1.00	13.4	3.4	12	55	—	0.609	5.5
E39	环境科技	100	1.00	16.2	4.0	20	71	0.000	0.490	6.4
E39	环境科学	646	1.00	35.5	5.8	29	213	0.010	0.920	6.4
E39	环境科学导刊	124	1.00	10.1	3.3	26	88	—	0.379	8.2
E39	环境科学学报	549	1.00	33.0	5.5	29	235	0.020	0.890	6.9
E39	环境科学研究	253	0.98	37.0	5.2	29	155	0.010	0.870	7.0
E39	环境科学与管理	523	1.00	7.8	1.9	29	325	0.000	0.170	2.6
E39	环境科学与技术	377	0.99	26.8	4.8	30	237	0.010	0.820	7.7
E39	环境卫生工程	155	0.96	8.2	3.1	16	78	0.000	0.230	6.8
E39	环境卫生学杂志	99	1.00	17.7	5.3	24	58	0.000	0.390	5.6
E39	环境污染与防治	275	0.99	22.4	5.0	27	170	0.010	0.800	7.3
E39	环境影响评价	129	0.73	9.5	4.0	17	77	0.008	0.488	5.7
E39	环境与发展	1829	1.00	5.1	1.7	31	1329	0.004	0.060	4.9
E39	环境与可持续发展	266	0.99	10.1	3.5	27	160	—	0.380	7.0
E39	能源环境保护	102	0.94	11.2	2.8	18	63	—	0.225	8.1
E39	农业资源与环境学报	72	1.00	30.8	5.5	25	52	0.010	0.860	6.7
E39	青海环境	36	0.98	8.2	2.6	6	25	—	0.139	11.0
E39	三峡生态环境监测	50	0.95	18.0	3.9	13	30	0.020	0.920	8.0
E39	世界环境	135	1.00	0.0	2.0	13	69	0.059	0.015	—
E39	水处理技术	365	0.96	17.2	4.5	28	205	0.010	0.770	6.8
E39	四川环境	179	1.00	15.9	3.8	26	105	0.000	0.350	7.7
E39	西部人居环境学刊	100	0.98	22.2	2.7	18	45	0.050	0.670	7.7
E39	消防科学与技术	518	1.00	10.2	3.3	28	214	0.000	0.490	6.9
E39	新疆环境保护	36	0.99	9.9	3.8	3	9	—	0.500	8.9
E39	亚热带资源与环境学报	48	0.97	28.9	4.3	8	17	0.000	0.880	7.9

学科代码	期刊名称	来源文献量	文献选出率	平均引文数	平均作者数	地区分布数	机构分布数	海外论文比	基金论文比	引用半衰期
E39	应用与环境生物学报	191	0.80	37.7	6.0	27	86	0.020	0.950	7.3
E39	再生资源与循环经济	130	0.95	8.2	2.8	24	80	0.008	0.362	6.1
E39	植物资源与环境学报	61	0.97	25.4	5.1	17	39	0.000	0.970	8.8
E39	中国环保产业	178	0.44	5.6	3.1	24	104	0.011	0.174	7.3
E39	中国环境监测	128	0.99	23.4	5.6	25	84	0.010	0.610	7.5
E39	中国环境科学	560	1.00	34.4	5.3	29	226	0.010	0.910	6.8
E39	中国人口·资源与环境	219	1.00	29.2	3.4	23	102	0.040	0.900	5.7
E39	中国特种设备安全	235	1.00	6.9	2.7	27	120	0.009	0.187	10.7
E39	中国资源综合利用	743	0.96	5.9	1.9	31	568	—	0.113	6.0
E39	资源节约与环保	1252	0.94	3.6	1.7	30	899	0.002	0.070	5.1
E39	资源科学	217	0.97	39.0	3.8	21	84	0.040	0.960	5.5
E39	资源信息与工程	574	0.99	4.2	1.5	29	352	—	0.054	5.2
E39	资源与人居环境	27	0.16	0.3	2.1	4	15	0.148	—	—
E39	自然资源学报	173	1.00	33.7	4.5	27	92	0.030	0.960	7.1
E40	安全	263	0.91	5.1	2.1	27	176	—	0.205	6.6
E40	安全、健康和环境	194	0.98	6.1	2.4	24	97	—	0.052	7.9
E40	安全与环境工程	180	0.98	20.8	3.8	25	99	—	0.789	7.5
E40	安全与环境学报	419	1.00	20.6	3.9	26	163	0.000	0.760	7.2
E40	城市与减灾	80	0.97	0.0	2.1	18	58	0.038	0.312	—
E40	电力安全技术	240	0.94	3.9	2.6	27	161	0.004	0.004	7.3
E40	防灾减灾工程学报	136	0.50	19.5	4.0	26	81	—	0.971	8.8
E40	防灾科技学院学报	53	0.95	19.5	3.0	17	46	—	0.736	9.4
E40	工业安全与环保	315	0.97	10.6	3.7	29	178	—	0.752	7.3
E40	火灾科学	34	0.98	15.6	3.4	11	15	—	0.794	9.1
E40	劳动保障世界	1580	0.96	4.2	1.5	31	722	0.001	0.273	5.4
E40	四川劳动保障	167	0.39	0.0	1.4	2	107	—	—	3.0
E40	现代职业安全	281	1.00	0.0	1.5	24	152	0.014	0.007	—
E40	信息安全学报	46	0.87	42.6	4.2	10	25	0.020	0.910	6.9
E40	信息安全研究	165	0.87	12.0	2.5	19	108	—	0.358	6.7
E40	震灾防御技术	95	1.00	18.3	4.3	21	47	0.000	0.790	10.1
E40	中国安防	178	0.66	0.0	1.4	17	67	—	—	—
E40	中国安全防范技术与应用	77	0.74	3.3	2.2	17	44	—	0.078	6.9
E40	中国安全科学学报	355	1.00	15.2	3.8	24	124	0.010	0.820	5.9

学科代码	期刊名称	来源文献量	文献选出率	平均引文数	平均作者数	地区分布数	机构分布数	海外论文比	基金论文比	引用半衰期
E40	中国安全生产科学技术	352	0.92	17.6	3.8	27	124	0.010	0.870	6.4
E40	中国公共安全(学术版)	118	0.65	9.8	2.4	20	61	0.017	0.508	6.4
E40	中国公共安全(综合版)	202	0.98	0.0	1.2	12	88	0.015	—	—
E40	中国减灾	196	0.96	0.0	1.4	24	102	—	0.020	—
E40	自然灾害学报	139	1.00	20.7	4.0	24	83	0.020	0.910	8.4
F01	Frontiers of Engineering Management	52	1.00	41.0	3.2	8	35	0.462	0.538	8.3
F01	当代工人(C 版)	27	0.97	1.3	1.0	3	22	—	—	3.3
F01	当代经济管理	171	1.00	18.7	1.7	24	116	—	0.813	6.9
F01	工程管理学报	164	0.43	15.4	3.0	20	81	0.020	0.680	5.9
F01	工程研究–跨学科视野中的工程	71	0.98	19.1	2.6	14	44	—	0.535	9.8
F01	工业工程与管理	136	0.96	21.6	3.0	17	57	0.010	0.930	5.8
F01	公共管理学报	49	1.00	51.5	2.2	19	35	—	0.816	10.0
F01	公共管理与政策评论	51	0.97	28.7	1.5	16	35	0.039	0.667	9.3
F01	管理案例研究与评论	43	0.84	41.3	2.7	13	26	—	0.860	9.7
F01	管理工程师	68	0.98	10.9	1.6	16	36	—	0.603	6.7
F01	管理工程学报	106	1.00	34.5	2.9	22	66	0.030	0.980	10.6
F01	管理观察	2688	0.96	5.3	1.5	31	1858	0.004	0.193	4.5
F01	管理科学	70	0.98	50.2	3.0	19	50	0.000	0.930	6.4
F01	管理科学学报	97	0.99	38.0	3.0	20	57	0.030	0.980	8.5
F01	管理评论	286	0.97	39.2	2.9	25	127	0.040	0.900	7.6
F01	管理世界	235	0.97	35.5	2.5	24	112	0.040	0.660	10.4
F01	管理现代化	193	1.00	13.0	2.3	23	86	0.010	0.970	6.2
F01	管理学报	206	0.94	29.2	2.7	24	92	0.020	0.890	8.2
F01	管理学刊	35	0.99	26.9	1.9	15	28	—	0.829	8.8
F01	技术与创新管理	131	0.98	19.5	2.5	18	49	—	0.634	6.5
F01	交通建设与管理	22	0.91	4.8	1.4	12	20	—	—	5.0
F01	交通企业管理	215	0.91	0.0	1.8	24	146	0.014	0.140	—
F01	科技成果管理与研究	192	0.99	4.8	2.8	29	145	—	0.281	6.9
F01	科技管理研究	879	0.99	21.4	2.7	28	344	0.010	0.810	6.1
F01	科技进步与对策	549	0.99	24.1	2.3	26	191	0.010	0.790	7.2
F01	科技与管理	93	0.93	20.5	2.3	11	18	—	0.688	6.5
F01	科学管理研究	181	0.96	9.1	2.0	26	122	0.020	0.720	4.5
F01	科学学研究	244	0.98	25.1	2.5	23	116	0.040	0.830	8.1

学科代码	期刊名称	来源文献量	文献选出率	平均引文数	平均作者数	地区分布数	机构分布数	海外论文比	基金论文比	引用半衰期
F01	科学学与科学技术管理	146	1.00	41.5	2.8	20	62	0.020	0.860	8.6
F01	科学与管理	69	0.98	15.9	2.5	16	55	0.029	0.681	6.6
F01	科研管理	212	0.87	29.5	2.7	25	120	0.030	0.920	9.4
F01	南开管理评论	114	1.00	54.0	2.8	23	59	0.040	0.920	9.7
F01	企业改革与管理	3393	0.95	3.8	1.2	31	2736	0.004	0.031	3.3
F01	上海城市管理	107	0.85	8.2	1.6	13	77	0.009	0.318	7.4
F01	上海管理科学	132	0.94	12.6	2.1	11	46	0.045	0.508	8.9
F01	施工企业管理	486	0.97	0.0	1.2	26	267	0.002	0.006	—
F01	实验技术与管理	828	1.00	13.0	3.7	31	307	0.001	0.853	5.0
F01	实验室研究与探索	856	0.98	16.0	3.5	31	374	0.000	0.630	5.4
F01	现代管理科学	468	0.94	8.2	1.7	18	75	—	0.468	5.7
F01	项目管理技术	282	1.00	9.5	2.5	25	178	0.011	0.277	6.4
F01	研究与发展管理	83	0.99	38.9	2.5	20	55	0.020	0.920	7.6
F01	云南科技管理	120	0.84	2.9	2.5	12	59	0.050	0.142	6.2
F01	智库理论与实践	80	0.93	14.2	1.8	18	60	0.012	0.275	7.8
F01	中国管理科学	215	0.82	27.3	3.0	27	117	0.040	0.970	7.1
F01	中国管理信息化	2382	0.97	5.7	1.5	31	1480	0.008	0.183	4.1
F01	中国环境管理	110	0.33	18.2	3.1	15	65	0.018	0.636	7.7
F01	中国科技产业	150	1.00	0.3	1.1	19	115	0.067	0.013	4.6
F01	中国科技成果	573	0.95	3.9	2.9	31	312	—	0.644	7.6
F01	中国科技奖励	29	0.81	0.3	1.2	3	16	0.207	0.069	—
F01	中国科技论坛	260	0.99	22.0	2.4	23	154	0.010	0.830	6.5
F01	中国软科学	204	0.99	29.4	2.7	24	110	0.010	0.820	6.8
F01	中国卫生标准管理	2368	0.95	10.6	2.0	31	1076	0.003	0.072	2.7
F01	中国物业管理	222	0.55	0.0	1.1	23	163	—	0.005	—
H01	Social Sciences in China	44	0.94	60.8	2.1	10	30	—	0.386	—
H01	北方论丛	153	0.99	15.8	1.2	27	99	0.046	0.693	22.9
H01	北京社会科学	142	0.99	32.6	1.1	17	70	—	0.634	19.9
H01	才智	7730	1.00	3.2	1.3	31	3288	0.001	0.166	4.4
H01	长白学刊	137	0.99	15.2	1.5	23	97	0.007	0.745	11.9
H01	长江论坛	103	0.43	10.0	1.3	16	75	0.019	0.359	9.8
H01	城市学刊	113	0.96	12.7	1.8	19	70	0.009	0.788	8.1
H01	重庆社会科学	172	0.93	17.8	1.5	25	100	—	0.587	9.1

学科代码	期刊名称	来源文献量	文献选出率	平均引文数	平均作者数	地区分布数	机构分布数	海外论文比	基金论文比	引用半衰期
H01	船山学刊	94	0.56	12.8	1.4	20	65	0.021	0.468	20.9
H01	创新	85	0.96	10.4	1.4	22	78	—	0.553	9.2
H01	创新创业理论研究与实践	1204	0.98	6.5	1.6	31	763	0.002	0.619	3.2
H01	大庆社会科学	326	0.97	3.1	1.4	24	135	—	0.334	7.3
H01	当代韩国	52	0.95	27.4	1.5	14	38	0.115	0.288	25.0
H01	道德与文明	142	0.92	14.5	1.2	20	76	0.021	0.592	16.8
H01	德国研究	35	0.08	49.1	1.1	10	25	0.143	0.657	—
H01	邓小平研究	125	0.58	11.0	1.2	21	91	0.008	0.272	12.7
H01	东方论坛	124	0.99	18.1	1.4	20	67	0.008	0.653	19.3
H01	东疆学刊	69	0.44	16.6	1.6	15	33	0.058	0.681	23.6
H01	东南学术	165	0.98	22.6	1.5	17	76	0.010	0.580	14.8
H01	东岳论丛	271	1.00	28.6	1.4	22	126	0.004	0.638	19.0
H01	发明与创新·大科技	231	0.98	3.1	1.2	27	179	—	0.095	3.2
H01	发明与创新·职业教育	524	1.00	2.9	1.2	29	283	—	0.263	3.8
H01	发明与创新·中学生	252	0.86	0.0	1.2	27	176	0.004	—	—
H01	福建论坛(人文社会科学版)	283	0.80	24.9	1.6	21	133	0.018	0.633	16.3
H01	甘肃社会科学	221	1.00	20.2	1.4	26	111	0.005	0.724	14.9
H01	关东学刊	126	0.86	20.6	1.2	22	80	0.079	0.325	84.1
H01	观察与思考	175	0.98	16.9	1.3	23	128	—	0.509	16.2
H01	广东社会科学	163	0.71	25.0	1.4	24	87	0.012	0.595	17.3
H01	广西社会科学	516	0.87	12.7	1.6	29	254	—	0.859	13.2
H01	贵州社会科学	285	1.00	20.7	1.5	28	155	0.004	0.758	19.7
H01	桂海论丛	130	0.97	12.6	1.4	21	82	—	0.538	13.5
H01	河北学刊	212	0.98	19.4	1.3	23	105	0.014	0.660	17.1
H01	河南社会科学	257	1.00	13.3	1.5	22	127	0.016	0.654	12.4
H01	黑河学刊	472	0.96	5.5	1.3	29	284	—	0.269	9.1
H01	黑龙江社会科学	171	0.98	12.4	1.4	22	102	0.012	0.608	12.5
H01	宏观质量研究	38	0.90	34.4	2.4	14	25	—	0.947	8.1
H01	湖北社会科学	329	0.95	18.1	1.5	28	172	0.003	0.653	11.9
H01	湖南社会科学	177	0.95	18.6	1.6	22	109	0.000	0.550	10.4
H01	湖湘论坛	119	0.62	14.3	1.4	16	59	—	0.739	12.8
H01	江海学刊	179	1.00	22.8	1.4	19	77	0.020	0.570	17.2
H01	江汉论坛	260	0.93	18.1	1.5	26	131	0.004	0.692	16.8

学科代码	期刊名称	来源文献量	文献选出率	平均引文数	平均作者数	地区分布数	机构分布数	海外论文比	基金论文比	引用半衰期
H01	江汉学术	99	0.86	24.7	1.4	22	82	0.091	0.495	13.8
H01	江淮论坛	186	0.81	17.1	1.5	21	94	0.011	0.731	13.4
H01	江南论坛	270	1.00	0.0	1.3	21	200	0.004	0.211	—
H01	江苏社会科学	188	0.92	28.9	1.5	14	69	0.010	0.680	15.6
H01	江西社会科学	369	0.93	19.9	1.4	25	161	0.010	0.660	13.8
H01	今日浙江	180	0.96	0.0	1.0	2	97	—	—	—
H01	晋阳学刊	117	0.77	26.5	1.2	22	74	—	0.436	34.1
H01	荆楚学刊	89	0.99	15.6	1.4	18	61	0.011	0.562	12.4
H01	开发研究	145	0.99	16.0	1.8	25	105	—	0.731	7.5
H01	科学·经济·社会	72	0.91	17.8	1.2	14	20	—	0.486	16.1
H01	科学决策	56	1.00	30.5	2.4	14	37	—	0.821	7.3
H01	科学与财富	10712	1.00	3.1	1.3	31	5497	0.001	0.022	3.1
H01	科学与社会	47	0.99	18.0	1.6	10	28	—	0.362	11.5
H01	克拉玛依学刊	81	1.00	9.7	1.3	19	65	—	0.432	7.3
H01	兰州学刊	215	1.00	31.9	1.2	25	138	0.009	0.772	36.4
H01	老区建设	461	0.97	3.9	1.5	19	208	0.002	0.371	6.6
H01	理论观察	621	0.32	7.8	1.5	29	306	0.003	0.475	9.0
H01	理论界	124	0.74	13.9	1.3	19	60	0.008	0.460	17.2
H01	理论学刊	129	0.97	19.9	1.4	23	74	0.008	0.853	13.4
H01	理论与现代化	114	1.00	12.3	1.2	16	49	0.009	0.404	12.6
H01	理论月刊	335	0.96	17.9	1.3	26	182	—	0.713	13.1
H01	岭南学刊	118	0.96	12.4	1.3	17	75	—	0.508	12.1
H01	内蒙古社会科学	172	0.94	19.2	1.3	27	105	—	0.738	12.4
H01	南都学坛	108	1.00	19.8	1.3	18	57	0.037	0.778	17.2
H01	南海学刊	69	0.94	21.8	1.6	13	48	0.014	0.565	28.6
H01	南京社会科学	258	0.86	22.5	1.4	20	99	0.010	0.590	10.5
H01	南亚东南亚研究	51	0.98	36.5	1.6	13	29	0.039	0.510	26.0
H01	南洋资料译丛	30	0.89	6.6	2.1	3	15	0.433	0.033	—
H01	宁夏社会科学	218	0.99	23.1	1.4	26	122	0.005	0.739	13.8
H01	品牌研究	937	0.99	4.9	1.4	30	507	0.001	0.261	4.6
H01	齐鲁学刊	143	0.83	17.8	1.3	23	82	0.021	0.643	21.5
H01	前沿	113	0.95	14.5	1.5	23	78	—	0.628	11.2
H01	青藏高原论坛	77	0.95	21.3	1.4	13	28	0.052	0.455	26.7

学科代码	期刊名称	来源文献量	文献选出率	平均引文数	平均作者数	地区分布数	机构分布数	海外论文比	基金论文比	引用半衰期
H01	青海社会科学	179	0.95	19.8	1.5	24	94	0.006	0.615	16.5
H01	求是学刊	115	0.99	34.2	1.4	19	64	0.035	0.696	38.1
H01	求索	137	0.98	23.1	1.2	20	77	0.000	0.870	12.9
H01	求知	253	0.93	0.0	1.1	16	151	—	0.063	—
H01	求知导刊	4282	0.93	2.9	1.3	30	2604	0.003	0.184	4.6
H01	人文杂志	175	0.97	35.9	1.4	21	86	0.006	0.669	17.3
H01	软科学	345	0.97	18.8	2.6	27	150	0.010	0.940	6.4
H01	山东社会科学	360	0.99	22.8	1.4	25	133	0.014	0.642	13.6
H01	山西高等学校社会科学学报	274	0.98	9.6	1.5	24	100	—	0.650	11.6
H01	社会工作与管理	81	1.00	21.8	1.9	15	48	0.025	0.630	9.5
H01	社会科学	220	1.00	42.5	1.3	24	110	0.000	0.690	17.4
H01	社会科学辑刊	154	0.09	16.5	1.1	23	82	0.006	0.701	24.7
H01	社会科学家	292	0.76	16.6	1.3	28	173	0.014	0.764	10.6
H01	社会科学研究	133	0.95	32.1	1.5	19	68	0.020	0.650	16.6
H01	社会科学战线	399	0.95	35.0	1.4	27	136	0.010	0.630	16.7
H01	社科纵横	355	0.72	9.9	1.4	29	207	—	0.589	12.5
H01	世界科技研究与发展	60	0.65	23.0	3.4	14	36	0.000	0.680	3.5
H01	思想战线	108	1.00	39.5	1.2	19	45	0.010	0.550	14.2
H01	唐都学刊	100	1.00	17.3	1.3	19	62	0.030	0.470	21.3
H01	天府新论	104	0.95	29.7	1.3	18	67	0.048	0.625	12.9
H01	天津社会科学	125	1.00	30.4	1.2	21	60	0.024	0.688	28.5
H01	天中学刊	175	0.69	13.0	1.1	24	113	0.006	0.480	21.0
H01	未来与发展	245	0.77	12.3	1.8	21	70	—	0.637	7.7
H01	文史哲	78	0.87	66.0	1.1	16	41	0.100	0.490	100.0
H01	西部学刊	294	0.97	9.1	1.3	30	191	0.007	0.401	14.4
H01	西藏研究	126	0.97	15.9	1.5	17	49	—	0.643	23.3
H01	西域研究	58	1.00	45.8	1.5	10	30	0.069	0.500	39.8
H01	现代交际	3423	0.45	4.7	1.3	31	1082	0.001	0.238	6.6
H01	新疆社会科学(汉文版)	126	0.99	23.0	1.6	23	80	0.008	0.714	18.0
H01	新疆社科论坛	121	0.97	12.0	1.3	22	87	—	0.455	10.4
H01	新西部(上旬刊)	234	0.98	3.3	1.2	21	124	—	0.184	9.4
H01	新西部(中旬刊)	1152	0.75	4.9	1.4	31	571	0.001	0.307	6.8
H01	学会	113	0.81	6.5	1.8	18	75	0.009	0.336	7.7

学科代码	期刊名称	来源文献量	文献选出率	平均引文数	平均作者数	地区分布数	机构分布数	海外论文比	基金论文比	引用半衰期
H01	学术交流	337	0.96	14.6	1.4	28	137	0.006	0.585	18.1
H01	学术界	271	0.95	24.1	1.3	24	135	0.018	0.624	18.1
H01	学术论坛	142	0.96	25.0	1.3	24	100	0.007	0.796	14.4
H01	学术探索	285	1.00	17.6	1.4	27	165	—	0.723	15.0
H01	学术研究	276	0.91	30.9	1.3	23	108	0.020	0.560	33.3
H01	学术月刊	179	0.95	51.7	1.4	18	64	0.030	0.540	32.6
H01	学习与探索	287	0.95	15.7	1.5	26	120	0.010	0.650	12.2
H01	阴山学刊(社会科学版)	121	0.95	9.3	1.1	22	65	0.008	0.306	16.1
H01	殷都学刊	88	1.00	20.1	1.1	19	57	—	0.432	24.0
H01	原生态民族文化学刊	81	0.89	20.9	1.6	21	49	0.025	0.667	15.1
H01	阅江学刊	90	0.99	19.5	1.9	11	42	—	0.811	15.9
H01	云梦学刊	115	0.95	17.5	1.3	18	66	0.043	0.583	17.3
H01	云南社会科学	157	0.99	29.1	1.4	23	86	—	0.713	21.7
H01	浙江社会科学	223	0.95	27.5	1.4	16	98	0.010	0.610	14.2
H01	浙江学刊	159	0.94	33.3	1.4	18	75	0.019	0.604	28.0
H01	中国高校社会科学	102	0.96	31.8	1.2	20	53	—	0.667	22.3
H01	中国国情国力	271	0.41	1.2	1.5	22	154	0.004	0.221	5.2
H01	中国社会工作	402	0.36	1.6	1.4	28	246	0.030	0.032	8.1
H01	中国社会科学	125	0.97	61.8	1.4	15	45	0.020	0.600	28.3
H01	中州学刊	341	0.97	18.8	1.3	22	188	0.000	0.590	12.4
H02	安徽大学学报(哲学社会科学版)	113	0.96	41.2	1.2	16	47	0.027	0.637	52.8
H02	安徽工业大学学报(社会科学版)	238	1.00	8.2	1.9	10	62	—	0.765	7.7
H02	安徽理工大学学报(社会科学版)	115	1.00	13.5	1.9	16	53	0.009	0.861	8.9
H02	安徽农业大学学报(社会科学版)	144	1.00	15.0	1.8	18	73	—	0.785	10.4
H02	安徽商贸职业技术学院学报(社会科学版)	74	0.97	7.8	1.6	13	37	—	0.784	6.0
H02	安康学院学报	161	0.93	10.2	1.3	26	71	—	0.497	13.5
H02	百色学院学报	141	0.89	14.0	1.4	19	56	0.028	0.589	14.2
H02	宝鸡文理学院学报(社会科学版)	136	0.96	12.6	1.3	23	68	0.007	0.662	18.1
H02	保山学院学报	132	0.97	11.7	1.7	19	43	—	0.606	10.7
H02	北方民族大学学报(哲学社会科学版)	150	0.98	19.0	1.4	22	62	0.013	0.800	15.6
H02	北华大学学报(社会科学版)	143	0.96	15.6	1.5	20	70	0.007	0.678	18.9
H02	北京大学学报(哲学社会科学版)	95	0.90	40.8	1.1	10	35	0.080	0.320	0.0
H02	北京工商大学学报(社会科学版)	70	0.94	27.1	2.0	16	41	0.000	0.840	6.9

学科代码	期刊名称	来源文献量	文献选出率	平均引文数	平均作者数	地区分布数	机构分布数	海外论文比	基金论文比	引用半衰期
H02	北京工业大学学报(社会科学版)	63	0.90	25.8	1.7	12	26	—	0.794	9.6
H02	北京航空航天大学学报(社会科学版)	119	1.00	17.8	1.6	17	52	0.059	0.521	13.8
H02	北京化工大学学报(社会科学版)	73	0.99	18.5	1.6	14	36	0.041	0.575	9.5
H02	北京交通大学学报(社会科学版)	73	0.85	22.3	2.0	15	42	—	0.712	7.9
H02	北京教育学院学报(社会科学版)	79	0.88	17.4	1.2	15	40	—	0.506	17.8
H02	北京科技大学学报(社会科学版)	111	0.94	20.4	1.3	22	77	0.009	0.550	12.0
H02	北京理工大学学报(社会科学版)	123	0.93	32.1	2.2	19	73	—	0.967	8.4
H02	北京联合大学学报(人文社会科学版)	62	0.98	20.9	1.8	12	37	—	0.597	12.5
H02	北京林业大学学报(社会科学版)	52	0.98	28.1	2.2	10	21	0.019	0.635	11.8
H02	北京宣武红旗业余大学学报	57	0.93	7.0	1.4	8	25	—	0.193	6.3
H02	北京邮电大学学报(社会科学版)	79	0.94	20.3	2.1	9	28	—	0.519	7.9
H02	滨州学院学报	101	0.95	11.7	1.7	21	47	0.010	0.564	10.6
H02	渤海大学学报(哲学社会科学版)	177	0.97	11.3	1.5	24	78	—	0.672	11.6
H02	长安大学学报(社会科学版)	55	0.98	32.8	2.3	14	33	—	0.600	7.5
H02	长春大学学报(社会科学版)	152	0.95	10.1	1.4	26	93	—	0.862	9.5
H02	长春工程学院学报(社会科学版)	166	0.83	7.3	1.7	22	80	—	0.795	6.5
H02	长春理工大学学报(社会科学版)	182	0.98	10.4	1.9	23	81	0.005	0.566	9.5
H02	长江大学学报(社会科学版)	165	1.00	10.3	1.5	22	100	0.042	0.812	12.8
H02	长沙理工大学学报(社会科学版)	116	0.68	14.9	1.6	20	68	—	0.647	9.0
H02	长治学院学报	186	1.00	7.4	1.4	20	64	—	0.430	10.5
H02	常州大学学报(社会科学版)	77	0.96	24.7	1.8	20	45	—	0.870	10.4
H02	常州工学院学报(社会科学版)	148	0.98	12.3	1.2	18	61	—	0.318	15.2
H02	巢湖学院学报	177	0.97	9.7	1.7	12	60	—	0.689	7.7
H02	成都大学学报(社会科学版)	116	0.78	14.1	1.6	20	66	—	0.638	15.4
H02	成都理工大学学报(社会科学版)	117	0.90	15.3	1.3	19	75	0.009	0.325	11.8
H02	赤峰学院学报(哲学社会科学版)	564	1.00	8.7	1.3	29	221	0.004	0.720	12.2
H02	重庆大学学报(社会科学版)	112	0.95	27.2	1.9	20	65	0.000	0.800	8.7
H02	重庆工商大学学报(社会科学版)	102	0.97	21.6	1.7	19	62	—	0.775	8.9
H02	重庆交通大学学报(社会科学版)	142	1.00	17.1	1.5	23	100	0.021	0.683	10.1
H02	重庆科技学院学报(社会科学版)	221	0.97	9.7	1.7	23	137	0.009	0.710	8.5
H02	重庆理工大学学报(社会科学版)	216	1.00	18.9	1.8	22	81	—	0.699	9.1
H02	重庆三峡学院学报	104	0.89	16.2	1.5	19	72	0.010	0.606	15.9
H02	重庆文理学院学报(社会科学版)	122	0.94	12.8	1.5	24	76	—	0.615	10.4

学科代码	期刊名称	来源文献量	文献选出率	平均引文数	平均作者数	地区分布数	机构分布数	海外论文比	基金论文比	引用半衰期
H02	重庆邮电大学学报(社会科学版)	112	0.95	20.8	1.6	20	71	—	0.955	12.4
H02	滁州学院学报	200	0.97	10.0	1.9	15	85	—	0.720	8.4
H02	大理大学学报	260	0.96	12.9	2.9	17	92	0.004	0.704	8.3
H02	大连海事大学学报(社会科学版)	118	0.98	18.6	1.5	19	55	—	0.627	12.2
H02	大连理工大学学报(社会科学版)	103	0.86	21.5	1.9	18	59	0.010	0.981	8.3
H02	电子科技大学学报(社会科学版)	104	0.99	21.3	2.3	19	50	—	0.760	6.8
H02	东北大学学报(社会科学版)	94	1.00	18.6	1.9	15	42	0.000	0.780	9.0
H02	东北农业大学学报(社会科学版)	89	0.98	19.6	1.8	20	48	0.011	0.674	9.1
H02	东华大学学报(社会科学版)	64	0.85	8.9	1.8	14	29	—	0.516	8.3
H02	东华理工大学学报(社会科学版)	92	0.99	8.9	2.4	9	22	0.011	0.750	6.9
H02	东南大学学报(哲学社会科学版)	96	1.00	24.6	1.6	16	52	0.050	0.600	12.4
H02	佛山科学技术学院学报(社会科学版)	87	0.97	11.7	1.5	15	47	0.011	0.448	12.7
H02	福建江夏学院学报	88	0.91	19.6	1.6	16	48	—	0.705	11.4
H02	福建农林大学学报(哲学社会科学版)	103	0.95	17.3	2.1	16	53	—	0.854	7.6
H02	福建医科大学学报(社会科学版)	58	1.00	11.3	2.6	2	16	—	0.672	5.9
H02	福州大学学报(哲学社会科学版)	102	0.96	19.1	1.6	12	32	0.020	0.735	13.3
H02	复旦学报(社会科学版)	116	0.94	41.0	1.3	15	48	0.090	0.450	33.9
H02	广西大学学报(哲学社会科学版)	108	0.69	19.9	1.7	19	57	—	0.667	9.9
H02	广西民族大学学报(哲学社会科学版)	167	0.89	19.5	1.6	20	86	0.050	0.530	10.5
H02	广州大学学报(社会科学版)	155	0.47	21.1	1.7	21	84	—	0.690	11.9
H02	贵阳学院学报(社会科学版)	146	0.99	11.1	1.3	23	90	0.041	0.527	14.4
H02	贵州大学学报(社会科学版)	126	0.99	19.8	1.5	21	66	0.032	0.714	16.3
H02	贵州工程应用技术学院学报	151	0.96	11.8	1.5	23	73	—	0.596	13.1
H02	贵州民族大学学报(哲学社会科学版)	66	0.94	26.4	1.5	15	40	—	0.470	20.9
H02	哈尔滨工业大学学报(社会科学版)	122	0.89	18.5	1.4	25	69	—	0.713	13.1
H02	哈尔滨商业大学学报(社会科学版)	73	0.94	21.8	2.0	21	50	—	0.808	7.6
H02	哈尔滨师范大学社会科学学报	275	0.28	9.9	1.2	27	174	0.011	0.465	17.1
H02	海军工程大学学报(综合版)	82	0.98	6.4	2.4	16	36	—	0.256	8.2
H02	海南大学学报(人文社会科学版)	124	0.92	28.5	1.5	23	68	—	0.669	44.2
H02	邯郸学院学报	84	0.86	15.3	1.5	16	48	0.060	0.607	18.5
H02	杭州电子科技大学学报(社会科学版)	79	0.95	16.5	1.9	7	9	—	0.835	8.9
H02	合肥工业大学学报(社会科学版)	136	0.94	14.2	1.9	17	53	0.007	0.647	10.7
H02	河北北方学院学报(社会科学版)	161	0.87	11.7	1.8	23	71	0.006	0.354	13.0

学科代码	期刊名称	来源文献量	文献选出率	平均引文数	平均作者数	地区分布数	机构分布数	海外论文比	基金论文比	引用半衰期
H02	河北大学学报(哲学社会科学版)	121	0.86	21.3	1.6	21	59	0.008	0.752	14.5
H02	河北工程大学学报(社会科学版)	180	0.97	5.6	1.8	20	92	0.011	0.889	6.0
H02	河北工业大学学报(社会科学版)	60	0.96	15.8	1.8	16	32	—	0.467	9.4
H02	河北经贸大学学报(综合版)	69	0.99	13.7	1.9	18	42	0.014	0.652	7.3
H02	河北科技大学学报(社会科学版)	66	0.99	17.0	1.5	18	45	—	0.864	12.5
H02	河北科技师范学院学报(社会科学版)	90	0.94	14.2	1.6	20	51	—	0.489	10.9
H02	河海大学学报(哲学社会科学版)	82	0.97	22.6	1.8	12	45	0.000	0.870	6.0
H02	河南大学学报(社会科学版)	116	0.96	37.7	1.2	20	61	0.010	0.620	14.8
H02	河南工程学院学报(社会科学版)	81	0.92	12.1	1.4	13	38	—	0.420	11.2
H02	河南工业大学学报(社会科学版)	111	0.95	14.4	1.5	18	44	—	0.676	7.6
H02	河南教育学院学报(哲学社会科学版)	139	1.00	10.0	1.2	21	103	0.007	0.561	13.6
H02	河南科技大学学报(社会科学版)	111	0.92	15.9	1.5	23	65	0.009	0.541	14.0
H02	河南科技学院学报(社会科学版)	245	0.93	11.0	1.6	23	115	—	0.559	11.8
H02	河南理工大学学报(社会科学版)	78	1.00	16.5	1.4	17	44	—	0.603	14.0
H02	菏泽学院学报	183	0.95	9.4	1.4	22	106	0.005	0.574	9.4
H02	贺州学院学报	123	0.86	10.9	1.6	17	49	—	0.724	14.4
H02	衡水学院学报	136	0.97	10.2	1.4	24	72	0.015	0.331	14.7
H02	红河学院学报	210	0.98	10.8	1.5	22	117	0.014	0.505	13.6
H02	湖北大学学报(哲学社会科学版)	140	1.00	20.4	1.4	20	61	0.021	0.800	16.7
H02	湖北经济学院学报(人文社会科学版)	582	1.00	10.6	1.5	28	274	0.014	0.485	8.2
H02	湖北理工学院学报(人文社会科学版)	93	1.00	13.1	1.7	15	37	0.022	0.688	11.7
H02	湖北民族学院学报(哲学社会科学版)	177	0.93	23.1	1.5	28	101	0.011	0.802	13.2
H02	湖南大学学报(社会科学版)	136	0.96	28.3	1.8	17	48	0.030	0.740	17.1
H02	湖南工程学院学报(社会科学版)	103	0.97	10.7	1.8	18	51	—	0.573	12.5
H02	湖南工业大学学报(社会科学版)	133	1.00	13.9	1.6	21	70	0.008	0.602	10.9
H02	湖南科技大学学报(社会科学版)	147	0.96	25.9	1.5	22	72	0.010	0.670	13.5
H02	湖南农业大学学报(社会科学版)	91	0.95	22.5	2.1	16	47	—	0.912	6.9
H02	湖南人文科技学院学报	147	0.96	8.9	1.6	21	80	—	0.571	10.3
H02	华北电力大学学报(社会科学版)	113	0.68	14.7	1.7	18	55	0.009	0.549	11.1
H02	华北理工大学学报(社会科学版)	150	1.00	9.5	2.3	21	66	—	0.740	7.0
H02	华北水利水电大学学报(社会科学版)	225	0.96	10.8	1.4	26	108	0.004	0.520	11.0
H02	华东理工大学学报(社会科学版)	73	0.99	29.7	1.8	11	39	0.082	0.658	11.7
H02	华南理工大学学报(社会科学版)	82	0.87	27.0	2.2	11	31	0.012	0.793	9.7

学科代码	期刊名称	来源文献量	文献选出率	平均引文数	平均作者数	地区分布数	机构分布数	海外论文比	基金论文比	引用半衰期
H02	华南农业大学学报(社会科学版)	76	0.98	30.9	1.6	18	57	0.026	0.987	8.0
H02	华侨大学学报(哲学社会科学版)	92	0.97	34.4	1.5	18	47	0.011	0.750	18.8
H02	华中科技大学学报(社会科学版)	121	0.99	21.4	1.4	18	54	0.008	0.620	12.0
H02	华中农业大学学报(社会科学版)	108	0.95	26.6	2.2	16	40	—	0.991	8.1
H02	淮海工学院学报(人文社会科学版)	445	1.00	7.4	1.4	25	196	0.007	0.681	8.4
H02	吉林大学社会科学学报	111	1.00	27.3	1.6	15	53	0.070	0.730	12.9
H02	吉首大学学报(社会科学版)	111	0.94	21.9	1.7	18	64	0.018	0.802	10.1
H02	集美大学学报(哲学社会科学版)	79	0.76	17.9	1.3	16	36	0.025	0.671	16.0
H02	济南大学学报(社会科学版)	111	0.98	23.3	1.4	15	62	0.117	0.414	18.7
H02	暨南学报(哲学社会科学版)	133	1.00	44.2	1.3	19	59	0.023	0.669	17.5
H02	江汉大学学报(社会科学版)	89	0.96	17.6	1.5	22	60	—	0.708	11.8
H02	江南大学学报(人文社会科学版)	112	0.66	19.7	1.5	20	79	0.009	0.616	18.2
H02	江南社会学院学报	53	1.00	17.3	1.2	13	34	0.019	0.302	16.8
H02	江苏大学学报(社会科学版)	76	0.52	17.0	1.5	18	48	—	0.934	17.3
H02	江苏科技大学学报(社会科学版)	59	0.07	22.6	1.4	15	37	0.017	0.576	17.5
H02	金陵科技学院学报(社会科学版)	84	0.46	7.9	2.1	15	31	—	0.845	5.6
H02	锦州医科大学学报(社会科学版)	166	0.80	6.9	1.9	21	80	0.006	0.723	6.9
H02	晋中学院学报	145	0.92	9.0	1.3	23	71	—	0.476	12.4
H02	井冈山大学学报(社会科学版)	116	1.00	15.0	1.4	24	74	—	0.845	16.0
H02	景德镇学院学报	166	1.00	8.3	1.5	19	85	—	0.566	9.8
H02	九江学院学报(社会科学版)	116	0.86	8.0	1.2	21	72	—	0.328	15.9
H02	昆明理工大学学报(社会科学版)	87	0.98	20.7	2.1	22	37	—	0.874	7.6
H02	兰州大学学报(社会科学版)	136	1.00	23.6	1.6	17	58	0.000	0.590	12.0
H02	兰州文理学院学报(社会科学版)	138	1.00	11.1	1.5	17	58	—	0.449	11.2
H02	辽东学院学报（社会科学版)	144	0.93	9.9	1.3	26	64	—	0.424	13.2
H02	辽宁大学学报(哲学社会科学版)	134	0.96	18.6	1.6	14	51	0.015	0.754	13.2
H02	辽宁工业大学学报(社会科学版)	251	0.88	6.5	2.0	17	47	—	0.653	6.7
H02	聊城大学学报(社会科学版)	102	1.00	25.1	1.3	19	68	—	0.765	27.6
H02	鲁东大学学报(哲学社会科学版)	95	0.99	19.8	1.6	20	57	—	0.589	14.5
H02	洛阳理工学院学报(社会科学版)	102	0.97	12.3	1.3	17	55	—	0.539	11.1
H02	内蒙古大学学报(哲学社会科学版)	104	0.91	19.5	1.3	14	26	—	0.538	17.4
H02	内蒙古民族大学学报(社会科学版)	129	1.00	12.1	1.4	24	49	—	0.744	14.9
H02	内蒙古农业大学学报(社会科学版)	109	0.98	10.1	2.2	19	57	0.018	0.706	6.4

学科代码	期刊名称	来源文献量	文献选出率	平均引文数	平均作者数	地区分布数	机构分布数	海外论文比	基金论文比	引用半衰期
H02	南昌大学学报(人文社会科学版)	104	0.95	18.6	1.5	24	76	0.019	0.942	14.1
H02	南昌航空大学学报(社会科学版)	72	0.93	13.9	1.9	15	29	—	0.708	10.8
H02	南华大学学报(社会科学版)	106	1.00	17.5	1.7	15	54	0.009	0.689	11.0
H02	南京大学学报(哲学·人文科学·社会科学)	82	0.96	46.5	1.4	10	34	0.040	0.660	58.5
H02	南京工程学院学报(社会科学版)	66	0.61	13.0	1.8	12	31	0.015	0.727	10.2
H02	南京工业大学学报(社会科学版)	54	1.00	29.7	1.9	15	38	0.019	0.944	8.3
H02	南京航空航天大学学报(社会科学版)	74	0.94	12.9	1.7	16	42	—	0.676	9.4
H02	南京理工大学学报(社会科学版)	104	0.92	11.1	1.5	14	51	—	0.510	9.8
H02	南京林业大学学报(人文社会科学版)	53	0.96	16.5	1.7	15	36	0.038	0.623	15.9
H02	南京农业大学学报(社会科学版)	95	0.98	27.6	1.7	20	52	—	0.874	8.9
H02	南京晓庄学院学报	129	0.95	23.9	1.7	16	59	0.039	0.628	19.3
H02	南京医科大学学报(社会科学版)	122	0.97	11.8	3.0	12	40	0.008	0.820	5.7
H02	南京中医药大学学报(社会科学版)	58	0.96	12.3	2.2	14	30	—	0.603	10.6
H02	南开学报(哲学社会科学版)	98	0.97	43.9	1.5	13	41	0.020	0.630	26.9
H02	南通大学学报(社会科学版)	146	0.98	16.0	1.4	20	75	—	0.760	12.5
H02	宁波大学学报(人文科学版)	120	0.96	19.4	1.5	18	54	0.017	0.667	16.4
H02	宁夏大学学报(人文社会科学版)	167	0.95	20.9	1.3	24	88	0.012	0.491	15.4
H02	齐齐哈尔大学学报(哲学社会科学版)	628	0.92	9.2	1.5	31	300	0.006	0.578	9.8
H02	钦州学院学报	190	0.92	13.2	2.0	22	86	0.011	0.679	11.3
H02	青岛科技大学学报(社会科学版)	74	0.22	15.9	1.8	16	33	0.027	0.703	9.4
H02	青岛农业大学学报(社会科学版)	71	1.00	11.3	1.6	17	38	—	0.648	7.8
H02	青海民族大学学报(社会科学版)	87	0.96	28.2	1.4	21	48	0.092	0.517	28.1
H02	清华大学学报(哲学社会科学版)	101	1.00	57.5	1.3	15	40	0.040	0.480	96.3
H02	三峡大学学报(人文社会科学版)	149	0.94	13.5	1.6	21	72	0.007	0.510	13.8
H02	山东大学学报(哲学社会科学版)	105	1.00	35.3	1.8	14	50	0.030	0.650	9.9
H02	山东科技大学学报(社会科学版)	85	0.95	20.3	1.7	17	46	—	0.694	10.4
H02	山东理工大学学报(社会科学版)	122	0.90	13.5	1.7	18	50	—	0.721	12.3
H02	山东农业大学学报(社会科学版)	83	1.00	17.6	1.7	18	56	—	0.590	9.1
H02	山西大同大学学报(社会科学版)	161	0.90	10.1	1.6	23	74	—	0.429	12.9
H02	山西大学学报(哲学社会科学版)	110	0.99	23.4	1.6	19	50	0.018	0.700	17.4
H02	山西农业大学学报(社会科学版)	128	0.96	17.9	1.6	23	83	—	0.781	7.4
H02	陕西理工大学学报(社会科学版)	77	1.00	19.9	1.5	14	30	0.026	0.831	19.0
H02	汕头大学学报(人文社会科学版)	165	0.93	17.2	1.3	20	90	0.030	0.521	15.3

学科代码	期刊名称	来源文献量	文献选出率	平均引文数	平均作者数	地区分布数	机构分布数	海外论文比	基金论文比	引用半衰期
H02	上海财经大学学报(哲学社会科学版)	59	0.99	47.6	2.0	17	40	0.000	0.810	8.8
H02	上海大学学报(社会科学版)	68	1.00	24.9	1.5	15	39	0.040	0.570	17.4
H02	上海交通大学学报(哲学社会科学版)	69	0.92	32.9	1.5	12	31	0.014	0.710	25.1
H02	上海理工大学学报(社会科学版)	74	0.95	12.9	1.9	12	27	—	0.676	9.5
H02	韶关学院学报	283	0.07	9.0	1.9	17	106	0.018	0.753	7.9
H02	邵阳学院学报(社会科学版)	114	1.00	12.8	1.5	20	62	—	0.754	14.0
H02	绍兴文理学院学报	222	0.95	15.5	1.9	21	95	0.014	0.635	11.7
H02	深圳大学学报(人文社会科学版)	110	0.82	22.3	1.2	22	79	0.073	0.664	13.9
H02	沈阳大学学报(社会科学版)	165	0.74	10.9	1.6	25	94	0.006	0.648	9.0
H02	沈阳工程学院学报(社会科学版)	111	1.00	8.1	1.5	12	46	—	0.550	6.6
H02	沈阳工业大学学报(社会科学版)	91	0.98	18.2	2.0	16	41	—	0.989	6.6
H02	沈阳建筑大学学报(社会科学版)	105	0.99	11.2	2.4	10	27	0.010	1.000	5.2
H02	沈阳农业大学学报(社会科学版)	144	0.96	14.4	2.0	22	78	—	0.771	6.5
H02	石河子大学学报(哲学社会科学版)	104	0.97	21.9	1.5	19	58	0.010	0.721	19.4
H02	石家庄铁道大学学报(社会科学版)	71	0.98	13.8	2.1	11	26	—	0.577	7.0
H02	四川大学学报(哲学社会科学版)	122	1.00	49.4	1.3	17	46	0.020	0.560	36.6
H02	四川理工学院学报(社会科学版)	38	0.97	36.2	1.6	13	25	—	0.921	7.8
H02	苏州大学学报(社会科学版)	131	0.97	26.5	1.3	19	65	0.030	0.640	14.4
H02	苏州科技大学学报(社会科学版)	94	0.92	20.0	1.4	16	49	0.021	0.543	19.0
H02	太原理工大学学报(社会科学版)	79	0.96	19.7	1.5	16	45	0.025	0.709	13.9
H02	太原学院学报(社会科学版)	109	0.98	11.4	1.1	23	65	0.009	0.266	12.7
H02	体育学研究	66	1.00	18.1	2.0	11	35	0.061	0.606	10.5
H02	天津大学学报(社会科学版)	95	0.97	18.9	2.2	13	33	—	0.684	8.2
H02	天津职业院校联合学报	329	0.93	4.4	1.3	5	57	—	0.398	4.9
H02	同济大学学报(社会科学版)	78	0.99	35.8	1.3	12	31	0.038	0.487	28.3
H02	潍坊学院学报	170	0.98	9.6	1.5	14	55	—	0.394	11.3
H02	温州大学学报(社会科学版)	94	0.91	15.6	1.3	19	64	0.021	0.649	16.9
H02	五邑大学学报(社会科学版)	76	0.94	13.9	1.2	16	51	—	0.605	19.1
H02	武汉大学学报(哲学社会科学版)	105	0.96	25.5	1.4	17	46	0.020	0.790	11.4
H02	武汉科技大学学报(社会科学版)	95	0.97	20.9	1.3	19	65	0.032	0.811	16.1
H02	武汉理工大学学报(社会科学版)	164	0.95	16.2	1.6	21	89	0.024	0.585	11.5
H02	西安电子科技大学学报(社会科学版)	64	1.00	16.4	1.6	16	47	0.016	0.703	9.1
H02	西安建筑科技大学学报(社会科学版)	92	0.89	15.4	1.6	20	56	—	0.630	10.6

学科代码	期刊名称	来源文献量	文献选出率	平均引文数	平均作者数	地区分布数	机构分布数	海外论文比	基金论文比	引用半衰期
H02	西安交通大学学报(社会科学版)	94	1.00	23.9	2.1	12	27	0.020	0.640	9.3
H02	西安石油大学学报(社会科学版)	107	0.95	12.1	1.7	18	52	—	0.645	8.4
H02	西安文理学院学报(社会科学版)	122	0.96	10.4	1.3	18	50	—	0.459	14.3
H02	西北大学学报(哲学社会科学版)	111	0.94	20.3	1.5	15	35	0.040	0.760	11.5
H02	西北工业大学学报(社会科学版)	55	0.96	18.8	1.6	14	34	0.018	0.455	20.2
H02	西北民族大学学报(哲学社会科学版)	158	0.92	19.4	1.4	27	84	—	0.709	15.2
H02	西北农林科技大学学报(社会科学版)	119	1.00	23.6	2.1	18	58	—	0.958	7.2
H02	西藏大学学报(社会科学版)	122	0.32	19.0	1.6	19	52	0.008	0.811	18.5
H02	西藏民族大学学报(哲学社会科学版)	154	0.98	16.3	1.4	12	31	—	0.682	24.8
H02	西昌学院学报(社会科学版)	105	0.84	11.0	1.5	16	70	—	0.648	12.0
H02	西华大学学报(哲学社会科学版)	89	0.95	19.8	1.7	19	55	0.011	0.629	12.2
H02	西南大学学报(社会科学版)	122	0.99	30.1	1.8	21	56	0.020	0.810	12.4
H02	西南交通大学学报(社会科学版)	110	0.89	21.6	1.6	20	67	—	0.745	13.8
H02	西南科技大学学报(哲学社会科学版)	99	0.20	14.2	1.6	17	48	—	0.677	13.2
H02	西南民族大学学报(人文社科版)	408	0.84	24.8	1.5	29	172	0.030	0.710	13.3
H02	西南石油大学学报(社会科学版)	97	0.99	18.0	1.8	21	60	0.010	0.680	10.5
H02	厦门大学学报(哲学社会科学版)	103	1.00	34.9	1.6	14	36	0.010	0.740	17.5
H02	湘南学院学报	161	0.99	10.7	1.7	19	89	—	0.602	10.4
H02	湘潭大学学报(哲学社会科学版)	178	0.99	17.6	1.7	17	73	0.010	0.700	11.6
H02	徐州工程学院学报(社会科学版)	106	0.94	17.5	1.3	22	66	0.009	0.708	18.9
H02	烟台大学学报(哲学社会科学版)	81	0.99	34.6	1.3	16	52	0.012	0.691	32.4
H02	延安大学学报(社会科学版)	129	0.91	14.0	1.4	19	58	—	0.628	19.9
H02	延边大学学报(社会科学版)	105	0.86	19.4	1.7	14	38	0.019	0.657	24.4
H02	盐城工学院学报(社会科学版)	83	0.12	10.0	1.5	12	55	0.012	0.506	10.3
H02	燕山大学学报(哲学社会科学版)	86	0.90	19.0	1.6	18	52	—	0.651	13.5
H02	扬州大学学报(人文社会科学版)	90	0.98	19.8	1.4	16	45	0.044	0.856	15.4
H02	应用型高等教育研究	63	0.56	14.9	2.3	15	50	0.429	0.397	8.5
H02	榆林学院学报	169	0.99	10.3	1.9	24	69	0.006	0.580	10.5
H02	云南大学学报(社会科学版)	97	0.55	23.2	1.2	23	56	0.062	0.485	23.8
H02	云南民族大学学报(哲学社会科学版)	124	0.75	24.1	1.4	27	85	0.000	0.720	12.0
H02	云南农业大学学报(社会科学版)	122	1.00	14.5	2.5	22	56	—	0.664	7.7
H02	肇庆学院学报	117	0.95	10.6	1.9	8	31	0.009	0.598	10.6
H02	浙江大学学报(人文社会科学版)	103	0.89	42.9	1.7	9	33	0.060	0.740	14.2

学科代码	期刊名称	来源文献量	文献选出率	平均引文数	平均作者数	地区分布数	机构分布数	海外论文比	基金论文比	引用半衰期
H02	浙江工业大学学报(社会科学版)	84	0.63	14.8	1.8	8	22	0.024	0.798	10.1
H02	浙江海洋学院学报(人文科学版)	96	1.00	12.7	1.6	16	46	0.010	0.656	11.6
H02	浙江理工大学学报(社会科学版)	86	1.00	29.4	2.1	10	25	—	0.791	8.9
H02	浙江树人大学学报	110	0.99	15.9	1.6	19	72	—	0.627	10.6
H02	郑州大学学报(哲学社会科学版)	173	0.95	18.4	1.4	22	81	0.012	0.682	17.0
H02	郑州航空工业管理学院学报(社会科学版)	97	0.96	13.5	1.2	20	58	0.010	0.474	16.6
H02	郑州轻工业学院学报(社会科学版)	82	0.94	15.8	1.5	17	54	0.049	0.744	10.9
H02	中北大学学报(社会科学版)	158	0.97	15.4	1.4	22	94	0.032	0.576	16.0
H02	中国地质大学学报(社会科学版)	98	1.00	27.1	1.7	18	52	0.020	0.720	9.2
H02	中国海洋大学学报(社会科学版)	105	1.00	25.7	1.9	15	40	0.010	0.733	11.1
H02	中国矿业大学学报(社会科学版)	56	0.88	27.5	1.5	13	31	0.036	0.679	19.4
H02	中国农业大学学报(社会科学版)	81	0.91	28.1	1.6	17	45	0.025	0.790	10.9
H02	中国人民大学学报	101	0.95	29.5	1.4	13	34	0.000	0.440	12.7
H02	中国人民公安大学学报(社会科学版)	107	0.74	24.5	1.5	17	41	—	0.692	12.5
H02	中国社会科学院研究生院学报	87	0.97	33.0	1.2	17	46	0.011	0.425	44.6
H02	中国石油大学学报(社会科学版)	110	0.41	17.0	1.7	19	64	0.009	0.645	10.6
H02	中南大学学报(社会科学版)	151	1.00	30.2	1.4	19	68	—	0.788	12.8
H02	中南林业科技大学学报(社会科学版)	94	0.95	18.8	2.3	16	44	—	0.968	6.2
H02	中南民族大学学报(人文社会科学版)	209	0.95	14.5	1.5	24	83	0.010	0.640	11.3
H02	中山大学学报(社会科学版)	127	1.00	45.2	1.3	17	51	0.050	0.580	64.1
H02	中央民族大学学报(哲学社会科学版)	121	0.95	29.9	1.4	24	59	0.008	0.736	20.7
H03	阿坝师范学院学报	87	0.97	14.5	1.6	17	51	0.011	0.713	10.6
H03	安徽师范大学学报(人文社会科学版)	116	0.99	27.1	1.4	19	53	0.020	0.740	16.9
H03	安庆师范大学学报(社会科学版)	147	0.97	15.7	1.4	19	79	—	0.592	19.1
H03	安阳师范学院学报	222	0.97	10.1	1.4	24	141	—	0.459	10.6
H03	鞍山师范学院学报	134	0.96	9.2	1.7	12	40	—	0.448	10.7
H03	北京师范大学学报(社会科学版)	94	0.95	39.4	1.7	17	33	0.040	0.590	19.3
H03	沧州师范学院学报	124	0.95	7.6	1.7	13	36	—	0.508	11.3
H03	长江师范学院学报	132	0.98	13.5	1.3	23	83	0.015	0.545	12.8
H03	楚雄师范学院学报	159	0.17	10.8	1.7	21	75	0.006	0.535	13.2
H03	大庆师范学院学报	197	0.91	10.0	1.7	26	115	0.005	0.538	11.9
H03	福建师大福清分校学报	106	1.00	11.6	1.7	10	33	0.019	0.613	7.7
H03	福建师范大学学报(哲学社会科学版)	114	0.96	35.1	1.4	17	44	0.020	0.550	18.2

学科代码	期刊名称	来源文献量	文献选出率	平均引文数	平均作者数	地区分布数	机构分布数	海外论文比	基金论文比	引用半衰期
H03	阜阳师范学院学报(社会科学版)	166	0.93	13.7	1.4	18	71	0.006	0.699	13.9
H03	赣南师范大学学报	166	0.99	16.1	2.2	18	49	0.024	0.880	12.6
H03	广东技术师范学院学报	115	1.00	10.4	1.7	11	67	—	0.817	7.4
H03	广西科技师范学院学报	228	0.80	8.5	1.3	28	127	0.013	0.592	9.0
H03	广西民族师范学院学报	238	0.99	7.4	1.3	22	117	0.008	0.807	11.1
H03	广西师范学院学报(哲学社会科学版)	156	0.98	13.4	1.5	22	91	0.013	0.891	12.6
H03	桂林师范高等专科学校学报	229	0.96	8.0	1.3	24	95	—	0.541	12.1
H03	韩山师范学院学报	96	1.00	14.9	1.8	8	33	—	0.729	12.4
H03	汉江师范学院学报	169	0.96	8.8	1.5	26	85	—	0.533	11.9
H03	合肥师范学院学报	199	0.75	9.6	1.9	12	75	0.015	0.693	10.4
H03	和田师范专科学校学报	146	0.98	7.0	1.3	26	95	0.007	0.507	9.5
H03	河北科技师范学院学报	54	0.96	19.6	4.4	11	16	—	0.685	6.9
H03	河北民族师范学院学报	79	1.00	12.4	1.5	22	50	0.025	0.481	17.1
H03	河南师范大学学报(哲学社会科学版)	148	0.81	19.2	1.4	22	82	0.007	0.743	14.1
H03	衡阳师范学院学报	182	1.00	12.7	1.9	20	68	0.022	0.659	12.1
H03	湖北师范大学学报(哲学社会科学版)	200	1.00	10.5	1.5	15	46	0.005	0.395	12.1
H03	湖南第一师范学院学报	132	1.00	11.1	1.5	18	55	—	0.727	11.0
H03	湖南师范大学社会科学学报	119	1.00	23.5	1.4	17	53	0.020	0.760	13.2
H03	湖州师范学院学报	248	1.00	12.8	2.0	18	90	0.004	0.609	11.1
H03	华东师范大学学报(哲学社会科学版)	116	0.92	35.8	1.4	12	43	0.030	0.590	23.6
H03	华南师范大学学报(社会科学版)	158	0.94	26.1	1.6	18	69	0.040	0.560	11.6
H03	华中师范大学学报(人文社会科学版)	125	0.98	34.2	1.4	18	51	0.040	0.700	17.8
H03	淮南师范学院学报	171	0.90	13.2	1.7	23	78	0.006	0.678	10.1
H03	淮阴师范学院学报(哲学社会科学版)	112	1.00	12.9	1.2	19	57	0.027	0.500	19.2
H03	黄冈师范学院学报	171	0.99	10.3	1.7	19	85	0.006	0.620	10.0
H03	吉林工程技术师范学院学报	385	0.93	5.4	1.6	27	179	0.018	0.621	5.2
H03	集宁师范学院学报	159	0.96	9.6	1.6	23	100	0.013	0.547	11.4
H03	江苏第二师范学院学报	141	1.00	11.2	1.3	23	90	0.014	0.532	12.8
H03	焦作师范高等专科学校学报	69	0.98	14.2	1.4	18	40	0.014	0.435	18.0
H03	喀什大学学报	133	0.99	10.2	1.6	25	84	—	0.602	8.3
H03	廊坊师范学院学报(社会科学版)	97	0.86	18.3	1.4	20	58	—	0.567	57.3
H03	乐山师范学院学报	259	0.93	15.0	1.8	25	120	—	0.521	11.0
H03	连云港师范高等专科学校学报	91	0.96	9.2	1.4	17	49	—	0.505	12.4

学科代码	期刊名称	来源文献量	文献选出率	平均引文数	平均作者数	地区分布数	机构分布数	海外论文比	基金论文比	引用半衰期
H03	辽宁师专学报(社会科学版)	333	0.98	4.3	1.2	14	67	—	0.246	7.7
H03	岭南师范学院学报	152	0.98	13.5	1.7	20	61	0.007	0.467	12.7
H03	六盘水师范学院学报	140	0.99	12.5	2.0	20	67	0.007	0.579	11.3
H03	洛阳师范学院学报	266	0.98	9.4	1.7	27	157	0.038	0.564	10.4
H03	绵阳师范学院学报	323	0.98	13.8	1.7	23	125	0.003	0.551	11.0
H03	闽南师范大学学报(哲学社会科学版)	112	0.91	12.9	1.2	4	25	0.036	0.616	12.1
H03	牡丹江师范学院学报(哲学社会科学版)	118	0.92	14.4	1.7	25	80	—	0.907	10.4
H03	内江师范学院学报	280	0.96	18.5	1.7	25	140	0.007	0.671	10.1
H03	南昌师范学院学报	189	0.96	10.6	1.6	26	113	—	0.714	8.2
H03	南京师范大学文学院学报	100	0.95	18.9	1.2	18	52	0.040	0.490	20.2
H03	南阳师范学院学报	100	0.99	11.9	2.2	19	44	0.010	0.670	7.8
H03	宁德师范学院学报(哲学社会科学版)	105	0.81	11.5	1.4	11	35	—	0.562	10.9
H03	宁夏师范学院学报	243	1.00	11.8	1.7	22	99	0.004	0.609	13.2
H03	齐齐哈尔师范高等专科学校学报	350	1.00	6.3	1.2	27	204	—	0.354	7.5
H03	黔南民族师范学院学报	148	0.97	11.5	1.6	19	60	0.014	0.534	12.4
H03	青海师范大学民族师范学院学报	48	0.99	9.7	1.2	8	21	—	0.250	15.1
H03	青海师范大学学报(哲学社会科学版)	161	0.95	15.4	1.3	26	92	—	0.559	17.5
H03	曲靖师范学院学报	160	0.89	10.4	1.6	15	58	0.012	0.594	11.1
H03	泉州师范学院学报	116	0.94	13.9	2.0	8	33	—	0.672	8.6
H03	陕西师范大学学报(哲学社会科学版)	123	0.96	23.8	1.4	21	50	0.010	0.630	15.1
H03	商丘师范学院学报	261	1.00	14.1	1.6	29	144	0.027	0.594	14.2
H03	上海师范大学学报(哲学社会科学版)	110	0.96	34.3	1.2	19	49	0.050	0.480	37.4
H03	上饶师范学院学报	119	1.00	13.4	2.1	19	45	—	0.605	13.4
H03	太原师范学院学报(社会科学版)	112	0.95	11.0	1.3	24	66	0.009	0.473	14.7
H03	唐山师范学院学报	195	0.98	12.5	1.7	29	111	0.005	0.554	11.4
H03	天水师范学院学报	151	0.73	14.8	1.6	19	48	0.007	0.556	15.3
H03	通化师范学院学报	329	1.00	10.6	1.9	25	158	—	0.717	8.9
H03	渭南师范学院学报	317	0.84	14.0	1.4	29	139	0.009	0.672	13.1
H03	咸阳师范学院学报	150	0.92	13.1	1.7	18	54	—	0.587	13.1
H03	新疆师范大学学报(哲学社会科学版)	99	0.50	22.5	1.7	20	57	0.030	0.660	9.0
H03	信阳师范学院学报(哲学社会科学版)	167	0.97	14.6	1.4	20	70	—	0.994	12.5
H03	兴义民族师范学院学报	158	0.92	10.0	1.7	18	51	—	0.627	8.9
H03	盐城师范学院学报(人文社会科学版)	164	0.98	9.8	1.2	19	92	—	0.665	14.9

学科代码	期刊名称	来源文献量	文献选出率	平均引文数	平均作者数	地区分布数	机构分布数	海外论文比	基金论文比	引用半衰期
H03	玉林师范学院学报	173	0.98	9.6	2.0	18	48	—	0.607	11.1
H03	周口师范学院学报	207	0.99	11.2	1.6	26	107	0.014	0.556	10.7
H03	遵义师范学院学报	253	0.96	10.1	1.6	26	114	0.008	0.628	11.0
J01	高校马克思主义理论研究	79	0.93	12.2	1.2	16	43	0.025	0.418	22.7
J01	理论探讨	155	0.74	14.2	1.6	22	91	0.000	0.790	6.4
J01	理论与改革	108	1.00	22.7	1.4	23	77	0.030	0.610	8.7
J01	马克思主义研究	206	0.98	31.6	1.4	27	128	0.010	0.420	8.5
J01	马克思主义与现实	166	0.98	28.7	1.3	22	90	0.070	0.570	100.0
J01	毛泽东邓小平理论研究	186	0.91	17.2	1.4	21	88	—	0.565	14.8
J01	毛泽东思想研究	165	0.98	13.6	1.4	22	109	0.006	0.576	16.7
J01	社会主义研究	122	0.75	33.3	1.4	19	64	0.000	0.700	5.8
J02	Frontiers of Philosophy in China	50	0.86	24.6	1.1	6	30	0.620	0.080	29.4
J02	管子学刊	77	0.82	16.7	1.3	18	64	0.039	0.338	18.8
J02	科学技术哲学研究	128	0.94	17.1	1.5	22	65	—	0.789	16.2
J02	科学与无神论	64	0.99	14.6	1.2	23	50	—	0.469	21.1
J02	孔子研究	117	0.90	22.2	1.2	20	65	0.026	0.393	36.8
J02	伦理学研究	151	0.99	13.1	1.4	24	84	0.030	0.640	12.5
J02	世界哲学	103	0.85	16.6	1.3	21	61	0.010	0.621	24.2
J02	系统科学学报	104	0.92	13.1	1.9	23	60	0.010	0.750	9.3
J02	现代哲学	125	0.92	37.3	1.2	20	65	0.056	0.648	38.4
J02	学海	170	1.00	26.8	1.4	20	76	0.020	0.560	13.8
J02	遗产与保护研究	381	0.98	8.8	1.7	29	222	0.005	0.352	9.9
J02	哲学动态	169	0.97	19.0	1.2	20	70	0.030	0.500	28.5
J02	哲学分析	97	0.92	27.2	1.5	20	61	0.186	0.371	137.8
J02	哲学研究	161	0.92	16.7	1.1	20	62	0.020	0.520	21.8
J02	中国哲学史	74	1.00	21.5	1.1	12	33	0.014	0.527	38.8
J02	周易研究	70	0.88	21.5	1.1	15	40	0.043	0.514	26.6
J02	自然辩证法通讯	238	0.97	23.1	1.5	23	116	0.013	0.630	18.6
J02	自然辩证法研究	247	0.97	17.1	1.5	25	123	0.010	0.630	13.5
J03	法音	146	0.97	7.9	1.1	24	84	0.048	0.137	70.1
J03	世界宗教文化	151	0.95	24.1	1.2	20	74	0.010	0.430	23.1
J03	世界宗教研究	119	0.89	44.8	1.2	20	58	0.060	0.310	100.0
J03	天风	281	1.00	0.5	1.0	23	111	0.007	—	—

学科代码	期刊名称	来源文献量	文献选出率	平均引文数	平均作者数	地区分布数	机构分布数	海外论文比	基金论文比	引用半衰期
J03	五台山研究	45	0.90	13.9	1.2	15	34	0.022	0.378	24.8
J03	中国道教	82	0.87	7.8	1.1	20	54	0.012	0.195	32.3
J03	中国穆斯林	107	0.99	7.1	1.2	12	48	0.070	0.070	39.0
J03	中国宗教	357	0.62	0.0	1.1	29	147	0.000	0.060	0.0
J03	宗教学研究	162	0.98	29.4	1.2	24	83	0.040	0.520	33.9
K01	辞书研究	69	0.89	20.3	1.3	18	49	0.014	0.449	18.3
K01	当代外语研究	145	0.99	13.5	1.3	22	86	0.021	0.441	11.2
K01	当代修辞学	52	0.97	28.2	1.6	12	37	0.250	0.442	16.7
K01	当代语言学	41	0.97	35.4	1.5	10	27	0.120	0.460	20.6
K01	东北亚外语研究	57	0.99	23.2	1.4	12	36	0.140	0.649	16.4
K01	方言	59	0.99	20.5	1.3	17	38	0.000	0.420	19.2
K01	古汉语研究	49	0.99	26.2	1.3	18	39	0.000	0.730	21.5
K01	国际汉学	98	0.99	34.3	1.4	21	57	0.122	0.480	—
K01	海外英语(上)	1360	0.96	7.8	1.3	30	722	0.007	0.318	10.7
K01	海外英语(下)	1423	0.98	7.2	1.3	31	749	0.008	0.304	10.5
K01	汉语学报	43	0.97	26.0	1.2	17	35	0.093	0.814	17.6
K01	汉语学习	70	0.98	26.1	1.3	17	47	0.070	0.590	15.9
K01	汉语言文学研究	69	1.00	31.3	1.1	16	52	0.159	0.304	87.7
K01	汉字汉语研究	52	0.92	23.1	1.2	17	40	0.058	0.577	25.4
K01	课外语文(上)	2145	0.94	1.8	1.0	31	1830	0.004	0.052	3.6
K01	课外语文(下)	2123	0.91	1.8	1.0	30	1809	0.003	0.059	3.6
K01	课外语文(中)	243	0.90	0.0	1.0	19	71	—	0.004	3.0
K01	满语研究	44	1.00	13.4	1.2	7	21	—	0.477	31.0
K01	民族语文	51	0.59	31.5	1.3	—	—	—	0.667	21.1
K01	上海翻译	35	0.69	21.2	1.4	12	29	0.030	0.570	9.7
K01	世界汉语教学	42	0.95	38.4	1.4	9	25	0.140	0.640	16.3
K01	双语学习(乌鲁木齐)	806	0.97	3.1	1.1	30	624	0.012	0.068	4.1
K01	外语电化教学	107	0.80	18.6	1.8	22	80	0.009	0.673	9.2
K01	外语与翻译	66	0.87	18.8	1.6	17	46	—	0.742	10.8
K01	英语画刊(高级版)	2732	0.96	0.0	1.0	29	1661	0.000	0.014	6.2
K01	英语教师	851	0.99	5.2	1.2	29	655	0.007	0.230	6.5
K01	英语学习(教师版)	133	0.89	6.7	1.5	16	84	0.023	0.105	7.4
K01	语文建设	234	0.89	3.1	1.2	23	150	0.009	0.205	11.9

学科代码	期刊名称	来源文献量	文献选出率	平均引文数	平均作者数	地区分布数	机构分布数	海外论文比	基金论文比	引用半衰期
K01	语文教学通讯·A 刊	296	1.00	1.4	1.0	26	187	0.003	0.122	8.1
K01	语文教学通讯·B 刊	318	0.90	1.9	1.1	29	253	—	0.082	7.9
K01	语文教学通讯·C 刊	361	1.00	0.0	1.2	20	261	—	0.064	6.5
K01	语文教学通讯·D 刊(学术刊)	318	1.00	4.0	1.1	29	245	—	0.142	9.0
K01	语文教学与研究(上半月)	459	0.92	3.0	1.1	26	362	0.002	0.100	9.5
K01	语文教学与研究(下半月)	1423	0.96	0.6	1.1	30	1143	0.001	0.050	5.8
K01	语文教学之友	253	0.99	1.8	1.1	27	216	0.008	0.138	5.5
K01	语文世界(教师之窗)	573	1.00	0.0	1.0	26	327	—	0.010	—
K01	语文世界(小学生之窗)	222	0.85	0.0	1.0	18	123	—	—	—
K01	语文世界(中学生之窗)	205	1.00	0.0	1.0	22	122	—	—	—
K01	语文天地(初中版)	686	0.98	0.0	1.0	27	524	0.003	0.057	—
K01	语文研究	40	0.85	33.8	1.4	14	31	0.025	0.800	20.9
K01	语言教学与研究	60	0.73	37.5	1.4	13	37	0.080	0.600	16.8
K01	语言科学	62	0.99	26.6	1.4	16	40	0.065	0.565	21.7
K01	语言文字应用	60	0.90	20.3	1.8	14	40	0.000	0.480	11.9
K01	语言研究	69	0.99	27.2	1.5	20	48	0.030	0.800	22.9
K01	语言与翻译(汉文版)	58	0.99	18.3	1.3	17	41	—	0.690	17.2
K01	语言战略研究	73	0.82	21.2	1.4	12	51	0.192	0.397	12.3
K01	中国翻译	61	0.62	16.3	1.5	14	37	0.050	0.460	13.1
K01	中国科技翻译	36	0.90	8.4	1.6	14	34	0.030	0.470	11.9
K01	中国文学研究	105	0.96	22.5	1.1	19	71	0.057	0.610	23.4
K01	中国语文	73	0.88	39.0	1.3	18	45	0.110	0.590	22.3
K01	中学语文(上旬·教学大参考)	244	0.66	1.2	1.1	23	166	—	0.135	7.7
K01	中学语文(下旬·大语文论坛)	1005	0.70	0.0	1.1	31	799	0.004	0.098	11.0
K01	中学语文(中旬·读写新空间)	223	0.60	0.0	1.1	23	119	—	0.009	4.5
K03	北京第二外国语学院学报	58	0.94	32.1	1.5	18	50	0.017	0.672	13.6
K03	基础外语教育	90	1.00	10.0	1.4	18	77	—	0.444	9.3
K03	解放军外国语学院学报	105	0.93	25.1	1.4	19	70	0.010	0.660	13.7
K03	天津外国语大学学报	94	1.00	24.6	1.5	17	58	—	0.734	11.2
K03	外国语	60	0.98	27.4	1.6	13	36	0.070	0.550	14.6
K03	外国语文	109	0.98	24.5	1.4	22	76	0.060	0.610	15.1
K03	外国语言文学	36	0.97	22.7	1.3	11	26	0.028	0.667	14.6
K03	外语教学	95	1.00	26.8	1.6	20	58	0.040	0.750	11.5

学科代码	期刊名称	来源文献量	文献选出率	平均引文数	平均作者数	地区分布数	机构分布数	海外论文比	基金论文比	引用半衰期
K03	外语教学理论与实践	53	0.94	31.9	1.8	17	38	—	0.792	12.3
K03	外语教学与研究	90	0.91	23.8	1.5	15	52	0.070	0.480	13.6
K03	外语界	66	1.00	27.7	1.6	16	38	0.000	0.580	7.8
K03	外语学刊	126	0.98	22.8	1.6	20	68	0.024	0.810	13.3
K03	外语研究	115	0.96	23.4	1.5	16	67	0.009	0.643	14.1
K03	外语与外语教学	84	0.94	31.9	1.7	17	57	0.040	0.730	13.4
K03	西安外国语大学学报	84	1.00	25.0	1.5	20	62	0.010	0.730	12.8
K03	现代外语	76	1.00	33.0	1.8	20	49	0.039	0.868	12.5
K03	云南师范大学学报(对外汉语教学与研究版)	59	0.82	37.4	1.6	13	35	0.017	0.593	10.6
K03	中国俄语教学	46	0.99	16.6	1.4	11	26	0.022	0.609	18.4
K03	中国外语	89	1.00	26.9	1.5	17	53	0.022	0.685	12.5
K04	Frontiers of Literary Studies in China	36	0.90	45.8	1.2	2	26	0.833	0.028	—
K04	安徽文学(下半月)	897	0.98	7.2	1.3	30	249	—	0.261	11.7
K04	北方文学(下旬刊)	1898	0.99	4.3	1.1	31	947	0.005	0.142	10.1
K04	北方文学(中旬刊)	2062	0.99	4.1	1.1	31	1083	0.007	0.131	10.0
K04	北京文学(精彩阅读)	62	0.58	0.4	1.0	13	34	0.016	—	—
K04	北京文学·中篇小说月报	54	0.95	0.2	1.0	15	31	0.056	—	—
K04	参花	1996	0.77	1.8	1.1	31	1051	0.001	0.073	5.2
K04	曹雪芹研究	62	0.74	20.9	1.0	1	1	—	0.177	38.4
K04	长江学术	54	0.69	27.9	1.3	14	39	0.259	0.481	28.3
K04	大观	929	0.98	4.6	1.1	31	479	0.002	0.167	7.3
K04	大众文艺	4190	0.99	4.6	1.3	31	1383	0.003	0.205	7.2
K04	当代	32	1.00	0.2	1.0	11	24	—	—	13.0
K04	当代人	3267	0.94	2.1	1.1	31	2070	0.002	0.023	3.4
K04	当代文坛	172	0.99	13.7	1.2	24	90	0.017	0.349	15.2
K04	当代作家评论	161	0.99	15.1	1.1	22	79	0.020	0.250	12.6
K04	东坡赤壁诗词	48	1.00	0.3	1.0	6	24	0.021	—	—
K04	杜甫研究学刊	62	0.96	20.1	1.1	17	36	—	0.177	31.6
K04	飞天	81	0.55	0.6	1.3	17	43	0.025	0.025	10.5
K04	芙蓉	61	0.97	0.0	1.0	13	33	0.033	—	—
K04	国学学刊	57	0.86	46.9	1.1	11	39	0.175	0.246	—
K04	红楼梦学刊	117	0.98	17.5	1.2	22	76	0.030	0.220	22.0
K04	红岩	14	0.98	2.5	1.1	4	7	0.071	—	—

学科代码	期刊名称	来源文献量	文献选出率	平均引文数	平均作者数	地区分布数	机构分布数	海外论文比	基金论文比	引用半衰期
K04	花城	19	1.00	1.7	1.3	3	7	0.053	—	—
K04	华文文学	100	0.96	17.6	1.1	17	62	0.140	0.420	20.0
K04	黄河之声	2502	0.98	3.3	1.1	30	864	0.002	0.116	5.9
K04	江南	6	1.00	1.3	1.0	4	5	0.167	—	—
K04	剧作家	58	0.97	5.4	1.1	9	16	—	0.190	15.5
K04	鲁迅研究月刊	136	0.97	21.1	1.1	10	12	0.010	0.220	74.1
K04	民族文学研究	112	0.95	37.6	1.2	23	63	0.040	0.480	36.7
K04	明清小说研究	54	0.95	21.8	1.2	15	42	0.070	0.390	22.5
K04	南方文坛	209	0.93	11.6	1.1	23	113	0.050	0.250	13.8
K04	南方文学	89	1.00	0.3	1.1	16	42	0.056	—	—
K04	南腔北调(周一刊)	60	0.93	8.1	1.0	4	4	—	0.133	12.4
K04	青春岁月	8395	0.98	3.1	1.2	31	3278	0.002	0.103	5.7
K04	青海湖文学月刊	191	0.33	0.0	1.0	13	76	—	—	—
K04	青年时代	5845	0.93	4.0	1.2	30	2955	0.003	0.142	5.4
K04	青年文学家	3270	0.95	4.0	1.1	31	1131	0.004	0.055	12.5
K04	三峡论坛(三峡文学·理论版)	142	0.87	10.5	1.6	21	69	0.014	0.486	19.1
K04	散文百家(下)	3512	0.81	1.4	1.0	31	2292	0.001	0.019	4.8
K04	山花	35	0.95	4.1	1.1	7	16	0.029	0.029	16.2
K04	山西青年	4820	0.99	3.7	1.3	31	2103	0.001	0.186	5.4
K04	山西文学	96	0.95	1.5	1.1	16	49	0.010	—	—
K04	上海文学	17	1.00	1.2	1.2	3	8	0.176	—	15.0
K04	神州	9889	0.90	2.6	1.1	31	5863	0.002	0.032	4.3
K04	诗潮	94	0.95	0.1	1.0	21	67	0.021	—	4.5
K04	收获	4	0.07	3.8	1.0	—	—	—	—	—
K04	丝绸之路	191	1.00	0.1	1.0	23	114	0.021	—	6.5
K04	丝路视野	6773	0.98	2.7	1.3	31	3127	0.001	0.102	3.6
K04	文存阅刊	4228	1.00	3.2	1.2	31	2293	0.003	0.108	5.5
K04	文学教育(上)	963	0.93	5.4	1.1	31	542	0.002	0.201	11.6
K04	文学教育(下)	1158	0.91	4.0	1.2	30	788	0.005	0.264	7.7
K04	文学教育(中)	1129	0.89	4.1	1.2	30	570	0.004	0.201	11.0
K04	文学评论	140	0.60	36.4	1.0	22	68	0.010	0.450	29.5
K04	文学遗产	107	0.99	45.3	1.0	19	61	0.040	0.490	39.1
K04	文学与文化	63	0.99	27.4	1.1	16	34	0.048	0.365	56.3

学科代码	期刊名称	来源文献量	文献选出率	平均引文数	平均作者数	地区分布数	机构分布数	海外论文比	基金论文比	引用半衰期
K04	文艺生活·下旬刊	2735	0.51	3.0	1.1	31	1283	0.003	0.073	6.9
K04	文艺生活·中旬刊	2779	0.88	2.9	1.1	31	1309	0.003	0.080	7.4
K04	文艺研究	187	1.00	32.6	1.0	20	73	0.010	0.410	36.6
K04	武汉文史资料	80	0.99	0.0	1.1	2	61	—	—	—
K04	西藏文学	28	1.00	2.5	1.0	7	17	—	0.107	24.3
K04	戏剧文学	313	0.94	6.0	1.2	27	167	0.013	0.319	18.0
K04	小说评论	167	0.99	9.9	1.2	22	77	0.040	0.150	11.0
K04	小说月报	91	1.00	0.0	1.0	22	56	0.022	—	—
K04	校园心理	170	1.00	8.9	1.8	27	139	—	0.482	8.4
K04	新文学史料	86	0.93	14.4	1.1	12	28	0.000	0.300	70.8
K04	雪莲	93	0.68	0.1	1.0	17	45	—	—	8.0
K04	鸭绿江	20	0.92	19.0	1.6	—	5	0.250	0.100	—
K04	扬子江评论	96	0.91	14.1	1.1	18	55	0.010	0.198	14.9
K04	中国比较文学	66	0.97	22.6	1.2	16	41	0.020	0.560	19.5
K04	中国现代文学研究丛刊	197	0.98	29.3	1.0	21	88	0.030	0.290	28.6
K04	中国韵文学刊	83	0.98	22.0	1.2	24	66	0.048	0.482	28.0
K04	钟山	52	0.44	8.7	1.3	9	23	0.019	—	—
K05	当代外国文学	87	1.00	15.3	1.3	17	53	0.010	0.530	14.0
K05	俄罗斯文艺	76	0.88	17.4	1.3	17	42	0.070	0.340	22.9
K05	国外文学	68	0.97	36.3	1.0	20	48	0.015	0.647	42.7
K05	世界华文文学论坛	62	0.91	18.1	1.2	11	45	0.161	0.306	20.0
K05	外国文学	101	0.98	22.9	1.0	15	51	0.010	0.560	21.1
K05	外国文学动态研究	78	0.86	13.0	1.0	14	41	0.026	0.346	24.2
K05	外国文学评论	47	0.94	59.1	1.0	11	30	0.040	0.530	45.8
K05	外国文学研究	89	1.00	20.8	1.2	17	61	0.060	0.560	18.2
K05	外文研究	67	0.95	20.3	1.3	19	50	—	0.597	13.8
K06	北方音乐	4626	0.99	2.1	1.1	31	1811	0.003	0.112	5.2
K06	北京电影学院学报	123	0.93	14.9	1.4	12	50	0.090	0.190	24.5
K06	北京舞蹈学院学报	136	0.95	9.7	1.1	26	69	0.015	0.294	18.8
K06	大舞台	102	0.99	2.6	1.1	17	69	0.020	0.176	11.2
K06	当代电影	442	1.00	12.8	1.2	25	146	0.040	0.270	22.2
K06	当代戏剧	100	0.99	3.3	1.1	19	74	—	0.310	11.4
K06	当代音乐	822	1.00	4.5	1.2	30	365	0.006	0.180	8.5

学科代码	期刊名称	来源文献量	文献选出率	平均引文数	平均作者数	地区分布数	机构分布数	海外论文比	基金论文比	引用半衰期
K06	电影评介	746	0.96	5.0	1.3	30	372	0.012	0.320	10.9
K06	电影文学	1245	0.99	5.4	1.2	30	558	0.007	0.279	9.7
K06	电影新作	126	1.00	14.5	1.2	19	57	—	0.357	21.1
K06	电影艺术	139	0.98	13.9	1.3	12	59	0.040	0.140	19.5
K06	雕塑	68	0.96	3.1	1.2	12	40	0.074	0.162	9.6
K06	东方艺术	188	1.00	2.5	1.1	16	91	0.037	0.048	24.0
K06	儿童音乐	182	0.92	0.0	1.1	21	142	0.016	0.016	—
K06	福建艺术	62	0.85	2.0	1.1	6	37	0.016	0.032	31.5
K06	歌海	166	0.95	5.7	1.2	16	64	—	0.313	15.8
K06	贵州大学学报(艺术版)	107	0.98	9.8	1.2	21	65	0.047	0.393	17.8
K06	湖北美术学院学报	98	0.97	9.7	1.2	12	40	0.031	0.337	16.7
K06	黄梅戏艺术	26	0.97	4.0	1.0	3	5	—	0.038	28.8
K06	黄钟—中国·武汉音乐学院学报	66	1.00	26.8	1.1	15	33	0.120	0.150	62.1
K06	吉林艺术学院学报	133	0.99	1.6	1.2	15	78	0.023	0.113	9.8
K06	交响—西安音乐学院学报	92	1.00	13.9	1.2	16	44	0.000	0.240	19.3
K06	解放军文艺	115	0.98	0.3	1.0	21	67	0.009	—	21.5
K06	乐府新声	87	0.84	9.6	1.1	11	18	—	0.103	15.5
K06	乐器	77	0.98	5.6	1.1	11	27	—	0.130	31.4
K06	流行色	95	0.84	8.5	1.3	16	47	0.021	0.074	10.1
K06	美术	377	0.89	6.4	1.1	26	168	0.008	0.133	22.1
K06	美术大观	677	1.00	5.0	1.2	29	315	0.009	0.316	9.4
K06	美术观察	503	1.00	3.7	1.1	27	222	0.012	0.179	99.0
K06	美术界	166	1.00	3.7	1.2	25	113	0.006	0.271	11.2
K06	美术文献	818	0.97	4.3	1.1	30	358	0.002	0.191	5.4
K06	美术学报	84	0.99	31.3	1.2	18	50	0.036	0.357	—
K06	美术研究	134	0.95	14.6	1.1	20	69	0.020	0.170	34.3
K06	美与时代(上旬刊)	500	0.96	5.2	1.3	28	277	0.010	0.382	8.1
K06	美与时代(下旬刊)	458	0.97	6.5	1.1	28	187	—	0.188	15.1
K06	美与时代(中旬刊）·美术学刊	801	1.00	4.5	1.1	30	375	0.006	0.146	8.4
K06	美与时代·城市	704	0.91	4.7	1.5	30	359	0.004	0.276	7.0
K06	民族艺林	92	0.82	9.6	1.2	20	60	—	0.391	13.6
K06	民族艺术	121	0.95	27.8	1.3	20	70	0.070	0.530	18.9
K06	民族艺术研究	112	0.94	18.5	1.3	15	55	0.027	0.339	17.9

学科代码	期刊名称	来源文献量	文献选出率	平均引文数	平均作者数	地区分布数	机构分布数	海外论文比	基金论文比	引用半衰期
K06	内蒙古大学艺术学院学报	102	0.82	9.7	1.5	18	44	0.108	0.824	23.8
K06	南京艺术学院学报(美术与设计版)	220	1.00	15.6	1.3	22	98	0.027	0.532	22.6
K06	南京艺术学院学报(音乐与表演版)	108	1.00	15.2	1.1	20	58	0.019	0.407	23.3
K06	齐鲁艺苑	148	0.98	8.0	1.1	17	68	0.014	0.297	15.4
K06	曲艺	95	0.92	2.2	1.1	19	60	0.021	0.011	19.1
K06	人民音乐	266	0.95	7.9	1.2	25	108	0.050	0.170	25.5
K06	人文天下	451	0.98	1.6	1.1	22	205	0.007	0.115	16.5
K06	上海戏剧	31	0.89	0.9	1.0	5	20	0.161	0.065	14.0
K06	上海艺术评论	147	0.93	1.9	1.1	13	79	0.082	0.054	20.8
K06	设计艺术	100	0.33	7.7	1.4	19	67	0.010	0.390	13.2
K06	世界电影	44	0.19	24.0	2.1	2	7	0.114	0.023	34.5
K06	世界美术	74	0.89	12.4	1.6	12	35	0.149	0.054	30.7
K06	书画世界	203	0.98	3.5	1.1	18	98	—	0.069	16.6
K06	四川戏剧	529	1.00	6.4	1.2	27	261	0.006	0.372	13.4
K06	苏州工艺美术职业技术学院学报	73	0.97	5.6	1.2	14	40	0.027	0.260	11.2
K06	天工	700	1.00	2.1	1.1	29	502	0.007	0.074	4.2
K06	天津音乐学院学报	52	0.96	19.4	1.1	15	27	0.058	0.231	24.6
K06	文化艺术研究	76	0.51	19.2	1.3	18	59	0.026	0.474	22.6
K06	文艺理论研究	126	0.99	28.9	1.1	19	83	0.100	0.600	19.7
K06	文艺理论与批评	89	0.93	24.2	1.2	12	38	0.020	0.150	76.8
K06	文艺评论	112	0.55	7.0	1.1	19	71	0.020	0.270	13.4
K06	文艺争鸣	406	0.90	15.7	1.2	25	131	0.020	0.320	18.7
K06	西北美术	118	0.97	7.0	1.2	22	56	0.008	0.288	19.6
K06	西藏艺术研究	48	0.99	10.1	1.2	6	26	0.021	0.208	19.5
K06	戏剧艺术	78	0.99	19.5	1.1	14	43	0.077	0.436	36.1
K06	戏剧之家	2011	0.99	3.6	1.2	31	800	0.000	0.175	6.9
K06	戏剧-中央戏剧学院学报	77	1.00	16.2	1.1	13	36	0.060	0.340	24.7
K06	戏曲艺术	95	0.99	20.9	1.1	17	50	0.021	0.547	44.5
K06	新疆艺术学院学报	70	0.97	9.9	1.1	13	26	0.029	0.343	17.2
K06	新美术	154	0.85	17.6	1.3	3	6	0.013	0.331	60.3
K06	星海音乐学院学报	54	0.99	25.0	1.2	14	30	0.056	0.370	25.5
K06	艺海	661	0.99	4.2	1.2	28	305	0.006	0.277	8.1
K06	艺术百家	248	0.99	14.3	1.4	24	120	0.010	0.500	13.6

学科代码	期刊名称	来源文献量	文献选出率	平均引文数	平均作者数	地区分布数	机构分布数	海外论文比	基金论文比	引用半衰期
K06	艺术工作	124	0.95	15.9	1.3	8	19	0.016	0.306	23.6
K06	艺术科技	2576	0.98	3.4	1.2	31	1024	0.003	0.250	4.8
K06	艺术评鉴	1974	0.98	4.3	1.1	31	821	0.006	0.220	6.7
K06	艺术评论	295	0.98	4.8	1.1	27	150	0.017	0.268	14.7
K06	艺术探索	83	0.91	22.8	1.2	19	60	0.036	0.482	28.0
K06	艺术研究	451	1.00	5.3	1.1	25	153	0.004	0.211	6.5
K06	音乐传播	105	0.97	10.1	1.2	21	56	0.010	0.333	25.7
K06	音乐创作	522	0.96	6.1	1.1	29	210	0.004	0.255	12.7
K06	音乐生活	237	0.99	5.1	1.0	10	29	—	0.329	15.6
K06	音乐探索	80	0.99	16.0	1.1	18	39	0.012	0.388	19.0
K06	音乐天地	102	0.93	3.0	1.1	15	48	—	0.225	32.4
K06	音乐文化研究	50	0.96	31.6	1.2	12	23	0.060	0.280	—
K06	音乐研究	71	0.94	27.6	1.1	19	46	0.010	0.460	36.7
K06	音乐艺术	63	1.00	34.0	1.1	15	32	0.063	0.317	60.7
K06	云南艺术学院学报	59	0.97	10.2	1.2	13	32	0.051	0.373	18.4
K06	浙江艺术职业学院学报	90	0.90	12.2	1.1	16	50	0.111	0.456	20.6
K06	中国美术	89	0.97	22.7	1.1	17	53	—	0.090	—
K06	中国美术教育	96	1.00	2.1	1.1	19	77	0.010	0.115	13.4
K06	中国书法	678	0.97	11.4	1.1	29	322	0.012	0.159	39.6
K06	中国书画	170	0.95	10.1	1.1	19	66	0.012	0.035	—
K06	中国戏剧	244	0.95	1.0	1.1	25	153	0.016	0.123	14.3
K06	中国音乐	136	0.94	18.2	1.2	21	65	0.030	0.400	26.5
K06	中国音乐学	66	0.87	28.9	1.1	19	43	0.000	0.350	39.7
K06	中央音乐学院学报	52	0.92	25.3	1.1	9	29	0.150	0.210	34.0
K06	装饰	407	0.86	10.5	1.5	25	149	0.080	0.400	15.6
K08	Frontiers of History in China	28	0.85	114.0	1.0	6	27	0.536	0.107	—
K08	安徽史学	117	0.96	57.7	1.2	21	60	0.017	0.632	—
K08	北方文物	76	0.95	20.9	1.5	18	45	—	0.500	30.5
K08	草原文物	30	0.91	26.2	1.6	5	16	—	0.067	19.7
K08	当代中国史研究	79	0.97	34.5	1.3	19	52	—	0.405	—
K08	敦煌学辑刊	69	0.89	46.8	1.3	13	28	0.030	0.460	44.8
K08	敦煌研究	106	0.97	24.0	1.9	17	63	0.080	0.400	24.0
K08	古代文明	55	1.00	62.5	1.1	13	32	0.018	0.455	—

学科代码	期刊名称	来源文献量	文献选出率	平均引文数	平均作者数	地区分布数	机构分布数	海外论文比	基金论文比	引用半衰期
K08	广西地方志	59	0.95	12.9	1.1	14	43	—	0.102	30.7
K08	贵州文史丛刊	70	0.99	29.4	1.2	17	41	0.057	0.243	34.4
K08	郭沫若学刊	55	1.00	12.0	1.1	17	39	0.018	0.382	34.8
K08	海交史研究	35	0.91	39.7	1.3	10	28	0.060	0.170	97.2
K08	华侨华人历史研究	44	0.95	33.3	1.2	9	30	0.020	0.550	18.4
K08	江淮文史	61	0.87	0.0	1.1	8	46	0.016	—	—
K08	近代史研究	73	0.80	83.4	1.0	15	34	0.050	0.270	95.7
K08	军事历史	83	0.48	20.6	1.4	13	36	—	0.072	—
K08	历史研究	69	1.00	115.3	1.1	17	37	0.010	0.580	99.9
K08	岭南文史	56	0.99	9.3	1.1	5	40	0.018	0.161	34.7
K08	南方文物	163	0.98	31.7	1.9	15	74	0.061	0.245	17.0
K08	蒲松龄研究	69	0.46	11.7	1.2	20	51	0.014	0.246	24.8
K08	清史研究	45	0.98	94.7	1.1	14	30	0.133	0.600	223.6
K08	人文地理	116	0.98	41.7	3.3	23	59	0.040	0.970	8.8
K08	史林	118	0.99	87.2	1.1	17	56	0.034	0.492	—
K08	史学集刊	78	0.95	64.0	1.1	20	45	0.026	0.615	—
K08	史学理论研究	69	0.67	53.8	1.1	17	35	0.014	0.507	58.1
K08	史学史研究	56	0.98	50.2	1.1	16	28	0.018	0.518	—
K08	史学月刊	172	1.00	50.7	1.1	21	69	0.040	0.420	88.3
K08	世界历史	72	0.87	83.0	1.1	13	36	0.028	0.611	180.0
K08	文史	51	0.93	111.0	1.1	13	24	—	0.412	—
K08	文史天地	162	0.89	0.0	1.0	19	79	0.025	0.006	—
K08	文史杂志	134	0.94	8.1	1.1	13	64	—	0.067	34.2
K08	西部蒙古论坛	41	0.95	27.0	1.1	11	24	—	0.146	44.8
K08	西夏研究	64	1.00	23.6	1.3	10	25	0.016	0.578	21.0
K08	新疆地方志	55	0.96	4.3	1.1	13	32	—	0.055	52.0
K08	中国地方志	86	0.95	37.8	1.1	24	70	0.000	0.310	100.0
K08	中国历史地理论丛	64	0.95	75.2	1.3	17	40	0.030	0.720	100.0
K08	中国名城	167	0.96	14.0	1.9	22	107	0.018	0.623	11.1
K08	中国史研究	73	0.98	44.1	1.1	21	40	0.041	0.301	—
K08	中国文物科学研究	55	0.35	9.2	2.1	14	32	—	0.182	15.9
K08	中华文史论丛	49	0.96	104.7	1.0	12	30	0.061	0.347	—
K08	中华医史杂志	72	0.90	21.1	1.9	16	44	0.014	0.444	26.5

学科代码	期刊名称	来源文献量	文献选出率	平均引文数	平均作者数	地区分布数	机构分布数	海外论文比	基金论文比	引用半衰期
K10	华夏考古	83	0.93	29.5	1.9	17	41	—	0.398	26.8
K10	江汉考古	90	0.65	23.0	2.0	17	41	0.011	0.556	17.9
K10	考古	115	0.95	29.1	2.0	20	33	0.010	0.310	21.7
K10	考古学报	20	0.96	63.0	1.6	8	12	0.000	0.200	20.7
K10	考古与文物	83	1.00	33.5	1.9	15	29	0.010	0.360	10.0
K10	民俗研究	98	0.88	50.8	1.2	16	53	0.122	0.561	17.8
K10	农业考古	244	1.00	23.1	1.3	30	135	0.012	0.467	25.5
K10	四川文物	54	1.00	36.4	1.8	10	24	0.019	0.259	31.8
K10	文物	98	0.98	19.4	1.7	22	43	0.030	0.300	26.2
K10	文物保护与考古科学	91	0.96	16.1	3.9	17	48	0.011	0.571	10.2
K10	文物春秋	78	0.99	15.8	1.5	16	53	—	0.167	17.4
K10	文物世界	135	0.99	6.0	1.2	16	88	—	0.059	15.3
K10	寻根	105	0.94	0.0	1.1	23	80	0.057	0.067	—
K10	中国边疆史地研究	82	0.93	57.0	1.2	19	49	0.010	0.440	0.0
K10	中国国家博物馆馆刊	163	0.96	32.9	1.3	22	84	0.006	0.178	37.4
K10	中原文物	87	0.94	26.0	1.7	11	45	0.046	0.414	17.3
L01	China & World Economy	37	0.88	34.8	2.5	9	26	0.324	0.649	10.7
L01	Frontiers of Business Research in China	24	0.92	67.5	2.5	7	14	0.250	0.625	12.8
L01	Frontiers of Economics in China	31	0.91	38.7	2.0	7	24	0.516	0.484	20.2
L01	WTO经济导刊	109	0.34	0.3	1.4	6	43	0.083	0.119	11.8
L01	办公室业务	3705	0.99	3.0	1.1	31	2689	0.001	0.039	3.5
L01	北方经济	242	0.97	3.4	1.5	26	118	—	0.252	4.4
L01	边疆经济与文化	490	0.99	5.3	1.4	29	175	0.004	0.455	8.8
L01	财经研究	118	1.00	36.6	2.5	18	56	0.020	0.810	9.8
L01	财政研究	124	0.98	28.6	2.1	21	60	0.000	0.580	9.1
L01	产经评论	70	0.91	29.0	2.0	18	48	0.014	0.843	9.1
L01	产权导刊	140	0.50	1.3	1.1	24	71	—	0.007	11.8
L01	产业与科技论坛	3861	1.00	4.0	1.7	31	1602	0.002	0.380	5.2
L01	长江技术经济	57	0.80	4.6	1.9	11	45	—	0.088	4.2
L01	城市	110	0.99	8.6	1.7	16	53	0.009	0.609	5.3
L01	城市观察	91	1.00	16.3	2.0	10	52	0.022	0.648	7.6
L01	城市管理与科技	142	0.95	2.3	1.5	20	91	0.014	0.099	7.7
L01	城市开发(物业管理)	247	1.00	0.0	1.1	24	179	0.024	—	—

学科代码	期刊名称	来源文献量	文献选出率	平均引文数	平均作者数	地区分布数	机构分布数	海外论文比	基金论文比	引用半衰期
L01	创造	155	0.91	0.2	1.1	4	90	—	0.006	4.3
L01	当代经济科学	74	0.96	35.0	2.2	17	38	—	0.824	9.0
L01	当代经济研究	136	0.94	14.6	1.6	23	72	0.020	0.530	10.0
L01	东北亚经济研究	62	1.00	13.5	1.7	13	44	0.032	0.452	8.2
L01	发展	329	1.00	1.6	1.2	13	198	—	0.103	8.3
L01	发展研究	203	0.86	7.5	1.4	16	73	0.005	0.271	8.4
L01	改革	176	0.60	14.2	1.8	23	93	0.000	0.560	5.1
L01	改革与开放	1478	1.00	6.0	1.5	31	755	0.002	0.355	5.7
L01	改革与战略	282	0.62	13.0	1.6	28	212	0.007	0.748	6.5
L01	广东经济	156	1.00	1.5	1.4	6	76	—	0.199	6.0
L01	广义虚拟经济研究	45	0.92	21.3	2.1	10	30	—	0.889	8.2
L01	国际经济合作	192	0.96	5.7	1.9	17	80	0.010	0.250	5.3
L01	国际经济评论	54	0.99	28.1	2.0	12	30	0.056	0.370	19.1
L01	海峡科技与产业	464	0.95	3.7	1.5	29	384	0.006	0.116	3.3
L01	海峡科学	365	0.99	7.5	1.8	13	186	0.049	0.304	6.5
L01	合作经济与科技	1817	0.89	5.3	1.6	30	685	0.003	0.343	4.8
L01	河北企业	871	1.00	4.5	1.5	29	290	—	0.209	4.6
L01	河北职业教育	171	0.92	6.7	1.6	23	124	—	0.690	3.8
L01	宏观经济管理	180	0.89	15.9	1.7	20	88	—	0.233	4.4
L01	宏观经济研究	187	0.96	24.0	2.1	20	93	0.005	0.620	8.4
L01	华东经济管理	284	0.98	26.2	2.4	26	154	—	0.912	7.7
L01	环渤海经济瞭望	1716	0.93	3.0	1.3	31	1037	0.006	0.131	3.7
L01	活力	1861	0.97	1.9	1.2	30	1037	0.001	0.083	4.7
L01	价值工程	4340	1.00	5.8	1.9	31	2157	0.001	0.253	5.9
L01	交通与港航	96	0.97	4.0	1.6	11	46	0.021	0.083	5.8
L01	金融评论	51	0.98	45.6	2.0	10	24	—	0.588	9.4
L01	经济	172	0.98	0.0	1.1	9	56	—	—	—
L01	经济管理	141	0.81	54.6	2.3	22	69	0.040	0.830	8.6
L01	经济界	77	1.00	8.2	1.7	24	62	0.013	0.390	6.2
L01	经济经纬	136	0.94	21.2	2.1	23	92	0.000	0.890	7.8
L01	经济科学	58	0.96	26.1	2.0	15	32	0.000	0.740	10.1
L01	经济理论与经济管理	106	0.90	26.2	2.0	15	45	0.020	0.630	9.4
L01	经济评论	66	0.93	35.9	2.3	18	47	0.030	0.880	9.7

学科代码	期刊名称	来源文献量	文献选出率	平均引文数	平均作者数	地区分布数	机构分布数	海外论文比	基金论文比	引用半衰期
L01	经济社会史评论	42	0.98	55.1	1.3	14	28	0.071	0.310	159.5
L01	经济社会体制比较	120	0.98	25.0	1.7	17	66	0.030	0.580	8.9
L01	经济师	1885	0.98	5.2	1.5	31	1009	0.002	0.261	4.9
L01	经济数学	71	1.00	13.9	2.4	19	40	—	0.859	6.5
L01	经济问题	237	0.98	15.6	2.0	28	135	0.000	0.680	7.0
L01	经济问题探索	236	1.00	28.3	2.1	26	103	0.010	0.760	7.6
L01	经济学(季刊)	64	0.90	56.6	2.5	12	30	0.060	0.730	13.3
L01	经济学报	28	0.96	42.5	2.4	5	11	0.040	0.430	11.9
L01	经济学动态	137	0.92	45.3	2.1	16	54	0.010	0.660	9.4
L01	经济学家	147	0.98	21.1	1.8	22	82	0.010	0.750	7.8
L01	经济研究	174	0.97	39.0	2.5	17	58	0.060	0.730	11.5
L01	经济研究导刊	2857	0.28	5.9	1.6	31	1175	0.006	0.349	5.8
L01	经济与管理	85	1.00	19.1	2.2	20	65	0.012	0.718	8.4
L01	经济与管理研究	139	0.98	28.0	2.0	20	68	0.010	0.750	9.0
L01	经济资料译丛	46	0.97	11.6	1.5	10	27	0.043	0.152	12.2
L01	经济纵横	189	0.89	14.1	1.8	22	96	0.020	0.520	6.2
L01	经贸实践	6100	0.97	3.7	1.2	31	4132	0.004	0.083	3.6
L01	经纬天地	117	0.97	5.0	1.8	23	58	—	0.034	6.5
L01	经营与管理	493	0.92	7.8	1.8	29	265	0.004	0.327	6.8
L01	决策	140	0.95	0.0	1.1	13	98	—	0.014	—
L01	决策探索	721	0.89	1.0	1.3	31	478	0.001	0.319	4.1
L01	开放导报	149	1.00	6.2	1.7	23	101	0.007	0.463	5.2
L01	开放时代	73	1.00	61.3	1.5	14	44	0.070	0.410	31.9
L01	科技创业月刊	533	0.85	7.7	2.0	30	276	—	0.600	4.5
L01	科技和产业	266	0.96	13.9	2.4	28	161	—	0.665	6.4
L01	空运商务	107	1.00	0.0	1.3	26	66	0.009	0.047	—
L01	理财(财经版)	616	0.99	0.0	1.5	30	393	0.006	0.135	—
L01	理财(经论)	297	0.98	1.2	1.3	23	148	—	0.051	3.8
L01	辽宁经济	408	0.98	0.0	1.6	24	184	—	0.341	—
L01	秘书工作	276	0.97	0.0	1.1	29	208	—	—	—
L01	秘书之友	208	0.97	1.8	1.1	26	150	—	0.072	10.5
L01	南开经济研究	58	1.00	40.9	2.4	15	37	0.030	0.810	11.1
L01	宁波经济(三江论坛)	155	0.99	0.2	1.5	3	66	—	0.200	3.6

学科代码	期刊名称	来源文献量	文献选出率	平均引文数	平均作者数	地区分布数	机构分布数	海外论文比	基金论文比	引用半衰期
L01	农林经济管理学报	88	0.25	24.7	2.6	18	50	0.011	0.966	6.4
L01	企业管理	498	0.86	0.8	1.3	28	293	0.024	0.100	5.2
L01	企业技术开发(学术版)	489	0.84	4.7	1.7	25	317	0.004	0.180	5.2
L01	企业科技与发展	1538	1.00	4.8	1.5	31	896	0.001	0.198	4.6
L01	企业文化(下旬刊)	2684	0.97	2.3	1.2	31	1940	0.002	0.007	3.0
L01	企业文明	209	0.96	0.0	1.1	25	165	—	0.038	—
L01	青海国土经略	84	0.98	1.4	1.9	2	30	—	—	9.2
L01	清华金融评论	362	0.99	0.0	1.4	22	201	0.072	0.025	—
L01	区域经济评论	125	0.91	11.8	1.6	20	74	—	0.464	7.2
L01	全国流通经济	2291	0.97	4.1	1.2	31	1764	0.004	0.096	3.0
L01	全球化	109	0.98	11.6	1.6	9	47	0.009	0.147	10.2
L01	全球科技经济瞭望	123	0.89	12.9	1.9	7	31	0.000	0.240	1.5
L01	山东经济战略研究	113	0.93	0.0	1.4	2	79	—	0.018	—
L01	商场现代化	2624	0.98	4.5	1.3	30	1479	0.004	0.125	3.2
L01	生产力研究	387	1.00	12.3	1.8	24	149	0.003	0.618	6.6
L01	世界经济	92	0.95	52.9	2.4	14	40	0.050	0.870	11.4
L01	世界经济文汇	42	1.00	41.7	2.3	15	28	0.024	0.738	12.2
L01	世界经济研究	135	0.99	29.1	2.0	18	70	0.000	0.640	9.3
L01	世界经济与政治论坛	58	1.00	43.5	1.5	16	38	0.050	0.520	6.5
L01	特区经济	497	1.00	8.4	1.8	29	217	0.010	0.431	7.0
L01	特区实践与理论	148	0.92	14.1	1.2	16	82	0.014	0.257	10.6
L01	天津经济	120	0.99	2.5	1.5	7	62	—	0.175	5.1
L01	外国经济与管理	127	0.96	39.1	2.7	18	70	0.040	0.860	8.3
L01	卫生经济研究	245	0.95	8.1	3.4	27	129	—	0.649	4.9
L01	西部大开发	165	0.86	0.0	1.2	8	109	—	—	—
L01	西部论坛	81	1.00	24.9	1.8	23	58	0.012	0.840	7.1
L01	西藏发展论坛	104	0.99	7.2	1.3	13	43	—	0.288	13.1
L01	现代经济探讨	201	0.84	17.8	2.0	24	117	—	0.836	7.7
L01	现代企业	633	0.97	0.0	1.4	28	370	—	0.224	—
L01	现代日本经济	48	0.99	23.7	1.6	15	31	0.062	0.854	20.9
L01	新经济	75	0.73	7.4	1.3	9	33	0.013	0.133	8.9
L01	新经济导刊	91	0.87	1.3	1.5	5	35	0.011	0.022	39.0
L01	信息资源管理学报	48	0.91	38.5	2.4	11	21	0.021	0.750	6.3

学科代码	期刊名称	来源文献量	文献选出率	平均引文数	平均作者数	地区分布数	机构分布数	海外论文比	基金论文比	引用半衰期
L01	行政事业资产与财务	1158	0.94	3.8	1.2	30	802	0.001	0.090	3.3
L01	亚太经济	101	1.00	16.1	1.9	18	63	0.000	0.590	5.1
L01	沿海企业与科技	125	0.97	7.1	1.5	13	66	—	0.544	6.3
L01	冶金企业文化	121	0.98	0.0	1.4	19	78	—	—	—
L01	医药高职教育与现代护理	108	0.98	9.1	3.3	15	69	0.009	0.352	4.4
L01	印度洋经济体研究	46	0.92	59.4	1.4	15	34	0.087	0.522	19.3
L01	招标采购管理	189	0.61	0.1	1.5	27	131	—	0.005	9.0
L01	招标与投标	195	0.66	1.6	1.3	27	117	—	0.036	7.5
L01	浙江经济	582	0.89	0.1	1.3	6	151	0.002	0.043	—
L01	政治经济学评论	84	0.97	29.5	1.5	13	30	0.036	0.321	14.4
L01	知识经济	2557	0.99	3.3	1.3	31	1479	0.000	0.244	3.9
L01	知识就是力量	139	0.33	0.0	1.1	21	89	0.065	—	—
L01	中国大学生就业(理论版)	79	0.85	7.0	1.8	24	66	—	0.646	5.8
L01	中国大学生就业(综合版)	74	0.57	8.2	1.7	20	60	—	0.378	6.1
L01	中国发展	89	0.85	12.8	1.7	20	75	0.011	0.404	8.9
L01	中国发展观察	320	0.97	0.0	1.3	18	117	—	0.081	—
L01	中国房地产(上旬刊)	190	0.96	0.8	1.3	19	105	0.011	0.053	7.1
L01	中国房地产(下旬刊)	100	0.94	9.2	2.0	17	45	—	0.430	6.5
L01	中国房地产(中旬刊)	189	0.94	0.4	1.0	14	86	0.021	0.005	6.4
L01	中国房地产业	8262	0.88	3.1	1.2	31	4945	0.001	0.005	3.1
L01	中国高新区	6333	0.97	2.9	1.3	31	3896	0.002	0.059	3.9
L01	中国工程咨询	267	0.66	1.1	1.7	26	163	0.004	—	5.1
L01	中国工业和信息化	111	0.97	0.0	1.2	12	88	0.063	—	—
L01	中国合作经济	112	1.00	0.0	1.1	19	79	—	0.071	—
L01	中国集体经济	3160	0.96	4.8	1.4	31	1885	0.002	0.153	4.5
L01	中国经济报告	291	0.96	0.0	1.5	16	160	0.265	0.007	—
L01	中国经济史研究	97	1.00	72.7	1.2	19	51	0.021	0.536	—
L01	中国经济问题	64	0.96	33.0	2.0	17	44	—	0.828	11.0
L01	中国科技资源导刊	91	0.89	12.9	2.8	19	51	0.010	0.620	5.1
L01	中国煤炭工业	255	0.77	0.0	1.3	21	176	—	—	—
L01	中国社会经济史研究	44	1.00	69.7	1.2	17	32	—	0.477	31.0
L01	中国社会组织	250	0.84	0.0	1.2	24	202	0.020	0.012	5.2
L01	中国市场	3791	1.00	4.6	1.5	31	2402	0.005	0.207	4.1

学科代码	期刊名称	来源文献量	文献选出率	平均引文数	平均作者数	地区分布数	机构分布数	海外论文比	基金论文比	引用半衰期
L01	中国统计	323	1.00	1.8	1.3	26	184	0.009	0.121	5.6
L01	中国中小企业	92	0.30	0.0	1.4	12	71	0.098	—	—
L01	中小企业管理与科技	3285	1.00	2.9	1.4	31	2175	0.002	0.103	2.9
L02	保险职业学院学报	114	0.99	10.2	1.6	24	68	—	0.289	8.1
L02	北京财贸职业学院学报	89	0.89	6.5	1.6	13	29	—	0.551	4.8
L02	长春金融高等专科学校学报	77	0.96	6.0	1.4	12	31	—	0.584	5.6
L02	东北财经大学学报	75	0.96	22.9	1.7	17	35	—	0.627	8.7
L02	福建商学院学报	86	0.99	10.2	1.4	14	36	—	0.535	8.3
L02	广东财经大学学报	62	0.97	29.0	1.9	17	38	0.000	0.840	7.7
L02	广东农工商职业技术学院学报	72	1.00	9.1	1.5	8	22	—	0.625	9.6
L02	广东外语外贸大学学报	118	0.93	18.3	1.4	22	72	0.017	0.475	13.9
L02	广西财经学院学报	67	0.98	22.5	1.9	16	43	—	0.776	8.7
L02	贵州财经大学学报	67	0.93	26.4	2.1	22	54	0.000	0.880	7.7
L02	贵州商学院学报	43	0.95	16.0	2.1	17	32	—	0.721	8.2
L02	国际商务–对外经济贸易大学学报	73	0.96	25.8	2.0	19	49	0.000	0.730	7.6
L02	河北地质大学学报	135	0.94	16.8	2.3	25	77	—	0.519	10.6
L02	河北经贸大学学报	81	0.99	21.0	2.0	18	48	—	0.790	8.8
L02	河北旅游职业学院学报	106	0.95	10.4	2.2	21	53	—	0.538	7.3
L02	河南财政税务高等专科学校学报	129	1.00	7.1	1.3	19	60	—	0.287	7.8
L02	河南牧业经济学院学报	86	0.97	11.7	1.4	14	35	—	0.605	7.9
L02	湖北经济学院学报	85	1.00	20.8	1.5	16	52	—	0.776	9.0
L02	湖南财政经济学院学报	84	0.96	22.2	2.1	16	40	—	0.976	7.2
L02	湖南税务高等专科学校学报	105	0.60	4.2	1.3	20	63	—	0.086	6.0
L02	吉林工商学院学报	162	0.94	7.9	1.5	21	92	0.025	0.660	5.9
L02	江苏经贸职业技术学院学报	150	0.95	6.4	1.4	14	86	0.007	0.567	5.0
L02	江西财经大学学报	80	0.98	21.2	1.9	19	48	0.000	0.760	6.9
L02	兰州财经大学学报	79	0.99	21.9	1.8	20	43	0.013	0.671	8.3
L02	内蒙古财经大学学报	214	0.94	8.7	1.4	23	91	0.005	0.547	6.4
L02	南京财经大学学报	65	0.95	26.6	2.3	16	40	0.015	0.923	7.7
L02	南京审计大学学报	68	0.94	23.6	2.2	16	39	—	0.853	8.1
L02	山东财经大学学报	73	0.90	25.5	2.2	16	29	0.014	0.863	7.5
L02	山东工商学院学报	88	1.00	17.4	2.0	11	30	—	0.784	7.2
L02	山东商业职业技术学院学报	150	0.53	7.1	1.4	22	100	—	0.533	5.5

学科代码	期刊名称	来源文献量	文献选出率	平均引文数	平均作者数	地区分布数	机构分布数	海外论文比	基金论文比	引用半衰期
L02	山西财经大学学报	101	0.96	31.7	2.2	21	57	0.020	0.970	8.1
L02	山西财政税务专科学校学报	107	0.99	4.7	1.3	16	49	—	0.103	3.9
L02	上海对外经贸大学学报	52	0.96	27.9	1.7	10	30	0.038	0.788	13.8
L02	上海立信会计金融学院学报	63	0.95	17.0	1.6	17	46	0.032	0.476	8.0
L02	上海商学院学报	82	0.91	18.2	1.8	16	50	0.012	0.561	7.7
L02	首都经济贸易大学学报	71	1.00	25.1	2.0	18	49	—	0.901	7.9
L02	四川旅游学院学报	144	0.95	9.8	1.9	24	87	—	0.653	8.1
L02	太原城市职业技术学院学报	992	0.99	5.8	1.3	31	546	0.004	0.500	5.5
L02	天津商务职业学院学报	95	0.93	10.4	1.4	19	49	—	0.505	4.8
L02	天津商业大学学报	63	0.95	21.7	2.1	14	36	—	0.698	7.9
L02	天津中德应用技术大学学报	154	0.98	6.6	1.5	23	101	0.006	0.571	5.6
L02	铜陵学院学报	179	0.87	11.4	1.7	18	59	0.011	0.715	7.5
L02	无锡商业职业技术学院学报	138	0.97	9.7	1.4	23	81	0.007	0.696	7.2
L02	武汉商学院学报	122	1.00	12.0	1.6	21	79	0.025	0.574	6.8
L02	西安财经学院学报	110	1.00	18.5	1.8	20	57	—	0.709	8.8
L02	西部经济管理论坛(原四川经济管理学院学报)	72	0.95	17.6	2.0	22	49	—	0.556	7.5
L02	现代财经－天津财经大学学报	102	0.85	34.6	2.2	21	61	0.000	0.800	7.8
L02	新疆财经大学学报	38	0.94	20.5	1.8	8	14	—	0.711	9.2
L02	云南财经大学学报	114	1.00	26.8	2.1	22	74	0.020	0.730	7.9
L02	浙江工贸职业技术学院学报	88	0.95	8.4	1.6	11	29	—	0.591	7.1
L02	浙江工商大学学报	79	1.00	28.4	1.5	18	47	—	0.797	13.7
L02	浙江工商职业技术学院学报	97	0.97	6.2	1.2	14	54	—	0.567	6.1
L02	中南财经政法大学学报	94	0.93	27.1	1.9	20	47	0.010	0.720	7.1
L02	中央财经大学学报	129	0.91	33.4	2.1	23	75	0.020	0.760	9.4
L04	财会学习	5697	0.99	3.5	1.1	31	4769	0.002	0.028	3.0
L04	财会研究	200	0.88	7.4	1.4	24	165	0.005	0.180	4.2
L04	财会月刊	626	0.98	13.7	1.9	29	291	0.006	0.701	6.4
L04	城市问题	148	0.96	26.3	2.3	26	95	0.010	0.740	7.3
L04	环境经济研究	39	1.00	36.5	2.4	16	32	0.103	0.949	7.7
L04	技术经济与管理研究	259	1.00	15.1	1.7	27	162	0.020	0.730	7.4
L04	交通财会	205	0.88	3.9	1.2	24	155	0.010	0.049	5.1
L04	教育财会研究	95	0.94	8.1	1.9	21	84	0.000	0.420	5.0

学科代码	期刊名称	来源文献量	文献选出率	平均引文数	平均作者数	地区分布数	机构分布数	海外论文比	基金论文比	引用半衰期
L04	教育与经济	74	0.99	23.0	1.9	19	43	0.010	0.840	8.5
L04	经济体制改革	175	1.00	19.6	1.9	25	112	0.010	0.710	7.0
L04	经济与管理评论	82	0.98	26.0	2.3	20	49	0.010	0.820	6.8
L04	经济与社会发展	102	0.83	13.3	1.5	19	80	—	0.559	11.1
L04	企业经济	305	0.99	18.8	2.0	29	190	0.010	0.930	6.6
L04	商业经济	870	1.00	6.4	1.6	29	413	0.002	0.431	5.0
L04	商业经济研究	1343	1.00	7.1	1.5	30	698	0.005	0.477	4.1
L04	商业经济与管理	97	0.98	40.0	2.3	20	55	0.020	0.930	8.4
L04	数量经济技术经济研究	100	0.97	34.7	2.2	22	65	0.040	0.890	8.8
L04	西部财会	299	0.98	4.0	1.3	28	224	—	0.110	4.1
L04	现代商业	3724	0.99	4.7	1.5	31	2076	0.005	0.194	4.3
L04	冶金财会	132	0.95	0.0	1.3	18	79	—	—	—
L04	预测	67	1.00	26.4	2.8	17	44	0.030	0.930	7.9
L04	中国改革	96	1.00	0.1	1.3	9	53	0.050	0.020	4.4
L04	中国资产评估	107	0.86	5.5	1.7	19	66	0.040	0.120	6.5
L05	财务与会计	687	0.75	0.7	1.6	29	441	0.004	0.166	4.0
L05	当代会计	553	0.98	3.8	1.2	28	438	0.004	0.101	3.4
L05	会计研究	148	0.99	20.1	2.8	21	70	0.030	0.790	9.2
L05	会计与经济研究	47	0.93	41.3	2.3	16	34	0.020	0.870	8.4
L05	会计之友	758	0.97	11.3	1.9	29	402	0.001	0.635	6.5
L05	商业会计	1043	0.94	5.5	1.5	30	587	0.002	0.389	4.3
L05	审计研究	94	0.98	12.9	2.3	19	47	0.000	0.660	5.6
L05	审计与经济研究	71	1.00	30.2	2.3	20	41	0.014	0.873	8.0
L05	现代审计与经济	96	0.97	0.0	1.4	15	66	—	0.010	—
L05	新会计	210	0.98	4.1	1.4	23	152	0.005	0.205	5.4
L05	中国内部审计	284	0.93	2.2	1.7	25	214	0.004	0.092	3.9
L05	中国农业会计	266	0.93	3.0	1.3	24	155	—	0.090	4.7
L05	中国审计	898	0.98	0.0	1.3	31	482	0.002	0.032	—
L05	中国乡镇企业会计	2008	0.99	2.9	1.1	31	1542	0.001	0.094	3.1
L05	中国注册会计师	288	0.60	4.6	1.5	27	189	0.010	0.267	5.1
L05	中国总会计师	708	0.78	3.1	1.2	31	536	0.004	0.041	3.5
L06	当代农村财经	224	0.54	1.9	1.4	28	149	0.009	0.143	5.0
L06	调研世界	122	0.89	14.9	1.7	25	73	0.008	0.607	7.1

学科代码	期刊名称	来源文献量	文献选出率	平均引文数	平均作者数	地区分布数	机构分布数	海外论文比	基金论文比	引用半衰期
L06	国土资源信息化	59	0.99	5.6	3.0	17	37	—	0.186	6.2
L06	江苏农村经济	253	0.98	0.0	1.8	3	164	—	—	—
L06	林业经济问题	88	1.00	26.4	3.2	18	40	0.000	0.810	4.7
L06	南方农村	59	0.90	9.1	2.3	12	32	—	0.678	5.8
L06	农场经济管理	254	0.96	1.2	1.5	16	106	—	0.055	4.6
L06	农村工作通讯	179	1.00	0.0	1.2	23	123	0.022	0.006	—
L06	农村金融研究	178	1.00	6.5	1.9	24	104	0.017	0.326	4.0
L06	农村经济	235	0.96	13.9	2.1	23	117	0.010	0.660	5.8
L06	农村经济与科技	3834	0.95	4.9	1.7	31	1571	0.001	0.287	4.7
L06	农村经营管理	188	0.97	0.0	1.4	24	127	—	0.011	—
L06	农民科技培训	201	0.26	0.0	1.4	25	137	—	—	—
L06	农民致富之友	5734	0.61	0.0	1.3	31	3522	0.000	0.003	—
L06	农业发展与金融	418	0.95	0.0	1.4	31	193	—	—	—
L06	农业技术经济	146	0.85	28.9	2.6	23	60	0.010	0.810	8.1
L06	农业经济	669	1.00	4.7	1.5	30	432	—	0.532	3.6
L06	农业经济问题	185	0.57	24.9	2.1	24	111	0.020	0.680	7.9
L06	农业经济与管理	61	0.98	20.2	2.3	16	32	—	0.869	5.0
L06	农业科研经济管理	46	1.00	8.0	2.5	12	30	—	0.370	3.7
L06	上海农村经济	111	0.95	0.0	1.3	7	72	—	—	—
L06	生态经济	496	0.99	18.1	2.6	30	254	0.010	0.790	6.5
L06	台湾农业探索	92	1.00	10.8	2.5	11	30	—	0.620	6.2
L06	中国农村观察	56	0.99	40.7	1.9	13	29	0.040	0.710	9.4
L06	中国农村经济	111	1.00	34.9	2.4	20	54	0.020	0.680	9.2
L06	中国土地	241	0.99	0.0	1.9	28	133	0.004	0.041	—
L06	资源开发与市场	286	0.99	26.1	3.0	29	132	0.010	0.920	6.5
L06	资源与产业	75	0.89	19.5	2.7	21	50	0.000	0.490	6.3
L08	北方经贸	770	0.99	5.3	1.5	31	399	—	0.343	4.5
L08	产业经济研究	59	0.91	37.5	2.1	17	39	0.000	1.000	7.0
L08	电子商务	528	0.95	5.8	1.9	30	288	0.002	0.597	3.7
L08	对外经贸	547	0.96	8.0	1.7	29	270	0.002	0.592	4.7
L08	对外经贸实务	277	0.98	3.5	1.4	27	180	—	0.437	3.0
L08	工程经济	228	0.99	4.9	2.3	25	172	0.004	0.268	4.7
L08	工业技术创新	129	0.42	9.9	2.9	25	103	—	0.186	7.0

学科代码	期刊名称	来源文献量	文献选出率	平均引文数	平均作者数	地区分布数	机构分布数	海外论文比	基金论文比	引用半衰期
L08	工业技术经济	225	0.39	19.7	2.4	26	108	0.020	0.700	6.8
L08	光彩	97	0.89	0.0	1.0	15	41	—	—	—
L08	国际经贸探索	92	0.98	32.7	1.9	19	50	0.020	0.660	9.0
L08	国际贸易	132	1.00	0.0	1.8	13	50	0.020	0.320	0.0
L08	国际贸易问题	170	0.86	25.5	2.1	20	87	0.020	0.750	7.9
L08	国际商务研究	50	0.98	17.2	1.8	18	36	0.080	0.620	8.4
L08	海关与经贸研究	69	0.92	20.2	1.4	14	41	0.014	0.188	16.5
L08	化学工业	57	0.98	3.1	2.1	7	17	—	—	5.9
L08	环球市场	12827	1.00	2.8	1.3	31	7375	0.002	0.030	2.8
L08	技术经济	177	1.00	34.5	2.6	23	90	0.020	0.850	7.8
L08	技术与市场	1453	0.98	2.6	1.5	31	804	0.002	0.034	4.1
L08	价格理论与实践	464	0.99	10.0	2.2	28	243	0.010	0.490	4.6
L08	价格月刊	205	0.94	10.0	1.8	29	138	0.010	0.985	4.5
L08	江苏商论	417	0.91	8.9	1.7	28	177	0.002	0.439	7.0
L08	经营者	2768	0.89	2.7	1.2	31	2099	0.004	0.027	3.1
L08	科技经济市场	1022	0.28	4.3	1.5	31	645	0.003	0.262	3.8
L08	旅游导刊	45	0.90	35.9	2.0	16	35	0.111	0.578	8.0
L08	旅游科学	39	0.91	42.9	2.4	17	27	0.050	0.770	10.3
L08	旅游论坛	72	0.95	28.1	2.2	20	47	0.028	0.667	8.4
L08	旅游学刊	202	0.99	30.0	2.2	25	116	0.070	0.520	9.5
L08	旅游研究	73	0.96	15.7	1.8	23	55	—	0.425	8.0
L08	煤炭经济研究	176	0.98	9.9	1.8	16	108	0.010	0.240	3.9
L08	内蒙古煤炭经济	2071	0.95	3.4	1.5	31	1057	0.001	0.052	6.1
L08	欧亚经济	53	1.00	22.1	1.8	11	29	0.075	0.642	—
L08	商学研究	95	1.00	16.6	1.7	16	45	0.021	0.705	7.8
L08	商业评论	96	1.00	0.1	2.4	5	72	0.521	—	—
L08	商业研究	303	1.00	16.9	2.0	26	178	0.010	0.670	8.1
L08	上海经济	62	0.95	22.0	1.8	13	32	—	0.710	9.3
L08	上海经济研究	135	0.96	27.8	1.9	21	68	0.020	0.600	10.2
L08	市场观察	436	0.95	2.6	1.3	30	293	0.021	0.023	3.2
L08	市场论坛	328	0.95	4.8	1.5	26	181	—	0.290	4.7
L08	市场研究	349	0.92	4.3	1.4	28	164	—	0.195	4.6
L08	铁道经济研究	63	0.93	5.7	1.6	10	24	—	0.254	4.7

学科代码	期刊名称	来源文献量	文献选出率	平均引文数	平均作者数	地区分布数	机构分布数	海外论文比	基金论文比	引用半衰期
L08	物流工程与管理	794	0.98	6.3	1.9	29	426	0.004	0.458	4.8
L08	物流技术	396	0.98	9.5	2.4	29	217	—	0.553	5.3
L08	物流技术与应用	148	1.00	0.0	1.9	20	109	0.014	0.074	—
L08	物流科技	514	0.99	8.5	2.1	27	244	—	0.541	5.3
L08	现代商贸工业	3478	0.94	5.4	1.6	31	1399	0.002	0.307	4.8
L08	现代营销	2283	1.00	3.2	1.3	31	1308	0.003	0.131	3.1
L08	消费经济	84	0.97	20.6	2.1	18	47	0.010	0.650	8.0
L08	新商务周刊	6193	0.91	2.9	1.2	31	3293	0.002	0.046	3.5
L08	冶金经济与管理	92	0.98	4.7	1.6	14	40	0.011	0.043	7.9
L08	邮政研究	94	0.95	2.1	2.6	21	61	—	0.053	3.4
L08	债券	188	0.93	1.9	1.5	18	100	0.021	—	—
L08	中国储运	140	0.26	4.3	1.7	19	80	0.007	0.100	6.0
L08	中国工业经济	119	0.47	47.6	2.6	17	57	0.010	0.830	9.2
L08	中国化工贸易	8486	0.99	2.1	1.4	31	4186	0.003	0.007	3.9
L08	中国检验检疫	82	0.28	0.0	1.8	16	48	—	0.012	—
L08	中国经贸	3530	0.53	3.7	1.1	31	3089	0.003	0.007	3.1
L08	中国经贸导刊	844	0.51	4.6	1.5	31	466	0.001	0.209	4.9
L08	中国军转民	208	0.99	0.9	1.5	19	122	0.005	0.014	7.0
L08	中国流通经济	154	0.98	26.5	1.7	23	99	0.000	0.740	6.3
L08	中国商论	3410	0.34	4.7	1.3	31	2169	0.007	0.172	3.8
L08	中国商人	219	1.00	0.0	1.0	13	167	0.037	—	—
L08	中国市场监管研究	208	0.99	3.4	1.4	24	118	0.010	0.024	16.0
L08	中国外资	136	1.00	0.0	1.1	23	75	0.007	0.007	2.2
L08	中国物价	309	1.00	5.6	1.6	16	69	0.003	0.262	6.2
L10	保险研究	127	0.88	27.5	2.1	16	50	0.008	0.669	10.7
L10	北方金融	313	0.95	5.2	1.5	26	120	0.003	0.058	5.6
L10	财经界	3004	0.91	2.3	1.1	30	2520	0.006	0.018	3.3
L10	财经科学	122	0.91	25.2	2.2	25	56	0.000	0.730	7.9
L10	财经理论研究	66	1.00	24.1	1.7	19	42	0.015	0.606	8.6
L10	财经理论与实践	134	1.00	22.5	2.2	22	61	0.010	0.960	7.8
L10	财经论丛(浙江财经学院学报)	138	0.96	27.2	2.2	23	80	0.000	0.910	8.2
L10	财经问题研究	207	0.98	19.3	1.9	22	89	0.000	0.710	9.7
L10	财贸经济	120	0.92	37.7	2.2	20	58	0.020	0.820	9.5

学科代码	期刊名称	来源文献量	文献选出率	平均引文数	平均作者数	地区分布数	机构分布数	海外论文比	基金论文比	引用半衰期
L10	财贸研究	114	0.90	34.7	2.1	21	65	—	0.930	9.5
L10	财务研究	58	0.97	36.6	2.5	13	28	0.017	0.810	8.7
L10	财务与金融	96	0.97	14.1	1.7	20	62	0.010	0.448	6.3
L10	财讯	5679	0.99	3.6	1.2	31	2774	0.002	0.035	4.5
L10	财政科学	232	0.94	9.1	1.6	20	95	—	0.159	10.1
L10	大众理财顾问	137	0.93	0.0	1.0	11	74	0.080	—	4.5
L10	当代财经	140	0.68	25.1	2.0	21	73	0.000	0.920	7.6
L10	地方财政研究	178	0.89	17.2	1.6	21	105	—	0.584	9.0
L10	福建金融	161	1.00	6.4	1.3	15	90	0.031	0.068	7.6
L10	甘肃金融	190	0.95	5.9	1.6	21	89	0.011	0.084	6.4
L10	国际金融研究	100	0.97	28.3	2.1	17	52	0.030	0.680	8.5
L10	国际商务财会	291	0.68	6.7	1.3	26	196	—	0.117	5.1
L10	国际税收	177	1.00	13.1	1.8	17	96	0.068	0.198	—
L10	海南金融	146	0.97	11.6	1.6	23	100	—	0.171	6.7
L10	河北金融	198	1.00	5.9	1.4	24	114	0.005	0.157	5.9
L10	华北金融	146	0.95	12.1	1.5	21	83	0.007	0.082	7.2
L10	吉林金融研究	208	0.99	5.6	1.5	22	81	—	0.043	6.3
L10	金融博览	526	0.99	0.0	1.2	27	241	0.078	0.008	—
L10	金融发展研究	164	0.98	15.6	1.8	25	98	0.061	0.433	8.1
L10	金融监管研究	83	0.99	23.7	1.8	20	67	—	0.253	9.7
L10	金融教育研究	63	0.99	17.2	1.8	20	36	—	0.714	8.8
L10	金融经济学研究	64	1.00	22.5	2.3	19	48	0.000	0.730	7.5
L10	金融会计	129	0.98	4.6	1.4	20	63	0.039	0.016	12.9
L10	金融理论与实践	226	0.99	14.2	1.9	27	159	0.000	0.490	6.7
L10	金融论坛	70	0.99	32.0	2.2	19	45	0.000	0.700	8.3
L10	金融研究	140	0.45	37.5	2.5	17	56	0.060	0.810	9.4
L10	金融与经济	187	0.27	12.2	2.0	24	116	0.005	0.487	7.6
L10	科技与金融	89	0.99	0.7	1.4	12	66	0.112	0.034	4.0
L10	绿色财会	132	0.99	4.8	1.4	21	76	—	0.250	4.1
L10	南方金融	131	0.93	16.5	1.8	23	95	0.015	0.473	7.4
L10	农村财务会计	183	0.97	0.0	1.3	21	137	—	—	—
L10	农银学刊	111	0.97	2.3	1.5	21	46	—	0.018	4.7
L10	青海金融	171	0.05	5.2	1.2	17	63	—	0.023	5.6

学科代码	期刊名称	来源文献量	文献选出率	平均引文数	平均作者数	地区分布数	机构分布数	海外论文比	基金论文比	引用半衰期
L10	区域金融研究	185	1.00	10.5	1.9	26	118	0.005	0.276	6.6
L10	上海金融	162	0.97	18.1	1.7	19	92	0.010	0.230	8.7
L10	审计与理财	302	1.00	1.2	1.3	21	175	0.010	0.083	3.8
L10	税收经济研究	85	0.99	13.8	1.5	19	58	0.012	0.435	8.1
L10	税务研究	288	0.98	13.6	1.7	26	137	—	0.403	8.0
L10	税务与经济	98	1.00	17.1	1.8	16	48	0.010	0.580	8.7
L10	投资研究	119	0.83	35.3	2.2	19	61	—	0.588	8.5
L10	投资与创业	1545	0.93	3.9	1.2	30	1040	0.001	0.060	3.1
L10	武汉金融	204	1.00	13.2	1.6	23	119	0.005	0.338	6.8
L10	西部金融	250	0.96	7.5	1.5	24	112	0.004	0.092	5.3
L10	西南金融	133	0.83	15.5	1.8	23	92	—	0.278	5.2
L10	新疆财经	56	0.99	15.2	1.9	10	18	—	0.893	7.4
L10	新金融	139	0.92	7.8	1.5	16	79	0.029	0.223	4.7
L10	新理财-政府理财	174	0.97	0.0	1.3	18	112	0.006	0.011	6.5
L10	银行家	427	0.78	0.0	1.5	27	186	0.009	0.070	—
L10	浙江金融	124	0.68	14.9	1.8	24	83	—	0.379	7.0
L10	证券市场导报	103	0.81	29.6	2.0	18	58	0.010	0.620	9.8
L10	证券市场周刊	446	0.30	0.0	1.2	16	94	0.415	—	—
L10	中国保险	142	0.85	0.0	1.5	21	83	0.007	0.106	—
L10	中国财政	468	0.60	0.0	1.4	29	242	0.004	0.073	—
L10	中国金融	912	0.91	0.0	1.3	31	400	0.035	0.024	—
L10	中国科技投资	11160	0.93	2.9	1.2	31	6077	0.002	0.014	2.9
L10	中国钱币	61	0.94	20.4	1.3	19	29	0.033	0.016	25.9
L10	中国信用卡	162	0.90	0.0	1.2	21	99	0.012	—	—
L10	中国证券期货	86	0.96	8.6	2.0	8	32	—	0.093	18.7
M01	北京观察	246	0.68	0.0	1.1	2	69	—	—	—
M01	北京青年研究	63	0.95	13.1	1.4	16	43	0.032	0.476	12.4
M01	重庆行政(公共论坛)	239	0.79	2.7	1.2	14	147	—	0.222	6.7
M01	重庆与世界(学术版)	430	0.75	0.3	1.2	20	259	0.009	0.056	12.0
M01	大连干部学刊	128	1.00	9.8	1.2	20	67	—	0.367	9.9
M01	党的建设	39	0.88	0.0	1.0	3	34	—	—	—
M01	党的生活(黑龙江)	123	0.85	0.0	1.0	6	115	—	—	—
M01	党的文献	111	1.00	34.8	1.2	21	70	0.000	0.260	72.7

学科代码	期刊名称	来源文献量	文献选出率	平均引文数	平均作者数	地区分布数	机构分布数	海外论文比	基金论文比	引用半衰期
M01	党建	281	0.98	0.0	1.1	31	206	—	0.018	2.0
M01	党建研究	190	0.28	0.0	1.0	31	132	—	—	—
M01	党史博采(纪实版)	20	0.99	0.4	1.2	2	18	—	—	36.5
M01	党史博采(理论版)	380	0.92	6.4	1.3	29	281	—	0.195	11.8
M01	党史博览	170	0.94	0.0	1.0	—	—	—	—	—
M01	党史文汇	27	0.83	2.2	1.0	3	5	—	—	—
M01	党史文苑	47	0.65	3.6	1.4	7	32	—	0.149	25.5
M01	党史研究与教学	70	0.96	61.1	1.3	17	47	—	0.529	94.4
M01	党政干部论坛	191	0.98	1.7	1.3	22	133	—	0.152	11.1
M01	党政干部学刊	156	0.70	10.9	1.4	21	88	—	0.519	8.9
M01	党政论坛	207	1.00	0.0	1.2	19	117	—	0.155	—
M01	党政研究	101	1.00	13.5	1.3	18	60	—	0.663	15.0
M01	地方治理研究	24	0.84	20.6	1.5	15	24	0.042	0.833	5.8
M01	福建党史月刊	66	0.97	0.7	1.1	11	55	0.030	0.076	—
M01	甘肃理论学刊	115	0.99	14.6	1.3	23	86	0.009	0.539	13.0
M01	广西文学	214	0.97	0.3	1.0	22	110	0.014	0.005	11.7
M01	国际安全研究	43	1.00	75.2	1.3	13	29	0.070	0.605	12.0
M01	红广角	80	0.85	39.8	1.2	16	43	—	0.212	—
M01	科学社会主义	162	0.73	10.1	1.3	23	89	0.006	0.432	23.5
M01	理论导报	83	0.95	0.0	1.2	17	54	—	0.024	—
M01	理论导刊	217	0.97	15.0	1.4	26	144	—	0.788	10.5
M01	理论视野	203	0.87	7.8	1.3	25	89	—	0.369	14.3
M01	理论探索	110	0.98	14.0	1.4	21	74	—	0.755	12.4
M01	理论学习与探索	191	0.98	0.5	1.1	23	85	—	0.005	6.2
M01	理论研究	76	1.00	7.5	1.2	14	44	—	0.263	17.1
M01	廉政文化研究	76	0.99	13.6	1.3	18	53	—	0.697	12.9
M01	领导科学	677	0.95	1.9	1.3	30	424	0.007	0.369	7.8
M01	内蒙古统战理论研究	83	0.91	5.3	1.2	24	65	0.012	0.241	10.6
M01	前进	225	0.96	0.0	1.1	11	149	—	0.004	—
M01	前线	342	0.91	3.2	1.2	15	148	0.003	0.123	5.6
M01	求实	51	0.93	20.0	1.5	18	43	0.000	0.780	5.6
M01	求是	507	1.00	0.0	1.0	31	167	0.000	0.000	0.0
M01	区域治理	14130	0.99	2.6	1.3	31	8324	0.001	0.012	2.9

学科代码	期刊名称	来源文献量	文献选出率	平均引文数	平均作者数	地区分布数	机构分布数	海外论文比	基金论文比	引用半衰期
M01	人大研究	148	0.91	4.0	1.2	25	101	—	0.101	16.1
M01	山东工会论坛	121	0.94	9.0	1.7	23	77	—	0.455	10.2
M01	上海党史与党建	181	1.00	6.0	1.2	12	85	—	0.188	24.0
M01	上海人大月刊	132	0.97	0.0	1.0	4	79	—	—	—
M01	社会主义论坛	352	0.74	0.0	1.2	7	158	—	0.026	—
M01	石油政工研究	126	0.93	0.0	1.5	23	90	—	—	—
M01	实践(党的教育版)	174	0.97	0.0	1.2	5	96	—	0.006	—
M01	实事求是	126	0.92	11.6	1.3	24	76	—	0.413	12.9
M01	思想教育研究	349	1.00	9.6	1.5	26	139	0.000	0.640	5.3
M01	思想政治课教学	328	0.96	0.9	1.2	28	284	0.006	0.235	7.6
M01	四川党的建设	466	0.97	0.0	1.2	8	278	—	—	—
M01	探求	116	0.73	8.9	1.3	11	51	0.017	0.405	11.6
M01	探索	134	0.98	20.6	1.3	22	86	0.000	0.780	6.6
M01	天津人大	111	1.00	0.1	1.3	2	31	—	—	—
M01	团结	131	0.94	0.0	1.2	25	105	—	0.053	—
M01	唯实	272	1.00	0.7	1.2	14	143	—	0.118	18.0
M01	小康	143	0.97	0.0	1.1	9	32	0.007	—	—
M01	小康(中旬刊)	101	1.00	0.0	1.1	7	18	0.010	—	—
M01	小康·财智	164	1.00	0.0	1.1	10	41	0.012	0.006	—
M01	新视野	113	1.00	14.1	1.5	16	74	0.030	0.580	10.4
M01	行政管理改革	165	1.00	5.3	1.4	22	80	—	0.364	12.2
M01	行政科学论坛	133	0.94	5.8	1.4	21	96	0.008	0.353	8.2
M01	学习论坛	178	0.89	10.3	1.4	26	104	0.010	0.640	6.4
M01	学校党建与思想教育	729	1.00	4.0	1.6	28	337	0.000	0.580	4.7
M01	预防青少年犯罪研究	63	0.92	18.3	1.5	16	44	0.016	0.206	12.1
M01	政策瞭望	175	0.59	0.0	1.2	3	104	—	0.029	—
M01	政治学研究	79	0.87	33.1	1.3	13	36	0.060	0.410	10.4
M01	职业	2107	0.90	2.4	1.2	31	786	—	0.137	4.4
M01	中共党史研究	147	0.92	55.1	1.1	17	57	0.010	0.290	61.6
M01	中国党政干部论坛	319	1.00	0.0	1.1	28	157	0.000	0.000	0.0
M01	中国机构改革与管理	138	0.99	0.4	1.3	23	106	0.007	0.043	30.0
M01	中国民政	363	0.88	0.0	1.2	29	224	0.006	0.030	6.5
M01	中国青年研究	192	0.33	18.7	1.6	21	106	0.030	0.390	7.6

学科代码	期刊名称	来源文献量	文献选出率	平均引文数	平均作者数	地区分布数	机构分布数	海外论文比	基金论文比	引用半衰期
M01	中国特色社会主义研究	93	0.94	14.6	1.4	16	50	—	0.720	10.7
M01	中华魂	30	0.98	8.8	1.1	4	6	—	—	27.3
M02	安徽行政学院学报	102	0.98	14.4	1.5	22	69	—	0.529	8.2
M02	北京经济管理职业学院学报	61	0.94	7.3	1.5	13	33	—	0.410	5.7
M02	北京劳动保障职业学院学报	54	0.95	8.6	1.3	4	16	—	0.222	8.0
M02	北京石油管理干部学院学报	120	0.95	2.4	1.4	21	69	—	0.008	10.3
M02	北京市工会干部学院学报	46	0.79	6.4	1.3	14	30	—	0.196	5.3
M02	北京行政学院学报	90	0.97	25.0	1.6	17	66	0.030	0.640	10.5
M02	兵团党校学报	134	0.99	10.6	1.2	19	74	—	0.351	16.7
M02	长春市委党校学报	80	0.98	3.7	1.4	19	53	—	0.288	12.3
M02	长沙民政职业技术学院学报	165	0.96	7.4	1.4	24	71	—	0.376	6.2
M02	成都行政学院学报	109	0.92	9.9	1.4	21	77	0.009	0.468	9.0
M02	福建金融管理干部学院学报	36	0.72	12.3	1.9	7	17	—	0.556	6.2
M02	福建省社会主义学院学报	116	0.97	4.3	1.1	18	82	—	0.190	15.0
M02	福建行政学院学报	75	1.00	21.7	1.4	14	53	—	0.640	10.1
M02	福州党校学报	99	1.00	6.4	1.2	17	68	—	0.394	11.5
M02	甘肃行政学院学报	69	0.97	38.1	1.7	17	50	0.014	0.768	10.3
M02	工会理论研究–上海工会管理干部学院学报	54	0.96	6.2	1.2	15	38	—	0.333	8.0
M02	广东青年职业学院学报	67	1.00	9.3	1.7	16	55	0.030	0.627	11.3
M02	广东省社会主义学院学报	104	0.98	6.1	1.2	21	67	0.010	0.250	17.4
M02	广东行政学院学报	76	0.94	17.1	1.6	16	49	0.013	0.724	8.9
M02	广西经济管理干部学院学报	62	1.00	16.6	1.9	19	38	—	0.758	7.4
M02	广西青年干部学院学报	124	0.93	6.2	1.4	23	85	—	0.468	8.2
M02	广西社会主义学院学报	121	0.95	8.6	1.2	24	84	—	0.455	17.7
M02	广西政法管理干部学院学报	127	0.20	15.6	1.1	20	64	—	0.268	13.0
M02	广州社会主义学院学报	82	0.76	12.0	1.2	17	53	—	0.220	28.8
M02	广州市公安管理干部学院学报	49	0.95	8.1	1.5	12	19	—	0.347	9.2
M02	贵阳市委党校学报	72	0.62	9.2	1.2	15	47	—	0.278	9.3
M02	贵州社会主义学院学报	54	0.98	6.9	1.1	8	35	—	0.259	12.6
M02	贵州省党校学报	98	0.89	18.1	1.3	17	62	0.010	0.724	11.3
M02	国家教育行政学院学报	162	0.97	12.3	1.6	24	108	0.020	0.650	6.4
M02	国家林业局管理干部学院学报	47	0.98	6.8	1.8	17	30	—	0.191	7.2

学科代码	期刊名称	来源文献量	文献选出率	平均引文数	平均作者数	地区分布数	机构分布数	海外论文比	基金论文比	引用半衰期
M02	国家行政学院学报	151	0.93	14.0	1.5	16	64	0.000	0.480	7.6
M02	哈尔滨市委党校学报	69	0.91	5.2	1.1	13	34	—	0.362	19.5
M02	河北青年管理干部学院学报	135	1.00	7.7	1.4	23	100	—	0.585	9.6
M02	河北省社会主义学院学报	71	0.50	7.2	1.4	17	49	—	0.296	17.5
M02	黑龙江省社会主义学院学报	64	0.97	4.8	1.4	18	45	—	0.344	23.5
M02	黑龙江省政法管理干部学院学报	269	0.97	10.8	1.2	25	102	0.004	0.253	10.3
M02	湖北省社会主义学院学报	131	1.00	4.8	1.3	26	96	0.015	0.305	14.8
M02	湖北行政学院学报	98	0.87	16.2	1.4	18	65	0.031	0.653	9.1
M02	湖南省社会主义学院学报	161	0.93	5.2	1.2	22	93	—	0.447	13.7
M02	湖南行政学院学报	105	0.92	7.2	1.4	18	69	—	0.410	7.5
M02	佳木斯大学社会科学学报	332	0.91	9.2	1.5	24	180	0.009	0.708	14.4
M02	江苏省社会主义学院学报	79	0.97	8.0	1.2	16	54	—	0.329	16.4
M02	江苏行政学院学报	105	0.97	16.9	1.4	18	54	0.010	0.500	11.3
M02	理论学习–山东干部函授大学学报	169	0.20	0.0	1.2	22	96	—	0.249	—
M02	辽宁公安司法管理干部学院学报	104	0.95	14.2	1.4	17	52	0.010	0.365	10.4
M02	辽宁经济职业技术学院·辽宁经济管理干部学院学报	255	0.98	5.1	1.4	25	133	—	0.635	4.6
M02	辽宁省社会主义学院学报	80	0.92	5.0	1.3	15	57	—	0.625	13.6
M02	辽宁行政学院学报	120	1.00	6.4	1.3	20	68	—	0.433	8.0
M02	宁夏党校学报	122	0.94	10.5	1.3	24	65	—	0.369	10.7
M02	青年学报	61	0.94	15.0	1.3	8	44	0.033	0.246	12.8
M02	青少年研究与实践	63	0.84	10.3	1.7	15	46	—	0.476	8.9
M02	山东女子学院学报	101	0.96	11.7	1.3	21	66	—	0.574	13.9
M02	山东青年政治学院学报	127	0.94	10.6	1.3	17	66	0.008	0.543	10.1
M02	山东省社会主义学院学报	62	0.93	8.4	1.2	17	43	—	0.290	22.3
M02	山西经济管理干部学院学报	112	0.94	6.7	1.4	19	77	0.018	0.509	6.3
M02	山西能源学院学报	297	1.00	5.8	1.3	19	180	—	0.310	5.3
M02	山西青年职业学院学报	131	0.96	6.9	1.3	25	77	—	0.305	11.9
M02	山西社会主义学院学报	55	0.99	7.4	1.2	21	41	—	0.255	23.2
M02	山西省政法管理干部学院学报	124	1.00	5.5	1.2	24	76	0.008	0.105	6.7
M02	陕西青年职业学院学报	84	1.00	4.3	1.5	18	50	—	0.381	6.2
M02	陕西社会主义学院学报	61	0.97	5.9	1.3	21	48	—	0.262	14.8
M02	陕西行政学院学报	92	0.98	12.5	1.4	19	59	—	0.620	9.1

学科代码	期刊名称	来源文献量	文献选出率	平均引文数	平均作者数	地区分布数	机构分布数	海外论文比	基金论文比	引用半衰期
M02	上海市经济管理干部学院学报	48	0.96	14.8	1.2	14	31	—	0.312	6.6
M02	上海市社会主义学院学报	66	0.97	7.7	1.2	17	50	—	0.333	17.2
M02	上海行政学院学报	66	0.73	25.6	1.7	12	33	0.080	0.700	7.8
M02	胜利油田党校学报	142	1.00	6.5	1.2	24	92	—	0.225	7.0
M02	石油化工管理干部学院学报	95	0.95	2.8	1.2	13	41	—	0.011	4.6
M02	四川省干部函授学院学报	161	0.99	5.6	1.3	23	95	—	0.373	6.2
M02	四川省社会主义学院学报	64	0.81	6.4	1.3	16	40	—	0.281	23.2
M02	四川行政学院学报	98	1.00	13.7	1.4	23	72	—	0.490	8.5
M02	天津市工会管理干部学院学报	46	0.98	4.3	1.2	18	37	—	0.130	7.1
M02	天津市社会主义学院学报	51	1.00	5.9	1.2	20	40	—	0.333	14.2
M02	天津行政学院学报	74	0.93	16.4	1.6	19	62	—	0.932	9.3
M02	天水行政学院学报	145	0.98	9.6	1.2	25	84	—	0.345	8.0
M02	统一战线学研究	81	1.00	16.3	1.2	15	48	—	0.407	19.3
M02	武汉公安干部学院学报	82	1.00	4.5	1.5	15	32	—	0.341	6.7
M02	延边党校学报	119	0.98	8.2	1.3	25	78	—	0.462	8.1
M02	云南社会主义学院学报	111	0.97	10.7	1.2	24	84	—	0.342	11.0
M02	云南行政学院学报	147	0.98	19.9	1.4	22	99	0.014	0.707	8.9
M02	中共成都市委党校学报	103	0.90	9.5	1.3	25	81	—	0.495	9.9
M02	中共福建省委党校学报	182	0.91	15.6	1.3	22	93	—	0.632	11.9
M02	中共桂林市委党校学报	71	0.88	6.5	1.3	11	43	0.028	0.239	13.6
M02	中共杭州市委党校学报	80	0.82	14.2	1.4	15	44	—	0.575	10.8
M02	中共合肥市委党校学报	81	0.92	8.2	1.4	15	57	—	0.346	9.2
M02	中共济南市委党校学报	174	0.99	7.4	1.2	24	105	—	0.310	13.5
M02	中共乐山市委党校学报	131	0.97	3.7	1.3	19	87	—	0.267	8.0
M02	中共南昌市委党校学报	93	0.97	7.0	1.4	22	63	—	0.344	13.6
M02	中共南京市委党校学报	109	0.99	12.3	1.3	20	80	0.009	0.514	9.9
M02	中共南宁市委党校学报	69	0.92	9.9	1.1	16	52	—	0.275	8.1
M02	中共宁波市委党校学报	97	0.95	19.9	1.2	17	60	0.010	0.485	13.9
M02	中共山西省委党校学报	179	0.97	7.7	1.4	28	110	—	0.408	7.4
M02	中共山西省直机关党校学报	163	0.96	6.2	1.3	24	120	—	0.485	11.7
M02	中共石家庄市委党校学报	123	0.86	7.4	1.4	21	68	—	0.341	13.5
M02	中共天津市委党校学报	82	0.99	14.7	1.3	21	63	0.012	0.732	11.0
M02	中共乌鲁木齐市委党校学报	51	0.89	6.4	1.1	16	35	—	0.255	13.4

学科代码	期刊名称	来源文献量	文献选出率	平均引文数	平均作者数	地区分布数	机构分布数	海外论文比	基金论文比	引用半衰期
M02	中共伊犁州委党校学报	117	0.94	5.0	1.2	17	62	—	0.188	7.7
M02	中共云南省委党校学报	203	1.00	11.3	1.3	23	136	—	0.394	8.3
M02	中共浙江省委党校学报	91	0.91	30.2	1.5	13	50	0.030	0.670	9.4
M02	中共郑州市委党校学报	138	0.99	6.7	1.3	19	71	0.007	0.449	12.5
M02	中共中央党校学报	90	0.95	16.6	1.4	16	50	0.000	0.600	9.1
M02	中共珠海市委党校珠海市行政学院学报	73	0.90	6.1	1.1	20	45	—	0.247	9.1
M02	中国环境管理干部学院学报	141	0.98	10.8	2.3	26	86	—	0.383	6.0
M02	中国井冈山干部学院学报	110	0.97	13.7	1.3	19	67	—	0.582	25.0
M02	中国劳动关系学院学报	85	0.96	20.3	1.6	20	52	—	0.600	8.7
M02	中国青年社会科学	115	0.98	13.2	1.4	21	74	0.010	0.430	7.4
M02	中国延安干部学院学报	82	0.96	20.0	1.2	19	48	—	0.378	21.8
M02	中华女子学院学报	114	0.95	17.3	1.4	19	67	0.009	0.439	17.9
M02	中央社会主义学院学报	141	0.95	15.4	1.1	17	61	0.007	0.234	30.9
M03	公共行政评论	60	0.68	49.1	1.7	13	38	0.050	0.750	9.1
M03	机构与行政	287	0.72	0.0	1.3	5	112	—	0.014	—
M03	行政论坛	111	0.98	19.5	1.4	23	80	0.000	0.780	6.8
M03	中国行政管理	320	0.92	17.4	1.7	27	150	0.020	0.620	7.8
M04	Contemporary International Relations	59	0.98	20.4	1.1	3	23	—	0.068	—
M04	阿拉伯世界研究	48	0.80	54.0	1.3	11	30	0.062	0.750	—
M04	当代世界	217	0.94	9.3	1.2	14	68	0.023	0.203	—
M04	当代世界社会主义问题	70	0.94	33.4	1.5	15	34	0.029	0.700	27.1
M04	当代世界与社会主义	161	0.07	30.3	1.3	24	78	0.006	0.578	14.1
M04	当代亚太	25	0.99	138.0	1.4	9	18	0.040	0.560	10.0
M04	东北亚论坛	66	0.98	29.1	1.5	9	26	0.090	0.820	4.7
M04	东南亚研究	49	1.00	66.3	1.3	10	26	—	0.714	23.9
M04	东南亚纵横	77	1.00	24.7	1.6	15	47	0.065	0.364	55.5
M04	俄罗斯东欧中亚研究	57	0.98	41.1	1.3	12	28	0.053	0.491	—
M04	俄罗斯研究	47	0.86	62.3	1.3	11	28	0.106	0.511	35.4
M04	法国研究	47	0.97	21.0	1.3	11	29	—	0.426	24.6
M04	国际观察	59	0.91	41.7	1.4	13	33	0.017	0.712	20.1
M04	国际论坛	63	0.98	31.6	1.4	13	40	0.016	0.619	39.4
M04	国际问题研究	52	0.83	34.8	1.2	11	28	—	0.385	—
M04	国际研究参考	121	0.92	26.8	1.2	15	39	0.008	0.107	—

学科代码	期刊名称	来源文献量	文献选出率	平均引文数	平均作者数	地区分布数	机构分布数	海外论文比	基金论文比	引用半衰期
M04	国际展望	48	0.26	47.0	1.4	8	26	0.021	0.667	15.3
M04	国际政治科学	25	0.96	72.2	1.1	3	12	0.080	0.440	13.9
M04	国际政治研究	40	0.88	84.0	1.0	9	20	—	0.500	21.7
M04	国外理论动态	156	0.84	21.0	1.8	17	100	0.308	0.468	21.7
M04	国外社会科学	110	0.97	30.7	1.3	19	62	0.027	0.582	14.3
M04	和平与发展	54	0.90	25.7	1.2	11	30	0.019	0.241	—
M04	拉丁美洲研究	53	0.98	33.5	1.4	6	25	0.075	0.302	13.5
M04	美国研究	50	0.99	64.5	1.1	10	27	0.020	0.480	42.1
M04	南亚研究	31	1.00	66.9	1.7	8	23	—	0.710	—
M04	南亚研究季刊	55	0.99	32.3	1.5	10	27	0.055	0.673	15.3
M04	南洋问题研究	31	1.00	51.0	1.4	11	22	0.161	0.710	17.5
M04	欧洲研究	44	0.98	74.7	1.4	9	24	0.023	0.545	27.1
M04	日本侵华南京大屠杀研究	15	0.90	40.0	1.3	4	14	0.067	0.533	—
M04	日本问题研究	54	0.94	23.1	1.3	13	27	—	0.833	45.3
M04	日本学刊	47	0.63	53.5	1.4	12	28	0.106	0.553	—
M04	日本研究	69	0.97	15.1	1.2	8	45	0.377	0.304	38.4
M04	世界经济与政治	73	0.87	99.7	1.3	10	28	0.050	0.470	10.0
M04	太平洋学报	108	1.00	46.6	1.4	16	60	0.009	0.833	15.6
M04	外国问题研究	60	0.93	41.0	1.2	12	28	0.017	0.767	49.5
M04	外交评论	35	0.97	86.4	1.2	6	19	0.000	0.400	12.3
M04	西伯利亚研究	100	0.95	11.4	1.3	18	56	0.100	0.290	67.5
M04	西亚非洲	42	0.98	55.8	1.5	16	29	0.048	0.548	49.0
M04	现代国际关系	109	0.21	30.5	1.3	13	46	0.028	0.358	—
M05	Frontiers of Law in China	37	0.90	52.8	1.2	3	13	0.378	0.216	176.5
M05	安徽警官职业学院学报	165	0.76	8.5	1.3	23	89	—	0.291	10.5
M05	北方法学	82	0.93	48.0	1.1	24	60	0.024	0.646	23.5
M05	北京警察学院学报	126	1.00	12.0	1.4	20	39	—	0.484	11.4
M05	北京政法职业学院学报	87	0.98	16.0	1.2	17	46	—	0.161	14.9
M05	比较法研究	78	0.93	65.8	1.2	11	32	0.026	0.615	26.8
M05	当代法学	87	0.94	49.5	1.1	16	39	0.011	0.713	18.4
M05	电子知识产权	112	0.98	33.2	1.3	14	60	0.036	0.277	—
M05	东方法学	95	1.00	41.5	1.0	17	48	0.011	0.579	23.0
M05	法律科学－西北政法大学学报	109	0.89	48.2	1.1	15	44	0.010	0.610	12.2

学科代码	期刊名称	来源文献量	文献选出率	平均引文数	平均作者数	地区分布数	机构分布数	海外论文比	基金论文比	引用半衰期
M05	法律适用	394	0.82	21.9	1.4	24	147	0.015	0.193	37.6
M05	法律与生活	115	0.98	0.1	1.2	10	40	0.061	0.009	7.5
M05	法商研究	102	0.94	55.5	1.0	18	57	0.010	0.660	11.2
M05	法学	171	0.95	62.1	1.2	21	65	0.020	0.590	18.8
M05	法学家	78	0.89	78.8	1.0	17	43	0.010	0.500	17.1
M05	法学论坛	97	0.83	44.2	1.1	19	62	0.000	0.640	10.7
M05	法学评论	101	0.95	56.0	1.0	15	41	0.030	0.650	18.3
M05	法学研究	67	1.00	78.4	1.0	13	35	0.000	0.540	23.4
M05	法学杂志	171	1.00	29.9	1.2	24	70	0.000	0.520	9.6
M05	法制博览	6272	0.94	4.5	1.2	31	2086	0.005	0.095	6.6
M05	法制与社会	4282	0.98	5.8	1.3	31	1704	0.005	0.162	7.1
M05	法制与社会发展	77	0.29	69.4	1.1	13	33	0.010	0.560	18.9
M05	法治研究	81	0.99	46.7	1.1	14	53	0.074	0.481	19.7
M05	犯罪研究	87	1.00	16.1	1.5	16	48	0.046	0.241	10.5
M05	福建警察学院学报	82	0.53	12.2	1.4	17	38	—	0.329	8.3
M05	甘肃政法学院学报	75	0.98	42.6	1.2	20	45	0.010	0.450	13.5
M05	公安学刊 – 浙江警察学院学报	114	0.94	13.2	1.4	14	58	—	0.360	12.3
M05	公安研究	141	0.97	8.9	1.4	24	90	0.021	0.312	13.1
M05	广西警察学院学报	138	0.88	11.2	1.7	24	64	—	0.536	9.6
M05	贵州警官职业学院学报	117	0.98	10.5	1.5	22	57	—	0.479	10.4
M05	国家检察官学院学报	65	0.81	44.5	1.2	16	34	0.020	0.320	15.0
M05	海峡法学	53	1.00	26.1	1.4	12	39	0.151	0.340	14.5
M05	河北法学	205	0.95	34.0	1.3	24	99	0.010	0.722	14.6
M05	河北公安警察职业学院学报	74	0.87	8.6	1.5	18	36	—	0.324	7.8
M05	河南财经政法大学学报	108	1.00	35.9	1.3	21	59	0.019	0.565	18.0
M05	河南警察学院学报	86	0.92	25.2	1.5	15	49	0.081	0.488	15.0
M05	河南司法警官职业学院学报	97	0.99	11.3	1.4	21	64	—	0.278	11.3
M05	湖北警官学院学报	110	1.00	20.7	1.4	22	49	0.009	0.464	12.2
M05	湖南警察学院学报	102	1.00	14.3	1.5	19	44	—	0.608	10.8
M05	华东政法大学学报	92	0.92	55.9	1.1	14	43	0.030	0.510	12.4
M05	环球法律评论	65	1.00	68.5	1.1	14	42	0.108	0.508	13.8
M05	江苏警官学院学报	138	0.58	10.7	1.4	19	64	—	0.551	8.5
M05	江西警察学院学报	125	1.00	15.6	1.3	16	44	—	0.320	11.0

学科代码	期刊名称	来源文献量	文献选出率	平均引文数	平均作者数	地区分布数	机构分布数	海外论文比	基金论文比	引用半衰期
M05	交大法学	55	1.00	56.2	1.3	12	37	0.127	0.473	43.6
M05	科技与法律	76	0.86	27.1	1.6	20	53	0.026	0.329	14.7
M05	辽宁警察学院学报	140	0.94	8.3	1.3	19	41	—	0.386	7.6
M05	清华法学	71	1.00	77.8	1.1	14	33	0.042	0.592	32.1
M05	山东法官培训学院学报	104	0.96	20.6	1.3	19	76	0.010	0.115	17.3
M05	山东警察学院学报	120	0.75	19.1	1.4	24	54	0.008	0.642	11.3
M05	山西警察学院学报	102	0.99	9.2	1.3	20	37	—	0.324	8.6
M05	上海公安高等专科学校学报(公安理论与实践)	69	1.00	9.5	1.7	11	22	—	0.232	7.9
M05	上海政法学院学报	82	0.89	33.0	1.4	16	48	0.037	0.415	13.5
M05	时代法学	88	0.92	29.9	1.3	22	50	0.011	0.534	14.5
M05	四川警察学院学报	123	0.97	12.2	1.5	19	50	0.008	0.431	11.6
M05	苏州大学学报(法学版)	56	1.00	56.7	1.2	16	40	0.232	0.446	22.5
M05	天津法学	66	1.00	12.9	1.4	13	43	—	0.136	12.4
M05	铁道警察学院学报	129	0.94	11.0	1.4	23	67	0.008	0.310	10.2
M05	武警学院学报	237	1.00	7.9	1.7	21	69	—	0.435	7.6
M05	西部法学评论	74	0.97	41.1	1.2	23	52	0.014	0.568	17.7
M05	西南政法大学学报	81	0.96	30.2	1.3	16	37	0.037	0.654	13.6
M05	现代法学	88	0.87	44.2	1.2	15	39	0.010	0.590	11.9
M05	行政法学研究	75	0.98	34.0	1.2	14	42	0.013	0.600	16.6
M05	行政与法	188	1.00	15.8	1.5	25	114	—	0.521	10.9
M05	云南警官学院学报	144	0.84	10.4	1.5	22	53	—	0.361	8.9
M05	征信	213	1.00	7.4	1.7	27	147	0.005	0.239	5.7
M05	政法论丛	86	0.95	39.8	1.2	20	47	0.012	0.779	14.7
M05	政法论坛	97	0.95	46.9	1.0	20	47	0.010	0.460	13.9
M05	政法学刊	93	0.93	16.6	1.4	20	58	0.011	0.667	12.7
M05	政治与法律	148	0.95	47.6	1.0	21	60	0.000	0.560	13.4
M05	知识产权	126	0.99	34.4	1.2	18	70	0.032	0.389	28.2
M05	职工法律天地	3070	0.88	3.6	1.1	31	1690	0.004	0.031	6.0
M05	中国版权	78	0.63	8.3	1.1	9	44	0.064	0.077	—
M05	中国法学	88	0.73	69.9	1.0	17	47	0.000	0.590	18.9
M05	中国应用法学	87	0.94	27.4	1.6	17	57	0.069	0.207	—
M05	中外法学	80	0.92	82.0	1.1	10	34	0.050	0.480	35.4

学科代码	期刊名称	来源文献量	文献选出率	平均引文数	平均作者数	地区分布数	机构分布数	海外论文比	基金论文比	引用半衰期
M05	专利代理	88	0.92	4.8	1.5	12	44	0.011	0.011	9.0
M07	广东公安科技	109	0.25	3.1	2.3	11	48	—	0.110	9.3
M07	警察技术	131	0.88	5.5	2.6	24	72	—	0.153	5.9
M07	青少年犯罪问题	81	0.73	33.6	1.8	12	46	0.150	0.150	9.1
M07	人民检察	418	0.93	4.3	1.4	28	175	0.000	0.070	8.3
M07	人民论坛	2259	0.99	1.7	1.1	31	667	0.005	0.302	4.3
M07	森林公安	90	0.56	0.0	1.4	18	58	—	0.144	—
M07	刑事技术	111	0.70	14.8	4.4	22	62	0.000	0.550	6.9
M07	证据科学	59	0.97	45.8	1.8	13	34	0.070	0.370	15.2
M07	中国海商法研究	50	0.95	31.8	1.4	11	31	0.040	0.380	0.0
M07	中国检察官	564	0.49	3.5	1.4	29	303	0.002	0.046	11.1
M07	中国司法	224	0.98	2.9	1.3	26	139	—	0.067	12.8
M07	中国司法鉴定	118	0.94	10.8	2.9	19	75	0.020	0.430	9.6
M07	中国刑警学院学报	144	0.98	12.8	2.2	20	52	—	0.556	8.5
M07	中国刑事法杂志	53	0.99	39.8	1.1	12	29	0.000	0.420	8.5
M08	当代兵团	276	0.98	0.0	1.3	5	131	0.004	—	—
M08	军事运筹与系统工程	53	0.89	10.8	2.4	11	27	0.000	0.170	5.6
M08	抗日战争研究	49	0.97	82.2	1.1	15	35	0.080	0.290	0.0
M08	空天防御	49	0.95	8.0	3.8	6	20	—	0.122	8.8
M08	轻兵器	211	0.93	0.0	1.5	—	—	—	—	—
M08	中国军事科学	114	0.96	14.9	1.7	14	45	0.018	0.114	27.0
N01	China International Studies	55	0.93	25.9	1.1	6	20	0.018	0.018	—
N01	八桂侨刊	39	0.89	34.5	1.2	11	27	0.154	0.513	31.5
N01	百科论坛电子杂志	18880	1.00	2.9	1.4	31	8774	0.001	0.005	2.9
N01	残疾人研究	54	0.92	12.1	2.0	14	38	0.019	0.556	8.0
N01	柴达木开发研究	86	0.84	3.4	1.3	6	36	—	0.093	8.1
N01	成才之路	3366	1.00	2.9	1.1	31	2066	0.004	0.065	4.0
N01	赤子	9115	1.00	2.8	1.2	31	5602	0.001	0.054	4.0
N01	创意设计源	89	0.40	7.6	1.6	18	61	—	0.371	10.0
N01	创意与设计	95	0.99	11.1	1.3	12	48	0.084	0.463	14.4
N01	大家	77	0.99	0.6	1.1	15	41	0.052	—	—
N01	当代青年研究	117	0.95	15.9	1.6	25	93	0.030	0.580	8.0
N01	妇女研究论丛	71	0.97	40.1	1.3	14	36	0.060	0.410	14.9

学科代码	期刊名称	来源文献量	文献选出率	平均引文数	平均作者数	地区分布数	机构分布数	海外论文比	基金论文比	引用半衰期
N01	湖北政协	148	0.82	0.0	1.1	2	70	—	0.007	—
N01	今日海南	171	0.99	0.0	1.1	3	88	—	0.012	—
N01	科学发展	156	1.00	6.0	2.6	4	68	—	0.532	6.6
N01	科学观察	35	0.98	7.3	2.5	9	18	0.029	0.086	7.9
N01	科学教育与博物馆	85	0.36	5.2	1.9	14	55	0.106	0.153	7.8
N01	民心	166	0.63	0.1	1.0	3	130	0.006	—	9.0
N01	南方论刊	438	0.99	7.3	1.3	27	239	0.005	0.354	8.4
N01	攀登(汉文版)	132	1.00	12.4	1.2	27	93	—	0.439	13.9
N01	青年探索	57	0.98	22.6	1.5	11	36	0.020	0.460	8.3
N01	青年研究	51	0.35	36.4	1.5	13	39	0.020	0.470	10.7
N01	青少年学刊	70	0.97	13.2	1.7	17	51	0.014	0.643	8.7
N01	群文天地	65	0.78	2.7	1.0	15	46	—	0.031	10.1
N01	人民论坛·学术前沿	340	0.96	14.0	1.2	25	137	0.012	0.435	49.5
N01	人与生物圈	84	0.99	0.0	1.6	11	57	0.060	0.012	—
N01	社会	52	0.99	63.0	1.4	11	29	0.100	0.330	19.1
N01	社会工作	55	0.92	36.8	1.8	16	38	0.018	0.618	16.1
N01	社会学评论	48	0.92	38.1	1.6	13	34	0.042	0.625	15.0
N01	社会学研究	57	0.99	59.9	1.5	7	30	0.110	0.440	14.3
N01	社会主义核心价值观研究	74	0.97	13.8	1.4	19	49	—	0.730	12.3
N01	世纪桥	501	0.93	4.9	1.2	29	265	—	0.253	8.7
N01	视听	1532	0.88	3.8	1.2	30	551	0.003	0.127	6.5
N01	台湾研究	61	0.89	30.4	1.4	10	29	0.070	0.510	11.2
N01	台湾研究集刊	67	1.00	34.1	1.6	10	26	0.060	0.610	12.3
N01	文化创新比较研究	4064	0.98	4.2	1.3	31	2178	0.003	0.281	5.0
N01	文化软实力	63	0.97	20.4	1.3	13	41	0.016	0.476	24.0
N01	文化软实力研究	62	0.98	18.1	1.3	16	35	0.032	0.419	13.7
N01	无线互联科技	1629	0.96	4.7	1.8	30	940	0.002	0.278	4.1
N01	武陵学刊	130	1.00	18.0	1.3	22	87	0.015	0.800	17.9
N01	医学与社会	320	0.94	11.6	4.2	26	159	0.010	0.490	4.0
N01	知与行	188	0.94	7.0	1.3	23	103	0.005	0.436	10.4
N01	中国扶贫	282	1.00	0.0	1.4	28	223	—	0.004	—
N01	中国机关后勤	96	0.92	0.0	1.1	19	51	—	—	—
N01	中国医学伦理学	356	0.96	10.0	3.2	26	167	0.020	0.330	4.7

学科代码	期刊名称	来源文献量	文献选出率	平均引文数	平均作者数	地区分布数	机构分布数	海外论文比	基金论文比	引用半衰期
N02	国际人才交流	127	0.97	0.0	1.1	18	98	0.110	—	—
N02	劳动保护	159	0.99	0.0	1.3	19	113	0.006	0.019	—
N02	南方人口	40	0.98	29.4	1.9	14	25	—	0.750	10.5
N02	人口学刊	57	0.94	22.3	2.1	16	31	0.018	0.895	10.7
N02	人口研究	54	0.98	25.7	2.2	14	26	0.090	0.570	8.9
N02	人口与发展	77	0.97	31.1	2.4	16	43	0.013	0.766	9.2
N02	人口与经济	67	0.84	28.3	2.0	20	50	0.010	0.790	9.5
N02	人口与社会	61	0.95	22.7	1.9	17	45	—	0.705	9.4
N02	人类居住	48	0.98	2.1	1.5	8	34	0.083	0.104	11.8
N02	人力资源	518	1.00	2.2	1.2	29	388	0.004	0.093	3.7
N02	人力资源管理	5017	0.98	3.7	1.3	31	3423	0.003	0.103	3.9
N02	山东青年	1849	0.99	4.1	1.3	31	898	0.002	0.143	7.8
N02	社会保障研究	67	0.96	23.2	1.9	16	35	0.040	0.630	6.8
N02	西北人口	91	0.96	24.3	2.2	24	64	0.011	1.000	8.1
N02	职业技术	372	0.97	5.6	1.7	26	198	0.003	0.460	4.4
N02	中国劳动	152	0.30	13.2	1.5	15	69	0.010	0.160	8.2
N02	中国人才	127	0.99	0.0	1.2	26	107	0.008	0.031	—
N02	中国人口科学	61	1.00	23.4	2.2	16	36	0.020	0.620	8.4
N02	中国人力资源开发	163	0.95	42.7	2.6	24	88	0.030	0.820	7.9
N02	中国人力资源社会保障	211	0.60	0.0	1.2	24	127	—	0.005	—
N02	中国社会保障	258	0.97	0.0	1.3	31	155	0.008	0.016	—
N04	China Tibetology	15	0.88	31.3	1.4	4	9	0.133	0.333	—
N04	地方文化研究	68	0.95	46.3	1.4	19	54	0.015	0.529	35.2
N04	东南文化	95	0.99	29.5	1.6	16	51	0.010	0.260	19.1
N04	俄罗斯学刊	54	0.96	35.2	1.4	10	31	0.148	0.426	—
N04	各界	1709	0.98	3.0	1.2	31	1171	0.002	0.064	4.6
N04	广西民族研究	130	0.73	19.8	1.6	23	75	0.008	0.746	13.4
N04	贵州民族研究	661	0.99	8.3	1.4	29	298	0.002	0.593	6.6
N04	黑龙江民族丛刊	192	0.99	15.3	1.5	21	77	0.005	0.656	18.3
N04	华夏文化	80	0.95	0.0	1.1	15	42	—	0.150	—
N04	回族研究	90	0.99	17.2	1.3	22	57	0.022	0.489	29.6
N04	科学文化评论	60	0.35	19.2	1.3	9	29	0.183	0.183	77.5
N04	老龄科学研究	82	0.97	20.5	1.8	26	63	—	0.549	7.9

学科代码	期刊名称	来源文献量	文献选出率	平均引文数	平均作者数	地区分布数	机构分布数	海外论文比	基金论文比	引用半衰期
N04	满族研究	83	0.89	25.1	1.3	17	53	0.036	0.422	31.6
N04	民族大家庭	88	0.96	0.0	1.3	4	59	—	0.023	—
N04	民族学刊	74	0.96	32.1	1.5	17	39	0.081	0.649	12.5
N04	民族研究	67	0.81	49.7	1.4	19	37	0.010	0.550	33.5
N04	鄱阳湖学刊	85	1.00	31.7	1.4	18	56	0.106	0.482	14.4
N04	企业文化(中旬刊)	2711	0.84	2.3	1.2	31	1930	0.001	0.009	3.2
N04	青海民族研究	146	0.99	32.4	1.4	25	69	—	0.616	24.4
N04	时代报告	2702	0.97	2.9	1.2	31	1602	0.001	0.073	4.9
N04	世界民族	62	0.93	49.2	1.2	20	45	0.030	0.530	17.3
N04	文化遗产	114	0.99	30.8	1.3	22	69	0.070	0.605	33.8
N04	文化纵横	84	0.35	13.6	1.1	12	43	0.119	0.155	19.4
N04	西北民族研究	98	1.00	22.7	1.3	17	42	0.051	0.439	23.1
N04	现代企业文化	6946	0.92	2.2	1.1	31	4377	0.002	0.006	3.1
N04	艺苑	173	0.99	6.9	1.1	21	80	0.035	0.237	14.1
N04	中国藏学	103	0.97	30.0	1.3	12	38	0.029	0.427	—
N04	中国土族	17	0.44	4.8	1.0	3	12	—	0.059	19.6
N04	中国文化	59	0.57	42.6	1.0	9	27	0.136	0.136	—
N04	中国文化研究	67	0.96	41.4	1.1	13	35	0.010	0.430	81.3
N04	中华文化论坛	266	0.72	24.5	1.3	28	154	0.010	0.470	29.4
N04	中原文化研究	101	0.90	22.9	1.2	22	60	0.010	0.446	27.3
N05	编辑学报	181	0.93	13.2	2.7	22	136	0.000	0.290	3.7
N05	编辑学刊	125	0.82	6.0	1.2	23	94	—	0.216	8.9
N05	编辑之友	238	0.90	14.0	1.3	24	128	0.004	0.664	12.4
N05	采写编	519	0.97	3.8	1.3	31	307	0.008	0.160	4.4
N05	出版参考	282	0.98	3.2	1.2	22	174	—	0.050	6.3
N05	出版发行研究	330	0.96	8.5	1.4	24	180	0.006	0.442	10.3
N05	出版广角	703	0.92	5.4	1.3	29	391	0.004	0.302	5.3
N05	出版科学	149	0.96	13.1	1.4	20	95	0.013	0.470	11.2
N05	出版与印刷	70	0.97	5.3	1.5	13	51	—	0.200	6.8
N05	传媒	838	0.93	1.1	1.3	30	480	0.010	0.221	3.8
N05	传媒观察	223	0.97	9.2	1.3	18	103	—	0.354	10.8
N05	传媒论坛	2830	0.90	4.9	1.1	31	1511	0.000	0.076	3.3
N05	传媒评论	355	0.89	0.8	1.2	11	174	—	0.017	11.5

学科代码	期刊名称	来源文献量	文献选出率	平均引文数	平均作者数	地区分布数	机构分布数	海外论文比	基金论文比	引用半衰期
N05	当代传播	164	0.73	13.2	1.6	22	69	0.006	0.543	10.1
N05	电视研究	383	0.90	3.3	1.5	25	170	0.008	0.266	10.9
N05	东南传播	600	0.98	8.8	1.3	29	259	0.003	0.282	8.5
N05	国际新闻界	128	0.96	33.6	1.5	17	50	0.055	0.602	11.0
N05	红旗文稿	299	1.00	0.0	1.2	28	168	—	0.261	—
N05	记者观察	2981	1.00	0.0	1.2	31	1860	0.002	0.104	5.8
N05	教育传媒研究	152	1.00	6.9	1.4	22	71	0.026	0.230	14.7
N05	今传媒(学术版)	807	0.95	6.0	1.3	29	336	0.002	0.242	7.0
N05	科技与出版	370	0.89	9.3	1.6	23	232	0.005	0.397	5.3
N05	科普童话·新课堂(上)	1163	0.94	0.0	1.0	21	715	—	0.011	2.0
N05	科普童话·新课堂(下)	1663	1.00	0.0	1.0	28	1225	—	0.025	6.5
N05	科普研究	78	1.00	14.9	2.3	17	48	0.013	0.500	11.8
N05	全球传媒学刊	42	1.00	27.0	1.9	6	18	0.048	0.310	8.8
N05	声屏世界	352	0.98	3.0	1.3	23	176	—	0.119	6.4
N05	西部广播电视	3870	0.99	3.0	1.1	31	1519	0.001	0.042	3.4
N05	现代出版	118	0.96	7.0	1.5	17	78	—	0.254	9.8
N05	现代传播	351	0.96	18.6	1.6	26	118	0.020	0.580	10.0
N05	新闻爱好者	502	0.25	4.8	1.3	29	283	0.008	0.325	11.6
N05	新闻传播	1359	0.43	5.0	1.1	31	632	0.004	0.104	4.4
N05	新闻春秋	49	1.00	34.0	1.3	15	31	0.041	0.490	21.4
N05	新闻大学	90	1.00	31.1	1.7	19	46	0.060	0.570	10.3
N05	新闻记者	126	1.00	27.9	1.6	17	58	0.048	0.484	12.7
N05	新闻界	165	1.00	24.9	1.6	21	66	0.036	0.424	12.4
N05	新闻前哨	509	0.99	1.9	1.5	22	166	0.002	0.041	5.4
N05	新闻研究导刊	4099	1.00	3.6	1.2	31	1541	0.001	0.098	4.0
N05	新闻与传播研究	81	0.99	63.5	1.5	18	48	0.010	0.590	12.8
N05	新闻与写作	410	0.99	4.9	1.4	26	191	0.002	0.276	10.5
N05	新闻战线	619	1.00	1.5	1.3	29	408	0.003	0.110	14.5
N05	新闻知识	311	0.60	7.0	1.3	29	188	0.006	0.325	9.2
N05	中国报业	1077	0.88	3.6	1.2	31	549	0.002	0.146	4.5
N05	中国编辑	210	0.93	8.4	1.4	24	133	—	0.367	9.5
N05	中国出版	424	0.87	7.6	1.4	27	224	0.002	0.467	8.7
N05	中国传媒科技	641	0.96	3.8	1.2	30	461	—	0.037	2.9

学科代码	期刊名称	来源文献量	文献选出率	平均引文数	平均作者数	地区分布数	机构分布数	海外论文比	基金论文比	引用半衰期
N05	中国广播电视学刊	548	0.89	2.9	1.3	29	255	0.002	0.177	13.9
N05	中国记者	522	0.97	1.2	1.3	27	336	0.011	0.090	8.6
N05	中国科技期刊研究	206	0.91	18.7	2.6	24	128	0.000	0.480	3.5
N05	中国期刊年鉴	108	0.97	1.6	1.2	30	95	—	—	10.0
N06	大学图书馆学报	100	0.94	25.3	2.1	23	62	0.020	0.400	8.1
N06	大学图书情报学刊	139	0.91	11.2	1.6	25	109	—	0.532	6.4
N06	高校图书馆工作	123	0.98	13.6	1.6	23	79	—	0.504	10.2
N06	古籍整理研究学刊	128	1.00	32.4	1.1	22	76	0.000	0.490	60.4
N06	国家图书馆学刊	73	0.89	24.2	1.7	20	44	0.030	0.600	4.6
N06	河北科技图苑	119	0.96	9.6	1.8	26	94	—	0.345	6.3
N06	河南图书馆学刊	642	0.93	6.5	1.2	30	418	—	0.224	4.5
N06	农业图书情报学刊	445	0.95	10.5	1.7	30	276	—	0.461	5.9
N06	山东图书馆学刊	145	0.92	15.1	1.4	23	95	—	0.221	12.4
N06	数据分析与知识发现	129	0.96	28.8	3.1	19	59	0.020	0.790	5.7
N06	数字图书馆论坛	118	0.95	21.0	2.2	20	61	0.000	0.470	3.2
N06	四川图书馆学报	143	0.99	9.7	1.5	22	96	—	0.350	7.2
N06	图书馆	217	0.97	24.3	1.9	26	112	0.009	0.645	8.1
N06	图书馆工作与研究	283	0.96	14.2	1.5	27	213	—	0.473	4.8
N06	图书馆建设	183	0.89	22.9	1.6	26	116	0.010	0.540	3.1
N06	图书馆界	121	0.96	11.3	1.5	24	93	—	0.446	6.5
N06	图书馆理论与实践	277	0.97	16.3	1.7	28	179	0.007	0.495	7.9
N06	图书馆论坛	273	0.96	19.6	2.0	23	126	0.030	0.450	4.4
N06	图书馆学刊	371	1.00	10.2	1.2	26	250	—	0.253	4.3
N06	图书馆学研究	353	0.97	19.6	2.1	25	148	0.010	0.630	3.7
N06	图书馆研究	134	0.64	12.0	1.5	25	101	0.007	0.597	6.6
N06	图书馆研究与工作	234	0.96	10.6	1.4	25	148	0.004	0.291	8.4
N06	图书馆杂志	237	0.94	14.9	1.7	26	134	0.034	0.354	11.8
N06	新世纪图书馆	242	0.98	12.2	1.5	25	135	0.008	0.438	7.0
N06	中国图书馆学报	48	0.96	44.8	2.1	13	27	0.020	0.690	6.3
N06	中国图书评论	178	0.13	7.0	1.2	24	101	0.028	0.230	11.6
N07	晋图学刊	83	1.00	11.8	1.6	20	63	—	0.289	7.9
N07	竞争情报	56	1.00	7.8	1.7	9	28	0.036	0.143	10.6
N07	情报工程	66	0.86	23.3	3.1	15	43	0.000	0.670	4.8

学科代码	期刊名称	来源文献量	文献选出率	平均引文数	平均作者数	地区分布数	机构分布数	海外论文比	基金论文比	引用半衰期
N07	情报科学	336	0.86	22.6	2.6	21	127	0.000	0.720	5.5
N07	情报理论与实践	314	0.86	22.2	2.7	25	125	0.010	0.820	4.8
N07	情报探索	280	0.82	15.7	1.8	23	187	—	0.564	6.2
N07	情报学报	116	0.87	37.1	3.1	18	52	0.010	0.870	7.2
N07	情报杂志	355	0.82	23.9	2.5	26	167	0.010	0.700	4.8
N07	情报资料工作	85	0.95	29.1	2.4	23	46	0.010	0.760	4.6
N07	图书情报导刊	164	1.00	12.1	1.6	26	128	—	0.470	6.3
N07	图书情报工作	396	1.00	29.7	2.8	25	142	0.030	0.660	4.4
N07	图书情报知识	72	0.94	34.0	2.7	15	34	0.040	0.680	5.0
N07	图书与情报	116	0.92	23.4	2.1	23	60	0.030	0.680	3.1
N07	文献	110	0.86	35.6	1.1	19	59	—	0.591	—
N07	现代情报	296	0.97	25.9	2.5	25	130	0.010	0.770	5.0
N07	医学信息学杂志	227	0.98	11.9	3.6	28	138	0.000	0.420	3.7
N07	中国典籍与文化	78	0.91	36.2	1.0	20	47	0.038	0.359	—
N07	中国中医药图书情报杂志	107	0.96	8.9	1.9	23	72	—	0.374	4.1
N07	中华医学图书情报杂志	162	0.99	15.3	3.3	20	85	0.030	0.400	2.9
N08	北京档案	225	0.85	4.9	1.3	23	118	0.013	0.187	10.6
N08	博物院	103	0.96	21.3	1.4	15	50	0.058	0.175	19.7
N08	档案	128	0.86	9.5	1.3	17	67	—	0.203	19.8
N08	档案春秋	15	0.86	0.9	1.7	2	11	—	—	—
N08	档案管理	193	0.89	7.3	1.4	21	113	0.005	0.259	9.2
N08	档案时空	157	0.81	2.2	1.1	18	132	—	0.013	4.5
N08	档案学通讯	137	0.20	17.0	1.7	21	45	0.000	0.410	5.8
N08	档案学研究	137	0.96	16.6	1.8	21	57	0.000	0.550	6.6
N08	档案与建设	298	0.92	6.9	1.5	19	152	—	0.188	14.5
N08	故宫博物院院刊	70	0.83	39.6	1.5	14	34	0.100	0.300	70.8
N08	黑龙江档案	521	0.97	1.5	1.1	25	246	—	0.090	5.1
N08	兰台世界	486	1.00	7.9	1.4	31	273	0.002	0.358	10.0
N08	历史档案	57	0.97	30.4	1.2	15	36	0.018	0.351	121.1
N08	民国档案	46	0.93	64.2	1.2	13	27	—	0.457	—
N08	山东档案	181	0.44	2.0	1.3	9	150	—	0.039	6.0
N08	山西档案	357	0.95	7.0	1.3	30	252	0.008	0.359	5.4
N08	陕西档案	166	1.00	0.0	1.2	7	92	—	0.006	—

学科代码	期刊名称	来源文献量	文献选出率	平均引文数	平均作者数	地区分布数	机构分布数	海外论文比	基金论文比	引用半衰期
N08	文博	85	0.93	27.5	1.8	13	36	—	0.188	23.2
N08	云南档案	334	0.99	0.9	1.1	14	99	—	0.018	12.0
N08	浙江档案	251	0.97	5.6	1.4	21	153	0.004	0.179	21.5
N08	中国档案	286	0.86	0.5	1.4	26	170	—	0.084	4.7
P01	Frontiers of Education in China	33	0.87	38.1	1.7	12	28	0.485	0.212	10.7
P01	安顺学院学报	165	0.98	11.1	1.6	21	67	—	0.739	11.2
P01	蚌埠学院学报	144	0.99	11.6	1.9	10	50	0.007	0.743	7.9
P01	保定学院学报	130	0.99	13.3	1.6	23	61	—	0.585	16.7
P01	北京大学教育评论	44	0.87	44.0	1.6	8	27	0.200	0.500	16.4
P01	北京工业职业技术学院学报	114	0.98	6.9	1.9	15	39	—	0.596	5.6
P01	比较教育研究	183	0.99	21.2	1.7	21	84	0.080	0.500	5.4
P01	兵团教育学院学报	93	0.96	11.6	1.9	19	31	—	0.452	9.0
P01	昌吉学院学报	137	0.97	9.3	1.4	21	80	0.015	0.708	9.5
P01	长沙大学学报	244	0.98	8.6	1.5	22	140	0.008	0.746	7.6
P01	成都师范学院学报	273	0.99	9.6	1.7	26	147	0.004	0.597	8.9
P01	池州学院学报	254	0.99	9.7	1.6	17	77	0.004	0.689	9.2
P01	重庆第二师范学院学报	149	0.96	12.7	1.6	24	82	0.007	0.544	11.7
P01	创新人才教育	77	1.00	2.5	1.4	13	50	0.013	0.260	17.8
P01	创新与创业教育	225	1.00	9.7	2.0	25	154	0.009	0.800	6.1
P01	大连大学学报	164	0.96	10.8	1.9	15	59	0.012	0.628	10.5
P01	大连教育学院学报	109	0.98	2.4	1.2	8	59	0.009	0.211	6.1
P01	大连民族大学学报	125	0.30	10.7	2.8	13	31	—	0.800	8.3
P01	当代继续教育	89	0.37	10.5	1.7	20	57	—	0.517	8.7
P01	当代教师教育	62	0.99	13.4	1.9	21	34	0.016	0.484	11.9
P01	当代教育科学	258	0.82	13.3	1.5	27	162	0.004	0.550	9.8
P01	当代教育理论与实践	182	0.71	10.1	2.0	22	112	0.005	0.802	7.0
P01	当代教育论坛	91	0.85	13.6	1.5	25	70	0.022	0.681	7.4
P01	当代教育实践与教学研究(电子刊)	9213	0.83	3.1	1.4	31	4733	0.001	0.209	4.2
P01	当代教育与文化	105	0.96	17.8	1.6	25	64	0.067	0.724	10.6
P01	电化教育研究	215	1.00	19.6	2.8	24	81	0.009	0.874	6.9
P01	鄂州大学学报	214	0.97	5.5	1.3	25	138	0.005	0.467	7.1
P01	发现	1464	0.98	2.0	1.1	31	1106	0.001	0.054	4.3
P01	纺织服装教育	140	1.00	5.1	2.4	17	57	—	0.786	5.5

学科代码	期刊名称	来源文献量	文献选出率	平均引文数	平均作者数	地区分布数	机构分布数	海外论文比	基金论文比	引用半衰期
P01	福建教育学院学报	527	0.97	4.2	1.2	23	355	0.028	0.353	6.6
P01	复旦教育论坛	91	0.85	22.9	1.9	16	54	0.011	0.824	11.5
P01	工业和信息化教育	206	1.00	7.4	2.9	20	85	0.019	0.752	5.7
P01	广东第二师范学院学报	105	0.88	15.2	1.6	14	48	0.029	0.571	11.1
P01	广西教育学院学报	295	0.93	7.4	1.4	25	164	0.007	0.447	9.7
P01	哈尔滨学院学报	397	0.98	10.1	1.3	27	217	0.008	0.421	12.5
P01	海南热带海洋学院学报	119	0.97	17.1	2.2	24	55	0.008	0.723	11.6
P01	航海教育研究	96	0.89	8.9	2.6	12	28	—	0.740	5.1
P01	河北教育(综合版)	154	1.00	0.0	1.1	8	139	—	0.039	—
P01	河北农业大学学报(农林教育版)	156	0.98	9.9	2.8	24	72	—	0.814	4.9
P01	河北师范大学学报(教育科学版)	116	0.92	18.1	1.7	21	68	0.020	0.650	10.1
P01	河西学院学报	134	0.96	12.9	1.8	17	68	0.007	0.478	13.9
P01	黑河学院学报	1204	1.00	4.0	1.2	28	449	0.019	0.449	4.9
P01	黑龙江工业学院学报(综合版)	376	0.93	9.4	1.7	27	185	0.005	0.572	8.6
P01	黑龙江教育学院学报	600	0.99	6.1	1.3	30	374	0.002	0.523	6.8
P01	呼伦贝尔学院学报	199	1.00	10.8	1.6	25	93	0.015	0.442	9.3
P01	湖北工业职业技术学院学报	116	0.84	6.4	1.5	22	64	0.009	0.448	9.1
P01	湖南大众传媒职业技术学院学报	122	0.99	5.4	1.4	21	81	—	0.533	7.9
P01	湖南师范大学教育科学学报	106	0.99	21.6	1.5	20	46	0.030	0.620	11.0
P01	华东师范大学学报(教育科学版)	110	0.19	21.7	1.9	13	41	0.120	0.650	11.6
P01	华文教学与研究	42	0.90	27.7	1.3	11	22	0.095	0.524	14.0
P01	华夏教师	2472	0.96	2.1	1.1	31	1883	0.003	0.032	3.8
P01	吉林省教育学院学报	632	1.00	6.7	1.5	31	372	0.005	0.519	6.8
P01	集美大学学报	92	1.00	11.6	1.9	22	55	—	0.837	8.9
P01	济宁学院学报	121	0.98	11.5	1.4	19	70	—	0.504	12.4
P01	继续教育研究	301	1.00	9.2	1.4	28	209	0.003	0.734	7.7
P01	佳木斯职业学院学报	3852	1.00	4.3	1.2	31	1377	0.005	0.279	6.0
P01	江西科技师范大学学报	121	0.97	15.1	2.0	17	63	0.017	0.793	11.5
P01	焦作大学学报	139	0.99	8.2	1.4	22	76	—	0.201	10.7
P01	教学管理与教育研究	1123	0.96	2.6	1.0	31	916	0.009	0.050	3.7
P01	教学研究	136	1.00	11.7	2.0	23	71	0.007	0.566	8.7
P01	教学与研究	155	0.98	19.2	1.4	23	76	0.010	0.580	9.1
P01	教育测量与评价	117	0.98	9.5	1.9	21	64	0.017	0.444	9.6

学科代码	期刊名称	来源文献量	文献选出率	平均引文数	平均作者数	地区分布数	机构分布数	海外论文比	基金论文比	引用半衰期
P01	教育导刊(上半月)	202	0.95	12.4	1.6	26	132	0.005	0.540	9.1
P01	教育导刊(下半月)	277	0.93	7.9	1.5	25	168	—	0.469	8.7
P01	教育发展研究	265	0.99	19.3	1.7	21	108	0.030	0.710	8.3
P01	教育观察(上半月)	593	1.00	6.2	1.7	31	333	0.002	0.695	6.2
P01	教育观察(下半月)	708	0.96	4.8	1.4	29	532	0.006	0.271	6.1
P01	教育界	2932	0.96	3.4	1.2	31	1983	0.002	0.142	4.4
P01	教育科学	81	0.96	18.8	1.7	21	47	0.050	0.750	7.0
P01	教育科学论坛	774	0.79	2.6	1.4	24	467	0.004	0.164	6.8
P01	教育科学研究	194	0.98	11.6	1.6	25	78	0.005	0.634	10.7
P01	教育评论	511	0.99	6.7	1.5	30	311	0.004	0.583	8.0
P01	教育生物学杂志	37	0.98	25.7	4.0	9	22	0.110	0.700	8.5
P01	教育实践与研究	659	1.00	1.6	1.2	29	495	—	0.135	6.8
P01	教育探索	163	0.96	10.4	1.7	26	121	0.012	0.755	7.1
P01	教育文化论坛	159	0.96	9.6	1.6	26	90	—	0.629	10.5
P01	教育信息技术	259	0.98	5.5	1.5	14	164	—	0.591	5.8
P01	教育学报	86	0.99	27.6	1.7	18	37	0.060	0.630	13.5
P01	教育学术月刊	151	1.00	22.0	1.9	26	101	0.033	0.709	11.6
P01	教育研究	252	1.00	15.1	1.7	21	79	0.020	0.480	7.6
P01	教育研究与评论	128	0.96	6.0	1.1	16	84	0.031	0.164	14.6
P01	教育研究与实验	102	0.90	16.0	1.8	18	48	0.010	0.680	10.3
P01	教育艺术	833	0.96	0.1	1.1	29	667	0.008	0.050	7.5
P01	教育与教学研究	264	0.98	8.8	1.6	27	175	—	0.580	8.1
P01	教育与考试	91	0.99	12.5	1.4	19	58	0.022	0.593	14.3
P01	金融理论探索	54	0.97	20.6	1.9	15	41	—	0.648	6.1
P01	金融理论与教学	175	0.96	7.9	1.7	20	79	—	0.720	5.7
P01	荆楚理工学院学报	96	0.91	12.3	1.8	21	62	—	0.719	8.3
P01	开封大学学报	109	0.89	6.7	1.2	10	28	—	0.358	9.9
P01	凯里学院学报	155	0.95	11.7	1.9	19	57	—	0.632	10.5
P01	考试周刊	18962	0.86	2.6	1.1	31	9687	0.004	0.098	4.0
P01	科教导刊	3146	0.31	5.4	1.8	31	1366	0.001	0.435	5.7
P01	科教导刊-电子版(上旬)	2926	0.96	2.7	1.2	31	1978	0.000	0.105	4.8
P01	科教导刊-电子版(下旬)	3014	1.00	2.6	1.3	31	2031	0.002	0.106	4.5
P01	科教导刊-电子版(中旬)	2977	0.98	2.6	1.3	31	1986	0.000	0.092	4.6

学科代码	期刊名称	来源文献量	文献选出率	平均引文数	平均作者数	地区分布数	机构分布数	海外论文比	基金论文比	引用半衰期
P01	科教文汇	3006	0.91	5.2	1.7	31	1420	0.001	0.424	6.1
P01	课程教材教学研究(小教研究)	217	0.99	0.0	1.1	16	175	—	—	—
P01	课程教材教学研究(中教研究)	183	1.00	0.0	1.0	6	130	—	—	—
P01	昆明学院学报	134	0.96	15.2	2.5	24	72	0.030	0.500	11.9
P01	历史教学	152	0.98	11.6	1.2	23	109	—	0.217	17.3
P01	辽宁教育行政学院学报	128	0.71	11.5	1.4	22	69	—	0.477	10.3
P01	临沂大学学报	96	0.97	13.5	1.1	23	54	—	0.594	14.8
P01	领导科学论坛	440	0.96	4.6	1.3	31	303	0.007	0.275	6.4
P01	龙岩学院学报	137	1.00	11.4	1.7	11	48	—	0.613	11.1
P01	陇东学院学报	193	1.00	15.7	1.8	18	70	0.005	0.487	10.0
P01	吕梁教育学院学报	226	1.00	5.1	1.1	24	117	0.004	0.208	5.0
P01	吕梁学院学报	144	0.40	8.1	1.4	19	67	—	0.333	11.0
P01	逻辑学研究	40	0.76	18.1	1.4	13	24	0.050	0.700	24.5
P01	美术教育研究	3030	0.97	3.1	1.2	31	1491	0.003	0.200	5.9
P01	美育学刊	96	0.95	16.5	1.2	19	55	0.010	0.417	20.7
P01	民族教育研究	122	0.94	18.7	1.9	25	64	0.030	0.770	8.3
P01	牡丹江大学学报	554	0.95	9.0	1.5	30	266	0.002	0.520	11.2
P01	牡丹江教育学院学报	322	0.99	6.6	1.5	30	235	—	0.702	7.8
P01	内蒙古电大学刊	182	0.86	6.3	1.3	26	109	0.005	0.385	7.8
P01	内蒙古师范大学学报(教育科学版)	300	0.96	9.3	1.7	28	139	—	0.707	7.4
P01	南昌教育学院学报	211	0.90	6.1	1.3	28	138	0.024	0.436	7.5
P01	宁波大学学报(教育科学版)	138	0.94	14.3	2.0	16	52	0.007	0.783	10.5
P01	宁波教育学院学报	223	0.89	6.2	1.3	29	145	0.009	0.475	8.6
P01	平顶山学院学报	149	0.95	11.5	1.8	27	96	0.007	0.497	12.2
P01	普洱学院学报	294	0.91	5.5	1.5	20	138	0.010	0.507	6.5
P01	齐鲁师范学院学报	158	0.96	9.6	1.4	17	71	0.006	0.430	9.3
P01	青海教育	386	0.97	0.7	1.0	9	216	—	0.039	4.0
P01	清华大学教育研究	94	0.94	23.9	1.7	16	41	0.040	0.660	9.4
P01	全球教育展望	121	0.90	24.8	1.8	17	43	0.070	0.530	11.6
P01	软件导刊·教育技术	415	0.99	6.8	2.0	30	263	—	0.593	4.9
P01	三明学院学报	95	0.60	13.4	2.1	14	32	—	0.716	7.7
P01	陕西学前师范学院学报	321	0.96	10.6	1.6	28	142	0.016	0.586	7.9
P01	商洛学院学报	118	0.94	13.5	1.7	11	34	0.017	0.627	7.5

学科代码	期刊名称	来源文献量	文献选出率	平均引文数	平均作者数	地区分布数	机构分布数	海外论文比	基金论文比	引用半衰期
P01	上海教育科研	248	0.96	7.8	1.5	26	161	—	0.387	9.2
P01	上海课程教学研究	179	0.15	2.1	1.2	4	118	0.006	0.117	8.4
P01	设计艺术研究	136	0.96	8.1	1.7	20	66	0.022	0.544	10.2
P01	石家庄学院学报	160	0.67	15.4	2.0	21	89	—	0.612	13.3
P01	世界教育信息	580	0.94	4.3	1.4	26	187	0.188	0.188	19.0
P01	数码世界	4378	0.93	3.2	1.4	31	2087	0.000	0.067	3.3
P01	思想理论教育	233	0.98	8.5	1.4	23	95	—	0.708	13.6
P01	思想政治教育研究	197	0.89	10.5	1.6	25	105	—	0.838	11.1
P01	思想政治课研究	233	0.90	6.6	1.3	27	179	—	0.464	8.3
P01	四川教育	290	0.92	0.0	1.1	11	223	—	—	—
P01	四川民族学院学报	112	0.94	12.7	1.5	19	53	0.009	0.607	15.2
P01	四川文理学院学报	172	0.98	11.5	1.4	18	68	—	0.541	8.9
P01	苏州大学学报(教育科学版)	79	1.00	16.7	1.7	16	47	0.089	0.532	11.0
P01	苏州教育学院学报	80	0.93	18.3	1.3	14	39	0.050	0.412	22.3
P01	宿州教育学院学报	329	0.88	4.9	1.2	30	248	0.003	0.386	4.4
P01	绥化学院学报	511	0.96	8.7	1.7	29	211	0.006	0.597	8.3
P01	太原学院学报(自然科学版)	74	0.99	7.2	1.6	13	43	—	0.473	6.5
P01	唐山学院学报	109	0.96	10.7	1.9	23	68	—	0.459	13.0
P01	天津教育(上旬刊)	272	0.90	0.0	1.1	7	174	—	0.033	—
P01	天津教育(中、下旬刊)	2627	0.95	0.0	1.1	31	2104	0.010	0.120	—
P01	天津师范大学学报(基础教育版)	67	0.96	11.5	1.8	16	43	0.015	0.776	6.8
P01	天津市教科院学报	150	0.71	8.3	1.5	23	92	—	0.473	7.4
P01	天津职业技术师范大学学报	62	0.98	13.6	3.0	1	2	—	0.871	6.4
P01	铜仁学院学报	274	0.97	12.0	1.9	24	103	0.015	0.609	11.2
P01	潍坊工程职业学院学报	127	0.98	10.1	1.5	21	77	0.008	0.394	8.3
P01	文教资料	3860	1.00	5.9	1.4	31	1518	0.001	0.403	7.6
P01	文山学院学报	146	0.99	11.1	1.7	20	52	—	0.445	13.1
P01	梧州学院学报	115	0.99	8.6	1.6	15	66	0.009	0.687	7.8
P01	武夷学院学报	254	1.00	10.6	1.8	18	87	0.008	0.630	8.6
P01	物理教学	301	0.92	3.8	1.5	28	227	—	0.213	5.8
P01	西部素质教育	3918	0.99	4.0	1.5	31	2101	0.009	0.347	4.3
P01	西藏教育	240	1.00	2.4	1.5	20	120	—	0.246	7.0
P01	厦门城市职业学院学报	74	0.98	8.1	1.3	19	41	—	0.703	7.8

学科代码	期刊名称	来源文献量	文献选出率	平均引文数	平均作者数	地区分布数	机构分布数	海外论文比	基金论文比	引用半衰期
P01	现代大学教育	86	0.93	32.5	1.8	20	62	—	0.791	12.9
P01	现代教育管理	262	0.94	11.2	1.7	25	127	0.008	0.786	8.8
P01	现代教育技术	216	0.97	13.7	2.8	26	104	—	0.829	6.3
P01	现代教育论丛	86	0.83	13.2	1.5	21	50	0.023	0.453	10.2
P01	现代远程教育研究	72	0.98	26.6	2.4	17	48	—	0.944	7.3
P01	现代远距离教育	64	0.99	25.8	2.8	16	31	—	0.875	6.4
P01	现代中文学刊	97	1.00	24.3	1.1	15	55	0.062	0.237	—
P01	新教育时代电子杂志(教师版)	13387	0.92	2.6	1.1	31	9036	0.002	0.053	3.5
P01	新余学院学报	209	0.95	8.9	1.7	25	127	0.014	0.646	8.1
P01	邢台学院学报	216	0.81	7.6	1.8	25	107	0.009	0.611	8.2
P01	许昌学院学报	246	0.85	10.4	1.7	24	96	0.004	0.703	10.6
P01	学理论	1248	0.93	6.2	1.3	31	517	0.002	0.446	9.4
P01	延边教育学院学报	307	0.92	4.1	1.3	26	187	0.016	0.326	6.3
P01	扬州大学学报(高教研究版)	122	0.97	12.5	1.5	22	80	—	0.680	8.8
P01	扬州教育学院学报	94	0.98	6.8	1.5	11	30	—	0.489	11.0
P01	药学教育	122	0.91	10.0	3.6	23	71	—	0.787	4.8
P01	医学教育管理	115	0.99	8.4	3.7	17	47	—	0.557	4.8
P01	宜宾学院学报	207	0.99	15.2	1.6	23	125	0.014	0.440	12.0
P01	语文学习	271	0.99	1.4	1.1	23	183	0.004	0.018	6.9
P01	远程教育杂志	68	0.92	39.2	2.7	16	42	0.015	0.985	6.5
P01	运城学院学报	124	0.86	12.0	1.6	19	44	0.008	0.500	12.0
P01	枣庄学院学报	148	0.99	14.7	1.6	18	79	—	0.486	10.9
P01	昭通学院学报	151	0.97	10.3	1.6	23	80	—	0.371	12.2
P01	浙江传媒学院学报	137	1.00	12.1	1.4	20	66	0.007	0.409	11.8
P01	浙江外国语学院学报	88	1.00	25.6	1.4	18	57	0.057	0.466	16.8
P01	政治思想史	40	0.85	60.6	1.2	10	25	0.025	0.650	—
P01	职大学报	166	0.95	8.9	1.3	22	93	0.012	0.277	15.2
P01	职教通讯	381	0.95	7.2	1.5	26	211	0.003	0.604	6.5
P01	中国地质教育	94	0.99	9.1	3.5	21	37	—	0.766	6.6
P01	中国电化教育	225	0.69	21.3	2.7	21	90	—	0.787	6.6
P01	中国电力教育	292	1.00	0.0	2.2	30	187	—	0.127	—
P01	中国教师	386	0.99	1.0	1.2	27	262	0.003	0.088	8.2
P01	中国教育技术装备	1314	0.92	5.0	2.0	29	793	0.001	0.419	4.4

学科代码	期刊名称	来源文献量	文献选出率	平均引文数	平均作者数	地区分布数	机构分布数	海外论文比	基金论文比	引用半衰期
P01	中国教育网络	193	0.95	2.1	2.1	20	92	0.016	0.114	6.6
P01	中国教育信息化·基础教育	298	0.80	9.6	2.2	28	219	—	0.745	4.6
P01	中国教育学刊	881	1.00	2.8	1.2	29	481	0.002	0.149	11.1
P01	中国考试	162	0.96	9.1	1.7	20	82	0.031	0.432	9.6
P01	中国林业教育	116	0.96	7.3	3.0	20	28	—	0.793	6.4
P01	中国农业教育	95	0.92	10.2	2.3	18	35	—	0.674	6.7
P01	中国轻工教育	106	1.00	7.8	2.4	12	41	—	0.830	5.1
P01	中国特殊教育	174	0.97	30.5	2.7	24	80	0.010	0.680	7.8
P01	中国现代教育装备	747	1.00	5.4	2.3	30	467	0.008	0.531	4.9
P01	中国冶金教育	259	0.97	7.9	3.0	25	78	—	0.660	5.0
P01	中国音乐教育	108	0.86	4.7	1.1	20	78	0.065	0.194	17.6
P01	中国远程教育(综合版)	106	0.91	29.0	2.6	17	55	0.142	0.651	6.8
P01	中文信息	3126	1.00	3.0	1.2	31	1826	—	0.073	4.0
P01	中医教育	155	0.96	6.1	4.0	24	55	0.006	0.774	5.7
P01	中州大学学报	154	0.98	10.2	1.5	23	77	—	0.474	10.1
P03	北京教育(高教版)	286	0.88	4.4	1.7	18	91	—	0.276	7.9
P03	北京教育(普教版)	548	0.94	0.1	1.3	14	297	0.004	0.066	11.0
P03	初中生世界(八年级)	217	0.92	0.0	1.1	6	129	—	—	—
P03	初中生世界(初中教学研究)	309	0.92	0.5	1.1	6	217	—	0.068	5.8
P03	地理教学	481	0.76	3.0	1.5	29	310	0.008	0.175	6.1
P03	地理教育	266	0.07	1.0	1.4	24	224	0.004	0.128	5.8
P03	读写算	8909	0.99	1.5	1.0	31	6281	0.002	0.023	2.9
P03	读与写	9045	0.37	1.6	1.0	31	5435	0.001	0.020	3.9
P03	儿童大世界(上半月)	189	0.33	0.8	1.1	10	143	0.011	0.005	10.7
P03	儿童大世界(下半月)	3623	1.00	1.4	1.0	31	2712	—	0.005	3.4
P03	福建基础教育研究	655	0.91	3.3	1.1	10	408	0.044	0.282	5.2
P03	福建中学数学	250	0.65	1.7	1.2	18	178	0.064	0.252	4.7
P03	甘肃高师学报	217	1.00	7.5	1.9	13	36	—	0.493	10.8
P03	高考金刊	151	0.93	0.0	1.0	21	101	0.073	—	—
P03	高师理科学刊	328	1.00	11.2	2.9	30	157	—	0.796	5.9
P03	高校后勤研究	300	0.99	4.3	1.9	24	170	—	0.270	5.5
P03	高中生之友(高考版)	200	1.00	0.0	1.1	18	107	—	—	—
P03	高中数理化	885	1.00	0.0	1.2	29	561	—	0.035	—

学科代码	期刊名称	来源文献量	文献选出率	平均引文数	平均作者数	地区分布数	机构分布数	海外论文比	基金论文比	引用半衰期
P03	广东教育(高中版)	249	0.98	0.0	1.3	21	152	—	0.020	—
P03	广东教育(职教版)	735	1.00	1.2	1.2	11	270	0.001	0.171	4.8
P03	广东教育(综合版)	374	1.00	0.3	1.1	9	307	—	0.086	8.2
P03	广西教育(义务教育)	952	0.93	0.6	1.1	16	604	—	0.111	5.6
P03	广西教育(中等教育)	987	0.92	3.4	1.2	12	354	—	0.233	4.1
P03	贵州教育	378	1.00	0.3	1.1	13	264	—	0.021	7.7
P03	河北理科教学研究	93	0.97	0.9	1.3	18	69	—	0.065	6.8
P03	河南教育(高校版)	355	1.00	3.0	1.5	24	145	0.006	0.462	5.8
P03	河南教育(基教版)	364	0.92	0.0	1.1	18	306	—	0.096	—
P03	河南教育(职成版)	258	0.97	0.0	1.2	22	133	—	0.221	—
P03	黑河教育	504	0.92	3.3	1.0	17	252	0.091	0.032	5.9
P03	黑龙江教育(理论与实践)	448	0.96	3.7	1.7	26	158	—	0.645	5.7
P03	黑龙江教育(小学)	272	0.90	0.0	1.1	12	183	—	0.007	—
P03	湖北教育(教育教学)	513	0.78	0.0	1.2	13	335	0.004	0.019	—
P03	湖北教育(科学课)	294	0.98	0.0	1.2	21	244	—	0.031	—
P03	湖北教育(政务宣传)	393	0.86	0.0	1.2	5	255	—	0.013	—
P03	湖南教育 A	240	0.98	0.0	1.1	9	179	—	0.046	8.5
P03	湖南教育 B	223	0.93	0.1	1.1	12	187	—	0.054	2.7
P03	湖南教育 C	266	1.00	0.1	1.2	11	225	—	0.135	7.0
P03	化学教学	248	0.99	7.6	1.9	22	165	—	0.391	6.3
P03	化学教与学	379	0.99	4.1	1.5	21	283	0.005	0.296	5.7
P03	化学教育	431	0.89	11.3	2.8	29	260	0.005	0.631	7.1
P03	基础教育	81	0.47	20.1	1.8	20	39	0.025	0.790	9.8
P03	基础教育参考	733	0.99	0.8	1.2	30	534	0.005	0.172	6.9
P03	基础教育课程	308	0.99	1.4	1.2	25	213	0.006	0.175	7.3
P03	基础教育研究	920	0.98	1.8	1.2	30	555	0.001	0.139	7.6
P03	家教世界·现代幼教	333	0.87	0.8	1.2	19	206	0.003	0.108	8.0
P03	江苏高教	276	1.00	12.1	1.7	26	132	0.010	0.590	6.4
P03	江苏教育(教育管理版)	356	0.97	0.2	1.1	11	233	—	0.062	5.5
P03	江苏教育(小学教学版)	322	1.00	1.3	1.1	13	236	—	0.084	5.2
P03	江苏教育(职业教育版)	373	0.94	0.8	1.1	15	183	—	0.220	5.7
P03	江苏教育(中学教学版)	340	0.96	1.7	1.2	12	228	—	0.159	5.5
P03	江西教育	1505	1.00	0.5	1.1	24	1055	—	0.023	3.9

学科代码	期刊名称	来源文献量	文献选出率	平均引文数	平均作者数	地区分布数	机构分布数	海外论文比	基金论文比	引用半衰期
P03	教师	2878	0.13	3.2	1.2	31	2126	0.032	0.177	5.1
P03	教师博览(科研版)	495	0.99	3.3	1.1	20	392	—	0.083	4.1
P03	教师发展研究	69	0.98	17.3	1.6	20	39	0.058	0.551	13.0
P03	教师教育论坛	276	1.00	6.5	1.4	25	183	0.004	0.399	9.0
P03	教书育人(教师新概念)	819	0.98	1.5	1.0	24	600	—	0.038	3.9
P03	教书育人(校长参考)	579	1.00	1.1	1.1	30	462	—	0.045	5.5
P03	教学与管理(理论版)	452	0.76	7.1	1.5	30	284	0.002	0.569	7.4
P03	教学与管理(小学版)	319	0.71	2.1	1.2	28	270	0.006	0.216	6.1
P03	教学与管理(中学版)	343	0.95	5.0	1.3	28	277	0.006	0.397	6.7
P03	教学月刊(小学版)数学	203	0.98	1.5	1.2	15	175	0.010	0.074	4.8
P03	教学月刊(小学版)语文	250	0.91	1.5	1.0	12	205	0.004	0.016	6.5
P03	教学月刊(小学版)综合	233	0.97	2.0	1.1	13	212	—	0.039	6.2
P03	教学月刊·中学版(教学参考)	175	0.98	3.5	1.3	18	162	—	0.286	4.6
P03	教学月刊·中学版(语文教学)	209	0.97	1.4	1.1	16	163	—	0.057	7.2
P03	教学月刊·中学版(政治教学)	204	0.95	1.2	1.1	23	177	0.005	0.127	4.8
P03	教育研究与评论(小学教育教学版)	260	1.00	1.8	1.1	7	191	—	0.119	6.3
P03	教育研究与评论(中学教育教学版)	245	0.91	2.5	1.2	14	167	—	0.278	5.7
P03	课程·教材·教法	255	1.00	14.1	1.6	25	96	0.010	0.510	9.6
P03	课程教学研究	247	1.00	6.5	1.5	26	188	0.024	0.417	8.4
P03	课堂内外·创新作文(高中版)	262	0.85	0.0	1.0	21	155	—	—	—
P03	课堂内外·教师版	1482	1.00	2.1	1.0	30	1033	—	0.012	2.5
P03	理科考试研究(初中版)	287	0.96	2.5	1.2	24	200	0.003	0.132	3.9
P03	理科考试研究(高中版)	313	0.96	1.9	1.3	26	183	0.010	0.188	3.4
P03	历史教学问题	124	1.00	34.2	1.1	20	81	0.030	0.350	69.5
P03	辽宁教育	826	0.96	0.9	1.1	25	546	—	0.075	7.4
P03	七彩语文(教师论坛)	413	0.97	0.0	1.1	16	289	—	0.027	—
P03	人民教育	417	1.00	0.8	1.3	25	295	0.002	0.096	10.1
P03	陕西教育(教学)	733	0.96	0.0	1.0	20	563	—	0.030	—
P03	陕西教育(综合)	193	0.95	0.0	1.2	14	155	—	0.005	—
P03	上海中学数学	208	1.00	1.9	1.2	16	164	0.010	0.115	5.2
P03	少男少女	1156	0.92	0.6	1.0	20	520	—	0.026	5.8
P03	生物学教学	496	1.00	2.6	1.6	30	360	0.006	0.413	7.5
P03	师道·教研	1751	0.98	0.0	1.0	9	1072	—	0.064	8.1

学科代码	期刊名称	来源文献量	文献选出率	平均引文数	平均作者数	地区分布数	机构分布数	海外论文比	基金论文比	引用半衰期
P03	师道·人文	273	0.98	0.1	1.1	22	180	0.004	0.022	5.5
P03	数理化解题研究	2100	0.90	2.4	1.0	31	1381	0.003	0.040	3.4
P03	数理化学习(初中版)	260	0.06	1.9	1.1	19	116	—	0.104	3.6
P03	数理化学习(高一二版)	282	0.96	2.0	1.2	27	146	—	0.160	4.2
P03	数理化学习(教育理论)	369	0.99	3.0	1.0	24	296	0.005	0.030	2.9
P03	数学建模及其应用	37	0.93	12.6	2.7	14	31	—	0.351	10.4
P03	思想理论教育导刊	393	0.96	7.7	1.4	27	172	0.000	0.530	4.4
P03	速读(上旬)	3434	0.99	2.3	1.1	31	2534	0.001	0.019	4.3
P03	速读(下旬)	3439	0.81	2.3	1.1	31	2569	0.002	0.028	4.2
P03	速读(中旬)	3443	0.97	2.2	1.1	31	2546	0.001	0.026	4.4
P03	外国教育研究	118	0.99	23.8	1.7	23	61	0.060	0.760	7.4
P03	外国中小学教育	110	0.99	21.1	1.7	16	43	0.060	0.430	7.0
P03	文理导航·教育研究与实践	3148	0.99	1.8	1.0	31	2275	0.003	0.017	4.5
P03	现代中小学教育	279	0.83	7.3	1.5	29	208	0.004	0.538	8.7
P03	小学教学参考	2423	0.80	0.5	1.0	27	1572	0.001	0.033	4.9
P03	小学教学设计(数学)	310	0.98	0.2	1.2	24	245	—	0.023	4.9
P03	小学教学设计(英语)	364	0.97	0.0	1.1	25	271	—	0.025	30.0
P03	小学教学研究(教学版)	399	1.00	1.1	1.1	15	300	0.003	0.043	5.6
P03	小学教学研究(理论版)	553	0.99	1.2	1.1	12	361	—	0.025	6.2
P03	小学科学(教师版)	2345	1.00	0.0	1.0	29	1440	0.004	0.017	—
P03	小学生作文辅导	1270	1.00	1.6	1.0	26	833	0.001	0.010	2.7
P03	小学生作文辅导(读写双赢)	1300	0.96	1.5	1.0	26	889	—	0.008	2.7
P03	小学生作文辅导(看图读写)	1352	0.92	1.5	1.0	27	938	0.001	0.009	2.5
P03	小学时代(奥妙)	1158	0.80	1.8	1.0	27	863	—	0.017	2.3
P03	新教师	550	0.95	0.2	1.1	21	395	0.009	0.095	8.6
P03	新课程·上旬	5964	0.97	2.0	1.0	30	4109	0.001	0.090	3.1
P03	新课程·下旬	5973	0.66	2.2	1.1	31	3510	0.006	0.085	3.4
P03	新课程·中学	5818	1.00	2.2	1.0	31	4142	—	0.018	3.5
P03	新课程·中旬	6095	0.99	2.1	1.0	31	4080	0.002	0.081	3.3
P03	新课程导学	3360	0.98	1.5	1.0	30	1882	0.001	0.033	3.6
P03	新课程研究(上旬)	629	0.94	2.9	1.2	30	487	0.003	0.180	4.5
P03	新课程研究(下旬)	713	0.95	3.4	1.1	30	566	0.003	0.095	4.0
P03	新课程研究(中旬-单)	313	0.97	4.5	1.6	28	253	—	0.502	4.3

学科代码	期刊名称	来源文献量	文献选出率	平均引文数	平均作者数	地区分布数	机构分布数	海外论文比	基金论文比	引用半衰期
P03	新课程研究(中旬–双)	310	0.97	4.5	1.6	28	260	0.003	0.497	4.1
P03	新智慧	3827	1.00	2.0	1.0	31	2655	0.001	0.049	2.9
P03	新作文(初中版)	302	0.99	0.0	1.0	23	194	—	—	22.5
P03	新作文(小学作文创新教学)	225	1.00	0.0	1.1	23	191	—	0.009	—
P03	学前教育研究	104	0.87	24.0	2.3	22	82	0.030	0.860	8.5
P03	学语文	227	0.93	1.7	1.1	20	171	—	0.066	10.6
P03	幼儿教育·教育教学	233	0.91	0.1	1.2	22	158	—	0.039	11.2
P03	幼儿教育·教育科学	135	1.00	11.3	2.3	18	52	0.044	0.548	9.3
P03	幼儿教育研究	113	0.88	4.0	1.1	12	88	—	0.319	7.2
P03	语文课内外	11360	1.00	2.5	1.0	31	8524	0.002	0.027	3.4
P03	语文天地(高中版)	660	0.96	0.0	1.0	29	430	0.002	0.070	—
P03	语文天地(小教版)	707	0.99	0.0	1.0	23	566	0.001	0.013	—
P03	早期教育(家教版)	103	1.00	0.0	1.2	11	67	0.049	0.010	—
P03	早期教育(教育教学)	286	0.83	0.5	1.2	20	232	0.052	0.042	8.0
P03	早期教育(美术版)	185	0.95	0.2	1.2	21	152	0.011	0.043	14.8
P03	中等数学	130	0.90	0.7	1.0	20	46	0.008	0.015	3.7
P03	中国数学教育(初中版)	165	0.98	2.9	1.3	25	148	—	0.170	5.7
P03	中国数学教育(高中版)	133	0.71	3.3	1.6	23	116	0.015	0.346	3.7
P03	中华家教	106	0.92	0.0	1.1	11	66	0.038	—	—
P03	中小学管理	214	0.72	2.4	1.5	21	138	0.005	0.411	7.7
P03	中小学教师培训	218	0.95	7.5	1.5	24	151	—	0.596	7.5
P03	中小学教学研究	256	0.96	3.4	1.2	18	215	0.031	0.211	5.7
P03	中小学实验与装备	178	0.94	0.0	1.4	23	141	—	0.163	—
P03	中小学外语教学(中学)	143	0.99	9.1	1.4	21	127	—	0.259	5.7
P03	中小学校长	260	0.98	1.2	1.2	26	235	0.004	0.112	8.2
P03	中小学信息技术教育	298	0.74	1.9	1.5	24	222	0.007	0.101	5.3
P03	中小学英语教学与研究	224	0.95	7.3	1.2	26	186	—	0.259	8.6
P03	中学地理教学参考	362	0.95	1.8	1.5	29	266	0.003	0.138	5.0
P03	中学化学教学参考	277	0.97	2.8	1.5	24	217	—	0.267	5.8
P03	中学教学参考	2079	0.99	1.5	1.1	31	1380	0.002	0.141	4.6
P03	中学教研(数学)	169	0.99	2.0	1.4	15	132	—	0.213	3.9
P03	中学课程辅导(教学研究)	8254	1.00	2.0	1.0	31	5116	0.001	0.026	3.4
P03	中学课程资源	381	0.98	2.9	1.1	18	245	0.037	0.055	3.8

学科代码	期刊名称	来源文献量	文献选出率	平均引文数	平均作者数	地区分布数	机构分布数	海外论文比	基金论文比	引用半衰期
P03	中学理科园地	170	1.00	2.2	1.1	5	120	0.029	0.282	5.3
P03	中学生数理化(中考版)	56	0.42	0.0	1.1	10	37	—	0.054	—
P03	中学生天地(C 版)	102	0.38	0.1	1.0	6	54	0.020	—	—
P03	中学生物学	419	0.98	2.0	1.4	26	316	—	0.212	5.0
P03	中学数学	935	0.97	2.2	1.2	27	645	—	0.108	2.9
P03	中学数学教学	176	0.96	1.8	1.3	22	143	—	0.091	4.5
P03	中学数学研究	284	1.00	1.2	1.3	23	182	0.011	0.187	5.8
P03	中学数学月刊	250	0.99	1.9	1.3	18	183	0.004	0.236	6.5
P03	中学数学杂志(初中版)	148	1.00	2.3	1.4	20	111	—	0.169	4.5
P03	中学数学杂志(高中版)	136	1.00	2.4	1.4	19	110	—	0.191	4.5
P03	中学物理(初中版)	298	1.00	3.2	1.4	27	258	—	0.211	5.0
P03	中学物理(高中版)	287	1.00	3.4	1.5	28	217	—	0.286	5.1
P03	中学物理教学参考	250	0.94	2.3	1.4	23	217	—	0.272	5.3
P03	中学语文教学	258	0.91	2.4	1.1	25	189	—	0.167	12.4
P03	中学语文教学参考	359	0.97	1.0	1.1	24	259	—	0.148	8.3
P03	中学政史地(初中适用)	138	0.67	0.0	1.1	16	60	—	0.014	—
P03	中学政史地(高中文综)	139	0.82	0.0	1.1	19	74	—	0.022	—
P03	中学政史地(教学指导版)	516	0.96	0.0	1.1	27	427	0.002	0.048	—
P03	中学政治教学参考	431	0.96	0.3	1.1	28	344	0.007	0.176	3.1
P03	综合实践活动研究	211	0.84	0.4	1.1	23	157	—	0.024	8.2
P03	作文成功之路(上旬)	1348	1.00	1.7	1.0	29	979	—	0.024	3.6
P03	作文成功之路(下旬)	1335	1.00	1.8	1.0	28	1005	—	0.022	3.6
P03	作文成功之路(中旬)	1347	1.00	1.9	1.0	30	1008	—	0.033	3.6
P03	作文新天地(高中版)	175	0.73	0.0	1.0	12	98	—	—	—
P04	重庆高教研究	75	0.96	18.2	1.6	21	52	0.013	0.960	9.3
P04	大学(研究版)	112	1.00	7.5	1.6	22	65	—	0.482	9.0
P04	大学教育	800	0.98	7.5	2.4	31	425	—	0.768	5.7
P04	大学教育科学	130	0.59	14.1	1.6	24	81	0.031	0.615	13.1
P04	大学物理实验	207	1.00	8.8	3.6	25	107	—	0.691	7.4
P04	高等财经教育研究	72	0.57	9.4	1.7	20	35	—	0.639	7.8
P04	高等工程教育研究	181	1.00	13.8	2.4	19	87	0.030	0.590	5.2
P04	高等继续教育学报	99	0.98	6.8	1.5	22	61	—	0.515	6.8
P04	高等建筑教育	182	0.97	8.7	2.8	26	102	—	0.780	5.6

学科代码	期刊名称	来源文献量	文献选出率	平均引文数	平均作者数	地区分布数	机构分布数	海外论文比	基金论文比	引用半衰期
P04	高等教育研究	164	0.98	24.8	1.7	21	70	0.020	0.720	10.0
P04	高等教育研究学报	75	0.93	14.3	2.6	15	34	—	0.507	8.9
P04	高等理科教育	112	0.78	14.1	2.3	22	53	—	0.804	8.6
P04	高教发展与评估	115	0.94	9.0	1.7	24	90	0.026	0.417	12.0
P04	高教论坛	383	0.98	7.0	1.7	28	235	—	0.804	6.5
P04	高教探索	345	0.89	11.2	1.6	27	198	0.009	0.577	12.8
P04	高教学刊	1580	1.00	7.7	2.1	31	749	0.001	0.725	4.7
P04	高校辅导员学刊	130	1.00	7.3	1.6	23	80	—	0.585	6.6
P04	高校教育管理	99	1.00	17.7	1.8	21	58	0.010	0.909	10.7
P04	高校生物学教学研究(电子版)	78	0.97	9.6	4.2	21	51	—	0.923	5.7
P04	黑龙江高教研究	431	0.98	12.3	1.8	27	240	—	0.731	7.8
P04	黑龙江教育(高教研究与评估版)	410	0.98	6.3	1.9	30	205	—	0.812	5.9
P04	化工高等教育	145	0.98	7.5	4.1	22	57	—	0.710	5.4
P04	教书育人(高教论坛)	538	0.97	5.4	1.8	28	323	0.002	0.638	5.8
P04	煤炭高等教育	152	1.00	10.3	2.3	20	81	—	0.730	7.5
P04	民族高等教育研究	96	0.93	10.3	1.9	22	54	—	0.927	8.6
P04	山东高等教育	88	1.00	12.5	1.5	22	57	—	0.534	10.3
P04	现代教育科学	345	0.93	11.2	1.6	29	218	—	0.539	8.3
P04	学位与研究生教育	155	0.96	13.2	2.3	21	86	0.030	0.470	6.3
P04	研究生教育研究	97	0.96	12.1	2.0	21	61	—	0.856	8.9
P04	中国大学教学	239	0.96	5.9	2.0	23	135	0.010	0.280	5.0
P04	中国高等教育	458	0.89	2.5	1.5	25	236	—	0.334	5.8
P04	中国高教研究	243	1.00	12.0	1.6	22	103	0.010	0.470	5.6
P04	中国教育信息化·高教职教	278	0.86	10.3	2.5	28	209	0.004	0.698	4.8
P04	中国校外教育(上旬刊)	1543	0.98	2.5	1.1	31	1179	—	0.051	3.9
P04	中国校外教育(下旬刊)	1542	0.95	2.5	1.3	30	1085	0.001	0.148	4.6
P04	中国校外教育(中旬刊)	1566	0.98	2.5	1.1	31	1156	0.001	0.041	3.9
P05	安徽广播电视大学学报	104	1.00	10.2	1.6	15	60	—	0.644	8.5
P05	安徽职业技术学院学报	94	0.98	5.6	1.5	13	55	—	0.596	6.1
P05	包头职业技术学院学报	109	0.94	5.0	1.7	19	60	0.009	0.468	5.5
P05	长春教育学院学报	278	0.93	6.5	1.4	28	190	0.011	0.511	7.0
P05	成人教育	240	1.00	10.3	1.6	24	155	0.004	0.758	6.8
P05	重庆广播电视大学学报	68	1.00	11.9	1.3	13	38	—	0.441	9.4

学科代码	期刊名称	来源文献量	文献选出率	平均引文数	平均作者数	地区分布数	机构分布数	海外论文比	基金论文比	引用半衰期
P05	滁州职业技术学院学报	117	0.96	5.1	1.4	15	56	0.009	0.564	6.7
P05	当代职业教育	124	1.00	11.9	1.7	23	88	0.016	0.677	6.8
P05	福建广播电视大学学报	131	0.93	6.6	1.4	15	58	—	0.389	5.4
P05	阜阳职业技术学院学报	115	0.97	6.7	1.4	11	60	—	0.722	7.2
P05	甘肃广播电视大学学报	113	1.00	13.2	1.3	26	59	0.009	0.407	14.4
P05	高等职业教育探索	86	1.00	10.4	1.4	20	66	0.012	0.686	5.4
P05	高等职业教育-天津职业大学学报	124	0.90	6.7	1.5	22	93	—	0.839	4.6
P05	工业技术与职业教育	113	1.00	5.9	2.2	15	34	—	0.637	4.0
P05	广播电视大学学报(哲学社会科学版)	83	0.97	11.3	1.3	19	53	0.012	0.361	14.6
P05	广东开放大学学报	126	1.00	10.9	1.4	19	76	0.008	0.421	9.4
P05	广东职业技术教育与研究	446	0.88	4.3	1.6	19	160	—	0.265	5.6
P05	广西广播电视大学学报	135	1.00	7.0	1.6	20	72	—	0.578	5.6
P05	广西教育(教育时政)	168	0.95	0.3	1.3	7	92	—	0.042	6.0
P05	广州城市职业学院学报	80	0.91	8.6	1.8	10	40	—	0.562	8.8
P05	广州广播电视大学学报	117	0.95	10.2	1.4	22	59	—	0.590	8.2
P05	哈尔滨职业技术学院学报	326	1.00	5.8	1.5	28	191	0.003	0.515	5.0
P05	海南广播电视大学学报	117	0.89	12.6	1.6	24	66	—	0.444	11.1
P05	邯郸职业技术学院学报	98	0.98	8.7	1.5	20	54	—	0.265	11.6
P05	河北大学成人教育学院学报	79	0.95	12.7	1.7	15	37	—	0.722	6.9
P05	河北广播电视大学学报	132	0.82	12.2	1.4	22	74	0.008	0.545	12.9
P05	河北能源职业技术学院学报	132	1.00	4.6	1.5	17	80	0.008	0.341	5.7
P05	河南广播电视大学学报	100	0.98	6.8	1.2	25	67	—	0.460	8.8
P05	湖北成人教育学院学报	144	0.99	5.7	1.5	18	88	—	0.660	6.1
P05	湖北广播电视大学学报	75	0.97	8.7	1.5	16	44	—	0.613	6.4
P05	湖北开放职业学院学报	2041	0.15	5.0	1.3	31	875	0.001	0.606	5.4
P05	湖北职业技术学院学报	96	0.90	8.8	1.3	21	58	—	0.385	11.3
P05	湖南工业职业技术学院学报	206	0.99	7.8	1.7	20	125	0.015	0.879	5.6
P05	湖南广播电视大学学报	60	1.00	15.7	1.4	17	36	—	0.483	8.6
P05	湖州职业技术学院学报	96	1.00	8.5	1.4	16	57	—	0.562	8.3
P05	淮北职业技术学院学报	228	0.96	6.1	1.3	27	120	—	0.474	7.9
P05	淮南职业技术学院学报	409	0.97	4.2	1.3	27	262	0.005	0.357	3.7
P05	黄冈职业技术学院学报	175	0.98	7.1	1.3	24	90	—	0.366	5.9
P05	机械职业教育	206	0.78	6.3	1.7	22	114	0.005	0.806	5.1

学科代码	期刊名称	来源文献量	文献选出率	平均引文数	平均作者数	地区分布数	机构分布数	海外论文比	基金论文比	引用半衰期
P05	吉林广播电视大学学报	858	0.79	5.2	1.3	31	440	0.001	0.510	5.8
P05	济南职业学院学报	250	0.97	5.2	1.3	25	146	—	0.480	4.9
P05	济源职业技术学院学报	70	0.98	13.6	1.3	18	38	—	0.414	6.5
P05	江西广播电视大学学报	68	0.67	10.9	1.7	14	42	—	0.559	8.5
P05	教师教育学报	97	0.96	16.2	1.8	18	48	0.072	0.639	10.0
P05	教师教育研究	111	0.97	20.2	2.1	18	45	0.050	0.750	9.1
P05	教育与职业	512	0.99	6.8	1.5	28	328	—	0.764	4.1
P05	金华职业技术学院学报	116	0.99	8.2	1.9	16	58	—	0.552	7.8
P05	晋城职业技术学院学报	163	1.00	6.4	1.3	24	110	—	0.374	7.4
P05	九江职业技术学院学报	126	0.98	5.1	1.5	18	74	0.008	0.476	5.6
P05	开放教育研究	67	0.99	32.0	2.7	15	30	0.100	0.720	6.0
P05	开放学习研究	51	0.30	22.5	2.6	11	33	0.330	0.310	6.4
P05	开封教育学院学报	1573	0.88	5.5	1.3	31	772	0.004	0.420	7.7
P05	兰州教育学院学报	798	0.99	6.1	1.3	30	470	0.003	0.434	9.5
P05	兰州石化职业技术学院学报	88	0.98	6.9	2.2	16	31	—	0.614	7.8
P05	黎明职业大学学报	65	0.96	12.8	1.6	3	8	0.015	0.723	7.3
P05	连云港职业技术学院学报	92	1.00	7.4	1.5	17	46	—	0.478	6.3
P05	辽宁高职学报	429	0.96	6.8	1.4	21	122	0.005	0.627	4.5
P05	辽宁广播电视大学学报	193	0.96	3.8	1.3	23	76	—	0.321	5.6
P05	柳州职业技术学院学报	153	0.98	7.5	1.2	22	80	—	0.490	8.9
P05	漯河职业技术学院学报	186	0.95	6.1	1.4	25	117	—	0.280	7.1
P05	闽西职业技术学院学报	111	0.99	8.4	1.2	18	67	—	0.414	9.4
P05	南京广播电视大学学报	92	0.98	5.7	1.5	6	29	—	0.533	4.9
P05	南宁职业技术学院学报	142	1.00	8.1	1.5	15	82	0.007	0.669	8.1
P05	南通职业大学学报	95	0.90	7.4	2.1	14	55	—	0.705	6.7
P05	宁波广播电视大学学报	98	0.79	10.4	1.3	22	60	0.010	0.449	9.3
P05	宁波职业技术学院学报	138	0.89	8.0	1.4	28	101	—	0.594	7.7
P05	濮阳职业技术学院学报	191	0.34	8.1	1.1	28	105	—	0.168	13.5
P05	青岛职业技术学院学报	116	0.99	6.3	1.5	16	49	—	0.534	7.0
P05	青年发展论坛	64	0.96	12.3	1.8	13	47	0.016	0.484	9.4
P05	清远职业技术学院学报	115	0.99	7.2	1.9	15	68	—	0.496	8.1
P05	三门峡职业技术学院学报	115	0.80	11.7	1.1	18	59	0.009	0.313	11.9
P05	沙洲职业工学院学报	59	0.99	5.5	1.6	2	14	—	0.729	5.0

学科代码	期刊名称	来源文献量	文献选出率	平均引文数	平均作者数	地区分布数	机构分布数	海外论文比	基金论文比	引用半衰期
P05	山东广播电视大学学报	100	0.98	5.8	1.3	12	55	—	0.560	6.0
P05	山西广播电视大学学报	99	0.97	7.6	1.5	14	46	0.010	0.293	8.2
P05	陕西广播电视大学学报	99	0.92	5.7	1.6	13	38	—	0.414	11.5
P05	商丘职业技术学院学报	132	0.98	9.3	1.4	21	78	0.008	0.659	8.2
P05	深圳职业技术学院学报	86	0.93	10.8	1.7	6	10	—	0.616	10.9
P05	石家庄职业技术学院学报	132	0.12	5.7	1.8	17	59	—	0.432	6.3
P05	顺德职业技术学院学报	68	1.00	10.4	2.0	16	48	—	0.544	8.2
P05	四川职业技术学院学报	189	0.90	10.3	1.4	25	114	—	0.328	10.7
P05	苏州市职业大学学报	79	0.94	9.4	1.7	12	24	—	0.747	5.5
P05	泰州职业技术学院学报	145	0.91	5.5	2.0	6	51	0.007	0.462	5.4
P05	天津电大学报	63	1.00	7.3	1.4	13	40	—	0.651	5.6
P05	铜陵职业技术学院学报	109	0.98	8.3	1.6	16	65	—	0.532	6.8
P05	卫生职业教育	2029	1.00	6.6	2.9	31	670	—	0.475	4.8
P05	温州职业技术学院学报	81	0.86	10.2	1.4	11	43	—	0.741	11.9
P05	乌鲁木齐职业大学学报	80	0.94	8.6	1.5	18	40	—	0.512	7.0
P05	无锡职业技术学院学报	137	0.93	7.4	1.5	22	74	—	0.591	6.2
P05	芜湖职业技术学院学报	91	0.93	7.9	1.6	8	32	—	0.692	6.9
P05	武汉职业技术学院学报	156	1.00	7.4	1.6	17	86	—	0.654	5.9
P05	西北成人教育学院学报	119	0.97	14.6	1.4	25	68	—	0.412	9.1
P05	厦门广播电视大学学报	64	0.97	14.1	1.1	19	46	—	0.281	16.4
P05	现代特殊教育	489	0.98	7.5	1.5	27	250	0.004	0.258	8.5
P05	现代职业教育	14664	0.99	2.9	1.3	31	4636	0.001	0.213	4.0
P05	襄阳职业技术学院学报	217	1.00	6.2	1.4	28	117	—	0.415	6.4
P05	新疆广播电视大学学报	65	0.97	7.1	1.6	15	35	—	0.477	7.9
P05	新疆职业教育研究	84	0.77	7.5	1.5	19	58	—	0.738	5.9
P05	邢台职业技术学院学报	150	0.93	5.7	1.9	21	89	0.007	0.473	4.8
P05	烟台职业学院学报	97	0.99	5.3	1.3	12	49	—	0.412	6.5
P05	延安职业技术学院学报	200	0.95	5.4	1.4	25	117	—	0.475	6.2
P05	扬州职业大学学报	58	0.94	8.4	1.8	3	16	—	0.397	7.0
P05	杨凌职业技术学院学报	110	0.95	6.8	1.8	20	60	—	0.527	5.9
P05	岳阳职业技术学院学报	160	0.97	6.8	1.6	23	95	—	0.481	5.5
P05	云南开放大学学报	70	0.96	9.2	1.6	17	41	—	0.557	8.1
P05	张家口职业技术学院学报	109	0.95	5.6	1.6	18	75	0.009	0.422	4.7

学科代码	期刊名称	来源文献量	文献选出率	平均引文数	平均作者数	地区分布数	机构分布数	海外论文比	基金论文比	引用半衰期
P05	漳州职业技术学院学报	89	0.94	5.4	1.3	5	31	—	0.393	6.0
P05	职教论坛	352	0.93	11.0	1.7	25	217	0.010	0.770	5.8
P05	职业技术教育	499	0.82	9.2	1.8	27	309	0.002	0.806	6.5
P05	职业教育	305	0.48	3.8	1.4	26	172	—	0.334	5.4
P05	职业教育研究	229	0.95	7.7	1.7	26	147	0.009	0.672	6.0
P05	中国职业技术教育	604	0.92	8.6	1.8	31	326	0.010	0.590	4.3
P05	终身教育研究	63	0.97	19.2	1.6	15	37	0.079	0.587	16.0
P07	Journal of Sport And Health Science	68	0.89	44.3	4.0	5	60	0.912	0.279	9.2
P07	安徽体育科技	135	1.00	9.1	1.7	23	76	—	0.333	6.9
P07	北京体育大学学报	228	0.20	25.6	2.5	24	115	0.020	0.810	6.5
P07	冰雪运动	124	0.93	17.7	2.6	14	60	0.008	0.581	3.2
P07	成都体育学院学报	122	0.95	22.0	2.5	19	66	—	0.770	8.9
P07	当代体育科技	5196	0.99	4.7	1.4	31	2045	0.003	0.196	5.2
P07	福建体育科技	111	1.00	10.3	2.0	21	69	0.036	0.369	7.6
P07	广州体育学院学报	179	0.98	13.1	1.8	25	121	—	0.637	7.8
P07	哈尔滨体育学院学报	94	0.90	17.2	2.6	19	49	—	0.574	6.4
P07	河北体育学院学报	93	1.00	14.2	2.1	20	63	0.022	0.538	8.2
P07	湖北体育科技	299	0.91	10.9	2.0	28	147	—	0.498	7.9
P07	吉林体育学院学报	111	1.00	14.3	2.0	22	82	—	0.604	7.7
P07	辽宁体育科技	185	0.86	10.5	2.1	23	93	—	0.373	7.7
P07	青少年体育	731	0.82	3.3	1.4	29	486	0.001	0.168	6.0
P07	拳击与格斗	1431	0.98	3.2	1.2	29	352	0.001	0.030	7.7
P07	山东体育科技	112	0.95	14.3	1.9	24	81	0.009	0.518	8.0
P07	山东体育学院学报	126	0.97	18.3	2.2	23	87	0.008	0.667	9.3
P07	上海体育学院学报	98	0.94	25.2	2.5	18	48	0.040	0.800	7.1
P07	少林与太极	30	0.26	0.1	1.2	10	26	—	0.033	—
P07	沈阳体育学院学报	130	0.99	19.7	2.4	23	75	—	0.892	8.0
P07	首都体育学院学报	108	0.97	19.7	2.9	20	64	0.046	0.676	8.8
P07	四川体育科学	194	1.00	11.9	2.0	28	127	—	0.505	8.8
P07	体育成人教育学刊	123	0.98	13.9	1.8	26	82	0.008	0.846	8.4
P07	体育教学	488	1.00	1.2	1.5	26	322	—	0.080	5.6
P07	体育科技	448	0.52	8.4	2.0	29	245	—	0.821	7.4

学科代码	期刊名称	来源文献量	文献选出率	平均引文数	平均作者数	地区分布数	机构分布数	海外论文比	基金论文比	引用半衰期
P07	体育科技文献通报	848	0.88	7.8	1.7	29	379	0.002	0.294	7.7
P07	体育科学	134	0.66	35.7	2.9	20	62	0.030	0.750	7.6
P07	体育科学研究	105	0.93	12.6	1.9	18	61	0.010	0.695	8.2
P07	体育科研	85	0.86	27.5	2.4	12	41	0.106	0.588	9.6
P07	体育师友	185	0.99	5.9	1.4	24	144	0.005	0.238	5.9
P07	体育时空	4291	0.98	3.3	1.2	31	2036	0.003	0.068	5.0
P07	体育文化导刊	365	0.80	11.5	2.2	27	169	—	0.778	7.7
P07	体育学刊	143	0.93	18.8	2.4	23	73	0.030	0.690	6.1
P07	体育研究与教育	114	0.98	13.9	2.0	22	69	—	0.605	8.4
P07	体育与科学	90	0.83	19.8	2.2	19	58	0.030	0.600	8.1
P07	天津体育学院学报	76	0.85	33.3	2.8	18	45	0.010	0.870	7.0
P07	武汉体育学院学报	177	1.00	19.6	2.6	23	81	0.010	0.900	7.0
P07	武术研究	578	0.95	8.3	1.7	31	264	0.003	0.367	8.9
P07	西安体育学院学报	114	0.99	18.2	2.1	21	77	0.040	0.720	7.3
P07	浙江体育科学	128	0.94	15.4	2.0	13	70	—	0.555	9.0
P07	中国体育教练员	106	0.96	6.6	1.8	21	65	0.019	0.160	9.9
P07	中国体育科技	109	0.82	33.7	3.2	16	53	0.020	0.830	8.0
P07	中国运动医学杂志	160	0.92	31.3	4.4	22	76	0.040	0.720	6.7
Q07	内蒙古统计	134	1.00	2.7	1.4	12	46	—	0.052	4.7
Q07	统计科学与实践	159	0.97	1.4	1.3	5	80	—	0.069	10.4
Q07	统计研究	126	1.00	21.5	2.3	17	60	0.050	0.730	9.6
Q07	统计与管理	360	0.50	6.2	1.7	29	233	0.003	0.372	5.9
Q07	统计与决策	1028	0.98	10.8	2.2	30	400	0.010	0.820	7.3
Q07	统计与信息论坛	192	1.00	16.8	2.3	26	108	0.020	0.800	7.2
Q07	统计与咨询	115	0.82	1.9	1.7	13	50	—	0.226	5.6

7　中国期刊名称

类目索引

中国期刊名称类目索引

中国期刊名称类目索引(续)

期刊名称	学科代码	被引指标页码	来源指标页码
黑龙江中医药	D37	80	288
衡器	E01	84	292
衡水学院学报	H02	153	361
衡阳师范学院学报	H03	159	367
红广角	M01	184	392
红河学院学报	H02	153	361
红楼梦学刊	K04	164	372
红旗文稿	N05	197	405
红水河	E33	133	341
红外	E03	90	298
红外技术	E20	115	323
红外与毫米波学报	B04	25	233
红外与激光工程	E20	115	323
红岩	K04	164	372
宏观经济管理	L01	172	380
宏观经济研究	L01	172	380
宏观质量研究	H01	147	355
呼伦贝尔学院学报	P01	201	409
湖北成人教育学院学报	P05	213	421
湖北大学学报(哲学社会科学版)	H02	153	361
湖北大学学报(自然科学版)	A02	16	224
湖北第二师范学院学报	A03	20	228
湖北电力	E15	107	315
湖北工程学院学报	E02	87	295
湖北工业大学学报	E02	87	295
湖北工业职业技术学院学报	P01	201	409
湖北广播电视大学学报	P05	213	421
湖北教育(教育教学)	P03	207	415
湖北教育(科学课)	P03	207	415
湖北教育(政务宣传)	P03	207	415
湖北经济学院学报	L02	176	384
湖北经济学院学报(人文社会科学版)	H02	153	361
湖北警官学院学报	M05	191	399
湖北开放职业学院学报	P05	213	421
湖北科技学院学报	A02	16	224
湖北理工学院学报	E02	87	295
湖北理工学院学报(人文社会科学版)	H02	153	361
湖北林业科技	C07	44	252
湖北美术学院学报	K06	167	375
湖北民族学院学报(哲学社会科学版)	H02	153	361
湖北民族学院学报(自然科学版)	A02	16	224
湖北农业科学	C01	37	245
湖北汽车工业学院学报	E36	138	346
湖北社会科学	H01	147	355
湖北省社会主义学院学报	M02	187	395
湖北师范大学学报(哲学社会科学版)	H03	159	367
湖北师范大学学报(自然科学版)	A03	20	228
湖北体育科技	P07	216	424
湖北文理学院学报	A02	16	224
湖北行政学院学报	M02	187	395
湖北畜牧兽医	C08	47	255
湖北政协	N01	194	402
湖北职业技术学院学报	P05	213	421
湖北植保	C06	43	251
湖北中医药大学学报	D38	81	289
湖北中医杂志	D37	80	288
湖泊科学	B12	33	241
湖南包装	E23	119	327
湖南财政经济学院学报	L02	176	384
湖南城市学院学报(自然科学版)	E31	129	337
湖南大学学报(社会科学版)	H02	153	361
湖南大学学报(自然科学版)	E02	87	295
湖南大众传媒职业技术学院学报	P01	201	409
湖南第一师范学院学报	H03	159	367
湖南电力	E15	107	315
湖南工程学院学报(社会科学版)	H02	153	361
湖南工程学院学报(自然科学版)	A02	16	224
湖南工业大学学报	E02	87	295

期刊名称	学科代码	被引指标页码	来源指标页码
农业机械学报	E05	93	301
农业技术经济	L06	179	387
农业经济	L06	179	387
农业经济问题	L06	179	387
农业经济与管理	L06	179	387
农业开发与装备	E05	93	301
农业考古	K10	171	379
农业科技管理	C01	38	246
农业科技通讯	C01	38	246
农业科技与信息	C01	38	246
农业科技与装备	E05	93	301
农业科学研究	C01	38	246
农业科研经济管理	L06	179	387
农业生物技术学报	C01	38	246
农业图书情报学刊	N06	198	406
农业现代化研究	E05	93	301
农业研究与应用	C03	41	249
农业与技术	C01	38	246
农业灾害研究	C01	38	246
农业展望	C01	38	246
农业知识(瓜果菜)	C01	38	246
农业知识(科学养殖)	C01	38	246
农业装备技术	E05	93	301
农业装备与车辆工程	E05	93	301
农业资源与环境学报	E39	143	351
农银学刊	L10	182	390
暖通空调	E31	131	339
欧亚经济	L08	180	388
欧洲研究	M04	190	398
排灌机械工程学报	E05	93	301
攀登(汉文版)	N01	194	402
攀枝花学院学报	A02	17	225
皮肤病与性病	D25	69	277
皮肤科学通报	D25	69	277
皮肤性病诊疗学杂志	D25	69	277
皮革科学与工程	E26	123	331
皮革与化工	E26	123	331
品牌研究	H01	148	356
平顶山学院学报	P01	203	411
萍乡学院学报	A02	18	226
鄱阳湖学刊	N04	196	404
莆田学院学报	A02	18	226
蒲松龄研究	K08	170	378
濮阳职业技术学院学报	P05	214	422
普洱学院学报	P01	203	411
七彩语文(教师论坛)	P03	208	416
齐鲁工业大学学报	E02	88	296
齐鲁护理杂志	D30	73	281
齐鲁师范学院学报	P01	203	411
齐鲁石油化工	E17	110	318
齐鲁学刊	H01	148	356
齐鲁艺苑	K06	168	376
齐齐哈尔大学学报(哲学社会科学版)	H02	155	363
齐齐哈尔大学学报(自然科学版)	A02	18	226
齐齐哈尔师范高等专科学校学报	H03	160	368
齐齐哈尔医学院学报	D02	55	263
企业改革与管理	F01	146	354
企业管理	L01	174	382
企业技术开发(学术版)	L01	174	382
企业经济	L04	178	386
企业科技与发展	L01	174	382
企业文化(下旬刊)	L01	174	382
企业文化(中旬刊)	N04	196	404
企业文明	L01	174	382
起重运输机械	E13	103	311
气候变化研究进展	B08	28	236
气候与环境研究	B08	28	236
气体物理	B03	24	232

期刊名称	学科代码	被引指标页码	来源指标页码
软件导刊·教育技术	P01	203	411
软件工程	E22	118	326
软件和集成电路	E22	118	326
软件学报	E22	118	326
软科学	H01	149	357
润滑油	E08	96	304
润滑与密封	E01	84	292
三门峡职业技术学院学报	P05	214	422
三明学院学报	P01	203	411
三峡大学学报(人文社会科学版)	H02	155	363
三峡大学学报(自然科学版)	E33	133	341
三峡论坛(三峡文学·理论版)	K04	165	373
三峡生态环境监测	E39	143	351
散文百家(下)	K04	165	373
散装水泥	E08	96	304
色谱	B05	26	234
森林防火	C07	45	253
森林工程	C07	45	253
森林公安	M07	193	401
森林与环境学报	C07	45	253
沙漠与绿洲气象	B08	28	236
沙洲职业工学院学报	P05	214	422
山地农业生物学报	C01	38	246
山地学报	B10	30	238
山东财经大学学报	L02	176	384
山东大学耳鼻喉眼学报	D23	68	276
山东大学学报(工学版)	E02	88	296
山东大学学报(理学版)	A02	18	226
山东大学学报(医学版)	D02	55	263
山东大学学报(哲学社会科学版)	H02	155	363
山东档案	N08	199	407
山东电力技术	E15	108	316
山东法官培训学院学报	M05	192	400
山东纺织经济	E29	126	334

期刊名称	学科代码	被引指标页码	来源指标页码
山东纺织科技	E29	126	334
山东高等教育	P04	212	420
山东工会论坛	M01	185	393
山东工商学院学报	L02	176	384
山东工业技术	E01	84	292
山东广播电视大学学报	P05	215	423
山东国土资源	B10	30	238
山东化工	E23	120	328
山东建筑大学学报	E31	131	339
山东交通科技	E34	136	344
山东交通学院学报	E34	136	344
山东经济战略研究	L01	174	382
山东警察学院学报	M05	192	400
山东科技大学学报(社会科学版)	H02	155	363
山东科技大学学报(自然科学版)	E02	88	296
山东科学	A01	14	222
山东理工大学学报(社会科学版)	H02	155	363
山东理工大学学报(自然科学版)	E02	88	296
山东林业科技	C07	45	253
山东煤炭科技	E16	109	317
山东农业大学学报(社会科学版)	H02	155	363
山东农业大学学报(自然科学版)	C02	40	248
山东农业工程学院学报	C02	40	248
山东农业科学	C01	38	246
山东女子学院学报	M02	187	395
山东青年	N02	195	403
山东青年政治学院学报	M02	187	395
山东商业职业技术学院学报	L02	176	384
山东社会科学	H01	149	357
山东省社会主义学院学报	M02	187	395
山东师范大学学报(人文社会科学版)	A03	21	229
山东水利	E33	133	341
山东陶瓷	E23	120	328
山东体育科技	P07	216	424

中国期刊名称类目索引(续)

期刊名称	学科代码	被引指标页码	来源指标页码
世界地质	B11	32	240
世界电影	K06	168	376
世界复合医学	D01	51	259
世界海运	E37	139	347
世界汉语教学	K01	162	370
世界核地质科学	E18	113	321
世界华人消化杂志	D10	61	269
世界华文文学论坛	K05	166	374
世界环境	E39	143	351
世界建筑	E31	131	339
世界建筑导报	E31	131	339
世界教育信息	P01	204	412
世界经济	L01	174	382
世界经济文汇	L01	174	382
世界经济研究	L01	174	382
世界经济与政治	M04	190	398
世界经济与政治论坛	L01	174	382
世界科技研究与发展	H01	149	357
世界科学技术－中医药现代化	D37	80	288
世界历史	K08	170	378
世界林业研究	C07	45	253
世界临床药物	D36	78	286
世界美术	K06	168	376
世界民族	N04	196	404
世界农药	C06	43	251
世界农业	C01	38	246
世界桥梁	E34	136	344
世界热带农业信息	C03	41	249
世界睡眠医学杂志	D01	51	259
世界有色金属	E09	97	305
世界哲学	J02	161	369
世界中西医结合杂志	D39	82	290
世界中医药	D37	80	288
世界竹藤通讯	C07	45	253

期刊名称	学科代码	被引指标页码	来源指标页码
世界宗教文化	J03	161	369
世界宗教研究	J03	161	369
市场观察	L08	180	388
市场论坛	L08	180	388
市场研究	L08	180	388
市政技术	E01	84	292
市政设施管理	E01	84	292
视听	N01	194	402
室内设计与装修	E01	84	292
收获	K04	165	373
首都公共卫生	D31	74	282
首都经济贸易大学学报	L02	177	385
首都师范大学学报(社会科学版)	A03	21	229
首都师范大学学报(自然科学版)	A03	21	229
首都食品与医药	D01	51	259
首都体育学院学报	P07	216	424
首都医科大学学报	D02	55	263
兽类学报	B16	36	244
兽医导刊	C08	47	255
书画世界	K06	168	376
蔬菜	C04	42	250
数据采集与处理	E21	116	324
数据分析与知识发现	N06	198	406
数据通信	E21	116	324
数理化解题研究	P03	209	417
数理化学习(初中版)	P03	209	417
数理化学习(高一二版)	P03	209	417
数理化学习(教育理论)	P03	209	417
数理统计与管理	B01	22	230
数理医药学杂志	D03	56	264
数量经济技术经济研究	L04	178	386
数码设计(上)	E22	118	326
数码设计(下)	E22	118	326
数码世界	P01	204	412

期刊名称	学科代码	被引指标页码	来源指标页码
水下无人系统学报	E28	125	333
水运工程	E37	140	348
水运管理	E37	140	348
水资源保护	E33	134	342
水资源开发与管理	C07	45	253
水资源与水工程学报	E33	134	342
税收经济研究	L10	183	391
税务研究	L10	183	391
税务与经济	L10	183	391
顺德职业技术学院学报	P05	215	423
丝绸	E29	126	334
丝绸之路	K04	165	373
丝路视野	K04	165	373
丝网印刷	E26	123	331
思想教育研究	M01	185	393
思想理论教育	P01	204	412
思想理论教育导刊	P03	209	417
思想战线	H01	149	357
思想政治教育研究	P01	204	412
思想政治课教学	M01	185	393
思想政治课研究	P01	204	412
四川蚕业	C08	47	255
四川大学学报(医学版)	D02	55	263
四川大学学报(哲学社会科学版)	H02	156	364
四川大学学报(自然科学版)	A02	18	226
四川党的建设	M01	185	393
四川地震	B11	32	240
四川地质学报	B11	32	240
四川电力技术	E15	108	316
四川动物	B16	36	244
四川化工	E23	121	329
四川环境	E39	143	351
四川建材	E31	131	339
四川建筑	E31	131	339
四川建筑科学研究	E31	131	339
四川教育	P01	204	412
四川解剖学杂志	D03	56	264
四川精神卫生	D27	70	278
四川警察学院学报	M05	192	400
四川劳动保障	E40	144	352
四川理工学院学报(社会科学版)	H02	156	364
四川理工学院学报(自然科学版)	E02	88	296
四川林业科技	C07	45	253
四川旅游学院学报	L02	177	385
四川民族学院学报	P01	204	412
四川农业大学学报	C02	40	248
四川农业科技	C01	38	246
四川农业与农机	E05	93	301
四川省干部函授学院学报	M02	188	396
四川省社会主义学院学报	M02	188	396
四川师范大学学报(社会科学版)	A03	21	229
四川师范大学学报(自然科学版)	A03	21	229
四川水力发电	E33	134	342
四川水利	E33	134	342
四川水泥	E26	123	331
四川体育科学	P07	216	424
四川图书馆学报	N06	198	406
四川文理学院学报	P01	204	412
四川文物	K10	171	379
四川戏剧	K06	168	376
四川行政学院学报	M02	188	396
四川畜牧兽医	C08	47	255
四川冶金	E11	100	308
四川医学	D01	51	259
四川有色金属	E09	97	305
四川职业技术学院学报	P05	215	423
四川中医	D37	80	288
饲料博览	C08	47	255

期刊名称	学科代码	被引指标页码	来源指标页码
中国青年研究	M01	185	393
中国轻工教育	P01	206	414
中国全科医学	D05	58	266
中国热带农业	C01	39	247
中国热带医学	D32	75	283
中国人才	N02	195	403
中国人口·资源与环境	E39	144	352
中国人口科学	N02	195	403
中国人力资源开发	N02	195	403
中国人力资源社会保障	N02	195	403
中国人民大学学报	H02	158	366
中国人民公安大学学报(社会科学版)	H02	158	366
中国人民公安大学学报(自然科学版)	A02	19	227
中国人兽共患病学报	D32	75	283
中国人造板	E26	124	332
中国乳品工业	E30	128	336
中国乳业	E30	128	336
中国软科学	F01	146	354
中国三峡	E33	135	343
中国森林病虫	C07	46	254
中国沙漠	B10	30	238
中国伤残医学	D14	63	271
中国商论	L08	181	389
中国商人	L08	181	389
中国烧伤创疡杂志	D19	66	274
中国设备工程	E12	101	309
中国社会保障	N02	195	403
中国社会工作	H01	150	358
中国社会经济史研究	L01	175	383
中国社会科学	H01	150	358
中国社会科学院研究生院学报	H02	158	366
中国社会医学杂志	D35	76	284
中国社会组织	L01	175	383
中国社区医师	D05	58	266
中国神经精神疾病杂志	D27	70	278
中国神经免疫学和神经病学杂志	D27	70	278
中国审计	L05	178	386
中国生漆	E25	123	331
中国生态农业学报(中英文)	C01	39	247
中国生物防治学报	C06	44	252
中国生物工程杂志	E04	92	300
中国生物化学与分子生物学报	B13	34	242
中国生物医学工程学报	E06	94	302
中国生物制品学杂志	E06	94	302
中国生育健康杂志	D33	75	283
中国石化	E17	112	320
中国石油大学胜利学院学报	E17	112	320
中国石油大学学报(社会科学版)	H02	158	366
中国石油大学学报(自然科学版)	E17	112	320
中国石油和化工	E17	112	320
中国石油和化工标准与质量	E17	112	320
中国石油勘探	E17	112	320
中国石油企业	E17	112	320
中国实验动物学报	B16	36	244
中国实验方剂学杂志	D40	82	290
中国实验血液学杂志	D11	62	270
中国实验诊断学	D06	59	267
中国实用儿科杂志	D21	67	275
中国实用妇科与产科杂志	D20	67	275
中国实用护理杂志	D30	73	281
中国实用口腔科杂志	D24	69	277
中国实用内科杂志	D08	61	269
中国实用神经疾病杂志	D27	70	278
中国实用外科杂志	D14	63	271
中国实用乡村医生杂志	D31	74	282
中国实用医刊	D01	53	261
中国实用医药	D01	53	261
中国食品	E30	128	336